西夏学文库

第三辑

著作卷

杜建录 史金波 主编

国家出版基金项目
NATIONAL PUBLICATION FOUNDATION

『十三五』国家重点图书出版规划项目

百年中国西夏学研究报告

杨志高 编著

甘肃文化出版社

图书在版编目（ＣＩＰ）数据

百年中国西夏学研究报告 / 杨志高编著. -- 兰州 ：
甘肃文化出版社，2022.12
（西夏学文库 / 杜建录，史金波主编. 第三辑）
ISBN 978-7-5490-2584-8

Ⅰ．①百… Ⅱ．①杨… Ⅲ．①中国历史－研究报告－
西夏 Ⅳ．①K246.307

中国版本图书馆CIP数据核字(2022)第187147号

百年中国西夏学研究报告

杨志高 | 编著

策　　划 | 郎军涛
项目统筹 | 甄惠娟
责任编辑 | 张莎莎
封面设计 | 苏金虎

出版发行 | 甘肃文化出版社
网　　址 | http://www.gswenhua.cn
投稿邮箱 | gswenhuapress@163.com
地　　址 | 兰州市城关区曹家巷1号 | 730030（邮编）

营销中心 | 贾　莉　王　俊
电　　话 | 0931-2131306

印　　刷 | 西安国彩印刷有限公司
开　　本 | 787毫米×1092毫米 1/16
字　　数 | 400千
印　　张 | 38.75
版　　次 | 2022年12月第1版
印　　次 | 2022年12月第1次
书　　号 | ISBN 978-7-5490-2584-8
定　　价 | 168.00元

宁夏大学西夏学研究院
中国社会科学院西夏文化研究中心

编

百年风雨　一路走来

——《西夏学文库》总序

一

经过几年的酝酿、规划和编纂，《西夏学文库》（以下简称《文库》）终于和读者见面了。2016年，这一学术出版项目被列入"十三五"国家重点图书出版规划，2017年入选国家出版基金项目，并在"十三五"开局的第二年即开始陆续出书，这是西夏学界和出版社共同努力的硕果。

自1908、1909年黑水城西夏文献发现起，近代意义上的西夏学走过了百年历程，大体经历了两个阶段：

20世纪20年代至80年代为第一阶段，该时期的西夏学有如下特点：

一是苏联学者"近水楼台"，首先对黑水城西夏文献进行整理研究，涌现出伊凤阁、聂历山、龙果夫、克恰诺夫、索弗罗诺夫、克平等一批西夏学名家，出版了大量论著，成为国际西夏学的"老大哥"。

二是中国学者筚路蓝缕，在西夏文文献资料有限的情况下，结合汉文文献和文物考古资料，开展西夏语言文献、社会历史、文物考古研究。20世纪30年代，王静如出版三辑《西夏研究》，内容涉及西夏佛经、历史、语言、国名、官印等。1979年，蔡美彪《中国通史》第六册专列西夏史，和辽金史并列，首次在中国通史中确立了西夏史的地位。

三是日本、欧美的西夏研究也有不俗表现，特别是日本学者在西夏语言文献和党项古代史研究方面有着重要贡献。

四是经过国内外学界的不懈努力，至20世纪80年代，中国西夏学界推

1

出《西夏史稿》《文海研究》《同音研究》《西夏文物研究》《西夏佛教史略》《西夏文物》等一系列标志性成果，发表了一批论文。西夏学从早期的黑水城文献整理与西夏文字释读，拓展成对党项民族及西夏王朝的政治、历史、经济、军事、地理、宗教、考古、文物、文献、语言文字、文化艺术、社会风俗等全方位研究，完整意义上的西夏学已经形成。

20世纪90年代迄今为第二阶段，这一时期的西夏学呈现出三大新特点：

一是《俄藏黑水城文献》《英藏黑水城文献》《日本藏西夏文文献》《法藏敦煌西夏文文献》《斯坦因第三次中亚考古所获汉文文献（非佛经部分）》《党项与西夏资料汇编》《中国藏西夏文献》《中国藏黑水城汉文文献》《中国藏黑水城民族文字文献》《俄藏黑水城艺术品》《西夏文物》（多卷本）等大型文献文物著作相继整理出版，这是西夏学的一大盛事。

二是随着文献文物资料的整理出版，国内外西夏学专家们，无论是俯首耕耘的老一辈学者，还是风华正茂的中青年学者，都积极参与西夏文献文物的诠释和研究，潜心探索，精心培育新的科研成果，特别是在西夏文文献的译释方面，取得了卓越成就，激活了死亡的西夏文字，就连解读难度很大的西夏文草书文献也有了突破性进展，对西夏历史文化深度开掘做出了实质性贡献。举凡西夏社会、政治、经济、军事、文化、法律、宗教、风俗、科技、建筑、医学、语言、文字、文物等，都有新作问世，发表了数以千计的论文，出版了数以百计的著作，宁夏人民出版社、上海古籍出版社、中国社会科学出版社、社科文献出版社、甘肃文化出版社成为这一时期西夏研究成果出版的重镇。宁夏大学西夏学研究院编纂的《西夏研究丛书》《西夏文献研究丛刊》，中国社会科学院西夏文化研究中心联合宁夏大学西夏学研究院等单位编纂的《西夏文献文物研究丛书》是上述成果的重要载体。西夏研究由冷渐热，丰富的西夏文献资料已悄然影响着同时代宋、辽、金史的研究。反之，宋、辽、金史学界对西夏学的关注和研究，也促使西夏研究开阔视野，提高水平。

三是学科建设得到国家的高度重视，宁夏大学西夏学研究中心（后更名为西夏学研究院）被教育部批准为高校人文社科重点研究基地，中国社会科学院将西夏学作为"绝学"，予以重点支持，宁夏社会科学院和北方民族大学也将西夏研究列为重点。西夏研究专家遍布全国几十个高校、科研院所和文物考古部门，主持完成和正在开展近百项国家和省部级科研课题，包括国家社科基金特别委托项目"西夏文献文物研究"，重大项目"黑水城西夏文献研究""西夏通志""黑水城出土医药文献整理研究"，教育部重大委托项目"西夏文大词典""西夏多元文化及其历史地位研究"。

研究院按照教育部基地评估专家的意见，计划在文献整理研究的基础上，以国家社科基金重大项目和教育部重大委托项目为抓手，加大西夏历史文化研究力度，推出重大成果，同时系统整理出版百年来的研究成果。中国社会科学院西夏文化研究中心也在继承传统、总结经验的基础上，制订加强西夏学学科建设、深化西夏研究、推出创新成果的计划。这与甘肃文化出版社着力打造西夏研究成果出版平台的设想不谋而合。于是三方达成共同编纂出版《文库》的协议，由史金波、杜建录共同担纲主编，一方面将过去专家们发表的优秀论文结集出版，另一方面重点推出一批新的研究著作，以期反映西夏研究的最新进展，推动西夏学迈上一个新的台阶。

二

作为百年西夏研究成果的集大成者，作为新时期标志性的精品学术工程，《文库》不是涵盖个别单位或部分专家的成果，而是要立足整个西夏学科建设的需求，面向海内外西夏学界征稿，以全方位展现新时期西夏研究的新成果和新气象。《文库》分为著作卷、论集卷和译著卷三大板块。其中，史金波侧重主编论集卷和译著卷，杜建录侧重于主编著作卷。论集卷主要是尚未结集出版的代表性学术论文，因为已公开发表，由编委会审核，不再匿名评审。著作卷由各类研究项目（含自选项目）成果、较大幅度修订的已出著作以及公认的传世名著三部分组成。所有稿件由编委会审核，达到出版水平的予以出版，达不到出版水平的，则提出明确修改意见，退回作者修改补正后再次送审，确保《文库》的学术水准。宁夏大学西夏学研究院设立了专门的基金，用于不同类型著作的评审。

西夏研究是一门新兴的学科，原来人员构成比较单一，学术领域比较狭窄，研究方法和学术水准均有待提高。从学科发展的角度看，加强西夏学与其他学科的学术交流，是提高西夏研究水平的有效途径。我国现有的西夏研究队伍，有的一开始即从事西夏研究，有的原是语言学、历史学、藏传佛教、唐宋文书等领域的专家，后来由于深化或扩充原学术领域而涉足西夏研究，这些不同学术背景的专家们给西夏研究带来了新的学术视角和新的科研气象，为充实西夏研究队伍、提高西夏研究水平、打造西夏学学科集群做出了重要的贡献。在资料搜集、研究方法和学术规范等方面，俄罗斯、日本、美国、英国和法国的西夏研究者值得我们借鉴学习，《文库》尽量把他们的研究成果翻译出版。值得一提的是，我们还特别请作者，特别是老专家在各自的著述中撰写"前言"，深入讲述个人从事西夏研究的历程，使大家深切感受各位专家倾心参与西夏研究的经历、砥砺钻研的刻苦精神，以及个中深刻的体会和所做出的突出成绩。

《文库》既重视老专家的新成果，也青睐青年学者的著作。中青年学者是创新研究的主力，有着巨大的学术潜力，代表着西夏学的未来。也许他们的著作难免会有这样那样的不足，但这是他们为西夏学殿堂增光添彩的新篇章，演奏着西夏研究创新的主旋律。《文库》的编纂出版，既是建设学术品牌、展示研究成果的需要，也是锻造打磨精品、提升作者水平的过程。从这个意义上讲，《文库》是中青年学者凝练观点、自我升华的绝佳平台。

入选《文库》的著作，严格按照学术图书的规范和要求逐一核对修订，务求体例统一，严谨缜密。为此，甘肃文化出版社成立了《文库》项目组，按照国家精品出版项目的要求，精心组织，精编精校，严格规范，统一标准，力争将这套图书打造成内容质量俱佳的精品。

三

西夏是中国历史的重要组成部分，西夏文化是中华民族文化不可或缺的组成部分。西夏王朝活跃于历史舞台，促进了我国西北地区的发展繁荣。源远流长、底蕴厚重的西夏文明，是中华各民族兼容并蓄、互融互补、同脉同源的见证。深入研究西夏有利于完善中国历史发展的链条，对传承优秀民族文化、促进各民族团结繁荣有着重要意义。西夏研究工作者有责任更精准地阐释西夏文明在中华文明中的地位、特色、贡献和影响，把相关研究成果展示出来。《文库》正是针对西夏学这一特殊学科的建设规律，瞄准西夏学学术发展前沿，提高学术原创能力，出版高质量、标志性的西夏研究成果，打造具有时代特色的学术品牌，增强西夏学话语体系建设，对西夏研究起到新的推动作用，对弘扬中华优秀传统文化做出新的贡献。

甘肃是华夏文明的重要发祥地之一，也是中华民族多元文化的资源宝库。在甘肃厚重的地域文明中，西夏文化是仅次于敦煌文化的另一张名片。西夏主体民族党项羌自西南地区北上发展时，最初的落脚点就在现在的甘肃庆阳一带。党项族历经唐、五代、宋初的壮大，直到占领了河西走廊后，才打下了立国称霸的基础。在整个西夏时期，甘肃地区作为西夏的重要一翼，起着压舱石的作用。今甘肃武威市是西夏时期的一流大城市西凉府所在地，张掖市是镇夷郡所在地，酒泉市是番和郡所在地，都是当时闻名遐迩的重镇。今瓜州县锁阳城遗址为西夏瓜州监军所在地。敦煌莫高窟当时被誉为神山。甘肃保存、出土的西夏文物和文献宏富而精彩，凸显了西夏文明的厚重底蕴，为复原西夏社会历史提供了珍贵的历史资料。甘肃是西夏文化的重要根脉，是西夏文明繁盛的一方沃土。

甘肃文化出版社作为甘肃本土出版社，以传承弘扬民族文化为己任，早在 20 多年前就与宁夏大学西夏学研究中心（西夏学研究院前身）合作，编纂出版了《西夏研究丛书》。近年来，该社精耕于此，先后和史金波、杜建录等学者多次沟通，锐意联合编纂出版《文库》，全力申报"十三五"国家图书出版项目和国家出版基金项目，践行着出版人守望、传承优秀传统文化的历史使命。我们衷心希望这方新开辟的西夏学园地，成为西夏学专家们耕耘的沃土，结出丰硕的科研成果。

史金波　杜建录

2017 年 3 月

中国西夏学研究学术史

——兼评《百年中国西夏学研究报告》

　　学者如果打算涉足一个新的学术领域，首要的功课就是尽可能多地阅读这个领域已有的著作和论文，从中了解前人已经达到的研究水平和尚未解决的难题，以制订适合自己知识结构的研究计划。即使是取得了一定成绩的研究者，也需要不时查阅近日出版的论著，力求把握本学科的最新动态以确定自己的下一步工作。在查阅的过程中，面对汗牛充栋的文献，学者往往感到手足无措，这时掌握一份尽可能详尽的专业论著目录是绝对必需的，从这个意义上说，志高教授的这部《百年中国西夏学研究报告》恰是为研究者进入西夏学领域指引了门径。

　　从伟烈亚力（Alexander Wylie）于1871年首次尝试解读西夏文字时算起，至今已经过了一个半世纪。在此期间只有荒川慎太郎和佐藤贵保合作编过一份"西夏关联研究文献目录"，2003年辑入《瀚海苍茫》一书，由日本综合地球环境学研究所绿洲项目刊印。这份目录取材于2002年以前的中国、俄罗斯、日本和欧美学者的论文，尽管略有遗漏，但对后世产生影响的重要资料尽在其中。相比之下，志高教授的这部书历时十六年延续增补、修订编成，百年来中国学者的相关成果几乎遍采无遗，尤其是比荒川慎太郎和佐藤贵保目录多收了最近二十年的资料，而这二十年正是中国西夏学论著产出最多的时期。当然，限于本项目预先设定的范围，这份目录中没有外国学者的资料，但我相信这个缺憾会在不久的将来得到弥补。

　　大略翻一下眼前这部书就可以感到，其主体部分虽然是一部西夏研究论著目录，但几乎可以看作整个中国近百年来学术史的缩影。从中我们不但可以了解西夏研究从"绝学"到"显学"的发展历程，而且可以体味到不同时代中国知识分子的学术理念和思想根源。

　　中国的西夏研究发端于罗福成、罗福苌兄弟解读西夏文字，他们的起步虽然略晚于欧洲,但研究水平并不落后。按照当时欧洲的学术理念,所谓"东方学"的核心任务是发掘和解读亚洲各民族的原始文献,以及在阐释文献的基础上展开历史文化的探索,首次介绍和解读文献的成果尤其受到重视。识读久已消亡的文字是阅读文献的基础,所以几年前在黑水城遗址发现的西夏文就成了学者关注的热点。早期的研究基本上以中国传统的"小学"手段为主导,即使是外国人在介绍西夏文字时也沿用了汉字式的"偏旁部首"分析法,介绍西夏语言时也沿用了汉语式的"虚字"分析法。两相比较可以看出,"中西结合"的倾向从一开始就表现得很明显,只是欧洲人对文字形音义的理解深度不如中国人,而他们思考问题的广度则为中国学者所不及。中国学者多年来自视为世界中心,对周边的民族文化向来不屑一顾,即使是懂得多种外语的罗福苌也不能完全摆脱这个传统。对于他来说,能够专心一段时间钻研西夏文已属难得,我们自不必要求他同时通晓与西夏相关的吐蕃、突厥一类文字,并且纳入解读西夏文字的思考范围。

结合其家世可以感到,罗氏兄弟解读西夏文的初衷发端于文物收藏家那样的"猎奇"心理,19世纪和20世纪之交研究西夏文的欧洲学者莫不如此。事实上在20世纪40年代以前的西夏研究领域,单纯以学术研究为目的并产出丰硕成果的学者只有聂历山(Н.А.Невский)和王静如两个专业的研究人员。他们二人的学术理念并无二致,只是针对的基础素材和遵循的解读格式各有特点。聂历山得地利之便,可以直接利用俄国的黑水城特藏,他的西夏文献阅读量在当时无人可及。另外,聂历山的早期研究兴趣在于东方各民族的民间文学,所以除了介绍些中原著作的西夏译本以外,他对西夏本土产生的文学作品给予了特别的关注。如果没有他的介绍和摘译,有些西夏文学作品的详细内容在其后半个世纪还不为多数学者所知。与聂历山不同,王静如当时能接触到的只是北平图书馆所藏几十卷佛经的元代刻本,其中除了《大孔雀明王经》译自藏文以外,其余的都是常见汉文佛经的西夏转译,性质相当单一,这恰好把他的主要研究限制在了聂历山不大重视的佛教文献领域,同时也促使他把研究视野从简单的文献性质鉴定向更深的文本分析拓展。查找和应用汉文史料是中国学者的优势,王静如在有关党项民族起源和西夏早期史方面搜集的史料至今仍有参考价值。他在解读多卷西夏佛经的时候借用了欧洲解读古文字的"四行对译"格式,力求对当时已知的西夏字音、字义做出细致的展示,只是把对应的汉文或藏文原本集中置于页下。另外值得称道的是,他首次尝试把西夏词语放到藏缅语族的大背景下观察,而不是像罗氏兄弟那样仅着眼于汉语借词。总起来看,经过聂历山和王静如的努力,学术界对西夏文和西夏语的认识已经趋于明朗,聂历山当年的论文和黑水城文献研读笔记在 1960 年整理出版,题为"唐古特语文学——研究和字典"(Тангутская филология, исследования и словарь),在那以后的四十年里一直是解读西夏文字的首要工具书。

20 世纪 40 年代以后,第二次世界大战和战后重建导致了西夏研究的沉寂,20 年后才得以在俄罗斯和日本获得重生。重生后的西夏学继承了欧洲汉学理念,学者仍然立足于西夏文献的解读,所不同的仅仅是在此基础上出现了历史和语言两个明确的分支。作为历史学家的克恰诺夫(Е.И.Кычанов)和捷连吉耶夫—卡坦斯基(А.П.Терентьев–Катанский)致力于全面描述西夏国的政治、经济、文化状况及其与周边民族的关系,作为语言学家的西田龙雄、苏敏(М.В.Софронов)和克平(К.Б.Кепинг)则致力于解析西夏语言的结构。学者观察历史的眼光并无很大差别,只是外国学者利用汉文古书里的信息时,对文意的理解和史料真伪的鉴别能力比中国学者略逊一筹。至于语言研究,特别是对西夏语法的研究,俄国和日本学者不再遵循早期聂历山的中国式"虚字分析"方法,转而一概采用了印欧语言学传统的形态分析,由此他们发现了西夏语存在动词的人称变位和前加的趋向词缀(接头词)等重要特征,而这是仅靠中国的虚字分析法完全不可能发现的事实。不过,他们对印欧语法学的模仿似乎有点过头,其中被反复强调的名词"格"以及趋向前缀之外的各种动词词缀很难被中国人接受,那当然是起因于学者各自头脑中固有的母语模式。

国外的西夏学传统理念一直保持到了今天,采用的方法基本没有变化,只是对事实的观察更趋细致,例如西田龙雄利用大量的藏缅语资料来研究西夏词汇。相比之下,中国的西夏学则在不久之后出现了明显的转向。

在 20 世纪 70 年代,中国重新开始了西夏研究,这一时期的研究者以史金波和李范文为代表。应该说,他们二位的早期研究计划是值得称道的,即史金波偕同白滨到中国各地查访西夏文献遗存,然后一件一件地解读,李范文则重新校理当时可见的《同音》《番汉合时掌中珠》等西夏书籍,为编写他的《夏汉字典》搜集材料。毋庸讳言,囿于研究者的基础知识结构,这一时期的原始文献解读和阐释成果大多不能令人满意,但那不妨理解为学科起步时必然要经过的初级阶段。此后中国的西夏研究在俄罗斯的刺激下得到了发展。在当时略感宽松的文化环境下,中国学者得以见到俄国方面刊布的《文海》《类林》《天盛律令》等一系列西夏原本,于是决定用汉文再次逐一解读。由此产生的一系列汉译本方便了国内读者,也对原有的俄译做出了些许校改和补充,但总的来说还是跟在俄国后面亦步亦趋,在总体认识水平上并没有超过俄国学者。可以说,这一阶段中国西夏学的宣传意义大于学术意义,其重大贡献主要在于向大众普及了西夏的历史文化知识,同时吸引更多的人进入了西夏研究领域,最终使得昔日的绝学变成了当今的显学。不过应该提醒的是,当时的不少论文都隐含着国人的"自豪"心理,他们不愿意看到外国人的研究走在中国人之前,于是反复宣称最早发现西夏文的是清代学者张澍而非英国传教士伟烈亚力。事实上张澍只是见到并正确地判断出了"凉州碑"背面的文字是西夏字,并没有尝试解读。外国人把伟烈亚力视作认识西夏文字的第一人,其实无可挑剔,因为单纯的"判断"毕竟不能称为真正的学术研究。另一个被反复征引的臆断来自伯希和等人在北京北海白塔下所得的金书《妙法莲华经》,毛利瑟在发表其解读论文的时候附上了一页他自己写的解读纸样,结果被误会成另有中国人在毛利瑟之前就试解过这部经书,这个臆想的中国人后来又被附会为清人鹤龄。此类纯粹因"斗气"而引发的非学术结论在近年的中国还有一定市场。

对解读金书《妙法莲华经》的这个错误判断起因于中国对外交流的渠道不畅,人们没有看到当事人伯希和的相关说明。同样的情况还有早年那场关于西夏国名的争论。西夏文献里称自己的国家为"𗆇𗄊"(phiow¹bjij²),中国学者对此给出了各种各样的汉译,最后大致统一做"白上",殊不知西夏人自己汉译的国名是"白高",这个词就保存在黑水城所出几部西夏佛经的题款里。当看到这些佛经之后中国人才意识到,持续多年的那场争论竟然是毫无意义的。

中国收藏的西夏文佛经大都来自元代,从里面找不出多少直接反映西夏时代历史文化的信息,而中国学者又没有机会赴俄国阅读那里的黑水城特藏,只能在汉文传统史籍里搜寻些真伪参半的资料,以求组合成像吴天墀《西夏史稿》那样的一部尽可能完整的专门史,至少是讲情某一历史事件的来龙去脉。应该强调的是,20世纪50年代以后中国的主流意识是对西方传统的批判,人们批评西方资产阶级史学是将其变成了单纯的史料学,批评西方学者沉迷于发掘各种文字的新史料,仅满足于史料的翻译、排比和辨析,而不愿考虑相关事件在中国历史上的价值和现实意义。在这样的思想氛围笼罩下,中国出现了一批西夏历史论著,这些成果大都是预先设置一个论题,然后在常见的汉文古书中拣选常见的素材,用"阶级分析"的思想组织在这个既定的论题下面,从而想出一个迎合当时意识形态的解释。由于这批论文仅仅是时代精神的传声筒,论题的选择往往不在学术界普遍关注的范围之内,尤其是未能提供新的资料以作为别人进一步研究的基础,所以始终得不到预期的重视,国际学术界甚至将其完全排除在西夏学领域之外。这就是说,一部分中国学者完全脱离了西夏原始文献,仅在汉文史料基础上表达的个人观点一直是与国际西夏学界隔离的。

从1996年开始，由俄罗斯科学院东方研究所圣彼得堡分所、中国社会科学院民族研究所、上海古籍出版社合编的大型资料集《俄藏黑水城文献》开始出版，由此带动了英国、法国、日本、中国所藏西夏出土文献的相继刊布，终于满足了西夏学者多年来对基础资料的需求，并由此引发了近二十年来解读西夏原始文献的高潮。促成这一高潮的还有两个不可或缺的工具，一个是李范文编著的《夏汉字典》(中国社会科学出版社，1997)，一个是景永时、贾常业制作的光盘《基于北大方正典码之上的西夏文字录入系统》(香港社会科学出版社，2005)。前者虽然从辞典编纂学角度看来多有不合规范的地方，对词语的解释也存在臆断，但其收录资料之丰富、字形录入之准确仍然使它成了每个研究者的案头必备。后者在正式发行前后经过了几次小的修订，已经彻底解决了西夏字电脑处理的难题，为西夏论著的写作和出版提供了关键的技术支持。到那时为止，要让中国的西夏研究出现一个大的飞跃，可以说是"万事俱备，只欠东风"了。

这"东风"指的是正确的学术理念，它不需要创造，只需要我们冷静地检讨当下，回归西夏研究初期那种不掺杂任何功利企图的、不迎合任何社会潮流的、纯净的学术研究，哪怕是当作一种智力游戏也好。从志高教授编集的这份目录可以看出，21世纪这二十多年来发表的著作和论文数量大得惊人，但真正能引起学术界关注的成果却占比很小，这与其他人文社会学科的情况类似。西夏学在中国学术界并非独立的存在，它不可避免地要受到整个社会大环境的制约。众所周知，作为科研主力军的高校中青年教师面临着前所未有的工作压力，繁重的课时量，特别是对申请项目、发表论文的严苛要求令他们没有精力坐下来读书，没有精力去做真正的学术研究。由此产生的大多是教师为升职而写的"职称论文"、为应付课题而写的"项目论文"、为博得上级眼球而写的"工作汇报论文"，以及学生为毕业而写的"学位论文"。这些文章带有明显的功利目的，作者的研究不是出于内心的求知欲望和读书心得，而是迫于外来的任务压力。他们不是在广泛阅读的过程看到了真正有待解决的问题，而是单纯为发表论文而临时想个题目，拼凑些空谈，甚至希望以著作的数量和发表刊物的级别来换取现实的利益。这种浮躁的心态导致了近年学术水平的大幅滑坡，肯定也不符合广大教师和研究人员当初选择这个职业的初衷。

单纯从科研立场上看，人们承认当今世界各国高校的学术型教育都是今不如昔，领导者和学生更看重那些对当前"有用"的技术型学科，以及针对当前国内外形势的、说与不说两可的对策建议，而以"考据"为突出特色的传统学问则普遍受到冷落。在这方面,中国的文史专业表现得尤其明显,中文专业的学生没有读过《诗经》《楚辞》,历史专业的学生没有读过《史记》《汉书》,无论哪个专业都没有安排考据学的正规训练,这已经是当今高校的常态。专业的过度细化导致学生的知识面越来越窄,以致大多数学生都没有养成阅读的习惯,更缺乏补充新知识、探索新领域的冲动。20世纪末,中国学者在克恰诺夫研究的基础上出版了《天盛律令》的汉译本,为学术界提供了极为丰富的西夏历史资料,即使未能译出原文里一些政治、经济、军事的专有名词也无伤大局,这无论如何是一件极大的好事。然而我们看到,在这个中译本出版之后涌现了大量有关西夏法律的论文,这些论文大都是预先想定题目,然后摘录相关法律条款的中译文进行各式各样的排列组合以敷衍成篇。作者不但没有意愿去核对西夏原文以考证那些至今无人能解的术语,甚至不想从现成的汉文史书里去寻找西夏法律条款的来源。所以我们说,在《天盛律令》中译本基础上形成的论著至今罕见成功之作。尽管我们相信广大师生都希望做出真正的学术研究,但当前的局面令他们感到无助,他们也实在不想再花费精力去学习那难写难认的西夏文。

近些年外国有些中青年学者也开始涉足西夏研究,他们的论文也不断被翻译介绍到中国,这可以帮助阅读原作有困难的国内学者了解国外学术概况。不过应该指出的是,大家也不必把外国人的研究奉为圭臬,当代外国论著里能够引领潮流的精品同样少见,里面肤浅甚至错误的研究方法和结论也为数不少,大家尽可以用平等的心态对待。然而他们有一点是绝对值得中国学者学习的,那就是对待学术的专一态度,尽管已经比他们的前辈淡薄了许多。

在西夏学这个领域,发表论著的数量和培养学生的数量正呈井喷之势,但谁都知道,数量的增加绝不等于质量的提高。志高教授已经把所有论著进行了学科分类,而假如进一步把分类细化到具体的论题,我们从题目中就可以清楚地看到里面存在大量的重复研究,包括不同作者之间的重复和同一作者自身的重复,即使是当今著名学者的论著也概莫能外。我们不得不承认,中国西夏学界每每以"领先世界"自诩,这不过是向上级汇报工作时的套语,千万不可理解为现实状况的真实描述,事实上我们近年论著的平均水平不仅落后于外国人,甚至还不及一个世纪前的王静如时代。这不难解释——除了教育水平降低导致研究者基础国学素养的严重欠缺之外,近三十年中国学术研究从上到下的急功近利,进而由浮躁发展为狂躁的心态是导致这种局面的根本原因。

树立正确的学术理念显然不是通过教育就能解决的问题。要让每个研究者从内心产生追求知识的欲望,而不再把从事研究单纯当成谋生的手段,这需要整个社会环境的烘托。毫无疑问,全世界目前都还不具备这样的社会环境,而这恰是对研究者意志力的考验。我们高兴地看到,当前仍有一些学者不以名利为念,远离世间的蝇营狗苟,默默地坚守着学术的初心,在汗牛充栋的文献和艰难枯燥的考据中寻得人生的乐趣,即便是一得之见,日后也足以集腋成裘。随着社会环境的逐步改良,这样令人尊敬的学者肯定会越来越多。终会有一天,我们的教师连同他们的学生都会走上一条正确的道路,一条通往学术理想的纯真道路。

感谢志高教授以坚忍的精神为我们编著了这样一部完美的工具书。可以感觉到,他编写这份历史资料的目的并不是要我们去通读里面著录的每一本书和每一篇文章,而是要我们了解这个学科的发展大势,从中决定自己的努力方向。毋庸讳言,里面开列的论文并非全都值得花时间阅读,至于具体的取舍,我相信每个研究者都会做出适合自己的正确选择。

是为序,共勉。

聂鸿音

二○二一年十二月二十二日于北京

编著说明

本"研究报告",大体包括正文、附录两大部分:分类论著译作品;著译书刊出版刊行编年、博士硕士学位论文、书刊名称索引。其内容连同书前本师聂鸿音先生的大作《中国西夏学研究学术史——兼评〈百年中国西夏学研究报告〉》",构成一个完整的体系,从纵横两方面的视角梳理,尽力勾勒了120年间国内西夏研究的兴起、发展的学术历程;反映了各领域的渐次推进;反映各学人的学术贡献及其师承关系;反映各学派、各重镇的研究特色。

全书正文收录百年来中国籍作者、译者在国内外出版、发表之论著,分为上下两编:著译书籍专刊、著译论文资讯,时间跨度为1900年1月—2020年12月。

一、正文辑录范围、分类

著译书籍专刊主要指著者在国内(含省级准印内资图批字号)国外公开发表的汉文、外文西夏研究学术著译作品,含部分涉西夏重要同类成果。作品形式有:专著、合著、主编、合编、编著、外译;专书、专刊、专集、文集、教材、软件。按其内容主要分:壹 大型西夏文献(文物)图录与整理研究;贰 西夏语言文字与西夏文文献整理研究;叁 外文西夏与涉西夏论著之汉文编译影印;肆 传世与出土汉文西夏暨黑水城等文献史料整理研究;伍 西夏文物考古发现与整理研究;陆 西夏历史文化研究。

著译论文资讯主要指作者在国内外学术期刊、报刊、书籍发表的论文、译文和资讯(介绍、评论和媒体报道)。其中外文题名,均予翻译;同时酌情收录媒体重要学术资讯。分为十二个类别:壹 通论;贰 政治、法律;叁 经济、科技;肆 军事、战争;伍 民族、遗民、后裔;陆 民族关系;柒 语言、文字;捌 文献、史料;玖 文化(文明)教育、思想宗教、社会生活、文学艺术;拾 历史地理、疆域政区、州城堡寨、交通线路;拾壹 文物、考古;拾贰 研究动态、学人学科及其他。

上述两编兼收:早期未刊行的西夏稿本(抄本);正说、史话、随笔类普及通俗型西夏文史读物、学术资料;涉西夏的论著(指西夏专业学者、涉西夏专业学者名家的有关与西夏关联的唐辽宋金元的历史文化,藏缅语族、支研究的成果)。暂未收戏说演义、小说剧作等文学形式的创作作品。

二、编排著录原则

正文的编排分门别类,各门类中一般按出版发表年度(论文为刊物卷期数、报纸为年月日版别)先后排序,各类别间连续编号,同时也兼及分类。一种著作图书有多种版本,一篇论文资料见于多处,则尽力按刊行时间标出。首列原始出处,再尽力按时间列出见载它处。各出处之间用分号区别。

(一)著作类每条著录包括:编号、书(篇)名、卷(册)数、编著译者、出版地、载体名称(出版者)、刊行年份(版次、印次不一致时,以后者为准)。

1. 对首次出版又进行再版的修订补充著作和再版更名(同书异名),以及外译著作,则著录于首版之后,置圆括号内以示区别,统计作2种。

2. 列入多卷本丛书中的书籍,一般仅著录首次出现的主编个人姓名或主编单位名称。

3. 学术文集(会议论文集、个人学术文集、译文集),既作为专著类列出,又在论文相关类中分篇析出。

4. 同名著作,书名前加圆括号标明作者和著作类别,以示区分。

5. 标注作者朝代、国籍时,国外的统一用方括号;国内的统一用圆括号,以示区别。

6. 对于译作,先列原作者,次列译者,并于二者后附括号以表明著作方式。

(二)论文类每条著录包括:编号、篇名、编著译者(报道者)、刊名期数(日期版别)。

1. 相关研究著作中有完整章节的西夏研究内容,也以单篇论文统计。一般列主编者、书名(不出现"载《×××》"字样),并在出版地前加圆括号列所在丛书名称,不列出版地。

2. 首次出处完整著录,后散于他作者则采用简略方法。

3. 国内学术文史哲期刊未注明者均为"人文社会科学版(哲学社会科学版、社会科学版)";自然科学的期刊,则在刊名后加圆括号注明"自然版";其他版别则相应注明诸如"社科版""英文版""理论版""美术与设计版""时政版"等;同时用多种民族文字和英语刊行的期刊,注明为"汉文版""英文版";凡是见载于中国人民大学复印报刊资料各类专题的论文,简称"人大《×××》"。

4. 港澳台地区期刊,则在期刊名称之前圆括号内,注明"香港、澳门、台湾"。《西夏学》自2017年第十四辑(2017年第1期)进入"中文社会科学引文索引(SCCSI)来源集刊(2017—2018)",为醒目明了、统一体例起见,圆括号先列辑数,空两字位置次又列期数。

5. 个人文集中对原载更名者,列首刊之后,以"(更名)《×××》"著录;新增加者,按文集出版时间先后排序。

6. 各篇目分行缩进两字位置。

三、附录

本附录分三部分:壹 国内西夏学与涉西夏学著译作品出版刊行编年(1900—2020年)、贰 国内西夏学(含黑水城文献和部分涉西夏内容)选题的研究生学位论文目录(1949—2020年)。前者分1900—1949年、1949—2020年两个时段(未收录没有经过整理的钞本、稿本);后者分博士、硕士学位论文两类;叁书刊名称索引。

本索引在《二十世纪西夏学论著资料索引》(1900—2004年)(以下简称一编,载杜建录主编《二十世纪西夏学》,宁夏人民出版社,2004年)的基础上,进行了六年内容的增补和对之前内容的补充、修订,新定名为《百年中国西夏学研究报告》。

此次增补、修订主要有四点:1. 成果分为两部分:百年中国西夏学研究报告、海外西夏学研究报告。先出版前者,俟时再出版后者。2. 成果时间从2004年延至2020年,并补充了一编中的一些遗漏。3. 补充一著一文再版或见于两种以上载体(包括收入论文集、全文转载和相关的著作、图书章节)。修订部分主要是改正了一编中归类和文字、重复等明显错误之处。4. 增加了附录。

本编著统计大约有①:

(壹)"著译书籍专刊"[520种(部)/878册(函、份)]②:一 1900—1949年[21种(部)/24册(函)],其中"西夏语言文字与西夏文文献整理研究"8种(部)/11册(函),"传世汉文西夏文献史料整理研究"13种(部)/13册(函),"专题文物选录"1种(部)/1册,"专刊专号(增刊)"1种(部)/1册;二 1949—2020年[498种(部)/854

---

① 不排除由于分类等缘故,误致个别同一种书籍和其他现象的重复,出现不一致的统计。

② 有关书籍的种(部)/册(函、份)看似简单,实则复杂,尤其在社科界、出版界标准不一。本编著主要以正文书刊名称、编著译者为主要标准,同时兼顾出版社、书号,同时正文与编年分类、书刊名称索引一起,给读者提供多维度的查阅视角。

册(函)]，其中"大型西夏文献(文物)图录"15种(部)/77册(函)，"西夏语言文字与西夏文文献整理研究"91种(部)/101册(份)含西夏软件著作(4份)；"外文西夏与涉西夏论著之汉文编译影印"23种(部)/28册，"传世与出土汉文西夏暨黑水城等文献史料整理研究"65种(部)/165册(函)，"西夏文物考古发现与整理研究"55种(部)/63册，"西夏历史文化研究"249种(部)/420册。

(贰)著译论文资讯6086篇(撰著5368篇、编译195篇、资讯523篇)：其中"壹 通论"60篇(撰著59篇、编译1篇)；"贰 政治、法律"265篇(撰著259篇、编译6篇)；"叁 经济、科技"400篇(撰著387篇、编译4篇、资讯9篇)；"肆 军事、战争"258篇(撰著254篇、编译2篇、资讯2篇)；"伍 民族、遗民、后裔"243篇(撰著237篇、编译4篇、资讯2篇)；"陆 民族关系"282篇(撰著278篇、编译4篇)；"柒 语言、文字"382篇(撰著329篇、编译52篇、资讯1篇)；"捌 文献、史料"1444篇(撰著1377篇、编译46篇、资讯21篇)；"玖 文化(文明)教育、思想宗教、社会生活、文学艺术"878篇(撰著834篇、编译32篇、资讯12篇)；"拾 历史地理、疆域政区、州城堡寨、交通线路"218篇(撰著204篇、编译10篇、资讯4篇)；"拾壹 文物、考古"777篇(撰著567篇、编译16篇、资讯194篇)；"拾贰 研究动态、学人学科及其他"879篇(撰著583篇、编译18篇、资讯278篇)。

值得要说明的是本目录的收集开始于20世纪90年代末期，当时笔者参加了宁夏大学西夏学研究院(当时为西夏学研究中心)申报教育部人文社科研究基地的任务，在工作中搜集梳理西夏学相关资料，渐次形成系统的论著目录。期间自己发表了单篇研究综述、专题研究概述和阶段性成果《二十世纪西夏学论著资料索引》(1900—2004年)。其后近十多年来，自己在主要从事汉文西夏文献、西夏文佛教文献研究的同时，仍然坚守这一阵地，持续高度关注搜集资料，相继应《宁夏年鉴》《中国辽夏金研究年鉴》编辑部之约，连续撰写了2003—2012年"西夏研究"(分别刊载于《宁夏年鉴》①，方志出版社、宁夏人民出版社2004—2013年)和《2019年西夏学论著目录》、《2019年西夏学研究综述》(《中国辽夏金研究年鉴》，中国社会科学出版社2022年)。此次论著，在前几次基础上做了新的增补和修订。

在此次资料收集过程中，也得到了诸多师友的大力支持。聂鸿音教授、景永

---

① 《宁夏年鉴》2001创刊号年卷，至"2002"年卷，刊载的西夏研究内容是上一年度零星的仅见"社会科学"栏下分栏目(综述、科研机构、课题研究、社科期刊、学术交流、社会科学界联合会)。自2003年卷始至2014年卷，在"社会科学"栏下独设"西夏研究"分栏目(2003—2013年卷由杨志高执笔)。自2015年卷至2020年卷，西夏研究又分散于"社会科学"栏下分栏目(社科规划与智库建设、项目与研究、成果与获奖、学术交流、学术园地)。

时教授、韩小忙教授,同门孙伯君教授、麻晓芳博士、王龙博士,同院校的杨浣教授、赵彦龙教授等,他们或提供资料补充自己的新近成果,或帮助查找寻问核实。还有在个别资料的核实过程中,也得到过杨蕤教授、赵天英博士等等同行的热情帮助。书稿成后,又蒙聂先生拨冗作序并校阅了一遍外文,补充了一些汉译、改正了错字。银川能源学院(银川大学)文法学院讲师杨露怡参与了部分资料搜集工作和索引制作。西夏学研究院院长杜建录教授也进行了督导。夫人张艾佘副教授,任劳任怨,承担了几乎全部家务,还时时鼓励上进。在此对各位师友、亲人们,一并表示谢忱。

由于编著者能力水平有限、见闻有限,加之汉文资料丰富庞杂,外文论著同样遇到不少困难,虽在以前十多年积累的基础上,又用了整整一年之余的时间集中精力尽力搜集、分类编著工作,但肯定还会有不少遗漏、错误之处。

最后还望方家不吝赐教和指正批评。

杨志高

二〇二一年十二月于银川学林园

论著涉及部分外文书刊出处译名表

（首列汉译，次列原称）

国外：

[俄]伊丽娜·波波娃(Irina Popova)、刘屹编《敦煌学：第二个百年的研究视角与问题》，圣彼得堡：斯拉维亚出版社，2012年——Irina Popova and Liu Yi eds. Dunhuang Studies: Prospects and Problems for the Coming Second Century of Research, St. Petersburg: Slavia Publishers, 2012.

[俄]《东方文献》(英文版)——Written Monuments of the Orient

[俄]《东方文献》(俄文版)——Письменные памятники востока

[德]《华裔学志》——Monumenta Serica

[德]《中亚学刊》——Central Asiatic Journal

[法]《亚洲杂志》——Journal Asiatique

[韩]《北方文化研究》——북방문화연구

[美]内藤丘(Nathan W. Hill)编《中世纪藏缅语Ⅳ》，莱顿·波士顿：布里尔，2012年——Nathan W. Hill ed., Medieval Tibeto-Burman Languages Ⅳ, Leidon·Boston: Brill, 2012.

[美]杜冠明(Graham Thurgood)、罗仁地(Randy J.LaPolla)主编《汉藏语言》，纽约2003年——Edited by Graham Thurgood , Randy J. LaPolla, *The Sino-Tibetan Languages*, New York 2003.

[俄]波波娃编《中亚的西夏——克恰诺夫教授80寿辰纪念论文集》，莫斯科：东方文献出版社2012年——И.Ф. Попова сост. Тангуты в Центральной Азии, Сборник статей в честь 80- летия профессора Е.И.Кычанова, МОСКВА: Издательская фирма «Восточная литература», 2012.

国内：

《历史与语言学研究所集刊》(简称《史语所集刊》，"中央研究院"语言学研究所主办）——Bulletin of the Institute of History and Philology（简称："IHP"）

《中国藏学》(英文版,中国藏学研究中心主办)——China Tibetology

《中国文字》(中国华东师范大学中国文字研究与应用中心主办)——Journal of Chinese Writing Systems（简称"JCWS"）

《中西文化交流学报》(中国西南交通大学外国语学院)——Journal of Sino-Western Communications①

---

① 该刊物是由中国西南交通大学外国语学院理论语言学研究所所长唐均博士出任第二主编,在美国编辑刊行的中英双语专业正式期刊(ISSN1946-6188)。参见《外国语学院在美国创办国际专业期刊》(《西南交大报》,2010年7月19日)。

目 录

上编　著译书籍专刊

下编　著译论文资讯

附　录

上编　著译书籍专刊

壹 大型西夏文献(文物)图录与整理研究

一、国外藏

(一)《俄藏黑水城文献》(全33册,1996—2020年出版二十九册)①

汉文部分(第1—6册)六册

1—3.《俄藏黑水城文献》(1、2、3),俄罗斯科学院东方研究所圣彼得分所、中国社会科学院民族研究所、上海古籍出版社编(史金波、魏同贤、[俄]E.И.克恰诺夫主编),上海:上海古籍出版社,1996年。

4.《俄藏黑水城文献》(4),俄罗斯科学院东方研究所圣彼得分所、中国社会科学院民族研究所、上海古籍出版社编(史金波、魏同贤、[俄]E.И.克恰诺夫主编),上海:上海古籍出版社,1997年。

5.《俄藏黑水城文献》(5),俄罗斯科学院东方研究所圣彼得分所、中国社会科学院民族研究所、上海古籍出版社编(史金波、魏同贤、[俄]E.И.克恰诺夫主编),上海:上海古籍出版社,1998年。

6.《俄藏黑水城文献》(6),俄罗斯科学院东方研究所圣彼得分所、中国社会科学院民族研究所、上海古籍出版社编(史金波、魏同贤、[俄]E.И.克恰诺夫主编),上海:上海古籍出版社,2000年。

西夏文世俗部分(第7—14册)八册

7.《俄藏黑水城文献》(7),俄罗斯科学院东方研究所圣彼得分所、中国社会科学院民族研究所、上海古籍出版社编(史金波、魏同贤、[俄]E.И.克恰诺夫主编),上海:上海古籍出版社,1997年。

---

① 史金波《刊布海外西夏文献 推进西夏学研究》指出,"至2020年,历时28年出版《俄藏》30册,还有2册待出,即将全部收官"(《中国社会科学报》2021年05月21日第2170期)。注:属于西夏文佛教部分的《俄藏》第30册,实际出版于2021年4月。史金波《万里同行 调研西夏——怀念白滨先生》,又指出"《俄藏黑水城文献》持续出版,至今已出版31册,还有两册即将全部完成"(《澎湃新闻·私家新闻》2022年08月04日)。注:《俄藏》第31册,出版于2022年8月。

8.《俄藏黑水城文献》(8),俄罗斯科学院东方研究所圣彼得分所、中国社会科学院民族研究所、上海古籍出版社编(史金波、魏同贤、[俄]E.И.克恰诺夫主编),上海:上海古籍出版社,1998年。

9—11.《俄藏黑水城文献》(9、10、11),俄罗斯科学院东方研究所圣彼得分所、中国社会科学院民族研究所、上海古籍出版社编(史金波、魏同贤、[俄]E.И.克恰诺夫主编),上海:上海古籍出版社,1999年。

12.《俄藏黑水城文献》(12),俄罗斯科学院东方研究所圣彼得分所、中国社会科学院民族研究所、上海古籍出版社编(史金波、魏同贤、[俄]E.И.克恰诺夫主编),上海:上海古籍出版社,2006年。

13.《俄藏黑水城文献》(13),俄罗斯科学院东方研究所圣彼得分所、中国社会科学院民族研究所、上海古籍出版社编(史金波、魏同贤、[俄]E.И.克恰诺夫主编),上海:上海古籍出版社,2007年。

14.《俄藏黑水城文献》(14),俄罗斯科学院东方研究所圣彼得分所、中国社会科学院民族研究所、上海古籍出版社编(史金波、魏同贤、[俄]E.И.克恰诺夫主编),上海:上海古籍出版社,2011年。

西夏文佛教部分(第15—29册)十五册

15—16.《俄藏黑水城文献》(15、16),俄罗斯科学院东方文献研究所、中国社会科学院民族学与人类学研究所、上海古籍出版社编(史金波、魏同贤、[俄]E.И.克恰诺夫主编),上海:上海古籍出版社,2011年。

17—19.《俄藏黑水城文献》(17、18、19),俄罗斯科学院东方文献研究所、中国社会科学院民族学与人类学研究所、上海古籍出版社编(史金波、魏同贤、[俄]E.И.克恰诺夫主编),上海:上海古籍出版社,2012年。

20—22.《俄藏黑水城文献》(20、21、22),俄罗斯科学院东方文献研究所、中国社会科学院民族学与人类学研究所、上海古籍出版社编(史金波、魏同贤、[俄]E.И.克恰诺夫主编),上海:上海古籍出版社,2013年。

23.《俄藏黑水城文献》(23),俄罗斯科学院东方文献研究所、中国社会科学院民族学与人类学研究所、上海古籍出版社编(史金波、魏同贤、[俄]E.И.克恰诺夫主编),上海:上海古籍出版社,2014年。

24.《俄藏黑水城文献》(24),俄罗斯科学院东方文献研究所、中国社会科学院民族学与人类学研究所、上海古籍出版社编(史金波、魏同贤、[俄]E.И.克恰诺夫主编),上海:上海古籍出版社,2015年。

25.《俄藏黑水城文献》(25),俄罗斯科学院东方文献研究所、中国社会科学院民族学与人类学研究所、上海古籍出版社编（史金波、魏同贤、［俄］Е.И.克恰诺夫主编），上海：上海古籍出版社，2016年。

26.《俄藏黑水城文献》（26），俄罗斯科学院东方文献研究所、中国社会科学院民族学与人类学研究所、上海古籍出版社编（史金波、魏同贤、［俄］Е.И.克恰诺夫主编），上海：上海古籍出版社，2017年。

27.《俄藏黑水城文献》（27），俄罗斯科学院东方文献研究所、中国社会科学院民族学与人类学研究所、上海古籍出版社编（史金波、魏同贤、［俄］Е.И.克恰诺夫主编），上海：上海古籍出版社，2018年。

28—29.《俄藏黑水城文献》（28、29），俄罗斯科学院东方文献研究所、中国社会科学院民族学与人类学研究所、上海古籍出版社编（史金波、魏同贤、［俄］Е.И.克恰诺夫主编），上海：上海古籍出版社，2019年。

（二）《英藏黑水城文献》（全五册）

1—4.《英藏黑水城文献》（1、2、3、4），西北第二民族学院（现北方民族大学）、上海古籍出版社、英国国家图书馆编（谢玉杰、［英］吴芳思主编），上海：上海古籍出版社，2005年。

5.《英藏黑水城文献》（5），西北第二民族学院（现北方民族大学）、上海古籍出版社、英国国家图书馆编（李伟、［英］吴芳思主编），上海：上海古籍出版社，2010年。

（三）《法藏敦煌西夏文文献》（全一册）

1.西北第二民族学院（现北方民族大学）、上海古籍出版社、法国国家图书馆编（李伟，［法］郭恩主编），上海：上海古籍出版社，2007年。

（四）《法国吉美国立亚洲艺术博物馆藏西夏文献》（全一册）

1.中国社会科学院西夏文化研究中心、法国吉美国立亚洲艺术博物馆主编（史金波、［法］克里斯蒂娜·克拉美罗蒂主编），北京：中华书局，天津：天津古籍出版社，2018年。

（五）《日本藏西夏文文献》（上、下册）

1—2.武宇林、［日］荒川慎太郎（Arakawa Shintaro）主编，北京：中华书局，2011年。

（六）《英藏西夏文文献整理与研究》（10册左右，2019—2020年五册）①

1—3.《英藏西夏文文献整理与研究》（1、2、3），北方民族大学西夏研究所、英

---

① 据课题组介绍，该书按英藏编号次序，每500号为1册。目前已经完成五册，其中第1—3册获2019年度国家出版基金资助，第4—5册获2020年度国家出版基金资助。英藏2500号以后因有1000多号残片尚待数字化，故该书第6册以后各册的编释尚待时日。

国国家图书馆国际敦煌项目、宁夏回族自治区档案馆编著,银川:宁夏人民出版社,北京:中华书局,2019年。

4—5.《英藏西夏学文文献整理与研究》北方民族大学西夏研究所、英国国家图书馆国际敦煌项目、宁夏回族自治区档案馆编著,银川:宁夏人民出版社,北京:中华书局,2020年。

二、国内藏

(七)《中国藏西夏文献》(全五编二十册)

第一至第三编·北京编(第1—12册)十二册

第一编·国家图书馆藏卷(第1—4册)四册

1—4.《中国藏西夏文献》(1、2、3、4),宁夏大学西夏学研究中心、国家图书馆、甘肃五凉古籍整理研究中心编(史金波、陈育宁总主编),兰州:甘肃人民出版社、敦煌文艺出版社出版,2005年。

第二编·国家图书馆藏卷(第5—8册)四册

5—8.《中国藏西夏文献》(5、6、7、8),宁夏大学西夏学研究中心、国家图书馆、甘肃五凉古籍整理研究中心编(史金波、陈育宁总主编),兰州:甘肃人民出版社、敦煌文艺出版社出版,2005年。

第三编·国家图书馆藏卷、北京大学藏卷、中国国家博物馆藏卷、中国社会科学院考古研究所藏卷、故宫博物院藏卷(第9—12册)四册

9—12.《中国藏西夏文献》(9、10、11、12),宁夏大学西夏学研究中心、国家图书馆、甘肃五凉古籍整理研究中心编(史金波、陈育宁总主编),兰州:甘肃人民出版社、敦煌文艺出版社出版,2006年。

第四编·宁夏藏卷、陕西藏卷、甘肃藏卷、内蒙古藏卷(第13—17册)五册

宁夏藏卷、陕西藏卷(第13—15册)三册

13—15.《中国藏西夏文献》(13、14、15),宁夏大学西夏学研究中心、国家图书馆、甘肃五凉古籍整理研究中心编(史金波、陈育宁总主编),兰州:甘肃人民出版社、敦煌文艺出版社出版,2006年。

甘肃藏卷(第16册)一册

16.《中国藏西夏文献》(16),宁夏大学西夏学研究中心、国家图书馆、甘肃五凉古籍整理研究中心编(史金波、陈育宁总主编),兰州:甘肃人民出版社、敦煌文艺出版社出版,2006年。

内蒙古藏卷(第17册)一册

17.《中国藏西夏文献》(17),宁夏大学西夏学研究中心、国家图书馆、甘肃五凉古籍整理研究中心编(史金波、陈育宁总主编),兰州:甘肃人民出版社、敦煌文艺出版社出版,2006年。

第五编·金石编(第18—20册)三册

碑石、题记卷(第18册)一册

18.《中国藏西夏文献》(18),宁夏大学西夏学研究中心、国家图书馆、甘肃五凉古籍整理研究中心编(史金波、陈育宁总主编),兰州:甘肃人民出版社、敦煌文艺出版社出版,2007年。

西夏陵残碑卷(第19册)一册

19.《中国藏西夏文献》(19),宁夏大学西夏学研究中心、国家图书馆、甘肃五凉古籍整理研究中心编(史金波、陈育宁总主编),兰州:甘肃人民出版社、敦煌文艺出版社出版,2007年。

印章、符牌、钱币卷(第20册)一册

20.《中国藏西夏文献》(20),宁夏大学西夏学研究中心、国家图书馆、甘肃五凉古籍整理研究中心编(史金波、陈育宁总主编),兰州:甘肃人民出版社、敦煌文艺出版社出版,2007年。

附:国内外散见(重刊)夏汉文之西夏文献

(八)《中国国家图书馆藏西夏文献》(全四册)

1—3.《中国国家图书馆藏西夏文献》(1、2、3),宁夏社会科学院编(李范文主编),上海:上海古籍出版社,2005年。

4.《中国国家图书馆藏西夏文献》(4),宁夏社会科学院编(李范文主编),上海:上海古籍出版社,2006年。

(九)《西夏方塔出土文献》(上、下册)

1—2.宁夏文物考古研究所编(罗丰主编),(《宁夏文物考古研究所丛刊》之七)兰州:甘肃人民出版社、敦煌文艺出版社,2006年。

(十)《山嘴沟西夏石窟》(上、下册)

1—2.宁夏文物考古研究所编(孙昌盛主持),(《宁夏文物考古研究所丛刊》之十)北京:文物出版社,2007年。

(十一)《中国藏黑水城民族文字文献》(全一册)

1.内蒙古自治区博物院、宁夏大学西夏学研究院、甘肃省古籍文献整理编译中心编（塔拉、杜建录、高国祥主编），北京、天津：中华书局，天津古籍出版社，2013年。

（十二）《国家珍贵古籍名录：一至五批》（上、下册）

1—2.国家古籍保护中心汇编，北京：国家图书馆出版社，2017年。

（十三）《中国少数民族文字珍稀典籍汇编·西夏文、契丹与女真文珍稀典籍》（第九册）

1.王世英、郑菊英、李欣欣主编，《西夏文、契丹与女真文珍稀典籍》（09）福州：福建人民出版社，2017年。

（十四）《元代史料丛刊续编·元代民族文字史料》（第十三册）

1.《元代史料丛刊》编委会主编，合肥：黄山书社，2018年。

（十五）《天盛改旧新定律令》（一函十八册，影印线装）

1—18.（西夏）嵬名地暴等纂定，杜建录、[俄]波波娃、潘洁、于光建整理，兰州：甘肃文化出版社，2018年。

贰　西夏语言文字与西夏文文献整理研究

一、语言文字与语言文献研究（专著、论集）

（十六）《西夏国书略说》（一卷）

1.罗福苌著，东山学社初印本，1914年。

2.罗福苌著，上海发行《亚洲学术杂志》第1卷1—4期（未刊完之修订本），1921—1922年。

3.罗福苌著，上虞罗氏《待时轩丛刊》石印本，民国二十六年（1937年）。

4.罗福苌著，《罗氏父子西夏研究专集》（影印本），（李范文主编《西夏研究》第四辑）北京：中国社会科学出版社，2007年。

5.王旭梁编，《罗福苌先生一百二十诞辰——罗福苌集》，上海：中西书局2017年。

（十七）《西夏国书类编》（一卷）

1.罗福成著，东山学社印本，1915年

2.罗福成著，《罗氏父子西夏研究专集》（影印本），（李范文主编《西夏研究》第四辑　影印）北京：中国社会科学出版社，2007年。

（十八）（罗氏）《番汉合时掌中珠》（一卷）

1.(西夏)骨勒茂才著，罗振玉辑，《嘉草轩丛书》第9册，民国七年（1918年）罗氏影印本。

2.(西夏)骨勒茂才著，罗福成抄录重校本，1935年。

3.(西夏)骨勒茂才著，《续修四库全书》（229　经部·小学类），上海：上海古籍出版社，1996年。

4.[西夏]骨勒茂才著，《罗氏父子西夏研究专集》，（李范文主编《西夏研究》第四辑）北京：中国社会科学出版社，2007年。

（十九）（罗氏）《西夏国书字典音同》（一卷）

1.罗福成辑，辽宁库籍整理处，1935年。

（二十）《西夏研究》（三辑）（《王静如西夏研究专集》）

1—3.王静如著，（"中央研究院"历史语言研究所单刊甲种）三辑，"中央研究院"历史语言研究所，1932—1933年。

4.王静如著，台北：商务印书馆，1992年。

5.王静如著，《民国丛书》（影印本）第5编（第45册），上海：上海书店，1996年。

6.《王静如西夏研究专辑》，（李范文主编《西夏研究》第五辑）北京：中国社会科学出版社，2007年。

（二十一）《王静如民族研究文集》

1.王静如著，北京：民族出版社，1998年。

（二十二）《文海研究》

1.史金波、白滨、黄振华著，北京：中国社会科学出版社，1983年。

（二十三）《同音研究》

1.李范文著，银川：宁夏人民出版社，1986年。

（二十四）（黄聂史三家整理本）《番汉合时掌中珠》

1.黄振华、聂鸿音、史金波整理本，银川：宁夏人民出版社，1989年。

（二十五）《宋代西北方音——〈番汉合时掌中珠〉对音研究》

1.李范文著，北京：中国社会科学出版社，1994年。

（二十六）《西夏语比较研究》

1.李范文主编（李范文、聂鸿音、马忠建、孙宏开撰），银川：宁夏人民出版社，1999年。

（二十七）《电脑处理西夏文〈文海宝韵〉研究》

1.史金波、[日]中岛干起合著，大塚秀明、今井健二、高桥末利代协力，日本东京外国语大学亚非语言研究所出版，2000年。

（二十八）《龚煌城西夏语文研究论文集》（《西夏语言文字研究论集——祝贺龚煌城教授七十华诞纪念文集》《龚煌城、林英津西夏语文研究专集》）

1.龚煌城著，《龚煌城西夏语文研究论文集》，（《语言暨语言学》专刊丙种之二上）台北："中央研究院"语言学研究所筹备处，2002年。

2.龚煌城著，《龚煌城西夏语文研究论文集》（增订本），（《语言暨语言学》专刊系列之四十六）台北："中央研究院"语言学研究所，2011年。

3.龚煌城著,《西夏语言文字研究论集——祝贺龚煌城教授七十华诞纪念文集》,北京:民族出版社,2005年。

4.《龚煌城、林英津西夏语文研究专集》(影印本),(李范文主编《西夏研究》第八辑)北京:中国社会科学出版社,2008年。

(二十九)《汉藏语研究——龚煌城先生七秩寿庆论文集》

1.龚煌城著,(《语言暨语言学》专刊外编之四)台北:"中央研究院"语言学研究所,2004年。

(三十)《汉藏语研究论文集》

1.《汉藏语研究论文集》,龚煌城著,(《语言学前沿》丛书第5种)北京:北京大学出版社,2004年。

(三十一)《西夏语音研究》

1.张竹梅著,(陈育宁主编《西夏研究丛书》第四辑)银川:宁夏人民出版社,2004年。

(三十二)《同义研究》

1.李范文、韩小忙著,(李范文主编《西夏研究》第一辑)北京:中国社会科学出版社,2005年。

(三十三)《西夏文〈真实名经〉释文研究》(《龚煌城、林英津西夏语文研究专集》)

1.林英津著,(《语言暨语言学》专刊甲种之八)台北:"中央研究院"语言学研究所,2006年。

2.《龚煌城、林英津西夏语文研究专集》(影印本),(李范文主编《西夏研究》第八辑)北京:中国社会科学出版社,2008年。

(三十四)《〈五音切韵〉和〈文海宝韵〉比较研究》

3.李范文著,(李范文主编《西夏研究》第二辑)北京:中国社会科学出版社,2006年。

(三十五)《〈同音文海宝韵合编〉整理与研究》

1.韩小忙著,(《西夏文字与文献研究》丛书)北京:中国社会科学出版社,2008年。

(三十六)《西夏新译佛经陀罗尼的对音研究》

1.孙伯君著,北京:中国社会科学出版社,2010年。

(三十七)《〈同音背隐音义〉整理与研究》

1.韩小忙著,(《西夏文字与文献研究》丛书)北京:中国社会科学出版社,2011年。

(三十八)《古代语文论稿》

1.聂鸿音著,北京:中国社会科学出版社,2014年。

(三十九)《打开西夏文字之门——国家珍贵古籍名录〈番汉合时掌中珠〉》

1.聂鸿音著,(《中国珍贵典籍史话丛书》)北京:北京图书馆出版社,2014年。

(四十)《王静如文集》(上、下册)

1—2.王静如著,(西夏文献文物研究丛书)北京:社会科学文献出版社,2015年。

(四十一)《西夏文的造字模式》

1.韩小忙著,(《西夏文字与文献研究》丛书)北京:中国社会科学出版社,2016年。

(四十二)《西夏文字揭要》

1.贾常业著,(史金波、杜建录主编《西夏学文库》第一辑论集卷)兰州:甘肃文化出版社,2017年。

(四十三)《西夏语言研究》

1.孙宏开著,(《西夏学文库》第一辑论集卷)兰州:甘肃文化出版社,2018年。

(四十四)《夏译汉籍中的古代汉语对音研究》

1.王培培著,(杜建录、史金波主编《西夏学文库》第一辑著作卷)兰州:甘肃文化出版社,2018年。

(四十五)《〈番汉合时掌中珠〉整理与研究》

1.景永时、[俄]I.F.波波娃编著,银川:宁夏人民出版社,2018年。

(四十六)《〈番汉合时掌中珠〉词汇历史研究》

1.戴光宇著,(《西夏学文库》第一辑著作卷)兰州:甘肃文化出版社,2020年。

(四十七)《西夏音韵辞书〈音同〉解读》

1.贾常业著,(杜建录、史金波主编《西夏学文库》第三辑著作卷)兰州:甘肃文化出版社,2020年。

(四十八)《西夏韵书〈五音切韵〉解读》

1.贾常业著,(《西夏学文库》第三辑著作卷)兰州:甘肃文化出版社,2020年。

二、西夏文宗教、世俗文献整理研究

(四十九)《西夏译〈莲花经〉考释》(一卷)

1.罗福成著,东山学社印本,1914年。

2.罗福成著,贞松堂印本,1914年。

3.罗福成著,《罗氏父子西夏研究专集》,(李范文主编《西夏研究》第四辑)北京:中国社会科学出版社,2007年。

(五十)《西夏译〈妙法莲花经〉考释》(一卷)

1.邓隆,北京图书馆抄本。

(五十一)《西夏译〈莲花经〉绎补》(一卷)

1.邓隆著,北京图书馆稿本,1926年。

(五十二)《西夏译〈华严经入法界品普贤行愿品〉考释》(一卷)

1.邓隆著,北京图书馆抄本。

(五十三)《中国谚语集成(宁夏卷)·附类　西夏谚》

1.罗矛昆著(马学良任总主编,杨韧任宁夏卷主编),北京:中国民间文艺出版社,1990年。

(五十四)《〈圣立义海〉研究》

1.[俄]Е.И.克恰诺夫(Е.И.Кычанов)、李范文、罗矛昆合著,银川:宁夏人民出版社,1995年。

(五十五)《电脑理西夏文〈杂字〉研究》

1.李范文、[日]中岛幹起合著,大塚秀明、今井健二、高桥末利代协力,日本东京外国语大学亚非语言研究所出版,1997年。

(五十六)《类林研究》

1.史金波、黄振华、聂鸿音著,银川:宁夏人民出版社,1993年。

(五十七)《西夏谚语——新集锦成对谚语》

1.(西夏)梁德养、王仁持编著,[俄]克恰诺夫(Е.И.Кычанов)(俄译)、陈炳应(汉译),太原:山西人民出版社,1993年。

(五十八)《夏译〈孙子兵法〉研究》(上、下册)

1—2.林英津著,(《“中央研究院”史语所单刊之二八》)台北:“中央研究院”史语所,1994年。

3.林英津著,《龚煌城、林英津西夏语文研究专集》(李范文主编《西夏研究》第八辑),北京:中国社会科学出版社,2008年(影印本)。

(五十九)(史聂白三家译注本)《西夏天盛律令》(译注修订本《天盛改旧新定律令》)

1.西夏仁宗天盛二年(1150)颁行,史金波、聂鸿音、白滨译注,(《中国珍稀法律典籍集成》甲编　第五册),北京:科学出版社,1994年。

2.史金波、聂鸿音、白滨译注,《天盛改旧新定律令》(修订本,《中华传世法典》

之一种)北京:法律出版社,2000年。

(六十)《〈贞观玉镜将〉研究》

1.西夏崇宗贞观年间(1101—1113年)敕编,陈炳应著,银川:宁夏人民出版社,1995年。

(六十一)《西夏文〈德行集〉研究》

1.(西夏)曹道乐辑,聂鸿音著,(陈育宁主编《西夏研究》第三辑)兰州:甘肃文化出版社,2002年。

(六十二)《西夏文〈新集慈孝传〉研究》

1.聂鸿音著,银川:宁夏人民出版社,2009年。

(六十三)《西夏文〈孔子和坛记〉研究》

1.[俄]Е.И.克恰诺夫、聂鸿音著,北京:民族出版社,2009年。

(六十四)《西夏文献论稿》

1.聂鸿音著,(宁夏大学西夏学研究院编《西夏文献研究》丛刊)上海:上海古籍出版社,2012年。

(六十五)《西夏文〈孟子〉整理研究》

1.彭向前著,(《西夏文献研究》丛刊)上海:上海古籍出版社,2012年。

(六十六)《中国国家图书馆藏西夏文〈大般若波罗蜜多经〉研究》(上、下册)

1—2.黄延军著,(中央民族大学《国家珍贵少数民族文字古籍名录整理研究》丛书)北京:民族出版社,2012年。

(六十七)《西夏〈功德宝集偈〉跨语言对勘研究》

1.段玉泉著,(《西夏文献研究》丛刊)上海:上海古籍出版社,2014年。

(六十八)《西夏文〈经律异相〉整理研究》

1.杨志高著,(史金波主编《西夏文献文物研究》丛书)北京:社会科学文献出版社,2014年。

(六十九)《〈天盛律令〉研究》

1.杜建录、[俄]波波娃主编,(《西夏文献研究》丛刊)上海:上海古籍出版社,2014年。

(七十)《西夏佛典探微》

1.胡进杉著,(《西夏文献研究》丛刊)上海:上海古籍出版社,2015年。

(七十一)《黑水城出土西夏文医药文献整理与研究》

1.梁松涛著,(《西夏文献文物研究》丛书)北京:社会科学文献出版社,2015年。

（七十二）《西夏文珍贵典籍史话》

1.史金波著，（《西夏文珍贵典籍史话》丛书）北京：国家图书馆出版社，2015年。

（七十三）《西夏文献丛考》

1.孙伯君著，（北方民族大学《学术文库》）上海：上海古籍出版社，2015年。

（七十四）《西夏文〈吉祥遍至口合本续〉整理研究》

1.孙昌盛著，（《西夏文献文物研究》丛书）北京：社会科学文献出版社，2015年。

（七十五）《西夏文〈维摩诘经〉整理研究》

1.王培培著，（《西夏文献文物研究》丛书）北京：社会科学文献出版社，2015年。

（七十六）《武威出土西夏文献研究》

1.梁继红著，（《西夏文献文物研究》丛书）北京：社会科学文献出版社，2015年。

（七十七）《西夏文〈亥年新法·第三〉译释与研究》

1.周峰著，（潘美月、杜吉祥主编《古典文献研究辑刊》22编第7册）新北市：花木兰文化出版社，2016年。

（七十八）《西夏佛经序跋译注》

1.聂鸿音著，（《北方民族大学学术文库》）上海：上海古籍出版社，2016年。

（七十九）《〈天盛律令〉农业门整理研究》

1.潘洁著，（《西夏文献研究》丛刊）上海：上海古籍出版社，2016年。

（八十）《西夏经济文书研究》

1.史金波著，（2016年度《国家哲学社会科学成果文库》入选作品）北京：社会科学文献出版社，2017年。

（八十一）《〈慈悲道场忏法〉西夏译文的复原与研究》

1.杨志高著，（2016年《国家哲学社会科学文库》入选作品）北京：中国社会科学出版社，2017年。

（八十二）《西夏文藏传〈守护大千国土经〉研究》

1.安娅著，（潘美月、杜洁祥主编《古典文献研究辑刊》第24编第30册）新北市：花木兰文化出版社，2017年。

（八十三）《西夏文〈大随求陀罗尼经〉研究》

1.张九龄著，（潘美月、杜洁祥主编《古典文献研究辑刊》第24编第31册）新北市:花木兰文化出版社,2017年。

（八十四）《西夏文献论稿二编》

1.聂鸿音著,（史金波、杜建录主编《西夏学文库》第二辑论集卷）兰州:甘肃文化出版社,2018年。

（八十五）《西夏译华严宗著作研究》

1.聂鸿音、孙伯君著,银川:宁夏人民出版社,2018年。

（八十六）《西夏文藏传佛教史料:"大手印"法经典研究》

1.孙伯君、聂鸿音著,（中国人民大学国学院《汉藏佛学研究丛书》）北京:中国藏学出版社,2018年。

（八十七）《俄藏西夏历日文献整理研究》

1.彭向前著,（国家哲学社会科学成果文库）北京:社会科学文献出版社,2018年。

（八十八）《西夏文〈宫廷诗集〉整理与研究》

1.梁松涛著,（《西夏文献研究》丛刊）上海:上海古籍出版社,2018年。

（八十九）《〈天盛律令〉典当借贷门整理研究》

1.于光建著,（《西夏文献丛刊》）上海:上海古籍出版社,2018年。

（九十）《西夏文〈无量寿经〉研究》

1.孙颖新著,（《中国社会科学博士论文文库》）北京:中国社会科学出版社,2018年。

（九十一）《西夏文〈大宝积经·无量寿如来会〉研究》

1.孙颖新著,北京:社会科学文献出版社,2019年。

（九十二）《〈天盛律令〉武器装备条文整理研究》

1.尤桦著,（《西夏文献研究》丛刊）上海:上海古籍出版社,2019年。

（九十三）《〈天盛律令〉职官门整理研究》

1.翟丽萍著,（《西夏文献研究》丛刊）上海:上海古籍出版社,2019年。

（九十四）《〈天盛律令〉铁箭符牌条文整理研究》

1.张笑峰著,（《西夏文献研究》丛刊）上海:上海古籍出版社,2019年。

（九十五）《西夏文〈喜金刚现证如意宝〉考释与研究》

1.李若愚著,（潘美月、杜洁祥主编《古典文献研究辑刊》第30编第15册）新北市:花木兰文化事业有限公司,2020年。

（九十六）《西夏文〈大宝积经·善住意天子会〉研究》

1.麻晓芳著,（杜建录、史金波主编《西夏学文库》第二辑著作卷）兰州:甘肃文化出版社,2020年。

三、西夏文工具著作(辞书、教材、数字化与录入软件)

(九十七)《夏汉字典》

1.李范文编著,北京:中国社会科学出版社,1997年。

2.李范文编著,北京:中国社会科学出版社,2008年修订重印。

(九十八)《简明夏汉字典》

1.李范文编著,北京:中国社会科学出版社,2012年(简明本)。

(九十九)《西夏文教程》("Tangut Language and Manuscripts An Introduction")

1.史金波著,(《西夏文献文物研究》丛书)北京:社会科学文献出版社,2013年。

2.By Shi Jinbo、Translated by Li Hansong, "Tangut Language and Manuscripts An Introduction", LEIDEN:BRILL2020(史金波著,[美]李汉松译《西夏的语言和文献导论》,荷兰莱顿市:博睿学术出版社,2020年)。

(一百)《新编西夏文字典》(《西夏文字典》)

1.《新编西夏文字典》贾常业编著,兰州:甘肃文化出版社,2013年。

2.《西夏文字典》(修订本),贾常业编著,兰州:甘肃文化出版社,2019年。

(一百零一)《西夏文字数字化方法及其应用》

1.马希荣、王行愚编著,(陈育宁主编《西夏研究丛书》第三辑)兰州:甘肃文化出版社,2002年。

(一百零二)《西夏文字处理及电子字典》(WindowsXP/2003/Vista/Windows7,CD-ROM软件)

1.马希荣开发,北京:清华大学出版社,1999年。

(一百零三)《基于方正典码基础之上的西夏文录入系统》(软件)

1.景永时、贾常业开发,香港社会科学出版社,2005年。

(一百零四)《西夏文字处理系统》(Win95/98/XP,CD-ROM软件)①

1.景永时主编,贾常业副主编,银川:宁夏人民出版社,2007年。

(一百零五)《西夏文电子字典及输入法软件》(WindowsXP/WindosVista/Win-

① 西夏文字处理技术虽然起步晚,但进展较快。目前,包括科研机构、电脑公司、个人研发较完整的西夏文字符集近十套。其中景永时教授主持的西夏文录入软件《基于北大方正典码之上的西夏文字录入系统》,借用汉字GB2312楷体笔画制作了西夏文字符集。后来该系统升级为《西夏文字处理系统》,可以在Win XP及以上操作系统中应用,较好地满足了电脑写作和有关的期刊论文、书籍的出版。该系统的西夏文字符还被选用于《信息技术通用多八位字符集(UCS)》(中国国家标准为GB13000)的字符集(2016年正式公布)。

dos7,版本1.0)

　　1.柳常青编著,银川:宁夏黄河电子音像出版社,2012年。

附:同类相关研究

　　(一百零六)《少数民族古籍版本——民族文字古籍(插图珍藏本)》

　　1.黄润华、史金波著,(《中国版本文化》丛书)南京:江苏古籍出版社,2002年。

　　(一百零七)《中国历代民族古文字文献探幽》

　　1.史金波、黄润华著,北京:中华书局,2008年。

叁　外文西夏与涉西夏论著之汉文编译影印

一、外文西夏论著汉文编译影印

（一百零八）《西夏文写本和刊本目录》

1.［俄］戈尔巴乔娃（З.И. Горбачева）、克恰诺夫（Е.И.Кычанов）（合编），白滨（译），中国社会科学院民族所编译（《民族史译文集》第3集），1978年。

（一百零九）《西夏法典——〈天盛年改旧定新律令〉(1—7章)》

1.（西夏）仁宗天盛二年（1150）颁行，［俄］Е.И.克恰诺夫（Е.И.Кычанов）（俄译）、李仲三（汉译）、罗矛昆（校订），银川：宁夏人民出版社，1988年。

（一百一十）《黑城出土汉文遗书叙录》

1.［俄］孟列夫（Л.Н.Меньшиков）（著），王克孝（汉译），银川：宁夏人民出版社，1994年。

（一百一十一）《丝路上消失的王国：西夏黑水城的佛教艺术》

1.［俄］米哈依·比奥特罗夫斯基（Piotrovsky·M）（编），汉译名"《丝路上消失的王国：10—13世纪哈喇浩特的佛教艺术》"，"国立"历史博物馆编译小组（许洋主译），台北：历史博物馆，1996年。

（一百一十二）《西夏文字解读》

1.［日］西田龙雄（著），那楚格、陈健玲（译），陈健玲、白继盛（校译），银川：宁夏人民出版社，1998年。

（一百一十三）《西夏书籍业》

1.［俄］捷连提耶夫–卡坦斯基（Терентьев–Катанский А.）（著），王克孝、景永时（译），银川：宁夏人民出版社，2000年。

（一百一十四）《国外早期西夏学论集》（一、二）

1—2.孙伯君编，北京：民族出版社，2005年。

（一百一十五）《西夏物质文化》

1.［俄］捷连吉耶夫-卡坦斯基（Терентьев-Катанский A.）（著），崔红芬、文志勇（译），北京：民族出版社，2006年。

（一百一十六）《西夏语文学——研究论文和字典》

1.［俄］聂历山（N.A.Nevsky）（著），马忠建、文志勇、崔红芬（译），（李范文主编《西夏研究》第六辑）北京：中国社会科学出版社，2007年。

（一百一十七）《西夏语研究——西夏语的构拟与西夏文字的解读》

1.［日］西田龙雄（著），鲁忠慧（译），（李范文主编《西夏研究》第七辑）北京：中国社会科学出版社，2008年。

（一百一十八）《西夏语言与绘画研究论集》

1.景永时编，银川：宁夏人民出版社，2008年。

（一百一十九）《十二国》

1.［俄］索罗宁（K.J.Solonin）（著），粟瑞雪（译），（《西夏研究》第五辑）银川：宁夏人民出版社，2012年。

二、外文涉西夏论著汉文编译影印

（一百二十）《河西历史地理学研究》

1.［日］前田正名（著），陈俊谋（译），（《西藏学参考丛书》第二辑）北京：中国藏学出版社，1993年。

（一百二十一）《剑桥中国史：辽西夏金元史（907—1368年）》

1.［德］傅海波（Herbert Franke）、［英］崔瑞德（Denis Twitchett）（编），史卫民等（译），北京：中国社会科学出版社，1998年。

2.［德］傅海波（Herbert Franke）、［英］崔瑞德（Denis Twitchett）（编），史卫民等（译），北京：中国社会科学出版社，2007年。

（一百二十二）《黑水城两千年历史研究》

1.［日］井上充幸、加藤雄三、森谷一树（编），乌云格日勒（译），（《西域历史语言研究丛书》）北京：中国人民大学出版社，2013年。

（一百二十三）《疾驰的草原征服者：辽西夏金元》

1.［日］杉山正明（著），乌兰、乌日娜（译），（《讲谈社·中国的历史》08）桂林：广西师范大学出版社，2014年。

2.郭清华（译），（《中国·历史的长河》08）新北市：台湾商务印书馆，2018年。

（一百二十四）《蒙古和唐古特人地区：1870—1873 年中国高原纪行》（《荒原的召唤》）

1.［俄］尼·米·普尔热瓦尔斯基（Николай Михайлович Пржевальский）（著），王嘎（译）《蒙古和唐古特人地区：1870—1873 年中国高原纪行》，北京：中国工人出版社，2019 年。

2.［俄］尼·米·普尔热瓦尔斯基（Николай Михайлович Пржевальский）（著），王嘎、张友华（译）《荒原的召唤》，（《中国西部考察探险》丛书）乌鲁木齐：新疆人民出版社，2000 年。

（一百二十五）《蒙古·安多和故城哈拉浩特：俄国地理学会 1907—1909 年在亚洲高原的探险》（《死城之旅》《蒙古、安多和死城哈喇浩特》）

1.［俄］彼·库·柯兹洛夫（P.K.Kozlov）（著），陈贵星（译）《死城之旅》，（《亚洲探险之旅丛书》）乌鲁木齐：新疆人民出版社，2001 年。

2.［俄］彼·库·柯兹洛夫（P.K.Kozlov）（著），王希隆、丁淑琴（译）《蒙古、安多和死城哈喇浩特》，（《中国西部考察探险丛书》）兰州：兰州大学出版社，2002 年。

（一百二十六）《从东方到西方：8—13 世纪中亚诸国的史籍和印书》

1.［俄］捷连季耶夫–卡坦斯基（Анатолий Павлович Терентъев–Катанский）（著），左少兴（译），北京：商务印书馆，2012 年。

（一百二十七）《蒙古高原考古研究》

1.［苏］普·巴·科诺瓦洛夫（П.Б.Коновалов）等（著），陈弘法（译），（《北方民族史译丛》）呼和浩特：内蒙古人民出版社，2016 年。

（一百二十八）《敦煌石窟：北魏、唐、宋时期的佛教壁画和雕塑（第 1 号—182号窟及其它）》

1.（法）伯希和（Paul Pelliot）著，甘肃五凉古籍整理研究中心整理，兰州：甘肃文化出版社，1997 年。

（一百二十九）《千佛：敦煌石窟寺的古代佛教壁画》

1.［英］马尔克·奥莱尔·斯坦因（Marc Aurel Stein）（著），［英］劳伦斯·宾雍（Laurence Binyon）（导论），郑涛（译），杭州：浙江人民美术出版社，2019 年。

肆 传世与出土汉文西夏暨黑水城等文献史料整理研究

I 传世汉文西夏文献史料整理研究

一、汉文西夏文献史料汇编、丛考、影印

(一百三十)《党项与西夏资料汇编》(上、中、下卷,补遗,9册)

1—2.韩荫晟编著,(上卷,第1—2册)银川:宁夏人民出版社,1983年(单行未全本)。

3—111.韩荫晟编著,(上、中、下卷,补遗,第9册)银川:宁夏人民出版社,2000年(重出足本)。

上卷:传记类、人物传志、散见资料编年辑录上(1)一册

韩荫晟编著,(上卷)银川:宁夏人民出版社,2000年。

中卷:散见资料编年辑录中(第2—7册)六册

韩荫晟编著,(中卷)银川:宁夏人民出版社,2000年。

下卷:散见资料编年辑录下(第8册)一册

韩荫晟编著,(下卷)银川:宁夏人民出版社,2000年。

补遗:(第9册)一册

韩荫晟编著,(补遗)银川:宁夏人民出版社,2000年。

(一百三十一)《汉文西夏文献丛考》

1.胡玉冰著,(《西夏研究》第三辑)兰州:甘肃文化出版社,2002年。

(一百三十二)《传统典籍中汉文西夏文献研究》

1.胡玉冰著,(2005年入选《国家社科基金成果文库》作品)北京:中国社会科学出版社,2007年。

(一百三十三)《西夏汉文典籍丛考》

1.汤君、项璇、杨金山、李伟、付燕著,北京:商务印书馆,2016年。

(一百三十四)《朔方文库·汉文西夏史籍编》(廿六种十五册)

宋元人编西夏专题史料一、二(第97—98册)

1.《朔方文库·汉文西夏史籍编·宋元人编西夏专题史料一(《武经总要前集》边防,《文献通考》封建考一七·唐天宝以后藩镇、舆地考八·古雍州、四裔考一一·党项、四裔考一二·西夏》、《隆平集》夷狄传·夏国,《宋朝诸臣奏议》边防门·辽夏一)》(影印本,97),胡玉冰总主编,北京:国家图书馆出版社,2018年。

2.《朔方文库·汉文西夏史籍编·宋元人编西夏专题史料二(《宋朝诸臣奏议》边防门·辽夏二,《宋朝大诏令集》政事门·四裔·西夏,《宋朝事实类苑》安边御寇·西夏,《建炎以来朝野杂记》边防·西夏扣关,《东都事略》西夏传,《太平治迹统类》太祖太宗经制西夏、真宗经制西夏、康定元昊扰边、仁宗经制西夏要略、治平西夏扰边、神宗经制西夏、韩绛宣抚陕西、种谔建议大举、李宪再举取灵武、徐禧等筑永乐城、哲宗弃四寨、哲宗朝议弃西夏地界》,《宋史》夏国传,《辽史》西夏外记,《金史》西夏传)》(影印本,98),胡玉冰总主编,北京:国家图书馆出版社,2018年。

《宋臣韩范经略西事始末纪》、《宋西事案》(第99册)

3.《朔方文库·汉文西夏史籍编(《大泌山房集》宋臣韩范经略西事始末纪,《宋西事案》,《西夏书》)》(影印本,99),胡玉冰总主编,北京:国家图书馆出版社,2018年。

(小岘山房刻本)《西夏书事》(第100—102册)

4.《朔方文库·汉文西夏史籍编(《西夏书事》[①]卷一至十四)》(影印本,100),胡玉冰总主编,北京:国家图书馆出版社,2018年。

5.《朔方文库·汉文西夏史籍编(《西夏书事》卷十五至二十九)》(影印本,101),胡玉冰总主编,北京:国家图书馆出版社,2018年。

6.《朔方文库·汉文西夏史籍编(《西夏书事》卷三十至四十二)》(影印本,102),胡玉冰总主编,北京:国家图书馆出版社,2018年。

(清抄本)《西夏书事》(第103—105册)

7.《朔方文库·汉文西夏史籍编(《西夏书事》[②]卷一至十四)》(影印本,103),胡玉冰总主编,北京:国家图书馆出版社,2018年。

8.《朔方文库·汉文西夏史籍编(《西夏书事》卷十五至二十九)》(影印本,

---

① 清道光五年(1825年)小岘山房刻本。

② 清抄本。

104),胡玉冰总主编,北京:国家图书馆出版社,2018年。

9.《朔方文库·汉文西夏史籍编(《西夏书事》卷三十至四十二)》(影印本,105),胡玉冰总主编,北京:国家图书馆出版社,2018年。

《西夏纪事本末》《西夏姓氏录》(第106册)

10.《朔方文库·汉文西夏史籍编(《西夏纪事本末》,《西夏姓氏录》)》(影印本,106),胡玉冰总主编,北京:国家图书馆出版社,2018年。

《西夏纪年》《西夏文缀》《西夏艺文志》《西夏志略》《西夏文存》(第107册)

11.《朔方文库·汉文西夏史籍编(《西夏纪年》《西夏文缀》《西夏艺文志》《西夏志略》《西夏文存》)》(影印本,107),胡玉冰总主编,北京:国家图书馆出版社,2018年。

《宋史夏国传集注》(第108—109册)

12.《朔方文库·汉文西夏史籍编(《宋史夏国传集注》卷一至七)》(影印本,108),胡玉冰总主编,北京:国家图书馆出版社,2018年。

13.《朔方文库·汉文西夏史籍编(《宋史夏国传集注》卷八至十四)》(影印本,109),胡玉冰总主编,北京:国家图书馆出版社,2018年。

《西夏纪》(第110—111册)

14.《朔方文库·汉文西夏史籍编(《西夏纪》(卷首一卷)卷一至十四)》(影印本,110),胡玉冰总主编,北京:国家图书馆出版社,2018年。

15.《朔方文库·汉文西夏史籍编(《西夏纪》(卷首一卷)卷十五至二八)》(影印本,111),胡玉冰总主编,北京:国家图书馆出版社,2018年。

二、传世汉文西夏文献史料整理研究

(一百三十五)《西夏事略》一卷(影印本、点校本)

1.(南宋)王稱撰,台北:艺文印书馆,1971年。

2.(南宋)王稱撰,《宋代笔记小说》(1),石家庄:河北教育出版社,1995年。

3—4.(南宋)王稱撰,罗炳良整理本,车吉心总主编,罗炳良卷主编《中华野史·辽夏金元卷》(第六卷),济南:泰山出版社,2000年;《中华野史》编委会编《中华野史·辽夏金元卷》(第六卷),西安:三秦出版社,2000年。

(一百三十六)《宋史·夏国传》两卷(集注本、影印本、补注本)

1.《宋史夏国传集注》十四卷,(元)脱脱等撰,罗福苌集注,《国立北平图书馆馆刊》第四卷第三号(西夏文专号),1932年。

2.罗福苌、罗福颐集注,上虞罗氏石印《待时轩丛刊》本(《系表》1卷),民国二十六年(1937年)。

3.罗福苌、罗福颐集注,《近代著名图书馆馆刊荟萃续编》(影印本,第5册),北京:北京图书馆出版社,2005年。

4.罗福苌、罗福颐集注,罗炳良编《宋史研究》(影印本,《20世纪二十四史研究丛书》第8卷),北京:中国大百科全书出版社,2009年。

5.《罗氏父子西夏研究专集》(影印本,《西夏研究》第四辑),北京:中国社会科学出版社,2007年。

6.王旭梁编,《罗福苌先生一百二十诞辰——罗福苌集》,上海:中西书局,2017年。

7.《宋史夏国传集注》,罗福苌、罗福颐著,彭向前补注,(《西夏研究丛书》第四辑)银川:宁夏人民出版社,2004年。

8.《宋史夏国传集注》十四卷,《朔方文库·汉文西夏史籍编(《宋史夏国传集注》)》(影印本,108—109),胡玉冰总主编,北京:国家图书馆出版社,2018年。

(一百三十七)《述善集》三卷附《历代乡约》《杨氏家谱》(钞本、校注本)

1.(元)唐兀(杨)崇喜编著,至正十八年(1358年）以钞本成书(历经明清民国,多次修订秘藏然未刊刻,直至1986年始为学界所知)。①

2.《元代西夏遗民文献〈述善集〉校注》,(元)唐兀、杨崇喜编著,焦进文、杨富学校注,兰州:甘肃人民出版社,2001年。

(一百三十八)《〈述善集〉研究论集》

1.何广博主编,兰州:甘肃人民出版社,2001年。

(一百三十九)《宋西事案》二卷(影印本、校证本)

1.《宋西事案》,(明)祁承爜撰,《中国野史集成·续编》编委会、四川大学图书馆编《先秦——清末民初中国野史集成续编》(3),成都:巴蜀书社,2000年。

2.《宋西事案》,(明)祁承爜撰,杨志高校证,(《西夏研究丛书》第四辑)银川:宁夏人民出版社,2004年。

3.《朔方文库·汉文西夏史籍编》(影印本,99),胡玉冰总主编,北京:国家图书馆出版社,2018年。

(一百四十)《西夏书事》四十二卷(影印本、校证本、点校整理本)

1.《西夏书事》,(清)吴广成著,北平文奎堂(分订八册,据小岘山房刻影印本),1935年。

―――――――――――――

① 王媛著《元人总集叙录》,天津古籍出版社,2018年,第239页。

2.《西夏书事校证》，(清)吴广成著，龚世俊、胡玉冰、陈广恩、许怀然校证，(宁夏大学编《西夏研究丛书》第一辑)兰州：甘肃文化出版社，1995年。

3.车吉心总主编，罗炳良卷主编《中华野史·辽夏金卷》(第六卷)，李蔚整理，济南：泰山出版社，2000年。

4—9.《朔方文库·汉文西夏史籍编》(影印本，100—105)，胡玉冰总主编，北京：国家图书馆出版社，2018年。

(一百四十一)《西夏纪事本末》三十六卷(影印本、白话精评本、译评本、点校本)

1.《西夏纪事本末》，(清)张鉴著，1903年重印光绪十年(1884年)刻本。

2.《西夏纪事本末》，王民信主编《宋史资料萃编》(影印本，第3辑)，台北：文海出版社影印光绪乙酉(1885)本，1981年。

3.《白话精评西夏纪事本末》(1册)，(清)张鉴著，黄中业、田禾译评，(《历代纪事本末》丛书)沈阳：辽沈书社，1994年。

4.《白话精评西夏纪事本末》(2册)，(清)张鉴著，黄中业、田禾译评，(《历代纪事本末》丛书)沈阳市：辽海出版社，2006年第2版。

5.《西夏纪事本末》，(清)张鉴著，龚世俊、陈广恩、朱巧云点校，(宁夏大学编《西夏研究丛书》第二辑)兰州：甘肃文化出版社，1998年。

6.《西夏纪事本末》，龚世俊、王伟伟点校，(《浙江文丛》)杭州：浙江古籍出版社，2015年。

7.胡玉冰总主编《朔方文库·汉文西夏史籍编》(影印本，106)，北京：国家图书馆出版社，2018年。

(一百四十二)《西夏志略》六卷(影印本、校证本)

1.(清)佚名氏编，徐蜀编《二十四史订补》(钞本影印，第12册)，北京：书目文献出版社，1996年。

2.(清)佚名氏编，胡玉冰校证，(《西夏研究丛书》第二辑)兰州：甘肃文化出版社，1998年。

3.胡玉冰总主编《朔方文库·汉文西夏史籍编》(影印本，107)，北京：国家图书馆出版社，2018年。

(一百四十三)《西夏书》十卷(影印本、校补本)

1.(清)周春著，《续修四库全书》编纂委员会编《续修四库全书》(清抄本影印，第334册史部·别史类)，上海：上海古籍出版社，1996年。

2.(清)周春著，胡玉冰校补《西夏书校补》，(《中国史学基本典籍丛刊》)北京：

中华书局,2014年。

3.总主编胡玉冰《朔方文库·汉文西夏史籍编》(影印本,99),北京:国家图书馆出版社,2018年。

(一百四十四)《西夏艺文志》一卷(整理本、影印本)

1.(清)王仁俊辑,无冰阁铅印本,光绪三十年(1904年)。

2.二十五史刊行委员编《二十五史补编(6)》,北京:中华书局,1955年。

3.王承略、刘心明主编《二十五史艺文经籍志考补萃编》(整理本,第21卷),北京:清华大学出版社,2013年。

4.胡玉冰总主编《朔方文库·汉文西夏史籍编》(影印本,107),北京:国家图书馆出版社,2018年。

5.王承略、刘心明主编《二十五史艺文经籍志考补萃编续刊》(整理本,第12卷),北京:清华大学出版社,2020年。

(一百四十五)《西夏文缀》两卷(印本、影印本)

1.(清)王仁俊编著,无冰阁铅印本,光绪三十年(1904年)。

2.胡玉冰总主编《朔方文库·汉文西夏史籍编》(影印本,107),北京:国家图书馆出版社,2018年。

(一百四十六)《西夏纪》二十八卷首一卷(影印本、点校、整理本)

1.(民国)戴锡章编撰,北平:京华印书馆(局),1924年(铅印十册本)。

2.(民国)戴锡章编撰,王有立主编《中华文史丛书》之四(京华印书局排印本,三册),台北:华文书局,1968年。

3.(民国)戴锡章编撰,罗矛昆点校,(《西北史地资料丛书》)银川:宁夏人民出版社,1988年。

4.(民国)戴锡章编撰,李蔚整理,车吉心总主编,罗炳良主编《中国野史·辽夏金卷》(第六卷),济南:泰山出版社,2000年。

5—6.胡玉冰总主编《朔方文库·汉文西夏史籍编》(影印本,110—111),北京:国家图书馆出版社,2018年。

(一百四十七)《西夏姓氏录》一卷(铅印本、影印本、点校本)

1.(清)张澍(介侯)著,罗振玉《雪堂丛刻》(排印本),1915年。

2.林旅芝《西夏史·附录》,(杨家骆主编《中国学术类编》)台北:鼎文书局,1975年。

3.王德毅等编《丛书集成续编》(246)影印雪堂本,台北:新文丰出版公司,1989年。

4.徐丽华主编《中国少数民族古籍集成》(影印本,汉文版第25册),成都:四川民族出版社,2002年。

5.罗振玉《雪堂丛刻》(1)北京:北京图书馆出版社,2000年。

6.胡玉冰总主编《朔方文库·汉文西夏史籍编》(影印本,106),北京:国家图书馆出版社,2018年。

(一百四十八)《西夏文存》一卷、外编一卷(印本、影印本)

1.罗福颐辑,《待时轩丛刊》,1937年上虞罗氏石印本。

2.胡玉冰总主编《朔方文库·汉文西夏史籍编》(影印本,107),北京:国家图书馆出版社,2018年。

(一百四十九)《西夏纪年》二卷(铅印本、影印本、点校本)

1.《西夏纪年》,(清)张澍(介侯)撰,民国间铅印本。

2.《凉州府志备考》附《西夏纪年》,(清)张澍(介侯)撰、段宪文点校,西安:三秦出版社,1988年。

3.胡玉冰总主编《朔方文库·汉文西夏史籍编》(影印本,107),北京:国家图书馆出版社,2018年。

(一百五十)《西夏文史荟存》(三辑)

1—3.曹颖僧辑著,陕西榆林市横山区档案馆、宁夏图书馆藏,1959年(钞本)。

4.曹颖僧辑著,中国人民政治协商会议陕西省榆林市横山区委员会编《横山文史资料》(准印陕内资图批字号),2018年。

(一百五十一)《西夏遗民文献整理与研究》

1.张琰玲编著,(《西夏研究论丛》第四辑)南京:凤凰出版社,2019年。

附:相关汉籍整理研究著作

(一百五十二)《西夏李氏世谱》

1.(民国)李鸿仪编纂,李培业整理,沈阳:辽宁民族出版社,1998年。

(一百五十三)《大乘要道密集》(印本、影印本、评注本)

1.(元)巴思巴等集译,民国十九年(1930年),北平印行(一函四卷)。

2.(元)巴思巴等集译,台北:自由出版社,1962年。

3.中国人民大学国学院汉藏佛学研究中心主编,(影印本,《多语种佛教古籍整理和研究丛书》第一辑)北京:北京大学出版社,2012年。

4.(元)巴思巴等集译,俞中元、鲁郑勇著《〈大乘要道密集〉评注》,西安:陕西摄影出版社,1994年。

（一百五十四）《〈西番译语〉校录及汇编》

1.聂鸿音、孙伯君编著,北京:社会科学文献出版社,2010年。

（一百五十五）《藏传佛教在西域和中原的传播:〈大乘要道密集〉研究初编》

1.沈卫荣著,(《中华学人》丛书)北京:北京师范大学出版社,2017年。

Ⅱ　黑水城等地出土汉文辽宋夏金元文献刊布与整理研究

一、大型综合文献图版刊布与整理研究

（一百五十六）《中国藏黑水城汉文文献》(全十卷十册)

农政文书卷(第一册)

1.《中国藏黑水城汉文文献》(1),内蒙古自治区文物考古研究所、宁夏大学西夏学研究中心、甘肃省古籍文献整理编译中心(塔拉、杜建录、高国祥主编),北京:国家图书馆出版社,2008年。

提调钱粮文书卷(第二册)

2.《中国藏黑水城汉文文献》(2),内蒙古自治区文物考古研究所、宁夏大学西夏学研究中心、甘肃省古籍文献整理编译中心(塔拉、杜建录、高国祥主编),北京:国家图书馆出版社,2008年。

俸禄与分例文书卷(第三册)

3.《中国藏黑水城汉文文献》(3),内蒙古自治区文物考古研究所、宁夏大学西夏学研究中心、甘肃省古籍文献整理编译中心(塔拉、杜建录、高国祥主编),北京:国家图书馆出版社,2008年。

律令与词讼文书卷(第四册)

4.《中国藏黑水城汉文文献》(4),内蒙古自治区文物考古研究所、宁夏大学西夏学研究中心、甘肃省古籍文献整理编译中心(塔拉、杜建录、高国祥主编),北京:国家图书馆出版社,2008年。

军政与站赤文书卷(第五册)

5.《中国藏黑水城汉文文献》(5),内蒙古自治区文物考古研究所、宁夏大学西夏学研究中心、甘肃省古籍文献整理编译中心(塔拉、杜建录、高国祥主编),北京:国家图书馆出版社,2008年。

票据、契约、卷宗与书信卷(第六册)

6.《中国藏黑水城汉文文献》(6),内蒙古自治区文物考古研究所、宁夏大学西夏学研究中心、甘肃省古籍文献整理编译中心(塔拉、杜建录、高国祥主编),北京:国家图书馆出版社,2008年。

礼仪、儒学与文史卷(第七册)

7.《中国藏黑水城汉文文献》(7),内蒙古自治区文物考古研究所、宁夏大学西夏学研究中心、甘肃省古籍文献整理编译中心(塔拉、杜建录、高国祥主编),北京:国家图书馆出版社,2008年。

医算、历学、符占秘术、堪舆地理及其它卷、佛教文献卷(第八册)

8.《中国藏黑水城汉文文献》(8),内蒙古自治区文物考古研究所、宁夏大学西夏学研究中心、甘肃省古籍文献整理编译中心(塔拉、杜建录、高国祥主编),北京:国家图书馆出版社,2008年。

图画、印章及其他文书卷上、下(第九、十册)

9.《中国藏黑水城汉文文献》(9、10),内蒙古自治区文物考古研究所、宁夏大学西夏学研究中心、甘肃省古籍文献整理编译中心(塔拉、杜建录、高国祥主编),北京:国家图书馆出版社,2008年。

(一百五十七)《中国藏黑水城汉文文献整理研究》

1.杜建录著,(2015年《国家哲学社会科学成果文库》入选作品)北京:人民出版社,2016年。

(一百五十八)《中国藏黑水城汉文文献的整理与研究》(上、中、下册)

1—3.孙继民、宋坤、陈瑞青、杜立晖著,北京:中国社会科学出版社,2016年。

(一百五十九)《中国藏黑水城汉文文献释录》(全九卷十四册)

卷一　农政文书卷(第一册)

1.《中国藏黑水城汉文文献释录》(1),杜建录总主编,北京:中华书局,天津:天津古籍出版社,2016年。

卷二　提调钱粮文书卷(一)(第二册)

2.《中国藏黑水城汉文文献释录》(2),杜建录总主编,北京:中华书局,天津:天津古籍出版社,2016年。

卷三　提调钱粮文书卷(二)(第三册)

3.《中国藏黑水城汉文文献释录》(3),杜建录总主编,北京:中华书局,天津:天津古籍出版社,2016年。

卷三 俸禄与分例文书卷(第四册)

4.《中国藏黑水城汉文文献释录》(4),杜建录总主编,北京:中华书局,天津:天津古籍出版社,2016年。

卷四 律令与词讼文书卷(一)(第五册)

5.《中国藏黑水城汉文文献释录》(5),杜建录总主编,北京:中华书局,天津:天津古籍出版社,2016年。

卷四 律令与词讼文书卷(二)(第六册)

6.《中国藏黑水城汉文文献释录》(6),杜建录总主编,北京:中华书局,天津:天津古籍出版社,2016年。

卷五 军政与站赤文书卷(第七册)

7.《中国藏黑水城汉文文献释录》(7),杜建录总主编,北京:中华书局,天津:天津古籍出版社,2016年。

卷六 票据、契约、卷宗与书信卷(第八册)

8.《中国藏黑水城汉文文献释录》(8),杜建录总主编,北京:中华书局,天津:天津古籍出版社,2016年。

卷七 礼仪、儒学与文史卷(第九册)

9.《中国藏黑水城汉文文献释录》(9),杜建录总主编,北京:中华书局,天津:天津古籍出版社,2016年。

卷八 医算、历学、符占秘术、堪舆地理及其他卷,图画、印章及其他文书卷(一)(第十册)

10.《中国藏黑水城汉文文献释录》(10),杜建录总主编,北京:中华书局,天津:天津古籍出版社,2016年。

卷九 图画、印章及其他文书卷(二)(第十一册)

11.《中国藏黑水城汉文文献释录》(11),杜建录总主编,北京:中华书局,天津:天津古籍出版社,2016年。

卷九 图画、印章及其他文书卷(三)(第十二册)

12.《中国藏黑水城汉文文献释录》(12),杜建录总主编,北京:中华书局,天津:天津古籍出版社,2016年。

卷九 图画、印章及其他文书卷(四)(第十三册)

13.《中国藏黑水城汉文文献释录》(13),杜建录总主编,北京:中华书局,天津:天津古籍出版社,2016年。

卷九、卷十　图画、印章及其他文书卷(五)(第十四册)

14.《中国藏黑水城汉文文献释录》(14),杜建录总主编,北京:中华书局,天津:天津古籍出版社,2016年。

二、专题文献刊布与整理研究

(一百六十)《黑城出土文书(汉文文书卷)》

1.李逸友编著,北京:科学出版社,1991年。

(一百六十一)《黑水城出土等韵抄本〈解释歌义〉研究》

1.孙伯君著,兰州:甘肃文化出版社,2004年。

(一百六十二)《国家图书馆藏西夏文献中汉文文献释录》

1.林世田主编,北京:北京图书馆出版社,2005年。

(一百六十三)《黑水城出土音韵学文献研究》

1.聂鸿音、孙伯君著,北京:文物出版社,2006年。

(一百六十四)《俄藏黑水城所出〈宋西北边境军政文书〉整理与研究》

1.孙继民著,北京:中华书局,2009年。

(一百六十五)《俄藏黑水城汉文非佛教文献整理与研究》(上、中、下册)

1—3.孙继民、宋坤、陈瑞青等著,(2011年度《国家哲学社会科学成果文库》入选作品)北京:北京师范大学出版社,2012年。

(一百六十六)《黑水城出土钱粮文书专题研究》

1.潘洁著,(宁夏大学西夏学研究院编《西夏研究丛书》第五辑)银川:宁夏人民出版社,2013年。

(一百六十七)《考古发现西夏汉文非佛教文献整理与研究》

1.孙继民、宋坤、陈瑞青、杜立晖等著,(《西夏文献文物研究》丛书)北京:社会科学文献出版社,2014年。

(一百六十八)《黑水城宋代军政文书研究》

1.陈瑞青著,(《优博文库》)北京:知识产权出版社,2014年。

(一百六十九)《俄藏黑水城汉文文献词汇研究》

1.蔡永贵、刘晔、于薇、向莉娟、赵阳著,银川:宁夏人民出版社,2014年。

(一百七十)《俄藏〈金刻六壬课〉残卷辑补》

1.郭长海、陈万䂮、赵人、张明友辑补,长春:吉林文史出版社,2014年。

(一百七十一)《黑水城文献论集》

1.杜建录主编,北京:学苑出版社,2014年。

（一百七十二）《黑水城元代汉文军政文书研究》

1.杜立晖、陈瑞青、朱建路著，天津：天津古籍出版社，2015年。

（一百七十三）《英藏及俄藏黑水城汉文文献整理》（上、下册）

1—2.孙继民、宋坤、陈瑞青、杜立晖、郭兆斌编著，天津：天津古籍出版社，
2015年。

（一百七十四）《中国藏黑水城所出元代律令与词讼文书整理与研究》

1.张重艳、杨淑红著，北京：知识产权出版社，2015年。

（一百七十五）《黑水城汉文佛教文献研究——以定名、目录为中心》

1.楼晓尉著，济群主编《戒幢文集》（第8卷），南京：江苏人民出版社，2016年。

（一百七十六）《英藏黑水城出土社会文书研究：中古时期西北边疆的历史侧影》

1.许生根著，（《西夏研究论丛》第二辑）北京：新华出版社，2018年。

（一百七十七）《俄藏黑水城汉文佛教文献（佛经除外）整理》（上、中、下册）

1—3.孙继民、宋坤、陈瑞青、杜立晖、郭兆斌编著，天津：天津古籍出版社，
2018年。

（一百七十八）《俄藏黑水城汉文文献俗字研究》

1.蔡永贵等著，银川：宁夏人民出版社，2018年。

（一百七十九）《丝绸之路法律文献研究·黑水城出土的法律文献（卷二）》

1.中华司法研究会民族法制文化研究专业委员会、甘肃省民族法制文化研究
所编（梁明远主编）。北京：人民法院出版社，2019年。

（一百八十）《黑水城出土宋代汉文社会文献词汇研究》

1.邵天松著，北京：中华书局，2020年。

（一百八十一）《11—13世纪中医药学在西北边疆的传播：以黑水城文献为中
心》

1.许生根、孙广文著，（《西夏研究论丛（第五辑）》）南京：凤凰出版社，2020
年。

（一百八十二）《黑水城汉文藏外佛教文献若干问题研究》

1.宋坤著，（《西夏学文库》第三辑著作卷）兰州：甘肃文化出版社，2020年。

Ⅲ　西夏之汉夏、汉藏文献史料整理与相关研究

（一百八十三）《西夏社会文书研究》

1.杜建录、史金波著，（《西夏文献研究》丛刊）上海：上海古籍出版社，2010年。

2.杜建录、史金波著,(增订本,《西夏文献研究》丛刊)上海:上海古籍出版社,2012年。

(一百八十四)《中国藏西夏文献研究》

1.杜建录编著,(《西夏文献研究》丛刊)上海:上海古籍出版社,2012年。

(一百八十五)《黑水城西夏文献研究》

1.束锡红著,北京:商务印书馆,2013年。

(一百八十六)《他者的视野——蒙藏史籍中的西夏》

1.杨浣著,(《西夏研究丛书》第五辑)银川:宁夏人民出版社,2013年。

(一百八十七)《西夏姓氏辑考》

1.佟建荣著,(《西夏研究丛书》第五辑)银川:宁夏人民出版社,2013年。

(一百八十八)《西夏姓名研究》

1.佟建荣著,(《西夏文献文物研究》丛书)北京:社会科学文献出版社,2015年。

(一百八十九)《西夏汉传密教文献研究》

1.崔红芬著,(《西夏文献文物研究》丛书)北京:社会科学文献出版社,2015年。

(一百九十)《西夏文献研究》

1.杜建录著,(《西夏学文库》第一辑著作卷)兰州:甘肃文化出版社,2017年。

Ⅳ 党项西夏文献研究论著(目录、索引、解题、提要)

(一百九十一)《二十世纪西夏学论著资料索引》(1900—2003年)

1.杨志高编,(附载于陈育宁主编《西夏研究丛书》第四辑,杜建录主编《二十世纪西夏学》,第277—478页)银川:宁夏人民出版社,2004年。

(一百九十二)《党项西夏文献研究——词目索引、注释与异名对照》(四册)

1—4.杜建录主编,高国祥、彭向前副主编,北京:中华书局,2011年。

(一百九十三)《西夏文献解题目录》

1.惠宏、段玉泉编,银川:阳光出版社,2015年。

(一百九十四)《二十一世纪西夏学论著目录(2001—2015年)》

1.周峰编著,(潘美月、杜洁祥主编《古典文献研究辑刊》第28编第5册)新北市:花木兰文化出版社,2019年。

(一百九十五)《中国少数民族古籍总目提要——西夏卷》

1.国家民族事务委员会全国少数民族古籍整理研究室编著(景永时、孙伯君主编),北京:中国大百科全书出版社,2019年。

伍　西夏文物考古发现与整理研究

Ⅰ　文物综合图录、专题选录

一、综合图录

(一百九十六)《俄藏黑水城艺术品》(全两册)

1.《俄藏黑水城艺术品》(1),俄罗斯国立艾尔米塔什博物馆、西北民族大学、上海古籍出版社编(金雅声、[俄]谢苗诺夫主编),上海:上海古籍出版社,2008年。

2.《俄藏黑水城艺术品》(2),俄罗斯国立艾尔米塔什博物馆、西北民族大学、上海古籍出版社编(金雅声、[俄]谢苗诺夫主编),上海:上海古籍出版社,2011年。

(一百九十七)《西夏文物》(全五编,2014—2020年出版三编22册)

《西夏文物·内蒙古编》(全四册)

遗址卷上(第一册)

1.《西夏文物·内蒙古编》(1),史金波总编,塔拉、李丽雅主编,北京:中华书局,天津:天津古籍出版社,2014年。

遗址卷下(第二册)

2.《西夏文物·内蒙古编》(2),史金波总编,塔拉、李丽雅主编,北京:中华书局,天津:天津古籍出版社,2014年。

金属器卷、陶瓷器卷上(第三册)

3.《西夏文物·内蒙古编》(3),史金波总编,塔拉、李丽雅主编,北京:中华书局,天津:天津古籍出版社,2014年。

陶瓷器卷下、石刻石器卷、木漆器卷、造像绘画卷、织物卷、文献卷、建筑构件卷(第四册)

4.《西夏文物·内蒙古编》(4),史金波总编,塔拉、李丽雅主编,北京:中华书局,天津:天津古籍出版社,2014年。

《西夏文物·甘肃编(全六册)》

遗址卷上(第一册)

1.《西夏文物·甘肃编》(1),史金波总编,俄军主编,北京:中华书局,天津:天津古籍出版社,2014年。

遗址卷下(第二册)

2.《西夏文物·甘肃编》(2),史金波总编,俄军主编,北京:中华书局,天津:天津古籍出版社,2014年。

金属器卷、陶瓷器卷上(第三册)

3.《西夏文物·甘肃编》(3),史金波总编,俄军主编,北京:中华书局,天津:天津古籍出版社,2014年。

陶瓷器卷中(第四册)

4.《西夏文物·甘肃编》(4),史金波总编,俄军主编,北京:中华书局,天津:天津古籍出版社,2014年。

陶瓷器卷下、石刻石器卷、木漆器卷(第五册)

5.《西夏文物·甘肃编》(5),史金波总编,俄军主编,北京:中华书局,天津:天津古籍出版社,2014年。

造像绘画卷、织物卷、文献卷、建筑构件卷(第六册)

6.《西夏文物·甘肃编》(6),史金波总编,俄军主编,北京:中华书局,天津:天津古籍出版社,2014年。

《西夏文物·宁夏编》(十二册)

遗址卷一·西夏陵类一(第一册)

1.《西夏文物·宁夏编》(1),史金波总编,李进增主编,北京:中华书局,天津:天津古籍出版社,2016年。

遗址卷二·西夏陵类二(第二册)

2.《西夏文物·宁夏甘肃编》(2),史金波总编,李进增主编,北京:中华书局,天津:天津古籍出版社,2016年。

遗址卷三·西夏陵类三(第三册)

3.《西夏文物·宁夏编》(3),史金波总编,李进增主编,北京:中华书局,天津:天津古籍出版社,2016年。

遗址卷四·州城堡寨类、寺窟庙塔类(第四册)

4.《西夏文物·宁夏编》(4),史金波总编,李进增主编,北京:中华书局,天津:

天津古籍出版社,2016年。

　　遗址卷五·作坊窖藏类、离官墓葬类、其他遗址类(第五册)

　　5.《西夏文物·宁夏编》(5),史金波总编,李进增主编,北京:中华书局,天津:天津古籍出版社,2016年。

　　金属器卷、陶瓷器卷一(第六册)

　　6.《西夏文物·宁夏编》(6),史金波总编,李进增主编,北京:中华书局,天津:天津古籍出版社,2016年。

　　陶瓷器卷二(第七册)

　　7.《西夏文物·宁夏编》(7),史金波总编,李进增主编,北京:中华书局,天津:天津古籍出版社,2016年。

　　陶瓷器卷三(第八册)

　　8.《西夏文物·宁夏编》(8),史金波总编,李进增主编,北京:中华书局,天津:天津古籍出版社,2016年。

　　陶瓷器卷四(第九册)

　　9.《西夏文物·宁夏编》(9),史金波总编,李进增主编,北京:中华书局,天津:天津古籍出版社,2016年。

　　石刻石器卷、木漆器卷(第十册)

　　10.《西夏文物·宁夏编》(10),史金波总编,李进增主编,北京:中华书局,天津:天津古籍出版社,2016年。

　　造像绘画卷、织物卷(第十一册)

　　11.《西夏文物·宁夏编》(11),史金波总编,李进增主编,北京:中华书局,天津:天津古籍出版社,2016年。

　　文献卷、建筑构件卷(第十二册)

　　12.《西夏文物·宁夏编》(12),史金波总编,李进增主编,北京:中华书局,天津:天津古籍出版社,2016年。

二、专题文物选录

　　(一百九十八)《西夏官印集存》(一卷)

　　1.罗振玉辑印,1927年。

　　2.《罗氏父子西夏研究专集》(《西夏研究》第四辑),北京:中国社会科学出版社,2007年。

（一百九十九）《中国民族古文字图录·西夏》

1.中国民族古文字研究会编（傅懋勣主编），北京：中国社会科学出版社，1990年。

（二百）《甘肃武威西夏二号墓木版画》

1.杨福主编，杨福、静安摄影，重庆：重庆出版社，2000年。

（二百零一）《武威西夏木版画》（中英文本）

1.张宝玺编，兰州：甘肃人民美术出版社，2001年。

（二百零二）《西夏艺术》

1.汤晓芳主编，陈育宁、王月星副主编，银川：宁夏人民出版社，2003年。

（二百零三）《大夏寻踪：西夏文物辑萃》

1.中国国家博物馆、宁夏回族自治区文化厅编，北京：中国社会科学出版社，2004年。

（二百零四）《见证西夏——贺兰山下尘封的文明》

1.浙江省博物馆编，北京：中国文化艺术出版社，2006年。

（二百零五）《大夏遗珍——西夏文物精品展》

1.山西博物院、宁夏博物馆编著，太原：山西人民出版社，2010年。

（二百零六）《西夏陵》

1.沈自龙主编，银川：宁夏人民出版社，2013年。

（二百零七）《牧歌流韵：中国古代游牧民族文化遗珍·党项卷》

1.刘秀文著，（刘炘主编《嘉峪关市"一带一路"建设文化丛书》）兰州：甘肃人民出版社，2015年。

附：相关研究及其他

（二百零八）《西夏陶模》

1.李进兴编著，银川：宁夏人民出版社，1998年。

（二百零九）《西夏遗珍》

1.陈震、刘亚谏、李肇伦编著，北京：文物出版社，2013年。

（二百一十）《敦煌壁画：西夏、元》

1.敦煌文物研究所编辑委员会编，（《敦煌艺术画库》第13种）北京：中国古典艺术出版社，1958年。

（二百一十一）《中国敦煌壁画全集(10)：敦煌西夏元》

1.中国壁画全集编辑委员会编（段文杰等主编），（中国美术分类全集）天津：

天津人民美术出版社,1996年。

(二百一十二)《古泉集萃:辽金西夏珍罕钱币图赏》

1.李保亮编著,杭州:西泠印社出版社,2016年。

Ⅱ 综合、专题研究

一、综合研究

(二百一十三)《西夏文物研究》

1.陈炳应著,银川:宁夏人民出版社,1985年。

(二百一十四)《西夏文物》

1.史金波、白滨、吴峰云编,北京:文物出版社,1988年。

(二百一十五)《西夏考古论稿》

1.牛达生著,(《宁夏文物考古研究所丛刊》之二十)上海:上海古籍出版社,2013年。

(二百一十六)《西夏考古论稿(二)》

1.牛达生著,(《丝绸之路历史文化研究书系》)兰州:甘肃文化出版社,2016年。

二、专题研究

(二百一十七)《西夏官印汇考》

1.罗福颐辑、李范文释文、纪宏章拓款,银川:宁夏人民出版社,1982年。

2.《罗氏父子西夏研究专集》(《西夏研究》第四辑),北京:中国社会科学出版社,2007年。

(二百一十八)《西夏陵墓出土残碑粹编》

1.宁夏博物馆发掘整理,李范文编释,北京:文物出版社,1984年。

(二百一十九)《宁夏灵武窑》

1.中国社会科学院考古研究所、内蒙古考古队编(马文宽执笔),(《中国田野考古报告集》考古学专刊乙种第26号)北京:紫禁城出版社,1988年。

(二百二十)《宁夏灵武窑发掘报告》

1.中国社会科学院考古研究所编著,(《中国田野考古报告集》考古学专刊丁种第47号)北京:中国大百科全书出版社,1995年。

（二百二十一）《西夏王陵》

1.韩小忙著,（宁夏大学编《西夏研究丛书》第一辑）兰州:甘肃文化出版社,
1995年。

（二百二十二）《西夏陵——中国田野考古报告》

1.宁夏文物考古研究所,许成、杜玉冰编著,北京:东方出版社,1995年。

（二百二十三）《中国古代建筑:西夏佛塔》

1.雷润泽、于存海、何继英编著,（《中国古代建筑》）北京:文物出版社,1995
年。

（二百二十四）《西夏藏传绘画:黑水城出土西夏唐卡研究》（两册）

1—2.谢继胜著,（《西藏丛书艺术研究系列》）石家庄:河北教育出版社,2002
年。

（二百二十五）《闽宁村西夏墓地》

1.宁夏文物考古研究所编著,（《宁夏文物考古研究所丛刊》之三）北京:科学
出版社,2004年。

（二百二十六）《拜寺沟西夏方塔》

1.宁夏文物考古研究所编著（牛达生主持）,（《宁夏文物考古研究所丛刊》之
二）北京:文物出版社,2005年。

（二百二十七）《西夏三号陵——地面遗迹发掘报告》

1.宁夏文物考古所、宁夏西夏陵区管理处编著（杜玉冰、温涛、陈晓桦、周赟、
余军、王惠民、王昌丰、布加、杨弋编写）,（《宁夏文物考古所丛刊》之九）北京:科
学出版社,2007年。

（二百二十八）《西夏遗迹》

1.牛达生著,（《20世纪中国文物考古发现与研究丛书》）北京:文物出版社,
2007年。

（二百二十九）《西夏钱币论集》（《西夏钱币研究》）

1.《西夏钱币论集》,牛达生著,《宁夏金融》（内部资料）2007年增刊第2期。

2.《西夏钱币研究》,（《西夏研究第五辑》）银川:宁夏人民出版社,2013年。

（二百三十）《明代保定西夏文石幢研究》

1.武文革编著,（《燕赵文史新录》）北京:新华出版社,2007年。

（二百三十一）《西夏钱币汇考》

1.杨森编著,银川:宁夏人民出版社,2007年。

（二百三十二）《东方金字塔——西夏皇陵》

1.钟侃、钟雅玲著，（《百年考古大发现》丛书）天津：天津古籍出版社，2008年。

（二百三十三）《西夏瓷器》

1.杭天著，北京：文物出版社，2010年。

（二百三十四）《瓜州东千佛洞西夏石窟艺术》

1.张宝玺著，北京：学苑出版社，2012年。

（二百三十五）《西夏六号陵》

1.宁夏文物考古研究所、银川西夏陵区管理处编著，（《宁夏文物考古研究所丛刊》之二十四种）北京：科学出版社，2013年。

（二百三十六）《西夏陵突出普遍价值研究》

1.银川西夏陵区管理处编，北京：科学出版社，2013年。

（二百三十七）《党项西夏碑石整理研究》

1.杜建录著，（《西夏文献研究》丛刊）上海：上海古籍出版社，2015年。

（二百三十八）《西夏建筑研究》

1.陈育宁、汤晓芳、雷润泽著，（《西夏文献文物研究丛书》）北京：社会科学文献出版社，2016年。

（二百三十九）《武威地区西夏遗址调查与研究》

1.黎大祥、张振华、黎树科著，（《西夏文献文物研究》丛书）北京：社会科学文献出版社，2016年。

（二百四十）《西夏瓷》

1.李进兴著，银川：宁夏人民教育出版社，2016年。

（二百四十一）《西夏宏佛塔》（上、下册）

1—2.宁夏文物考古研究所编著，（《宁夏文物考古研究所丛刊》之三十三种）北京：文物出版社，2017年。

（二百四十二）《西夏经变画艺术研究》

1.王艳云著，上海：上海古籍出版社，2019年。

（二百四十三）《黑水城出土擦擦整理研究》

1.张震州、蔡彤华编著，（《黑水城历史文化系列丛书》）兰州：甘肃文化出版社，2020年。

（二百四十四）《辽金西夏碑刻研究》

周峰著，（《黑水城历史文化系列丛书》）兰州：甘肃文化出版社，2020年。

附：考古记事、博物馆寺与通俗相关研究著作

(二百四十五)《宁夏考古记事》

1.宁夏政协文史和学习委员会、宁夏回族自治区文化厅编,(《宁夏文史资料第24辑》)银川:宁夏人民出版社,2001年。

(二百四十六)《武威文物研究文集》

1.黎大祥著,兰州:甘肃文化出版社,2002年。

(二百四十七)《西夏博物馆》

1.王志平、王昌丰、王爽编著,银川:宁夏人民出版社,2006年。

(二百四十八)《古都银川》

1.许成、杨浣、黄宏征著,(《中国古都系列》丛书)杭州:杭州出版社2010年。

(二百四十九)《图说西夏国寺未解之谜》

1.唐国增著,(《旅游文化》丛书)兰州:甘肃文化出版社,2014年。

(二百五十)《西夏博物馆基本陈列》

1.银川西夏陵区管理处、西夏博物馆编,银川:宁夏人民出版社,2019 年。

(二百五十一)《神秘西夏的瑰宝遗珍:西夏博物馆》

1.刘思文编著,(李炳武主编《丝路物语书系》)西安:西安出版社,2019年。

陆　西夏历史文化研究

Ⅰ　西夏史专著与涉西夏史之重要他著

一、西夏史专著

(二百五十二)《西夏史》

1.林旅芝著,香港:大同印务有限公司出版,1975年。

2.林旅芝著,杨家骆主编《中国学术类编》,台北:鼎文书局股份有限公司出版,1979年。

(二百五十三)(钟吴李三家)《西夏简史》

1.钟侃、吴峰云、李范文著,银川:宁夏人民出版社,1979年。

2.钟侃、吴峰云、李范文著,银川:宁夏人民出版社,2001年(修订版)。

(二百五十四)《西夏史稿》(《新西夏史》)

1.吴天墀著,成都:四川人民出版社,1980年。

2.吴天墀著,成都:四川人民出版社,1983年第2版。

3.《新西夏史》,吴天墀著,台北:大典出版社,1987年。

4.吴天墀著,(《中国古代北方民族史》丛书),桂林:广西师范大学出版社,2006年。

5.吴天墀著,(《中国文库·史学类》)桂林:广西师范大学出版社,2009年。

6.吴天墀著,(《中华现代学术名著》丛书)北京:商务印书馆,2010年。

7.吴天墀著,(《中华现代学术名著》丛书:120年纪念版)北京:商务印书馆,2017年。

(二百五十五)《简明西夏史》(《中国历史(10)·西夏史》)

1.《简明西夏史》,李蔚著,北京:人民出版社,1997年第1版。

2.《中国历史(10)·西夏史》,李蔚著,北京:人民出版社,2009年第1版(修订版)。

(二百五十六)《西夏探古》

1.陈炳应著,(《武威历史文化丛书》)兰州:甘肃文化出版社,2002年。

(二百五十七)《西夏通史》

1.李范文主编,北京:人民出版社,银川:宁夏人民出版社,2005年。

(二百五十八)《辽夏金元史徵·西夏卷》

1.王雄著,呼和浩特:内蒙古大学出版社,2007年。

(二百五十九)《湮没的神秘王国:西夏》

1.魏淑霞著,(《宁夏历史地理文化》丛书)银川:宁夏人民出版社,2008年。

(二百六十)《西夏简史》

1.陈海波著,北京:民主与建设出版社,2016年。

(二百六十一)《中国大通史(14)·西夏》

1.穆鸿利、武玉环主编,北京:学苑出版社,2018年。

二、涉西夏史之重要他著

(二百六十二)《中国通史(第六册)》

1.蔡美彪、朱瑞熙、丁伟志、王忠、周清澍著,北京:人民出版社,1979年第1版。

2.蔡美彪、朱瑞熙、丁伟志、王忠、周清澍著,北京:人民出版社,1994年第2版。

3.蔡美彪、朱瑞熙、丁伟志、王忠、周清澍著,北京:人民出版社,2015年第3版。

(二百六十三)《辽宋西夏金史》

1.中国大百科全书总编辑委员会《中国历史》编辑委员会辽宋西夏金史编写组(邓广铭主编),(《中国大百科全书·中国历史》)上海:中国大百科全书出版社,1988年。

(二百六十四)《辽宋夏金元史》

1.杨树森、穆鸿利著,沈阳:辽宁教育出版社,1986年。

(二百六十五)《中国小通史·宋辽夏金》(《中国小通史(第11卷)·宋辽夏金》)

1—2.洪焕椿著,北京:中国青年出版社,1995年。

2.洪焕春著,北京:中国青年出版社,2000年。

（二百六十六）《中国通史（第七卷）中古时代·五代辽宋夏金时期》（上、下册）

1.白寿彝总主编、陈振主编,上海:上海人民出版社,1999年。

2.白寿彝总主编、陈振主编,上海:上海人民出版社,2004年修订本。

3.白寿彝总主编、陈振主编,上海:上海人民出版社,南昌:江西教育出版社,2015年。

（二百六十七）《二十五史新编:辽史·金史·西夏史》

1.刘凤翥、李锡厚、白滨撰,上海:上海古籍出版社,1997年。

2.刘凤翥、李锡厚、白滨撰,上海:上海古籍出版社,2002年（修订版）。

3.刘凤翥、李锡厚、白滨撰,香港:中华书局（香港）有限公司,2011年再版。

（二百六十八）《辽金西夏史》

1.李锡厚、白滨著,上海:上海人民出版社,2003年。

2.李锡厚、白滨著,上海:上海人民出版社,2016年第2版。

（二百六十九）《中国西北少数民族通史·辽宋西夏金卷》

1.刘建丽著,（《中国西北少数民族通史》丛书）北京:民族出版社2009年。

（二百七十）《辽宋西夏金代通史》（全七卷八册）

1.《辽宋西夏金代通史·政治军事卷》(1),漆侠主编,北京:人民出版社,2010年。

2.《辽宋西夏金代通史·典章制度卷》(2),漆侠主编,北京:人民出版社,2010年。

3—4.《辽宋西夏金代通史·社会经济卷上下》(3、4),漆侠主编,北京:人民出版社,2010年。

5.《辽宋西夏金代通史·教育科学文化卷》(5),漆侠主编,北京:人民出版社,2010年。

6.《辽宋西夏金代通史·宗教风俗卷》(6),漆侠主编,北京:人民出版社,2010年。

7.《辽宋西夏金代通史·周边民族与政权卷》(7),漆侠主编,北京:人民出版社,2010年。

8.《辽宋西夏金代通史·文物考古史料卷》(8),漆侠主编,北京:人民出版社,2010年。

（二百七十一）《宁夏通史·古代卷》

1.陈育宁总主编,钟侃、陈明猷古代卷主编,银川:宁夏人民出版社,1993年。

2.陈育宁总主编,钟侃、陈明猷古代卷主编,银川:宁夏人民出版社,2008年。

(二百七十二)《陕西通史·宋元卷》

1.郭琦、史念海、张岂之主编,秦晖著,西安:陕西师范大学出版社,1997年。

(二百七十三)《陕西通史·民族卷》

1.郭琦、史念海、张岂之主编,周伟洲著,西安:陕西师范大学出版社,1997年。

(二百七十四)《青海通史》

1.崔永红、张得祖、杜常顺主编,西宁:青海人民出版社,1999年。

2.崔永红、张得祖、杜常顺主编,西宁:青海人民出版社,2017年。

(二百七十五)《辽西夏金元史十五讲》

1.屈文军著,上海:上海古籍出版社,2008年。

(二百七十六)《甘肃通史·宋夏金元卷》

1.刘光华主编,刘建丽著,兰州:甘肃人民出版社,2009年。

(二百七十七)《中古时代:五代辽宋夏金时期》(《大动乱·中古时代:五代辽宋夏金》)

1.《中古时代:五代辽宋夏金时期》,本书编写组编,(《白寿彝史学二十讲》)北京:中国友谊出版公司,2011年。

2.《大动乱·中古时代:五代辽宋夏金》,白至德编著,(《白寿彝史学二十讲系列》)北京:红旗出版社,2017年。

(二百七十八)《内蒙古通史·辽西夏金时期的内蒙古地区》第二卷(第1、2册)

1—2.郝维民、齐木德道尔吉总主编,任爱君本卷主编,(2010年《国家社科基金成果文库》入选作品)北京:人民出版社,2011年。

(二百七十九)《辽宋夏金史讲义》

1.邓广铭著,北京:中华书局,2013年。

(二百八十)《并存继逝的王朝:王曾瑜说辽宋夏金》

1.王曾瑜著,北京:生活·读书·新知三联书店,2018年。

附:同类通俗与相关研究著作

(二百八十一)《宋辽夏金史话》

1.洪焕椿著,北京:中国青年出版社,1980年。

(二百八十二)《辽、金、西夏史》

1.蔡美彪、吴天墀著,(《中国大百科全书·名家文库》)北京:中国大百科全书出版社,2011年。

2.蔡美彪、吴天墀著,北京:中国盲文出版社,2015年(大字)。

(二百八十三)《塞北三朝——辽、夏、金卷》

1.聂鸿音著,(《中国历史宝库》)香港:中华书局(香港)有限公司,1992年。

2.聂鸿音著,(《中国历史宝库》)上海:三联书店上海分店,1992年。

3.聂鸿音著,(《中华历史通览》)北京:中华书局,2001年第1版。

(二百八十四)《辽夏金元:草原帝国的荣耀》

1.杭侃著,(《中华文明传真》之八)上海:上海辞书出版社,香港:商务印书馆,2001年。

(二百八十五)《金戈铁马:辽西夏金元 西元916年至西元1368年的中国故事》

1.程郁、张和声著,台北:龙图腾文化有限公司,2012年。

(二百八十六)《中国通史·辽西夏金元》

1.卜宪群总撰稿,中国社会科学院历史研究所撰稿,北京:华夏出版社,合肥:安徽教育出版社,2016年。

(二百八十七)《图说中国史——辽·西夏·金》

1.龚书铎、刘德麟编,成都:四川人民出版社,2019年。

(二百八十八)《中国大历史(卷6)·宋辽西夏金元》(全彩套装)

1.任德山、毛双民编著,北京:世界图书出版公司,2020年。

Ⅱ 西夏文史与涉西夏文史专题研究

一、西夏文史专题

(二百八十九)《西夏堡寨》

1.甘肃图书馆藏(钞本)。

(二百九十)《西夏文化》

1.史金波著,(《中国少数民族文库》)长春:吉林教育出版社,1986年。

(二百九十一)《元昊传》

1.白滨著,(《中国少数民族文库》)长春:吉林教育出版社,1988年。

(二百九十二)《唐代党项》

1.周伟洲著,(《隋唐文化丛书》)西安:三秦出版社,1988年。

2.周伟洲著,(《中国古代北方民族史》丛书)桂林:广西师范大学出版社,2006年。

（二百九十三）《早期党项史研究》

1.周伟洲著,（《西北民族研究》丛书）北京:中国社会科学出版社,2004年。

（二百九十四）《西夏佛教史略》

1.史金波著,银川:宁夏人民出版社,1988年。

2.史金波著,台北:台湾商务印书馆,1993年。

（二百九十五）《西夏战史》

1.王天顺主编,银川:宁夏人民出版社,1993年。

（二百九十六）《西夏学概论》

1.王天顺主编,（《西夏研究丛书》第一辑）兰州:甘肃文化出版社,1995年。

（二百九十七）《西夏文化概论》

1.张迎胜主编,（《西夏研究丛书》第一辑）兰州:甘肃文化出版社,1995年。

（二百九十八）《西夏与周边民族关系史》（《西夏与周边民族关系》）

1.《西夏与周边民族关系史》,杜建录著,（宁夏大学编《西夏研究丛书》第一辑）兰州:甘肃文化出版社,1995年。

2.《西夏与周边民族关系》,杜建录著,（《西夏学文库》第一辑著作卷）兰州:甘肃文化出版社,2017年。

（二百九十九）《西夏天盛律令研究》

1.王天顺主编,（《西夏研究丛书》第二辑）兰州:甘肃文化出版社,1998年。

（三百）《西夏道教初探》

1.韩小忙著,（《西夏研究丛书》第二辑）兰州:甘肃文化出版社,1998年。

（三百零一）《宋夏关系史》

1.李华瑞著,保定:河北人民出版社,1998年。

2.李华瑞著,（《当代中国人文大系》）北京:中国人民大学出版社,2010年。

（三百零二）《西夏经济史研究》

1.杜建录著,（《西夏研究丛书》第二辑）兰州:甘肃文化出版社,1998年。

（三百零三）《西夏经济史》

1.杜建录著,北京:中国社会科学出版社,2002年。

（三百零四）《西夏对外政策研究》

1.王德忠著,长春:吉林人民出版社,2000年。

2.王德忠著,长春:吉林人民出版社,2005年第2版。

（三百零五）《西夏美术史》

1.韩小忙、孙昌盛、陈悦新著,北京:文物出版社,2001年。

（三百零六）《西夏佛教研究》

1.《西夏佛教研究》，田德新著，（《法藏文库·中国佛教学术论典》之第50册）台北：佛光山文教基金会，2001年。

（三百零七）《西夏地理研究》

1.王天顺主编，（《西夏研究丛书》第三辑）兰州：甘肃文化出版社，2002年。

（三百零八）《宋夏战事诗研究》

1.张廷杰著，（《西夏研究丛书》第三辑）兰州：甘肃文化出版社，2002年。

（三百零九）《西夏军事制度研究、〈本续〉秘咒释考》

1.胡若飞著，（《西北第二民族学院学术文库》）呼和浩特：内蒙古大学出版社，2003年。

（三百一十）《法典中的西夏文化：西夏〈天盛改旧新定律令〉研究》

1.杨积堂著，北京：法律出版社，2003年。

（三百一十一）《西夏出版研究》

1.史金波著，（《西夏研究丛书》第四辑）银川：宁夏人民出版社，2004年。

（三百一十二）《西夏活字印刷研究》

1.牛达生著，（《西夏研究丛书》第四辑）银川：宁夏人民出版社，2004年。

（三百一十三）《〈天盛律令〉与西夏法制研究》

1.杜建录著，银川：宁夏人民出版社，2005年。

（三百一十四）《西夏法律制度研究——〈天盛改旧新定律令〉初探》

1.姜歆著，兰州：兰州大学出版社，2005年。

（三百一十五）《西夏法律制度研究》

1.陈永胜著，（《西北少数民族学术研究文库》）北京：民族出版社，2006年。

（三百一十六）《拓边西北——北宋中后期对夏战争研究》

1.曾瑞龙著，（《中华文史专刊》丛书）香港：中华书局（香港）有限公司，2006年。

2.普瑞龙著，（《博雅史学论丛》）北京：北京大学出版社，2013年。

3.曾瑞龙著，杭州：浙江大学出版社，2019年。

（三百一十七）《西夏社会》（上、下册）

1—2.史金波著，上海：上海人民出版社，2007年。

（三百一十八）《西夏地理研究——边疆历史地理学的探索》

1.杨蕤著，（《北方民族大学学术文库》）北京：人民出版社，2008年。

（三百一十九）《西夏艺术研究》

1.上海艺术研究所、宁夏民族艺术研究所著(高春明主编),(《中国古代民族艺术研究系列》丛书)上海：上海古籍出版社,2009年。

（三百二十）《西夏人的精神世界》

1.张迎胜著,银川：宁夏人民出版社,2009年。

（三百二十一）《西夏法制研究》

1.邵方著,北京：人民出版社,2009年。

（三百二十二）《西夏文书档案研究》

1.赵彦龙著,银川：宁夏人民出版社,2010年。

（三百二十三）《辽夏关系史》

1.杨浣著,北京：人民出版社,2010年。

（三百二十四）《西夏艺术史》

1.陈育宁、汤晓芳著,上海：上海三联书店,2010年。

2.陈育宁、汤晓芳著,上海：上海三联书店,2014年第2版。

（三百二十五）《西夏河西佛教研究》

1.崔红芬著,(《敦煌学研究文库》)北京：民族出版社,2010年。

（三百二十六）《西夏与周边关系研究》

1.杨富学、陈爱峰著,(《中国北方古代少数民族历史文化丛书》)兰州：甘肃民族出版社,2012年。

（三百二十七）《西夏地理志》

1.鲁人勇著,(《宁夏语言文化研究丛书》)银川：宁夏人民出版社,2012年。

（三百二十八）《西夏公文写作研究》

1.赵彦龙著,(《西夏研究丛书》第五辑)银川：宁夏人民出版社,2012年。

（三百二十九）《文化融合与延续：11—13世纪藏传佛教在西夏的传播与发展》

1.崔红芬著,北京：民族出版社,2014年。

（三百三十）《神秘的河陇西夏文化》

1.于光建著,(《华夏文明之源》丛书)兰州：甘肃教育出版社,2014年。

（三百三十一）《北宋与辽、西夏战略关系研究：从权力平衡观点的解析》

1.蔡金仁著,(王明荪主编《古代历史文献研究辑刊》第14编第17册)新北：花木兰文化出版社,2015年。

（三百三十二）《宋夏堡寨调查与研究》

1.苏正喜、摆小龙著,银川：宁夏人民出版社,2015年。

（三百三十三）《西夏法制的多元文化属性：地理和民族特性影响初探》

1.于熠著,(《历史的法学文丛》)北京:中国政法大学出版社,2016年。

（三百三十四）《西夏盐业史论》

1.任长幸著,(《中国盐文化研究丛书》)北京:中国经济出版社,2016年。

（三百三十五）《西夏司法制度研究》(《西夏司法制度略论》)

1.《西夏司法制度研究》,姜歆著,(《西夏研究论丛》第三辑)南京:凤凰出版社,2016年。

2.《西夏司法制度略论》(修订版),姜歆著,南京:凤凰出版社,2017年。

（三百三十六）《西夏风俗》

1.史金波著,(《全彩插图本中国风俗通史》丛书十三卷本之一)上海:上海文化出版社,2017年。

（三百三十七）《党项西夏名物汇考》

1.彭向前著,(《西夏学文库》第一辑著作卷)兰州:甘肃文化出版社,2017年。

（三百三十八）《西夏番姓大族研究》

1.陈玮著,(《西夏学文库》第一辑著作卷)兰州:甘肃文化出版社,2017年。

（三百三十九）《西夏艺术荟萃(绘画书法卷)》

1.郭进挺、李宪亮主编,岳键、杨开飞执行主编,银川:阳光出版社,2017年。

（三百四十）《〈天盛律令〉与〈庆元条法事类〉比较研究》

1.刘双怡、李华瑞著,(《西夏文献文物研究丛书》)北京:社会科学文献出版社,2018年。

（三百四十一）《〈天盛改旧新定律令〉与中华法系综合研究》

1.陈旭著,(《北方民族大学文史学院文库》)北京:中国社会科学出版社,2018年初版。

（三百四十二）《西夏畜牧业研究》

1.高仁著,(《西夏学文库》第一辑著作卷)兰州:甘肃文化出版社,2018年。

（三百四十三）《西夏服饰研究》

1.任怀晟著,(《西夏学文库》第二辑著作卷)兰州:甘肃文化出版社,2018年。

（三百四十四）《北宋与西夏边境地区的经济文化交流研究》

1.张红艳著,西安:三秦出版社,2019年 。

（三百四十五）《宋夏战争与北宋文学》

1.郭艳华著,(《北方民族大学文学与新闻传播学院学术文库》)北京:商务印书馆,2020年。

（三百四十六）《和战之间的两难：北宋中后期的军政与对辽夏关系》

1.方震华著，北京：社会科学文献出版社，2020年。

（三百四十七）《西夏档案及其管理制度研究》

1.赵彦龙著，北京：中国社会科学出版社，2020年。

（三百四十八）《出土文献所见汉传佛教在西夏的传播及影响》

1.樊丽沙著，北京：中国社会科学出版社，2020年。

（三百四十九）《西夏宫廷制度研究》

1.许伟伟著，（《西夏学文库》第二辑著作卷）兰州：甘肃文化出版社，2020年。

（三百五十）《西夏职官制度研究》

1.魏淑霞著，《西夏学文库》第三辑著作卷）兰州：甘肃文化出版社，2020年。

（三百五十一）《西夏农业研究》

1.潘洁、李玉峰著，（《西夏学文库》第二辑著作卷）兰州：甘肃文化出版社，
2020年。

附：同类通俗与其他相关著作

（三百五十二）《西夏故事》

1.徐庄、李萌编著，西宁：青海人民出版社，1987年。

（三百五十三）《西夏用兵史话》

1.史金波、黄艾榕编著，成都：四川民族出版社，1997年。

（三百五十四）《寻找被遗忘的王朝》

1.白滨著，（《中国边疆探察》丛书）济南：山东画报出版社，1997年。

2.白滨著，济南：山东画报出版社，2010年（修订版）。

（三百五十五）（王汤武三氏）《西夏陵》

1.王月星、汤晓芳、武瑞芬编著，（《宁夏旅游》丛书）银川：宁夏人民出版社，
2000年。

（三百五十六）《西夏王朝》

1.张灵编著，银川：宁夏人民出版社，2001年。

（三百五十七）《西夏王国与金字塔》

1.僧人著，（《西部文化之旅》）成都：四川人民出版社，2002年。

2.僧人著，李跃龙著、李精益校阅《探索者》）台北：世潮出版有限公司2003年。

（三百五十八）《神秘王国：西夏故事》

1.高树榆编著，（《西夏文化》小丛书）银川：宁夏人民出版社，2003年。

（三百五十九）《异形之美：西夏艺术》

1.徐庄编著，（《西夏文化》小丛书）银川：宁夏人民出版社，2003年。

（三百六十）《梦想与辉煌：西夏钱币》

1.吴峰云编著，（《西夏文化》小丛书）银川：宁夏人民出版社，2003年。

（三百六十一）《尘封的文明：西夏瓷器》

1.李进兴编著，（《西夏文化》小丛书）银川：宁夏人民出版社，2003年。

（三百六十二）《党项豪杰李元昊》

1.孙尚主编，（《名家藏书·盛世君王》丛书）呼和浩特：远方出版社，2004年。

（三百六十三）《西夏：消逝在历史记忆中的国度》

1.白滨、边人撰稿，（边人主编《神秘中国》丛书）北京：外文出版社，2005年。

（三百六十四）《遗失了的西夏王国》

1.张灵著，兰州：甘肃人民美术出版社，2006年。

（三百六十五）《探寻西夏文明》（《西夏文明》）

1.《探寻西夏文明》，吴峰云、杨秀山编著，银川：宁夏人民出版社，2006年。

2.《西夏文明》，吴峰云、杨秀山编著，（《正说西夏系列》丛书）银川：宁夏人民出版社，2016年。

（三百六十六）《王朝湮灭：为西夏帝国叫魂》

1.唐荣尧著，北京：光明日报出版社，2006年。

（三百六十七）《借党项人说事》

1.牛撇捺著，银川：宁夏人民出版社，2007年。

（三百六十八）《黄沙深处的西夏魅影》

1.郭文佳、朱浩著，（《智慧历史现场11》丛书）郑州：中州古籍出版社，2007年。

（三百六十九）《追望西夏》

1.岳键、王亮著，西安：陕西旅游出版社，2008年。

（三百七十）《王族的背影》

1.唐荣尧著，银川：宁夏人民出版社，北京：中国民主法制出版社，2008年。

（三百七十一）《日落黑城：大漠文明搜寻手记》

1.刘兆和著，（《草原文化寻踪》丛书）呼和浩特：内蒙古大学出版社，2009年。

（三百七十二）《说西夏》（《话说西夏》）

1.《说西夏》，杜建录主编，银川：宁夏人民出版社，2009年。

2.《话说西夏》，杜建录主编，（《正说西夏系列》丛书）银川：宁夏人民出版社，2016年（修订版）。

（三百七十三）《天倾：十至十一世纪宋夏和战实录》

1.顾宏义著，(《两宋烽烟录》丛书)上海：上海书店出版社，2012年。

（三百七十四）《西夏古国的探秘者》

1.朱鹏云主编，银川：宁夏人民出版社，2012年。

（三百七十五）《西夏王朝：神秘的黑水城》

1.刘学铫著，(《草原帝国》06)台北：风格司艺术创作坊，2012年。

（三百七十六）《西夏其实很有趣儿》

1.王明著，北京：中国工人出版社，2013年。

（三百七十七）《西夏史话》

1.邱兴荣主编，(《宁夏地方史话》丛书)银川：宁夏人民出版社，2014年。

（三百七十八）《神秘的西夏》

1.唐荣尧著，长春：时代文艺出版社，2015年。

（三百七十九）《神秘西夏》(《还原西夏》)

1.《神秘西夏》，杜建录主编，银川：宁夏人民出版社，2016年。

2.《还原西夏》，杜建录主编，(《正说西夏系列》丛书)银川：宁夏人民出版社，2016年(修订版)。

（三百八十）《解密西夏》

1.杜建录主编，(《正说西夏系列》丛书)银川：宁夏人民出版社，2016年。

（三百八十一）《西夏王：英雄之生，当为王霸》

1.李强著，北京：现代出版社，2017年。

（三百八十二）《百年黑水城》

1.蔡彤华编著，(《黑水城历史文化丛书》)兰州：甘肃文化出版社，2017年。

（三百八十三）《党项印迹》

1.中国人民政治协商会议陕西省榆林市横山区委员会编《横山文史资料》(第十五辑)，2017年(准印陕内资图批字号)。

（三百八十四）《党项故事》

1.中国人民政治协商会议陕西省榆林市横山区委员会编《横山文史资料》(第十七辑)，2018年(准印陕内资图批字号)。

（三百八十五）《一本书读懂西夏》

1.陈海波著，台北：海鸽文化出版图书有限公司，2018年。

（三百八十六）《异域寻珍：流失海外民族古文献文物搜寻、刊布与研究》

1.束锡红、府宪展、聂君著，(《北方民族大学学术文库》)北京：社会科学文献出版社,2019年。

(三百八十七)《揭开神秘西夏的面纱》

1.庄电一编著,兰州:甘肃文化出版社,2020年。

(三百八十八)《党项风俗》

1.曹樨翊主编,中国人民政治协商会议陕西省榆林市横山区委员会编《横山文史资料》(第二十一辑)(准印陕内资图批字号),2020年。

二、涉西夏文史专题研究

(三百八十九)《中国皇帝全传·西夏》

1.车吉心主编,济南:山东教育出版社,1991年。

2.车吉心主编,济南:山东教育出版社,2005年。

(三百九十)《宋辽夏金经济研析》

1.葛金芳著,武汉:武汉出版社,1991年。

(三百九十一)《辽夏金经济史》(《中国经济通史·辽夏金经济卷》《中国经济通史·辽夏金》)

1.漆侠、乔幼梅著,(《中国古代经济史断代研究》之六)保定:河北大学出版社,1994年第1版。

2.漆侠、乔幼梅著,(《中国经济通史·辽夏金经济卷》)北京:经济日报出版社,1998年第1版。

3.漆侠、乔幼梅著,(《中国古代经济史断代研究》之六)保定:河北大学出版社,1998年第2版。

4.漆侠、乔幼梅著,(《中国经济通史·辽夏金》)北京:经济日报出版社,2007年第2版。

(三百九十二)《(百卷本)中国全史(第51—60卷)·辽宋金夏史》(《(百卷本)中国全史(第11—12卷)·中国辽宋金夏史》)

1.《(百卷本)中国全史(第51卷)·辽宋金夏政治史》,赵绍铭著,北京:人民出版社,1994年。

2.《(百卷本)中国全史(第52卷)·辽宋金夏经济史》,鲁亦冬著,北京:人民出版社,1994年。

3.《(百卷本)中国全史(第53卷)·辽宋金夏军事史》,刘庆、毛元佑著,北京:人民出版社,1994年。

4.《(百卷本)中国全史(第54卷)·辽宋金夏思想史》,周湘斌、赵海琦著,北京：人民出版社，1994年。

5.《（百卷本）中国全史（第55卷）·辽宋金夏宗教史》，张践著，北京：人民出版社，1994年。

6.《（百卷本）中国全史（第56卷）·辽宋金夏习俗史》，柯大课著，北京：人民出版社，1994年。

7.《（百卷本）中国全史（第57卷）·辽宋金夏科技史》，郭志猛著，北京：人民出版社，1994年。

8.《（百卷本）中国全史（第58卷）·辽宋金夏教育史》，乔卫平著，北京：人民出版社，1994年。

9.《（百卷本）中国全史（第59卷）·辽宋金夏文学史》，章正、马胜利、陈原著，北京：人民出版社，1994年。

10.《（百卷本）中国全史（第60卷）·辽宋金夏艺术史》，天琪等著，北京：人民出版社，1994年。

11.《（百卷本）中国全史（第11卷）·辽宋金夏政治史、辽宋金夏经济史、辽宋金夏军事史、辽宋金夏思想史、辽宋金夏宗教史》（精装合订本），赵绍铭、鲁亦冬、刘庆、毛元佑，周湘斌、赵海、张践著，北京：人民出版社，1994年。

12.《（百卷本）中国全史（第12卷）·辽宋金夏习俗史、辽宋金夏科技史、辽宋金夏教育史、辽宋金夏文学史、辽宋金夏艺术史》，柯大课，郭志猛，乔卫平，章正、马胜利、陈原、天琪等著，北京：人民出版社，1994年。

（三百九十三）《中华文明史（第6卷）·辽宋夏金》

1.《中华文明史》编纂工作委员会编（张希清、邓小楠、白滨、程妮娜、宋德金等执笔），石家庄：河北教育出版社，1994年。

（三百九十四）《中国封建社会经济史·宋辽夏金元卷》（《中国历代经济史·宋辽夏金元卷》）

1.田昌五、漆侠总主编，陈智超、乔幼梅本卷主编，济南：齐鲁书社，1996年。

2.田昌五、漆侠总主编，陈智超、乔幼梅本卷主编，（《中国历代经济史·宋辽夏金元卷》）台北：文津出版社，1998年。

（三百九十五）《中国政治制度通史·辽金西夏》

1.白钢主编，李锡厚、白滨著，北京：人民出版社，1996年。

2.白钢主编，李锡厚、白滨著，（《中国社会科学院文库·法学社会学研究系列》）北京：社会科学文献出版社，2011年修订版。

（三百九十六）《古道遗声——西夏辽金卷》

1.聂鸿音著,(《中华文学通览》)北京:中华书局,1997年。

2.聂鸿音著,香港:中华书局(香港)有限公司,1997年。

（三百九十七）《辽宋西夏金社会生活史》

1.朱瑞熙、张邦炜、刘复生、蔡崇榜、王曾瑜著,北京:中国社会科学出版社,1998年。

（三百九十八）《西夏辽金音乐史稿》

1.孙星群著,北京:中国青年出版社,1998年。

（三百九十九）《活字印刷术的发明和早期传播:西夏和回鹘活字印刷术研究》

1.史金波、雅森·吾守尔著,北京:社会科学文献出版社,2000年。

（四百）《中国文化通史·辽西夏金元卷》

1.郑师渠总主编,任崇岳分卷主编,北京:中共中央党校出版社,2000年。

2.郑师渠总主编,任崇岳分卷主编,北京:北京师范大学出版社,2009年再版。

（四百零一）《中国风俗通史·辽金西夏卷》

1.宋德金、史金波著,上海:上海文艺出版社,2001年。

（四百零二）《中国经济通史(5)·宋辽夏金》

1.赵德馨主编,葛金芳著,长沙:湖南人民出版社,2002年第1版。

（四百零三）《中华文明史(卷4)·宋夏辽金》

1.林力主编,呼和浩特:内蒙古人民出版社,2002年。

（四百零四）《宋代西北民族文献与研究》

1.刘建丽著,(《西北史研究丛书》)兰州:甘肃人民出版社,2004年。

（四百零五）《河套史》

1.王天顺著,(《黄河文明史书系》)北京:人民出版社,2006年。

（四百零六）《中国小通史(第6册)·辽夏金元》(《中国文化小通史(第6卷)·辽西夏金元》)

1.《中国小通史(第6册)·辽夏金元》,王春瑜主编,邱树森著,北京:金盾出版社,2003年。

2.《中国文化小通史(第6卷)·辽西夏金元》,王春瑜主编,邱树森著,福州:福建人民出版社,2006年。

（四百零七）《中华艺术通史·五代两宋辽西夏金卷》(上、下编)

1.李希凡总主编,廖奔本卷上编主编,北京:北京师范大学出版社,2006年。

2.李希凡总主编,刘晓路本卷下编主编,北京:北京师范大学出版社,2006年。

(四百零八)《中国行政区划通史·宋西夏卷》

1.李昌宪著,上海:复旦大学出版,2007年。

2.李昌宪著,上海:复旦大学出版社,2017年(修订版)。

(四百零九)《中国出版通史·宋辽西夏金元卷》

1.李致忠著,(《中国出版通史》丛书)北京:中国书籍出版社,2008年。

(四百一十)《中国妇女通史·辽金西夏卷》

1.陈高华、童芍素主编,张国庆、韩志远、史金波著,杭州:杭州出版社,2011年。

(四百一十一)《中国北方古代少数民族服饰研究(4—5):吐蕃卷·党项、女真卷》

1.包铭新丛书主编,张竞琼、孙晨阳分卷主编,上海:东华大学出版社,2013年。

(四百一十二)《辽金西夏衣食住行》(插图珍藏版本)

1.宋德金著,北京:中华书局,2013年。

(四百一十三)《中国文学史·辽宋夏金元卷》

1.方铭主编,(国家级高等学校特色专业建设教材)长春:长春出版社,2013年。

(四百一十四)《儒风汉韵流海内:两宋辽金西夏时期的"中国"意识与民族观念》

1. 刘扬忠、蒋寅主编,刘扬忠著,石家庄:河北教育出版社,2014年。

(四百一十五)《河套历史地理新探》

1.艾冲著,(《陕西师范大学史学》丛书)北京:科学出版社,2015年。

(四百一十六)《辽夏金的女性社会群体研究》

1.黄兆宏、王对萍、王连连、李娜著,(《古典文学与华夏民族精神种建构》丛书)兰州:甘肃人民出版社,2016年。

(四百一十七)《宋辽夏金装饰纹样研究》

1.谷莉著,北京:中国戏剧出版社,2017年。

(四百一十八)《完整的天下经验:宋辽夏金元之间的互动》

1.韦兵著,(《中华学人丛书》)北京:北京师范大学出版社,2019年。

(四百一十九)《五代辽宋西夏金边政史》

1.周峰著,(王明苏主编《古代历史文化研究辑刊》第22编第8册)新北:花木兰文化事业有限公司,2019年。

（四百二十）《宋代军政研究》

1.陈峰著,(《西北大学史学》丛刊)北京:中国社会科学出版社,2010年。

（四百二十一）《宋代外交史》

1.陶晋生著,(《陶晋生作品集》)台北:联经出版公司,2020年。

Ⅲ　学人、学术史研究

（四百二十二）《党项史研究》

1.白滨著,(《中国少数民族文库》)长春:吉林教育出版社,1989年。

（四百二十三）《辽西夏金史研究》

1.李锡厚、白滨、周峰著,(《20世纪中国人文学科学术研究史》丛书)福州:福建人民出版社,2005年。

（四百二十四）《破译天书》

1.杨蕤编著,银川:宁夏人民出版社,2008年。

（四百二十五）《张澍研究》

1.崔云胜著,(《河西历史与文化》研究丛书)天津:天津古籍出版社,2009年

（四百二十六）《罗福苌生平及其学术述论》

1.王旭梁著,《文史哲学集成》(第671册),台北:文史哲出版社,2015年。

（四百二十七）《从西夏文到甲骨文研究的艰辛历程》

1.李范文著,香港大学饶宗颐学术馆出版,2017年。

（四百二十八）《西夏学述论》

1.聂鸿音著,(《西夏学文库》第二辑论集卷)兰州:甘肃文化出版社,2018年。

Ⅳ　综合西夏与涉西夏文史论集、期刊专号、辑刊年鉴

一、西夏与涉西夏综合研究论集

（四百二十九）《西夏研究论集》

1.李范文著,银川:宁夏人民出版社,1983年。

（四百三十）《西夏史论文集》

1.白滨编,银川:宁夏人民出版社,1984年。

（四百三十一）《西夏史研究》

1.李蔚著,银川:宁夏人民出版社,1989年。

（四百三十二）《中国民族史研究(二):王静如教授从事学术活动60周年纪念专辑》

1.白滨、史金波、卢勋、高文德编,北京:中央民族学院出版社,1989年。

（四百三十三）《西夏文史论丛(一)》

1.宁夏文物管委会、宁夏文化厅编,银川:宁夏人民出版社,1992年。

（四百三十四）《北宋对于西夏边防研究论集》

1.江天健著,台北:华世出版社,1993年。

（四百三十五）《辽金西夏史研究:纪念陈述先生逝世三周年论文集》

1.宋德金、景爱、穆连木、史金波编,天津:天津古籍出版社,1997年。

（四百三十六）《吴天墀文史存稿》

1.吴天墀著,成都:四川大学出版社,1998年。

2.吴天墀著,(《中华学人》丛书)北京:北京师范大学出版社,2016年增补版。

（四百三十七）《首届西夏学国际学术会议论文集》

1.李范文主编,银川:宁夏人民出版社,1998年。

（四百三十八）《张思温文集》

1.石宗源主编,兰州:甘肃民族出版社,1999年。

（四百三十九）《宋史研究论文集》

1.漆侠、王天顺主编,银川:宁夏人民出版社,1999年。

（四百四十）《宋史论集》

1.李华瑞著,(《河北大学博导书系》)保定:河北大学出版社,2001年。

（四百四十一）《邓少琴西南民族史地论集》(上、下册)

1.邓少琴著,成都:巴蜀书社,2001年。

（四百四十二）《西夏史若干问题探索》

1.李蔚著,(《西夏研究丛书》第三辑)兰州:甘肃文化出版社,2002年。

（四百四十三）《国策、贸易、战争:北宋与辽夏关系研究》

1.廖隆盛著,台北:万卷楼图书公司,2002年。

（四百四十四）《历史深处的民族科技之光:第六届中国少数民族科技史暨西夏科技史国际会议论文集》

1.万辅彬、杜建录主编,银川:宁夏人民出版社,2003年。

（四百四十五）《二十世纪西夏学》

1.杜建录主编，（《西夏研究丛书》第四辑）银川：宁夏人民出版社，2004年。

（四百四十六）《史金波文集》

1.史金波著，（《中国社会科学院学术委员文库》）上海：上海辞书出版社，2005年。

（四百四十七）《党项西夏史探微》

1.汤开建著，（《允晨丛刊》第107册）台北：允晨文化实业股份有限公司，2005年。

2.汤开建著，（《欧亚备要》）北京：商务印书馆，2013年。

（四百四十八）《河朔集（宋夏元史论）》

1.穆鸿利著，（《跋涉集系列》之二）香港：中国国际出版社，2005年。

（四百四十九）《第二届西夏学国际学术研讨会论文集》

1.李范文主编，（《西夏研究》第三辑）北京：中国社会科学出版社，2006年。

（四百五十）《宋夏史研究》

1.李华瑞著，天津：天津古籍出版社，2006年。

（四百五十一）《罗氏父子西夏研究专集》

1.罗振玉、罗福成、罗福苌、罗福颐著，（李范文主编《西夏研究》第四辑）北京：中国社会科学出版社，2007年。

（四百五十二）《黑水城人文与环境研究：黑水城人文与环境国际学术讨论会文集》

1.沈卫荣、［日］中尾正义、史金波主编，（中国人民大学《西域历史语言研究丛书》）北京：中国人民大学出版社，2007年。

（四百五十三）《丝绸之路民族古文字与文化学术讨论会文集》（上、下册）

1—2.郑炳林、樊锦诗、杨富学主编，西安：三秦出版社，2007年。

（四百五十四）《博苑秋实：宁夏博物馆五十大庆纪念文集》

1.李进增主编，银川：宁夏人民出版社，2009年。

（四百五十五）《中国多文字时代的历史文献研究：辽夏金元历史文献国际研讨会文集》

1.聂鸿音、孙伯君编，北京：社会科学文献出版社，2010年。

（四百五十六）《西夏历史与文化：第三届西夏学国际学术研讨会论文集》

1.薛正昌主编，兰州：甘肃人民出版社，2010年。

（四百五十七）《成吉思汗与六盘山国际学术研讨会论文集》

1.薛正昌主编,兰州:甘肃人民出版社,2010年。

（四百五十八）《首届中国少数民族古籍文献国际学术研讨会论文集》

1.中央民族大学少数民族古籍研究所、北京市民委古籍办、中国民族古文字研究会主编(黄建明、聂鸿音、马兰主编),北京:民族出版社,2012年。

（四百五十九）《西藏历史和佛教的语文学研究》

1.沈卫荣著,上海:上海古籍出版社, 2010年。

（四百六十）《西夏学论集:教育部人文社会重点研究基地建设10周年纪念》

1.杜建录主编,上海:上海古籍出版社,2012年。

（四百六十一）《薪火相传:史金波先生70寿辰西夏学国际学术研讨会论文集》

1.中国社会科学院民族学与人类学研究所编,北京:中国社会科学出版社,2012年。

（四百六十二）《李范文西夏学论文集》

1.李范文著,北京:中国社会科学出版社,2012年。

（四百六十三）《视野、社会与人物:宋史、西夏史研究论文稿》

1.李华瑞著,北京:中国社会科学出版社,2012年。

（四百六十四）《文物考古收藏风云录》

1.吴峰云著,北京:学苑出版社,2013年。

（四百六十五）《吴天墀教授百年诞辰纪念文集(1913—2013)》

1.四川大学历史文化学院编,成都:四川人民出版社,2013年。

（四百六十六）《唐宋元间西北史地丛稿》

1.汤开建著,(《欧亚备要》丛书)《唐宋元间西北史地丛稿》,北京:商务印书馆,2013年。

（四百六十七）《西夏研究论文集》

1.宁夏社会科学院历史研究所编,(《西夏研究论丛》第一辑)南京:凤凰(江苏古籍)出版社,2015年。

2.宁夏社会科学院西夏研究院编,(《西夏研究论丛》第一辑)南京:凤凰出版社,2017年(增订版)。

（四百六十八）《西夏文化研究》

1.史金波著,(《中国社会科学院学部委员专题文集》)北京:中国社会科学出版社,2015年。

（四百六十九）《瘠土耕耘：史金波论文选集》

1.史金波著,北京:中国社会科学出版社,2016年。

（四百七十）《西夏史论集》

1.杜建录著,上海:上海古籍出版社,2016年。

（四百七十一）《宋夏史探研集》

1.李华瑞著,北京:科学出版社,2016年。

（四百七十二）《西夏史探赜》

1.李华瑞著,(《西夏学文库》第二辑论集卷)兰州:甘肃文化出版社,2017年。

（四百七十三）《宋辽西夏金史青蓝集》

1.李华瑞主编,北京:中国社会科学出版社,2017年。

（四百七十四）《党项西夏史论》

1.周伟洲著,(《西夏学文库》第二辑论集卷)兰州:甘肃文化出版社,2017年。

（四百七十五）《西夏·敦煌·悉昙·簿录：罗福苌先生一百二十诞辰——罗福苌集》

1.王旭梁编,上海:中西书局,2017年。

（四百七十六）《西夏元史研究论稿》

1.陈广恩著,(《暨南史学丛书》)北京:中国社会科学出版社,2017年。

（四百七十七）《西夏佛教文献研究论集》

1.崔红芬著,(《宝庆讲寺丛书·中国佛教学者文集》)北京:宗教文化出版社,2017年。

（四百七十八）《西夏历史文化钩沉》

1.史金波著,(西夏学文库》第一辑论集卷)兰州:甘肃文化出版社,2018年。

（四百七十九）《西夏历史文化探幽》

1.陈育宁、汤晓芳著,(《西夏学文库》第二辑论集卷)兰州:甘肃文化出版社,2018年。

（四百八十）《凉州与西夏》

1.梁继红著,(《西夏学文库》第一辑论集卷)兰州:甘肃文化出版社,2018年。

（四百八十一）《王曾瑜先生八秩祝寿文集》

1.李华瑞、姜锡东主编《王曾瑜先生八秩祝寿文集》,北京:科学出版社,2018年。

（四百八十二）《中国民族古文字研究：中国民族古文字研究会第十次学术会议论文集》

1.刘劲松、李晓莉主编,昆明:云南民族出版社,2018年。

（四百八十三）《西夏佛教文献与历史研究》

1.沈卫荣著,（《西夏学文库》第一辑论集卷）兰州:甘肃文化出版社,2018年。

（四百八十四）《西夏文明研究》

1.陈炳应著,（《西夏学文库》第二辑论集卷）兰州:甘肃文化出版社,2018年。

（四百八十五）《西夏民族史论》

1.白滨著,（《西夏学文库》第二辑论集卷）兰州:甘肃文化出版社,2018年。

（四百八十六）《陕北历史文化散论》

1.杨蕤著,北京:商务印书馆,2019年。

（四百八十七）《学海汲求》

1.史金波著,兰州:甘肃文化出版社,2020年。

（四百八十八）《黑水城出土文书研究》

1.孙继民著,（《西夏学文库》第一辑论集卷）兰州:甘肃文化出版社,2020年。

（四百八十九）《宋夏史探知集》

1.李华瑞著,北京:中国社会科学出版社,2020年。

二、专刊、专号

（四百九十）《国立北平图书馆馆刊·西夏文专号》（第四卷第三号）

1.馆刊编辑部编,北平:京华印书局,1930年5、6月辑,1932年。

2.任继愈主编,（《国立北平图书馆馆刊·国立北平图书馆馆集》（影印本）,全十册之第四册·第四卷第一号至第六号）北京:书目文献出版社,1992年。

3.本社编,（《近代著名图书馆馆刊荟萃续编》全二十册之第五册）北京:北京图书馆出版社,2005年。

（四百九十一）《国家图书馆学刊·西夏研究专号》

1.国家图书馆、中国社会科学院合编,2002年增刊。

（四百九十二）《西夏学》（总第一至二十一辑,2006—2020年）

1—4.《西夏学》（第1—4辑）,杜建录主编,银川:宁夏人民出版社,2006—2009年。

5—11.《西夏学》（第5—11辑）,杜建录主编,上海:上海古籍出版社,2010—2015年。

12—21.《西夏学》（第12—21辑）,杜建录主编,兰州:甘肃文化出版社,2016—2020年。

（四百九十三）《西夏研究》（总第一至四十四期、特刊一期，2010—2020年）

1—44.《西夏研究》编辑部编（李范文名誉主编，薛正昌、余军先后任主编），2010—2020年。

45.《西夏研究》编辑部编（李范文名誉主编，余军主编），《西夏研究》（十周年特刊），2020年。

（四百九十四）《北方民族大学文史学院文库：民族卷》（第一辑）

1.北方民族大学文史学院编，银川：宁夏人民出版社，2016年。

（四百九十五）《北方民族大学文史学院文库：历史卷》（第一辑）

1.北方民族大学文史学院编，银川：宁夏人民出版社，2016年。

（四百九十六）《北方民族大学文史学院文库：文学卷》（第一辑）

1.北方民族大学文史学院编，银川：宁夏人民出版社，2016年。

（四百九十七）《西夏学辑刊》（第一辑）

1.北方民族大学西夏研究所编（景永时、张铁山、黄建明主编），银川：宁夏人民出版社，2017年。

三、年鉴

（四百九十八）《宁夏年鉴·西夏学研究》（2003—2014年）①

1—4.（2003—2006年卷），《宁夏年鉴》编辑委员会编（宁夏地方志办公室编），北京：方志出版社，2001—2006年。

5—14.（2007—2014年卷），《宁夏年鉴》编辑委员会编（宁夏地方志办公室编），银川：宁夏人民出版社，2007—2014年。

（四百九十九）《宁夏社会科学年鉴·西夏学（西夏学研究）》（2011—2017年）

1.（首卷），宁夏社会科学界联合会编，银川：宁夏人民出版社，2011年。

2.（2011—2013年卷），徐永富编著，银川：阳光出版社，2016年。

3.（2014—2017卷），宁夏社会科学界联合会编，银川：宁夏人民出版社，2018年。

（五百）《辽金西夏研究》（《辽金西夏研究年鉴》）（2009—2015年）

1.《辽金西夏研究年鉴（2009年）》，景爱主编，北京：学苑出版社，2010年。

2.《辽金西夏研究（2010年）》，景爱主编，北京：同心出版社，2012年。

3.《辽金西夏研究（2011年）》，景爱主编，北京：同心出版社，2013年。

---

① 《宁夏年鉴》中西夏内容见本书前"编著说明"脚注（第12页）。

4.《辽金西夏研究(2012年)》,景爱主编,北京:同心出版社,2014年。

5.《辽金西夏研究年鉴(2013年)》,景爱主编,北京:中国社会科学出版社,2015年。

6.《辽金西夏研究(2014—2015年)》,景爱主编,北京:中国文史出版社,2018年。

(五百零一)《中国辽夏金研究年鉴》(2013—2018年)

1.《中国辽夏金研究年鉴(2013年卷)》,史金波、宋德金主编,(《中国社会科学年鉴》丛书2013年卷)北京:中国社会科学出版社,2015年。

2.《中国辽夏金研究年鉴(2014年卷)》,史金波、宋德金主编,(《中国社会科学年鉴》丛书2014年卷)北京:中国社会科学出版社,2016年。

3.《中国辽夏金研究年鉴(2015年卷)》,史金波、宋德金主编,(《中国社会科学年鉴》丛书2015年卷)北京:中国社会科学出版社,2017年。

4.《中国辽夏金研究年鉴(2016年卷)》,史金波、宋德金主编,(《中国社会科学年鉴》丛书2016年卷)北京:中国社会科学出版社,2018年。

5.《中国辽夏金研究年鉴（2017年卷)》,史金波、宋德金主编,(《中国社会科学年鉴》丛书2017年卷)北京:中国社会科学出版社,2020年。

6.《中国辽夏金研究年鉴(2018年卷)》,史金波、宋德金主编,(《中国社会科学年鉴》丛书2018年卷)北京:中国社会科学出版社,2020年。

下编 著译论文资讯

壹　通论

1.《西夏纂要》,辑若,《新西北(宁夏专号)》1944年第7卷第10—11期。

2.《西夏纪略》,贾敬颜,(天津)《益世报·史地周刊》第25期,1947年1月21日。

3.《西夏国》,吴瑞玑,《凯旋》1948年第32期。

4.《我对"宋辽夏金元"一段教学的几点体会》,张家驹,《历史教学问题》1957年第1期。

5.《关于辽宋夏金元史中的几个问题》,袁英光,《历史教学问题》1957年第4期。

6.《西夏》,陈登原,《国史旧闻》(第二分册),1962年。

7.《论西夏的兴起》,王忠,《历史研究》1962年第5期;《西夏史论集》,宁夏人民出版社1984年。

8.《西夏史》,林瑞翰,中华文化出版事业委员会《边疆文化论集(中卷)》,1953年;《西夏史论集》,宁夏人民出版社1984年。

9.《谈西夏》,王止峻,《醒狮》12卷第7期,1974年。

10.《西夏与宁夏》,子牛,《宁夏日报》,1981年1月1日。

11.《漫谈西夏》,张思温,《西北民族学院学报》1981年第3期;人大《中国古代史》1982年第1期;《张思温文集》,甘肃民族出版社1999年。

12.《西夏人民的贡献》,王志杰,《宁夏日报》1982年9日。

13.《试论西夏立国长久的原因》,李蔚,《宁夏社会科学》1985年第3期;人大《宋辽金元史》1985年第5期。

14.《西夏史话》,罗矛昆,《宁夏日报》1985年7月—1986年12月连载。

15.《西夏》,李范文,《西北民族研究》(创刊号)1988年。

16.《试论西夏的历史地位》,李蔚,《兰州大学学报》1989年第1期;人大《宋辽金元史》1989年第4期。

17.《中国史官眼中的西夏国》,(匈)范凌思(著),霍升平、杨建明(译),《宁夏文史》(第4辑),1989年。

18.《试论西夏的历史特点》,李蔚,《中国民族史研究(二):王静如教授从事学术活动60周年纪念专辑》,中央民族学院出版社,1989年。

19.《西夏史札记》,汤开建,《中国民族史研究(二):王静如教授从事学术活动60周年纪念专辑》,中央民族学院出版社1989年。

20.《西夏史札记》,刘兴全、吴炎,《中央民族学院学报》1989年第6期。

21.《从西夏看中华民族多元一体》,史金波,《中华民族研究新探索》,中国社会科学出版社1991年。

22.《西夏与东夏》,李则芬,(台湾)《宋辽金元历史论文集》,黎明文化事业公司1991年。

23.《西夏·佛教·皇权》,张伯元,《西北史地》1992年第2期。

24.《西夏在中国——内亚关系中的角色》,[美]关顿(著)、朱悦梅(译),《昭乌达蒙旗师专学报》1992年第4期;《宁夏文物》1992年第6期。

25.《试论西夏的历史分期——兼谈西夏立国方针的转变》,李蔚,《甘肃社会科学》1992年第5期;人大《宋辽金元史》1993年第1期。

26.《西夏:中国历史上一个特殊王国——兼论史与治史》,宋耀良,《社会科学》1993年第10期;人大《宋辽金元史》1993年第6期。

27.《西夏王朝对祖国历史的重大贡献》,陈明猷,《中国古都研究》(第9辑),三秦出版社1994年。

28.《丝路上消失的古国——西夏》,王民信,(台湾)《历史月刊》1994年第9期。

29.《神秘的西夏王国》,郑恩淮,《文物天地》1995年第5期。

30.《西夏·宁夏·华夏(上、下)》,史金波,《宁夏日报》1997年21日、28日;《中国民族》2002年第9期;《史金波文集》,上海辞书出版社2005年。

31.《北宋时期的西北区域强权西夏》,刘振志,(台湾)《历史月刊》第119期,1997年。

32.《西夏政权立国基础浅析》,宋东侠,《青海民族研究》1998年第3期。

33.《风雨西夏,党项悲歌》,李范文,《中国旅游》1998年第4期。

34.《论西夏政权的历史作用和影响》,李清凌,《宋史研究论文集》,宁夏人民出版社1999年。

35.《西夏和西夏文化》,史金波,《黄河文化论坛》(第七辑),2001年。

36.《西夏在中国历史中的地位》,李范文,《宁夏社会科学》2002年第3期;人大《宋辽金元史》2002年第3期;《李范文西夏学论文集》,中国社会科学出版社2012年。

37.《西夏历史与文化》,陈育宁、杜建录,《宁夏历史十五题》,宁夏人民出版社2003年。

38.《西夏的社会经济文化》,杨蕤,《宁夏民族与社会发展研究》,宁夏人民出版社2003年。

39.《论西夏立国长久的一个重要原因》,陈广恩,《西北民族研究》2004年第3期。

40.《论西夏立国及其在中外历史上的地位》,穆鸿利,《中央民族大学学报》2005年第4期;穆鸿利著《河朔集》,中国国际出版社2005年。

41.《论西夏王朝在中国疆域形成与社会经济文化发展中的历史地位》,李万、魏晓,《21世纪的人文地理学:中国地理学会人文地理专业委员会暨全国高校人文地理学研究会2003年年会论文集》,2003年。

42.《西夏史》,白滨,中国史研究编辑部编《中国古代史研究概述》,江苏古籍出版社1987年;《西夏民族史论》,甘肃文化出版社2018年。

43.《西夏史一页》,[俄]伊风阁(著)、聂鸿音(译),《国外早期西夏学论集》(一),民族出版社2005年。

44.《西夏时期的政治、经济与货币》,牛达生,《宁夏金融》2007年增刊。

45.《西夏——剽悍的游牧民族》,月明日,《百科知识》2008年第17期。

46.《西夏前期史》,孟鸿,《中国边政》2009年第180期。

47.《试论西夏政权对北宋经略河湟区域民族政策的影响》,杨文、高小强,《宁夏社会科学》2010年第1期。

48.《西夏的历史与文化》,李华瑞,《文史知识》2010年第5期;《视野、社会与人物:宋史、西夏史研究论文稿》,中国社会科学出版社2012年;《西夏史探赜》,甘肃文化出版社2017年。

49.《从交聘仪注之争看西夏的政治地位》,杨浣,《西夏学》(第六辑),上海古籍出版社2010年;《西夏学论集:教育部人文社会重点研究基地建设10周年纪念》,上海古籍出版社2012年。

50.《西夏历史和社会的若干问题》,史金波,周伟洲主编《西北民族论丛》(第7辑),中国社会科学出版社2010年;《瘠土耕耘——史金波论文选集》,中国社会科学出版社2016年

51.《西夏历史与文化》,李蔚,《西夏研究》2011年第2期。

52.《〈蒙古秘史〉中的西夏》,杨浣、王军辉,《西夏学》(第七辑),上海古籍出版社2011年。

53.《贺兰山下的神秘王国——西夏》,李范文,《李范文西夏学论文集》,中国社会科学出版社2012年。

54.《西夏史札记三则》,苏航,《薪火相传:史金波先生70寿辰西夏学国际学术研讨会论文集》,中国社会科学出版社2012年。

55.《英雄之生,当王霸耳日落贺兰山被风沙埋没的西夏王朝盛景》,李崇寒,《国家人文历史》2016年第8期。

56.《西夏人论中原——以西夏文资料为中心》,[俄]克恰诺夫(著),闫廷亮、陈建明(译),《西夏学》(第十九辑 2019年第2期),甘肃文化出版社2019年。

57.《党项——西夏割据政权政治中心的西移及其三大影响要素》,保宏彪,《西夏研究》2019年第2期。

58.《宋时期的非汉族政权之西夏(982—1227)》,[俄]И.Ф.波波娃(编著),崔红芬、文健(译),《西夏研究》2019年第3期。

59.《党项:消失在塞北羌笛之中》,许娜云,《中国民族教育》2019年第5期。

60.《唐末至宋初夏州党项政权探微——以墓志资料为中心》,同敏,《佳木斯大学社会科学学报》2020年第4期。

贰　政治、法律

一、总论、专题综述

1.《20世纪西夏社会分期与社会性质研究》,陈炳应,《二十世纪西夏学》,宁夏人民出版社2004年。

2.《20世纪西夏官制研究》,杜建录,《二十世纪西夏学》,宁夏人民出版社2004年。

3.《近二十年来〈天盛律令〉研究综述》,孙效武、杨蕤,《西夏研究》2016年第4期。

4.《西夏法典的演变及缘由综论》,安北江,《西夏研究》2016年第4期。

5.《中国古代少数民族政权外戚政治研究》,李禹阶、韩晓燕,《首都师范大学学报》2016年第4期。

6.《再论〈天盛律令〉的修纂》,李华瑞,《西夏学》(第十三辑),甘肃文化出版社2016年;《宋夏史探研集》,科学出版社2016年;《西夏史探赜》,甘肃文化出版社2017年。

7.《西夏〈天盛律令〉研究的几个问题》,杜建录,《西夏学》(第十三辑),甘肃文化出版社2016年。

8.《西夏〈天盛律令〉研究述评》,任长幸,《渭南师范学院学报》2018年第3期。

9.《党项民族的法律演进:西夏法律历史沿革与多元文化属性形成》,于熠,《社会科学家》2018年第9期。

二、政治、法律、职官

1.《西夏蕃官刍议》,李蔚,《西北史地》1985年第2期;人大《宋辽金元史》1985年第4期。

2.《西夏官名杂考》,王民信,(台湾)《政治大学边政研究所年报》,1986年第17期。

3.《论西夏使臣的"蕃号"问题》,白滨,《中国民族史论文集》,中国社会科学出版社1986年;《西夏民族史论》(《西夏学文库》第二辑论集卷),甘肃文化出版社2018年。

4.《西夏"建官置兵不用禄食"弁析》,李蔚,《宁夏大学学报》1987年第1期。

5.《汉文献中西夏官名考录》,顾吉辰,《宁夏教育学院学报》1988年第2期。

6.《西夏官品考》,顾吉辰,《宁夏大学学报》1988年第4期。

7.《论西夏政权的蕃官问题》,刘兴全,《中央民族学院学报》1989年第1期。

8.《谈西夏蕃官》,刘兴全,《宁夏大学学报》1991年第1期。

9.《西夏官制述略》,王绍坤,《宁夏文史》(第9辑),1991年。

10.《西夏谥法初探》,顾吉辰,《固原师专学报》1992年第3期。

11.《西夏后妃制度考述》,顾吉辰,《宁夏社会科学》1993年第2期。

12.《西夏的职官制度》,史金波,《历史研究》1994年第2期;《史金波文集》,上海辞书出版社2005年。

13.《西夏的印章制度初探》,陈炳应,《宁夏社会科学》1994年第2期;《西夏文明研究》,甘肃文化出版社2018年。

14.《西夏法的特点》,李温、罗矛昆,《宁夏法学》1994年第3期。

15.《西夏避讳制度初探》,韩小忙,《宁夏社会科学》1994年第5期。

16.《西夏行政管理探微》,雷天寿,《宁夏大学学报》1995年第2期。

17.《西夏刑法试析》,史金波,《民大史学》创刊号1996年;《宁夏审判志》,宁夏人民出版社1998年;《史金波文集》,上海辞书出版社2005年。

18.《西夏的内宿制度》,杜建录,《固原师专学报》1997年第4期。

19.《西夏行政管理体制特点刍议》,雷天寿,《天津师范大学学报》1997年第6期;人大《宋辽金元史》1998年第1期。

20.《现存最古老的少数民族法典》,聂鸿音,《民族法制通讯》1998年第2期。

21.《西夏的符牌制度》,杜建录,《河北大学学报》1998年增刊;《西夏史论集》,上海古籍出版社2016年。

22.《西夏刑罚体系初探》,杨积堂,《宁夏大学学报》1999年第4期。

23.《西夏的立法概况》,赵江水,《宁夏大学学报》1999年第4期。

24.《西夏亲属关系的法律效力及拟制》,邵方,《固原师专学报》1999年第4期。

25.《试论西夏的牌符》,杜建录,《宋史研究论文集》,宁夏人民出版社1999年。

26.《试论西夏官服制度及其对外来文化因素的整合》,尚世东、郑春生,《宁夏社会科学》2000年第3期;人大《宋辽金元史》2000年第3期。

27.《〈西夏律令〉与〈通制条格〉性质略论》,钱大群,《中国法律史论考》,南京师范大学出版社2001年。

28.《试论西夏谏官制度》,赵彦龙,《宁夏社会科学》2002年第2期。

29.《儒家的"礼"与西夏〈天盛律令〉》,陈旭,《西北第二民族学院学报》2002年第3期。

30.《略论西夏法律对于党项社会婚姻制度的规定》,邵方,《法学评论》2003年第1期;人大《法理学、法史学》2003年第4期。

31.《论西夏法典结构及私法在其中的地位》,姜歆,《宁夏大学学报》2003年第1期。

32.《论西夏的司法制度》,杜建录,《西北民族研究》2003年第4期;人大《宋辽金元史》2004年第1期;《西夏史论集》,上海古籍出版社2016年。

33.《西夏婚姻家庭法律制度研究》,邵方,《河北法学》2003年第5期。

34.《西夏的审判制度》,杜建录,《宁夏社会科学》2003年第6期;《西夏史论集》,上海古籍出版社2016年。

35.《西夏司法制度述略》,李鸣,《西南民族大学学报》2003年第6期。

36.《论西夏法典中的刑事法律制度》,姜歆,《宁夏社会科学》2003年第6期。

37.《西夏管理初探》,王福良,《历史深处的民族科技之光:第六届中国少数民族科技史暨西夏科技史国际会议论文集》,宁夏人民出版社2003年。

38.《西夏法律思想定型化初探》,姜歆,《固原师专学报》2004年第2期。

39.《试论西夏的立法》,陈永胜,《甘肃理论学刊》2004年第4期。

40.《西夏的刑罚制度》,杜建录,《宋史研究论文集》(第10辑),兰州大学出版社2004年;《西夏史论集》,上海古籍出版社2016年。

41.《论西夏法典中的狱政管理制度——兼与唐、宋律令的比较研究》,姜歆,《宁夏大学学报》2004年第6期。

42.《论西夏〈天盛律令〉的特点》,杜建录,《宁夏社会科学》2005年第1期;人大《宋辽金元史》2005年第2期;《西夏史论集》,上海古籍出版社2016年。

43.《自然人文地理意义下的西夏法典》,姜歆,《固原师专学报》2005年第1期。

44.《西夏巡检简论》,李华瑞,《中国史研究》2006年第1期;《宋夏史研究》,天津古籍出版社2006年;《西夏史探赜》,甘肃文化出版社2017年。

45.《试论西夏的刑罚》,陈永胜,《甘肃理论学刊》2006年第1期。

46.《西夏〈天盛律令〉再认识》,陈永胜,《西夏研究(第三辑):第二届西夏学国际学术研讨会论文集》,中国社会科学出版社2006年。

47.《论西夏法律制度对中国传统法律文化的传承与创新——以西夏法典〈天盛律令〉为例》,姜歆,《西夏研究(第三辑):第二届西夏学国际学术研讨会论文集》,中国社会科学出版社2006年。

48.《西夏的犯罪》,张玉海,《西夏研究(第三辑):第二届西夏学国际学术研讨会论文集》,中国社会科学出版社2006年。

49.《唐宋法律中儒家孝道思想对西夏法典的影响》,邵方,《法学研究》2007年第1期。

50.《西夏监察制度探析》,张翅、许光县,《宁夏社会科学》2007年第2期。

51.《西夏文献中的"城主"》,孙伯君,《敦煌学辑刊》2008年3期。

52.《西夏的宗教法》,邵方,《现代法学》2008年第4期。

53.《论西夏的奴婢制度》,姜歆,《宁夏师范学院学报》2008年第4期;《西夏历史与文化:第三届西夏学国际学术研讨会论文集》,甘肃人民出版社2010年。

54.《西夏礼仪制度考论》,艾红玲,《宁夏社会科学》2009年第1期。

55.《西夏的诉讼审判制度初探》,邵方,《法学评论》2009年第4期。

56.《西夏"敕禁律"考》,胡若飞,《西夏历史与文化:第三届西夏学国际学术研讨会论文集》,甘肃人民出版社2010年。

57.《西夏监察制度初探》,魏淑霞,《西夏历史与文化:第三届西夏学国际学术研讨会论文集》,甘肃人民出版社2010年。

58.《西夏立法的指导思想和刑罚制度》,李温,《西夏历史与文化:第三届西夏学国际学术研讨会论文集》,甘肃人民出版社2010年。

59.《西夏的监察制度初探》,魏淑霞,《西夏研究》2010年第2期。

60.《西夏法律中的盗窃罪及处罚原则——基于西夏〈天盛改旧新定律令〉的研究》,董昊宇,《西夏研究》2010年第4期。

61.《武威发现西夏文"地境沟证"符牌考释》,孙寿龄、黎大祥,《西夏学》(第五辑),上海古籍出版社2010年。

62.《西夏官吏司法审判的职责权限及对其职务犯罪的惩处》,魏淑霞、孙颖慧,《西夏学》(第六辑),上海古籍出版社2010年。

63.《西夏相权初探》,魏淑霞,《西夏研究》2011年第4期。

64.《论西夏法典中的拒捕制度》,宋国华,《宁夏社会科学》2011年第5期。

65.《〈天盛律令〉中的比附制度——以〈天律盛令〉"盗窃法"为例》,董昊宇,《宁夏社会科学》2011年第5期。

66.《〈内宫待命等头项门〉中的职官问题》,许伟伟,《西夏学》(第七辑),上海古籍出版社2011年。

67.《论西夏的"以赃断盗"——以〈天盛律令〉为中心》,董昊宇,《西夏学》(第七辑),上海古籍出版社2011年。

68.《西夏官吏酬劳封爵、俸禄及致仕》,魏淑霞、陈燕,《西夏研究》2012年第3期;《西夏研究论文集》,凤凰(江苏古籍)出版社2015年。

69.《西夏官吏"禄食"标准管窥——以〈天盛律令〉为中心》,张玉海,《宁夏社会科学》2012年第5期。

70.《西夏的官品与官阶——西夏官吏酬劳制度研究之一》,魏淑霞、孙颖慧,《宁夏社会科学》2012年第6期。

71.《党项西夏世系表》,李范文,《李范文西夏学论文集》,中国社会科学出版社2012年。

72.《〈天盛改旧新定律令〉——(1149—1169年):西夏法律文献〈天盛律令〉研究专著节选译》,[俄]E.H克恰诺夫(著),唐克秀(译),《西夏研究》2013年第2期。

73.《西夏官吏的考课惩奖制》,魏淑霞,《西夏研究》2013年第4期。

74.《再论西夏的官与职——以西夏官当制度为中心》,梁松涛、张玉海,《宁夏社会科学》2014年第3期。

75.《"他山之作":11—12世纪远东国家使节交往的文献资料——西夏〈天盛改旧新定律令〉》,[俄]克恰诺夫(著),王颖(译),《西夏研究》2014年第4期。

76.《〈天盛律令〉杀人罪初探》,戴羽,《西夏研究》2014年第4期。

77.《〈天盛律令〉修纂新探——〈天盛律令〉与〈庆元条法事类〉比较研究之一》,李华瑞,《西夏学》(第九辑),上海古籍出版社2014年;《西夏史探赜》,甘肃文化出版社2017年。

78.《黑水城出土西夏文〈法则〉性质和颁定时间及价值考论》,梁松涛、杜建录,《西夏学》(第九辑),上海古籍出版社2014年。

79.《〈法则〉卷九诸司职考》,许伟伟,《西夏学》(第九辑),上海古籍出版社2014年。

80.《西夏官阶制度补考》,翟丽萍,《西夏学》(第九辑),上海古籍出版社2014年。

81.《西夏时期察军略论》,尤桦,《西夏学》(第九辑),上海古籍出版社2014年。

82.《〈天盛律令〉关于西夏官员贪赃问题的规定》,魏淑霞,《西夏学》(第九辑),上海古籍出版社2014年。

83.《继受和创新:法律文化交流视角下的西夏法制与中华法系》,刘振宇,《理论月刊》2014年第12期。

84.《〈天盛律令〉的法律移植与本土化》,戴羽,《西夏研究》2015年第1期。

85.《论西夏的起诉制度》,姜歆,《宁夏社会科学》2015年第2期;《西夏研究论文集》,凤凰(江苏古籍)出版社2015年。

86.《论西夏的审判制度》,姜歆,《西夏研究》2015年第2期;《西夏研究论文集》,凤凰(江苏古籍)出版社2015年。

87.《试论我国中古时期的成文宗教法——以西夏〈天盛律令·为僧道修寺庙门〉为中心》,任红婷,《宁夏大学学报》2015年第5期。

88.《西夏职官中的宗族首领》,魏淑霞,《宁夏社会科学》2015年第5期。

89.《夏州节度使文武僚属考——以出土碑石文献为中心》,翟丽萍,《西夏学》(第十一辑),上海古籍出版社2015年。

90.《从武器装备看西夏仪卫制度》,尤桦,《西夏学》(第十一辑),上海古籍出版社2015年。

91.《试论西夏中晚期官当制度之变化》,梁松涛、李灵均,姜锡东主编《宋史研究论丛》(第16辑),科学出版社2015年。

92.《西夏的婚姻立法与婚姻制度》,李温,《西夏研究论文集》,凤凰(江苏古籍)出版社2015年。

93.《西夏赏赐制度述略——以律令为中心》,戴羽、胡梦聿,《西夏研究》2016年第1期。

94.《论唐宋司法制度对西夏司法制度的影响》,姜歆,《西夏研究》2016年第2期。

95.《西夏"权官"问题初探》,梁松涛、田晓霈,《敦煌学辑刊》2016年第4期。

96.《西夏佛经所见官职名人名述考》,张玉海,《西夏研究》2016年第4期。

97.《西夏晚期库局分磨勘、迁转及恩荫禁约制度》,梁松涛,《宁夏社会科学》2016年第5期。

98.《西夏封爵制度》,保宏彪,《宁夏人大》2016年第7期。

99.《西夏换刑制度考述》,戴羽,《西夏学》(第十三辑),甘肃文化出版社2016年。

100.《西夏刑具考》,李炜忠,《西夏学》(第十三辑),甘肃文化出版社2016年。

101.《西夏符牌考校》,张笑峰,《西夏学》(第十三辑),甘肃文化出版社2016年。

102.《西夏丧服制度及其立法》,李温,《西夏研究》2017年第1期。

103.《西夏文献中的"群牧司"与"州牧"》,张永富,《西夏研究》2017年第1期。

104.《党项西夏的政治视野及其宫廷制度问题》,许伟伟,《西夏学》(第十四辑　2017年第1期),甘肃文化出版社2017年。

105.《西夏的"自然人"与"法人"——〈天盛律令〉研究专著第二部分译文》,[俄]Е.И.克恰诺夫(著),唐克秀(译),《西夏研究》2017年第1期。

106.《西夏前内侍司小考》,许伟伟,《西夏学》(第十五辑　2017年第2期),甘肃文化出版社2017年。

107.《论西夏的司法观念》,姜歆,《宁夏社会科学》2017年第6期。

108.《金朝与西夏盗窃法比较研究》,周峰,《辽金历史与考古》(第七辑),辽宁教育出版社2017年。

109.《西夏的司法制度及其立法》,李温,《宁夏史志》2018年第1期。

110.《西夏的司法制度及其立法(二)》,李温,《宁夏史志》2018年第2期。

111.《试述西夏转运司》,潘洁,《西夏研究》2018年第2期。

112.《西夏"刀牌"考》,张笑峰,《宁夏师范学院学报》2018年第2期。

113.《西夏刑罚制度渊源考述——以〈贞观玉镜将〉〈天盛律令〉为中心》,戴羽,《西夏学》(第十七辑　2018年第2期),甘肃文化出版社2019年。

114.《浅议西夏的职事官》,翟丽萍,《西夏学》(第十七辑　2018年第2期),甘肃文化出版社2019年。

115.《从〈天盛律令〉看西夏与宋医政制度之异同》,丁洁韵,《中医药文化》2018年第2期。

116.《武威出土民间契约所反映的西夏法律》,梁继红,《凉州与西夏》,甘肃文化出版社2018年。

117.《从传世及出土文献、文书等看西夏职官及机构设置的变迁》,魏淑霞,《中国民族古文字研究:中国民族古文字研究会第十次学术会议论文集》,云南民族出版社2018年。

118.《西夏状元释褐职任窥斑》,周腊生,《湖北职业技术学院学报》2019年第2期。

119.《西夏罚金刑研究》,戴羽、朱立扬,《西夏学》(第十九辑　2019年第2期),甘肃文化出版社2019年。

120.《浅谈西夏司法审判中的鞫谳分司》,梁颖新,《法制与社会》2019年第7期。

121.《夏宋婚姻禁令比较研究》,邓勇帅,《现代交际》2019年第7期。

122.《西夏亲邻之法初论》,罗海山,乜小红、陈国灿主编《丝绸之路出土各族契约文献研究论集》,中华书局2019年。

123.《西夏中后期地方管理制度问题探讨》,许伟伟,《西夏学》(第二十辑2020年第1期),甘肃文化出版社2020年。

124.《西夏"城主"及其渊源考》,汤君、李伟,《西夏学》(第二十一辑　2020年第2期),甘肃文化出版社2020年。

125.《西夏维护家庭秩序的法律规范分析》,郝振宇,《西夏研究》2020年第3期。

126.《西夏的信牌制度》,张笑峰,《西夏研究》2020年第4期。

127.《西夏保辜制度初探》,李桥,《西夏研究》2020年第4期。

128.《西夏职官"承旨"小考》,段靖,《西夏研究》2020年第4期。

129.《西夏枢密院考述》,魏淑霞,《宁夏师范学院学报》2020年第6期。

130.《"官人"的西夏译名考》,庞倩、王龙,《西夏研究》十周年特刊,2020年。

三、政治人物、问题、事件

(一)人物

1.《西夏国相张元事迹考》,张会琯,《甘肃民国日报》1947年9月6日;甘肃省图书馆书目参考部编《西北民族宗教史料文摘》(宁夏分册),1986年。

2.《华州二生故事》,吴瑞玑,《凯旋》1948年第32期。

3.《西夏著名学者斡道冲》,钟侃,《宁夏日报》1980年2月2日;人大《中国古代史》1980年第5期。

4.《元昊是怎么死的?》,龚维英,《读书》1980年第11期。

5.《李元昊称帝》,达生,《宁夏日报》1981年4月12日。

6.《试论李继迁的历史作用》,徐庄,《宁夏大学学报》1981年第4期。

7.《李继迁卒年辩证》，顾吉辰，《宁夏大学学报》1981年第4期。

8.《关于李继迁的卒年问题——对〈李继迁卒年辩证〉一文的商榷》，吴天墀，《宁夏大学学报》1982年第2期；《吴天墀文史存稿》，四川大学出版社1998年。

9.《张元、吴昊事迹考评》，李蔚，《西北史地》1982年第2期。

10.《西夏李继迁的继承人是谁?》，牛达生，《宁夏大学学报》1982年第2期。

11.《李继迁卒年再辨正》，汤开建，《宁夏大学学报》1982年第2期。

12.《"骨勒茂才"解》，韩荫晟，《宁夏大学学报》1982年第3期。

13.《西夏的奠基人李继迁》，徐庄、李萌，《文史知识》1982年第3期。

14.《也谈"骨勒茂才"》，刘建丽，《宁夏大学学报》1983年第2期。

15.《元昊》，刘建丽，《历史教学与研究》1983年第3期。

16.《为李继迁辩》，吴光耀，《宁夏社会科学》1983年第3期。

17.《李继迁攻取灵州对西夏建国的作用》，罗矛昆，《宁夏社会科学》1983年第3期；人大《中国古代史》1983年第9期。

18.《赵元昊》，吴光耀，《历史教学》1983年第4期。

19.《西夏著名语言文字学家——梁德养》，霍升平，《宁夏日报》1983年10月3日；人大《语言文字学》1983年第10期。

20.《西夏仁宗李仁孝》，罗矛昆，《西北民族论丛》1984年第1期。

21.《西夏赵德明卒年小考》，吴光耀，《西北史地》1984年第1期。

22.《略论夏国创建人——赵元昊》，吴光耀，《青海民族学院学报》1984年第3期。

23.《谈小说〈敦煌〉对西夏人物的描写》，罗矛昆《宁夏大学学报》1985年第2期。

24.《继捧入朝原因之管见》，周群华，《中国民族史学会第一届年会论文》1985年；《宁夏社会科学》1986年第6期。

25.《李德明时代的西夏政权》，区静飞，(台湾)《华冈文科学报》1986年第3期。

26.《简论西夏汉人谋士张浦》，刘兴全，《宁夏社会科学》1987年第2期。

27.《西夏"秦晋国王"考论》，史金波，《宁夏社会科学》1987年第3期；人大《宋辽金元史》1987年第4期；《史金波文集》，上海辞书出版社2005年。

28.《略论李德明》，李蔚，《兰州大学学报》1988年第1期。

29.《评李元昊在西夏建立过程中的作用》，陈育宁，《宁夏社会科学》1988年第2期；《西夏历史文化探幽》，甘肃文化出版社2018年。

30.《李显忠族源考略》,韩荫晟,《宁夏社会科学》1988年第2期。

31.《刘延庆族源考略》,韩荫晟,《宁夏社会科学》1988年第3期。

32.《李继捧"入觐纳土"析论》,李克武,《华中师大学报》1988年第3期。

33.《西夏归宋酋豪刘延庆的几个问题》,顾吉辰,《宁夏社会科学》1989年第4期。

34.《斡道冲为朵姓先祖》,朵舜年《宁夏文史》(第9辑),1991年。

35.《内蒙古西部地区西夏和党项的人物》,盖山林,《前沿》1992年第3期。

36.《论李继迁》,李蔚,《西北民族研究》1994年第1期。

37.《杨惟忠传略》,韩荫晟,《宁夏社会科学》1994年第5期。

38.《党项族人物志》(一、二),韩荫晟、韩述矕,《宁夏史志研究》1994年第6期、1995年第2期。

39.《元昊简论》,周伟洲,《光明日报》1995年11月13日。

40.《关于元昊若干问题探讨》,李蔚,《宁夏大学学报》1996年第1期;人大《宋辽金元史》1996年第2期。

41.《略论李元昊》,薛正昌,《甘肃社会科学》1996年第1期。

42.《西夏历代皇帝述略》,李海涛,《宁夏文史》(第12辑),1996年。

43.《李德明时代的西夏政权》,区静飞,(台北)《华冈文科学报》1997年第21期。

44.《元昊雄才大略述论》,刘建丽,《西北史研究》(上),兰州大学出版社1997年。

45.《西夏开国帝王元昊述评》,赵双惠,《宁夏史志研究》1998年第3期。

46.《西夏王朝的奠基者李继迁》,景永时,《历史名人与宁夏》,宁夏人民出版社1998年。

47.《西夏王朝的建立者李元昊》,景永时,《历史名人与宁夏》,宁夏人民出版社1998年。

48.《西夏文字的创制者野利仁荣》,景永时,《历史名人与宁夏》,宁夏人民出版社1998年。

49.《西夏儒学大师斡道冲》,景永时,《历史名人与宁夏》,宁夏人民出版社1998年。

50.《三人相继而行——李元昊与赵匡胤以及耶律亿》,舒焚、陈世昭,《首届西夏学国际学术会议论文集》,宁夏人民出版社1998年。

51.《西夏国相斡道冲与任得敬之比较》,韩东,《宁夏文史》(第15辑),1999

年;《文笔天怀:韩东诗文选》,宁夏人民出版社2005年。

52.《评李元昊》,吴小强,《广州师范学院》2000年第1期。

53.《元昊定制浅析》,陆宁,《西北第二民族学院学报》2000年第4期。

54.《西夏宰相斡道冲及其子孙的足迹》,朵舜年,《宁夏社会科学》2000年第4期。

55.《西夏李德明时代》,区静飞,(香港)《新亚论丛》2002年第4期。

56.《西夏沙州守将昔里钤部》,敖特根,《敦煌学辑刊》2004年第1期。

57.《试论李继迁、元昊对西夏立国的历史作用》,韩东,《文笔天怀:韩东诗文选》,宁夏人民出版社2005年。

58.《西夏开国君主景宗李元昊》,穆鸿利,《河朔集》,中国国际出版社2005年。

59.《大崇儒学的中兴圣主仁宗李仁孝》,穆鸿利,《河朔集》,中国国际出版社2005年。

60.《论李继迁受封》,汪家华,《衡阳师范学院学报》2006年第4期。

61.《略论张浦在西夏历史上的地位》,魏淑霞,《西夏研究(第三辑):第二届西夏学国际学术研讨会论文集》,中国社会科学出版社2006年。

62.《谅祚改制考论》,彭向前,《西夏学》(第一辑),宁夏人民出版社2006年;《内蒙古社会科学》2008年第4期。

63.《西夏罗后与佛教政治》,白雪,《敦煌学辑刊》2007年第3期。

64.《李继迁迁都灵州》,胡学祥,《共产党人》2007年第19期。

65.《拓跋思恭魂断何时》,牛达生,《宁夏史志》2008年第2期。

66.《元昊是英雄,也是暴君》,汤迪,《环球人物》2008年第1期;《半月选读》2008年第4期。

67.《拓跋思恭卒年考》,牛达生,《陕西历史博物馆馆刊》(总第15期),2008年。

68.《西夏"李王"为"孛王"试说》,彭向前,《宁夏师范学院学报》2008年第4期;《成吉思汗与六盘山国际学术研讨会论文集》,甘肃人民出版社2010年。

69.《夏初三朝元老刘仁勖》,牛达生,《西夏研究》2010年第2期。

70.《元昊的霸业、西夏王朝的诞生》,翁嘉禧、潘慧真,《中国边政》2010年第181期。

71.《西夏"秦晋国王"再考——兼论西夏封王制度》,王又一,《淮海工学院学报》(人文社会科学版)2015年第6期。

72.《李继迁:巧妙周旋勇创大业》,魏国武,《海峡通讯》2016年第1期。

73.《"任得敬"史事二则再认识》,马旭俊,《西夏研究》2016年第2期。

74.《李德明"臣宋"意图考——兼论"游牧"党项的抉择》,马旭俊、杨军,《北方文物》2017年第2期。

75.《西夏俊杰高智耀》,薛正昌,宁夏政协文史和学习委员会编《宁夏文史资料》(第30辑),2017年。

76.《梁乙埋、梁乞逋父子考》,雷明亮、彭向前,《西夏研究》2018年第2期。

77.《名相斡道冲》,梁继红,《凉州与西夏》,甘肃文化出版社2018年。

78.《吏部尚书权鼎雄》,梁继红,《凉州与西夏》,甘肃文化出版社2018年。

(二)问题、事件

1.《略谈西夏统治阶级的革新精神》,李蔚,《兰州学刊》1983年第4期。

2.《从元昊建国到庆历和议》,汤开建,《西北民族研究论文集》1985年。

3.《论汉族士大夫在西夏政权中的作用》,刘兴全,《固原师专学报》1988年第2期。

4.《试论西夏政权中的汉人官僚集团》,刘兴全、吴炎,《民族研究》1988年第2期;人大《宋辽金元史》1988年第6期。

5.《论西夏的后族政治》,白滨,《民族研究》1990年第1期;人大《宋辽金元史》1990年第2期;《西夏民族史论》,甘肃文化出版社2018年。

6.《西夏外戚专权始末》,王绍坤,《西北文史荟览》,宁夏人民出版社1991年;《宁夏文史》(第10辑),1992年。

7.《西夏没有爆发大规模农民战争的原因探析》,陈广恩,《固原师专学报》1993年第4期;(更名)《西夏没有爆发大规模人民起义原因探析》,《西夏元史研究论稿》,中国社会科学出版社2017年。

8.《西夏的外戚专权及其影响》,王德忠,《松辽学刊》2000年第2期。

9.《谈汉人官僚在西夏政权中的地位与影响》,杨福瑞,《昭乌达蒙族师专学报》2000年第5期。

10.《西夏立国长久原因新论》,陈广恩,《西夏研究(第三辑):第二届西夏学国际学术研讨会论文集》,中国社会科学出版社2006年。

11.《西夏治国方略探析》,陈广恩,纪宗安、汤开建主编《暨南史学》(第5辑),暨南大学出版社2007年。

12.《西夏灭亡原因新探索》,丁宁、任仲书,《辽宁师专学报》2008年第4期。

13.《西夏政权的汉化进程对宋夏战略形势转化的影响》,强文学,《重庆工学院学报》2008年第11期。

14.《西夏党项人民起义及其影响》，保宏彪，《宁夏人大》2016年第4期。

15.《西夏使军、奴仆、官人、私人问题再探》，戴羽，《西夏学》（第十五辑），甘肃文化出版社2017年。

四、国名、帝号

1.《西夏国名考》，王静如，《西夏研究》第一辑，"中央研究院"历史语言研究所单刊甲种之八，1932年；白滨主编，《西夏史论文集》，宁夏人民出版社1984年；李范文主编，《王静如西夏研究专辑》（《西夏研究》第五辑），中国社会科学出版社2007年。

2.《关于西夏国名》，[俄]聂历山（著）、唐叔豫（译），《国立北平图书馆馆刊》第9卷2期，1935年；任继愈主编，《国立北平图书馆馆刊·国立北平图书馆馆集》（第九卷第一号至第六号），书目文献出版社1992年。

3.《关于西夏国名二三事》，贾敬颜，《天津益世报》1948年4月27日；甘肃图书馆书目参考部编《西北民族宗教史料文摘》（宁夏分册），1986年。

4.《西夏皇帝称号考》，卜平，《宁夏社会科学》试刊号，1981年；《西夏研究论集》，宁夏人民出版社1983年；《李范文西夏学论文集》，中国社会科学出版社2012年。

5.《西夏国名杂谈》，王民信，（台湾政治大学）《边政研究所年报》1981年第12期。

6.《"邦泥定国兀卒"考释》，李范文，《社会科学战线》1982年第4期；罗炳良编（《20世纪二十四史研究》丛书）《宋史研究》，中国大百科全书出版社2009年；《李范文西夏学论文集》，中国社会科学出版社2012年。

7.《西夏称"邦泥定"即"白上国"新解》，吴天墀，《宁夏大学学报》1983年第3期；人大《中国古代史》1983年第9期；《西北史地》1986年第1期；《吴天墀文史存稿》，四川大学出版社1998年。

8.《西夏国名辨》，李范文，《西夏研究论集》，宁夏人民出版社1983年；《李范文西夏学论文集》，中国社会科学出版社2012年。

9.《西夏名号杂考》，史金波，《中央民族学院学报》1986年第4期；《史金波文集》，上海辞书出版社2005年。

10.《"白弥"、"白上"与"白下"——西夏国名再辨》，汤开建，（日刊）《亚洲语言与历史研究：西田龙雄教授60寿诞纪念文集》，东京1988年。

11.《"弥药"杂考》,汤开建,《青海社会科学》1989年第2期。

12.《西夏诸名称音义析辨及其族源探索》,李志清,宁夏文管会等编《西夏文史论丛(一)》,宁夏人民出版社1992年。

13.《"白高国名"新探》,罗矛昆,《中国民族史研究》(第3辑),中央民族学院出版社1993年。

14.《西夏国名新诠》,[俄]克平(著)、胡若飞(译),《宁夏社会科学》1996年第4期;《首届西夏学国际学术会议论文集》,宁夏人民出版社1998年。

15.《漫谈西夏国名》,杜沛红,《宁夏史志研究》2000年第5期。

16.《关于弥罗国、弥药、河西党项及唐古特诸问题的考辨》,汤开建,《西北第二民族学院学报》2001年第1期;《党项西夏史探微》,(台北)允晨文化实业股份有限公司出版2005年;商务印书馆2013年。

17.《再谈"白高国"》,王民信,《国家图书馆学刊》(西夏研究专号),2002年增刊。

18.《西夏国名及西夏人发祥地考述》,[俄]克平(著)、孙颖新(译),《国家图书馆学刊》(西夏研究专号),2002年增刊。

19.《西夏国名校考》,[俄]聂历山(著),崔红芬、文志勇(译),《宁夏社会科学》2005年第5期。

20.《西夏皇帝尊号考略》,崔红芬,《宁夏大学学报》2006年第5期;郑炳林、樊锦诗、杨富学主编,《敦煌佛教与禅宗学术讨论会文集》,三秦出版社2007年;人大《宋辽金元史》2007年第1期。

21.《"圣明皇帝"为西夏仁宗考》,梁松涛,《敦煌学辑刊》2008年第1期。

22.《"西夏"小考》,杨浣、王军辉,《宁夏大学学报》2009年第2期。

23.《"五德终始说"视野下的"大白高国"》,王炯、彭向前,《青海民族学院学报》2009年第3期;彭向前,《西夏历史与文化:第三届西夏学国际学术研讨会论文集》,甘肃人民出版社2010年。

24.《〈宫廷诗集〉中所见的"白高"释义》,梁松涛、杨富学,姜锡东、李华瑞主编,《宋史研究论丛》第10辑,河北大学出版社2009年。

25.《唐古特国的起源问题》,[俄]Е.И.克恰诺夫(著),王颖、张笑峰(译),《西夏学》(第七辑),上海古籍出版社2011年。

26.《西夏国名鳞爪》,吴忠礼,《宁夏社会科学》2012年第2期。

27.《西夏帝王的称号》,[法]Guillaume Jacques(向柏霖)(著)、朱瑞(译),《西夏研究》2012年第4期。

28.《"邦泥定国"新考》,木仕华,《薪火相传:史金波先生70寿辰西夏学国际学术研讨会论文集》,中国社会科学出版社2012年。

29.《西夏文献中的帝、后称号》,孙伯君,《民族研究》2013年2期。

30.《西夏国名别称"夏台"源流考》,邓文韬,《西夏学》(第十八辑　2019年第1期),甘肃文化出版社2018年。

31.《西夏王号性质考略》,陈岑,《西夏学》(第十八辑　2019年第1期),甘肃文化出版社2018年。

32.《西夏皇帝又称白天子考》,孙伯君,《宁夏社会科学》2020年第2期。

33.《来自西北的讯息:民国报刊中的"西夏"》,邓孟青、杨蕤,《西夏学》(第二十一辑　2020年第2期),甘肃文化出版社2020年。

叁 经济、科技

一、总论、专题研究综述

(一)总论

1.《塞垣之下牛羊遍野,黄河两岸禾雨如云——古西夏社会经济及其与祖国其他各民族的经济交流(上)》,白振声,《民族团结》1983年第1期。

2.《门市不讥,商贩如织——古西夏社会经济及其与祖国其它各民族的经济交流(下)》,白振声,《民族团结》1983年第2期。

3.《西夏社会经济及其在中国经济史中的地位》,白振声,《宁夏社会科学》1984年第3期;人大《宋辽金元史》1984年第5期。

4.《西夏的经济》(上、下),[俄]克恰诺夫(著),景永时(译),白述礼、杨秀琴(校),《宁夏社科通讯》1989年第1—2期。

5.《西夏经济史研究中的几个问题》,杜建录,《宁夏史志研究》1992年第1期;《西夏史论集》,上海古籍出版社2016年。

6.《试析党项羌内迁后社会经济的发展》,杜建录、陈广恩,《固原师专学报》1994年第2期;《试析党项内迁后社会经济的发展》(更名),《西夏史论集》,上海古籍出版社2016年。

7.《西夏时期宁夏经济的发展》,徐安伦、杨旭东,《宁夏经济史》,宁夏人民出版社1998年。

8.《西夏经济发展状况》,杜建录,《中国经济发展史》(第2册),中国经济出版社1999年。

9.《20世纪西夏经济研究》,杜建录,《二十世纪西夏学》,宁夏人民出版社2004年。

10.《简论西夏经济与地理环境的关系》,陆宁,《西北第二民族学院学报》2007年第6期。

11.《农耕文化与草原游牧文化的融合地带——贺兰山与阴山环黄河而生的多元文化》,薛正昌,《西夏研究》2013年第1期。

12.《试析唐代内迁党项的社会经济》,杜维民,《西夏学》(第十三辑),甘肃文化出版社2016年。

13.《浅析西夏经济的发展》,李尚霖,《西部学刊》2020年第7期。

(二)专题研究综述

1.《1999—2000年辽宋西夏金元经济史研究述评》,华伦[①],《中国经济史研究》2001年第2期;《宋夏史探知集》,中国社会科学出版社2020年。

2.《2001年辽宋西夏金元经济史研究述评》,华伦,《中国经济史研究》2001年第2期;《宋夏史探知集》,中国社会科学出版社2020年。

3.《2002年辽宋西夏金元经济史研究述评》,华伦,《中国经济史研究》2003年第2期;《宋夏史探知集》,中国社会科学出版社2020年。

4.《2003年辽宋西夏金元经济史研究综述》,华伦,《宋史研究通讯》2004年第1期。

5.《2003年辽宋西夏金元经济史研究述评》,李华瑞、邵育欣,《中国经济史研究》2004年第2期;《宋夏史探知集》,中国社会科学出版社2020年。

6.《2004年辽宋西夏金元经济史研究述评》,李华瑞,《中国经济史研究》2005年第2期;《宋夏史探知集》,中国社会科学出版社2020年。

7.《2005年辽宋西夏金元经济史研究述评》,李华瑞、郭志安,《中国经济史研究》2006年第2期;《宋夏史探知集》,中国社会科学出版社2020年。

8.《2006年辽宋西夏金元经济史研究述评》,李华瑞,《中国经济史研究》2007年第2期;《宋夏史探知集》,中国社会科学出版社2020年。

9.《2007年辽宋西夏金元经济史研究述评》,李华瑞、杨小敏,《中国经济史研究》2008年第2期;《宋夏史探知集》,中国社会科学出版社2020年。

10.《2008年辽宋西夏金元经济史研究述评》,李华瑞、杨芳,《中国经济史研究》2009年第2期;《宋夏史探知集》,中国社会科学出版社2020年。

11.《2009年辽宋西夏金元经济史研究述评》,李华瑞、杨瑞军,《中国经济史研究》2010年第2期;《宋夏史探知集》,中国社会科学出版社2020年。

12.《2010年辽宋西夏金元经济史研究述评》,李华瑞,《中国经济史研究》2011年第2期;《宋夏史探知集》,中国社会科学出版社2020年。

---

① 华伦,李华瑞先生笔名。

13.《2011年辽宋西夏金元经济史研究述评》,李华瑞,《中国史研究动态》2012年第3期;《宋夏史探知集》,中国社会科学出版社2020年。

14.《2012年辽宋西夏金元经济史研究述评》,李华瑞,《中国史研究动态》2013年第5期;《宋夏史探知集》,中国社会科学出版社2020年。

15.《2013年辽宋西夏金元经济史研究述评》,李华瑞,《西夏研究》2014年第2期;《宋夏史探知集》,中国社会科学出版社2020年。

16.《2014年辽宋西夏金元经济史研究综述》,李华瑞,《中国史研究动态》2016年第1期;《宋夏史探知集》,中国社会科学出版社2020年。

17.《西夏典当借贷经济研究述评》,于光建,《西夏研究》2016年第3期。

18.《西夏晚期黑水城地区寺院经济研究——基于出土西夏文契约文书的考察》,孔祥辉,《中国农史》2019年第3期。

19.《西夏寺院经济研究述论》,安北江,《山西大同大学学报》2016年第5期。

20.《西夏典当借贷研究综述》,于光建,《中国辽夏金研究年鉴 2015》,中国社会科学出版社2017年。

二、社会形态、经济制度

(一)社会形态

1.《西夏的建国与封建化》,金宝祥,《历史教学与研究》1959年第5期;《西夏史论文集》,宁夏人民出版社1984年。

2.《略论西夏的社会性质及其演变》,陈炳应,《兰州大学学报》1980年第2期;人大《中国古代史》1980年第1期;《西夏史论文集》,宁夏人民出版社1984年;《西夏文明研究》,甘肃文化出版社2018年。

3.《试论西夏社会性质——兼与蔡美彪同志商榷》,李范文,《宁夏大学学报》1981年第3期;人大《中国古代史》1981年第22期;《西夏研究论集》,宁夏人民出版社1983年;《李范文西夏学论文集》,中国社会科学出版社2012年。

4.《党项与奴隶制——"从少数民族史看初始阶级社会的非奴隶制性质"专题研究之八》,张广志,《青海师范大学学报》1984年第3期;人大《宋辽金元史》1984年第5期。

5.《试论西夏政权的性质》,孙家骅,《江西社会科学》1990年第3期。

6.《西夏"称臣请封"析——兼论西夏政权的性质》,朱筱新,《西北第二民族学院学报》1992年第4期。

7.《论党项的宗法封建制》,乔幼梅,《烟台大学学报》1994年第6期;《宋辽夏金经济史研究》,齐鲁书社1995年。

8.《西夏阶级结构研究》,杜建录,《固原师专学报》1998年第4期;《高校文科学报文摘》1998年第4期;《西夏史论集》,上海古籍出版社2016年。

9.《〈天盛律令〉与西夏社会形态》,王天顺,《中国史研究》1999年第4期;《宋史研究论文集》,宁夏人民出版社1999年;人大《宋辽金元史》2000年第1期。

10.《略论西夏的小农土地所有制》,李蔚,《中国经济史研究》2000年第2期。

11.《论西夏的土地制度》,杜建录,《中国农史》2000年第3期;《西夏史论集》,上海古籍出版社2016年。

12.《论党项宗族》,杜建录,《民族研究》2001年第4期;人大《宋辽金元史》2001年第4期;《西夏学论集:教育部人文社会重点研究基地建设10周年纪念》,上海古籍出版社2012年;《西夏史论集》,上海古籍出版社2016年;李华瑞、姜锡东主编《王曾瑜先生八秩祝寿文集》,科学出版社2018年。

13.《从部落组织到国家形态——关于西夏国家社会性质再探讨》,王天顺,《漆侠先生纪念文集》,河北大学出版社2002年。

14.《宋夏沿边蕃部封建生产关系的发展》,佟建荣,《宁夏社会科学》2007年第1期。

15.《官法私契与西夏地权流转研究》,张可辉,《中国农史》2013年第3期。

16.《西夏基层社会管理组织问题探究》,郝振宇,《内蒙古社会科学》(汉文版)2019年第2期。

(二)经济制度

1.《西夏货币制度演变及其流通渠道》,顾吉辰,《宁夏社会科学》1991年第3期。

2.《西夏法典中的货币》,陈炳应,《甘肃金融》1991年增刊;《新疆金融》,1991年;《中国钱币学会成立十周年纪念文集》,1992年。

3.《西夏的衡制与币制》,陈炳应,《中国钱币》1994年第1期;《内蒙古金融研究》1994年第1期;《西夏文明研究》,甘肃文化出版社2018年。

4.《略论西夏的货币形态、货币制度及其货币经济》,杨继贤,《内蒙古金融研究》(钱币专刊)1994年第1期。

5.《青白盐使与青白盐刑律——兼论夏宋青白盐贸易》,郭正忠,《宁夏社会科学》1995年第2期。

6.《西夏官牧制度初探》,杜建录,《宁夏社会科学》1997年第3期;(更名)《西夏的官牧制度》,《西夏史论集》,上海古籍出版社2016年。

7.《西夏仓库制度研究》，杜建录，《中国史研究》1998年第2期；人大《宋辽金元史》1998年第3期；《西夏史论集》，上海古籍出版社2016年。

8.《西夏的赋役制度》，杜建录，《中国经济史研究》1998年第4期；《西夏史论集》，上海古籍出版社2016年。

9.《西夏水利制度》，聂鸿音，《民族研究》1998年第6期；《西夏文献论稿二编》，甘肃文化出版社2018年。

10.《西夏水利法初探》，杜建录，《青海民族学院学报》1999年第1期。

11.《西夏王朝的酒政和酒刑》，聂鸿音，《民族古籍》1999年第2期。

12.《西夏畜牧法初探》，杜建录，《中国农史》1999年第3期。

13.《西夏的库及管理制度》，刘菊湘，《固原师专学报》1999年第4期。

14.《从〈天盛律令〉看西夏榷禁制度》，张玉海，《宁夏社会科学》2000年第1期；人大《宋辽金元史》2000年第2期；《西夏研究论文集》，凤凰（江苏古籍）出版社2015年。

15.《西夏货币制度概述》，陈炳应，《中国钱币》2002年第3期；《西夏学论集：教育部人文社会重点研究基地建设10周年纪念》，上海古籍出版社2012年；《西夏文明研究》，甘肃文化出版社2018年。

16.《西夏工匠制度管窥》，杨浣，《宁夏社会科学》2003年第4期。

17.《西夏〈天盛律令〉厩牧律考》，姜歆，《宁夏社会科学》2005年第1期。

18.《西夏法典〈天盛律令〉盐铁法考》，姜歆，《宁夏社会科学》2007年第2期。

19.《西夏农田水利开发与管理制度考论》，景永时，《宁夏社会科学》2005年第6期。

20.《从〈天盛律令〉看西夏的税法》，姜莉，《贵州民族学院学报》2009年第2期。

21.《西夏王朝捐税制探析》，姚轩鸽，《宁夏社会科学》2010年第2期。

22.《南边榷场使文书所见西夏出口商品边检制度试探》，孙继民，《薪火相传：史金波先生70寿辰西夏学国际学术研讨会论文集》，中国社会科学出版社2012年。

23.《榷场的历史考察——兼论西夏榷场使的制度来源》，冯金忠，《宁夏社会科学》2013年第3期。

24.《"敌国"互市之"厉禁"——两宋榷场相关法律、法规浅析》，倪彬，《宁夏社会科学》2013年第3期。

25.《从黑水城文献看西夏榷场管理体制》，陈瑞青，《宁夏社会科学》2014年第1期。

26.《比较法视野下的西夏酒曲法》,戴羽,《西夏研究》2014年第2期。

27.《从〈天盛律令〉看西夏的出工抵债问题——基于唐、宋、西夏律法的比较》,谭黛丽、于光建,《宁夏社会科学》2015年第3期。

28.《从〈天盛律令〉看西夏转运司与地方财政制度——兼与宋代地方财政制度比较》,骆详译、李天石,《中国经济史研究》2016年第3期。

29.《〈天盛改旧新定律令〉中的西夏农田水利管理法规》,保宏彪,《宁夏人大》2016年第6期。

30.《西夏与北宋酒曲法之比较》,保宏彪,《宁夏人大》2016年第9期。

31.《〈天盛改旧新定律令〉中的西夏酒曲法》,保宏彪,《宁夏人大》2016年第11期。

32.《从〈天盛律令〉看西夏荒地产权制度的流变》,骆详译,《中国边疆史地研究》2017年第1期。

33.《从黑水城出土西夏手实文书看西夏与唐宋赋役制度的关系》,骆详译,《中国社会经济史研究》2017年第2期。

34.《西夏租役草考述》,潘洁,《中国史研究》2018年第1期;人大《宋辽金元史》2018年第4期。

35.《西夏的债权保障措施述论》,于光建,《西夏学》(第十七辑　2018年第2期),甘肃文化出版社2019年。

36.《西夏的钱币制度及其立法》,李温,《西夏研究》2019年第2期。

37.《西夏水利立法研究——以〈天盛律令〉〈亥年新法〉为中心》,李治涛、尤桦,《西夏学》(第十九辑　2019年第2期),甘肃文化出版社2019年。

38.《西夏水权及其渊源考》,潘洁、陈朝辉,《宁夏社会科学》2020年第1期。

39.《西夏榷禁制度渊源考》,任改勤、戴羽,《西夏研究》2020年第2期。

40.《西夏的户籍制度来源与丁中制》,杜立晖,《西夏研究》2020年第3期。

三、人口、财税

1.《兴庆府的人口与粮食供应》,余贵孝,《中国古都研究》(第9辑),三秦出版社1994年。

2.《西夏人口问题琐谈》,李虎,《首届西夏学国际学术会议论文集》,宁夏人民出版社1998年。

3.《试论西夏人口消失的原因》,余苇青,《首届西夏学国际学术会议论文集》,宁夏人民出版社1998年。

4.《西夏开国人口考论》,赵斌、张睿丽,《民族研究》2002年第6期;人大《宋辽金元史》2003年第1期;《西夏研究(第三辑):第二届西夏学国际学术研讨会论文集》,中国社会科学出版社2006年。

5.《论西夏的人口》,杜建录,《宁夏大学学报》2003年第1期;《西夏学论集:教育部人文社会重点研究基地建设10周年纪念》,上海古籍出版社2012年。

6.《西夏财政支出初探》,杜建录,《宁夏大学学报》1998年第3期;人大《宋辽金元史》1999年第1期;《西夏史论集》,上海古籍出版社2016年。

7.《西夏财政收入初探》,杜建录,《西北师大学报》1999年第1期;人大《宋辽金元史》1999年第1期;《西夏史论集》,上海古籍出版社2016年。

8.《宋夏沿边蕃部人口流动考论》,佟建荣,《西夏学》(第一辑),宁夏人民出版社2006年。

9.《宋夏沿边人口考论》,杨蕤,《延安大学学报》2007年第4期;杨蕤著《陕北历史文化散论》,商务印书馆2019年。

10.《论西夏建国时期的人口规模》,张艳娟、王爽,《宁夏大学学报》2007年第6期。

11.《西夏河西人口》,姜清基,《新学术》2008年第2期。

12.《从天盛律令看西夏官库的收支》,董昊宇、董雅慧,《承德民族师专学报》2011年第4期。

13.《西夏寺院依附人口初探——以〈天盛律令〉为中心》,崔红芬、文志勇,《西夏研究》2013年第1期。

14.《西夏仓库生产管理职能初探》,李柏杉,《西夏研究》2015年第1期。

15.《西夏税户家主考》,潘洁,《宁夏社会科学》2016年第2期。

16.《从黑水城文献看西夏榷场税率》,陈瑞青,《西夏学》(第十二辑),甘肃文化出版社2016年。

17.《西夏赋税制度及其立法》,李温,《西夏研究》2018年第2期。

18.《西夏典借制度的几个问题——以 Инв.№.5147西夏文典畜契为中心》,田晓霈,《敦煌研究》2020年第2期。

19.《西夏会计凭证考》,莫磊,《财会通讯》2020年第3期。

四、农田、水利、畜牧

1.《唐古特的游牧与农耕——以西夏崩溃时期的问题为起点》,[日]冈崎精郎(著),青山(摘译),《世界民族》1981年第1期。

2.《西夏农业生产概述》,何继英,《宁夏社会科学》1985年第4期。

3.《试论西夏经营河西》,李华瑞,《兰州学刊》1987年第5期;《西夏史探赜》,甘肃文化出版社2017年。

4.《西夏时期河西走廊的开发》,李并成,《甘肃民族研究》1989年第2—3期。

5.《西夏的畜牧业》,杜建录,《宁夏社会科学》1990年第1期;《西夏史论集》,上海古籍出版社2016年。

6.《西夏的农业生产述论》,杜建录,《西北二民族学报》1990年第3期;《西夏史论集》,上海古籍出版社2016年。

7.《西夏统治下的河西》,李蔚,《敦煌学辑刊》1992年第1期;人大《宋辽金元史》1993年第1期。

8.《西夏对河西走廊的经营与开拓》,刘建丽,《祁连学刊》1992年第1期。

9.《西夏农业区域的形成及其发展》,韩茂莉,《历史地理》(第10辑),1992年。

10.《论汉代银川平原农业的开发建设与西夏建都兴庆府的经济基础》,马文明,《宁夏文史》(第11辑),1995年。

11.《西夏农田水利的开发与管理》,杜建录,《中国经济史研究》1996年第4期;《西夏史论集》,上海古籍出版社2016年。

12.《西夏的地理环境与农牧业生产》,宋乃平、何彤慧,《宁夏社会科学》1997年第2期。

13.《论西夏的官牧业》,杜建录,《宋史研究论文集》,云南民族出版社1997年。

14.《西夏农田水利的珍贵资料》,陈炳应,《第三届少数民族科技史国际学术讨论会论文集》,云南科技出版社1998年。

15.《西夏生产工具述论》,苏冠文,《宁夏社会科学》1998年第5期。

16.《西夏农田水利的开发与管理》,杜建录,《首届西夏学国际学术会议论文集》,宁夏人民出版社1998年。

17.《略论西夏统治时期的西北屯田》,李蔚,《固原师专学报》2000年第1期。

18.《宋夏沿边的侵耕问题》,陈旭,《宁夏大学学报》2000年第4期;《北方民族大学文史学院文库(第一辑):民族卷》,宁夏人民出版社2016年。

19.《西夏灾荒史略论》,杨蕤,《宁夏社会科学》2000年第4期。

20.《西夏时期河西走廊》,刘建丽,《甘肃日报》2000年10月25日。

21.《论西夏畜牧业的几个问题》,杜建录,《西北民族研究》2001年第2期。

22.《西夏时期河西走廊的农牧业开发》,李并成,《中国经济史研究》2001年第4期;人大《经济史》2002年第2期。

23.《西夏河西经济的开发与历史局限》,刘建丽,《宁夏社会科学》2002年第4期。

24.《西夏农作物考》,杜建录,《国家图书馆学刊》(西夏研究专号),2002年增刊;《西夏史论集》,上海古籍出版社2016年。

25.《西夏自然灾害简论》,李蔚,《国家图书馆学刊》(西夏研究专号),2002年增刊。

26.《再论西夏的农业》,杜建录,《中国农史》2003年第1期;《西夏史论集》,上海古籍出版社2016年。

27.《西夏牲畜小考》,李新贵,《陇右文博》2003年第2期;《农业考古》2004年第1期。

28.《西夏牧业经济若干要素的考察与分析》,李新贵,《青海民族研究》2004年第3期。

29.《西夏时期宁夏平原灌区的土地利用和农牧业》,汪一鸣,《宁夏大学学报》2006年第5期。

30.《西夏时期河套平原、阿拉善高原、河西走廊等地区生态与植被》,杨蕤,《敦煌学辑刊》2006年第3期。

31.《论西夏步入农耕经济社会的进程及其历史见证》,杨秀山,《西夏研究(第三辑):第二届西夏学国际学术研讨会论文集》,中国社会科学出版社2006年。

32.《夏元时期黑水地区的农牧业》,杜建录,《黑水城人文与环境研究:黑水城人文与环境国际学术讨论会文集》,中国人民大学出版社2007年;《西夏史论集》,上海古籍出版社2016年。

33.《论西夏对河套地区的农业开发》,杜建录,《中国历史上的西部开发:2005年国际学术讨论会论文集》,商务印书馆2007年。

34.《西夏境内河套地区的农经开发》,李三谋,《古今农业》2009年第4期。

35.《自然灾害与党项社会——论宋初夏州政权的经营》,王东,《宁夏社会科学》2011年第5期。

36.《黑水城文献中的豌豆小考》,潘洁,《西夏学》(第八辑),上海古籍出版社2011年。

37.《西夏仁孝盛世的农耕业考略》,薛路、胡若飞,《西夏研究》2012年第1期。

38.《西夏耕地保护法律初探》,许光县,《宁夏社会科学》2013年第1期。

39.《水草与民族:环境史视野下的西夏畜牧业》,董立顺、侯甬坚,《宁夏社会科学》2013年第2期。

40.《宁夏引黄灌区经久不衰的历史原因探析》,吴忠礼、王晓华、吴晓红,《宁夏社会科学》2013年第6期。

41.《熙宁初年甘谷城垦田争议考述》,崔玉谦,《西夏学》(第九辑),上海古籍出版社2014年。

42.《从考古资料看西夏农业发展状况》,李玉峰,《西夏研究》2015年第2期。

43.《宁夏平原历代屯田与水利开发研究》,薛正昌,《西夏研究》2015年第3期。

44.《西夏马政述论》,景永时,《北方民族大学学报》2015年第5期。

45.《西夏土地典卖中的亲邻权》,潘洁、陈朝辉,《西夏研究》2016年第2期。

46.《西夏时期的甘州马场》,孔祥辉,《宁夏大学学报》2016年第4期。

47.《西夏官粮窖藏》,潘洁,《西夏学》(第十三辑),甘肃文化出版社2016年。

48.《再论西夏的马》,高仁,《西夏学》(第十三辑),甘肃文化出版社2016年。

49.《西夏粮食加工工具考》,李玉峰,《西夏学》(第十三辑),甘肃文化出版社2016年。

50.《试析西夏土地的垦辟和注销》,潘洁,《西夏研究》2017年第1期。

51.《西夏的粮食窖藏技术》,梁松涛、田晓霈,《西夏研究》2017年第1期。

52.《西夏时期的自然灾害及撰述》,徐婕、胡祥琴,《西夏研究》2017年第2期。

53.《论西夏元初黑水城谷物供给途径》,许生根,《西夏研究》2017年第4期。

54.《西夏的官地和私地》,潘洁,《西夏学》(第十四辑　2017年第1期),甘肃文化出版社2017年。

55.《西夏游牧经济的几个问题》,高仁,《西夏学》(第十四辑　2017年第1期),甘肃文化出版社2017年。

56.《试论西夏马政源流》,许生根,《西夏研究论文集》(增订版),凤凰出版社2017年。

57.《西夏东南沿边地区的畜牧经济》,高仁,《西夏学》(第十六辑　2018年第1期),甘肃文化出版社2018年。

58.《试述西夏地簿》,陈朝辉、潘洁,《西夏研究》2018年第3期。

59.《西夏马政及畜牧业探析》,许生根,《西夏研究》2018年第4期。

60.《隋唐宋元时期黄河银川平原段河道位置探究》，翟飞，《西夏研究》2018年第4期。

61.《西夏时期的灾荒及应对措施》，梁继红，《凉州与西夏》，甘肃文化出版社2018年。

62.《西夏时期宁夏平原引黄灌溉开发与管理述略》，吴晓红，《西夏研究》2019年第1期。

63.《西夏畜牧业研究》，高仁，《中国经济史研究》2019年第1期。

64.《西夏时期鄂尔多斯高原的畜牧经济》，高仁，《西夏学》（第十八辑　2019年第1期），甘肃文化出版社2018年。

65.《西夏土地的典卖、土地产权与宋夏的"一田二主制"》，骆详译，《中国农史》2019年第2期。

66.《西夏土地买卖租种的价格、租金与违约赔付》，郝振宇，《青海民族研究》2019年第2期。

67.《河西地区所见几类西夏农具考述》，李玉峰，陕西师范大学历史文化学院、陕西历史博物馆编（沙武田主编）《丝绸之路研究集刊》（第3辑），商务印书馆2019年。

68.《西夏河渠技术述论》，梁松涛、苏红，《西夏学》（第二十一辑　2020年第2期），甘肃文化出版社2020年。

五、酿酒、丝织、池盐、冶金

1.《西夏纺织资料初辑》，陈炳应，《中国少数民族科技史研究》（第2辑），内蒙古人民出版社1988年。

2.《西夏的冶金初探》，陈炳应，《中国少数民族科技史研究》（第4辑），内蒙古人民出版社1989年。

3.《北宋瓷业对西夏瓷业的影响》，田建国，《宁夏史志研究》1990年第4期。

4.《西夏地区古盐产资源考辨——兼论若干宁甘古盐池的位置》，郭正忠，《宁夏社会科学》1993年第6期。

5.《西夏的蚕桑丝织述论》，陈炳应，《宁夏大学学报》（自然版）1995年第2期；《西夏文明研究》，甘肃文化出版社2018年。

6.《西夏手工业成就及其在中国科技史上的地位》，陈广恩、朱巧云，《固原师专学报》1996年第2期；人大《经济史》1996年第6期；《西夏元史研究论稿》，中国社会科学出版社2017年。

7.《方塔出土丝织品与西夏丝织品水平》,孙昌盛,《中外文化交流》1998年第5期。

8.《西夏酿酒业初探》,李华瑞,《首届西夏学国际学术会议论文集》,宁夏人民出版社1998年;《宋史论集》,河北大学出版社2001年;《西夏史探赜》,甘肃文化出版社2017年。

9.《试论西夏的手工业》,杜建录,《宁夏大学学报》1999年第3期;人大《宋辽金元史》2000年第1期;《西夏史论集》,上海古籍出版社2016年。

10.《〈天盛律令〉所记西夏手工业》,杜建录,《固原师专学报》2000年第1期。

11.《西夏的官手工业》,景永时,《固原师专学报》2000年第2期;人大《经济史》2000年第5期。

12.《西夏池盐的生产与征榷》,杜建录,《固原师专学报》2001年第5期;《西夏史论集》,上海古籍出版社2016年。

13.《西夏手工工匠考》,杜建录,《宁夏大学学报》2003年第4期;《西夏史论集》,上海古籍出版社2016年。

14.《论宋夏沿边蕃部手工业生产技术》,佟建荣,《历史深处的民族科技之光:第六届中国少数民族科技史暨西夏科技史国际会议论文集》,宁夏人民出版社2003年。

15.《从西夏文物看西夏的手工业》,杨桂梅,《中国历史文物》2005年第2期。

16.《西夏制瓷手工业述论》,彭善国,《内蒙古文物考古》2009年第1期。

17.《西夏纺织刍议》,俞琰、邱夷平、许福军,《西夏研究》2014年第4期。

18.《党项好酒之风与西夏酿酒业》,保宏彪,《宁夏人大》2016年第8期。

19.《试论西夏制船业》,许生根,《西夏研究论文集》(增订版),凤凰出版社2017年。

20.《西夏的酒与酒文化》,杜建录,《民族艺林》2018年第2期。

21.《从〈天盛律令〉中的酒类法规看西夏酿酒业与好酒之风》,保宏彪,《宁夏史志》2018年第5期。

22.《西夏、元时期河西走廊手工匠作行业组织流变考》,王丽娜,《美术大观》2019年第3期。

六、商业贸易

1.《关于北宋与西夏和约中的银、绢、茶的数量问题》,黄庆云,《中学历史教学》1957年第9期。

2.《关于西夏岁赐茶的大小斤问题》，吴天墀，《光明日报》1958年1月6日；《吴天墀文史存稿》，四川大学出版社1998年。

3.《宋夏关系史中的青白盐问题》，廖隆盛，(台湾)《食货(1、2)》第5卷第10期、第6卷第3期，1975年、1976年；《国策、贸易、战争：北宋与辽夏关系研究》，万卷楼图书公司2002年。

4.《北宋与辽夏边界走私贸易问题(上、下)》，廖隆盛，(台湾)《食货》第10卷第11—12期，1980年。

5.《宋与西夏在保安军互市榷场位置考》，姬乃军，《宁夏大学学报》1983年第4期；《高等学校文科学报文摘》1984年第2期。

6.《西夏的兴起与青白盐问题》，[日]宫崎市定(著)，周伟洲(译)，《西北历史资料》1984年第2期。

7.《宋夏青白盐问题》，杜建录，《固原师专学报》1987年第1期；人大《宋辽金元史》1987年第2期；《西夏史论集》，上海古籍出版社2016年。

8.《试论西夏食盐的产销及其在立国中的作用》，李学江，《银川师专学报》1987年第1期。

9.《论西夏与北宋的贸易》，霍升平，《中州学刊》1988年第1期。

10.《宋夏商业贸易初探》，杜建录，《宁夏社会科学》1988年第3期；《西夏史论集》，上海古籍出版社2016年。

11.《宋夏保安军榷场贸易论略》，杜建录，《固原师专学报》1988年第4期；《西夏史论集》，上海古籍出版社2016年。

12.《宋夏贸易与西夏钱币》，贺吉德，《宁夏金融》1988年第4期。

13.《西夏的商业初探》，陈炳应，《中国民族史研究(二)》，中央民族学院出版社1989年。

14.《西夏与北宋的青白盐贸易》，马淑琴，《宁夏社会科学》1989年第2期。

15.《宋夏保安军榷场位置考辨》，杜建录，《青海民族学院学报》1989年第4期；《西夏史论集》，上海古籍出版社2016年。

16.《论西夏与北宋的经济交流》，霍升平、胡迅雷，《宁夏文史》(第4辑)，1989年。

17.《西夏商业初探》，李蔚，《中国民族史研究(二)：王静如教授从事学术活动60周年纪念专辑》，中央民族学院出版社1989年。

18.《历史上中原与北方民族之间的贸易联系》，杜建录，《固原师专学报》1990年第1期；《西夏史论集》，上海古籍出版社2016年。

19.《北宋与西北各族的马贸易》,汤开建,中国社会科学院历史研究所中外关系史室编《中亚学刊》(第3辑),中华书局1990年;《唐宋元间西北史地丛稿》,商务印书馆2013年。

20.《西夏的丝路贸易与钱币法》,陈炳应,《甘肃金融》1990增刊;《中国钱币》1991年第3期;《西夏文明研究》,甘肃文化出版社2018年。

21.《宋代沿边市马贸易述论》,杜建录,《固原师专学报》1991年第3期;《西夏史论集》,上海古籍出版社2016年。

22.《宋代市马钱物考》,杜建录,《固原师专学报》1992年第1期;《西夏史论集》,上海古籍出版社2016年。

23.《论宋代民间养马制度》,杜建录,《固原师专学报》1993年第4期;《西夏史论集》,上海古籍出版社2016年。

24.《西夏对丝绸之路的经营及其强盛》,钱伯泉,《西北民族研究》1993年第2期。

25.《西夏黄河沿岸的榷场经济——兼论西夏与中亚地区的贸易往来》,张慧,《内蒙古地方志》1995年第3期。

26.《论西夏与北宋的经济文化交流》,杜建录,《固原师专学报》1995年第4期。

27.《西夏时期黄河沿岸的榷场经济》,高毅,《内蒙古文物考古文集》(第2辑),中国大百科全书出版社1997年。

28.《试论西夏与北宋的经贸往来及其影响》,丁柏传,《河北大学学报》1996年第2期;《首届西夏学国际学术会议论文集》,宁夏人民出版社1998年。

29.《贸易与西夏侵宋的关系》,李华瑞,《宁夏社会科学》1997年第5期;李华瑞著《宋史论集》,河北大学出版社2001年;《西夏史探赜》,甘肃文化出版社2017年。

30.《从〈天盛律令〉看西夏京畿地区的经济状况》,刘菊湘,《宁夏社会科学》1998年第3期。

31.《西夏高利贷初探》,杜建录,《民族研究》1999年第2期;《西夏史论集》,上海古籍出版社2016年。

32.《经贸交流在宋、夏关系中的调节作用》,吉家友,《郑州轻工业学院学报》2000年第3期。

33.《北宋西夏间贡赐交往中的开封与兴庆(银川)》,周宝珠,《史学月刊》2000年第1期;人大《经济史》2000年第3期。

34.《试论西夏盐业资源及其地理分布》,赵斌,《中国历史地理论丛》2001年第4期。

35.《西夏酒的生产与征榷》,杜建录,《宁夏社会科学》2002年第2期;《西夏史论集》,上海古籍出版社2016年。

36.《西夏外来商品小考》,杨蕤,《宁夏社会科学》2002年第6期;人大《宋辽金元史》2003年第1期。

37.《北宋西北沿边区域市场的形成与功能》,陈旭,《西北第二民族学院学报》2003年第4期;《北方民族大学文史学院文库(第一辑):历史卷》,宁夏人民出版社2016年。

38.《西夏盐政述论》,赵斌、张睿丽,《西北大学学报》2004年第2期。

39.《宋夏之间的走私贸易》,陈旭,《中国史研究》2005年第1期;《北方民族大学文史学院文库(第一辑):民族卷》,宁夏人民出版社2016年。

40.《论西夏丝路贸易的阶段性》,彭向前,《固原师专学报》2005年第5期。

41.《西夏王朝对丝绸之路的经营》,彭向前,《宁夏大学学报》2006年第2期。

42.《论夏宋贸易对北宋的影响》,陈大为,《开封大学学报》2006年第1期。

43.《西夏食盐产地研究》,吉成名,《盐业史研究》2006年第1期。

44.《西夏的国内外商贸剖析》,陈炳应、赵萍,《陇右文博》2007年第2期;《西夏文明研究》,甘肃文化出版社2018年。

45.《浅议宋代陇右商业贸易》,闫贵荣,《延安大学学报》2007年第6期。

46.《论西夏时期的对外贸易》,左长缨、祁伟,《宁夏师范学院学报》2008年第1期。

47.《以榷场贸易为主的西夏贸易》,左长缨,《宁夏社会科学》2008年第3期。

48.《西夏的物价、买卖税和货币借贷》,史金波,《宋史研究论文集》,上海人民出版社2008年;《瘠土耕耘——史金波论文选集》,中国社会科学出版社2016年。

49.《从朝贡和榷场贸易看西夏物产》,赵天英、杨富学,《西北民族大学学报》2009年第4期。

50.《西夏与金朝的榷场贸易》,杨富学、陈爱峰,《西夏历史与文化:第三届西夏学国际学术研讨会论文集》,甘肃人民出版社2010年。

51.《从贡榷看西夏物产》,赵天英,《西夏历史与文化:第三届西夏学国际学术研讨会论文集》,甘肃人民出版社2010年。

52.《宁夏食盐开采及运销史述略》,鲁人勇,《西夏研究》2011年第4期。

53.《交易有无：宋、夏、金榷场贸易的融通与互动——以黑水城西夏榷场使文书为中心的考察》，郭坤、陈瑞青，《宁夏社会科学》2015年第5期。

54.《〈金史〉夏金榷场考述》，刘霞、张玉海，《宁夏社会科学》2015年第6期。

55.《西夏典当借贷中的中间人职责述论》，于光建，《宁夏社会科学》2016年第4期。

56.《论宋夏贸易对西夏的影响》，马洋，《科学中国人》2016年第9期。

57.《〈天盛律令〉对买卖借贷"中间人"的规制》，于光建，《西夏学》（第十三辑），甘肃文化出版社2016年。

58.《西夏民间契约参与人的群体关系特点》，郝振宇，《北方民族大学学报》2018年第1期。

59.《论述西夏与他国的贸易往来——以〈天盛律令〉为中心》，曾金雪，《卷宗》2018年第1期。

60.《西夏民间谷物典当借贷的利率、期限与违约赔付研究》，郝振宇，《中国社会经济史研究》2019年第3期。

61.《夏宋盐业朝贡关系研究》，任长幸，《中国盐文化》（第12辑），2019年。

62.《青白盐与党项马——西夏、北宋经济战场的博弈》，王明前，《南京晓庄学院学报》2020年第3期。

63.《凭空消失的七尺绢：西夏榷场尺度新论》，陈瑞青，《宁夏社会科学》2020年第5期。

64.《李德明议开保安军榷场的原因》，保宏彪，《宁夏社会科学》2020年第6期。

七、货币经济

1.《从出土西夏窖藏钱币看西夏货币经济》，牛达生，《宁夏社会科学》1986年第2期；《宁夏金融》1986年第5期；《西夏考古论稿》，上海古籍出版社2013年。

2.《宁夏贺兰山发现西夏窖藏钱币——兼论西夏货币经济的若干问题》，牛达生，《考古与文物》1986年第6期。

3.《浅析西夏货币流通差异的形成——兼谈西夏货币经济中的几个问题》，牛达生、刘灏，《宁夏金融》1988年第4期。

4.《从武威出土的窖藏古币看西夏流通的货币》，黎大祥，《中国文物报》1988年5月6日。

5.《西夏货币经济的发展与西夏钱币》，牛达生，《宁夏文史》（第6辑），1990年。

6.《关于西夏银锭》,王勇,《宁夏金融》1994年第1期。

7.《西夏文钱与西夏货币经济》,王勇,《宁夏金融》1994年第2期。

8.《西夏货币的发展》,张慧,《宁夏金融》1995年第1期。

9.《西夏的兴亡与西夏钱币》,苏瑞光,《南方金融》1998年第4期。

10.《从〈天盛律令〉看仁孝时期的西夏货币》,李学江,《固原师专学报》1998年第4期。

11.《西夏度量衡刍议》,史金波,《固原师专学报》2002年第2期;人大《宋辽金元史》2002年第3期;《西夏文化研究》,中国社会科学出版社2015年。

12.《西夏货币述论》,陈炳应,《陇右文博》2007年第1期;《西夏文明研究》,甘肃文化出版社2018年。

13.《从出土西夏窖藏钱币看西夏货币经济》,牛达生,《宁夏金融》(增刊),2007年第2期。

14.《西夏货币经济初论》,杨秀山,《博苑秋实:宁夏博物馆五十大庆纪念文集》,宁夏人民出版社2009年。

15.《西夏钱币的流布区域及相关问题》,杨富学、陈爱峰,《西夏研究》2012年第4期。

16.《关于西夏银锭的几个问题》,于光建、黎大祥,《吴天墀教授百年诞辰纪念文集(1913—2013)》,四川人民出版社2013年。

17.《西夏金银钱探微》,陈瑞海,《西夏研究》2015年第2期。

18.《西夏民间"会款"现象探析》,孙小倩、赵彦龙,《山西档案》2016年第2期。

19.《西夏钱币铸造特点及其变化原因初探》,李鸣骥,《西夏研究》2017年第1期。

八、科技

(一)总论

1.《西夏文字典〈文海〉中科技史料的整理归类及简要评述》,王小林,《中国少数民族科技史研究》(第2辑),1988年。

2.《〈西夏书事〉中科技史料述论》,陈广恩、朱巧云,《宁夏大学学报》(自然版)1996年第3期。

3.《从敦煌文物看西夏的科技成就》,王进玉、马怡良,《第二届中国少数民族科技史国际学术讨论会论文集》,社会科学文献出版社1996年。

4.《西夏的科技》，陈炳应，《中国少数民族科学技术丛书·通史卷》，广西科技出版社1996年。

5.《西夏科技史研读札记》，王勇，《湖北大学成人教育学院学报》2002年第6期。

6.《西夏科技史的学科建设建设问题》，苏冠文，《第五届中国少数民族科技史国际研讨会论文集》，广西民族出版社2002年。

7.《西夏科技教育政策考》，王福良，《第五届中国少数民族科技史国际研讨会论文集》，广西民族出版社2002年。

8.《略论西夏科技史研究的文化观照》，王勇，《历史深处的民族科技之光：第六届中国少数民族科技史暨西夏科技史国际会议论文集》，宁夏人民出版社2003年。

9.《西夏科技史研究述评》，张玉海、杨志高，《历史深处的民族科技之光：第六届中国少数民族科技史暨西夏科技史国际会议论文集》，宁夏人民出版社2003年。

（二）天文历法

1.《西夏天文学初探》，汤开建，《中央民族学院学报》1985年第2期；《中国天文学史文集》（第4辑），科学出版社1986年；《党项西夏史探微》，（台北）允晨文化实业股份有限公司2005年，商务印书馆2013年。

2.《从〈番汉合时掌中珠〉看西夏天文学》，陈久金、王渝生，《中国少数民族科技史研究》（第5辑），内蒙古人民出版社1990年。

3.《西夏时期的气象科学》，王自周，《宁夏史志研究》1991年第4期。

4.《〈番汉合时掌中珠〉中西夏天文历法知识》，陈久金、王渝生，《中国少数民族科技史丛书·天文历法卷》，广西科学出版社1996年。

5.《西夏天文历法述论》，苏冠文，《宁夏社会科学》2005年第1期。

6.《西夏的历法和历书》，史金波，《民族语文》2006年第4期；人大《宋辽金元史》2006年第4期；《西夏研究（第三辑）：第二届西夏学国际学术研讨会论文集》，中国社会科学出版社2006年；《西夏文化研究》，中国社会科学出版社2015年。

7.《中华天文星象学在北方民族中的传播与发展——北魏、辽、西夏和吐鲁番天文星象图的比较研究》，张碧波，《北方文物》2006年第1期。

8.《星占、历法与宋夏关系》，韦兵，《四川大学学报》2007年第4期；人大《宋辽金元史》2007年第4期。

9.《试论西夏"以十二月为岁首"》，彭向前，《兰州学刊》2009年第12期。

10.《西夏历日文献中关于长期观察行星运行的记录》,彭向前,《西夏学》(第十一辑),上海古籍出版社2015年。

11.《西夏的"二十四节气"》,彭向前、李华瑞、姜锡东主编《王曾瑜先生八秩祝寿文集》,科学出版社2018年。

12.《西夏天文历日研究综述》,孙广文,《西夏研究》2019年第4期。

13.《西夏的"二十四节气"》,彭向前,(北京)《团结报》2020年12月31日第5版(文史周刊)。

(三)数理化医

1.《〈文海〉中的西夏医学》,洪武娌,《中华医史杂志》1986年第1期。

2.《西夏物理成就述评》,苏冠文,《宁夏大学学报》1987年第2期。

3.《评〈掌中珠〉中的物理知识》,苏冠文,《中国少数民族科技史研究》(第6辑),1991年。

4.《〈文海〉物理学史研究》,苏冠文,《首届中国少数民族科技史国际学术讨论会论文》,1992年。

5.《西夏物理学史略》,苏冠文,《宁夏大学学报》(自然版)1995年第2期。

6.《西夏数学成就综述》,谢贤熙、吕科,《宁夏大学学报》(自然版)1995年第2期;《第二届中国少数民族科技史国际学术讨论会论文集》,社会科学文献出版社1996年。

7.《从西夏辞书和出土医方看西夏医药文化》,吕科《宁夏大学学报》(自然版)1995年第2期。

8.《急待发掘的西夏医药文化》,单于德,《中国民族民间医药杂志》1995年第4期。

9.《西夏医药文化初探》,吕科,《第二届中国少数民族科技史国际学术讨论会论文集》,社会科学文献出版社1996年。

10.《评〈天盛律令〉中的数学知识》,苏冠文,《宁夏大学报》(自然版)1997年第1期。

11.《〈黑城出土文书〉医药初探》,刘海波、刘玉书,《第二届中国少数民族科技史国际学术讨论会论文集》,社会科学文献出版社1996年。

12.《党项族冶金中的化学》,王福良,(台湾)《科学史通讯》1997年第12期。

13.《西夏力学史略》,苏冠文,《首届西夏学国际学术会议论文集》,宁夏人民出版社1998年。

14.《西夏化学成就综述》,王福良,《首届西夏学国际学术会议论文集》,宁夏人民出版社1998年。

15.《西夏的兵器制造与化学》，王福良，(台湾)《科学史通讯》1998年第12期。

16.《西夏的兵器制造与化学》，王福良，《宁夏大学学报》1999年第2期；《广西民族学院学报·少数民族科技史研究专辑》(自然版)1999年增刊。

17.《西夏医政初探》，王淼，《广西民族学院学报·少数民族科技史研究专辑》(自然版)1999年增刊。

18.《党项族酿酒中的化学——论"烧酒"的起源》，王福良，《广西民族学院学报》(自然版)2001年第3期。

19.《西夏化学成就述论》，苏冠文，《宁夏社会科学》2003年第2期。

20.《西夏化学史略》，苏冠文，《历史深处的民族科技之光：第六届中国少数民族科技史暨西夏科技史国际会议论文集》，宁夏人民出版社2003年。

21.《西夏的医药科技》，段玉泉、惠宏，《历史深处的民族科技之光：第六届中国少数民族科技史暨西夏科技史国际会议论文集》，宁夏人民出版社2003年。

22.《西夏医药成就探析》，陈广恩，《宁夏社会科学》2003年第6期；《历史深处的民族科技之光：第六届中国少数民族科技史暨西夏科技史国际会议论文集》，宁夏人民出版社2003年；(更名)《西夏医药成就初探》，《西夏元史研究论稿》，中国社会科学出版社2017年。

23.《论西夏法典〈天盛律令〉中的法医学》，姜歆，《宁夏大学学报》2006年第5期。

24.《西夏的医学思想》，苏冠文，《西夏研究(第三辑)：第二届西夏学国际学术研讨会论文集》，中国社会科学出版社2006年。

25.《西夏医药诠次》，肖屏、余军，《西夏历史与文化：第三届西夏学国际学术研讨会论文集》，甘肃人民出版社2010年。

26.《谈中国西夏医学文化的成就及其典籍中的医方应用》，王丙琴，《哈尔滨医药》2016年第1期。

27.《西夏医学文化"多元化"外来因素影响探析》，朱国祥、徐俊飞，《中医药文化》2018年第5期。

(四)造纸印刻和论争

1.《西夏刻书和西夏刻工》，高熙曾，《光明日报》1962年11月3日。

2.《略谈西夏雕版印刷在中国出版史上的地位》，徐庄《宁夏社会科学》1994年第2期；《第二届全国出版科学研究优秀论文集》，中国书籍出版社1997年。

3. 《西夏具有发达的雕版印刷业》,庄电一,《光明日报》1994年3月28日。

4. 《西夏雕版印刷初探》,白滨,《文献》1996年第4期;《西夏民族史论》,甘肃文化出版社2018年。

5. 《西夏对我国书籍生产和印刷术的突出贡献》,王克孝,《民族研究》1996年第4期;《首届西夏学国际学术会议论文集》,宁夏人民出版社1998年。

6. 《中国最早的活字印刷》,史金波《北京图书馆馆刊》1997年第1期。

7. 《西夏印刷业初探》,孙昌盛,《宁夏大学学报》1997年第2期。

8. 《中国不惧韩国的挑战》,牛达生,《宁夏日报》1997年2月14日。

9. 《〈本续〉,现存世界上最早的活字版印本研究表明:活字的源头在中国》,牛达生,《寻根》1997年第2期;《新华文摘》1997年第9期。

10. 《人类印刷史上的重大发现——西夏文佛经〈本续〉认定是现存世界上最早的木活字版印本及其价值》,牛达生,(台湾)《中华印刷科技年报(1997)》,中华印刷科技学会出版,1997年。

11. 《西夏刻字司和西夏官刻本》,聂鸿音,《民族研究》1997年第5期;《西夏文献论稿》,上海古籍出版社2012年。

12. 《西夏书籍及制作技艺述论》,景永时,《宁夏社会科学》1997年第6期。

13. 《西夏和回鹘对活字印刷的重要贡献》,史金波、雅森·吾守尔,《光明日报》1997年8月5日。

14. 《西夏的刻书事业》,牛达生,《中华印刷通史》,台湾财团法人印刷传播兴才文教基金会出版,1998年。

15. 《西夏的活字印刷》,牛达生,《中华印刷通史》,台湾财团法人印刷传播兴才文教基金会出版,1998年。

16. 《宋夏时期的印刷术——兼论西夏印刷业》,薛正昌,《固原师专学报》1998年第5期。

17. 《西夏文佛经〈吉祥遍至口和本续〉是西夏印本辨证》,牛达生,《首届西夏学国际学术会议论文集》,宁夏人民出版社1998年;《西夏考古论稿》,上海古籍出版社2013年。

18. 《从贺兰山拜寺口方塔西夏文献纸样分析看西夏造纸业状况》,牛达生、王菊华,《中国历史博物馆馆刊》1999年第2期。

19. 《西夏刻书印刷事业概述》,牛达生,《宁夏大学学报》1999年第3期;《西夏考古论稿(二)》,甘肃文化出版社2016年。

20. 《西夏的印刷技术》,李范文,《广西民族学院学报·少数民族科技史研究专辑》(自然版)1999年增刊;《李范文西夏学论文集》,中国社会科学出版社2012年。

21.《揭开温州白象塔〈观经〉残页之谜》,牛达生,(台湾)《印刷技术》2000年16卷第4期;(更现名)《〈观经〉残页是佛祖版画残片》,《西夏考古论稿(二)》,甘肃文化出版社2016年。

22.《由〈本续〉断代而想起的》,窦学奎,《广东印刷》2001年第1期。

23.《西夏木活字版印本〈本续〉印本鉴定的前前后后》,牛达生,《宁夏考古记事》,宁夏人民出版社2001年;《西夏考古论稿(二)》,甘肃文化出版社2016年。

24.《金皇统千佛铜牌是"金属活字版"质疑》,牛达生,《寻根》2002年第3期;《西夏考古论稿(二)》,甘肃文化出版社2016年。

25.《西夏的造纸技术》,杜建录,《历史深处的民族科技之光:第六届中国少数民族科技史暨西夏科技史国际会议论文集》,宁夏人民出版社2003年。

26.《西夏活字印本的发现及活字印刷技术研究》,牛达生,《历史深处的民族科技之光:第六届中国少数民族科技史暨西夏科技史国际会议论文集》,宁夏人民出版社2003年;《西夏考古论稿(二)》,甘肃文化出版社2016年。

27.《西夏书籍制作技艺述论》,景永时,《历史深处的民族科技之光:第六届中国少数民族科技史暨西夏科技史国际会议论文集》,宁夏人民出版社2003年。

28.《从出土西夏文献中有关题记谈西夏的活字印刷》,王菡,《中国印刷》2003年第2期;《宋代历史文化研究(续编)》,人民出版社2003年。

29.《〈无垢经〉"辛未除月索林"考——兼论此经为唐代开元印本》,牛达生,《中国历史文物》2005年第1期;《西夏考古论稿》,上海古籍出版社2013年。

30.《西夏人对活字印刷术的杰出贡献》,陈炳应《陇右文博》2005年第1期;《西夏学》(第一辑),宁夏人民出版社2006年;《西夏文明研究》,甘肃文化出版社2018年。

31.《〈无垢经〉译为汉文年代的新资料》,牛达生,《中国印刷》2006年第3期;《西夏考古论稿》,上海古籍出版社2013年。

32.《寻找活字印刷的物证》,曾建川,《百科知识》2006年第19期。

33.《我制印新版泥活字西夏文〈维摩诘所说经〉下集的由来及意义》,孙寿岭,《西夏研究(第三辑):第二届西夏学国际学术研讨会论文集》,中国社会科学出版社2006年。

34.《重视西夏印刷史研究推动西部经济大建设》,尹铁虎,《西夏研究(第三辑):第二届西夏学国际学术研讨会论文集》,中国社会科学出版社2006年。

35.《活字印刷新发现匡正学术公案——宁夏政协将提案设立"西夏印刷博物馆"》，吴文彪、陈华，《人民政协报》2007年2月8日；《化石》2007年第3期。

36.《西夏活字印刷匡正学术公案》，陈华，《宁夏日报》2007年1月18日。

37.《西夏木活字印本得到进一步确认——西夏古籍研究成果被编入初中教材》，庄电一，《光明日报》2007年3月25日。

38.《自治区政协建立"西夏印刷博物馆"的建议受自治区领导关注》，崔凯，《华兴时报》2007年4月3日。

39.《西夏对我国印刷术发展的突出贡献》，牛达生，《中国印刷》2007年第6期；《西夏考古论稿》，上海古籍出版社2013年。

40.《宁夏回族自治区政协常委张怀武发出呼吁：银川应建立西夏印刷博物馆》，庄电一，《光明日报》2007年6月28日。

41.《泥活字印刷研究的新发现和新进展》，史金波，《中国印刷》2007年第8期。

42.《一批西夏活字文献被重新发现——我国发明活字印刷技术的历史不容置疑》，庄电一，《宁夏日报》2007年12月1日。

43.《关于西夏活字印刷研究及其相关问题的讨论——兼谈媒体对学术研究成果的曲解报道》，牛达生，《西北第二民族学院学报》2008年第5期；《西夏考古论稿(二)》，甘肃文化出版社2016年。

44.《千年活字印刷史略》，史金波，《光明日报》2009年3月17日；《学海汲求》，甘肃文化出版社2020年。

45.《西夏造纸技术初探—西夏造纸研究之一》，牛达生，《西夏学》(第五辑)，上海古籍出版社2010年；《西夏考古论稿》，上海古籍出版社2013年。

46.《〈三代相照言文集〉——活字印刷术独一无二的明证》，[俄]克恰诺夫(著)，粟瑞雪(译)，《西夏学》(第六辑)，上海古籍出版社2010年；《西夏学论集：教育部人文社会重点研究基地建设10周年纪念》，上海古籍出版社2012年。

47.《丰富多彩的西夏纸品——西夏造纸研究之二》，牛达生，《西夏学》(第七辑)，上海古籍出版社2011年；《西夏考古论稿》，上海古籍出版社2013年。

48.《浅议王祯〈印书法〉"界行"与明清活字"行格界线"》，牛达生，《故宫博物院院刊》2012年第1期；《西夏考古论稿(二)》，甘肃文化出版社2016年。

49.《黑水城出土医药文献所反映的西夏医学特色》，梁松涛，《宋史研究论丛》2012年第1期。

50.《韩国"发明"金属活字印刷之说不符史实》，史金波，《光明日报》2014年

5月26日;《学海汲求》,甘肃文化出版社2020年。

51.《试论中韩金属活字印刷术起源之争》,牛达生,《陕西历史博物馆馆刊》(总第21期),2014年;《西夏考古论稿(二)》,甘肃文化出版社2016年。

52.《黑水城遗址出土西夏时期染色纸张的分析》,李涛,《西夏研究》2017年第3期。

53.《西夏对中国印刷史的重要贡献》,史金波,《中国史研究》2020年第1期。

(五)建筑、冶炼等

1.《西夏木风扇的历史地位》,苏冠文,《中国少数民族科技史研究》(第4辑),内蒙古人民出版社1989年。

2.《西夏的建筑》,陈炳应,《首届中国少数民族科技史国际学术讨论会论文》,1992年;《陇右文博》1998年第2期。

3.《〈文海〉中食品科技史料的分析》,苏红,《宁夏大学学报》(自然版)1995年第2期。

4.《西夏生物学述评》,苏冠文,《宁夏大学学报》(自然版)1996年第2期。

5.《西夏地学成就述论》,苏冠文,《宁夏大学学报》(自然版)1996年第9期。

6.《从"夏国剑"看西夏钢铁的冶炼水平》,王福良,《宁夏大学学报》1998年第3期。

7.《西夏建筑》,吴峰云,《中国民族古建筑·宁夏篇》,江苏科技出版社1998年。

8.《西夏弓箭的科技优势探析》,秦庚生,《广西民族学院学报·少数民族科技史研究专辑》(自然版)1999年增刊。

9.《西夏服饰制作技术述论》,苏冠文,《宁夏大学学报》2001年第4期。

10.《西夏建筑技术述论》,苏冠文,《宁夏社会科学》2002年第5期。

11.《西夏炼钢锻铁技术水准考》,秦庚生,《第五届中国少数民族科技史国际研讨会论文集》,广西民族出版社2002年。

12.《西夏瓷及其烧制技术》,武裕民,《历史深处的民族科技之光:第六届中国少数民族科技史暨西夏科技史国际会议论文集》,宁夏人民出版社2003年。

13.《西夏时期古代建筑对现代建筑设计的启迪》,毛娟,《科技咨询导报》2007年第16期。

14.《从西夏建筑特征看民族文化的交流与认同》,陈育宁、汤晓芳,2015年;《西夏历史文化探幽》,甘肃文化出版社2018年。

15.《西夏文文献建筑词汇解析》,汤晓芳,《西夏学辑刊》(第一辑),宁夏人民出版社2017年;《西夏历史文化探幽》,甘肃文化出版社2018年。

16.《西夏的"炮"设计图》,[日]荒川慎太郎(著),王玫(译),《西夏研究》2017年第4期。

17.《再论西夏鼓风机》,郭恺,《文物鉴定与鉴赏》2020年第16期。

肆 军事、战争

一、总述、专题综述

1.《近几十年国内西夏军事制度研究回顾》,汤开建,《辽夏金元史教研通讯》2002年第1期。

2.《近几十年国内西夏军事制度研究中存在的几个问题》,汤开建,《宁夏社会科学》2002年第4期。

3.《20世纪西夏军事制度研究》,汤开建,《二十世纪西夏学》,宁夏人民出版社2004年。

4.《成吉思汗与西夏研究综述》,马淑萍,《成吉思汗与六盘山国际学术研讨会论文集》,甘肃人民出版社2010年。

5.《近年成吉思汗研究综述》,黄秀兰,《成吉思汗与六盘山国际学术研讨会论文集》,甘肃人民出版社2010年。

6.《范仲淹与西夏研究文献综述》,张琰玲,《宁夏社会科学》2010年第6期。

二、军制、兵器、边防(监军司、战争中的堡寨)

1.《西夏监军司驻所辨析》,汤开建,《西北史地》1982年第3期;《历史地理》1989年第6期;《党项西夏史探微》,(台北)允晨文化实业股份有限公司2005年,商务印书馆2013年。

2.《党项人的军事组织述论》,陈炳应,《民族研究》1986年第5期;《西夏文明研究》,甘肃文化出版社2018年。

3.《西夏军队的征选、禀给制度》,陈炳应,《西北史地》1987年第1期。

4.《西夏监军司的数量和驻地考》,陈炳应,《敦煌研究》1987年第2期。

5.《西夏"铁鹞子"诸问题的考释》,汤开建,邓广铭、漆侠主编《宋史研究论文集》,河北教育出版社1987年;《史学月刊》1988年第1期;《党项西夏史探微》,(台北)允晨文化实业股份有限公司2005年,商务印书馆2013年。

6.《党项"神臂弓"考》,刘兴全、吴炎,《宁夏社科通讯》1988年第6期;《吴天墀教授百年诞辰纪念文集(1913—2013)》,四川人民出版社2013年。

7.《西夏军队的兵种兵员初探》,陈炳应,《固原师专学报》1989年第1期;《西夏文明研究》,甘肃文化出版社2018年。

8.《西夏边防制度初探》,杜建录,《固原师专学报》1993年第1期;《西夏史论集》,上海古籍出版社2016年。

9.《"西夏铜炮"说质疑》,钟少异,《光明日报》1996年4月16日第5版。

10.《有关西夏军制"几种人"的范围考察》,胡若飞,《宁夏大学学报》1997年第2期。

11.《西夏军队的武器装备及其管理制度》,杜建录,《河北大学学报》1998年第3期;《西夏史论集》,上海古籍出版社2016年。

12.《西夏兵制初探》,乔幼梅,《宋辽夏金经济史研究》,齐鲁书社1995年;《首届西夏学国际学术会议论文集》,宁夏人民出版社1998年。

13.《西夏北部边防与古城》,杜玉冰,《首届西夏学国际学术会议论文集》,宁夏人民出版社1998年。

14.《党项骑兵与西夏武备》,王大方,《丝绸之路》2000年第3期。

15.《西夏军队装备述论》,苏冠文,《宁夏社会科学》2000年第6期。

16.《西夏监军司考》,鲁人勇,《宁夏社会科学》2001年第1期。

17.《西夏天都监军司所遗址及神勇军考》,刘华、杨孝峰,《宁夏社会科学》2001年第2期。

18.《关于西夏兵器的几个问题》,陈广恩,《青海民族学院学报》2001年第3期。

19.《关于西夏边防制度的几个问题》,陈广恩,《宁夏社会科学》2001年第3期。

20.《西夏兵器及其配备制度》,陈广恩,《固原师专学报》2001年第4期。

21.《西夏兵器及其在中国兵器史上的地位》,陈广恩,《宁夏社会科学》2002年第1期;《西夏元史研究论稿》,中国社会科学出版社2017年。

22.《论北宋西北堡寨的军事功能》,程龙,《中国史研究》2004年第1期;《文物世界》2004年第3期;张小兵主编《陕北历史文化论丛》(第4卷),陕西人民出版社2016年。

23.《西夏军事后勤供给概论》,贾随生、李园,《宁夏社会科学》2004年第2期。

24.《浅论西夏军事后勤制度的形成与完善》,贾随生,《固原师专学报》2004年第2期。

25.《试论西夏军队军需供给》,许生根,《辽金契丹女真史研究》(总第34期),2004年。

26.《关于西夏军事制度研究中的几个问题》,汤开建,《党项西夏史探微》,(台北)允晨文化实业股份有限公司出版2005年,商务印书馆2013年。

27.《〈天盛改旧新定律令〉军事条例考略》,许生根,《西夏研究(第三辑):第二届西夏学国际学术研讨会论文集》,中国社会科学出版社2006年。

28.《西夏军事法律制度研究》,王元林,《西夏研究(第三辑):第二届西夏学国际学术研讨会论文集》,中国社会科学出版社2006年。

29.《西夏西寿保泰监军司遗址考述》,刘华,《宁夏社会科学》2006年第4期。

30.《略论党项夏国的军事制度》,刘建丽,《宁夏大学学报》2007年第6期。

31.《黑山威福军司补证》,聂鸿音,《宁夏师范学院学报》2008年第4期;《西夏文献论稿》,上海古籍出版社2012年。

32.《两件西夏兵器考略》,李进兴,《西夏研究》2010年第1期。

33.《西夏宁西监军司考》,孙伯君,《西夏历史与文化:第三届西夏学国际学术研讨会论文集》,甘肃人民出版社2010年。

34.《论11—13世纪西夏军法〈贞观玉镜统〉》,[德]弗兰克(著),岳海涌(编译),《西夏研究》2012年第1期。

35.《北宋中晚期宋夏战争中的堡寨研究》,杨鸿光,《华章》2012年第3期。

36.《从〈天盛律令〉看西夏的军事管理机构》,姜歆,《西夏研究》2013年第4期。

37.《太平兴国四年以前的北宋边防措置》,闫建飞,《第九届北京大学史学论坛论文集》2013年;张小兵主编《陕北历史文化论丛》(第4卷),陕西人民出版社2016年。

38.《西夏军抄的组成、分合及除减续补》,史金波,姜锡东主编《宋史研究论丛》(第15辑),河北大学出版社2014年;《瘠土耕耘——史金波论文选集》,中国社会科学出版社2016年。

39.《西夏监军司的研究现状和尚待解决的问题》,张多勇,《西夏研究》2015年第3期。

40.《西夏白马强镇监军司地望考察》,张多勇,《西夏学》(第十一辑),上海古籍出版社2015年。

41.《西夏京畿镇守体系蠡测》，张多勇、张志扬，《历史地理》（第31辑），上海世纪出版集团2015年。

42.《西夏的军事立法与军事制度》，李温，《西夏研究论文集》，凤凰（江苏古籍）出版社2015年。

43.《西夏"统军官"研究》，陈瑞青，《宁夏社会科学》2016年第1期；《高等学校文科学术文摘》2016第2期。

44.《西夏六个方位监军司的治所在哪里？——读张多勇〈西夏京畿镇守体系蠡测〉有感》，于光建，《西夏研究》2016年第4期。

45.《论西夏将兵的装备》，姜歆，《西夏研究》2016年第4期。

46.《党项人创制的神臂弓》，彭向前，《文史知识》2016年第6期。

47.《西夏铁箭制度初探》，张笑峰，《西夏学》（第十二辑），甘肃文化出版社2016年。

48.《西夏宥州——东院监军司考察研究》，张多勇，《西夏学》（第十三辑），甘肃文化出版社2016年。

49.《西夏武器装备法律条文与唐宋法律条文比较研究》，尤桦，《西夏学》（第十三辑），甘肃文化出版社2016年。

50.《左厢神勇——年斜（宁西）监军司考察研究》，张多勇、王志军，《西夏学》（第十四辑　2017年第1期），甘肃文化出版社2017年。

51.《试述西夏军抄》，翟丽萍，《西夏学》（第十四辑　2017年第1期），甘肃文化出版社2017年。

52.《西夏烽堠制度研究》，尤桦，《西夏学》（第十四辑　2017年第1期），甘肃文化出版社2017年。

53.《宋夏交界区域内"会"的设置及其地名内涵》，乐玲，《陇东学院学报》2017年第2期。

54.《西北堡寨在宋夏战争中的作用——以青涧城为例》，任欢欢，《北方论丛》2017年第4期。

55.《西夏地方军政建置体系与特色》，景永时，《宁夏社会科学》2017年第6期。

56.《西夏边防的基层军事建置问题》，许伟伟，《西夏研究》2019年第1期。

57.《西夏中期河西地区的军事建置问题——以西夏法典〈天盛律令〉为中心》，许伟伟，《西夏学》（第十八辑　2019年第1期），甘肃文化出版社2018年。

58.《西夏棍棒类兵器及其相关问题考论》，尤桦，《西夏学》（第十八辑　2019

年第1期），甘肃文化出版社2018年。

59.《〈天盛改旧新定律令〉征兵制度探析》，姜歆，《西夏研究》2019年第2期。

60.《西夏时期浑脱考述》，尤桦，《宁夏师范学院学报》2019年第2期。

61.《西夏"水军"新考》，田晓霈，《史志学刊》2019年第3期。

62.《西夏的兵符制度》，张笑峰，《西夏研究》2019年第4期。

63.《制度史视域下的西夏监军司探析》，魏淑霞，《宁夏师范学院学报》2019年第9期。

64.《略论西夏军队中的"负担"》，陈瑞青，《西夏学》（第二十辑　2020年第1期），甘肃文化出版社2020年。

65.《宋夏时期的镇戎军与镇戎军榷场》，保宏彪，《宁夏师范学院学报》2020年第6期。

66.《西夏黑山威福、北院监军司与北部边防考察研究》，张多勇，《西夏研究》十周年特刊，2020年。

三、宋夏战争

1.《宋夏战争中的蕃部与堡寨》，罗球庆，（香港）《崇基学报》1967年第6卷2期。

2.《论范仲淹所以战胜元昊——慎谋能断是史例之一》，汤承业，《幼狮月刊》1976年第44卷1期。

3.《宋神宗灵州之役西夏的粮食作战》，陈达夫，《军事杂志》1979年第6期。

4.《北宋仁宗时的宋夏陕西之战》，赵继颜，《齐鲁学刊》1980年第4期；人大《中国古代史》1980年第23期；《西夏史论文集》，宁夏人民出版社1984年。

5.《北宋时代宋与西夏和战关系大事年表》（上、下），凌白、博文，《香港华侨日报》1981年10月31日55期、11月29日56期。

6.《宋太宗的联夷攻辽外交及其两次北伐》，廖隆盛，《台湾师大历史学报》1982年第10期；《国策、贸易、战争：北宋与辽夏关系研究》，万卷楼图书公司2002年。

7.《李继迁攻取灵州对西夏建国的作用》，罗矛昆，《宁夏社会科学》1983年第3期。

8.《宋夏好水川之战的进军路线及地名考释》，鲁人勇，《固原师专学报》1984年第1期。

9.《李继迁领导的反宋战争是一场反对民族压迫的正义斗争吗?——宋夏战

争研究之一》,汤开建,《西北民族文丛》1984年第2期;邓广铭、徐规主编《宋史研究论文集》,浙江人民出版社1987年;(更名)《略论李继迁反宋战争的性质》,《党项西夏史探微》,(台北)允晨文化实业股份有限公司出版2005年,商务印书馆2013年。

10.《试论仁宗年间宋夏战争性质及影响》,杜建录,《固原师专学报》1984年第3期;人大《宋辽金元史》1985年第1期;《西夏史论集》,上海古籍出版社2016年。

11.《论范仲淹在御夏战争中的贡献》,李涵,《宋史研究论文集》,河南人民出版社1984年。

12.《宋仁宗时期宋夏战争述略》,汤开建,西北民族学院西北民族研究所主编《西北民族研究所论文集》,1985年;《党项西夏史探微》,(台北)允晨文化实业股份有限公司2005年,商务印书馆2013年。

13.《试论元昊对宋作战屡胜的原因——宋夏战争研究之二》,汤开建,《西北民族学院学报》,1985年第1期;人大《宋辽金元史》1985年第3期。

14.《关于元昊领导的反宋战争性质探讨——宋夏战争研究之三》,汤开建,《青海民族学院学报》1985年第2期。

15.《好水川之战史料钩沉》,张鸿玺,《宁夏史志研究》1985年第2期。

16.《范仲淹在庆州》,李仲立,《西北史地》1986年第1期。

17.《李宪取兰州及相关城寨遗址考》,陈守忠,《西北史地》1986年第1期。

18.《熙河之役原因初探》,李丽,《青海民族学院学报》1986年第4期。

19.《宋夏战争中北宋在兰州的军事措施》,赵一匡,《兰州学刊》1987年第1期。

20.《宋夏争夺河西控制权述评》,李天石,《西北史地》1987年第3期。

21.《试论北宋仁宗年间宋夏陕西之战的几个问题》,李蔚,《宁夏社会科学》1987年第4期。

22.《宋夏战争中兰州城关堡寨的建置》,赵一匡,《兰州学刊》1987年第6期。

23.《宋夏横山之争述论》,李蔚,《民族研究》1987年第6期;人大《宋辽金元史》1988年第1期。

24.《北宋元丰伐夏战争的军粮问题》,梁庚尧,《国史释论》(上)——陶希圣先生九秩荣庆祝寿论文集》,1987年;《宋史研究集》(第26辑),"台北编译馆"中华丛书编审委员会印行,1997年。

25.《北宋元丰伐夏战争的运粮问题》,梁庚尧,(台湾)《陶希圣先生九秩荣庆祝寿论文集》,1987年;《宋史研究集》(第26辑),1988年。

26.《从太宗燕幽之败到仁宗陕西之战》,杜建录,《固原师专学报》1988年第1期。

27.《郑侠进"流民图"事考辩——郑侠与熙宁战争研究之一》,蔡哲修,(台湾)《大陆杂志》1988年第77卷6期。

28.《"以夷制夷"策略的运用——论宋仁宗时代御夏战争中的和战问题》,蔡哲修,(台湾)《大陆杂志》1989年79卷第1期。

29.《论宋、夏在陕北的争夺》,吕卓民,《西北大学学报》1989年第4期;张小兵主编《陕北历史文化论丛》(第4卷),陕西人民出版社2016年。

30.《永乐筑城与永乐之战》,吕卓民,《宁夏社会科学》1990年第2期。

31.《宋夏对峙与沿边蕃部》,杜建录,《固原师专学报》1990年第3期;《西夏史论集》,上海古籍出版社2016年。

32.《宋夏灵州、永乐之战》,霍升平《宁夏文史》(第7辑),1990年。

33.《宋夏对峙与保安军》,杜建录,《固原师专学报》1991年第1期;《西夏史论集》,上海古籍出版社2016年。

34.《论李继迁舍夏取灵与西夏建国的关系》,吕卓民,《宁夏大学学报》1991年第3期。

35.《范仲淹知延州》,张培礼《西北文史荟览》,宁夏人民出版社1991年。

36.《宋仁宗时期对夏战争的历史教训》,曹松林,《宋辽金史论丛》(第2辑),中华书局1991年。

37.《论宋夏争夺少数民族的斗争》,李华瑞,《西北民族研究》1991年第2期;《中州学刊》1992年第1期。

38.《抗金名将曲端冤狱述论》,杜建录,《固原人物集录》,宁夏人民出版社1991年;《西夏史论集》,上海古籍出版社2016年。

39.《略论宋夏灵州之战》,李蔚,《宁夏社会科学》1992年第6期。

40.《略论西夏前期的用兵特点》,史金波、黄艾榕,《西夏文史论丛(一)》,宁夏人民出版社1992年;《中国社会科学院学术论著提要(1992)》,社会科学出版社1997年。

41.《试析西夏占据过须弥山》,杜建录,《宁夏文史》(第10辑),1992年。

42.《宋夏战争中对于黄册之争夺》,江天健,《中国历史学会集刊》(第24期),1992年。

43.《论熙河之役》,霍升平、刘学军,《固原师专学报》1993年第3期。

44.《再论西夏据瓜沙的时间及相关问题》,刘玉权,《敦煌研究》1993年第4期。

45.《试论宋夏战争中双方战略地位的转化》,王天顺,《宁夏社会科学》1994年第4期。

46.《宋与西夏的关系》,王民信,《台北历史博物馆馆刊》第4卷3期,1994年第7期。

47.《北宋拓边运动的开端:庆历朝水洛城事件发微》,曾瑞龙,《宋史论文集:罗球庆老师荣休纪念专辑》,香港中国史研究会1994年。

48.《宋夏战争中对于横山之争夺》,江天健,(台湾)《宋史研究集》(第24辑),"台北编译馆"中华丛书编审委员会印行,1995年。

49.《浅论宋夏兰州战役及其影响》,王伟、曹晓兵,《兰州学刊》1997年第1期。

50.《宋神宗五路伐夏述论》,李蔚,《辽金西夏史研究:纪念陈述先生逝世三周年论文集》,天津古籍出版社1997年。

51.《北宋对外战争中的弹性战略防御:以宋夏洪德城战役为例》,曾瑞龙,《史薮》1998年第3卷。

52.《从宋夏攻守之势的变化看韩范的攻守之争》,郭琳、徐峰,《淮南师院学报》1998年第3期。

53.《北宋御夏名将周美》,景永时,《历史名人与宁夏》,宁夏人民出版社1998年。

54.《论宋夏战争》,李华瑞,《河北学刊》1999年第2期;漆侠主编《宋史研究论丛》(第4辑),河北大学出版社2001年;《宋夏史研究》,天津古籍出版社2006年;张小兵主编《陕北历史文化论丛》(第4卷),陕西人民出版社2016年;《西夏史探赜》,甘肃文化出版社2017年。

55.《北宋与西夏的战争》,[俄]克恰诺夫(著),耿升(译),(台湾)《汉学研究》第五卷,2000年。

56.《一场喀喇汗王朝和宋朝联兵进攻西夏的战争——藏经洞封闭的真正原因和确切时间》,钱伯泉,《敦煌研究》2000年第2期。

57.《范仲淹在宋夏战争中的战略思想及治军用人方略》,李蔚、李丛昕,《固原师专学报》2000年第4期。

58.《赵起〈种太尉传〉所见的六逋宗之役》,曾瑞龙,台湾大学历史学系主编《转变与定型:宋代社会文化史学术研讨会论文集》,2000年。

59.《11世纪存在过统治瓜沙二州的回鹘汗国吗？——西夏统治瓜沙始年考》，陈炳应，《敦煌研究》2001年第2期；《西夏文明研究》，甘肃文化出版社2018年。

60.《论宋夏战争》，李华瑞，《宋史研究论丛》（第4辑），2001年。

61.《宋夏战争中的乡兵与堡寨》，强文学、黄领霞，《天水师范学院学报》2003年第6期。

62.《论宋、夏在河东路麟、府、丰州的争夺》，孙昌盛，《宁夏大学学报》2005年第3期。

63.《论北宋对夏作战中的引兵就粮》，程龙，《中国史研究》2005年第4期。

64.《论康定、庆历时期西北沿边屯田与宋夏战争的互动关系》，程龙，《中国历史地理论丛》2006年第1期。

65.《范仲淹知庆州与宋夏战争》，卢晓河，《西北民族大学学报》2006年第3期。

66.《宝元至庆历年间的范仲淹与韩琦》，焕力，《四川教育学院学报》2007年第1期。

67.《论范仲淹"积极防御"的守边策》，诸葛忆兵，《南京师大学报》2007年第1期。

68.《北宋前期朝野对联蕃制夏策略的非议及其原因》，祁琛云，《宁夏大学学报》2007年第1期。

69.《试析宋夏战争初期北宋军事失利的原因》，王立新，《陇东学院学报》2007年第1期。

70.《从李元昊对情报的利用看西夏对宋三场战争的胜利》，李琛，《军事历史》2007年第3期。

71.《正统观念与宋夏和战》，闫春新、张稳，《山东大学学报》2007年第6期。

72.《从同城镇到宁寇军》，孟宪实，《黑水城人文与环境研究：黑水城人文与环境国际学术讨论会文集》，中国人民大学出版社2007年。

73.《宋仁宗时期对夏战争之议论》，陈育源，台北，2009年。

74.《环境冲突视野下的宋夏战争》，金勇强，《延安大学学报》2009年第5期。

75.《论王安石变法对宋夏战争的影响》，牛志文，《博苑秋实：宁夏博物馆五十大庆纪念文集》，宁夏人民出版社2009年。

76.《从浅攻到蚕食——论章楶的军事构想与实施》，钱俊岭，《西夏研究》2010年第3期。

77.《论北宋攻城战——以元丰五路攻夏战役为中心》,籍勇,《西夏研究》2010年第3期。

78.《简论宋夏平夏城之战》,张玉海,《西夏研究》2010年第4期。

79.《熙宁变法与宋夏战争》,魏淑霞,《西夏研究》2010年第4期;《西夏研究论文集》,凤凰出版社2015年。

80.《宋夏平夏城之战及其历史作用》,杨满忠,《西夏历史与文化:第三届西夏学国际学术研讨会论文集》,甘肃人民出版社2010年。

81.《据形胜以逼夏——论北宋平夏城的战略地位》,钱俊岭,《宁夏大学学报》2011年第1期。

82.《战争与政争的纠葛——北宋永乐城之役的纪事》,方震华,(台湾)《汉学研究》2011年第29卷3期。

83.《西北御边是范仲淹的人生辉煌》,曲延庆,刘文戈、马啸主编《范仲淹与庆阳:纪念范仲淹知庆州970周年学术研讨会论文集》,天津古籍出版社2012年。

84.《从宋夏战争谈范仲淹知庆州的影响和意义》,徐文婷、杨树霖,刘文戈、马啸主编《范仲淹与庆阳:纪念范仲淹知庆州970周年学术研讨会论文集》,天津古籍出版社2012年。

85.《范仲淹延州御夏》,范矛彧,刘文戈、马啸主编《范仲淹与庆阳:纪念范仲淹知庆州970周年学术研讨会论文集》,天津古籍出版社2012年。

86.《范仲淹知庆州与宋夏战争》,卢晓河,刘文戈、马啸主编《范仲淹与庆阳:纪念范仲淹知庆州970周年学术研讨会论文集》,天津古籍出版社2012年。

87.《范仲淹与西北沿边进筑战略的形成》,王立新,刘文戈、马啸主编《范仲淹与庆阳:纪念范仲淹知庆州970周年学术研讨会论文集》,天津古籍出版社2012年。

88.《北宋在环庆原诸州的防御措施》,刘治立,刘文戈、马啸主编《范仲淹与庆阳:纪念范仲淹知庆州970周年学术研讨会论文集》,天津古籍出版社2012年。

89.《论范仲淹修筑大顺城的历史背景》,王浩,刘文戈、马啸主编《范仲淹与庆阳:纪念范仲淹知庆州970周年学术研讨会论文集》,天津古籍出版社2012年。

90.《宋夏时期的大顺城争夺战》,刘治立,刘文戈、马啸主编《范仲淹与庆阳:纪念范仲淹知庆州970周年学术研讨会论文集》,天津古籍出版社2012年。

91.《一封攻守安边策,千岁威名破胆谣——论好水川之败与范仲淹御夏战略的全面实施》,岳翔,刘文戈、马啸主编《范仲淹与庆阳:纪念范仲淹知庆州970周年学术研讨会论文集》,天津古籍出版社2012年。

92.《试析宋夏战争初期北宋军事失利的原因》,王立新,刘文戈、马啸主编《范仲淹与庆阳:纪念范仲淹知庆州970周年学术研讨会论文集》,天津古籍出版社2012年。

93.《略论宋辽夏鼎立与宋夏和战的关系》,王立新,刘文戈、马啸主编《范仲淹与庆阳:纪念范仲淹知庆州970周年学术研讨会论文集》,天津古籍出版社2012年。

94.《宋夏灵州之争述论》,王昭义,刘文戈、马啸主编《范仲淹与庆阳:纪念范仲淹知庆州970周年学术研讨会论文集》,天津古籍出版社2012年。

95.《北宋大顺城故址考》,郭含殿,刘文戈、马啸主编《范仲淹与庆阳:纪念范仲淹知庆州970周年学术研讨会论文集》,天津古籍出版社2012年。

96.《北宋大顺古城调查报告》,王宇兵、王浩、朱世广、张亚萍,刘文戈、马啸主编《范仲淹与庆阳:纪念范仲淹知庆州970周年学术研讨会论文集》,天津古籍出版社2012年。

97.《试解细腰城之谜》,苗永青,刘文戈、马啸主编《范仲淹与庆阳:纪念范仲淹知庆州970周年学术研讨会论文集》,天津古籍出版社2012年。

98.《再破细腰城之谜》,康秀林,刘文戈、马啸主编《范仲淹与庆阳:纪念范仲淹知庆州970周年学术研讨会论文集》,天津古籍出版社2012年。

99.《金汤、白豹古城考察报告》,朱世广、王立新、杨贵宝、王浩、王宇兵,刘文戈、马啸主编《范仲淹与庆阳:纪念范仲淹知庆州970周年学术研讨会论文集》,天津古籍出版社2012年。

100.《西夏金汤、白豹古城考察研究》,张多勇,刘文戈、马啸主编《范仲淹与庆阳:纪念范仲淹知庆州970周年学术研讨会论文集》,天津古籍出版社2012年。

101.《范仲淹与平定川、平戎寨》,胡庆红,刘文戈、马啸主编《范仲淹与庆阳:纪念范仲淹知庆州970周年学术研讨会论文集》,天津古籍出版社2012年。

102.《宋代大顺城址与大顺城防御线》,张多勇,刘文戈、马啸主编《范仲淹与庆阳:纪念范仲淹知庆州970周年学术研讨会论文集》,天津古籍出版社2012年。

103.《北宋时期环州的堡寨初探》,黄志远,刘文戈、马啸主编《范仲淹与庆阳:纪念范仲淹知庆州970周年学术研讨会论文集》,天津古籍出版社2012年。

104.《在镇原、合水实地调查范仲淹所筑城、寨遗址》,刘文戈,刘文戈、马啸主编《范仲淹与庆阳:纪念范仲淹知庆州970周年学术研讨会论文集》,天津古籍出版社2012年。

105.《从宋夏战争看范仲淹的国防意识》,卢晓河,《西夏研究》2013年第3期。

106.《两宋之际"西军"溃散兵员处置办法探析——以俄藏黑水城宋代军政文书为中心的考察》，张春兰，姜锡东主编《宋史研究论丛》（第15辑），河北大学出版社2014年。

107.《范仲淹在宋夏战争中的军事谋略》，卢晓河，刘文戈、徐治堂、齐社祥主编《范仲淹与庆阳：庆阳市第三届范仲淹学术研讨会论文集》，甘肃文化出版社2014年。

108.《范仲淹与好水川之战》，王知三，刘文戈、徐治堂、齐社祥主编《范仲淹与庆阳：庆阳市第三届范仲淹学术研讨会论文集》，甘肃文化出版社2014年。

109.《范仲淹戍边时的重要对手——张元》，杨万林、李小文，刘文戈、徐治堂、齐社祥主编《范仲淹与庆阳：庆阳市第三届范仲淹学术研讨会论文集》，甘肃文化出版社2014年。

110.《试论范仲淹御夏安边的军事思想及其实践》，徐玉金，刘文戈、徐治堂、齐社祥主编《范仲淹与庆阳：庆阳市第三届范仲淹学术研讨会论文集》，甘肃文化出版社2014年。

111.《高遵裕与元丰四年灵州之战》，聂丽娜，《宁夏社会科学》2015年第1期。

112.《范仲淹与西夏》，薛正昌，《西夏研究论文集》，凤凰出版社2015年。

113.《试论范仲淹民族思想在处理宋夏关系中的成功实践》，马啸、杨树霖，刘文戈、马啸、杨树霖主编《范仲淹担当精神与地方治绩研究：庆阳市第四届范仲淹学术研讨会论文集》，甘肃文化出版社2015年。

114.《范仲淹与原州》，刘文戈，刘文戈、马啸、杨树霖主编《范仲淹担当精神与地方治绩研究：庆阳市第四届范仲淹学术研讨会论文集》，甘肃文化出版社2015年。

115.《范仲淹环州御西夏策略的践行者——种世衡》，康秀林，刘文戈、马啸、杨树霖主编《范仲淹担当精神与地方治绩研究：庆阳市第四届范仲淹学术研讨会论文集》，甘肃文化出版社2015年。

116.《宋代镇原境内部分御夏古城遗址考察研究》，王博文，刘文戈、马啸、杨树霖主编《范仲淹担当精神与地方治绩研究：庆阳市第四届范仲淹学术研讨会论文集》，甘肃文化出版社2015年。

117.《范仲淹与西夏》，马啸，刘文戈、马啸、杨树霖主编《范仲淹担当精神与地方治绩研究：庆阳市第四届范仲淹学术研讨会论文集》，甘肃文化出版社2015年。

118.《"汉唐旧疆"话语下的宋神宗开边》，黄纯艳，《历史研究》2016年第

1期。

119.《范仲淹边防思想与实践述论》,魏鸿,《军事历史》2016年第1期。

120.《范仲淹御夏战争对〈孙子兵法〉的实践应用》,刘涛,《孙子研究》2016年第2期。

121.《从葭芦寨到晋宁军——宋金河东堡寨典型个案研究》,邓文韬,《保定学院学报》2016年第2期。

122.《论延州在宋夏和战中的战略地位》,陈朔,《石家庄学院学报》2016年18卷第2期。

123.《北宋时期的黄河御夏战略》,郭志安、王晓薇,《北方论丛》2016年第3期。

124.《浅攻进筑:范仲淹在北宋对西夏作战中的战略思想》,李昌宪,《河南大学学报》2016年第4期。

125.《宋夏好水川之战问题再探》,安北江,《宁夏师范学院学报》2016年第5期。

126.《宋夏休战与柳永词的"盛世"之音》,郭艳华,《北方民族大学学报》2016年第6期。

127.《论北宋对西夏外交的失败》,肖天扬,《卷宗》2016年第7期。

128.《宋哲宗亲政后对西北蕃官换授汉官差遣的调整》,刘永刚,《西夏学》(第十二辑),甘肃文化出版社2016年。

129.《论清远军在宋夏战争中的有限作用及其原因》,赵坤,《西夏学》(第十三辑),甘肃文化出版社2016年。

130.《永乐城址今何在》,杨蕤,《榆林日报》2016年8月29日第A6版。

131.《"险薄"的背后:宋夏战争视域下的梅询历史评价问题》,朱新亮,《河南大学学报》2017年第1期。

132.《范仲淹在对夏战争中的战略思想》,宋士龙、王青松、顾乃武,《西夏研究》2017年第3期。

133.《宋军在三川口、平夏城两场战役中的防御战术之比较》,宋士龙,《西夏研究》2017年第4期。

134.《北宋永乐城址新考》,张戈,《榆林学院学报》2017年第5期。

135.《宋夏战争述评》,李新伟,《长江论坛》2017年第6期。

136.《北宋镇、环交通与两路协同防御研究》,缪喜平、张多勇,《西夏学》(第十六辑　2018年第1期),甘肃文化出版社2018年。

137.《宋真宗年间曹玮筑"山外四寨"考论》,田晓霈,《西夏学》(第十七辑2018年第2期),甘肃文化出版社2019年。

138.《北宋时期宋夏缘边弓箭手招置问题探析》,王亚莉,《西夏学》(第十七辑 2018年第2期),甘肃文化出版社2019年。

139.《宋夏对峙时期清远军考察研究》,张多勇,《西夏研究》2018年第4期。

140.《西夏在南疆萧关地区的城堡化经营考略》,李进兴,《宁夏师范学院学报》2018年第9期。

141.《汝遮城修建与北宋哲宗时期开边政策的转折》,尚平,《西夏学》(第十八辑 2019年第1期),甘肃文化出版社2018年。

142.《北宋靖夏城考》,付强强,《西夏研究》2019年第1期。

143.《从熙河大捷到永乐惨败——宋神宗对夏军事策略之检讨》,林鹄,《军事历史研究》2019年第2期。

144.《高遵裕与宋夏灵州之役的再探讨》,雷家圣,《首都师范大学学报》2019年第2期;包伟民、戴建国主编《开拓与创新:宋史学术前沿论坛文集》,中西书局2019年。

145.《宋夏好水川之战再探》,兰书臣,《军事历史》2019年第3期。

146.《从灵州弃守之争看北宋前期国防战略的转变》,李海鹏、艾讯,《安康学院学报》2019年第6期。

147.《永乐城之战种谔事迹考》,杨帅,《卷宗》2019年第6期。

148.《北宋中后期对夏战争的军事决策及其成败》,王战扬,《东岳论丛》2019年第9期。

149.《唐五代突袭战的余晖——北宋淳化五年夏州之役考述》,叶凯,姜锡东主编《宋史研究论丛》(第24辑),科学出版社2019年。

150.《论宋仁宗朝对夏战争的军事决策及攻守理念的转变——以好水川之战的演进为中心》,王战扬,《西夏学》(第二十辑 2020年第1期),甘肃文化出版社2020年。

151.《论宋仁宗朝对夏战争的军事决策及西北边防的战略转向——以定川寨之战的演进为中心》,王战扬,《暨南史学》2020年第2期。

152.《论宋仁宗朝对夏战争的军事决策及边备理念之演变——以延州之战的演进为中心的考察》,王战扬,《军事历史》2020年第6期。

153.《北宋中叶朝廷用兵政策探析——以仁宗朝对西夏战争为例》,蒲章臻,《宁夏师范学院学报》2020年第8期。

四、西夏与辽、金、蒙古、回鹘、吐蕃的战争

1.《试论成吉思汗用兵西夏的战略意义》,汤晓芳,《内蒙古社会科学》1984年第3期;人大《宋辽金元史》1984年第4期;《成吉思汗研究文集1949—1990》,内蒙古人民出版社1991年;《西夏历史文化探幽》,甘肃文化出版社2018年。

2.《浅析成吉思汗征服西夏战争》,博彦,《内蒙古社联》1986年第6期;《蒙古族古代军事思想研究论文集》(第1集),1989年。

3.《试论蒙夏战争》,穆鸿利、席岫峰,《宁夏社会科学》1991年第2期;穆鸿利著《河朔集》,中国国际出版社2005年。

4.《成吉思汗平灭西夏述略》,王绍坤,《宁夏文史》(第8辑),1991年。

5.《成吉思汗灭西夏的战争》,阿木,《成吉思汗研究文集》,1991年。

6.《成吉思汗五伐西夏考》,陶刚,《中央民族学院学报》1993年第2期。

7.《略论蒙古征服西夏战争》,何立平,《军事历史研究》1993年第2期。

8.《西夏何时陷金之会州》,姚军,《西北史地》1996年第1期。

9.《关于蒙古攻灭西夏河西诸州的几个问题》,孟楠,《甘肃民族研究》1998年第1期。

10.《论辽兴宗对西夏用兵》,朱子方,《首届西夏学国际学术会议论文集》,宁夏人民出版社1998年。

11.《蒙古征伐西夏将帅人物初步研究》,余军,《宁夏社会科学》2000年第1期。

12.《略论蒙夏战争的特点及西夏灭亡的原因》,李蔚,《固原师专学报》2000年第4期。

13.《蒙古征伐西夏将帅人物稽考》,余军,(台湾)《中国边政》2000年第9期。

14.《蒙古用兵对金夏结盟的影响》,蒋武雄,中国边政协会编辑《蒙古民族与周边民族关系学术会议论文集》,(台北市)蒙藏委员会2000年。

15.《辽兴宗与李元昊时期(1031—1050)辽夏关系的和与战》,杜可瑜,(台北)《大直高中学报》2003年第1期。

16.《十三世纪蒙古统一战争与藏传佛教》,陈育宁、汤晓芳,《宁夏大学学报》2004年第4期;陈育宁《民族史学概论》,宁夏人民出版社2006年;陈育宁《我与鄂尔多斯学》,宁夏人民出版社2009年;《西夏历史文化探幽》,甘肃文化出版社2018年。

17.《成吉思汗对河西诸州的攻克》,敖特根,《敦煌学辑刊》2005年第2期。

18.《略述西夏对河西的占领及相关问题》,崔红芬,《大连民族学院学报》2005年第4期。

19.《成吉思汗为什么用兵西夏》,陈育宁,《我与鄂尔多斯学》,宁夏人民出版社2009年。

20.《成吉思汗与西夏》,陈育宁、汤晓芳,中国蒙古史学会编《蒙古史研究》(第八辑),内蒙古人民出版社2005年;《西夏历史文化探幽》,甘肃文化出版社2018年。

21.《论蒙古对西夏的入侵》,马宇峰,《固原师专学报》2006年第2期。

22.《成吉思汗攻灭西夏的战争——兼论成吉思汗病逝于六盘山》,薛正昌,《西夏研究(第三辑):第二届西夏学国际学术研讨会论文集》,中国社会科学出版社2006年。

23.《13世纪初期西夏故土上的卫国战争》,马宝妮、孙颖慧,《成吉思汗与六盘山国际学术研讨会论文集》,甘肃人民出版社2010年。

24.《论安丙发动联夏攻金的"秦巩之役"》,胡宁,《西华师范大学学报》2007年第1期。

25.《成吉思汗五征西夏》,宋祖兵,《文史天地》2009年第10期。

26.《蒙夏战争与成吉思汗的军事思想》,许生根,《成吉思汗与六盘山国际学术研讨会论文集》,甘肃人民出版社2010年。

27.《甘州回鹘、凉州吐蕃诸部与党项的战争及其影响》,刘全波,《西夏研究》2010年第1期。

28.《西夏人眼中成吉思汗在西夏的最后一战》,[俄]克平(著),安娅(译),张公谨主编《民族古籍研究》(第一辑),中国社会科学出版社,2012年。

29.《试论金宣宗时期的金夏之战》,陈德洋,《西夏学》(第九辑),上海古籍出版社2014年。

30.《1205至1227年间蒙古与西夏的战争》,[美]德斯蒙德·马丁(著),陈光文(译),杨富学(校),《西夏研究》2013年第3期。

31.《夏金战争与西夏的灭亡》,石磊,《文史天地》2018年第6期。

32.《辽兴宗时期辽与西夏战争琐议》,陈德洋,《西夏学》(第十九辑　2019年第2期),甘肃文化出版社2019年。

33.《蒙古军攻克敦煌史事钩沉》,陈光文,《敦煌学辑刊》2019年第3期。

伍　民族、遗民、后裔

一、总论

1.《党项族》,白滨,《历史教学》1980年第12期。

2.《关于西夏民族名称及其王号》,韩儒林,《国书季刊》(新)第4卷3—4期,1943年;《西夏史论文集》,宁夏人民出版社1984年;《穹庐集——元史及西北民族史研究》,上海人民出版社1982年;南京大学元史研究室编《韩儒林文集》,江苏古籍出版社1990年;《穹庐集》(二十世纪中国史学名著),河北教育出版社2000年。

3.《党项在中原与亚洲内陆关系中的作用》,[美]宽登(著),乐赛月(译),《世界民族》1981年第5期。

4.《雄踞西北的党项族》,吴天墀,《文史知识》1983年第9期;《吴天墀文史存稿》,四川大学出版社1998年。

5.《关于五代宋初河西民族的若干问题》,汤开建,《敦煌学辑刊》1984年第2期。

6.《北宋前期党项羌族帐考》,顾吉辰,《史学集刊》1985年第3期;人大《宋辽金元史》1985年第5期。

7.《唐代党项的内徙与分布》,周伟洲,《西北历史研究》,三秦出版社1987年。

8.《五代时期的散居党项族》,张云,《西北史地》1988年第4期。

9.《契丹境内党项族部落的分布》,汤开建,《宁夏社会科学》1990年第2期;《中日宋史研讨会中方论文选编》,河北大学出版社1991年。

10.《党项拓跋氏之崛起》,区静飞,《宋史研究》(第28辑),1990年。

11.《隋唐时期党项部落的迁徙》,汤开建,《西夏文史论丛(一)》,宁夏人民出版社1992年;人大《中国古代史》(一)1994年第3期;《暨南大学学报》1994年第1期。

12.《五代宋辽时期党项部落的分布》,汤开建,《西北民族研究》1993年第1期;《党项西夏史探微》,(台北)允晨文化实业股份有限公司出版2005年,商务印书馆2013年。

13.《西夏境内民族考》,史金波,《庆祝王钟翰先生80寿辰学术论文集》,辽宁大学出版社1993年;《史金波文集》,上海辞书出版社2005年。

14.《唐古特与党项辨异》,[美]关登(著),吴文娟(译),《宁夏教育学院·银川师专学报》1994年第2期;《暨南大学学报》1994年第1期。

15.《隋唐时期党项部落迁徙考》,汤开建,《暨南大学学报》1994年第1期;《党项西夏史探微》,(台北)允晨文化实业股份有限公司出版2005年,商务印书馆2013年。

16.《隋唐时期党项部族内迁的特点和影响》,李学江,《青海民族学院学报》1998年第1期。

17.《党项与西夏》,白滨,毛佩琦编《岁月风情——中国社会生活史》第六章(下)"北国风光——辽、西夏、金",广西教育出版社2000年;白滨著《西夏民族史论》(《西夏学文库》第二辑论集卷),甘肃文化出版社2018年。

18.《党项故地考》,邓少琴,《邓少琴西南民族史地论集》(下),巴蜀书社2001年。

19.《党项族的迁徙及其迁徙的原因和影响》,李吉和,《甘肃民族研究》2002年第2期。

20.《党项人的宗族部族及其民族与国家的形成》,杨茂盛、陈春霞,《黑龙江民族丛刊》2003年第2期。

21.《宋夏交界地带党项部族考》,陈守忠,《李埏教授九十华诞纪念文集》,云南大学出版社2003年。

22.《羌浑并为西夏主体民族考》,吕建福,《西北民族论丛》(第二辑),中国社会科学出版社2003年。

23.《论党项藩镇》,陆宁,《宁夏大学学报》2004年第1期。

24.《论五代党项周边地缘关系》,陆宁,《西北第二民族学院学报》2004年第3期。

25.《唐古特、伊拉古克三呼图克图考》,李保文,《中国藏学》2005年第2期。

26.《论〈辽史〉中的唐古部族》,杨浣,《民族研究》2005年第6期。

27.《北宋初期党项内附初探》,杨蕤,《民族研究》2005年第4期;《北方民族大学文史学院文库(第一辑):民族卷》,宁夏人民出版社2016年;杨蕤著《陕北历史文化散论》,商务印书馆2019年。

28.《20世纪党项拓跋部族属与西夏国名研究》,李华瑞,《二十世纪西夏学》,宁夏人民出版社2004年;《宋夏史研究》,天津古籍出版社2006年;《西夏史探赜》,甘肃文化出版社2017年。

29.《20世纪西夏遗民研究》,杨富学,《二十世纪西夏学》,宁夏人民出版社2004年。

30.《唐朝时期党项族的迁徙与社会文化变迁》,李吉和,《青海民族研究》2006年第3期。

31.《论党项民族消亡的历史趋势和教训》,吴峰云,《西夏研究(第三辑):第二届西夏学国际学术研讨会论文集》,中国社会科学出版社2006年;《文物考古收藏风云录》,学苑出版社2013年。

32.《唐末局势与西夏崛兴》,李鸿宾,《西夏研究(第三辑):第二届西夏学国际学术研讨会论文集》,中国社会科学出版社2006年。

33.《试论西夏对汉族的政策》,赵学东、陈爱峰,《中央民族大学学报》2007年第5期。

34.《党项拓跋氏的兴起》,胡学祥,《共产党人》2007年第18期。

35.《唐代内迁对党项社会的影响》,陆宁,《湖南科技学院学报》2008年第1期。

36.《唐末的形势与党项势力的崛起》,李鸿宾,《宁夏社会科学》2009年第2期;《西夏历史与文化:第三届西夏学国际学术研讨会论文集》,甘肃人民出版社2010年。

37.《党项宗族与封建化》,郑彦卿,《西夏历史与文化:第三届西夏学国际学术研讨会论文集》,甘肃人民出版社2010年。

38.《党项宗族与封建化进程探析》,郑彦卿,《宁夏社会科学》2010年第3期。

39.《论宋代的胡人》,杨蕤,《中国边疆史地研究》2011年第1期;《北方民族大学文史学院文库(第一辑):历史卷》,宁夏人民出版社2016年。

40.《试论唐初唐蕃战争对党项羌的影响》,保宏彪,《宁夏社会科学》2011年第3期;《西夏研究论文集》,凤凰出版社2015年。

41.《西夏的汉族和党项民族的汉化》,史金波,《中南民族大学学报》2013年第1期;《瘠土耕耘——史金波论文选集》,中国社会科学出版社2016年。

42.《杨业是党项人还是汉人》,李裕民,《吴天墀教授百年诞辰纪念文集(1913—2013)》,四川人民出版社2013年。

43.《隋唐时期党项民族"不变"与"变"的社会诸面考论》,郝振宇,《青海民族大学学报》2017年第2期。

44.《唐朝的安边策略对党项、吐谷浑发展命运的不同影响》,张云,《西北师大学报》2017年第4期。

45.《杨家将故事关涉西夏史事考述》,姜歆,《西夏研究》2018年第4期。

46.《辽西夏金宗族研究综述》,王善军、郝振宇,姜锡东主编《宋史研究论丛》(第21辑),科学出版社2018年。

47.《"党项人"考辨》,聂鸿音,《宁夏社会科学》2020年第3期;人大《宋辽金元史》2020年第3期。

48.《西夏唐古特人名义新考》,[捷克]施立策(著),黄婷玉(编译),《西夏研究》2020年第3期。

二、党项族源、皇族、宗族及其他

1.《关于西夏拓跋氏族的族属问题》,唐嘉弘,《四川大学学报》1955年第2期;《西夏史论文集》,宁夏人民出版社1984年。

2.《西夏是不是羌族?——答读者问》,杨志玖,《历史教学》1956年第4期。

3.《试论西夏党项族的来源与变迁》,李范文,《民族史论丛》,吉林人民出版社1980年;《西夏研究论集》,宁夏人民出版社1983年;《西夏史论文集》,宁夏人民出版社1984年;《李范文西夏学论文集》,中国社会科学出版社2012年。

4.《麟府州建置与折氏源流》,韩荫晟,《宁夏社会科学》(试刊号)1981年。

5.《西夏民族的祖先是党项抑或是拓跋?——一个民族历史问题的探讨》,魏英邦,《甘肃民族研究》1984年第1—2期;

6.《论党项拓跋氏族属及西夏国名》,吴天墀,《西北史地》1986年第1期;《吴天墀文史存稿》,四川大学出版社1998年。

7.《唐古特是什么民族?——唐古特的族源和族名》,[美]邓内尔(著),索介然(译),《民族译丛》1986年第4期;《中国史研究动态》1986年第9期。

8.《关于西夏拓跋氏族源的几个问题》,汤开建,《中国史研究》1986年第4期;人大《宋辽金元史》1987年第1期;《党项西夏史探微》,(台北)允晨文化实业股份有限公司出版2005年;商务印书馆2013年。

9.《论西夏拓跋氏、甲绒、吐蕃和羌人的族源关系》,唐嘉弘,《中国古代民族研究》,青海人民出版社1987年。

10.《再论西夏拓跋氏的族属问题》,唐嘉弘,《中国民族史研究》(二),中央民族学院出版社1989年。

11.《论府州折氏源流及折夏关系》,周群华,《四川大学学报丛刊》(第38辑),研究生论文选刊。

12.《党项族源新证》,汤开建,《西北民族研究》1995年第2期;人大《宋辽金元史》1996年第2期;《暨南史学》(第一辑),暨南大学出版社2002年;《党项西夏史探微》,(台北)允晨文化实业股份有限公司出版2005年,商务印书馆2013年。

13.《关于党项羌的族属及西夏灭亡后党项羌的去向问题》,李范文,马启成、白振声主编《民族学与民族文化发展研究》,中国社会科学出版社1995年。

14.《党项名义及族源考证》,张云,《中国藏学》1996年第1期。

15.《关于西夏主体民族起源的语文学思考》,聂鸿音,《宁夏社会科学》1996年第5期;《西夏文献论稿二编》,甘肃文化出版社2018年。

16.《西夏族源探讨》,陈庆英,(台湾)《政治大学民族学报》1996年第12期。

17.《党项名义及族源考证》,张云,《首届西夏学国际学术会议论文集》,宁夏人民出版社1998年。

18.《麟府州折氏述论》,韩荫晟,《首届西夏学国际学术会议论文集》,宁夏人民出版社1998年。

19.《再论西夏党项族的来源与变迁》,李范文,《首届西夏学国际学术会议论文集》,宁夏人民出版社1998年;陕西师范大学西北民族研究中心编《陕西师范大学民族学论文集》,陕西师范大学出版社2001年;《李范文西夏学论文集》,中国社会科学出版社2012年。

20.《穆桂英人物原型出于党项考》,汤开建,《西北民族研究》2001年第1期;《唐宋元间西北史地丛稿》,商务印书馆2013年。

21.《西夏前身乃陇右党项羌族》,邓少琴,《邓少琴西南民族史论文集》(下),巴蜀书社2001年。

22.《试论西夏梁太后之族属问题——兼论西夏境内的"蕃化"汉人》,李辉,《西北第二民族学院学报》2001年第3期。

23.《西夏皇族拓跋氏族属辩证》,周新华,《宁夏古迹新探》,宁夏人民出版社2002年。

24.《麟州杨氏族属考》,李华瑞,《杨家将文化》2008年第1期;《首届全国杨家将历史文化研讨会论文集》,科学出版社2009年;《视野、社会与人物:宋史、西夏史研究论文稿》,中国社会科学出版社2012年;《西夏史探赜》,甘肃文化出版社2017年。

25.《早期党项拓跋氏世系考辨》,周伟洲,《西夏研究》2010年第1期;(《西夏学文库》第二辑论集卷)《党项西夏史论》,甘肃文化出版社2017年。

26.《西夏后妃宗族考》,佟建荣,《西夏研究》2010年第2期。

27.《从〈天盛律令〉看西夏皇族》,陈玮,《西夏研究》2010年第2期。

28.《汉文史料中党项与西夏族名异译考》,佟建荣,《西夏学》(第六辑),上海古籍出版社2010年;《西夏学论集:教育部人文社会重点研究基地建设10周年纪念》,上海古籍出版社2012年。

29.《折氏族源考》,李范文,《李范文西夏学论文集》,中国社会科学出版社2012年。

30.《宋〈折惟正墓志铭〉与府州折氏的几个问题》,高建国,姜锡东主编《宋史研究论丛》(第14辑),河北大学出版社2013年。

31.《弭药(Mi—nyag)新考》,木仕华,《西夏学》(第九辑),上海古籍出版社2014年。

32.《隋唐五代宋初党项拓跋部世次嬗递考》,汤开建,《唐宋元间西北史地丛稿》,商务印书馆2013年;《西夏学》(第九辑),上海古籍出版社2014年。

33.《早期党项拓跋氏世系补考》,周伟洲,《西夏研究》2015年第4期;《党项西夏史论》,甘肃文化出版社2017年。

34.《西夏始祖神话体系初探》,郭恺,《西夏研究》2020年第3期。

35.《党项拓跋氏族属问题再辨析》,李华瑞,《西夏研究》十周年特刊,2020年。

三、西夏遗民、后裔活动考证

(一)西夏遗民及后裔活动

1.《西康木雅乡西吴王考》,邓少琴著,中国学典馆出版1945年;《邓少琴西南民族史地论集》(下),巴蜀书社2001年;《〈述善集〉研究论集》,甘肃人民出版社2001年。

2.《西夏遗民调查结束:获得丰富原始资料》,李范文,《宁夏社科通讯》1980年第1期。

3.《西夏遗民调查记》,卜平,《宁夏社会科学》(试刊号)1981年;《西夏研究论集》,宁夏人民出版社1983年;《述善集研究论集》,甘肃人民出版社2001年;(更名)《第一次西夏遗民调查纪实》,《李范文西夏学论文集》,中国社会科学出版社2012年。

4.《嘉戎与道孚族源考》,李范文,《宁夏社会科学》1981年第3期;《西夏研究论集》,宁夏人民出版社1983年;《李范文西夏学论文集》,中国社会科学出版社2012年。

5.《党项人余阙及其后裔调查记》,史金波、吴峰云,《民族研究通讯》1981年第3期;《文物考古收藏风云录》,学苑出版社2013年。

6.《西夏后裔在安徽》,史金波、吴峰云,《安徽大学学报》1983年第1期;《述善集研究论集》,甘肃人民出版社2001年;《文物考古收藏风云录》,学苑出版社2013年;《瘠土耕耘——史金波论文选集》,中国社会科学出版社2016年。

7.《也谈安徽的西夏后裔》,马明达,《宁夏社会科学》1984年第4期。

8.《元代党项人余氏及其后裔》,史金波、吴峰云,《宁夏大学学报》1985年第2期;人大《宋辽金元史》1985年第4期;《文物考古收藏风云录》,学苑出版社2013年。

9.《党项人余阙及其后裔的调查考证》,史金波、吴峰云,中国社会科学杂志社《未定稿》1985年第13期;《文物考古收藏风云录》,学苑出版社2013年。

10.《略谈河南省的西夏遗民》,任崇岳、穆朝庆,《宁夏社会科学》1986年第2期;《述善集研究论集》,甘肃人民出版社2001年。

11.《元代西夏人物表》,汤开建,《甘肃民族研究》1986年第1期;《述善集研究论集》,甘肃人民出版社2001年。

12.《略论杨琏真伽和杨暗普父子》,陈高华,《西北民族研究》1986年第1期。

13.《西夏王族迁入西藏时间献疑》,桑珠,《甘肃民族研究》1986年第4期。

14.《西夏遗民在河南》,任崇岳、穆朝庆,《中州今古》1986年第5期。

15.《元代西夏人的政治地位》,汤开建,陈乐素、常绍温主编《宋元文史研究》,广东人民出版社1986年;《甘肃民族研究》1987年第1—2期;《述善集研究论集》,甘肃人民出版社2001年;《党项西夏史探微》,(台北)允晨文化实业股份有限公司出版2005年,商务印书馆2013年。

16.《元代西夏人的历史贡献》,何宁生,《西北历史研究》,三秦出版社1987年。

17.《蒙元时期党项上层人物的活动》,史金波,《民族史论丛》(第1辑),中华书局1987年;《史金波文集》,上海辞书出版社2005年。

18.《河南省濮阳地区西夏遗民调查》,罗矛昆、许生根,《宁夏社科通讯》1987年第5期;《述善集研究论集》,甘肃人民出版社2001年。

19.《元代西夏人的历史贡献》,汤开建、马宏祥,《青海社会科学》1987年第3

期;人大《宋辽金元史》1988年第1期;《党项西夏史探微》,(台北)允晨文化实业股份有限公司出版2005年;商务印书馆2013年。

20.《元末西夏人那木翰事迹考述》,马明达,《西北民族研究》1991年第2期。

21.《浅析元代西夏人组成的军队》,孟楠,《中央民族学院学报》1991年第3期。

22.《西夏民族的下落》,古跃,《丝绸之路》(试刊号)1992年。

23.《元代西夏遗民婚姻研究》,孟楠,《宁夏社会科学》1992年第2期。

24.《元代西夏后裔事迹及其分布地区简介》(一、二),韩荫晟,《宁夏史志研究》1993年第1—2期。

25.《党项"弥药"与四川遗民》,周群华,《宁夏社会科学》1993年第4期。

26.《四川的木雅人与西夏》,上官剑壁,《宁夏社会科学》1994年第3期。

27.《西夏皇裔今尚在:调查纪实》,李范文,《丝绸之路》1995年第2期。

28.《西夏皇裔调查纪实》,李范文,宁夏回族自治区文史研究馆编《宁夏文史》(第11辑),1995年;(更名)《第二次调查——西夏皇裔调查纪实》,《李范文西夏学论文集》,中国社会科学出版社2012年。

29.《元代西夏遗民的迁徙及与其它民族的融合》,孟楠,《宁夏大学学报》1995年第3期。

30.《保定西夏人探源:从西夏文经幢、老索神道碑看保定西夏人》,周圣国,《文物春秋》1995年第3期。

31.《西夏皇裔今尚在》,王小刚、马文锋,《宁夏日报》1995年11月23日。

32.《余阙和他的诗文:兼与〈羌族文学史·西夏羌族遗民的书面创作〉编写者商榷》,王发国,《西南民族学院学报》1996年第5期。

33.《西夏后裔考论》,史金波、白滨、聂鸿音,《辽金西夏史研究:纪念陈述先生逝世三周年论文集》,天津古籍出版社1997年。

34.《元代党项羌作家余阙生平及创作初探》,朱玉麒,《民族文学研究》1997年第1期。

35.《西夏遗民述论》,白滨,《民大史学》(第2辑),民族出版社1997年;《西夏民族史论》,甘肃文化出版社2018年。

36.《西夏龙(洛)族试考:兼谈西夏遗民南迁及其它》,黄振华,《中国藏学》1998年第4期。

37.《西藏的西夏遗民》,牛达生,《宁夏日报》1999年8月13日。

38.《〈述善集〉选注(二篇)——大元赠敦武校尉军民万户府百夫长唐兀公碑

铭并序》,潘迪、朱绍侯,《史学月刊》2000第4期。

39.《关于〈述善集〉有关内容的补遗和讨论(二则)》, 陈高华,《史学月刊》2001年第3期。

40.《读〈述善集〉选注(两篇)》,陈高华,《史学月刊》2001年第3期。

41.《从〈述善集〉看河南濮阳西夏遗民的族属与汉化》,李清凌,《固原师专学报》2000年第4期;《述善集研究论集》,甘肃人民出版社2001年。

42.《元朝统治下的西夏故地》,胡小鹏,《西北师范大学学报》2000年第11期。

43.《元代哈剌鲁人伯颜宗道新史料》,焦进文、杨富学,《〈述善集〉研究论集》,甘肃人民出版社2001年。

44.《党项唐兀氏后裔徙居濮阳的时代背景及其家族在元代的社会地位》,王天顺,《述善集研究论集》,甘肃人民出版社2001年。

45.《杨氏家族婚姻关系刍议——〈述善集〉管窥》,张迎胜,《述善集研究论集》,甘肃人民出版社2001年。

46.《家族文化的灿烂奇葩——杨氏家族教育刍议》,张迎胜,《述善集研究论集》,甘肃人民出版社2001年。

47.《元代唐兀氏与西夏遗民》,白滨,《述善集研究论集》,甘肃人民出版社2001年;《西夏民族史论》,甘肃文化出版社2018年。

48.《〈述善集〉与西夏遗民研究专题论著索引》,杨富学,《述善集研究论集》,甘肃人民出版社2001年。

49.《西夏遗民何处寻》,任崇岳,《寻根》2003年第5期。

50.《李土司先世辨正》,吕建福,《西北民族研究》2005年第3期;《西夏研究(第三辑):第二届西夏学国际学术研讨会论文集》,中国社会科学出版社2006年。

51.《增订〈元代西夏人物表〉》,汤开建,《暨南史学》(第二辑),暨南大学出版社2003年;《党项西夏史探微》,(台北)允晨文化实业股份有限公司出版2005年,商务印书馆2013年。

52.《余阙生平论考》,魏红梅,《潍坊学院学报》2006年第1期。

53.《关于〈述善集〉所收张以宁诗文的几个问题》,朱巧云,《宁夏大学学报》2006年第5期。

54.《西夏人迈里古思与元末两浙地方的守护》,王颋,郝时远、罗贤佑主编《蒙元史暨民族史论集:纪念翁独健先生诞辰一百周年》,社会科学文献出版社2006年

55.《试析古羌族与汉民族的源流》,张润平,《西夏研究(第三辑):第二届西夏学国际学术研讨会论文集》,中国社会科学出版社2006年。

56.《唐兀人察罕家族研究》,陆宁,《宁夏大学学报》2007年第6期。

57.《蒙古族唐古特氏人群中有西夏遗民》,仁钦道尔吉,《西夏研究(第三辑):第二届西夏学国际学术研讨会论文集》,中国社会科学出版社2006年。

58.《西夏遗民初到保定时间考》,彭向前,《保定学院学报》2008年第1期。

59.《吸收与融合——元代西夏遗民社会地位及其民族融合的历史考察》,陈旭,《西北第二民族学院学报》2008年第2期;《成吉思汗与六盘山国际学术研讨会论文集》,甘肃人民出版社2010年;《北方民族大学文史学院文库(第一辑):民族卷》,宁夏人民出版社2016年。

60.《元代的西夏遗民——斡氏家族》,魏淑霞,《西北第二民族学院学报》2008年第2期;《成吉思汗与六盘山国际学术研讨会论文集》,甘肃人民出版社2010年。

61.《蒙元时期西夏遗民高氏及其后裔》,徐悦,《宁夏大学学报》2008年第3期。

62.《元唐兀人刘伯温的家世与仕履》,王颋,《西北第二民族学院学报》2008年第6期。

63.《河南、安徽西夏后裔及其汉化》,史金波,《汉民族文化与构建和谐社会》,黑龙江人民出版社2008年;《西夏文化研究》,中国社会科学出版社2015年。

64.《元代大名路达鲁花赤唐兀人昔李氏世系考》,王颋,《北方民族大学学报》2009年第1期。

65.《元代色目人家族的文化倾向——以唐兀昔里氏为例》,张沛之,《历史教学》(高校版)2009年第3期。

66.《从〈述善集〉匾额看河南濮阳西夏遗民的家族文化》,胡若飞,《西夏研究》2010年第4期。

67.《元代唐兀李氏家族的社会网络》,张沛之,《成吉思汗与六盘山国际学术研讨会论文集》,甘肃人民出版社2010年。

68.《元唐兀高氏家族考略》,陈广恩,《元史及民族与边疆研究集刊》(第22辑)2010年。

69.《第三次调查——内蒙古四川西藏调查掠影》,李范文,《李范文西夏学论文集》,中国社会科学出版社2012年。

70.《第四次调查——西夏故地调查纪实》,李范文,《李范文西夏学论文集》,

中国社会科学出版社2012年。

71.《第五次调查——西夏国相后裔调查纪实》，李范文，《李范文西夏学论文集》，中国社会科学出版社2012年。

72.《西夏灭亡后党项族的去向》，李范文，《李范文西夏学论文集》，中国社会科学出版社2012年。

73.《元代西夏遗民秃满台家族考》，周峰，《薪火相传：史金波先生70寿辰西夏学国际学术研讨会论文集》，中国社会科学出版社2012年。

74.《元代新安县的西夏遗民》，王俊伟、周峰，《薪火相传：史金波先生70寿辰西夏学国际学术研讨会论文集》，中国社会科学出版社2012年。

75.《元代唐兀人的汉学》，王明荪，韩格平、魏崇武主编《元代文献与文化研究》第1辑，中华书局2012年。

76.《元唐兀人星吉生平考论》，邱树森、陈广恩，《西夏研究》2013年第1期。

77.《元代西夏遗民讷怀事迹补考》，邓文韬，《西夏研究》2013年第3期。

78.《略谈河南濮阳西夏遗民的族属》，胡若飞、薛路，《西夏研究论文集》，凤凰出版社2015年。

79.《元代西夏遗民进士补考——兼论元朝对西夏遗民的文教政策》，邓文韬，《西夏学》（第九辑），上海古籍出版社2014年。

80.《元代唐兀怯薛考论》，邓文韬，《西夏研究》2015年第2期。

81.《蒙元时期西夏遗民人物补表》，邓文韬，《西夏学》（第十一辑），上海古籍出版社2015年。

82.《昔李钤部家族研究述论》，张琰玲，《西夏研究》2016年第4期；《西夏研究论文集》（增订版），凤凰出版社2017年。

83.《元末越守西夏遗裔迈里古思交游考》，邓文韬，潘承玉主编《中国越学》（第7辑），中国社会科学出版社2016年。

84.《元代西夏遗民李朵儿赤事迹考论》，刘志月，《西夏研究》2017年第3期。

85.《元代海道漕运万户府达鲁花赤买述丁考》，张琰玲，《西夏研究》2017年第4期。

86.《元代西夏遗裔婚姻若干问题补释》，邓文韬，《西夏研究》2017年第4期。

87.《西夏遗民也儿吉尼与元末广西行省的设置与维持》，任建敏，《西夏学》（第十六辑　2018年第1期），甘肃文化出版社2018年。

88.《民汉文化交融中的元代唐兀氏文人群体》，多洛肯，《新疆大学学报》2018年第1期。

89.《〈述善集〉多族士人圈及其文化倾向》,胡蓉,《西夏研究》2018年第1期。

90.《百年西夏遗民研究综述》,张琰玲,《西夏研究》2018年第3期。

91.《西夏历史传说与川西木雅人》,聂鸿音,汤君、罗亮星主编《田野活态文献考察与研究——〈四川民歌采风录〉及其他》,巴蜀书社2018年。

92.《忠臣余阙》,梁继红,《凉州与西夏》,甘肃文化出版社2018年。

93.《儒士高智耀》,梁继红,《凉州与西夏》,甘肃文化出版社2018年。

94.《良将斡智尔威》,梁继红,《凉州与西夏》,甘肃文化出版社2018年。

95.《元代西夏遗裔孟昉行迹征略》,都刘平、鲁玥含,《西夏学》(第十八辑2019年第1期),甘肃文化出版社2018年。

96.《昔李铃部家族研究述论》,张琰玲,《中国民族古文字研究:中国民族古文字研究会第十次学术会议论文集》,云南民族出版社2018年。

97.《元末西夏遗民诗人王翰与东南文化》,胡蓉,《西北民族大学学报》2019年第2期。

98.《合法性的接续:元代昔里铃部家族构建沙陀认同的地方因素》,邓文韬、刘志月,《西夏学》(第二十辑　2020年第1期),甘肃文化出版社2020年。

99.《从〈述善集〉看元代小人物的创作》,胡蓉,《西夏研究》2020年第1期。

100.《西夏遗民余阙对魏晋六朝诗歌的接受》,胡双全、刘嘉伟,《西夏研究》2020年第1期。

(二)西夏遗民及后裔文献文物

1.《〈大元肃州路也可达鲁花赤世袭之碑〉考释——论元代党项人在河西的活动》,白滨、史金波,《民族研究》1979年第1期;人大《中国古代史》1979年第1册;《西夏史论文集》,宁夏人民出版社1984年;《述善集研究论集》,甘肃人民出版社2001年。

2.《〈大元肃州路也可达鲁花赤世袭之碑〉补释》,汤开建,《中国史研究》1983年第4期;《党项西夏史探微》,(台北)允晨文化实业股份有限公司出版2005年,商务印书馆2013年。

3.《回鹘文〈大元肃州路也可达鲁花赤世袭之碑〉译释》,耿世民,《向达先生纪念论文集》,新疆人民出版社1986年。

4.《唐兀公碑》,桑朝凤、郭用和,《中州今古》1986年第3期。

5.《〈大元赠敦武校尉军民万户府百夫长唐兀公碑铭〉笺注》,穆朝庆、任崇岳,《宁夏社会科学》1987年第1期。

6.《元代盝顶式建筑模型——唐兀公碑》,张德萱、张相梅,《中原文物》1992

年第1期。

7.《元〈浚州达鲁花赤追封魏郡伯墓〉考释》,任崇岳,《宁夏社会科学》1995年第2期;人大《中国古代史》(二),1995年第6期;《述善集研究论集》,甘肃人民出版社2001年。

8.《西夏皇族后裔考——〈西夏李氏世谱〉研究之一》,李培业,《西北大学学报》1995年第3期;《首届西夏学国际学术会议论文集》,宁夏人民出版社1998年;《述善集研究论集》,甘肃人民出版社2001年。

9.《河南濮阳元代唐兀公碑》,张相梅,《中原文物》1996年第3期。

10.《西夏皇族后裔再考——〈西夏李氏世谱〉研究之二》,李培业,《西羌文化》1997年第1期。

11.《西夏相斡公画像》,方国瑜主编《云南史料丛刊》(第二卷),云南大学出版社1998年。

12.《关于契丹、党项与女真遗裔问题》,刘浦江,(台湾)《大陆杂志》第96卷第6期,1998年。

13.《〈述善集〉选注(二篇)》,朱绍侯,《史学研究》2000年第4期;《〈述善集〉研究论集》,甘肃人民出版社2001年。

14.《试论〈述善集〉的学术价值》,朱绍侯,《史学研究》2000年第4期;人大《历史学》2001年第2期;《述善集研究论集》,甘肃人民出版社2001年。

15.《河南濮阳新发现的元末西夏遗民乡俗》,杨富学、焦进文,《宁夏社会科学》2001年第5期。

16.《〈祖遗契券志〉——元代西夏遗民整理家藏契券档案的记录》,杨富学,《档案》2000年第6期;《中国北方民族历史文化论稿》,甘肃人民出版社2001年。

17.《〈述善集〉与元代西夏遗民研究》,杨富学,《中国北方民族历史文化论稿》,甘肃人民出版社2001年。

18.《元政府护持学校文告二件——元代西夏遗民兴学档案之一》,杨富学,《中国北方民族历史文化论稿》,甘肃人民出版社2001年。

19.《崇义书院史料辑注——元代西夏遗民兴学档案之二》,杨富学,《中国北方民族历史文化论稿》,甘肃人民出版社2001年。

20.《元代西夏遗民〈龙祠乡约〉探析》,杨富学,《中国北方民族历史文化论稿》,甘肃人民出版社2001年;杨富学、焦进文,《〈述善集〉研究论集》,甘肃人民出版社2001年。

21.《元代西夏遗民文献〈唐兀公碑〉校释》,杨富学,《中国北方民族历史文化论稿》，甘肃人民出版社2001年。

22.《〈述善集〉的学术价值刍议》，刘巧云，《述善集研究论集》，甘肃人民出版社2001年。

23.《元代唐兀杨氏〈述善集·龙祠乡约〉的伦理学探析》，刘坤太，《述善集研究论集》，甘肃人民出版社2001年。

24.《国内首次发现：西夏国相斡道冲的家谱和和后裔》，李范文，《银川晚报》2001年11月15日。

25.《〈述善集〉与西夏遗民研究》，杨富学，《宁夏大学学报》2003年第1期。

26.《蒙元时党项人物事迹述评》，李蔚，《固原师专学报》2004年第4期。

27.《洛阳的西夏王后裔》，唐善普，《中州今古》2004年第6期。

28.《从黑水城出土汉文文书看元亦集乃路的西夏遗民》，石坤，《敦煌学辑刊》2005年第2期。

29.《由〈西夏李氏世谱〉看李土司宗族内部的组织管理体制》，张生寅，《青海社会科学》2006年第2期。

30.《〈河西老索神道碑铭〉考释》，梁松涛，《民族研究》2007年第2期。

31.《〈平乐府学记〉考释——兼论元末西夏遗裔也儿吉尼在广西的政绩》，杨浣，《北方民族大学学报》2009年第5期。

32.《〈元代西夏遗民文献〈述善集〉校注〉标点献疑》，问永宁，《社科纵横》2009年第6期。

33.《西夏遗僧一行慧觉生平、著述新探》，李灿、侯浩然，《西夏学》（第六辑），上海古籍出版社2010年。

34.《玉山雅集与党项遗裔昂吉的创作》，刘成群，《西夏学》（第六辑），上海古籍出版社2010年。

35.《从"海内汗"到转轮王——回鹘文〈大元肃州路也可达鲁花赤世袭之碑〉中的元朝皇帝称衔考释》，钟焓，《民族研究》2010年第6期。

36.《元代西夏遗民踪迹的新发现——元〈重修鹿泉神应庙碑〉考释》，孙继民、宋坤，《宁夏社会科学》2011年第2期;《黑水城出土文书研究》，甘肃文化出版社2020年。

37.《元代唐兀人李爱鲁墓志考释》，朱建路、刘佳，《民族研究》2012年第3期。

38.《元〈敏公讲主江南求法功德碑〉考释》，高辉、于光建，《西夏研究》2012年第3期。

39.《〈龙祠乡约〉所见元末西夏遗民的乡村建设》,王君、杨富学,《宁夏社会科学》2013年第1期。

40.《〈老索神道碑铭〉再研究》,崔红芬,《中国文化》2013年第2期。

41.《〈元代唐兀人李爱鲁墓志考释〉补正》,赵生泉,《宁夏社会科学》2015年第4期。

42.《宋元理学与西夏遗民的〈龙祠乡约〉》,胡若飞,《西夏研究论文集》,凤凰出版社2015年。

43.《宁夏旧志辑录西夏遗民史料汇考》,张琰玲、沈剑侠,《西夏研究论文集》,凤凰出版社2015年。

44.《西夏诗人余阙之诗风及成因》,刘嘉伟,《西夏研究》2014年第4期。

45.《河北邯郸大名出土小李钤部公墓志刍议》,史金波,《河北学刊》2014年第4期;《瘠土耕耘——史金波论文选集》,中国社会科学出版社2016年。

46.《河北大名出土元代夏汉墓志》,本刊编辑部,《艺术品鉴》2014年第5期。

47.《元代〈宣差大名路达鲁花赤小李钤部公墓志〉考释》,朱建路,《民族研究》2014年第6期。

48.《元代西夏遗民买住的两通德政碑》,周峰,《西夏学》(第十一辑),上海古籍出版社2015年。

49.《元代唐兀人李爱鲁墓志释补》,朱建路,《宁夏社会科学》2016年第1期。

50.《元代西夏遗民著述篇目考》,刘志月、邓文韬,《西夏研究》2016年第2期。

51.《元代西夏遗裔三旦八事迹考》,邓文韬,《宁夏社会科学》2016年第4期。

52.《从〈述善集〉看宋元理学对濮阳西夏遗民的影响》,杨富学、胡蓉,《西北师大学报》2017年第3期。

53.《安徽歙县贞白里牌坊始建年代考——兼考西夏遗民余阙佥宪浙东道期间的史迹》,杜建录、邓文韬,《宁夏社会科学》2017年第1期。

54.《元代儒学的民间化俗实践——以〈述善集〉和〈龙祠乡约〉为中心》,马晓英,《哲学动态》2017年第12期。

55.《元代西夏遗民理学世家考论——以《师氏先茔碑铭并序》为中心》,刘志月,《西夏学》(第十七辑　2018年第2期),甘肃文化出版社2019年。

56.《四川广元千佛崖石窟元代西夏遗裔题记及其史料价值初探》,邓文韬,《西夏学》(第十九辑　2019年第2期),甘肃文化出版社2019年。

57.《菏泽博物馆藏两方元代西夏遗民墓碑史料价值初探》,刘志月,《西夏学》(第二十辑 2020年第1期),甘肃文化出版社2020年。

58.《后汉党项贵妇沛国郡夫人里氏墓志研究》,陈玮,《西夏学》(第二十一辑 2020年第2期),甘肃文化出版社2020年。

59.《唐夏绥银宥等州节度左厢兵马使高谅墓志铭考释》,孙宜孔,《西夏学》(第二十一辑 2020年第2期),甘肃文化出版社2020年。

陆　民族关系

一、总论、专题综述

（一）总论

1.《辽宋夏金关系的观摩教学》，陈淞，《历史教学》1962年第7期。

2.《辽宋夏金元史教学中的几个问题》，王家范，《历史教学问题》1981年第1期。

3.《西夏时期党项族与汉族关系试析》，陈炳应，《中国民族关系史论集》，青海人民出版社1988年；《西夏文明研究》，甘肃文化出版社2018年。

4.《宋夏对外政策论——西夏外交研究之一》，刘兴全，《宁夏社会科学》1989年第4期。

5.《试论汉族政治经济文化对党项西夏社会发展的影响》，李范文，《湖北教育学院学报》1992年第1期；中国民族史学会编《中国民族史学会第四次学术讨论会论文集》，中央民族学院出版社1993年；《李范文西夏学论文集》，中国社会科学出版社2012年。

6.《宋辽夏金民族政策管见》，徐杰舜、罗树杰，《黑龙江民族丛刊》1993年第3期。

7.《论西夏与周边民族关系及其特点》，杜建录，《民族研究》1996年第2期；人大《宋辽金元史》1996年第3期；《西夏史论集》，上海古籍出版社2016年。

8.《西夏的和亲政策》，李晓，《文史哲》1996年第3期。

9.《论夏宋通使制度——西夏外交研究之三》，刘兴全，《西南民族学院学报》（历史·经济研究专辑）1996年第4期。

10.《论夏宋通使制度——西夏外交研究之四》，刘兴全，《西南民族学院学报》（历史·经济研究专辑）1996年第4期。

11.《夏宋通使制度考述》，刘兴全，《首届西夏学国际学术会议论文集》，宁夏人民出版社1998年。

12.《略论西夏与周边民族的联姻》,孟楠,《民族研究》1998年第6期。

13.《西夏对外政策的历史考察》,王德忠,《求是学刊》2000年第6期。

14.《西夏长存与多变外交》,吉家友,《天中学刊》2001年第4期。

15.《宋夏时期河陇地区民族关系格局简论》,杨蕤、冯璐璐,《青海民族学院学报》2003年第3期。

16.《略论唐宋党项政策与西北民族格局的互动》,杨浣、陆宁,《宁夏大学学报》2003年第4期。

17.《试论辽宋西夏金时西北民族关系的主要矛盾》,彭向前,《内蒙古社会科学》2004年第2期。

18.《从西夏王族的姓氏变化看其与中原政权的关系》,伍纯初,《天中学刊》2004年第4期。

19.《西夏民族关系思想述论》,史景娴、崔明德,《烟台大学学报》2012年第3期。

20.《西夏河西地区的民族与地理分布》,赵斌,《薪火相传:史金波先生70寿辰西夏学国际学术研讨会论文集》,中国社会科学出版社2012年。

21.《试论元代甘宁青地区民族新格局的形成及特点》,魏梓秋,《西夏研究》2013年第1期。

22.《从辽宋夏金时期看中华民族多元一体》,史金波,《人民日报》2015年8月26日《大家手笔》栏目(节录);《西夏历史文化钩沉》,甘肃文化出版社2018年。

23.《短暂历史的西夏民族》,汪艳辉,《社会科学》(文摘版)2016年第8期。

24.《西夏与开封、杭州》,史金波,《浙江学刊》2017年第1期。

25.《唐宋丝绸之路视域下党项西夏政权建立的历史考察》,郝振宇,《西北民族大学学报》2017年第2期。

26.《西夏地缘政治与国家安全策略研究》,陈德洋,《朔方论丛》(第六辑),内蒙古大学出版社2017年。

27.《明清两朝边疆治理中的西夏历史借镜——兼论明清君臣的"西夏观"》,邓涛,《西夏学》(第十六辑 2018年第1期),甘肃文化出版社2018年。

28.《西夏外交析论》,杨雪晨,《西夏研究》2018年第2期。

29.《北宋西北边防体系中的宁夏南部地区》,保宏彪,《西夏研究》2018年第2期。

30.《试论西夏时期河西走廊各民族对西夏文化的认同》,杨平平,《河西学院学报》2018年第4期。

31.《西夏对域外信息的搜集》,王凯,《西夏研究》2019年第4期。

32.《西夏使臣群体小考》,刘维栋,《西夏研究》2020年第2期。

33.《西夏信使的身份凭信研究》,[日]佐藤贵保(著),张黎明(译),《西夏研究》2020年第3期。

34.《西夏的北邻》,[英]高奕睿(著),吴宇(译),《西夏研究》2020年第4期。

35.《论西夏对中国的认同》,史金波,《民族研究》2020年第4期。

(二)专题综述

1.《20世纪西夏与周边民族关系研究》,刘建丽,《二十世纪西夏学》,宁夏人民出版社2004年。

2.《20世纪以来辽金民族融合问题研究综述》,王善军,《西夏学》(第六辑),上海古籍出版社2010年。

3.《河西回鹘与西夏关系研究综述》,郑玲,《西夏研究》2016年第2期。

4.《试论辽宋西夏金时期少数民族政权的"中国观"》,马升林、彭向前,《宁夏社会科学》2020年第2期。

二、党项建国前的对外关系

1.《党项拓跋部的迁徙及其与唐五代诸王朝的关系》,史卫民,《内蒙古大学学报》1981年增刊;《西夏史论集》,宁夏人民出版社1984年。

2.《西夏建国初期与北宋关系》,区静飞,香港,1983年。

3.《隋唐时期的党项羌及其同中原王朝的关系》,周群华,《甘肃民族研究》1986年第1期。

4.《党项的内徙及其与中原内地经济文化联系》,舒振邦,《内蒙古师范大学学报》1986年第4期。

5.《唐末党项拓跋割据势力的形成和发展》,周伟洲,《西北民族研究》1988年第2期。

6.《略论党项拓跋部在陕北的割据》,王天顺,《宁夏社会科学》1990年第6期。

7.《论唐末五代的夏州政权》,杜文玉、高长天,《延安大学学报》1991年第2期。

8.《试析早期党项与外界的联系》,杜建录,《宁夏学刊》1994年第1期;《西夏史论集》,上海古籍出版社2016年。

9.《论西夏建国前与北宋的关系》,杜建录,《宁夏大学学报》1995年第2期;人大《中国古代史》(二)1995年第9期;《西夏史论集》,上海古籍出版社2016年。

10.《党项的崛起与对河西的争夺》,陆庆夫,《敦煌研究》1998年第3期。

11.《试析唐代党项羁縻府州制》,杨浣,《宁夏大学学报》2000年第4期。

12.《有关夏州拓跋部的几个问题——新出土唐五代宋初夏州拓跋政权墓志铭考释》,杜建录,《邓广铭教授百年诞辰纪念论文集(1907—2007)》,中华书局2008年;《西夏研究》2013年第1期;《西夏史论集》,上海古籍出版社2016年。

13.《从晚唐墓志中的党项史料看唐朝与党项的关系》,保宏彪,《西夏研究》2011年第2期;《西夏研究论文集》,凤凰出版社2015年。

14.《安史之乱后朔方军的地位演变及其对党项的影响》,保宏彪,《西夏研究》2013年第1期。

15.《晚唐五代党项与灵州道关系考述》,崔星、王东,《西夏研究》2013年第2期。

16.《张宁墓志所见唐朝与党项的战争》,周峰,《西夏学》(第九辑),上海古籍出版社2014年。

17.《中晚唐时代背景下的党项崛起》,保宏彪,《西夏研究》2015年第3期。

18.《西夏汉人研究述评》,张美侨,《西夏研究》2015年第3期。

19.《隋唐民族政策与北宋"积弱"局面的形成——以陕北党项为中心》,刘翠萍,《西夏研究》2016年第2期。

20.《西夏建国的历史动因考察》,马旭俊,姜锡东主编《宋史研究论丛》(第18辑),科学出版社2016年。

21.《唐末至宋初定难军节度使及其僚属的兼官与带职》,邓文韬,《西夏研究》2016年第4期。

22.《从避讳看西夏的崛起》,刘少华,《中外交流》2016年第36期。

23.《唐末五代宋初定难军节度使王爵研究》,陈玮,《西夏学》(第十八辑2019年第1期),甘肃文化出版社2018年。

24.《论拓跋思恭勤王时的"夷"兵》,周永杰,《西夏研究》2020年第4期。

25.《西夏汉人研究述评》,章建华,《中国民族博览》2020年第8期。

三、夏宋关系

1.《宋夏关系之研究》,关镐曾,(台湾)《政治大学学报》第9期,1964年第3期;《宋史研究集》(第11辑),1979年。

2.《余靖和1042—1044年宋对辽、夏的政策》,陶晋生,(台湾)《亚洲历史杂志》1972年第6期。

3.《余靖与宋辽夏外交》,陶晋生,(台北)《食货月刊》1972年第1卷10期。

4.《北宋对吐蕃的政策》,廖隆盛,《台湾师大历史学报》1976年第4期;《国策、贸易、战争:北宋与辽夏关系研究》,万卷楼图书公司2002年。

5.《北宋对西夏的和市驭边政策》,廖隆盛,(台北)《大陆杂志》1981年第62卷第4期;《国策、贸易、战争:北宋与辽夏关系研究》,万卷楼图书公司2002年。

6.《北宋与辽夏边境的走私贸易问题》,廖隆盛,(台北)《食货月刊》第1卷第11—12期,1981年;《国策、贸易、战争:北宋与辽夏关系研究》,万卷楼图书公司2002年。

7.《宋夏关系略论》,张翼之,《民族研究》1982年第5期;人大《中国古代史》1982年第20期。

8.《范仲淹与宋夏和议》,李清凌,《历史教学与研究》1983年第1期;人大《中国古代史》1983年第6期。

9.《范仲淹的〈答赵元昊书〉及其招抚政策》,赵继颜,《山东师大学报》1983年第5期。

10.《论西夏与宋的关系》,李范文,《西夏研究论集》,宁夏人民出版社1983年;《李范文西夏学论文集》,中国社会科学出版社2012年。

11.《从澶渊之门对北宋后期军政的影响看靖康之难发生的原因》,廖隆盛,《食货月刊》复刊卷15第1—2期合刊,1985年;《国策、贸易、战争:北宋与辽夏关系研究》,万卷楼图书公司2002年。

12.《〈宋夏关系略论〉一文引用史料上的问题》,沙人,《民族研究》1985年第5期。

13.《北宋西北御边名将曹玮》,汤开建,《西北民族学院学报》1986年第2期;《唐宋元间西北史地丛稿》,商务印书馆2013年。

14.《宋——夏交聘考》,顾吉辰,《固原师专学报》1986年第3期;人大《宋辽金元史》1986年第6期。

15.《宋夏争夺河西控制权述评》,李天石,《西北史地》1987年第3期;人大《宋辽金元史》1987年第5期。

16.《宋夏对立与河湟地区的民族关系》,赵一匡,《兰州学刊》1987年第4期。

17.《王安石主张割地与辽和司马光主张还地与西夏的是非功过问题》,季平,《司马光新论》,西南师范大学出版社1987年。

18.《宋夏横山之争述论》,李蔚,《民族研究》1987年第6期。

19.《宋夏庆历和议考述》,顾吉辰,《宁夏社会科学》1988年第2期。

20.《略论北宋主战派、主和两派对西夏之政争》,吴光耀,《青海师大学报》1988年第3期;人大《宋辽金元史》1988年第5期。

21.《西夏的"联辽抗宋"》,朱筱新,《史学月刊》1988年第5期。

22.《西夏未尝向南宋中央政府遣使》,李范文,《宁夏社会科学》1989年第1期。

23.《试论王韶出师熙河》,孙家骅,《上海师范大学学报》1989年第1期。

24.《范仲淹御夏事迹述评》,杜建录,《固原师专学报》1989年第3期;《西夏史论集》,上海古籍出版社2016年。

25.《宋哲宗新政时对西夏的开边和元符新疆界的确立》,马力,邓广铭、漆侠主编《宋史研究论文集》,河北教育出版社1989年。

26.《北宋仁宗时期联蕃制夏政策述论》,李华瑞,《河北学刊》1989年第6期;《宋夏史研究》,天津古籍出版社2006年;《西夏史探赜》,甘肃文化出版社2017年。

27.《北宋前期对秦陇地区的经营及其与西夏的关系》,陈守忠,《中国民族史研究(二):王静如教授从事学术活动60周年纪念专辑》,中央民族学院出版社1989年。

28.《宋夏景德和约述论》,顾吉辰,《宁夏社会科学》1990年第3期。

29.《包拯关于辽夏问题的对策》,杨国宜,《安徽师范大学学报》1990年第4期。

30.《从西夏的独立看宋朝的民族政策》,李范文,《宁夏社会科学》1991年第1期;《李范文西夏学论文集》,中国社会科学出版社2012年。

31.《论宋夏争夺西北少数民族的斗争》,李华瑞,《西北民族研究》1991年第2期;《中州学刊》1992年第1期;《宋夏史研究》,天津古籍出版社2006年;《西夏史探赜》,甘肃文化出版社2017年。

32.《绍圣开边与章楶经营天都》,米寿祺,《固原师专学报》1991年第4期。

33.《北宋与西夏的间谍战》,冯德文,《历史大观园》1991年第11期。

34.《略论北宋对熙河地区的经营》,陇夫,《甘肃民族研究》1992年第1期。

35.《宋代属户史论》,杜建录,《宁夏社会科学》1992年第1期;《西夏史论集》,上海古籍出版社2016年。

36.《试论汉族政治经济文化对党项西夏社会发展的影响》,李范文,《湖北教育学院学报》1992年第1期;《中国民族史学会第四次学术讨论会论文集》,中央民族出版社1993年。

37.《论南宋同西夏的关系》,蔡东州、唐禄祥,《四川师范学院学报》1992年第2期。

38.《论宋初的西部边疆政策》,李华瑞,《西北史地》1993年第1期;《宋夏史研究》,天津古籍出版社2006年。

39.《夏宋屈野河西地界问题》,杜建录,《宁夏史志研究》1994年第1期;《西夏史论集》,上海古籍出版社2016年。

40.《论北宋对西夏外交的失败》,张炼,《西南民族学院学报》1994年第5期;人大《中国古代史》(二),1995年第1期。

41.《宋与西夏的关系》,王民信,(台湾)《台北历史博物馆馆刊》1994年第7期。

42.《论北宋对西夏的羁縻政策》,姚兆余,《甘肃社会科学》1996年第4期。

43.《论王安石的御夏方略》,王天顺、杜建录,《中州学刊》1996年第4期;《西夏史论集》,上海古籍出版社2016年。

44.《西夏的兴衰及与宋的关系》,侯万明,《历史教学》1996年第7期。

45.《北宋朝野人士对西夏的看法》,李华瑞,《安徽师范大学学报》1997年第4期;人大《宋辽金元史》1998年第1期;《宋史论集》,河北大学出版社2001年;《西夏史探赜》,甘肃文化出版社2017年。

46.《北宋末期及南宋与西夏的关系》,李华瑞,《宁夏大学学报》1998年第3期;人大《宋辽金元史》1999年第1期;《宋史论集》,河北大学出版社2001年;《西夏史探赜》,甘肃文化出版社2017年。

47.《论西夏联辽、联吐蕃抗宋》,李华瑞,《固原师专学报》1998年第5期;(更名)《论西夏联辽联吐蕃抗宋》,《西夏史探赜》,甘肃文化出版社2017年。

48.《论宋哲宗元祐时期对西夏的政策》,李华瑞,《中州学刊》1998年第6期;《西夏史探赜》,甘肃文化出版社2017年。

49.《五代至宋陕北的党项及宋夏在陕北的争夺战》,周伟洲,《首届西夏学国际学术会议论文集》,宁夏人民出版社1998年。

50.《王安石与西夏》,王民信,《首届西夏学国际学术会议论文集》,宁夏人民出版社1998年。

51.《论南宋与西夏的关系》,蔡东州,《首届西夏学国际学术会议论文集》,宁夏人民出版社1998年。

52.《宋辽夏三角战略关系分析》,万仞,(台北)《国防杂志》1999年第14卷第10期。

53.《浅述韩琦的对夏政策》,郭琳,《安徽师范大学学报》1999年第1期。

54.《富弼与北宋的对夏政策》,周莲弟,《宁夏社会科学》1999年第4期。

55.《论韩琦在御夏战争中的贡献》,郭文佳,《信阳师范学院学报》2000年第2期。

56.《北宋御边政策的调整》,刘建丽,《历史研究》2000年第3期。

57.《德明时期(西元1004—1032)宋夏关系析论》,廖隆盛,(台北)《台湾师大历史学报》2000年第28期;《国策、贸易、战争:北宋与辽夏关系研究》,万卷楼图书公司2002年。

58.《关于西夏对宋斗争策略刍议》,冯小琴,《社科纵横》2001年第2期。

59.《从妥协退让到领土扩张:论宋哲宗朝对夏政策的转变及其兼容的军事战略》,曾瑞龙,(台北)《台大历史学报》2001年第28期。

60.《试论宋代对羁縻州的官封》,安国楼,姜锡东、李华瑞主编《宋史研究论丛》(第五辑),河北大学出版社2003年。

61.《试论王安石对〈平戎策〉的修正》,彭向前,姜锡东、李华瑞主编《宋史研究论丛》(第五辑),河北大学出版社2003年。

62.《论宋辽夏鼎立与宋夏和战的关系》,窦向军、王立新,《甘肃高师学报》2003年第3期。

63.《北宋对外关系之研究——以辽、夏为例的比较分析》,蔡金仁,(台湾高雄)《树人学报》2005年第3期。

64.《宋夏情报战初探——以元昊时为中心》,王福鑫,《宁夏社会科学》2004年第5期。

65.《论西夏的勃兴与庆历和议》,穆鸿利,《河朔集》,中国国际出版社2005年。

66.《"争水洛城事"的发生及影响》,李强,《前沿》2005年第11期。

67.《宋夏缘边叛服蕃部考》,佟建荣,《固原师专学报》2006年第2期。

68.《试论北宋对西夏归明人的政策》,侯爱梅,《宁夏社会科学》2006年第3期;《西夏学论集:教育部人文社会重点研究基地建设10周年纪念》,上海古籍出版社2012年。

69.《北宋时期西夏归明族帐考》,侯爱梅,《宁夏大学学报》2006年第4期。

70.《略述西夏对河西的占领及相关问题》,崔红芬,《西夏研究(第三辑):第二届西夏学国际学术研讨会论文集》,中国社会科学出版社2006年。

71.《论康定、庆历时期西北沿边屯田与宋夏战争的互动关系》,程龙,《中国历史地理论丛》(第1辑第21卷),2006年;人大《宋辽金元史》2006年第2期。

72.《北宋与西夏关系史中的宦官群体浅析》,罗煜,《湖南第一师范学报》2007年第3期。

73.《余靖与宋夏和议》,魏淑霞、陈燕,《宁夏社会科学》2009年第3期。

74.《由范仲淹的诗词创作看其历经宋夏战争前后的心态转变》,郭艳华,《宁夏师范学院学报》2009年第4期。

75.《论宋夏战争对范仲淹文学创作的影响》,郭艳华,《北方民族大学学报》2009年第5期。

76.《论宋夏战争对北宋豪放词风的影响》,郭艳华,《北方民族大学学报》2010年第5期;《北方民族大学文史学院文库(第一辑):文学卷》,宁夏人民出版社2016年。

77.《从古渭寨到通远军——北宋御夏政策转变的个案分析》,李永磊,《西夏研究》2011年第1期。

78.《北宋在环庆原诸州的防御措施》,刘治立,《西夏研究》2011年第3期。

79.《论宋夏战争对北宋初期豪放词风的影响》,杨阳、郭艳华,《传奇(传记文学选刊)》(理论研究),2011年第6期。

80.《北宋前期宋夏关系对北宋吐蕃招抚政策的影响》,张雅静,《宁夏社会科学》2011年第6期。

81.《北宋西北沿边的党项部族》,刘建丽,《西夏研究》2012年第2期。

82.《自然灾害影响下的宋夏关系述论——以宋初为中心》,王东,《西夏研究》2012年第2期。

83.《北宋神宗朝西北边疆拓边方向变化研究》,李新贵,《军事历史研究》2013年第3期。

84.《"联蕃制夏"抑或"以夷制夷"? ——北宋前期赵宋对西北远蕃民族政策的再认识》,韩小忙、许鹏,《宁夏社会科学》2013年第5期。

85.《北宋钱荒之西夏因素考析》,杨富学、李志鹏,《西夏研究》2014年第1期。

86.《种世衡——范仲淹环州御西夏策略的践行者》,康秀林,《西夏研究》2014年第2期。

87.《论宋夏战争与北宋文学创作格局的形成》,郭艳华,《文艺评论》2014年第6期;《北方民族大学文史学院文库(第一辑):文学卷》,宁夏人民出版社2016年。

88.《宋夏战争与北宋文人的"倦客"情怀及文学呈现》,郭艳华,《北方论丛》2014年第5期;《北方民族大学文史学院文库(第一辑):文学卷》,宁夏人民出版社2016年

89.《水洛城事件再探究》,刘双怡,《西夏学》(第十一辑),上海古籍出版社2015年;李华瑞、姜锡东主编《王曾瑜先生八秩祝寿文集》,科学出版社2018年。

90.《苏轼论宋夏关系》,陈伟庆,《西夏研究》2016年第2期。

91.《宋哲宗亲政后对西北蕃官换授汉官差遣的调整》,刘永刚,《西夏学》(第十二辑),甘肃文化出版社2016年。

92.《北宋对党项贵族的赙赗之礼》,郭冰雪,《西夏研究》2017年第1期。

93.《宋夏沿边熟户若干问题研究——以陕西志丹县何家圪石窟党项人题记为中心》,杜建录、邓文韬,《西夏学》(第十五辑　2017年第2期),甘肃文化出版社2017年。

94.《元丰五年宋朝进筑横山杂考——兼论〈种太尉传〉中的一些问题》,刘双怡,《西夏学》(第十五辑　2017年第2期),甘肃文化出版社2017年。

95.《范仲淹边塞词的现场勘查与词意新释》,王兆鹏、肖鹏,《文艺研究》2017年第2期。

96.《御夏词兴与社会思潮——试论范仲淹〈渔家傲·秋思〉与苏轼〈江神子·猎词〉》,陆楠楠,《名作欣赏》2017年第8期。

97.《宋夏战争与北宋谏议文学之关系研究》,李永翔、郭艳华,《长江丛刊》2017年第30期。

98.《宋仁宗朝水洛城事件再探——兼论北宋朝臣为政理念及文武关系》,张静,《保定学院学报》2018年第1期。

99.《北宋政治话语体系中的西夏论述》,沈一民,《西夏学》(第十七辑　2018年第2期),甘肃文化出版社2019年。

100.《北宋哲宗时期宋夏关系研究》,段金强,《新西部》(中旬刊)2019年第1期。

101.《浅议宋夏关系对北宋"交子"发行的影响》,牛志文,《文化产业》2019年第22期。

102.《国家决策与个人际遇——〈孙昭谏墓志铭〉中所见宋夏局势变化对北宋沿边武将军旅生涯的影响》,郑昊,《西夏学》(第二十一辑　2020年第2期),甘

肃文化出版社2020年。

103.《北宋时期绥州的战略地位与宋夏关系》,雷家圣,《中国边疆史地研究》2020年第4期。

四、西夏与辽、金、蒙古关系

1.《辽的西南面经营及其与西夏的关系》,王颋,《元史及北方民族史研究集刊》1982年第6期。

2.《西夏与蒙古高原诸部的关系》,冯继钦,《辽金契丹女真史研究》1985年第1期;《宁夏社会科学》1985年第4期。

3.《金夏关系述评》,刘建丽、汤开建,《西北师范学院学报》1986年第2期;《党项西夏史探微》,(台北)允晨文化实业股份有限公司出版2005年,商务印书馆2013年。

4.《西夏援辽抗金述略》,冯继钦,《辽金契丹女真史研究》1986年第2期。

5.《论西夏与辽的关系》,白滨,《中国民族史研究》(一),中央民族学院出版社1987年;《西夏民族史论》,甘肃文化出版社2018年。

6.《评辽在夏宋关系中的作用》,朱筱新,《松州学刊》1987年第4期;人大《辽金元史》1987年第4期;《宁夏大学学报》1988年第1期。

7.《略论辽夏“和亲”与辽夏关系的变化》,张国庆,《史学月刊》1988年第5期。

8.《蒙古与西夏关系略论》,陈育宁、汤晓芳,《民族研究》1988年第5期;《西夏历史文化探幽》,甘肃文化出版社2018年。

9.《辽夏关系及其相互政策》,陈炳应,《宁夏社会科学》1991年第4期;《西夏文明研究》,甘肃文化出版社2018年。

10.《论西夏与辽金的关系》,李范文,《固原师专学报》1992年第2期;人大《宋辽金元史》1992年第3期。

11.《蒙藏的早期交往及西夏在蒙藏关系中的地位和作用》,陈庆英,《青海社会科学》1992年第6期。

12.《试析西夏与统一前蒙古诸部的关系》,杜建录,《固原师专学报》1994年第4期;《西夏史论集》,上海古籍出版社2016年。

13.《元朝人不修西夏史刍议》,李华瑞,《河北师范大学学报》1996年第3期;人大《历史学》1997年第2期;《宋史论集》,河北大学出版社2001年;《西夏史探赜》,甘肃文化出版社2017年。

14.《西夏纯祐时期夏金关系述评》,余军,《宁夏社会科学》1998年第2期。

15.《论辽兴宗对西夏用兵》,朱子方,《首届西夏学国际学术会议论文集》,宁夏人民出版社1998年。

16.《宋辽夏三角战略关系分析》,万仞,(台北)《国防杂志》1999年第4期。

17.《试论辽朝对北宋制夏政策的影响》,李华瑞,漆侠主编《宋史研究论丛》(第4辑),河北大学出版社2001年。

18.《试论西夏与辽金的关系》,李范文,张畅耕主编《辽金史论集》(第6辑),社会科学文献出版社2001年;《李范文西夏学论文集》,中国社会科学出版社2012年。

19.《夏金使臣交聘述论》,刘建丽,《国家图书馆学刊》(西夏研究专号),2002年增刊。

20.《试论辽对西夏的遏制政策》,彭向前,《西北民族研究》2003年第4期。

21.《西夏与辽朝关系述论》,刘建丽,《辽宁大学学报》2005年第2期。

22.《略论西夏与金朝的关系》,刘建丽,《宁夏社会科学》2005年第3期。

23.《沈卫荣:初探蒙古接受藏传密教的西夏背景》,乌云高娃,《中国社会科学院院报》2007年5月22日。

24.《金夏关系之研究》,蓝朝金,台北,2007年。

25.《论辽与西夏的关系》,武玉环,《西夏研究(第三辑):第二届西夏学国际学术研讨会论文集》,中国社会科学出版社2006年;《东北史地》2008年第4期。

26.《辽蕃和亲初探》,彭向前,《青海民族学院学报》2008年第3期。

27.《西夏与辽和亲的原因及影响》,蒋之敏,《天府新论》2008年第S2期。

28.《宋夏边境堡寨形势与防线变化关系之研究——以鄜延、环庆、泾原三路为中心》,陈圣宗,台北,2008年。

29.《试论金朝对西部边疆的经略——以西夏和西辽为中心》,周峰,《东北史地》2009年第4期。

30.《略述金代契丹人对西夏的求援》,夏宇旭,《兰台世界》2009年第15期。

31.《金朝与西夏关系研究的几个问题》,李浩楠,《西夏研究》2010年第1期。

32.《碑志所见辽代赴西夏外交使臣事略考述》,李宇峰,《西夏学》(第七辑),上海古籍出版社2011年。

33.《辽夏关系对宋夏和战的影响》,王雅丽,台北,2012年。

34.《西夏文记录的蒙古民族与国家诸称呼——13世纪前期蒙古汗国勃兴的一个侧面》,唐均,《西夏研究》2012年第2期。

35.《成吉思汗与六盘山——兼论成吉思汗病逝地问题》,薛正昌,《西夏研究》2014年第3期。

36."A Supplementary Note on 'Khitan' in Tangut Historical Records"(《西夏史料里的"契丹"补注》),Hongyin Nie(聂鸿音),북방문화연구(韩国《北方文化研究》)2014年5期。

37.《辽金承认西夏帝位的原因分析》,张少珊,《赤峰学院学报》2016年第1期。

38.《辽、宋、金册封西夏"皇帝"始末考》,赵坤,《河北北方学院学报》2016年第2期。

39.《辽夏和亲中的地缘安全因素考察》,方天建,《民族学刊》2016年第6期。

40.《辽西夏金"天使"考》,王震,《齐齐哈尔大学学报》2016年第8期。

41.《金诗中的金夏关系》,周峰,《西夏学》(第十三辑),甘肃文化出版社2016年。

42.《初探蒙古接受藏传佛教的西夏背景》,沈卫荣,沈卫荣主编《西域历史语言研究集刊》第一辑,科学出版社2007年;沈卫荣著《西藏历史和佛教的语文学研究》,上海古籍出版社2010年;《西夏佛教文献与历史研究》,甘肃文化出版社2018年。

43.《浅析夏金交聘中西夏遣使特点》,王耀彬,《商》2016年第13期。

44.《辽夏封贡关系探析》,王万志,《史学集刊》2017年第3期。

45.《金夏关系的历史分期与特点》,马旭俊,《西夏研究》2017年第3期。

46.《金夏交聘礼仪考述》,马旭俊,《西夏学》(第十六辑　2018年第1期),甘肃文化出版社2018年。

47.《金夏经济交流途径与特点》,马旭俊,《西夏学》(第十七辑　2018年第2期),甘肃文化出版社2019年。

48.《天会议和后西夏与金和平局面得以长久维持的原因探析》,贾搏,《安康学院学报》2018年第2期。

49.《西夏、高丽与宋辽金关系比较刍议》,史金波,《史学集刊》2018年第3期。

五、宋夏与吐蕃、回鹘、粟特等关系

1.《甘州回鹘与西夏》,高自厚,《甘肃民族研究》1982年第3期。

2.《吐蕃文化对西夏的影响》,黄振华,《藏族史学术讨论会文集》,西藏人民出版社1985年。

3.《回鹘、吐蕃及西夏在丝路上的关系》,樊保良,《民族研究》1987年第4期。

4.《论吐蕃与党项的民族融合》,张云,《西北民族研究》1988年第2期。

5.《宋代西北地区吐蕃与西夏关系略述》,祝启源,《甘肃民族研究》1988年第3—4期。

6.《吐蕃与党项政治关系初探》,张云,《甘肃民族研究》1988年第3—4期。

7.《藏族文化与西夏历史的渊源》,史金波,《中国西藏》1989年第2期。

8.《北宋时期吐蕃与西夏关系述评》,杨作山,《西北第二民族学院学报》1990年第1期。

9.《潘罗支与河西吐蕃》,杜建录,《宁夏大学学报》1991年第1期;《西夏史论集》,上海古籍出版社2016年。

10.《党项氏族志(上)》,韩荫晟,《辽金史论集》(第5辑),文津出版社1991年。

11.《试论11—12世纪宋夏与吐蕃关系的几个问题》,霍升平、陇夫、姚兆余,《甘肃民族研究》1991年第3期。

12.《先秦羌戎融华考》,李范文,《宁夏社会科学》1992年第2期;《李范文西夏学论文集》,中国社会科学出版社2012年。

13.《蒙藏的早期交往及西夏在蒙藏关系中的地位和作用》,陈庆英,《青海社会科学》1992年第6期。

14.《西夏蒙元时期的沙陀——昔里钤部族系研究》,王民信,(台湾)《台北编译馆馆刊》1992年第6期。

15.《唃厮啰与西夏关系述略》,祝启源,《西夏文史论丛(一)》,宁夏人民出版社1992年。

16.《西夏与藏族的历史、文化、宗教关系试探》,陈庆英,《藏学研究论丛》(第5辑),西藏民族出版社1993年;《陈庆英藏学论文集》(上),中国藏学出版社2006年。

17.《吐蕃与西夏人》,[德]克林凯特(著),赵崇明(译),《丝绸古道上的文化》,新疆美术摄影出版社1994年。

18.《试论西夏与周边民族的文化交流》,杜建录,《固原师专学报》1995年第4期;《西夏史论集》,上海古籍出版社2016年。

19.《宋夏战争中的秦州吐蕃》,刘建丽,《宁夏社会科学》1996年第4期;王希隆主编《西北少数民族史研究》,民族出版社2003年。

20.《吐蕃与神秘的西夏王国》，李范文，《1997北京藏学讨论会提要集》，1997年；《李范文西夏学论文集》，中国社会科学出版社2012年。

21.《西夏与吐蕃关系史述论》，陈炳应，《陇右文博》1998年第1期。

22.《西夏、回鹘对丝绸之路控制权的争夺与合作》，陈炳应，《丝绸之路·学术专辑》，1998年。

23.《论克烈人与西夏的关系》，孟楠，《内蒙古社会科学》1998年第3期；人大《宋辽金元史》1998年第3期。

24.《略论沙州回鹘与西夏》，刘玉叔，《首届西夏学国际学术会议论文集》，宁夏人民出版社1998年。

25.《唃厮啰与河湟吐蕃》，吴天墀，《吴天墀文史存稿》，四川大学出版社1998年。

26.《吐谷浑与党项关系初探》，杨莲霞，《黄河论坛》1999年第2期。

27.《羌和吐谷浑、元昊之我见》，阿顿·华多太，《青海民族研究》2003年第1期。

28.《论回鹘文化对西夏的影响》，杨富学，姜锡东、李华瑞主编《宋史研究论丛》（第五辑），河北大学出版社2003年。

29.《西夏与青唐吐蕃政权的和亲》，彭向前，《甘肃民族研究》2004年第1期。

30.《七至九世纪吐蕃与党项关系述论》，黄兆宏，《青海民族研究》2004年第2期。

31.《党项与吐谷浑关系探析》，黄兆宏，《青海师范大学学报》2006年第5期。

32.《突厥和党项关系略考》，张万静，《宁夏社会科学》2006年第6期。

33.《从吐蕃先民嘎(gha)党(ldong)两氏族繁衍的藏弭药(木雅)概况》，木雅·贡布(著)，孙文景(译)，《西夏研究(第三辑)：第二届西夏学国际学术研讨会论文集》，中国社会科学出版社2006年。

34.《西夏与回鹘势力在敦煌的兴替》，杨富学，《西夏研究(第三辑)：第二届西夏学国际学术研讨会论文集》，中国社会科学出版社2006年。

35.《西夏与甘州回鹘》，李并成、朱悦梅，《西夏研究(第三辑)：第二届西夏学国际学术研讨会论文集》，中国社会科学出版社2006年。

36.《唐宋时期西蜀与西夏及敦煌的文化关系》，刘复生，《西夏研究(第三辑)：第二届西夏学国际学术研讨会论文集》，中国社会科学出版社2006年。

37.《宕昌党项羌与西夏的关系》，杨海帆，《西夏研究(第三辑)：第二届西夏学国际学术研讨会论文集》，中国社会科学出版社2006年；《阿坝师范高等专科学校学报》2007年第1期。

38.《甘州回鹘与周边政权的关系及其特点》，朱悦梅，《敦煌研究》2007年第1期。

39.《西夏文献中的吐蕃》，聂鸿音，郝时远、格勒主编《纪念柳陞祺先生百年诞辰暨藏族历史文化论集》，中国藏学出版社2008年；《古代语文论稿》，中国社会科学出版社2014年。

40.《西夏与回鹘贸易关系考》，陈爱峰、杨富学，《兰州学刊》2009年第1期；《敦煌研究》2009年第2期。

41.《党项、吐蕃关系杂议》，张云，《西夏学》（第五辑），上海古籍出版社2010年。

42.《辽夏关系的变动与东西方贸易的走向——〈李继迁兴起与西域朝贡年表〉补释》，杨浣，《辽金史学会年会》，2008年；《西夏学论集：教育部人文社会重点研究基地建设10周年纪念》，上海古籍出版社2012年。

43.《公元10—11世纪灵夏党项及西夏与于阗关系史研究》，陈玮，《亚洲研究》2010年第8辑；《西夏学论集：教育部人文社会重点研究基地建设10周年纪念》，上海古籍出版社2012年。

44.《浅议玉田韩氏家族对辽朝经略河西的贡献》，齐伟，《西夏学》（第七辑），上海古籍出版社2011年。

45.《北宋时期环庆原州的番部》，刘治立，《西夏研究》2012年第4期。

46.《墓志里吐谷浑王族任职押蕃使问题再探》，李鸿宾，《西夏研究》2013年第4期。

47.《马可波罗未到过亦集乃城考论》，张晓非、石坚军，《西夏研究》2014年第2期。

48.《中古时期党项与粟特关系论考》，陈玮，《中国史研究》，2015年第4期。

49.《昔里钤部及沙陀后裔的神话——宗谱的忧虑与元代家族史》，[美]Ruth W.Dunnell（邓如萍）（著），聂鸿音（译），《西夏研究》2015年第4期；《西夏学述论》，甘肃文化出版社2018年。

50.《辽、西夏、金民族政权的汉化探讨》，魏淑霞，《西夏研究》2015年第4期。

51.《府州折氏族源及党项化的再思考》，刘翠萍，《西夏研究》2015年第4期。

52.《府州折氏家族析论》，薛正昌，《西夏研究》2016年第1期。

53.《略论元代河北境内的色目人》，吴玉梅、冯瑞建、白少双，《西夏研究》2016年第1期。

54.《河西回鹘与西夏关系研究综述》,郑玲,《西夏研究》2016年第2期。

55.《金代与南宋府州折氏后裔汇考》,邓文韬,《西夏学》(第十二辑),甘肃文化出版社2016年。

56.《论藏族史家的西夏观》,李学泰,《环球人文地理》2016年第14期。

57.《甘州回鹘朝贡中原王朝史实考略》,刘全波、王政良,《西夏研究》2017年第2期。

58.《唃厮啰主政时期河湟吐蕃与西夏关系考述》,魏玉贵(才让扎西),王启龙主编《国外藏学研究集刊》(第1辑),上海古籍出版社2017年。

59.《11世纪喀喇汗王朝和西夏、北宋关系的演变》,张尚庆,《兰州教育学院学报》2017年第11期。

60.《西夏与河西回鹘关系论考研究综述》,郑玲,《西夏研究论文集》(增订版),凤凰出版社2017年。

61.《西夏文献中的回鹘——丝绸之路背景下西夏与回鹘关系补证》,王龙,《宁夏社会科学》2018年第1期。

62.《试论北宋、西夏和交趾的联动关系》,刘喆,《西夏学》(第十六辑　2018年第1期),甘肃文化出版社2018年。

63.《从黑水城星曜曼荼罗看汉藏夏之间的文化勾连》,廖旸,《敦煌研究》2018年第4期。

64.《府州折氏与夏州李氏不同发展轨迹再探》,刘双怡,《西夏学》(第十九辑　2019年第2期),甘肃文化出版社2019年。

65.《宋初西北边疆地区的蕃汉婚姻与人口买卖》,陈旭,《宁夏社会科学》2020年第1期。

66.《7—14世纪党项西夏与吐蕃关系述论》,魏淑霞,《西夏研究》2020年第3期;人大《宋辽金元史》2020年第6期。

柒 语言、文字

一、总论

1.《西夏语研究小史》，[俄]聂历山（著），张玛丽（英译），向达（汉译），《国立北平图书馆馆刊》4卷3号（西夏文专号），1932年；聂鸿音（重译），《国外早期西夏学论集》（二），民族出版社2005年。

2.《西夏文研究与西夏文经籍之发现》，马鹤天，《中国边疆》1942年第5—7期。

3.《西夏语研究历史发展简况》，李锦芸，《民族研究》1987年第2期。

4.《最近的西夏语研究》，[日]西田龙雄（著），王枝忠（译），《宁夏社科情报》1988年第1期。

5.《西夏文字研究概述》，周群华，《四川文物》1988年第6期。

6.《西夏语言研究史》，[俄]克平（著），景永时（译），《陌名理论家》1989年第4期。

7.《西夏语研究发展简史》，[日]西田龙雄（著），许章真（译），《西域与佛教文史论集》，台湾学生书局1989年。

8.《西番译语考辨》，孙宏开，《中国民族史研究（二）：王静如教授从事学术活动60周年纪念专辑》，中央民族学院出版社1989年。

9.《西夏文资料对研究西夏史的重要意义》，李范文，《西北民族研究》1992年第1期。

10.《西夏历史和语言学的关系》，[美]关登（著），吴文娟（译），《固原师专学报》1993年第2期。

11.《西夏的语言文字》，[俄]克恰诺夫（著），高士荣（译），王克孝（校），《敦煌研究》1995年第4期。

12.《中国民族古文字研究》，史金波、聂鸿音，《二十世纪的中国少数民族语言研究》,书海出版社1998年。

13.《西夏文对研究古汉语的重要意义》,李范文,《中国语言学报》(第9期),商务印书馆1999年;《李范文西夏学论文集》,中国社会科学出版社2012年。

14.《西夏语言文字的回顾与展望》,韩小忙,《宁夏大学学报》1998年第3期;人大《语言语文学》1999年第1期;《西北民族研究》2002年第2期。

15.《简论西夏文及其辞书》,赵启民,《北华大学学报》2002年第1期。

16.《"深层对应"献疑》,聂鸿音,《民族语文》2002年第1期;人大《语言文字学》2002年第5期。

17.《说"深层对应"——答丁邦新、聂鸿音两位先生》,邢公畹,《民族语文》2002年第6期。

18.《20世纪西夏文字研究》,聂鸿音,《二十世纪西夏学》,宁夏人民出版社2004年;(更名)《20世纪的西夏文字研究》,《西夏学述论》,甘肃文化出版社2018年。

19.《20世纪西夏语言研究》,孙宏开、聂鸿音,《二十世纪西夏学》,宁夏人民出版社2004年;《西夏语言研究》,甘肃文化出版社2018年。

20.《破译西夏文字之谜》,史金波,《文明》2005年4期;《西夏历史文化钩沉》,甘肃文化出版社2018年。

21.《早期西夏语文学研究概述》,[苏]聂历山(著),崔红芬、文志勇(译),《西北第二民族学院学报》2006年第1期。

22.《西夏文献:解读的理想和理想的解读》,聂鸿音,《中国社会科学院院报》2006年9月28日第6版;《西夏学述论》,甘肃文化出版社2018年。

23.《西夏语的多族融合环境和多语借用性质》,赵杰,《西夏研究(第三辑):第二届西夏学国际学术研讨会论文集》,中国社会科学出版社2006年。

24.《汉语对西夏语的影响》,李范文,圣彼得堡东方研究所"国际西夏学学术研讨会"提交论文,2006年;《西北第二民族学院学报》2006年第4期;《西夏学论集:教育部人文社会重点研究基地建设10周年纪念》,上海古籍出版社2012年;《李范文西夏学论文集》,中国社会科学出版社2012年。

25.《西夏语文学和语言学研究百年评述》,徐文堪,《西夏研究(第三辑):第二届西夏学国际学术研讨会论文集》,中国社会科学出版社2006年。

26.《西夏语在汉藏语言比较研究中的地位》,龚煌城,《语言暨语言学》第8卷2期,2007年。

27.《西夏语言研究的新领域》,[日]西田龙雄(著),鲁忠慧、景永时(译),《宁夏社会科学》2007年第6期。

28.《西夏语研究的发展历程》,[日]西田龙雄(著),鲁忠慧(译),《西夏研究》2011年第3期。

29.《西夏语言研究简论》,霍艳娟,《宁夏社会科学》2013年第6期。

30.《西夏文》,聂鸿音,张公瑾、黄建明主编《中国少数民族古籍珍品图典:民族文字古籍整理研究100年通览》,中国社会科学出版社2018年。

31.《西夏文》,孙宏开,《西夏语言研究》,甘肃文化出版社2018年。

32.《中国民族古文字的文字学意义》,孙伯君,《民族语文》2020年第2期;人大《语言文字卷》2020年第8期。

33.《河西语:14世纪一种未知的语言》,聂鸿音,《语言研究》2020年第3期。

34.《西夏语》,[英]三宅英雄(著),麻晓芳(译),《西夏研究》2020年第4期。

二、文字(通假)、词句

1.《中台藏缅数目字及人称代名词语源试探》,王静如,《史语所集刊》(抽印本)第3本1分,1930年。

2.《西夏文》,陈炳应,《甘肃日报》1963年2月6日。

3.《论西夏文的形体结构和造字方式》,李新魁,《中山大学学报》1978年第5期。

4.《西夏文字创制的时间和西夏文正字》,王龙友,《西夏文音系导言》(油印本),1979年。

5.《西夏文字》,李范文,《历史教学》1980年第1期;《西夏研究论集》,宁夏人民出版社1983年;《李范文西夏学论文集》,中国社会科学出版社2012年。

6.《也谈西夏文字》,史金波,《历史教学》1980年第11期;《史金波文集》,上海辞书出版社2005年。

7.《西夏文》,史金波,《历史教学》1980年第12期。

8.《西夏文字的结构》,龚煌城,(台湾)《史语所集刊》第52本1分,1981年;《龚煌城西夏语文研究论文集》(《语言暨语言学》专刊丙种之二上),"中央研究院"语言学研究所筹备处2002年;《西夏语言文字研究论集——祝贺龚煌城教授七十华诞纪念文集》,民族出版社2005年。

9.《西夏语中的汉语借词》,龚煌城,(台湾)《史语所集刊》第52本4分,1981年;《龚煌城西夏语文研究论文集》(《语言暨语言学》专刊丙种之二上),"中央研究院"语言学研究所筹备处2002年;《西夏语言文字研究论集——祝贺龚煌城教授七十华诞纪念文集》，民族出版社2005年。

10.《略论西夏文字的构造》，史金波，《民族语文论集》，中国社会科学出版社1981年；《史金波文集》，上海辞书出版社2005年。

11.《西夏文字》，子牛，《宁夏日报》1981年9月27日。

12."Chinese Elements in the Tangut Script"（《西夏文字中的汉字汉语成分》），Hwang-Cherng Gong（龚煌城），Bulletin of the Institute of History and Philology（BIHP）53.1，1982（台湾《史语所集刊》第53本1分），1982年；《龚煌城西夏语文研究论文集》（《语言暨语言学》专刊丙种之二上），"中央研究院"语言学研究所筹备处2002年；《西夏语言文字研究论集——祝贺龚煌城教授七十华诞纪念文集》，民族出版社2005年。

13.《西夏语构词中的几个问题》，史金波，《民族语文》1982年第2期；《史金波文集》，上海辞书出版社2005年。

14.《是谁第一个考定了西夏文字的》，牛达生，《宁夏社科通讯》1982年第2期。

15.《西夏语中的汉语借词》，史金波，《中央民族学院学报》1982年第4期；《西夏文化研究》，中国社会科学出版社2015年。

16.《略论西夏文字的发现和考定》，白滨，《民族研究》1983年第1期。

17.《西夏文字考定浅议》，牛达生，《宁夏社会科学》1983年第4期。

18.《西夏语的存在动词》，史金波，《语言研究》1984年第1期；《史金波文集》，上海辞书出版社2005年。

19.《西夏文字的创立者——唐古特杂记之一》，［美］宽登（著），刘建丽（译），《西北民族文丛》1984年第2期。

20.《西夏文字》，［日］西田龙雄（著），史金波、云雁（译），《民族语文研究情报资料集》（第3集），1984年。

21.《西夏文概述》，史金波，《中国民族古文字研究》，中国社会科学出版社1984年；《史金波文集》，上海辞书出版社2005年。

22.《西夏文字衍生过程的重建》，龚煌城，（台湾）《政治大学边政研究所年报》（第十五期），1984年；《龚煌城西夏语文研究论文集》（《语言暨语言学》专刊丙种之二上），"中央研究院"语言学研究所筹备处2002年；《西夏语言文字研究论集——祝贺龚煌城教授七十华诞纪念文集》，民族出版社2005年。

23.《西夏文的意符与声符及其衍生过程》，龚煌城，（台湾）《史语所集刊》第56本4分，1985年；《龚煌城西夏语文研究论文集》（《语言暨语言学》专刊丙种之二上），"中央研究院"语言学研究所筹备处2002年；《西夏语言文字研究论集——祝贺龚煌城教授七十华诞纪念文集》，民族出版社2005年。

24.《再谈西夏文反切上下字合成法》，史金波，《民族研究》1985年第5期。

25.《关于西夏文字的创制、失传及其发现》，邢强，《历史教学》1985年第6期。

26.《拼音造字法不自西夏文始》，施向东，《民族语文》1985年第5期。

27.《西夏语的复合词构词法》，马忠建，《民族语文》1988年第1期。

28.《西夏文字的释读》，[苏]索夫洛诺夫（著），胡若飞（译），《宁夏社科情报》1988年第2期。

29.《西夏语派生词构词法之我见》，马忠建，《宁夏社会科学》1989年第1期。

30.《献给西夏文字创造者的颂诗》，[俄]克恰诺夫（著），赵明鸣（译），黄振华（校），《中国民族史研究》（二），中央民族学院出版社1989年。

31.《西夏语的动词的身动态与使动态》，马忠建、奚兴灿，《民族语文论坛》（第2辑）1990年。

32.《关于西夏语的虚词·In》，马忠建，《中央民族学院学报》1990年第3期。

33.《西夏文》，史金波、陈炳应，《中国民族古文字图录》，社会科学出版社1990年。

34.《从词汇比较看西夏语与藏缅语族羌语支的关系》，孙宏开，《民族语文》1991年第2期；《西夏语言研究》，甘肃文化出版社2018年。

35.《试析西夏语表"五色"的词》，聂鸿音，《民族语文》1991年第3期；《古代语文论稿》，中国社会科学出版社2014年。

36.《西夏语词》，黄振华，《藏缅语语音和词汇》，社会科学出版社1991年。

37.《西夏文字中的名——动派生词》，杨占武，《宁夏社会科学》1992年第3期。

38.《西夏语同藏语词汇之比较》，陈庆英，《青海民族学院学报》1992年第4期。

39.《西夏语的介词和介宾结构》，马忠建，《民族语文》1992年第5期。

40.《西夏语的"买"、"卖"和"嫁"、"娶"》，史金波，《彝缅语研究》，四川民族出版社1992年；《民族语文》1995年第4期；《史金波文集》，上海辞书出版社2005年。

41.《西夏语中的汉语借词补遗》，李范文、杨占武，《宁夏社会科学》1993年第2期；《李范文西夏学论文集》，中国社会科学出版社2012年。

42.《西夏文字趣谈》，吴峰云，《宁夏日报》1993年3月2日；(更名)《趣谈西夏文字》,《银川晚报》2002年10月22日、29日;《文物考古收藏风云录》,学苑出版社2013年。

43.《西夏文字创制刍议》,张迎胜,《宁夏大学学报》1993年第3期。

44.《西夏文字中的汉字汉语成分》,龚煌城(著),杨占武(译),《宁夏史志研究》1993年第5期。

45.《死文字重见光明——西夏文字的发现及其探索》,史金波,(香港)《紫荆》1993年第5期;《西夏历史文化钩沉》,甘肃文化出版社2018年。

46.《西夏语中汉语借词的时间界限》,聂鸿音,《民族语文》1994年第1期;《古代语文论稿》,中国社会科学出版社2014年。

47.《西夏语动词有时间范畴吗?》,马忠建,《中央民族学院学报》1994年第2期。

48.《西夏语判断词研究》,马忠建,《宁夏社会科学》1994年第4期。

49.《关于西夏语的词头?a》,马忠建,《中央民族学院学报》1995年第1期。

50.《西夏语能愿词之研究》,马忠建,《宁夏社会科学》1995年第1期;人大《语言文字学》1995年第4期。

51.《西夏语"格"现象辨析》,胡若飞、徐惠良,《西北第二民院学报》1995年第3期。

52.《西夏文形意字浅析》,冯玉涛,《宁夏社会科学》1995年第4期。

53.《西夏词源学浅议》,聂鸿音,《民族语文》1995年第5期;《古代语文论稿》,中国社会科学出版社2014年。

54.《西夏语助词与动词群的搭配》,胡若飞,《宁夏社会科学》1995年第6期。

55.《西夏文加形字论》,冯玉涛,《宁夏大学学报》1996年第1期。

56.《西夏语鼻冠声母构拟中的几个问题——从〈掌中珠〉西夏语汉字注音谈起》,孙宏开,《民族语文》1996年第2期;《西夏语言研究》,甘肃文化出版社2018年。

57.《西夏、契丹文字的比较研究》,于宝林,《宁夏社会科学》1996年第3期。

58.《关于木雅语和西夏语的词汇比较》,林英津,《宁夏大学学报》1996年第4期。

59.《西夏语以名词性语素为中心的偏正式合成词》,刘鑫明,《宁夏社会科学》1997年第1期。

60.《西夏语动词的人称范畴和数范畴》,马忠建,《民族语文》1997年第4期。

61.《西夏语表"一"数词》,黄布凡,《首届西夏学国际学术会议论文集》,宁夏人民出版社1998年。

62.《西夏文字的特性和西夏语的声调变化——西夏文字新考》,[日]西田龙雄(著),《首届西夏学国际学术会议论文集》,宁夏人民出版社1998年。

63.《西夏文字的特征——对其文字结构新探》,[日]西田龙雄(著),那楚格(译),《陇右文博》2000年第1期。

64.《西夏语同义词词源研究刍议》,黄振华,《民族语文》2002年第5期。

65.《西夏文字数考辩》,李范文、胡若飞,《国家图书馆学刊》(西夏研究专号),2002年增刊;《李范文西夏学论文集》,中国社会科学出版社2012年。

66.《谈谈西夏字的结构特点》,韩振西,《宁夏大学学报》2003年第1期。

67.《西夏语同义词词源再议》,黄振华,《民族语文》2003年第5期。

68.《〈夏汉字典〉计量分析与西夏文字辨析》,贾常业,《宁夏社会科学》2003年第5期。

69.《神秘的西夏文字》,韩小忙,《大夏寻踪:西夏文物辑萃》,中国社会科学出版社2004年。

70.《文字之谜破译西夏》,史金波、雷东军,《文明》2005年第4期。

71.《用文字打开神秘西夏的大门》,史金波,《文明》2005年第4期。

72.《〈夏汉字典〉补证之一:字形校证》,韩小忙,《宁夏大学学报》2005年第3期。

73.《〈夏汉字典〉补证之三:字义补识(一)》,韩小忙,《宁夏社会科学》2005年第3期。

74.《西夏文中的异体字和讹体字》,韩小忙,《民族语文》2005年第4期。

75.《〈夏汉字典〉补证之四:字义补识(二)》,韩小忙,《宁夏社会科学》2006年第2期。

76.《西夏文的死亡和再生》,史金波,《荣宝斋》2006年第3期。

77.《浅谈西夏文字形体结构的规范写法》,贾常业,《宁夏社会科学》2005年第5期;《西夏文字揭要》,甘肃文化出版社2017年。

78.《西夏或唐古特王国的文字》,[法]戴维理亚(著),聂鸿音(译),《国外早期西夏学论集》(一),民族出版社2005年;《西夏学述论》,甘肃文化出版社2018年。

79.《南口的西夏文》,[英]卜士礼(著),孙伯君(译),《国外早期西夏学论集》(一),民族出版社2005年。

80.《西夏语言文字初探》,[法]毛利瑟(著),唐均(译),《国外早期西夏学论集》(一),民族出版社2005年。

81.《西藏文字对照西夏文字抄览》,[俄]聂历山(著),刘红军、孙伯君、聂大昕(译),《国外早期西夏学论集》(二),民族出版社2005年。

82.《关于西夏文字典》,[苏]聂历山(著),马忠建(译),《国外早期西夏学论集》(二),民族出版社2005年。

83.《迄今西夏研究中的一个失误》,[德]查赫(著),安娅(译),《国外早期西夏学论集》(二),民族出版社2005年。

84.《夏汉字典中"尼卒"型的二合字》,[俄]龙果夫(著),聂大昕(译),《国外早期西夏学论集》(二),民族出版社2005年。

85.《西夏助词考略》,[俄]聂历山(著),马忠建(译),《国外早期西夏学论集》(二),民族出版社2005年。

86.《评〈夏汉字典中"尼卒"型的二合字〉》,[法]伯希和(著),聂鸿音(译),《国外早期西夏学论集》(二),民族出版社2005年。

87.《西夏的文字和语言》,[法]巴鲁奇(著),孙伯君(译),《国外早期西夏学论集》(二),民族出版社2005年。

88.《西夏文字及其典藏》,[俄]聂历山(著),马忠建(译),《国外早期西夏学论集》(二),民族出版社2005年。

89.《西夏文字与西夏文献》,[俄]聂历山(著),崔红芬、文志勇(译),《固原师专学报》2006年第1期。

90.《西夏文字形体结构的规范写法》,贾常业,《西夏研究(第三辑):第二届西夏学国际学术研讨会论文集》,中国社会科学出版社2006年。

91.《释"大"》,聂鸿音,《西夏学》(第一辑),宁夏人民出版社2006年;《西夏文献论稿》,上海古籍出版社2012年。

92.《西夏佛经翻译的用字特点与译经时代的判定》,孙伯君,《中华文史论丛》2007年第2期。

93.《西夏词典的注字及构字特点》,贾常业,《宁夏社会科学》2007年第5期;《西夏文字揭要》,甘肃文化出版社2017年。

94.《西夏语"空间位移"的表述》,林英津,in Edited by C.Lamarre and T.Ohori,Typological Studies of the Linguistic Expression of Motion Events, Vol. 1: Perspectives from East and Southeast Asia(柯理思、大堀寿夫编《空间移动的言语表达的类型学研究 I:东亚和东南亚视角》),东京大学2007年。

95.《〈夏汉字典〉补证之二:字音订补》,韩小忙,《宁夏社会科学》2008年第1期。

96.《西夏语谓词人称后缀补议》,聂鸿音,《语言科学》2008年第5期;《西夏学论集:教育部人文社会重点研究基地建设10周年纪念》,上海古籍出版社2012年;《古代语文论稿》,中国社会科学出版社2014年。

97.《西夏文词典佚缺字形结构与反切拟音解读》,贾常业,《宁夏社会科学》2008年第6期;《西夏文字揭要》,甘肃文化出版社2017年。

98.《西夏语的构词和词的变化》,史金波,西南交通大学外国语学院《华西语文学刊》(第1辑),四川出版集团2009年;《西夏文化研究》,中国社会科学出版社2015年。

99.《〈夏汉字典〉的异体、讹体、误译、未译及新字汇考》,李范文,《西夏历史与文化:第三届西夏学国际学术研讨会论文集》,甘肃人民出版社2010年。

100.《西夏语的外来词初探》,张佩琪,《西夏历史与文化:第三届西夏学国际学术研讨会论文集》,甘肃人民出版社2010年。

101.《论西夏语臀wji¹非指涉"佛"之实体名词》,林英津,《语言暨语言学》第10卷1期,2009年。

102.《试论西夏语的"一生补处"——西夏语、汉语、梵文对勘》,林英津,《西夏研究》2010年第2期;《西夏学论集:教育部人文社会重点研究基地建设10周年纪念》,上海古籍出版社2012年。

103.《论西夏语的–j–介音》,聂鸿音,《中国多文字时代的历史文献研究:辽夏金元历史文献国际研讨会文集》,社会科学文献出版社2010年;《古代语文论稿》,中国社会科学出版社2014年。

104.《西夏语的格助词》,张珮琪,《西夏学》(第五辑),上海古籍出版社2010年。

105.《西夏文中特殊的汉语形声字》,韩小忙,《中国多文字时代的历史文献研究:辽夏金元历史文献国际研讨会文集》,社会科学文献出版社2010年。

106.《西夏文词典佚缺字形结构与反切拟音解读》,贾常业,《中国多文字时代的历史文献研究:辽夏金元历史文献国际研讨会文集》,社会科学文献出版社2010年。

107.《西夏文字佚失字形结构的复原》(一、二),贾常业,《西夏研究》2010年第2期、2010年第4期;《西夏文字揭要》,甘肃文化出版社2017年。

108.《西夏语的动词》,[俄]К.Б.克平(著),段玉泉(译),《西夏研究》2011年第1期。

109.《论西夏语"不知云何作记"》,林英津,《西夏研究》2011年第3期。

110.《试沦西夏语的㐫sju²与緒dzjo¹及其相关问题》,林英津,《西夏学》(第七辑),上海古籍出版社2011年。

111.《论西夏语动词的态范畴》,张佩琪,《西夏学》(第七辑),上海古籍出版社2011年。

112.《西夏文字的分析》,[日]西田龙雄(著),鲁忠慧(编译),《西夏研究》2012年第2期。

113.《西夏语时间名词简论》,孙伯君,《西夏研究》2012年第3期。

114.《一批新发现的西夏文字及其解读》,王艳春、贾常业《宁夏社会科学》2012年第5期;《西夏文字揭要》,甘肃文化出版社2017年。

115.《西夏文是汉文的继承和创新》,李范文,《李范文西夏学论文集》,中国社会科学出版社2012年。

116.《春桑考》,李范文,《李范文西夏学论文集》,中国社会科学出版社2012年。

117.《论西夏语的蘱ko¹:㢈tśhja¹与祣dza¹:祥tsha¹——少数民族语言规划的观点》,林英津,《首届中国少数民族古籍文献国际学术研讨会论文集》,民族出版社2012年。

118. "Notes on the Predicative Personal Suffixes of the Tangut Language"(《Tangut语言的谓语人称后缀说明》),Hongyin Nie(聂鸿音),Nathan W. Hill ed.,Medieval Tibeto-Burman Languages IV, Leidon·Boston：Brill, 2012(内藤丘[Nathan W. Hill]编《中世纪藏缅语IV》,莱顿·波士顿:布里尔,2012年)。

119.《西夏语专有名词的类别标记》,聂鸿音,《语言科学》2013年第2期。

120.《西夏语的名物化后缀sji²和lew²》,聂鸿音,《语言研究》2013年第2期。

121.《论西夏文的造字规律》,吴峰云,《文物考古收藏风云录》,学苑出版社2013年。

122.《西夏文字的字形结构组合形式与造字方法》,贾常业,《西夏研究》2014年第1期;《西夏研究论文集》,凤凰出版社2015年;《西夏文字揭要》,甘肃文化出版社2017年。

123.《西夏语名量词考论》,孙伯君,《民族语文》2014年2期。

124.《论西夏语的澎lju¹"流"及其相关问题》,林英津,《西夏学》(第九辑),上海古籍出版社2014年。

125.《论西夏语的来去动词》,张佩琪,《西夏学》(第九辑),上海古籍出版社2014年。

126.《西夏文"羸廉 金刚杵"考》,刘景云,《西夏学》(第九辑),上海古籍出版社2014年。

127. "Tangut 吞蚍 mji¹ lji̱¹, 吞阶 mji¹ njwi² 'cannot' and beyond"(《西夏语的吞蚍 mji¹ lji̱¹ 与吞阶 mji¹ njwi² "不能"及其相关问题》),Lin Ying-chin(林英津),Central Asiatic Journal 57(2014)(《中亚学刊》第57卷,2014年)。

128.《西夏文献中的通假》,孙颖新,《宁夏社会科学》2015年第6期。

129.《西夏语词汇研究述论》,许鹏、韩小忙,《西夏研究》2016年第3期。

130.《西夏语文献阅读札记》,段玉泉,《西夏学》(第十二辑),甘肃文化出版社2016年;《中国民族古文字研究:中国民族古文字研究会第十次学术会议论文集》,云南民族出版社2018年。

131.《西夏语中的对比连词mjdi̱¹ jij²》,彭向前,《西夏学》(第十二辑),甘肃文化出版社2016年。

132.《西夏语和缅甸语天气方面的词语比较》,朱旭东,《西夏学》(第十二辑),甘肃文化出版社2016年。

133.《释西夏语词缀wji²》,许鹏,《西夏研究》2017年第1期。

134.《西夏文形体研究述略》,李雷、邓章应,《西夏学》(第十五辑　2017年第2期),甘肃文化出版社2017年。

135.《西夏文字的启迪》,聂鸿音,《文史知识》2017年第3期。

136.《西夏文部首检字表的编制与排序》,贾常业,《西夏文字揭要》,甘肃文化出版社2017年。

137. "Graph Omission and Abbreviation in Tangut Script"(《西夏字的省略与缩写》),Hongyin Nie(聂鸿音),Journal of Chinese Writing Systems 2.3(2018)(《中国文字》2018年第3期)。

138.《西夏语的引述句与言说义动词初探》,麻晓芳,《民族语文》2018年第6期。

139.《词汇比较——从词汇比较看西夏语的历史地位》,孙宏开,《西夏语言研究》,甘肃文化出版社2018年。

140.《西夏语的副词子句》,张珮琪,《西夏学》(第十七辑　2018年第2期),甘肃文化出版社2019年。

141.《论西夏语语素和双音节词的结构类型——以世俗文献为中心》,许鹏,《西夏学》(第十七辑　2018年第2期),甘肃文化出版社2019年。

142. "Conjunction wja¹ in Tangut Language"(《关于西夏语连词 wja¹ 的研究》),

Yuquan Dan（段玉泉），Journal of Chinese Writing Systems 3.1（2019）（《中国文字》2019年第1期）。

143.《西夏虚字考源》,［捷克］施立策（著）,聂鸿音（编译）,《西夏研究》2019年第3期。

144.《再论西夏文献中的通假现象》,孙颖新,《语言研究》2019年第3期。

145.《西夏语"狮子"词源考》,唐均,《北方工业大学学报》2019年第3期。

146.《论西夏语的词义移植》,许鹏,《中央民族大学学报》（哲学社会科学版）2019年第3期。

147.《西夏"只关"考述》,戴羽,《宁夏社会科学》2019年第3期。

148.《西夏"计都星"考》,王培培,《西夏学》（第十九辑　2019年第2期）,甘肃文化出版社2019年。

149.《西夏语"罗睺星"的来源》,王培培,《宁夏社会科学》2019年第3期。

150.《一文双语：西夏文字的性质》,聂鸿音,《宁夏社会科学》2019年第5期。

151.《西夏语"头项"词义考》,同敏、许鹏,《西夏研究》2020年第1期。

152.《西夏文"孝""柔"通假考》,孙颖新,《西夏研究》2020年第2期。

153.《西夏语动词的命令式》,麻晓芳,《语言研究》2020年第2期。

154.《出土西夏字书关于字形解说的再解读》,段玉泉,《西夏研究》十周年特刊,2020年。

155.《西夏语的动词变形组》,［俄］克平（著）,麻晓芳（译）,《西夏研究》十周年特刊,2020年。

三、语音（西北方音、河西方音、梵夏汉对音）、语法

1.《西夏文汉藏译音释略》,王静如,《史语所集刊》第2本2分,1930年;《王静如民族研究文集》,民族出版社1998年;《王静如文集》（上）,社会科学文献出版社2015年。

2.《再论西夏语音及国名（答伯希和聂历山及屋尔芬顿诸教授）》,王静如,《西夏研究》（第二辑）,"中央研究院"历史语言研究所单刊甲种之十一,1933年;李范文主编《王静如西夏研究专辑》（《西夏研究》第五辑）,中国社会科学出版社2007年。

3.《论四川羌语及弥药语与西夏语》,王静如,《西夏研究》（第二辑）"中央研究院"历史语言研究所单刊甲种之十一,1933年;李范文主编《王静如西夏研究专辑》（《西夏研究》第五辑）,中国社会科学出版社2007年。

4.《论西夏语中之 V 或 W》，闻宥，《华文月刊》1942 年第 1 卷 1 期。

5.《党项及于弥语原辨》，任诚，《边疆研究论丛》（民国三十一年至三十三年），南京金陵大学 1945 年；岑仲勉《中外史地考证》，中华书局 1962 年。

6.《西夏语音系导言》（油印本），王静如，1979 年；《民族语文》1982 年第 2 期；《王静如民族研究文集》，民族出版社 1998 年；《王静如文集》（下），社会科学文献出版社 2015 年。

7.《西夏语与多续语研究》，[日]西田龙雄（著），顾鉴深、陈宗祥（译），《宁夏社会科学》试刊号，1981 年。

8. "Voiced Obstruents in the Tangut Language"（《西夏语的浊塞音与浊塞擦音》），Hwang-Cherng Gong（龚煌城），Bulletin of the Institute of History and Philology（BIHP）52.1，1981（台湾《史语所集刊》第 52 本 1 分，1981 年）；《龚煌城西夏语文研究论文集》（《语言暨语言学》专刊丙种之二上），"中央研究院"语言学研究所筹备处 2002 年；《西夏语言文字研究论集——祝贺龚煌城教授七十华诞纪念文集》，民族出版社 2005 年。

9.《西夏韵书〈同音〉第九类声母的拟测》，龚煌城，（台湾）《史语所集刊》第 52 本 1 分，1981 年；《龚煌城西夏语文研究论文集》（《语言暨语言学》专刊丙种之二上），"中央研究院"语言学研究所筹备处 2002 年；《西夏语言文字研究论集——祝贺龚煌城教授七十华诞纪念文集》，民族出版社 2005 年。

10.《关于西夏语鼻韵尾的问题》，李范文，《民族语文》1982 年第 2 期；《西夏研究论集》，宁夏人民出版社 1983 年；《李范文西夏学论文集》，中国社会科学出版社 2012 年。

11.《试论嘉戎语与道浮语的关系——兼论西夏语与道孚语、嘉戎语、藏语的关系》，李范文，《西夏研究论集》，宁夏人民出版社 1983 年；《李范文西夏学论文集》，中国社会科学出版社 2012 年。

12.《唐古特语表示动作方向的范畴》，[苏]克平（著），顾荫宁（译），史金波（校），《语言研究》1984 年第 2 期。

13.《西夏语音商榷》，聂鸿音，《民族语文》1985 年第 3 期；《古代语文论稿》，中国社会科学出版社 2014 年。

14.《西夏残经注音藏文的前加字》，聂鸿音，《民族语文》1986 年第 2 期；《古代语文论稿》，中国社会科学出版社 2014 年。

15.《西夏语*lh-声类置疑》，聂鸿音，《中央民族学院学报》1986 年第 4 期。

16.《珍贵的西夏语音材料》，陈炳应，《民族语文》1987 年第 4 期；《西夏文明研究》，甘肃文化出版社2018年。

17.《〈孙子兵法〉西夏译本中所见动词词头的语法功能》，林英津，(台湾)《史语所集刊》第58本2分，1987年。

18.《最近的西夏语研究》，[日]西田龙雄(著)，王枝忠(编译)，《宁夏社科情报》试刊号，1988年。

19. "Phonological Alternations in Tangut"(《西夏语的音韵转换》)，Hwang-Cherng Gong(龚煌城)，Bulletin of the Institute of History and Philology (BIHP) 59.3，1988 (台湾《史语所集刊》第59本3分，1988年)；《龚煌城西夏语文研究论文集》(《语言暨语言学》专刊丙种之二上)，"中央研究院"语言学研究所筹备处2002年；《西夏语言文字研究论集——祝贺龚煌城教授七十华诞纪念文集》，民族出版社2005年。

20. "The Phonological Reconstruction of Tangut The Phonological Reconstruction of Tangut"(《西夏语的音韵转换与语音构拟》)，Hwang-Cherng Gong(龚煌城)，Bulletin of the Institute of History and Philology (BIHP) 60.1，1989 (台湾《史语所集刊》第60本1分，1989年)；《龚煌城西夏语文研究论文集》(《语言暨语言学》专刊丙种之二上)，"中央研究院"语言学研究所筹备处2002年；《西夏语言文字研究论集——祝贺龚煌城教授七十华诞纪念文集》，民族出版社2005年。

21.《藏缅语中的格助词》，龚煌城，《藏语研究论文集》，1989年；《西夏语言文字研究论集——祝贺龚煌城教授七十华诞纪念文集》，民族出版社2005年。

22.《西夏语的结构》，[俄]克平(著)，史金波(译)，黄振华(校)，《中国民族史研究(二)：王静如教授从事学术活动60周年纪念专辑》，中央民族学院出版社1989年。

23.《西夏文文法研究》，马忠建，《语言学初探(1978—1983年全国语言专业研究生论文提要集成)》，高等教育出版社1990年。

24.《西夏语代名词后缀功能的研究》，安可思，台北，1991年。

25.《番汉对音简论》，聂鸿音，《固原师专学报》1992年第2期；《古代语文论稿》，中国社会科学出版社2014年。

26.《西夏语的小舌塞音》，聂鸿音，《宁夏社会科学》1992年第4期；《古代语文论稿》，中国社会科学出版社2014年。

27.《西夏语辅音系统研究》，李新魁，《中国民族古文研究》(二)，天津古籍出版社1993年。

28.《西夏语的音韵转换与构词法》，龚煌城，(台湾)《史语所集刊》第64本4

分,1993年;《龚煌城西夏语文研究论文集》(《语言暨语言学》专刊丙种之二上),"中央研究院"语言学研究所筹备处2002年;《西夏语言文字研究论集——祝贺龚煌城教授七十华诞纪念文集》,民族出版社2005年。

29.《西夏语具有空间意义的语词》,林英津,(台湾)《史语所集刊》第62本4分,1993年。

30. "A Hypothesis of Three Grades and Vowel Length Distinction in Tangut"(《西夏语韵分三等、元音分长短的假设》),Hwang-Cherng Gong(龚煌城),Journal of Asian and African Studies 46—47,1994(《亚非历史研究》第46、47期,1994年);《龚煌城西夏语文研究论文集》(《语言暨语言学》专刊丙种之二上),"中央研究院"语言学研究所筹备处2002年;《西夏语言文字研究论集——祝贺龚煌城教授七十华诞纪念文集》,民族出版社2005年。

31.《木雅语口语语料收集与分析》,林英津,《藏缅语族语言调查研究:(一)羌语支语言专题研究计划研讨会》,"中央研究院"史语所1996年。

32.《木雅语与西夏语的比较研究》,林英津,《长城内外民族与文化关系综合研讨会》,"中央研究院"历史语言研究所1996年。

33.《关于西夏语和木雅语的词汇比较》,林英津,《宁夏大学学报》1996年第4期。

34.《从西夏语看中古浊音送气与否》,张竹梅,《西北第二民族学院学报》1996年第2期。

35.《西夏语鼻冠音声母构拟中的几个问题:从〈掌中珠〉西夏语汉字注音谈起》,孙宏开,《民族语文》1996年第4期。

36.《勒尼:一种未知的古代藏缅语》,聂鸿音,《宁夏大学学报》1996年第4期;《古代语文论稿》,中国社会科学出版社2014年。

37.《西夏文注音汉字的转写方案》,聂鸿音,《民族语文》1997年第1期。

38.《西夏语若干韵母转换的起源——重叠复合词》,龚煌城,《中国境内语言即语言学》(第四辑),1997年;郑秋豫编辑《中国境内语言暨语言学(第4辑):语言类型》,"中央研究院"历史语言研究所出版品编辑委员会1997年;《龚煌城西夏语文研究论文集》(《语言暨语言学》专刊丙种之二上),"中央研究院"语言学研究所筹备处2002年;《西夏语言文字研究论集——祝贺龚煌城教授七十华诞纪念文集》,民族出版社2005年。

39.《木雅语口语语料收集与分析计划(二)》,林英津,《国科会专题研究计划成果报告(NSC86-2411-H-001-027)》,1997年。

40.《西夏语声调研究的新课题》,聂鸿音,《宁夏社会科学》1997年第5期。

41.《西夏语的否定附加成分与否定形式之研究》,马忠建,《首届西夏学国际学术会议论文集》,宁夏人民出版社1998年。

42.《木雅语资料:狮子与兔子的故事》,林英津,《首届西夏学国际学术会议论文集》,宁夏人民出版社1998年。

43.《西夏语鼻冠音诹议》,陈康,《首届西夏学国际学术会议论文集》,宁夏人民出版社1998年。

44.《西夏语与南语比较研究》,陈宗祥,《首届西夏学国际学术会议论文集》,宁夏人民出版社1998年。

45.《黑水城出土的一页音节字母表》,聂鸿音,《陇右文博》1999年第1期。

46.《西夏语的否定附加成分和否定形式》,马忠建,《民族语文》1999年第2期。

47.《西夏语的紧元音及其起源》,龚煌城,(台湾)《史语所集刊》第70本2分,1999年;《龚煌城西夏语文研究论文集》(《语言暨语言学》专刊丙种之二上),"中央研究院"语言学研究所筹备处2002年;《西夏语言文字研究论集——祝贺龚煌城教授七十华诞纪念文集》,民族出版社2005年。

48.《从西夏语看中古知、章、庄的合流》,张竹梅,《固原师专学报》2000年第2期。

49.《关于西夏语声母中的复辅音问题》,孙宏开、刘光坤,《庆祝王均八十诞辰语言学论文集》,吉林人民出版社2000年;《西夏语言研究》,甘肃文化出版社2018年。

50.《西夏语动词的人称呼应与音韵转换》,龚煌城,《语言即语言学》(第2卷第1期),2001年;《龚煌城西夏语文研究论文集》(《语言暨语言学》专刊丙种之二上),"中央研究院"语言学研究所筹备处2002年;《西夏语言文字研究论集——祝贺龚煌城教授七十华诞纪念文集》,民族出版社2005年。

51.《也谈西夏语里的小舌音问题》,孙宏开、刘光坤,《宁夏大学学报》2001年第6期;《西夏语言研究》,甘肃文化出版社2018年。

52.《西夏语的名语化标记》,林英津,《藏缅语(含汉藏比较)工作营宣读文稿》,"中研院"语言所筹备处2002年。

53.《西夏语文法新考》,[日]西田龙雄(著),孙伯君、刘红军(译),《国家图书馆学刊》(西夏研究专号),2002年增刊。

54.《西夏语与宋代汉语西北方音的关系》,李范文,《国家图书馆学刊》(西夏研究专号），2002年增刊；《李范文西夏学论文集》，中国社会科学出版社2012年。

55.《关于西夏语的发生学分类问题》，孙宏开，《国家图书馆学刊》（西夏研究专号），2002年增刊；《西夏语言研究》，甘肃文化出版社2018年。

56.《关于西夏语声义中的复辅音问题》，孙宏开、刘光坤，《庆祝王均先生八十寿辰语言学论文集》，吉林人民出版社2002年。

57.《西夏语SOV型单句中主语的形式》，马忠建，《宁夏大学学报》2003年第1期。

58.《番汉对音和上古汉语》，聂鸿音，《民族语文》2003年第2期；《古代语文论稿》，中国社会科学出版社2014年。

59."Tangut"（《西夏》），Hwang-Cherng Gong（龚煌城），Originally published in The Sino-Tibetan Languages，2003（最初发表在《汉藏语言》，2003年）；《龚煌城西夏语文研究论文集》（《语言暨语言学》专刊系列之四十六），"中央研究院"语言学研究所2011年。

60.《西夏语概况》，龚煌城，《西夏语言文字研究论集》，2003年；《龚煌城西夏语文研究论文集》（《语言暨语言学》专刊系列之四十六），"中央研究院"语言学研究所2011年；《西夏语言文字研究论集——祝贺龚煌城教授七十华诞纪念文集》，民族出版社2005年。

61.《后出转精的西夏语音韵系统构拟》，林英津，《藏缅语言：龚煌城七秩寿庆纪念文集》，"中央研究院"语言学研究所筹备处2004年。

62.《西夏语的体范畴》，张珮琪，《藏缅语言：龚煌城七秩寿庆纪念文集》，"中央研究院"语言学研究所筹备处2004年。

63.《十二世纪末汉语的西北方音（声母部分）》，龚煌城，（台湾）《史语所集刊》第52本1分，1981年；《西夏语言文字研究论集——祝贺龚煌城教授七十华诞纪念文集》，民族出版社2005年。

64.《藏缅语动词的互动范畴》，孙宏开，《民族语文》1984年第4期；《西夏语言研究》，甘肃文化出版社2018年。

65.《藏缅语量词用法比较——兼论量词发展的阶段层次》，孙宏开，《中国语言学报》（总第3期），商务印书馆1989年；《西夏语言研究》，甘肃文化出版社2018年。

66.《十二世纪末汉语的西北方音（韵尾部分）》，龚煌城，《"中央研究院"第二届国际汉学学会论文集》，1989年；《西夏语言文字研究论集——祝贺龚煌城教授七十华诞纪念文集》，民族出版社2005年。

67.《再论藏缅语中动词的人称范畴》,孙宏开,《民族语文》1994年第4期;《西夏语言研究》,甘肃文化出版社2018年。

68.《十二世纪末汉语的西北方音韵母系统的构拟》,龚煌城,The Joint Meeting of the 4th ICCL and NACCL 1995(第四届ICCL和NACCL联席会议,1995年);《西夏语言文字研究论集——祝贺龚煌城教授七十华诞纪念文集》,民族出版社2005年。

69.《论藏缅语族中的羌语支语言》,孙宏开,(台湾)《语言暨语文学》第2卷第1期,2001年;《西夏语言研究》,甘肃文化出版社2018年。

70.《汉藏文注音中的西夏语前缀和韵尾辅音》,[英]伍尔芬敦(著),聂大昕(译),《国外早期西夏学论集》(二),民族出版社2005年。

71.《论西夏字的西藏注音》,[英]伍尔芬敦(著),聂大昕(译),《国外早期西夏学论集》(二),民族出版社2005年。

72.《西夏语:印度支那语文学研究》,[美]劳费尔(著),聂鸿音、彭玉兰(译),《国外早期西夏学论集》(一),民族出版社2005年。

73.《西夏语文评注》,[德]本哈第、查赫(合著),安娅(译),《国外早期西夏学论集》(一),民族出版社2005年。

74.《西夏语言资料》,[俄]伊凤阁(著),江桥(译),《国外早期西夏学论集》(一),民族出版社2005年。

75.《西夏语:印度支那语文学研究》,[美]劳费尔(著),聂鸿音、彭玉兰(译),《国外早期西夏学论集》(一),民族出版社2005年。

76.《西夏语言资料》,[俄]伊凤阁(著),江桥(译),《国外早期西夏学论集》(一),民族出版社2005年。

77.《西夏语第九类声母的音类归属》,张竹梅,《语言研究》2006年第1期;《西夏学论集:教育部人文社会重点研究基地建设10周年纪念》,上海古籍出版社2012年。

78.《西夏语第九类声母音值拟测之我见》,张竹梅,《西夏学》(第一辑),宁夏人民出版社2006年。

79.《论夏嘉同音与羌藏同源》,吴均,《中国藏学》2006年第2期。

80.《西夏语松紧元音假说评议》,聂鸿音,《民族语文》2006年第5期;《古代语文论稿》,中国社会科学出版社2014年。

81.《从番汉对音看宋元时期北方汉语的日母字》,孙伯君,《语言学论丛》(第三十四辑),商务印书馆2006年。

82.《西夏语中的夏汉对音与语言研究"旁材料"的重要性》,斌杰,《西夏研究（第三辑）:第二届西夏学国际学术研讨会论文集》,中国社会科学出版社2006年。

83.《纳西语与西夏语初步比较》,木仕华,《西夏研究（第三辑）:第二届西夏学国际学术研讨会论文集》,中国社会科学出版社2006年。

84.《从文献看西夏语声调问题》,张珮琪,西北大学古典文献学科编（李浩、贾三强主编）《古代文献的考证与诠释:海峡两岸古典文献学国际学术会议论文集》,上海古籍出版社2006年。

85.《西夏译经的梵汉对音与汉语西北方音》,孙伯君,《语言研究》2007年第1期。

86.《西夏新译佛经中的特殊标音汉字》,孙伯君,《宁夏社会科学》2007年第1期。

87.《"波罗密多"还是"波罗蜜多"?》,聂鸿音,《文献》2008年第3期。

88.《梵文jña的对音》,聂鸿音,《语言研究》2008年第4期。

89.《法藏敦煌P.3861号文献的梵汉对音研究》,孙伯君,《语言研究》2008年4期。

90.《西夏语的趋向动词》,[俄]克平（著）,孙伯君（译）,《西夏语言与绘画研究论集》,宁夏人民出版社2008年。

91.《西夏语动词的一致关系》,[俄]克平（著）,聂大昕（译）,《西夏语言与绘画研究论集》,宁夏人民出版社2008年。

92.《再论西夏语动词的一致关系》,[俄]克平（著）,安娅（译）,《西夏语言与绘画研究论集》,宁夏人民出版社2008年。

93.《从梵夏对音看西夏语的语音系统》,孙伯君,《汉藏言学报》2009年第5期;《西夏学论集:教育部人文社会重点研究基地建设10周年纪念》,上海古籍出版社2012年。

94.《藏文注音西夏文残片的分类和来源》,戴忠沛,《民族研究》2009年第6期。

95.《五份新见藏文注音西夏文残片校释》,戴忠沛,《宁夏社会科学》2009年第6期。

96.《番汉语轻唇音反切拟音之比较》,贾常业,《西夏研究》2010年第1期。

97.《番汉语重唇音反切拟音之比较》,贾常业、王艳春,《宁夏社会科学》2010年第3期;《西夏文字揭要》,甘肃文化出版社2017年。

98.《音韵学研究中的梵汉对音法》,聂鸿音,张渭毅主编《汉声——汉语音韵学的继承与创新》,中国文史出版社2011年。

99.《试论西夏语的𗶷𗩴𗏵𗗙 ŋa² ja¹ wja¹ lhwu¹ "我所制衣"及其相关问题》,林英津,《西域历史语言研究集刊》2010年第4辑;《西夏学论集:教育部人文社会重点研究基地建设10周年纪念》,上海古籍出版社2012年。

100.《西夏语人称呼应和动词音韵转换再探讨》,史金波,《民族语文》2010年第5期;《西夏学论集:教育部人文社会重点研究基地建设10周年纪念》,上海古籍出版社2012年;《瘠土耕耘——史金波论文选集》,中国社会科学出版社2016年

101.《简论西夏文"𗣼"*djij2.33的语法功能》,孙伯君,《西夏学》(第五辑),上海古籍出版社2010年。

102.《〈孟子〉西夏译本中的夏汉对音字研究》,彭向前,《西夏学》(第五辑),上海古籍出版社2010年。

103.《概观西夏语语法的研究》,[日]西田龙雄(著),鲁忠慧(译),《宁夏社会科学》2010年第5期。

104.《藏文注音西夏文残片综述》,戴忠沛,《中国多文字时代的历史文献研究:辽夏金元历史文献国际研讨会文集》,社会科学文献出版社2010年。

105.《汉语西北方言泥来混读的早期资料》,聂鸿音,《方言》2011年1期;《古代语文论稿》,中国社会科学出版社2014年。

106.《论"八思巴字梵语"》,聂鸿音,《民族语文》2011年第2期。

107.《番汉语舌头音、舌上音反切拟音之比较》,王艳春、贾常业,《宁夏社会科学》2011年第1期。

108.《〈西夏语语法〉绪沦》,[俄]M.V.索弗罗诺夫(著),孙颖新(译),《西夏学》(第七辑),上海古籍出版社2011年。

109.《"女真"译音考》,聂鸿音,《宁夏社会科学》2011年第5期。

110.《西夏文齿音、喉音佚失字形结构的复原》,贾常业,《西夏学》(第七辑),上海古籍出版社2011年。

111.《音韵学研究中的梵汉对音法》,聂鸿音,张渭毅主编《汉声——汉语音韵学的继承与创新》,中国文史出版社2011年。

112.《西夏语韵母的构拟与分摄》,贾常业,《西夏研究》2012年第1期;《西夏研究论文集》,凤凰(江苏古籍)出版社2015年;《西夏文字揭要》,甘肃文化出版社2017年。

113.《西夏语鼻化元音的构测与解读》,贾常业,《西夏文字揭要》,甘肃文化

出版社2017年。

114.《12世纪河西方音的通摄阳声韵》,孙伯君,《中国语文》,2012年2期。

115. "Features of the Tangut Consonant System as Reflected in Sanskrit–Tangut Transliterations"(《西夏辅音系统在梵文——西夏音译中的体现》), Sun Bojun and Dai Zhongpei(孙伯君、戴忠沛), Nathan W. Hill ed.（内藤丘 Nathan W. Hill）编, Medieval Tibeto–Burman Languages IV, Leidon·Boston: Brill, 2012(《中世纪藏缅语 IV》,莱顿·波士顿:布里尔,2012年)。

116.《再谈西夏语音韵系统的构拟——敬覆郑张尚芳先生》,林英津,《薪火相传:史金波先生70寿辰西夏学国际学术研讨会论文集》,中国社会科学出版社2012年。

117.《"尼×"对译西夏语的思考——以〈番汉合时掌中珠〉为例》,张竹梅,《薪火相传:史金波先生70寿辰西夏学国际学术研讨会论文集》,中国社会科学出版社2012年。

118.《西夏文来日音九品佚失字形结构的复原》,贾常业,《薪火相传:史金波先生70寿辰西夏学国际学术研讨会论文集》,中国社会科学出版社2012年。

119.《床禅二母佛典译音补议》,聂鸿音,《语文研究》2014年第2期。

120.《西夏语声母系统拟测》,孙宏开,《语言科学》2016年15卷第1期。

121.《西夏语声调问题再探》,孙伯君,《语言科学》,2016年15卷第1期。

122.《12世纪河西方音中的党项式汉语成分》,孙伯君,《中国语文》2016年第1期。

123.《黑水城出土"转女身经音"初释》,聂鸿音,《北方民族大学学报》2016年第1期。

124.《西夏语"*·ja"的用法及与之相关的惯用型》,孙伯君,《宁夏社会科学》2016年第1期。

125.《夏译汉籍中的汉夏对音字研究》,王培培,《宁夏社会科学》2016年第1期。

126.《西夏佛经校译所见的语音信息》,聂鸿音(撰)、张吉强(译),傅勇林、王维民主编《华西语文学刊》(第13辑),四川文艺出版社2016年。

127.《西夏与羌——兼论西夏语在羌语支中的历史地位》,孙宏开,《阿坝师范高等专科学校学报》2016年第33卷第2期;《西夏语言研究》,甘肃文化出版社2018年。

128.《西夏语动词元音音变的起源》,[法]向柏霖(著),张九玲(译),傅勇林、王维民主编《华西语文学刊》（第13辑），四川文艺出版社2016年。

129.《西夏文献中的音译原则》，王培培，《西夏研究》2016年第3期。

130.《西夏语的施受格问题》，唐均，《西夏学》（第十二辑），甘肃文化出版社2016年。

131.《12世纪河西方音的鼻音声母》，孙伯君，北京师范大学文学院主办《励耘语言学刊》（第1辑），中华书局2017年。

132.《论西夏对汉语音韵学的继承与创新》，孙伯君，《中华文史论丛》2017年第2期。

133.《12世纪西北地区的f、h混读现象》，王培培，《宁夏师范学院学报》2017年第4期。

134.《西夏语牙音和舌头音的腭化音变》，孙伯君，《语言研究》2018年第1期。

135.《以零散韵字为例证西夏文献〈五音切韵〉非"单开双合"排列》，张竹梅，《西夏研究》2018年第1期。

136.《从内部规律和外部比较看党项语第一小循环的构拟》，陈鑫海，《西夏学》（第十六辑　2018年第1期），甘肃文化出版社2018年。

137.《西夏语人称呼应类动词的双音化》，许鹏，《西夏学》（第十六辑　2018年第1期），甘肃文化出版社2018年。

138.《西夏语声母系统拟测》，孙宏开，《西夏语言研究》，甘肃文化出版社2018年。

139.《西夏语两种重要语法现象拾得——以西夏文〈圣立义海〉为中心》，和智，《西夏学》（第十八辑　2019年第1期），甘肃文化出版社2018年。

140.《说说西夏韵图〈五音切韵〉的韵等问题》，张竹梅，《西夏学》（第十九辑　2019年第2期），甘肃文化出版社2019年。

141.《汉语北方话的"番式"变读》，孙伯君，《方言》2019年第2期。

142.《西夏语的禁止式标记》，张永富，《西夏学》（第十九辑　2019年第2期），甘肃文化出版社2019年。

143.《西夏语的双数后缀》，[日]荒川慎太郎（著），孟令兮、麻晓芳（译），《西夏研究》2019年第4期。

144.《汉字音在日译汉音与党项语中变读形式的比较研究》，孙伯君、孟令兮，《西夏学》（第二十辑　2020年第1期），甘肃文化出版社2020年。

145.《西夏语陈述句到一般疑问句的转换方式》，聂鸿音，《西夏学》（第二十一辑 2020年第2期），甘肃文化出版社2020年。

146.《论西夏语动词第二类趋向前缀》，张珮琪，《西夏学》（第二十一辑 2020年第2期），甘肃文化出版社2020年。

147.《党项语谓词前缀的分裂式》，聂鸿音，《西夏研究》2020年第2期。

148.《西夏语语气词sja²小考》，孙伯君，《西夏研究》2020年第2期。

149.《"华夷译语"汉字注音法考源》，孙伯君，《北方民族大学学报》2020年第2期。

150.《缩合的复杂性：初期党项语的框架》，[英]三宅英雄（著），麻晓芳（译），《西夏研究》2020年第3期。

四、西夏文字的电脑录入、识别、数据库

1.《〈夏汉字典〉的编撰、四角号码分类和输入电脑问题》，李范文，《宁夏社会科学》1997年第4期。

2.《西夏文字库的建立与实现》，吕科，《宁夏大学学报》（自然版）1998年第3期。

3.《基于汉字字形的西夏文字原型及其轮廓字研究》，马希荣，《宁夏大学学报》（自然版）1999年第4期。

4.《三字节内码汉字及西夏文字处理系统的设计与实现》，丁志义、马希荣，《宁夏大学学报》（自然版）1999年第4期。

5.《西夏字符集编码和字库构造方法》，丁志义、马希荣，《固原师专学报》（自然版）1999年第6期。

6.《西夏汉双语系统的建立与研究》，吕科、何宁，《西部大开发科教先行与可持续发展——中国科协2000年学术年会文集》，中国科学技术出版社2000年。

7.《西夏字与汉字共存方案的实现》，柳长青，《宁夏大学学报》（自然版）2001年第1期。

8.《神经网络的西夏字识别技术研究》，马希荣，《计算机工程与应用》2001年第18期。

9.《基于汉字字形的西夏文字信息处理研究》，马希荣，《计算机工程与应用》2001年第21期。

10.《基于汉字字形的西夏文字版面分析方法研究》，马希荣、王行愚，《计算机工程与应用》2002年第1期。

11.《西夏文字识别中的图像预处理》，马希荣、王行愚，《计算机工程与应用》

2002年第2期。

12.《西夏文字特征提取的研究》,马希荣、王行愚《计算机工程与应用》2002年第13期。

13.《基于细化的西夏字笔划提取方法研究》,马希荣、王行愚,《计算机工程与应用》2002年第20期。

14.《基于方正书版(Founder Book Maker 9.X/10.X)的西夏文字处理技术研究》,导夫,《宁夏大学学报》2005年第2期。

15.《西夏字部件检索系统的设计》,高雅琪、庄德明,《西夏研究(第三辑):第二届西夏学国际学术研讨会论文集》,中国社会科学出版社2006年。

16.《网络下的西夏文及西夏文献处理研究》,柳长青、杜建录,《宁夏社会科学》2008年第5期。

17.《基于Level Set方法的西夏字轮廓提取》,柳长青,《中文信息学报》2009年第4期;《西夏学论集:教育部人文社会重点研究基地建设10周年纪念》,上海古籍出版社2012年。

18.《西夏文字输入法》,高雅琪,《西夏历史与文化:第三届西夏学国际学术研讨会论文集》,甘肃人民出版社2010年。

19.《西夏文古籍字库建立研究》,柳长青,《西夏学》(第六辑),上海古籍出版社2010年。

20.《面向语音拟构的西夏古文献数据库结构设计及其实现》,叶建雄、单迪,《西夏学》(第六辑),上海古籍出版社2010年。

21.《西夏文献资源库建设概况》,全桂花,《国家图书馆学刊》2005年第4期。

22.《基于Web服务的宁夏特色地方文献数据库系统的建设》,李习文,《图书馆理论与实践》2007年第3期。

23.《西夏文化数据库特色及网络信息服务》,董湧、邵晋蓉、张红燕、王桂香,《图书馆理论与实践》2007年第5期。

24.《西夏文化数据库建设》,卫传荣、张红燕、王桂香、郑巧英、叶平、王绍平,《图书馆建设》2007年第6期。

25.《宁夏大学建立西夏学文献数据库的可行性分析》,杜曼玲,《科技经济市场》2007年第9期。

26.《开发建立西夏学文献数据库的思考》,杜曼玲,《中国校外教育(理论)》2007年第10期。

27.《西夏文数字化的现状与未来》,景永时,《西夏学》(第七辑),上海古籍出版社 2011年。

28.《西夏文计算机数字化现状与展望》,柳长青,《西夏学》(第七辑),上海古籍出版社 2011年。

29.《西夏、契丹、女真文的计算机编码概况》,孙伯君,傅勇林主编《华西语文学刊》(第八辑),四川文艺出版社 2013年。

30.《西夏音韵数据库及其安卓平台拓展》,叶建雄、单迪,《西夏学》(第九辑),上海古籍出版社 2014年。

31. "The Study of Chinese Typeface Design Based on Female Script and Tangut Script"(《基于女书和西夏字的汉字字体设计研究》),Fang Wu(吴芳),2014 2nd International Conference on Economic,Business Management and Education Innovation(EBMEI 2014)("2014第二届经济、企业管理与教育创新国际会议(EBMEI 2014)"),Singapore(新加坡),2014年11月。

32. "Study on the Design of Tangut Input Method Based on Meaning"(《基于字义的西夏输入法设计研究》),Fei-peng SUN Li-hua TIAN Yu-ping LIN Yu FENG Yi-qiong ZHANG(孙飞鹏、田丽华、林玉萍、于芬、张一琼),2015 International Conference on Software,Multimedia and Communication Engineering(SMCE 2015)("2015国际软件、多媒体与通信工程会议(SMCE 2015)"),中国香港,2015年9月。

33.《基于图像配准的古代西夏文活字印刷术鉴别方法》,林玉萍、毕泊,《兰州理工大学学报》2016年第4期。

34.《基于 Mean Shift 算法的西夏文字笔形识别》,孟一飞、杨小花、张晓彪,《广西大学学报》(自然版)2017年第3期。

35.《基于 ASM 算法的特征提取与匹配在文字识别中的应用》,孟一飞、张晓彪、杨小花,《广西大学学报》(自然版)2017年第6期。

36.《基于西夏古籍文字样本数据库设计与实现》,孟一飞、杨文慧、谢堂健、戴雪瑞,《电脑与信息技术》2017年第6期。

37.《基于文字构件的西夏文字体库创建研究》,孟一飞、杨文慧、谢堂健、刘丽萍,《电脑知识与技术》2017年第26期。

38.《基于 CNKI 的国内西夏学文献计量研究》,李琼、徐霖杰、王德平,《西夏研究》2018年第4期。

39.《西夏文信息熵值的初步计算——以〈天盛改旧新定律令〉为例》,朱旭东,《中国民族古文字研究:中国民族古文字研究会第十次学术会议论文集》,云南民族出版社2018年。

40.《网络传播环境下西夏学文献老化规律研究》,李琼、王德平、徐霖杰,《西夏研究》2019年第4期。

41.《基于HOG特征提取和模糊支持向量机的西夏文字识别》,刘兴长、孟昱煜,《西北师范大学学报》(自然版)2019年第5期。

42.《基于深度学习的西夏文献数字化》,张光伟,《西夏学》(第二十一辑2020年第2期),甘肃文化出版社2020年。

捌　文献、史料

一、总论、专题综述

(一)总论

1.《北平图书馆藏西夏佛经小记》,周叔迦,《辅仁学志》1931年第2卷2期;《中国敦煌学百年文库·宗教卷(第4册)》,甘肃文化出版社1999年。

2.《西夏文及其文献》,史金波、白滨,《民族语文》1979年第3期;《中国史研究动态》1981年第7期。

3.《西夏图书事业小史》,公振,《河南图书馆学刊》1985年第3期。

4.《西夏史料概述》,汤开建、罗矛昆,《宁夏社科通讯》1985年第6期。

5.《党项西夏史料综述》,汤开建,《西北民族学院学报》1985年增刊。

6.《西夏文献及其史料价值》,白滨,《中国史研究动态》1987年第1期;《西夏史论文集》,宁夏人民出版社1984年;《西夏民族史论》,甘肃文化出版社2018年。

7.《西夏文文献新探》,史金波,《西夏文物》,文物出版社1988年。

8.《西夏文献考略》,王桂云,《银川市志通讯》1989年第2期。

9.《西夏史料简说》,聂鸿音,《文史知识》1989年第4期。

10.《西夏文资料对研究西夏史的重要意义》,李范文,《西北民族研究》1992年第1期;人大《宋辽金元史》1992年第4期。

11.《寻找流失在异国的珍宝——俄国所藏黑水城文献》,史金波,(台湾)《历史月刊》1995年第95期。

12.《民族文献研究》,聂鸿音,《中国民族研究年鉴(1993卷)》,民族出版社1995年。

13.《整理拍摄俄国所藏黑水城文献记》,史金波,《中国典籍与文化》1996年第1期。

14.《西夏古籍略说》,史金波,《传统文化与现代化》1996年第3期;《史金波文集》，上海辞书出版社2005年。

15.《其它古代民族文献》，聂鸿音，《民族古文献概览》，民族出版社1997年。

16.《〈俄藏黑水城文献〉汉文部分述要》，白滨，《宋史研究论文集》，宁夏人民出版社1999年；《西夏民族史论》，甘肃文化出版社2018年。

17.《西夏文书和西夏史》，史金波，(日本早稻田大学)《史滴》1999年第12期。

18.《灵武出土西夏文经出处存疑探讨》，朱泽、王璞云，《宁夏文史》(第15辑)，1999年。

19.《敦煌莫高窟北区出土西夏文文献初探》，史金波，《敦煌研究》2000年第3期；《西夏文化研究》，中国社会科学出版社2015年。

20.《敦煌莫高窟北区西夏文文献译释研究》(1—3)，史金波，《敦煌莫高窟北区石窟》(第1—3卷)，文物出版社2000—2004年。

21.《中国国家图书馆藏西夏文文献在西夏学中的地位》，史金波，《中国国家图书馆国际敦煌项目通讯》2002年第2期；《中国文物报》2002年3月27日；《文津流觞》2002年第3期；《西夏历史文化钩沉》，甘肃文化出版社2018年。

22.《国图藏西夏文文献的价值》，史金波，《中国文物报》2002年3月27日。

23.《国家图书馆藏西夏文文献在西夏学中的地位》，史金波，《文津流觞》2002年第3期。

24.《简介英国藏西夏文献》，史金波，《国家图书馆学刊》(西夏研究专号)，2002年增刊；《西夏文化研究》，中国社会科学出版社2015年。

25.《西夏书籍的编纂和出版》，史金波，《国学研究》第11卷，北京大学出版社2003年；《西夏文化研究》，中国社会科学出版社2015年。

26.《国家图书馆西夏文献中所见汉文文献(提要)》，林世田、全桂花、李际宁、郑贤兰，《文津流觞特刊(2005年国际敦煌项目(IDP)第六次会议手册)》(总第14期)，2005年。

27.《西夏文文献的价值和整理出版的新进展》，史金波，《"中国传统文化与21世纪"国际学术研讨会论文集》，中华书局2003年；《古籍整理出版情况简报》2005年第5期。

28.《英藏黑水城文献概述》，胡若飞，《固原师专学报》2005年第5期。

29.《俄藏黑水城文献和法藏敦煌西夏文文献的版本学价值》，束锡红、府宪展，《敦煌研究》2005年第5期。

30.《宁夏灵武出土西夏文文献探考》，白滨，《国家图书馆藏西夏文献中汉文文献释录》,北京图书馆出版社2005年;《宁夏社会科学》2006年第1期;人大《宋辽金元史》2006年第2期;《西夏研究(第三辑):第二届西夏学国际学术研讨会论文集》,中国社会科学出版社2006年;《西夏学论集:教育部人文社会重点研究基地建设10周年纪念》,上海古籍出版社2012年;《西夏民族史论》,甘肃文化出版社2018年。

31.《西夏文文献》,[俄]伊凤阁(著),聂鸿音(译),《国外早期西夏学论集》(一),民族出版社2005年;《西夏学述论》,甘肃文化出版社2018年。

32.《法藏敦煌西夏文文献考论》,束锡红,《敦煌研究》2006年第5期。

33.《英法俄藏西夏文文献的分析和比较》,束锡红,《西夏研究(第三辑):第二届西夏学国际学术研讨会论文集》,中国社会科学出版社2006年。

34.《甘肃省博物馆藏西夏文献览珍》,陈炳应,甘肃省博物馆编《甘肃省博物馆研究论文集》,三秦出版社2006年。

35.《西夏文佛经出土于灵武火神庙夹墙中》,牛达生,《陇右文博》2007年第1期;《西夏考古论稿(二)》,甘肃文化出版社2016年。

36.《历久弥新:国家图书馆藏西夏文献的新发现》,史金波、林世田,中华书局编辑部编《学林漫录》(第十六集),中华书局2007年。

37.《中国藏西夏文献新探》,史金波,《西夏学》(第二辑),宁夏人民出版社2007年。

38.《中国藏西夏文献概论》,杜建录,《西夏学》(第二辑),宁夏人民出版社2007年;《西夏史论集》,上海古籍出版社2016年;《西夏文献研究》,甘肃文化出版社2017年。

39.《中国藏西夏文献综述》,史金波等,《西夏学》(第二辑),宁夏人民出版社2007年。

40.《西夏遗文录》,聂鸿音,《西夏学》(第二辑),宁夏人民出版社2007年。

41.《贺兰山山嘴沟石窟出土西夏文献初步研究》,孙昌盛,《黑水城人文与环境研究:黑水城人文与环境国际学术讨论会文集》,中国人民大学出版社2007年。

42.《黑水城遗书述略》,白滨,《黑水城人文与环境研究:黑水城人文与环境国际学术讨论会文集》,中国人民大学出版社2007年;《西夏民族史论》,甘肃文化出版社2018年。

43.《〈俄藏敦煌文献〉中的黑水城文献》,荣新江,《黑水城人文与环境研究:黑水城人文与环境国际学术讨论会文集》,中国人民大学出版社2007年。

44.《黑城西夏文书的发现与研究》,牛达生,《黑水城人文与环境研究:黑水城人文与环境国际学术讨论会文集》,中国人民大学出版社2007年;《西夏考古论稿(二)》,甘肃文化出版社2016年。

45.《西夏王国的历史的见证——黑水城的文献与艺术》,史金波(著),陈炳应(供图),《读者欣赏》2008年第3期;史金波,《光明日报》2009年11月19日;《西夏历史文化钩沉》,甘肃文化出版社2018年。

46.《法藏敦煌西夏文文献的考订》,刘景云,《敦煌研究》2008年第3期;人大《宋辽金元史》2008年第4期。

47.《关于黑水城文献研究的两个问题》,白滨,《中国史研究》2008年第4期;《西夏民族史论》,甘肃文化出版社2018年。

48.《黑水城出土文献与西夏史研究——纪念黑水城文献发现100周年》,李华瑞,《中国史研究》2008年第4期;《视野、社会与人物:宋史、西夏史研究论文稿》,中国社会科学出版社2012年;《西夏史探赜》,甘肃文化出版社2017年。

49.《黑水城文献发现的始年及在近代新材料发现史上的地位》,孙继民、刘广瑞,《中国史研究》2008年第4期。

50.《西夏文献的发现与整理研究》,杜建录,《图书馆理论与实践》2009年第4期;《西夏史论集》,上海古籍出版社2016年。

51.《神奇土地上的文化蕴藏——纪念黑水城文献出土一百周年》,白滨,《中国民族研究年鉴(2007卷)》,2009年;《西夏民族史论》,甘肃文化出版社2018年。

52.《日本龙谷大学所藏西夏文献的调研报告》,武宇林,《宁夏大学学报》2009年第5期;《高等学校文科学术文摘》2009年第6期。

53.《国家图书馆藏西夏文献整理续记》,史金波、王菡,邓小南主编《宋史研究论文集(2008)》,云南大学出版社2009年。

54.《赴日本寻访西夏文献记》(上、下),许生根,(宁夏社会科学院)《新智库》院报,2009年第2期、第4期。

55.《黑水城文献的多语文、跨学科研究》,沈卫荣,《中国社会科学报》2009年8月20日第A5版。

56.《法藏敦煌西夏文文献考补》,黄延军,《西夏研究》2010年第2期。

57.《俄罗斯科学院东方写本研究所西夏文文献之收藏与研究》,[俄]克恰诺夫(著),杨富学、裴蕾(译),《西夏研究》2010年第3期;人大《宋辽金元史》2011第1期。

58.《〈英藏黑水城文献〉定名刍议及补正》,史金波,《西夏学》(第五辑),上海古籍出版社2010年;(更名)《〈英藏黑水城文献〉定名补正刍议》,《西夏学论集:教育部人文社会重点研究基地建设 10 周年纪念》，上海古籍出版社 2012 年。

59.《黑水城文献：中国近代新材料的第五大发现》，孙继民、刘广瑞，《西夏历史与文化：第三届西夏学国际学术研讨会论文集》，甘肃人民出版社 2010 年。

60.《21 世纪西夏文献整理复原与考释述略》，马淑萍，《西夏研究》2011 年第2 期。

61.《公元 1226：黑水城文献最晚的西夏纪年》，聂鸿音，《宁夏社会科学》2012年第 4 期；人大《宋辽金元史》2012 年第 6 期；《西夏文献论稿二编》，甘肃文化出版社 2018 年。

62. "Tangut Fragments Preserved in the China National Institute of Cultural Heritage"（《中国文化遗产研究院收藏的西夏文残片》），Hongyin Nie（聂鸿音），И.Ф. Попова сост. Тангуты в Центральной Азии, Москва: Издательская фирма «Восточная литература», 2012（波波娃编《中亚的唐古特人》，莫斯科：东方文学出版社 2012 年）。

63.《黑水城西夏文献价值研究》，孙继民，《中国社会科学报》2012 年 11 月 23日第 A5 版。

64.《黑水城西夏文文献整理与研究》，韩小忙，《中国社会科学报》2012 年 12月 19 日第 A6 版。

65.《传承文明 古为今用——纪念黑水城出土文献一百周年》，李范文，《李范文西夏学论文集》，中国社会科学出版社 2012 年。

66.《中国少数民族文字古籍研究简论》，史金波，《首届中国少数民族古籍文献国际学术研讨会论文集》，民族出版社 2012 年。

67.《大英博物馆藏西夏文残卷》，[英]格林斯坦德（著），杜海（译），《西夏研究》，2013 年第 1 期。

68.《（中国国家图书馆）入藏西夏文古籍回顾》，全桂花，《文津流觞》（总第 55期）2016 年第 3 期。

69.《新见甘肃省瓜州县博物馆藏西夏文献考述》，赵天英，《文献》2017 年第3 期。

70.《西夏文献与"丝绸之路"文化传统》，孙伯君，《西南民族大学学报》2017年第 8 期。

71.《立足西夏文献研究 推动丝路文化交流》，彭向前，《民主与科学》2018 年第 1 期。

72.《俄罗斯科学院东方文献研究所西夏文献库研究的过去和未来》，[俄]巴格达诺夫(著),张芷萱(译),《国学》2020年第1期。

73.《俄罗斯西夏文文献之收藏与研究》,[俄]谢·维·德米特里耶夫(著),陈培军(译),《汉籍与汉学》2020年第2期。

74.《文献》少数民族古籍研究专栏导言,聂鸿音,《文献》2020年第5期。

(二)专题综述

1.《整理研究西夏文献的回顾和展望》,聂鸿音,《民族古籍》1988年第1期。

2.《西夏文献研究小史》,聂鸿音,《北京师范大学学报》1990年第3期;人大《宋辽金元史》1990年第4期。

3.《西夏文献研究概述》,杨志高,《宁夏大学学报》2001年第1期。

4.《建国五十年来我国西夏文献整理研究简述》,杨志高,《古籍整理研究学刊》2002年第2期;周延良主编《中国古典文献学》,国际炎黄文化出版社2003年。

5.《20世纪西夏文文献研究》,白滨,《二十世纪西夏学》,宁夏人民出版社2004年。

6.《20世纪汉文西夏文献整理研究》,龚世俊、杨志高,《二十世纪西夏学》,宁夏人民出版社2004年。

7.《中国藏西夏文文献新探》,史金波,《中国社会科学院学术咨询委员会集刊》(第3辑),社会科学文献出版社2007年;《西夏文化研究》,中国社会科学出版社 2015年。

8.《〈中国藏西夏文文献〉未定名残卷考补》,段玉泉,《西夏学》(第三辑),宁夏人民出版社2008年。

9.《夏译汉籍校勘价值举隅》,彭向前,《宁夏师范学院学报》2009年第4期。

10.《黑水城夏译汉籍文献的翻译特征》,张佩琪,《书目季刊》2009年第43卷第1期;《书目季刊》2010年第44卷第1期。

11.《文献出版打破西夏学研究局限》,杜建录,《社会科学报》2010年5月27日5版。

12.《黑水城出土法律文献的整理与研究概述》,姜歆,《西夏研究》2011年第3期。

13.《英藏黑水城出土西夏历书概述》,许生根,《西夏研究》2011年第4期。

14.《夏译汉籍中的"颠倒"译法》,彭向前,《民族语文》2011年第5期;《西夏学论集:教育部人文社会重点研究基地建设10周年纪念》,上海古籍出版社2012年。

15.《国内黑水城汉文文献的整理、翻译与研究》,张琰玲、张玉海,《宁夏社会科学》2011年第6期。

16.《黑水城出土西夏文医药文献价值刍议》，梁松涛，《保定学院学报》2011年第6期。

17.《西夏汉文文献误读举例》，张秀清，《宁夏社会科学》2012年第4期。

18.《西夏文医药文献叙录》，梁松涛、李冰，《兰台世界》2012年第4期。

19.《西夏文社会文书简论》，史金波，邓小南、程民生、苗书梅主编《宋史研究论文集(2012)》，河南大学出版社2014年；《瘠土耕耘——史金波论文选集》，中国社会科学出版社2016年。

20.《黑水城出土西夏文医药文献底本来源及特点》，梁松涛，《南京中医药大学学报》2013年第3期。

21.《黑水城出土医药文献存现及研究概况》，梁松涛，《中华医史杂志》2013年第3期。

22.《藏语在解读西夏文献中的作用》，彭向前，《中国社会科学报》2013年3月6日第B01版(历史学)。

23.《黑水城汉文文献研究叙录》，张琰玲《西夏研究论文集》，凤凰出版社2015年。

24.《从药名异译论西夏医方的性质》，聂鸿音，《中华文史论丛》2014年第3期；刘复生主编《川大史学》(第二辑《中国古代史卷》)，四川大学出版社2016年；《西夏文献论稿二编》，甘肃文化出版社2018年。

25.《西夏文藏传佛教文献整理编目工作综述》，魏文，《西夏学》(第十一辑)，上海古籍出版社2015年。

26.《西夏〈天盛律令〉研究若干问题》，杜建录，《西夏史论集》，上海古籍出版社2016年；(更名)《西夏〈天盛改旧新定律令〉研究若干问题》，《西夏文献研究》，甘肃文化出版社2017年。

27.《出土西夏文献编目回顾及相关问题讨论》，段玉泉，《图书馆理论与实践》2016年第4期。

28.《出土西夏文涉医文献研究状况及前景》，梁松涛，《中华医史杂志》2016年第6期。

29.《黑水城契约：我国古代契约的重要组成》，杜建录，《光明日报》2016年9月8日16版。

30.《出土西夏汉文涉医文献研究述评》，张如青、于业礼，《中医文献杂志》2017年第1期。

31.《"夏译汉籍"的学术价值》,彭向前,《西夏学辑刊》(第一辑),宁夏人民出版社2017年。

32.《新见西夏文偏旁部首和草书刻本文献考释》,史金波,《民族语文》2017年第2期。

33.《"夏译汉籍"的文献学价值》,彭向前,《西夏研究》2017年第2期。

34.《民国时期灵武发现西夏文佛经的几个问题》,陈永中,《西夏研究》2017年第2期。

35.《在解码草书文献中触摸西夏经济脉搏》,史金波,《光明日报》2017年3月29日11版。

36.《西夏文社会文书对中国史学的贡献》,史金波,《民族研究》2017年第5期;人大《历史学》2018年第1期。

37.《西夏佛典疑伪经研究综述》,蔡莉,《西夏研究》2018年第2期。

38."Quotations in Tangut texts"(《西夏文献中的引语》), Xiaofang Ma(麻晓芳), Journal of Chinese Writing Systems 2.3 (2018)(《中国文字》2018年第3期)。

39.《近三十年黑水城出土符占秘术文书研究回顾与展望》,王巍,《西夏研究》2018年第3期。

40.《四十年来黑水城汉文经济文献研究的回顾与展望》,陈瑞青,《西夏研究》2018年第4期。

41.《"夏译汉籍"中的断句情况考察》,彭向前、杨帅,《西夏研究》2019年第1期。

42.《简论西夏"军籍"文书的性质及其价值》,陈瑞青,《西夏学》(第十九辑2019年第2期),甘肃文化出版社2019年。

43.《2011—2018年国内西夏佛教文献研究综述》,张海娟,《西夏研究》2019年第2期。

44.《西夏法律文献与法律史研究述论》,闫强乐,《西夏研究》2019年第2期。

45.《西夏文契约概论》,史金波,乜小红、陈国灿主编《丝绸之路出土各族契约文献研究论集》,中华书局2019年。

46.《民族古文献(含民族古文字)研究》,孙伯君,郝时远主编《新时代中国民族学研究回顾与展望》,社会科学文献出版社2020年。

47.《西夏文〈新集锦合辞〉研究述要》,孙广文,《西夏研究》十周年特刊,2020年。

二、目录、版本、装帧、保护

1.《馆藏西夏文经典目录》，周叔迦，《国立北平图书馆馆刊》4卷3号（西夏文专号），1932年。

2.《苏俄研究院亚洲博物馆所藏西夏文书目译释》，[俄]龙果夫（编），王静如（译），《国立北平图书馆馆刊》4卷3号（西夏文专号），1932年；《王静如文集》（上），社会科学文献出版社2015年。

3.《北京地区所藏西夏学文献专题书目》，赵志坚、褚晓明，《宁夏图书馆通讯》1981年第3期。

4.《黑城遗书（汉文）诠注目录·导言》（一至四），[苏]缅什科夫（著），王克孝（译），《敦煌研究》1988年第4期、1989年第1—3期。

5.《苏联藏西夏汉文佛经刊本述略》，王克孝，《文献》1990年第1期。

6.《西夏刻书述略》，李致忠，《古籍整理与研究》（第七辑），中华书局1992年。

7.《西夏泥活字版佛经》，孙寿龄，《中国文物报》1994年3月27日。

8.《西夏活字本研究述评》，聂鸿音，《民族研究动态》1996年第4期；《黄河文化论坛》（第7辑），中国戏剧出版社2001年；《西夏学述论》，甘肃文化出版社2018年。

9.《现存世界上最早的活字印刷品——西夏活字印本考》，史金波，《北京图书馆馆刊》1997年第1期；《史金波文集》，上海辞书出版社2005年。

10.《西夏活字版文献及其特点——世界上现存最早的活字印本探考》，史金波，（台湾）《历史文物》1997年第7卷3期；《瘠土耕耘——史金波论文选集》，中国社会科学出版社2016年。

11.《俄藏西夏文世俗文献目录》史金波、聂鸿音，《传统文化与现代化》1998年第2期。

12.《西夏文活字版印本》，罗树宝，《印刷技术》1998年第9期。

13.《西夏活字印本及其价值和特点》，牛达生，《宁夏社会科学》1999年第1期。

14.《西夏官刻本五种》，聂鸿音，《文献》1999年第3期。

15.《从拜寺沟方塔出土西夏文献看古籍中的缝缋装》，牛达生，《文献》2000年第2期。

16.《现存最早的汉文活字印本刍证》，史金波，《中国印刷》2000年第3—4期。

17.《发现最早的活字印本——黑水城出土西夏历书》,史金波,《学术动态》2000年第4期。

18.《宁夏西夏方塔汉文佛典叙录》,方广锠,《藏外佛教文献》(第7辑),宗教文化出版社2000年。

19.《西夏的书籍业及其特点——〈西夏书籍业提要〉》(上、下),景永时、李习文,《图书馆理论与实践》2001年第1—2期。

20.《国内现存出土西夏文献简明目录》,史金波、王菡、全桂花、林世田,《国家图书馆学刊》(西夏研究专号),2002年增刊。

21.《谈粘叶装——中国书籍装帧史札记之一》,方广锠,《国家图书馆学刊》(西夏研究专号),2002年增刊。

22.《鉴定早期活字印刷品的意义和方法刍议》,史金波,《中国印刷》2004年第1—2期;《西夏文化研究》,中国社会科学出版社 2015年。

23.《方塔出土写本缝缋装两例》,牛达生,《中国印刷》2005年第2期;《西夏考古论稿》,上海古籍出版社2013年。

24.《英藏黑水城文献和法藏敦煌西夏文文献的版本学价值》,束锡红、府宪展,《敦煌研究》2005年第5期;人大《宋辽金元史》2006年第1期。

25.《黑城的西夏写本》,[俄]伊凤阁(著),马忠建(译),《国外早期西夏学论集》(一),民族出版社2005年。

26.《科兹洛夫考察队黑城所获汉文文献考》,[法]伯希和(著),聂鸿音(译),《国外早期西夏学论集》(一),民族出版社2005年;《西夏学述论》,甘肃文化出版社2018年。

27.《汉文书籍的西夏刻本》,[俄]弗鲁格(著),聂鸿音(译),《国外早期西夏学论集》(二),民族出版社2005年;《西夏学述论》,甘肃文化出版社2018年。

28.《英法藏西夏文献活字印本和装帧形式的发现与比较》,束锡红,《黑水城人文与环境研究:黑水城人文与环境国际学术讨论会文集》,中国人民大学出版社2007年。

29.《西夏文献版本五题》,束锡红,《敦煌学辑刊》2008年第1期。

30.《西夏文献的版本学研究五议》,束锡红,《西夏历史与文化:第三届西夏学国际学术研讨会论文集》,甘肃人民出版社2010年。

31.《〈中国藏西夏文献〉总目录》,本刊编,《西夏学》(第三辑),宁夏人民出版社2008年。

32.《中国藏西夏文献叙录》,杜建录,《西夏学》(第三辑),宁夏人民出版社

2008年。

33.《西夏语佛典目录编纂诸问题》,[日]西田龙雄(著),刘红军(译),《西夏学》(第四辑),宁夏人民出版社2009年。

34.《俄藏黑水城西夏文佛经文献叙录·绪论(2)》,[俄]叶·伊·克恰诺夫(著),崔红芬(译),《西夏研究》2011年第1期。

35.《俄藏黑水城西夏文佛经文献叙录·绪论》,[俄]叶·伊·克恰诺夫(著),崔红芬(译),《西夏研究》2011年第4期。

36.《西夏语佛典目录编纂的诸问题》,[日]西田龙雄(著),王曦(译),沈卫荣主编《汉藏佛学研究:文本、人物、图像和历史》,中国藏学出版社2013年。

37.《武威西夏文献的版本特点及价值》,梁继红,《丝绸之路》(理论版)2012年第12期;《凉州与西夏》,甘肃文化出版社2018年

38.《瓜州东千佛洞泥寿桃洞出土一件西夏文献装帧考》,高辉,《西夏研究》2013年第2期;北京大学国学研究院《版本目录学研究》(第12辑)2013年。

39.《"夏汉勘同"一例》,高山杉,《南方都市报》2014年8月24日GB15版。

40.《西夏刻本中小装饰的类别及流变》,王艳云,《西夏学》(第十三辑),甘肃文化出版社2016年。

41.《"丝绸之路"与西夏文字文献的保护》,孙伯君,《西南民族大学学报》2017年第8期;人大《宋辽金元史》2017年第6期。

42.《关于韦力先生拍到的西夏文残经》,高山杉,《澎湃新闻》2017年10月25日。

43.《艾尔米塔什博物馆藏西夏文佛经木雕版考论》,王荣飞、景永时,《宁夏社会科学》2019年第5期。

44.《西夏古籍,渐次打开:国家图书馆收藏、修复一批批珍贵文献》,张贺,《人民日报》2020年2月21日第12版。

45.《近期拍场上的罕见佛经文献》,高山杉,《南方都市报》2020年5月31日GA16版。

三、夏译世俗文献

(一)字典、韵书

1.《西夏〈番汉合时掌中珠〉补及西夏民族语言与夏国史料》,王静如,"中央研究院"史语所《西夏研究》(临时刊),1930年;《王静如文集》(上),社会科学文献出版社2015年。

2.《简论西夏文辞书》,史金波,《辞书研究》1980年第2期。

3.《西夏文辞书及其特点和历史价值》,史金波,《辞书研究》1983年第6期;《西夏文化研究》,中国社会科学出版社2015年。

4.《〈番汉合时掌中珠〉初探》,李蔚,《西北史地》1982年第3期。

5.《〈番汉合时掌中珠〉校补》,吴峰云,《中国民族古文字研究》,中国社会科学出版社1984年;《文物考古收藏风云录》,学苑出版社2013年。

6.《〈番汉合时掌中珠〉注音符号研究》,聂鸿音,(北京)《语言研究》1987年第2期。

7.《〈番汉合时掌中珠〉复字注音考释之一》,李范文,《宁夏社会科学》1989年第5期;《李范文西夏学论文集》,中国社会科学出版社2012年。

8.《〈番汉合时掌中珠〉复字注音考释之二》,李范文,《宁夏社会科学》1989年第6期;《李范文西夏学论文集》,中国社会科学出版社2012年。

9.《从〈掌中珠〉夏汉对音看十三世纪前后汉语西北方言声纽系统若干特点》,马忠建,《中央民族学院学报》1992年第4期。

10.《〈番汉合时掌中珠〉注音汉字添加符号诠释》,张竹梅,《西北第二民院学报》1998年第4期。

11.《〈番汉合时掌中珠〉汉字复字注音诠释:尼×》,张竹梅,《西北第二民院学报》2000年第1期。

12.《从〈番汉合时掌中珠〉看西夏语七品正齿音的音值构拟》,张竹梅,《江苏大学学报》2002年第1期。

13.《从〈番汉合时掌中珠〉看西夏语有无舌上音》,张竹梅,《江苏大学学报》2003年第3期;《西夏学论集:教育部人文社会重点研究基地建设10周年纪念》,上海古籍出版社2012年。

14.《〈番汉合时掌中珠〉里的"重"与"轻"》,聂鸿音,《民族文化遗产》(第一辑),民族出版社2004年。

15.《番汉合时掌中珠》,[日]石滨纯太郎、[俄]聂历山(合著),刘红军、孙伯君(译),《国外早期西夏学论集》(二),民族出版社2005年。

16.《韵统举例》,罗福成,《"国立"北平图书馆馆刊》4卷3号(西夏文专号),1932年。

17.《我国新发现的西夏文字典〈音同〉残篇的整理与考释》,岳邦湖、陈炳应,《中国民族古文字研究》,中国社会科学出版社1984年;《西夏文明研究》,甘肃文化出版社2018年。

18.《西夏文字典〈音同〉的版本与校勘——〈音同〉研究之一》，史金波、黄振华，《民族古籍》1986年第1期。

19.《黑城新出土西夏文字典〈音同〉残卷初释》，史金波、黄振华，《文物》1987年第7期；《中国考古集成(东北卷辽)》，北京出版社1997年。

20.《列宁格勒藏本西夏文词书残叶考》，聂鸿音，《民族语文》1990年第1期；《西夏文献论稿》，上海古籍出版社2012年。

21.《西夏文字典〈音同〉序跋考释——〈音同〉研究之二》，史金波、黄振华，《西夏文史论丛(一)》，宁夏人民出版社1992年；《中国社会科学院学术论著提要(1992)》，社会科学出版社1997年。

22.《西夏文〈同音〉与〈同义〉比较研究》，李范文，《西北第二民族学院学报》2003年第2期；《西夏学论集：教育部人文社会重点研究基地建设10周年纪念》，上海古籍出版社2012年；《李范文西夏学论文集》，中国社会科学出版社2012年。

23.《〈同音文海合编〉及其中所见新字考》，韩小忙，《藏缅语言：龚煌城七秩寿庆纪念文集》，"中央研究院"语言学研究所筹备处2004年。

24.《文海杂类》，罗福成，《国立北平图书馆馆刊》4卷3号(西夏文专号)，1932年。

25.《西夏文字典〈文海〉和〈文海杂类〉及其西夏辞书中的地位》，[俄]克恰诺夫(著)，史金波(译)，《民族史译文》(第3辑)，1978年。

26.《我国西夏文辞书〈文海〉及其它》，桑明峨，《辞书研究》(第一辑)，1980年。

27.《西夏文字典〈文海〉的史料价值》，白滨，《中国史研究动态》1980年第5期；《西夏史论集》，宁夏人民出版社1984年。

28.《西夏文字典〈文海〉、〈文海杂类〉及其研究——兼谈从西夏文献看西夏社会》，黄振华，《中亚学刊》1984年第1期。

29.《论〈文海〉第一摄及有关问题》，聂鸿音，《中国民族史研究》(二)，中国民族学院出版社1989年；《古代语文论稿》，中国社会科学出版社2014年。

30.《〈文海〉探源》，聂鸿音，《固原师专学报》1990年第3期；《西夏文献论稿》，上海古籍出版社2012年。

31.《从西夏〈文海〉看西夏语与藏语词汇的关系》(一、二)，陈庆英，《青海民族学院学报》1993年第3—4期。

32.《西夏字书〈文海〉所见吐蕃名称考》，齐风玄、黄振华，《民族语文》1997年第1期。

33.《〈文海〉韵的内部区别》,聂鸿音,《民族语文》1998年第1期;《古代语文论稿》,中国社会科学出版社2014年。

34.《西夏文写本〈文海宝韵〉》,史金波,《民族语文》1999年第4期;《史金波文集》,上海辞书出版社2005年。

35.《〈文海宝韵〉序言、题款译考》,史金波,《宁夏社会科学》2001年第4期;《西夏文化研究》,中国社会科学出版社2015年。

36.《〈文海宝韵〉再研究》,李范文,《西北第二民族学院学报》2004年第4期。

37.《杂字》,罗福成,《国立北平图书馆馆刊》4卷3号(西夏文专号),1932年。

38.《西夏文〈三才杂字〉考》,聂鸿音、史金波,《中央民族学院学报》1995年第6期。

39.《西夏文〈杂字〉研究》,王静如、李范文,《西北民族研究》1997年第2期;人大《语言文学学》1998年第4期;《李范文西夏学论文集》,中国社会科学出版社2012年。

40.《西夏黑水城出土韵书残叶考》,聂鸿音,《辽金西夏史研究:纪念陈述先生逝世三周年论文集》,天津古籍出版社1997年;《古代语文论稿》,中国社会科学出版社2014年。

41.《西夏译音图〈五音切韵〉的研究》(上、中、下),[日]西田龙雄(著),史金波(译),《民族语文研究情报资料集》(第5—6集),1985年。

42.《西夏文〈义同〉词书研究》,李范文、韩小忙,《西北民族论丛》(第1辑),中国社会科学出版社2002年。

43.《〈文海宝韵〉再研究》,李范文,《西北第二民族学院学报》,2004年第4期;《李范文西夏学论文集》,中国社会科学出版社2012年。

44.《〈五音切韵〉新字考释》,李范文,《藏缅语言:龚煌城七秩寿庆纪念文集》,"中央研究院"语言学研究所筹备处2004年;《李范文西夏学论文集》,中国社会科学出版社2012年。

45.《〈文海〉中反切上字拼注音研究的若干问题》,[俄]索夫罗诺夫(著),杨振常(译),《西夏研究(第三辑):第二届西夏学国际学术研讨会论文集》,中国社会科学出版社2006年。

46.《〈文海宝韵〉丙种本内容辑校》,韩小忙,《西夏学》(第一辑),宁夏人民出版社2006年。

47.《〈文海〉中的梵语译音字》,聂鸿音,《宁夏师范学院学报》2008年第1期;《西夏文献论稿》,上海古籍出版社2012年。

48.《刻本〈同义〉残片的发现及其学术价值》，韩小忙，《宁夏社会科学》2009年第4期；《西夏学论集：教育部人文社会重点研究基地建设10周年纪念》，上海古籍出版社2012年。

49.《〈同音〉丁种本背注初探》，韩小忙，《西夏研究》2010年第1期。

50.《西夏文韵书〈同音〉残片整理》，韩小忙，《西夏研究》2011年第3期。

51.《〈同音背隐音义〉书名的拟定及其成书年代》，韩小忙，《宁夏社会科学》2011年第3期；《西夏学论集：教育部人文社会重点研究基地建设10周年纪念》，上海古籍出版社2012年。

52.《俄藏4947号西夏韵书残叶考》，聂鸿音，《西夏研究》2012年第3期。

53.《西夏文字书〈同音〉的版本及相关问题》，景永时，《宁夏社会科学》2012年第6期。

54.《西夏文〈同义〉辞书初探》，李范文，《李范文西夏学论文集》，中国社会科学出版社2012年。

55.《〈番汉合时掌中珠〉俄藏编号内容复原与版本考证》，景永时，《宁夏社会科学》2013年第6期。

56.《俄藏〈同音〉未刊部分文献与版本价值论述》，景永时，《北方民族大学学报》2014年第5期。

57.《〈番汉合时掌中珠〉中的异讹字》，贾常业，《西夏研究》2015年第1期；《西夏文字揭要》，甘肃文化出版社2017年。

58.《俄藏佛教文献中夹杂的〈同音〉残片新考》，韩小忙，《宁夏社会科学》2015年第2期。

59.《〈音同〉中的异体字与讹体字》，贾常业，《西夏研究》2016年第1期；《西夏文字揭要》，甘肃文化出版社2017年。

60.《〈文海宝韵〉中的异体字与讹体字》，贾常业，《西夏文字揭要》，甘肃文化出版社2017年。

61.《形同与不同的西夏字》，贾常业，《西夏文字揭要》，甘肃文化出版社2017年。

62.《20世纪〈番汉合时掌中珠〉刊印史考述》，景永时，《北方民族大学学报》2016年第5期。

63.《西夏文〈同音〉版本问题综考》，景永时，《宁夏社会科学》2016年第5期。

64.《西夏文刊本〈三才杂字〉残页考》，佟建荣，《西夏学》(第十二辑)，甘肃文化出版社2016年。

65.《新见英藏西夏文〈杂字〉考释》，段玉泉，《西夏学》（第十四辑　2017年第1期），甘肃文化出版社2017年。

66.《西夏文〈杂字·汉姓〉译考》，高仁、王培培，《西夏研究》2017年第2期。

67.《俄藏黑水城文献未刊〈同音〉37B残叶考释》，景永时、王荣飞，《北方民族大学学报》2017年第5期。

68.《试论西夏文韵图〈五音切韵〉的开合口排列问题——以成对韵字为例》，张竹梅，《西夏学》（第十五辑　2017年第2期），甘肃文化出版社2017年。

69.《西夏文〈同义〉考释三则》，邓章应、吴宇，《西夏学》（第十七辑　2018年第2期），甘肃文化出版社2019年。

70.《新见西夏字书初探》，[英]魏安（著），麻晓芳（译），《西夏研究》2018年第2期。

71.《〈番汉合时掌中珠〉"急随钵子"考释》，段玉泉，《敦煌学辑刊》2018年第3期。

72. "A textual research on Tangut philological work Tongming Zazi"（《西夏字书〈同名杂字〉考》），Peipei Wang（王培培），Journal of Chinese Writing Systems 2.3 (2018)（《中国文字》2018年第3期）。

73.《中国历史上最早的通假字书〈择要常传同训杂字〉》，孙颖新，《宁夏社会科学》2018年第5期。

74.《〈同音〉二字格探析》，柳玉宏，《西夏学》（第十八辑　2019年第1期），甘肃文化出版社2018年。

75.《西夏文〈同义〉重复字研究》，吴宇、邓章应，《西夏学》（第十八辑　2019年第1期），甘肃文化出版社2018年。

76.《〈番汉合时掌中珠〉中的"芍葵花"考》，郭明明、杜建录，《宁夏社会科学》2019年第1期。

77.《新见西夏文〈三才杂字〉残片考释》，吴雪梅、邵译萱，《西夏研究》2019年第3期。

78.《〈同义〉中的并列词及其意义》，贾常业，《西夏学》（第十九辑　2019年第2期），甘肃文化出版社2019年。

79.《西夏文〈同义〉文字考订》，吴宇、邓章应，《西夏学》（第十九辑　2019年第2期），甘肃文化出版社2019年。

80.《康有为藏西夏字书〈同音〉残叶版本考》，梁聪，《西夏学》（第二十一辑　2020年第2期），甘肃文化出版社2020年。

81.《从〈同音〉旧版本中的"不行"字看西夏文的使用与规范》,李雷,《宁夏社会科学》2020年第5期。

82.《西夏文字书〈择要常传同名杂字〉探析》,张永富,《西夏研究》2020年第2期。

(二)法律、军事、社会文献

1.法律、军事

(1)《十二世纪西夏法典》,[俄]克恰诺夫(著),姬增录(译),《西北史地》1985年第4期。

(2)《研究西夏文献的珍贵史料——西夏法典〈天盛改旧新定律令〉》,罗矛昆,《宁夏社会科学》1989年第5期。

(3)《西夏法典》,李范文,《宁夏大学学报》1990年第1期。

(4)《〈西夏法典〉述评》,李温,《法律科学》1990年第2期。

(5)《一部有特色的历史法典——西夏〈天盛改旧新定律令〉》,史金波,《中国法制史国际学术讨论会论文集》,陕西人民出版社1990年;《瘠土耕耘——史金波论文选集》,中国社会科学出版社2016年。

(6)《西夏文〈天盛新律〉进律表考释》,史金波、白滨、黄振华、聂鸿音,《西夏文史论丛(一)》,宁夏人民出版社1992年。

(7)《西夏〈天盛律令〉略论》,史金波,《宁夏社会科学》1993年第1期;《中国社会科学院学术论著提要(1992)》,社会科学出版社1997年;《宁夏审判志》,宁夏人民出版社1998年。

(8)《一部罕见的中世纪法典》,李温、罗矛昆,《宁夏法学》1994年第2期。

(9)《佚匿异域的西夏法典:〈天盛律令〉》,白钢,《光明日报》1995年3月6日第5版。

(10)《〈西夏法典〉——研究西夏历史的珍贵资料》,李温,《丝绸之路》1997年第6期;《首届西夏学国际学术会议论文集》,宁夏人民出版社1998年。

(11)《俄藏6965号〈天盛律令〉残卷考》,聂鸿音,《宁夏大学学报》1998年第3期;《西夏文献论稿》,上海古籍出版社2012年。

(12)《关于〈天盛律令〉的成书年代》,刘菊湘,《固原师专学报》1998年第4期。

(13)《西夏〈天盛律令〉成书年代辨析》,聂鸿音,《寻根》1998年第6期;《西夏文献论稿》,上海古籍出版社2012年。

(14)《西夏〈天盛律令〉及其法律文献价值》,史金波,《法律史论集》(第一卷),法律出版社1998年;《史金波文集》,上海辞书出版社2005年。

（15）《〈天盛鼎新律令·物离库门〉译释》，陈炳应，《首届西夏学国际学术会议论文集》，宁夏人民出版社1998年；《西夏文明研究》，甘肃文化出版社2018年。

（16）《〈西夏法典〉"比附律"考要》，胡若飞，《首届西夏学国际学术会议论文集》，宁夏人民出版社1998年。

（17）《西夏〈天盛律令·亲节门〉辨证》，孙颖新、宋璐璐，《民族语文》1999年第4期。

（18）《〈天盛律令〉西夏律令中水利资料译释》，陈炳应，《陇右文博》2001年第1期。

（19）《西夏〈天盛律令〉的历史文献价值》，杜建录，《西北民族研究》2005年第1期；《西夏史论集》，上海古籍出版社2016年。

（20）《西夏军事法典：1101—1113年的〈贞观玉镜统〉》，［俄］克恰诺夫（著），霍升平（译），《甘肃民族研究》1986年第2期。

（21）《西夏兵书〈贞观玉镜将〉》，陈炳应，《宁夏社会科学》1993年第1期；《西夏文明研究》，甘肃文化出版社2018年。

（22）《西夏军事重典〈贞观将玉镜〉考》，胡若飞，《宁夏社会科学》1994年第6期。

（23）《〈贞观将玉镜〉正文译考》，胡若飞，《宁夏大学学报》1995年第3期。

（24）《略论〈贞观玉镜统〉》，李蔚，《宁夏社会科学》1997年第5期。

（25）《我国现存最古老的少数民族法典》，聂鸿音，《民族法制通讯》1998年第2期。

（26）《西夏的军事法典——〈贞观玉镜统〉》，李温、罗矛昆，《宁夏审判志》，宁夏人民出版社1998年。

（27）《西夏文〈瓜州监军司审判案〉遗文——以橘瑞超带来在龙谷大学大宫图书馆馆藏品为中心》，［日］松泽博（著），文婧、石尚涛（译），《国家图书馆学刊》（西夏研究专号），2002年增刊。

（28）《〈天盛律令〉卷一译释及西夏法律中的"十恶罪"》，文志勇，《西夏历史与文化：第三届西夏学国际学术研讨会论文集》，甘肃人民出版社2010年。

（29）《［俄］耶·伊·克恰诺夫著〈天盛年改旧新定律令〉研究专著序言译文》，唐克秀，《西夏历史与文化：第三届西夏学国际学术研讨会论文集》，甘肃人民出版社2010年。

（30）《俄藏黑水城文献〈亥年新法〉第2549、5369号残卷译释》，文志勇，《宁夏师范学院学报》2009年第1期。

（31）《西夏法律文献〈新法〉第一译释》，贾常业，《宁夏社会科学》2009年第4期；《西夏文字揭要》，甘肃文化出版社2017年。

（32）《〈天盛律令·节亲门〉对译与考释》，许伟伟，《西夏学》（第四辑），宁夏人民出版社2009年。

（33）《西夏军抄文书初释》，史金波，《中国多文字时代的历史文献研究：辽夏金元历史文献国际研讨会文集》，社会科学文献出版社2010年；《西夏学论集：教育部人文社会重点研究基地建设10周年纪念》，上海古籍出版社2012年。

（34）《未刊俄藏西夏文〈天盛律令〉印本残片》，［日］佐藤贵保（著），刘宏梅（译），《西夏研究》2011年第3期。

（35）《西夏文军籍文书考略——以俄藏黑水城出土军籍文书为例》，史金波，《中国史研究》2012年第4期；《瘠土耕耘——史金波论文选集》，中国社会科学出版社2016年；《丝绸之路法律文献研究·黑水城出土的法律文献（卷二）》，人民法院出版社2019年。

（36）《〈天盛改旧新定律令·催缴租门〉一段西夏文缀合》，潘洁，《宁夏社会科学》2012年第6期。

（37）《西夏"节亲"考》，胡若飞，《西夏研究》2013年第2期。

（38）《黑水城出土西夏文〈亥年新法〉卷十二考释》，梁松涛、袁利，《宁夏师范学院学报》2013第2期。

（39）《英国国家图书馆藏西夏文军籍文书考释》，史金波，《文献》2013年第3期；人大《宋辽金元史》2013年第4期；《瘠土耕耘——史金波论文选集》，中国社会科学出版社2016年。

（40）《俄Инв.No.353号〈天盛律令〉残片考》，韩小忙、王长明，《吴天墀教授百年诞辰纪念文集（1913—2013）》，四川人民出版社2013年。

（41）《黑水城出土西夏文〈法则〉卷七考释》，梁松涛，《吴天墀教授百年诞辰纪念文集（1913—2013）》，四川人民出版社2013年。

（42）《黑水城出土西夏文〈法则〉卷八考释——兼论以例入法的西夏法典价值》，梁松涛，姜锡东主编《宋史研究论丛》（第14辑），河北大学出版社2013年。

（43）《黑水城出土西夏文〈法则〉卷九新译及其史料价值述论》，梁松涛、张玉海，《西夏研究》2014年第1期。

（44）《西夏文〈法则〉卷八"为婚门"考释》，王龙，《西夏学》（第十辑），上海古籍出版社2014年。

（45）《黑水城出土西夏文〈亥年新法〉卷十三"隐逃人门"考释》，梁松涛，《宁夏师范学院学报》2015年第2期。

（46）《一件英藏〈天盛律令〉印本残页译考》，高仁，《西夏学》（第十一辑），上海古籍出版社2015年。

（47）《西夏〈天盛律令〉中的头子考》，张笑峰，《宁夏师范学院学报》2016年第1期。

（48）《英藏〈天盛律令〉残卷西夏制船条款考》，许生根，《宁夏社会科学》2016年第2期。

（49）《英藏〈天盛律令〉残片的整理》，韩小忙、孔祥辉，《西夏研究》2016年第4期。

（50）《俄藏Инв.№8084ё和8084Ж号〈天盛律令〉残片考释》，许鹏，《宁夏社会科学》2016年第6期。

（51）《西夏〈天盛律令〉之中药名"蔓荆子"考释》，惠宏，《宁夏社会科学》2017年第4期。

（52）《〈天盛改旧新定律令〉补考五则》，和智，《中华文史论丛》2018年第1期。

（53）《两则未刊俄藏〈天盛律令〉残片考释》，孔祥辉，《西夏学》（第十六辑2018年第1期），甘肃文化出版社2018年。

（54）《两件〈天盛律令〉未刊残页考释》，潘洁，《西夏学》（第十七辑 2018年第2期），甘肃文化出版社2019年。

（55）《俄藏Инв.No.6239号〈天盛律令〉残片考补》，孔祥辉，《西夏学》（第十七辑 2018年第2期），甘肃文化出版社2019年。

（56）《俄藏Инв.No.4429〈天盛律令〉残页考释》，许鹏，《西夏研究》2018年第4期。

（57）《英藏〈天盛律令〉Or.12380-3762残片考补》，孔祥辉，《西夏研究》2018年第4期。

（58）《俄藏Инв.No.6740号〈天盛律令〉残页译释研究》，孔祥辉，《西夏学》（第二十辑 2020年第1期），甘肃文化出版社2020年。

（59）《论西夏文法律文献中的"边等"和"边等法"》，许鹏，《西夏学》（第二十辑 2020年第1期），甘肃文化出版社2020年。

（60）《〈贞观玉镜将〉重译及性质再判定》，李桥，《宁夏社会科学》2020年第1期。

（61）《西夏文〈天盛律令〉中的西夏语动词前缀》，[日]荒川慎太郎（著），麻晓芳（译），《西夏研究》2020年第1期。

（62）《〈天盛改旧新定律令〉西夏文题名的汉文移译与成书年代》，陈旭，《西夏研究》2020年第1期。

（63）《已刊俄藏西夏文献〈天盛改旧新定律令〉的编号系统》，骆艳，《西夏研究》2020年第2期。

（64）《西夏文法典官军抄袭任考释》，廖莎莎，《西夏研究》2020年第3期。

（65）《〈亥年新法〉引述〈天盛改旧新定律令〉考》，王培培，《西夏研究》2020年第4期。

（66）《〈天盛改旧新定律令〉卷九补缀数则》，王玫，《西夏研究》2020年第4期。

（67）《〈天盛改旧新定律令〉补考一则》，和智，《文献》2020年第5期。

（68）《西夏法典〈天盛改旧新定律令〉总目与门类提要》，贾常业，《西夏研究》十周年特刊，2020年。

（69）《〈天盛改旧新定律令〉所见法律术语"坐赃"考辨》，戴羽、任改勤，《西夏研究》十周年特刊，2020年。

2. 社会文献（官号、契约、医方、历日、占卜、姓氏）

（1）官号、契约

①《西夏〈官阶封号表〉考释》，李范文，《社会科学战线》1991年第3期；人大《宋辽金元史》1991年第5期；《李范文西夏学论文集》，中国社会科学出版社2012年。

②《西夏文〈官阶封号表〉考释》，史金波，《中国民族古文字研究》（第3辑），天津古籍出版社1991年；《史金波文集》，上海辞书出版社2005年。

③《〈西夏官阶封号表〉残卷新译及考释》，文志勇，《宁夏社会科学》2009年第1期。

④《黑城出土的西夏文典押借贷文书》，［俄］克恰诺夫（著），霍升平（译），《宁夏社科通讯》1984年第2期。

⑤《西夏文谷物借贷文书》，［日］野村博（著），陈健玲（编译），何荣（校），《固原师专学报》1990年第4期。

⑥《关于黑水城的两件西夏文书》，聂鸿音，《中华文史论丛》（第63辑），上海古籍出版社2000年；《西夏文献论稿》，上海古籍出版社2012年。

⑦《西夏贷粮契约简论》，史金波，《藏缅语言：龚煌城七秩寿庆纪念文集》，"中央研究院"语言学研究所筹备处2004年。

⑧《国家图书馆藏西夏文社会文书残页考》，史金波，《文献》2004年第2期；《西夏文化研究》，中国社会科学出版社2015年。

⑨《西夏户籍初探——4件西夏文草书户籍文书译释研究》，史金波，《民族研究》2004年第5期；人大《宋辽金元史》2005年第1期；《纪念中国社会科学院建院三十周年》（民族学与人类学研究所卷），方志出版社2007年；《瘠土耕耘——史金波论文选集》，中国社会科学出版社2016年；《丝绸之路法律文献研究·黑水城出土的法律文献（卷二）》，人民法院出版社2019年。

⑩《西夏农业租税考——西夏文农业租税文书译释》，史金波，《历史研究》2005年第1期；人大《宋辽金元史》2005年第2期；《瘠土耕耘——史金波论文选集》，中国社会科学出版社2016年；《丝绸之路法律文献研究·黑水城出土的法律文献（卷二）》，人民法院出版社2019年。

⑪《黑水城出土西夏文第8203号文书译释》，[俄]E.И.克恰诺夫（著），崔红芬、文志勇（译）《宁夏大学学报》2005年第5期。

⑫《西夏粮食借贷契约研究》，史金波，《中国社会科学院学术委员会集刊》（第一辑，2004年），社会科学文献出版社2005年；《瘠土耕耘——史金波论文选集》，中国社会科学出版社2016年。

⑬《俄藏第8203号西夏文书考释》，[俄]E.И.克恰诺夫（著），韩潇锐（译），《西夏学》（第五辑），上海古籍出版社2010年。

⑭《黑水城所出1224年的西夏文书》，[俄]E.И.克恰诺夫（著），王培培（译），《西夏学》（第八辑），上海古籍出版社2011年。

⑮《西夏文本学》，[俄]E.И.克恰诺夫（著），闫廷亮（译），《西夏学》（第八辑），上海古籍出版社2011年。

⑯《英藏黑水城文献中一件西夏契约文书考释》，李晓明、张建强，《西夏研究》2012年第1期。

⑰《黑水城出土西夏文卖地契研究》，史金波，《历史研究》2012年第2期；人大《宋辽金元史》2012年第4期；《瘠土耕耘——史金波论文选集》，中国社会科学出版社2016年；《丝绸之路法律文献研究·黑水城出土的法律文献（卷二）》，人民法院出版社2019年。

⑱《民间法视野下黑水城出土西夏文卖地契约研究——兼与汉文卖地契的比较》，韩伟，《宁夏社会科学》2013年第2期。

⑲《黑水城出土西夏文租地契研究》，史金波，《吴天墀教授百年诞辰纪念文集（1913—2013）》，四川人民出版社2013年。

⑳《西夏文卖畜契和雇畜契研究》，史金波，《中华文史论丛》2014年第3期；《丝绸之路法律文献研究·黑水城出土的法律文献（卷二）》，人民法院出版社2019年。

㉑《黑水城出土西夏文卖人口契研究》，史金波，《中国社会科学院研究生院学报》2014年第4期；《高等学校文科学术文摘》2014第5期；《瘠土耕耘——史金波论文选集》，中国社会科学出版社2016年。

㉒《黑水城出土西夏文众会条约(社条)研究》，史金波，《西夏学》(第十辑)，上海古籍出版社2014年；《瘠土耕耘——史金波论文选集》，中国社会科学出版社2016年；《丝绸之路法律文献研究·黑水城出土的法律文献(卷二)》，人民法院出版社2019年。

㉓《西夏文〈乾定戌年罨斡善典驴契约草稿〉初探》，于光建，《西夏学》(第十辑)，上海古籍出版社2014年。

㉔《武威藏西夏文乾定酉年增纳草捆文书初探》，梁继红，《西夏学》(第十辑)，上海古籍出版社2014年；《凉州与西夏》，甘肃文化出版社2018年。

㉕《黑水城出土西夏文雇工契研究》，史金波，《中国经济史研究》2016年第4期；乜小红、陈国灿主编《丝绸之路出土各族契约文献研究论集》，中华书局2019年；《丝绸之路法律文献研究·黑水城出土的法律文献(卷二)》，人民法院出版社2019年。

㉖《黑水城出土西夏文草书借贷契长卷(7741号)研究》，赵天英，《中国经济史研究》2017年第2期。

㉗《俄藏黑水城文献No.5870西夏文草书借贷契研究》，赵天英，《中华文史论丛》2018年第1期。

㉘《西夏文草书〈瓜州审案记录〉叙录》，王惠民，《敦煌学辑刊》2018年第2期。

㉙《俄藏Инв.No.954〈光定未年典驴贷粮契〉新译释——兼论西夏典当经济研究的几个问题》，于光建，《西夏研究》2018年第4期。

㉚《西夏文〈明堂灸经〉补考》，汤晓龙，《宁夏社会科学》2018年第5期。

㉛《黑水城出土748号税制文书考释——兼论西夏"通检推排"》，安北江，《中国农史》2019年第1期。

㉜《俄藏黑水城文书5722星命内容探析》，靳志佳，《宁夏社会科学》2019年第2期。

㉝《黑水城出土俄藏西夏文2554号文书的断代问题围绕〈事林广记〉的考察》，陈广恩，《西夏学》(第十九辑　2019年第2期)，甘肃文化出版社2019年。

㉞《俄藏Инв.No.7892-8贷粮契及相关研究》，杜艳梅，《西夏学》(第十八辑2019年第1期)，甘肃文化出版社2018年。

㉟《西夏文军抄账译释研究》，史金波，《军事历史研究》2019年第3期。

㊱《俄藏 Инв.No.5448 号残片考补》,李语、戴羽,《西夏研究》2019 年第 3 期。

㊲《黑水城出土 6539 号西夏文〈明堂灸经〉考释》,梁松涛,《敦煌学辑刊》2019年第 3 期。

㊳《俄藏 Инв.No.5147 西夏文借贷契研究》,田晓霈、崔红风,《西夏研究》2019年第 3 期。

㊴《黑水城出土 5147-1 号西夏文典身契研究》,田晓霈,《宁夏社会科学》2019年第 4 期。

㊵《黑水城出土西夏文典地契研究》,田晓霈,《中国农史》2019 年 4 期;人大《宋辽金元史》2020 年第 1 期。

㊶《俄 Инв.No.5996-1 西夏文卖奴契考释——兼论西夏奴隶阶层的等级关系与买卖制度》,田晓霈,《宁夏师范学院学报》2019 年第 9 期。

㊷《英藏黑水城出土抵押贷粮契考》,史金波,《文津学志》(第十二辑),国家图书馆出版社 2019 年。

㊸《俄藏 5949-28 号乾祐子年贷粮雇畜抵押契考释》,史金波,《西夏学》(第二十一辑　2020 年第 2 期),甘肃文化出版社 2020 年。

㊹《俄藏 5147 号文书 10 件西夏文贷粮契译考》,史金波,《中国经济史研究》2020 年第 3 期。

(2)医方、历日、占卜、姓氏

①《释武威西夏文医方残片》,王静如,《西夏文音系导言》(油印本),1979 年;《民族语文》1982 年第 2 期。

②《西夏译本〈明堂灸经〉初探》,聂鸿音,《文献》2009 年第 3 期;《西夏文献论稿》,上海古籍出版社 2012 年。

③《俄藏 4167 号西夏文〈明堂灸经〉残叶考》,聂鸿音,《民族语文》2009 年第 4期;《西夏文献论稿》,上海古籍出版社 2012 年。

④《西夏〈天盛律令〉里的中药名》,聂鸿音,《中华文史论丛》2009 年第 4 期;《西夏文献论稿》,上海古籍出版社 2012 年;《西夏学论集:教育部人文社会重点研究基地建设 10 周年纪念》,上海古籍出版社 2012 年。

⑤《西夏番姓译正》,孙伯君,《民族研究》2009 年第 5 期。

⑥《西夏后妃姓氏异译考论》,佟建荣,《宁夏社会科学》2009 年第 5 期。

⑦《一件黑水城出土的夏汉合璧历日考释》,彭向前、李晓玉,《西夏学》(第四辑),宁夏人民出版社 2009 年。

⑧《英藏黑水城出土医方初探》,许生根,《西夏研究》2010 年第 2 期。

⑨《俄藏黑水城出土西夏文药方〈骸骶纊猟［三棱煎丸］〉之解读考释》，吴国圣，《西夏学》（第五辑），上海古籍出版社2010年。

⑩《西夏蕃姓补正（一）》，佟建荣，《西夏学》（第五辑），上海古籍出版社2010年。

⑪《西夏文献中的"柔然"》，聂鸿音，《宁夏师范学院学报》2010年第5期；《西夏文献论稿二编》，甘肃文化出版社2018年。

⑫《西夏蕃名官号异译考释》，翟丽萍，《西夏学》（第六辑），上海古籍出版社2010年；《西夏学论集：教育部人文社会重点研究基地建设10周年纪念》，上海古籍出版社2012年。

⑬《俄藏黑水城文献911号西夏文医书第14—1页药方考释》，梁松涛，《敦煌学辑刊》2011年第4期。

⑭《俄藏ИHB.NO.911号医书第l4—2页药方考释——兼论西夏文医药文献的来源及特点》，梁松涛，《西夏学》（第八辑），上海古籍出版社2011年。

⑮《西夏文医方"消风散"考释》，惠宏、段玉泉，《西夏学》（第八辑），上海古籍出版社2011年。

⑯《〈明堂灸经〉的西夏译本》（节录），聂鸿音，［俄］波波娃、刘屹主编《敦煌学：第二个百年的研究视角与问题》，St.Petersburg：Slavia Publishers，2012（圣彼得堡：斯拉夫出版集团2012年）；（全文）朱崇先主编《古典文献学理论探索与古籍整理方法研究》，民族出版社2013年；《西夏文献论稿二编》，甘肃文化出版社2018年。

⑰《俄藏黑水城文献4384西夏文古医方考》，梁松涛，《中医文献杂志》2012年第1期。

⑱《俄藏黑水城出土西夏文"五倍丸方"考释》，梁松涛，《西夏研究》2012年第1期。

⑲《黑水城出土4384(9-8)与4894号缀合西夏文医方考释》，梁松涛，《宁夏社会科学》2012年第2 期。

⑳《黑水城出土西夏文文献古方还阳丹考述》，梁松涛，《南京中医药大学学报》2012年第2期。

㉑《黑水城出土西夏文古医方"天雄散"考述》，梁松涛，《云南中医学院学报》2012年第2期。

㉒《黑水城出土西夏文医药文献非计量单位的考察》，梁松涛，《中国民族医药杂志》2012年第2期。

㉓《黑水城出土3则偏头痛西夏文古医方考释》,梁松涛,《河北中医》2012年第3期。

㉔《黑水城出土二则齿科病方考述》,梁松涛,《中医药文化》2012年第4期。

㉕《黑水城出土一则西夏文"治口疮"古方考证》,梁松涛,《贵阳中医学院学报》2012年第4期。

㉖《黑水城出土西夏文五则治疗眼疾古方考》,梁松涛,《山西中医学院学报》2012年第4期。

㉗《黑水城出土西夏文古方"黄耆丸"考述》,梁松涛,《贵阳中医学院学报》2012年第5期。

㉘《黑水城出土西夏文"三仙丹"方考述》,梁松涛,《中华医史杂志》2012年第5期。

㉙《黑水城出土西夏文三则治疗肠风泻血方考述》,梁松涛,《河南中医》2012年第6期。

㉚《黑水城出土西夏文古佚医方"萆薢丸"考》,梁松涛,《山东中医药大学学报》2012年第6期。

㉛《黑水城出土西夏文古医方"人参半夏散"考述》,梁松涛,《时珍国医国药》2012年第7期。

㉜《黑水城出土4979号一则西夏文医方考释兼论西夏文医药文献的价值》,梁松涛,《辽宁中医药大学学报》2012年第8期。

㉝《所谓"大轮七年星占书"考释》,杜建录、彭向前,《薪火相传:史金波先生70寿辰西夏学国际学术研讨会论文集》,中国社会科学出版社2012年。

㉞《黑水城出土西夏文古医方"茯苓散"考》,梁松涛,《山西中医学院学报》2013年第5期。

㉟《黑水城出土西夏文古佚医方"鹿角霜丸"考》,梁松涛,《中医文献杂志》2013年第5期。

㊱《西夏文医方〈敕赐紫苑丸〉初探》,段玉泉,《宁夏社会科学》2013年第5期。

㊲《甘肃省博物馆藏〈天庆寅年"七五会"集款单〉再研究》,王荣飞,《宁夏社会科学》2013年第5期。

㊳《黑水城出土西夏文古佚医方"豆冰丹"考》,梁松涛,《贵阳中医学院学报》2014年第2期。

㊴《黑水城出土西夏文医方"水胀食鸣丸"考》,梁松涛,《陕西中医学院学报》2014年第6期。

⑩《西夏蕃姓订正》，佟建荣，《西夏学》（第九辑），上海古籍出版社2014年。

⑪《俄藏ИHB.No.8085西夏历日目验记》，彭向前，《西夏学》（第十辑），上海古籍出版社2014年。

⑫《西夏文〈瑾算〉所载图例初探》，荣智涧，《西夏学》（第十辑），上海古籍出版社2014年。

⑬《俄藏黑水城出土西夏文占卜文书5722考释》，梁松涛、袁利，《西夏学》（第十一辑），上海古籍出版社2015年。

⑭《西夏文"十二钱"卜卦书〈掷卦本〉考释》，孙伯君、王龙，《北方民族大学学报》2016年第1期。

⑮《英藏黑水城文献〈周易十二钱卜法〉初探》，赵坤，《西夏研究》2016年第1期。

⑯《西夏医方《治热病要论》"小儿头疮方"破译考证 》，汤晓龙，刘景云，《中华医史杂志》2016第2期。

⑰《从几组医方谈西夏文医药文献的来源》，宋满平，《西夏学》（第十二辑），甘肃文化出版社2016年。

⑱《西夏医方"合香杂制剂"破译考释初探》，汤晓龙、刘景云，《中医文献杂志》2017年第1期。

⑲《俄藏黑水城文献No.5722〈谨算〉星命解读》，韦兵、秦光永，《西夏学》（第十五辑　2017年第2期），甘肃文化出版社2017年。

㊿《黑水城出土西夏文〈明堂灸经〉残叶考》，梁松涛，《文献》2017年第3期。

51《黑水城出土西夏文古佚医方"半夏茯苓汤"考述》，梁松涛，《南京中医药大学学报》2017年第4期。

52《黑水城出土西夏文3则治妇科病方考释》，梁松涛，《中华医史杂志》2017年第5期。

53《黑水城出土西夏文"车前子丸"考述》，梁松涛，《中华医史杂志》2017年第6期。

54《武威出土西夏文医方文书载第三方新探》，张如青、于业礼、刘景云，《出土文献综合研究集刊》2018年第1期。

55《黑水城出土星命书〈百六吉凶歌〉残叶考》，秦光永，《西夏研究》2018年第1期；张铁山主编《民族古籍研究》（第四辑），中国社会科学出版社2018年。

56《俄藏黑水城出土西夏历书研究——以Инв.No.8085夏天庆十二年(1205)乙丑残历为例》，彭向前，《西夏学》（第十六辑　2018年第1期），甘肃文化出版社

2018年。

(57)《西夏文〈乌鸣占〉考释》，梁松涛，《西夏学》（第十六辑　2018年第1期），甘肃文化出版社2018年。

(58)《〈推星命洞微百六大限逐岁吉凶文书〉：英藏黑水城文献359占卜书残叶考释与定名》，韦兵，《西夏学》（第十七辑　2018年第2期），甘肃文化出版社2019年。

(59)《黑水城出土西夏文三则治恶疮医方考述》，梁松涛，《长春中医药大学学报》2018第1期。

(60)《黑水城出土二则西夏文治脾胃医方考述》，梁松涛，《甘肃中医药大学学报》2018第1期。

(61)《黑水城出土二则西夏文治杂病医方考》，梁松涛，《浙江中医药大学学报》2018第2期。

(62)《黑水城出土西夏文治妇人乳病医方2则考述》，梁松涛，《江西中医药大学学报》2018第4期。

(63)《黑水城出土西夏文三则治疮医方考述》，梁松涛，《陕西中医药大学学报》2018 第5期。

(64)《黑水城出土四则西夏文治热病医方考述》，梁松涛，《河北中医》2018年第6期。

(65)《黑水城出土西夏文古佚方"顺气化痰丸"考释》，梁松涛，《河南中医》2018年第6期。

(66)《西夏文相马、医马法〈育骏方〉考释》，孙伯君，《北方民族大学学报》2018年第2期。

(67)《出土文献中的推人游年八卦法》，彭向前，《西夏学》（第十八辑　2019年第1期），甘肃文化出版社2018年。

(68)《黑水城出土西夏文四则治风癞疮医方考述》，梁松涛，《山西中医学院学报》2019年第1期。

(69)《西夏文〈谨算〉星禽研究》，赵江红，《西夏研究》2019年第1期。

(70)《英藏西夏文〈明堂灸经〉残叶考》，王荣飞，《北方民族大学学报》2019年第1期。

(71)《Дx19078西夏文针灸文献残片及相关问题考》，孙飞鹏、梁松涛，《西夏研究》2019年第4期。

(72)《英藏黑城出土Or.12380–1796西夏文〈百六吉凶歌〉残叶考》，徐阳、韦兵，

《宁夏社会科学》2020年第6期。

（三）诗歌、谚语

1.《西夏谚语管窥》，布鲁南，《宁夏日报》1981年4月25日。

2.《西夏谚语初探——兼与陈炳应同志商榷》，霍升平、胡迅雷、李大同，《宁夏大学学报》1986年第3期。

3.《西夏谚语译释》，罗矛昆，《中国谚语集成》（宁夏卷），北京出版社1987。

4.《西夏〈新集锦合辞〉》，[俄]克恰诺夫（著）霍升平、杨秀琴（译），《民族艺林》1987年第4期。

5.《西夏〈新集锦合辞〉（续）》，[俄]克恰诺夫（著）霍升平，杨秀琴（译），《民族艺林》1988年第1期。

6.《关于西夏〈新集锦合辞〉的几个问题——〈新集锦合辞〉的作者、编纂情况版本与学者的研究状况》，霍升平，《民族艺林》1988年第1期。

7.《关于俄译本西夏谚语集的简介》，[俄]克恰诺夫（著），胡迅雷（译），《宁夏社科情报》1988年第4期。

8.《关于一段西夏诗歌的考辨》，罗矛昆，《固原师专学报》1989年第2期。

9.《列宁格勒藏本西夏词书残叶考》，聂鸿音，《民族语文》1990年第1期。

10.《西夏文〈夏圣根赞歌〉考释》，聂鸿音，《民族古籍》1990年第1期；《西夏文献论稿》，上海古籍出版社2012年。

11.《西夏文〈新修太学歌〉考释》，聂鸿音，《宁夏社会科学》1990年第3期；《西夏文献论稿》，上海古籍出版社2012年。

12.《西夏谚语》，罗矛昆，《中国谚语集成》（宁夏卷），中国民间文艺出版社1990年。

13.《西夏伦理道德的化石——西夏谚语研究之一》，刘鑫明，《固原师专学报》1992年第4期。

14.《西夏文本〈碎金〉研究》，史金波、聂鸿音，《宁夏大学学报》1995年第2期；人大《中国古代史》（二）1995年第9期。

15.《西夏史研究的两部重要史料——〈圣立义海〉、〈贞观玉镜将〉简介》，汤晓芳，《固原师专学报》1996年第1期。

16.《西夏文〈纂要〉释补》，史金波、聂鸿音，《中国少数民族古籍论（第二辑）》，巴蜀书社1998年。

17.《〈圣立义海〉与西夏人的哲学思想》，罗矛昆，《首届西夏学国际学术会议论文集》，宁夏人民出版社1998年。

18.《西夏文〈天下共乐歌〉、〈劝世歌〉考释》，聂鸿音，《宁夏社会科学》2000年第3期；人大《中国古代近代文学研究》2000年第10期；《西夏文献论稿》，上海古籍出版社2012年。

19.《西夏〈圣立义海〉故事考源》，聂鸿音、黄振华，《陇右文博》2001年第1期。

20.《俄藏198号西夏文列女故事残页考》，聂鸿音，《中国少数民族古籍论》（四），巴蜀书社2001年；《西夏文献论稿》，上海古籍出版社2012年。

21.《关于西夏文〈月月乐诗〉》，聂鸿音，《固原师专学报》2002年第5期；《西夏文献论稿》，上海古籍出版社2012年。

22.《拜寺沟方塔所出佚名诗集考》，聂鸿音，《国家图书馆学刊》（西夏研究专号），2002年增刊；《西夏文献论稿》，上海古籍出版社2012年。

23.《西夏译〈诗〉考》，聂鸿音，《文学遗产》2003年第4期；人大《中国古代、近代文学研究》2003年第10期；《西夏文献论稿》，上海古籍出版社2012年。

24.《西夏文〈五更转〉残叶考》，聂鸿音，《宁夏社会科学》2003年第5期；人大《中国古代、近代文学研究》2003年第12期；《西夏文献论稿》，上海古籍出版社2012年。

25.《西夏文〈贤智集序〉考释》，聂鸿音，《固原师专学报》2003年第5期；《西夏文献论稿》，上海古籍出版社2012年。

26.《西夏文〈夫子善仪歌〉译释》，聂鸿音，北京师范大学民俗典籍文字研究中心编《陆宗达先生百年诞辰纪念文集》，中国广播电视出版社2005年；《西夏文献论稿》，上海古籍出版社2012年。

27.《西夏〈宫廷诗集〉研究》，梁松涛，《宋史研究通讯》（总第51期），2008年。

28.《西夏文〈敕牌赞歌〉考释》，梁松涛，《宁夏社会科学》2008年第3期。

29.《西夏文〈宫廷诗集〉用典分析》，梁松涛，《西夏研究》2011年第3期。

30.《西夏文〈宫廷诗集〉版本考》，梁松涛，《宁夏社会科学》2011年第4期。

31.《西夏曲子词〈杨柳枝〉初探》，张清秀、孙伯君，《宁夏社会科学》2011年第6期。

32.《夏圣根赞歌》，［俄］Е.И.克恰诺夫（著），张海娟、王培培（译），《西夏学》（第八辑），上海古籍出版社2011年。

33.《〈宫廷诗集〉版本时间考述》，梁松涛，《薪火相传：史金波先生70寿辰西夏学国际学术研讨会论文集》，中国社会科学出版社2012年。

34.《甘博藏西夏文〈劝世诗〉残页考释》，梁继红，《陇右文博》2012年第1期；

《凉州与西夏》，甘肃文化出版社2018年。

35. "On the Tangut Version of Ting nge 'dzin gyi tshogs kyi le'u"（《〈等持集品〉的西夏文译本》），Hongyin Nie（聂鸿音），四川大学中国藏学研究所编《藏学学刊》2014年第1期；《西夏文献论稿二编》，甘肃文化出版社2018年。

36. 《西夏诗歌用韵考》，聂鸿音，《西夏研究》2013年第1期。

37. 《武威藏西夏文〈五更转〉考释》，梁继红，《敦煌研究》2013年第5期；《凉州与西夏》，甘肃文化出版社2018年

38. "A Phonetic Note on Bka"gyur pa"（"管主八"译音小考），Hongyin Nie（聂鸿音），四川大学中国藏学研究所编《藏学学刊》（第11辑 2014年第2期），中国藏学出版社2014年；《西夏文献论稿二编》，甘肃文化出版社2018年。

39. "A Textual Study of the Tangut Ballad Yuqie Yewugeng"（《西夏俗曲〈瑜伽夜五更〉考》），Hongyin Nie（聂鸿音），Central Asiatic Journal 57 （2014）（《中亚学刊》第57辑，2014年）；《西夏文献论稿二编》，甘肃文化出版社2018年。

40. 《俄藏与中国藏两种西夏文曲辞〈五更转〉之探讨》，徐希平、彭超，《民族文学研究》2016年第6期。

41. 《西夏佚名诗集再探》，汤君，《西夏学》（第十二辑），甘肃文化出版社2016年。

42. 《浅析西夏文〈宫廷诗集〉对修辞的使用》，梁松涛，《西夏学》（第十二辑），甘肃文化出版社2016年。

43. 《〈圣立义海〉孝子故事史源补考》，郭明明，《西夏研究》2017年第1期。

44. 《〈西夏颂祖歌〉新解读》，温玉成，《大众考古》2017年第1期。

45. 《未刊布的西夏文刻本〈碎金〉考论》，景永时、王荣飞，《敦煌学辑刊》2017年第4期。

46. 《辉煌的华夏史诗:〈夏圣根赞歌〉》，刘景云，《敦煌研究》2017年第4期。

47. 《华夏文明传承视角下武威西夏文献汉译本的英译译法研究——以〈劝世篇〉残页为例》，张玉琴，《中国校外教育》2017年第18期。

48. 《西夏文写本〈整驾西行烧香歌〉释补》，孙伯君，《西夏研究》2018年第5期；张铁山主编《民族古籍研究》（第四辑），中国社会科学出版社2018年。

49. 《西夏文〈三代相照文集〉述略》，孙伯君，《宁夏社会科学》2018年第6期。

50. 《黑水城所出西夏文〈碎金〉考补》，聂鸿音，张铁山主编《民族古籍研究》（第四辑），中国社会科学出版社2018年。

51. 《〈圣立义海〉故事新考三则》，张彤云，《西夏研究》2019年第1期。

52.《甘肃省博物馆藏西夏文诗歌残篇考》,李晓明,《西夏学》(第十九辑2019年第2期),甘肃文化出版社2019年。

53.《黑水城出土西夏文〈宫廷诗集〉性质考》,梁松涛、李鹏飞,《宁夏社会科学》2019年第6期。

54. "Study of Imperfect Sheet of Tangut 'Persuasive Poetry' (No.G21·002[13202])Collected in Gansu Museum"(《甘肃博物馆藏西夏"劝导诗"残研究 No.G21·002[13202]》),Xiaoming Li(李晓明),3rd International Conference on Art Studies:Science,Experience,Education(ICASSEE 2019)("第三届艺术研究:科学、经验、教育国际会议(ICASSEE 2019)"),莫斯科,2019年10月。

55.《西夏文〈贤智集〉中的传统文学素材》,龚溦祎,《西夏研究》2020年第3期。

(四)夏译世俗汉籍

1.《西夏文〈类林〉译原典的发现》,王三庆,《书目季刊》(第20卷1期),1986年。

2.《西夏文本〈类林〉研究中的几个问题》,史金波,(日)《亚洲语言与历史研究:西田龙雄教授60寿辰纪念文集》,1988年;《西夏文化研究》,中国社会科学出版社2015年。

3.《黑水出土西夏本〈类林〉考辨》,史金波、黄振华、聂鸿音,《中央民族学院学报》1988年第2期。

4.《〈类林〉西夏文译本和西夏语研究》,史金波,《民族语文》1989年第6期;《史金波文集》,上海辞书出版社2005年。

5.《西夏文本〈类林〉译文试析》,史金波、黄振华、聂鸿音,《固原师专学报》1990年第2期。

6.《〈类林〉西夏文译本汉夏对音字研究》,龚煌城,《考古与历史文化(庆祝高去寻先生八十大寿论文集)》(下),1991年;《龚煌城西夏语文研究论文集》(《语言暨语言学》专刊丙种之二上),"中央研究院"语言学研究所筹备处2002年;《西夏语言文字研究论集——祝贺龚煌城教授七十华诞纪念文集》,民族出版社2005年。

7.《〈孟子传〉西夏文译本》,聂鸿音,《民族古籍》1991年第3期;《西夏文献论稿》,上海古籍出版社2012年。

8.《西夏译〈孙子传〉考释》,聂鸿音,《中国民族古文字研究》(第3辑),天津古籍出版社1991年;《西夏文献论稿》,上海古籍出版社2012年。

9.《〈类林〉西夏译本之研究》,林英津、安可思,(台湾)《大陆杂志》第84卷第5期,1992年。

10.《西夏文〈孙子兵法〉三家注管窥——孙子研究札记之一》,黄振华,《西夏文史论丛(一)》,宁夏人民出版社1992年。

11.《西夏译本〈论语全解〉考释》,聂鸿音,《西夏文史论丛(一)》,宁夏人民出版社1992年;《西夏文献论稿》,上海古籍出版社2012年。

12.《西夏文〈新集慈孝传〉考补》,聂鸿音,《民族语文》1995年第1期。

13.《〈类林研究〉札记》,聂鸿音,《古籍整理出版情况简报》1995年第5期。

14.《〈六韬〉的西夏文译本》,聂鸿音,《传统文化与现代化》1996年第5期;《西夏文献论稿》,上海古籍出版社2012年。

15.《〈贞观政要〉的西夏文译本》,聂鸿音,《固原师专学报》1997年第1期;《西夏文献论稿》,上海古籍出版社2012年。

16.《西夏本〈孟子传〉研究》,聂鸿音,《国学研究》(四),北京大学出版社1997年;《西夏文献论稿》,上海古籍出版社2012年。

17.《西夏文〈相面图〉研究》,马雅伦、郑炳林,《首届西夏学国际学术会议论文集》,宁夏人民出版社1998年。

18.《西夏文〈新集慈孝传〉释读》,聂鸿音,《宁夏大学学报》1999年第2期。

19.《俄藏4429号西夏文〈类林〉残页考》,孙颖新、宋璐璐,《宁夏社会科学》2001年第1期。

20.《西夏文曹道乐〈德行集〉初探》,聂鸿音,《文史》2001年第3期。

21.《西夏语译〈六韬〉释文札记》,林英津,《辽夏金元史教研通讯》2002年第2期。

22.《俄藏146号西夏刻本〈德行集〉考释》,聂鸿音,《民族古籍》2002年第2期。

23.《西夏本〈经史杂抄〉初探》,聂鸿音,《宁夏社会科学》2002年第3期;人大《宋辽金元史》2002年第4期;《西夏文献论稿》,上海古籍出版社2012年。

24.《西夏本〈十二国〉考补》,聂鸿音,《文史》2002年第3期;《西夏文献论稿》,上海古籍出版社2012年。

25.《西夏本〈贞观政要〉译证》,聂鸿音,《文津学志》(第一辑),北京图书馆出版社2003年;《西夏文献论稿》,上海古籍出版社2012年。

26.《吴兢〈贞观政要〉西夏文译本残叶考》,[俄]Е.И.克恰诺夫(著),孙颖新(译),《国家图书馆学刊》(西夏研究专号),2002年增刊。

27.《苏轼〈富郑公神道碑〉的西夏译文》,孙伯君,《宁夏社会科学》2002年第4期。

28.《〈十二国〉的西夏文译本》,孙颖新,《民族语文》2003年第6期;人大《中国古代、近代文学研究》2003年第10期。

29.《西夏译本中的两篇〈六韬〉佚文》,宋璐璐,《宁夏社会科学》2004年第1期。

30.《〈黄石公三略〉西夏译本正文的文献特征》,钟焓,《民族研究》2005年第6期。

31.《俄藏西夏文草书〈孝经传〉序及篇目译考》,胡若飞,《宁夏社会科学》2005年第5期。

32.《俄藏西夏文草书〈孝经传〉正文译考》,胡若飞,《宁夏大学学报》2006年第5期;《西夏研究(第三辑):第二届西夏学国际学术研讨会论文集》,中国社会科学出版社2006年。

33.《〈黄石公三略〉西夏本注释与〈长短经〉本注释的比较研究》,钟焓,《宁夏社会科学》2006年第1期。

34.《〈吕注孝经〉考》,聂鸿音,郑炳林、樊锦诗、杨富学主编《丝绸之路民族古文字与文化学术讨论会文集》(上),三秦出版社2007年;《中华文史论丛》2007年第2期;《西夏文献论稿》,上海古籍出版社2012年。

35.《〈黄石公三略〉西夏译本注释来源初探——以与〈群书治要〉本注释的比较为中心》,钟焓,《宁夏社会科学》2007年第5期。

36. Family Models: The Model of the Tangut Work Newly Collected Biographies of Affection and Filial Piety(《家范:西夏文〈新集慈孝传〉的范本》),Hongyin Nie(聂鸿音),Письменные памятники востока,2008.2(《东方文献》2008年第2期);《西夏文献论稿二编》,甘肃文化出版社2018年。

37.《〈孔子和坛记〉的西夏译本》,聂鸿音,《民族研究》2008年第3期;《西夏文献论稿》,上海古籍出版社2012年。

38.《西夏文〈新集慈孝传〉和中原汉族的家庭伦理观》,聂鸿音,揣振宇主编《汉民族文化与构建和谐社会》,黑龙江人民出版社2008年。

39.《诸葛亮〈将苑〉的番文译本》,[俄]克平、龚煌城(著),彭向前(译),《宁夏社会科学》2008年第6期;《西夏学论集:教育部人文社会重点研究基地建设10周年纪念》,上海古籍出版社2012年。

40.《透过夏汉对译语料测度西夏人的认知概念:从西夏文本《六韬》以𘉌𘊲

tshjɨ¹ ljwu¹翻译"芒间相去"谈起》,林英津,《语言暨语言学》2009第1期。

41.《西夏文〈经史杂抄〉考源》,黄延军,《民族研究》2009年第2期。

42.《汉武帝〈秋风辞〉的番语译文》,[俄]克平(著),李杨、王培培(译),《西夏学》(第四辑),宁夏人民出版社2009年。

43.《西夏文〈类林〉音译补正》,王培培,《宁夏社会科学》2009年第4期;《西夏学论集:教育部人文社会重点研究基地建设10周年纪念》,上海古籍出版社2012年。

44.《西夏译本〈孙子传〉考补》,孙颖新,《西夏学》(第六辑),上海古籍出版社2010年。

45.《夏译〈孟子〉初探》,彭向前,《中国多文字时代的历史文献研究:辽夏金元历史文献国际研讨会文集》,社会科学文献出版社2010年。

46.《唐古特译本〈贞观政要〉残卷考》,[俄]克恰诺夫(著),彭向前(译),《西夏学》(第六辑)上海古籍出版社2010年;《西夏学论集:教育部人文社会重点研究基地建设10周年纪念》,上海古籍出版社2012年。

47.《西夏文〈正行集〉考释》,孙伯君,《宁夏社会科学》2011年第1期;《西夏学论集:教育部人文社会重点研究基地建设10周年纪念》,上海古籍出版社2012年。

48.《西夏文译本〈六韬〉解读》,贾常业,《西夏研究》2011年第2期;《西夏文字揭要》,甘肃文化出版社2017年。

49.《夏译本〈论语全解〉、〈孝经传〉中的避讳字》,贾常业,《宁夏社会科学》2011年第4期;《西夏文字揭要》,甘肃文化出版社2017年。

50.《西夏译〈孟子章句〉残卷考》,聂鸿音,《西夏研究》2012年第1期;《西夏文献论稿二编》,甘肃文化出版社2018年。

51.《西夏本〈太宗择要〉初探》,聂鸿音,《宁夏师范学院学报》2012年第2期;《西夏文献论稿二编》,甘肃文化出版社2018年。

52.《西夏写本〈孙子兵法〉残卷考》,孙颖新,《西夏研究》2012年第2期。

53.《英藏西夏文译〈贞观政要〉初探》,王荣飞,《西夏研究》2012年第3期。

54.《俄、英藏西夏文译〈贞观政要〉的版本关系》,王荣飞、景永时,《宁夏社会科学》2012年第4期。

55.《关于〈圣立义海〉的几个问题》,李范文,《李范文西夏学论文集》,中国社会科学出版社2012年。

56.《西夏文草书〈孝经传序〉吕惠卿系衔考》,彭向前,《吴天墀教授百年诞辰纪念文集（1913—2013）》，四川人民出版社2013年。

57.《西夏文本〈孙子兵法〉的文献研究》，刘春生，《孙子研究》2015年第2期。

58.《英藏西夏文译〈贞观政要〉的整理与研究》，王荣飞、戴羽，《西夏学》（第十一辑），上海古籍出版社2015年。

59.《夏译〈论语〉与宋代西北方音》，王培培，《西夏研究》2016年第2期。

60.《英藏西夏文〈孙子兵法〉残页考释》，李晓明，《西夏研究》2016年第4期。

61.《英国收藏的西夏译〈论语全解〉残片》，聂鸿音，《书品》2017年第2期。

62.《西夏文"君臣问对"残叶考》，聂鸿音，《宁夏社会科学》2017年第2期。

63.《夏译中原兵书的异同》，[英]高奕睿（著），汤君（译），《西夏研究》2017年第2期。

64.《西夏文草书〈孝经传序〉译释》，彭向前，《宁夏社会科学》2017年第5期。

65.《英国国家图书馆藏〈孝经〉西夏译本考》，孙颖新，《宁夏社会科学》2017年第5期。

66.《诸葛亮〈将苑〉考补》，聂鸿音，《文献》2018年第1期。

67.《西夏文草书〈礼记〉异文一则》，李晓春、彭向前，《西夏研究》2018年第1期。

68.《西夏文〈三家注孙子〉的版本价值》，彭向前、孙颖慧，《中国民族古文字研究：中国民族古文字研究会第十次学术会议论文集》，云南民族出版社2018年。

69.《夏译汉籍中的音译误字》，王培培，《西夏学》（第十四辑　2017年第1期），甘肃文化出版社2017年。

70.《西夏文〈圣立义海〉翻译中的若干语法问题》，和智，《西夏学》（第十四辑　2017年第1期），甘肃文化出版社2017年。

71.《英藏西夏文〈庄子〉残片考释》，梁丽莎，《西夏研究》2019年第1期。

72.《〈五公经〉：存世谶书的早期样本》，聂鸿音，《中华文化论坛》2019年第6期。

73.《英藏西夏文〈贞观政要〉〈新集文词九经抄〉残片考释》，梁丽莎，《绵阳师范学院学报》2019年第9期。

74. "A Unique Tangut Primary Reader Brief Collection by Taizong Kept in the IOM RAS"（《俄罗斯科学院东方文献研究所藏西夏蒙学读本"太宗择要"》），Hongyin Nie（聂鸿音），Written Monuments of the Orient 2020.1（《东方文献》2010年第1期）。

75. "A Compilation of Three Tangut Astral Texts（1270 CE）"（《西夏三件星曜

文献汇编（公元1270年）》），Hongyin Nie（聂鸿音），Central Asiatic Journal63.1–2
(2020)（《中亚学刊》第63卷，2020年第1—2期）。

76. "'The Five Parts of the Dharma Realm': Preliminary Remarks on the Collec-
tion of the sems phyogs Texts in the Tangut Translation"（《"法界五部"：西夏翻译中
佛学文献集的初步评析》），Kirill J. Solonin（Кирилл Солонин），Yu Xiaogang
（[俄]索罗宁、喻晓刚），Central Asiatic Journal63.1–2(2020)（《中亚学刊》第63卷，
2020年第1—2期）。

77.《〈圣立义海〉校译补正》，和智，《西夏研究》2020年第2期。

四、夏译汉藏、夏汉藏合璧宗教文献整理研究

1.《现在贤劫千佛名经卷下残卷考释》，王静如，《西夏研究》（第一辑），"中央
研究院"历史语言研究所单刊甲种之八，1932年；李范文主编《王静如西夏研究专
辑》（《西夏研究》第五辑），中国社会科学出版社2007年。

2.《过去庄严劫千佛名经考释》，王静如，《西夏研究》（第一辑），"中央研究
院"历史语言研究所单刊甲种之八，1932年；李范文主编《王静如西夏研究专辑》
（《西夏研究》第五辑），中国社会科学出版社2007年；李范文主编《王静如西夏研
究专辑》（《西夏研究》第五辑），中国社会科学出版社2007年。

3.《佛母大孔雀明王经夏梵藏汉合璧校释》，王静如，《西夏研究》（第一辑），
"中央研究院"历史语言研究所单刊甲种之八，1932年；李范文主编《王静如西夏
研究专辑》（《西夏研究》第五辑），中国社会科学出版社2007年。

4.《斯坦因khara-khoto所获西夏文〈大般若经〉考》，陈寅恪，《西夏研究》（第
一辑），1932年；《金明馆丛稿》（二编），古籍出版社1980年；三联书店2001年；李
范文主编《王静如西夏研究专辑》（《西夏研究》第五辑），中国社会科学出版社
2007年。

5.《斯坦因Khara-Khoto所获大般若经残卷译释》，王静如，《西夏研究》（第一
辑），"中央研究院"历史语言研究所单刊甲种之八，1932年；李范文主编《王静如
西夏研究专辑》（《西夏研究》第五辑），中国社会科学出版社2007年。

6.《西夏文经典题款译释举例》，王静如，《西夏研究》（第一辑），"中央研究
院"历史语言研究所单刊甲种之八，1932年；李范文主编《王静如西夏研究专辑》
（《西夏研究》第五辑），中国社会科学出版社2007年。

7.《〈妙法莲花契经〉弘传序释文》，罗福苌，《国立北平图书馆馆刊》4卷3号
（西夏文专号），1932年；王旭梁编《罗福苌先生一百二十诞辰——罗福苌集》，中

西书局2017年。

8.《〈妙法莲花契经〉序释文》，罗福成，《国立北平图书馆馆刊》4卷3号（西夏文专号），1932年。

9.《〈大宝积契经卷〉第二十七释文》，罗福成，《国立北平图书馆馆刊》4卷3号（西夏文专号），1932年。

10.《〈大般若波罗密多经〉卷第一释文》，罗福成，《国立北平图书馆馆刊》4卷3号（西夏文专号），1932年。

11.《〈大方广佛华严经〉卷一释文》，罗福苌，《国立北平图书馆馆刊》4卷3号（西夏文专号），1932年；王旭梁编《罗福苌先生一百二十诞辰——罗福苌集》，中西书局2017年。

12.《〈佛说宝雨经〉卷第十释文》，罗福成，《国立北平图书馆馆刊》4卷3号（西夏文专号），1932年。

13.《〈佛说佛母出生三法藏般若波罗密多经〉卷第十七释文》，罗福成，《国立北平图书馆馆刊》4卷3号（西夏文专号），1932年。

14.《〈佛说地藏菩萨本愿经〉卷下残本释文》，罗福成，《国立北平图书馆馆刊》4卷3号（西夏文专号），1932年。

15.《〈不空羂索神变真言经〉卷第十八释文》，罗福成，《国立北平图书馆馆刊》4卷3号（西夏文专号），1932年。

16.《〈圣大明王随求皆得经〉卷下释文》，罗福成，《国立北平图书馆馆刊》4卷3号（西夏文专号），1932年。

17.《〈六祖大师法宝坛经〉残本释文》，罗福成，《国立北平图书馆馆刊》4卷3号（西夏文专号），1932年。

18.《西夏文残经释文》，罗福成，《国立北平图书馆馆刊》4卷3号（西夏文专号），1932年。

19.《西夏语译〈大藏经〉考》，[俄]聂历山、[日]石滨纯太郎（著），周一良（译），《国立北平图书馆馆刊》4卷3号（西夏文专号），1932年；《国外早期西夏学论集》（二），民族出版社2005年。

20.《金光明最胜王经卷一夏藏汉合璧考释》，王静如，《西夏研究》（第二辑），"中央研究院"历史语言研究所单刊甲种之十一，1933年；李范文主编《王静如西夏研究专辑》（《西夏研究》第五辑），中国社会科学出版社2007年。

21.《金光明最胜王经卷三夏藏汉合璧考释》，王静如，《西夏研究》（第二辑），"中央研究院"历史语言研究所单刊甲种之十一，1933年；李范文主编《王静如西夏研究专辑》(《西夏研究》第五辑),中国社会科学出版社2007年。

22.《金光明最胜王经卷四夏藏汉合璧考释》,王静如,《西夏研究》(第二辑),"中央研究院"历史语言研究所单刊甲种之十一,1933年;李范文主编《王静如西夏研究专辑》(《西夏研究》第五辑),中国社会科学出版社2007年。

23.《金光明最胜王经卷五夏藏汉合璧考释》,王静如,《西夏研究》(第二辑),"中央研究院"历史语言研究所单刊甲种之十一,1933年;李范文主编《王静如西夏研究专辑》(《西夏研究》第五辑),中国社会科学出版社2007年。

24.《金光明最胜王经卷六夏藏汉合璧考释》,王静如,《西夏研究》(第三辑),"中央研究院"历史语言研究所单刊甲种之十三,1933年;李范文主编《王静如西夏研究专辑》(《西夏研究》第五辑),中国社会科学出版社2007年。

25.《金光明最胜王经卷七夏藏汉合璧考释》,王静如,《西夏研究》(第三辑),"中央研究院"历史语言研究所单刊甲种之十三,1933年;李范文主编《王静如西夏研究专辑》(《西夏研究》第五辑),中国社会科学出版社2007年。

26.《金光明最胜王经卷八夏藏汉合璧考释》,王静如,《西夏研究》(第三辑),"中央研究院"历史语言研究所单刊甲种之十三,1933年;李范文主编《王静如西夏研究专辑》(《西夏研究》第五辑),中国社会科学出版社2007年。

27.《金光明最胜王经卷九夏藏汉合璧考释》,王静如,《西夏研究》(第三辑),"中央研究院"历史语言研究所单刊甲种之十三,1933年;李范文主编《王静如西夏研究专辑》(《西夏研究》第五辑),中国社会科学出版社2007年。

28.《金光明最胜王经卷十夏藏汉合璧考释》,王静如,《西夏研究》(第三辑),"中央研究院"历史语言研究所单刊甲种之十三,1933年;李范文主编《王静如西夏研究专辑》(《西夏研究》第五辑),中国社会科学出版社2007年。

29.《〈佛母大孔雀明王经〉龙王大仙众生主名号夏梵藏汉合璧校释》,王静如,"中央研究院"《历史语言研究所集刊外编第一种(下):蔡元培先生六十五岁庆祝论文集》(外编抽印本),1933年;1992年再版;《王静如文集》(上),社会科学文献出版社2015年。

30.《元刊本西夏文〈华严经〉残卷跋》,王国维,《观堂集林》(卷21),中华书局1959年。

31.《西夏文木活字版佛经与铜牌》,王静如,《文物》1972年第11期;《西夏史论文集》,宁夏人民出版社1984年;《王静如民族研究文集》,民族出版社1998年;《王静如文集》(下),社会科学文献出版社2015年。

32.《甘肃武威发现的西夏文考释》,王静如,《考古》1974年第3期;《王静如文集》(下)，社会科学文献出版社2015年。

33. 《〈甘肃武威发现的西夏文考释〉质疑》，史金波，《考古》1974年第6期。

34. 《〈西夏译经图〉解》，史金波，《文献》1979年第1期；《西夏史论文集》，宁夏人民出版社1984年；《史金波文集》，上海辞书出版社2005年。

35. 《活字版西夏文〈华严经〉卷十一至十五简介》，张思温，《文物》1979年第10期；《张思温文集》，甘肃民族出版社1999年。

36. 《西夏文〈过去庄严劫千佛名经〉发愿文译证》，史金波，《世界宗教研究》1981年第1期；《西夏史论文集》，宁夏人民出版社1984年；《史金波文集》，上海辞书出版社2005年。

37. 《天梯山石窟西夏文佛经译释》，陈炳应，《考古与文物》1983年第3期；《西夏文明研究》，甘肃文化出版社2018年。

38. 《西夏文〈金光明最胜王经〉序跋考》，史金波，《世界宗教研究》1983年第3期。

39. 《图解本西夏文〈观音经〉译释》，陈炳应，《敦煌研究》1985年第3期；《西夏文明研究》，甘肃文化出版社2018年。

40. 《北京图书馆藏西夏文佛经整理记》，史金波、黄润华，《文献》1985年第4期；《西夏历史文化钩沉》，甘肃文化出版社2018年。

41. 《金书西夏文〈大方广佛华严经〉》，陈炳应，《文物》1989年第5期；《西夏文明研究》，甘肃文化出版社2018年。

42. 《西夏文〈六祖坛经〉残页译释》，史金波，《世界宗教研究》1993年第3期。

43. 《新发现西夏文佛经〈吉祥遍至口和本经〉的刻本特点及学术价值》，牛达生，《中国印刷》1993年第5期。

44. 《西夏文佛经〈吉祥遍至口和本续〉的学术价值》，牛达生，《文物》1994年第9期。

45. 《质疑与期望——〈西夏泥活字版佛经〉读后》，牛达生，《宁夏社会科学》1995年第1期。

46. 《木活字考证——元刊木活字西夏文佛经〈大方广佛华严经〉的发现研究及版本价值》，牛达生，(台湾)《印刷与设计》96期(总120期)，1996年；(台湾)《中国印刷史学术研讨会文集》，1996年；《神韵灵州——灵武文史资料》(第七集)，2007年；《西夏考古论稿(二)》，甘肃文化出版社2016年。

47. 《元刊木活字版西夏文佛经〈大方广佛华严经〉第七十六卷考察记》，牛达生，《北京图书馆馆刊》1997年第1期；《神韵灵州——灵武文史资料》(第七集)，

2007年;《西夏考古论稿(二)》,甘肃文化出版社2016年。

48.《再谈西夏文〈维摩诘所说经〉是泥活字版》,孙寿岭,《陇右文博》1997年第1期。

49.《西夏文〈维摩诘所说经〉——现存最早的泥活字印本考》,史金波,《今日印刷》1998年第2期;《西夏文化研究》,中国社会科学出版社2015年。

50.《泥金书西夏文〈华严经〉残卷摹本书后(附:泥金书西夏文《华严经》残卷汉文对读)》,张思温,《张思温文集》,甘肃民族出版社1999年。

51.《西夏文〈华严经〉摹本题后》,张思温,《张思温文集》,甘肃民族出版社1999年。

52.《西夏文泥活字印本〈维摩诘所说经〉及其学术价值》,牛达生,《中国印刷》(总第96期),2000年。

53.《史语所藏西夏文佛经残本初探》,林英津,《古今论衡》(第六期),2001年。

54.《西夏语译〈真实名经〉释文》,林英津,《京都大学人文科学研究所西夏学讨论会讲稿》2001年第22期。

55.《俄藏5130号西夏文佛经题记研究》,聂鸿音,《中国藏学》2002年第1期;《西夏文献论稿》,上海古籍出版社2012年。

56.《西夏语译〈圣妙吉祥真实名经〉释文纪略》,林英津,《国家图书馆学刊》(西夏研究专号),2002年增刊。

57.《世界上现存最早的木活字印本——宁夏贺兰山方塔出土西夏文佛经〈吉祥遍至口和本续〉介绍》,张玉珍,《图书与情报》2003年第1期。

58.《明刻本西夏〈高王观世音经〉补议》,聂鸿音,《宁夏社会科学》2003年第2期;《西夏文献论稿》,上海古籍出版社2012年。

59.《从西夏语译〈真实名经〉看西夏语的同义并列复词》,林英津,《中研院语言所讲论会提要稿》,2003年。

60.《贺兰山拜寺沟方塔所出〈吉祥遍至口和本续〉的译传者》,聂鸿音,《宁夏社会科学》2004年第1期;《西夏文献论稿》,上海古籍出版社2012年。

61.《西夏文佛经〈吉祥遍至口和本续〉题记译考》,孙昌盛,《西藏研究》2004年第2期。

62.《西夏文〈过去庄严劫千佛名经〉发愿文中的两个年号》,聂鸿音,《固原师专学报》2004年第5期;《西夏文献论稿》,上海古籍出版社2012年。

63.《〈俄藏黑水城出土西夏文佛经文献叙录〉中的帝师与国师》,崔红芬,《西北第二民族学院学报》2004年第4期。

64.《西夏译本〈持诵圣佛母般若多心经要门〉述略》,聂鸿音,《宁夏社会科学》2005年第2期;《西夏文献论稿》,上海古籍出版社2012年。

65.《西夏文藏传〈般若心经〉研究》,聂鸿音,《民族语文》2005年第2期;《纪念中国社会科学院建院三十周年》(民族学与人类学研究所卷),方志出版社2007年;《西夏文献论稿》,上海古籍出版社2012年。

66.《藏文〈般若心经〉的西夏译本》,聂鸿音,《贤者新宴》,河北教育出版社2005年。

67.《黑水城所出〈般若心经〉德慧译本述略》,聂鸿音,《安多研究》(第一辑),中国藏学学出版社2005年;《西夏文献论稿》,上海古籍出版社2012年。

68.《德藏吐鲁番所出西夏文〈郁伽长者问经〉残片考》,孙伯君,《宁夏社会科学》2005年第5期;郑炳林、樊锦诗、杨富学主编《丝绸之路民族古文字与文化学术讨论会文集》(上),三秦出版社2007年。

69.《西夏文〈吉祥遍至口合本续〉秘咒释例》,聂鸿音,《拜寺沟方塔》,文物出版社2005年。

70.《关于西夏语译〈六祖坛经〉》,[日]川上天山(著),刘红军、孙伯君(译),《国外早期西夏学论集》(二),民族出版社2005年。

71.《西夏文水陆法会祭祀文考析》,孙寿岭,《西夏学》(第一辑),宁夏人民出版社2006年。

72.《西夏宝源译〈胜相顶尊.总持功能依经录〉考略》,孙伯君,《西夏学》(第一辑),宁夏人民出版社2006年。

73.《西夏宝源译〈圣观自在大悲心总持动能依经录〉考》,孙伯君,《敦煌学辑刊》2006年第2期;《西夏研究(第三辑):第二届西夏学国际学术研讨会论文集》,中国社会科学出版社2006年。

74.《简论西夏语译〈胜相顶尊总持功能依经录〉》,林英津,《西夏研究(第三辑):第二届西夏学国际学术研讨会论文集》,中国社会科学出版社2006年;《西夏学》(第一辑),宁夏人民出版社2006年。

75.《日本藏〈圣胜慧到彼岸功德宝集颂〉考释》,[日]荒川慎太郎(著),胡若飞(译),《西夏研究(第三辑):第二届西夏学国际学术研讨会论文集》,中国社会科学出版社2006年。

76.《西夏文藏传〈吉祥遍至口合本续广义文〉节译》,孙昌盛,《西夏研究(第三辑):第二届西夏学国际学术研讨会论文集》,中国社会科学出版社2006年。

77.《法藏西夏文〈占察善恶业报经〉残片考》,戴忠沛,《宁夏社会科学》2006年第4期。

78.《英藏西夏文〈海龙王经〉考补》,聂鸿音,《宁夏社会科学》2007年第1期;《西夏文献论稿》,上海古籍出版社2012年。

79.《中国国家图书馆藏西夏译北凉本〈金光明经〉残片考》,黄延军,《宁夏社会科学》2007年第2期。

80.《西夏文〈自在大悲心〉、〈胜相顶尊〉后序发愿文研究》,段玉泉,《宁夏社会科学》2007年第5期。

81.《中国国家图书馆藏西夏文〈频那夜迦经〉考补》,聂鸿音,《西南民族大学学报》2007年第6期;《西夏文献论稿》,上海古籍出版社2012年。

82.《考古研究所藏西夏文佛经残片考补》,杨志高,《民族语文》2007年第6期;(更名)《中国社会科学院考古研究所藏西夏文佛经残片考补》,《西夏学论集:教育部人文社会重点研究基地建设10周年纪念》,上海古籍出版社2012年。

83.《西夏语译藏传佛经〈吉祥遍至口合本续〉(第十分)译释》,孙昌盛,沈卫荣主编《西域历史语言研究集刊》(第一辑),科学出版社2007年;《西夏学论集:教育部人文社会重点研究基地建设10周年纪念》,上海古籍出版社2012年。

84.《西夏文佛经〈吉祥遍至口合本续〉略考》,孙昌盛,刘迎胜编《元史及民族与边疆研究集刊》(第十九辑),上海古籍出版社2007年。

85.《北京大学图书馆所藏〈华严经〉卷42残片考》,孙伯君,《西夏学》(第二辑),宁夏人民出版社2007年。

86.《甘藏西夏文献〈圣胜慧到彼岸功德宝集偈〉考释》,段玉泉,《西夏学》(第二辑),宁夏人民出版社2007年。

87.《中国藏西夏文〈大智度论〉卷第四考补》,彭向前,《西夏学》(第二辑),宁夏人民出版社2007年。

88.《中国藏西夏文〈菩萨地持经〉残卷考补》,杨志高,《西夏学》(第二辑),宁夏人民出版社2007年。

89.《内蒙古博物馆藏西夏文〈瑜伽集要焰口施食仪〉残片考》,黄延军,《西夏学》(第二辑),宁夏人民出版社2007年。

90.《莫高窟北区出土西夏文残片补考》,戴忠沛,《西夏学》(第二辑),宁夏人民出版社2007年。

91.《西夏佛教著作〈唐昌国师二十五问答〉初探》,[俄]索罗宁(K.J.Solonin)(著),聂鸿音(译),《西夏学》(第二辑),宁夏人民出版社2007年;《西夏学述论》,

甘肃文化出版社2018年。

92.《西夏文藏传续典〈吉祥遍至口合本续〉源流、密意考述（上）》，沈卫荣，《西夏学》（第二辑），宁夏人民出版社2007年；沈卫荣，沈卫荣著《西藏历史和佛教的语文学研究》，上海古籍出版社2010年；《西夏佛教文献与历史研究》，甘肃文化出版社2018年。

93.《中国档案文献遗产选刊之十五：西夏文佛经〈吉祥遍至口和本续〉》，本刊编，《湖北档案》2007年第Z1期。

94.《西夏佛教发愿文初探》，段玉泉，《图书馆理论与实践》2008年第1期。

95.《英藏西夏文〈圣胜慧到彼岸功德宝集偈〉残叶考》，崔红芬，《宁夏师范学院学报》2008年第1期；(更名)《英藏西夏文〈圣胜慧到彼岸功德宝集偈〉残叶整理研究》，《西夏佛教文献研究论集》，宗教文化出版社2017年。

96.《英藏西夏文〈慈悲道场忏罪法〉误定之重考》，杨志高，《宁夏社会科学》2008年第2期；《西夏学论集：教育部人文社会重点研究基地建设10周年纪念》，上海古籍出版社2012年。

97.《真智译〈佛说大白伞盖总持陀罗尼经〉为西夏译本考》，孙伯君，《宁夏社会科学》2008年第4期。

98.《法藏敦煌西夏文文献的考订》，刘景云，《敦煌研究》2008年第3期；人大《宋辽金元史》2008年第4期。

99.《西夏文〈胜相顶尊总持功能依经录〉再研究》，段玉泉，《宁夏社会科学》2008年第5期。

100.《〈吉祥遍至口合本续〉中的梵文陀罗尼复原及其西夏字标音》，孙伯君，《西夏学》（第三辑），宁夏人民出版社2008年。

101.《黑水城出土西夏新译〈心经〉对勘、研究——以俄藏黑水城文献TK128号文书为中心》，沈卫荣，朱玉麒主编《西域文史》（第二辑），科学出版社2008年；《西夏佛教文献与历史研究》，甘肃文化出版社2018年。

102.《英国收藏的藏文注音西夏文佛经残片试释》，[日]池田巧(著)，《西夏历史与文化：第三届西夏学国际学术研讨会论文集》，甘肃人民出版社2010年。

103.《西夏文〈慈悲道场忏罪法〉卷二残叶研究》，杨志高，《民族语文》2009年第1期。

104.《关于西夏语翻译的〈法华经〉》，[日]西田龙雄(著)，景永时、鲁忠慧(译)，《图书馆理论与实践》2009年第2期。

105.《甘博藏西夏文〈自在大悲心经〉写本残页考》，段玉泉，《宁夏大学学报》

2009年第2期。

106.《英藏西夏文〈华严经普贤行愿品〉残叶释读》,崔红芬,《文献》2009年第2期;《西夏佛教文献研究论集》,宗教文化出版社2017年。

107.《西夏藏传佛教文献周慧海译本述略》,段玉泉,《中国藏学》2009年第3期;《西夏学论集:教育部人文社会重点研究基地建设10周年纪念》,上海古籍出版社2012年。

108.《日本藏西夏文刊本〈大方广佛华严经〉考略》,许生根,《宁夏社会科学》2009年第4期;《西夏研究论文集》,凤凰出版社2015年。

109.《乾祐二十年〈弥勒上生经御制发愿文〉的夏汉对勘研究》,聂鸿音,《西夏学》(第四辑),宁夏人民出版社2009年;《西夏文献论稿》,上海古籍出版社2012年。

110.《黑水城出土〈圣六字增寿大明陀罗尼经〉译释》,孙伯君,《西夏学》(第四辑),宁夏人民出版社2009年。

111.《西夏文〈阿弥陀经发愿文〉考释》,聂鸿音,《宁夏社会科学》2009年第5期;《西夏文献论稿》,上海古籍出版社2012年。

112.《西夏文〈无垢净光总持后序〉考释》,聂鸿音,《兰州学刊》2009年第7期;《西夏文献论稿》,上海古籍出版社2012年。

113.《黑水城出土西夏文〈佛说圣大乘三归依经〉译释》,孙伯君,《兰州学刊》2009年第7期。

114.《日本学者关于日本国立民族学博物馆所藏西夏文〈圣胜慧彼岸到功德宝集颂〉残片的研究》,武宇林,《图书馆理论与实践》2009年第9期。

115.《俄藏本和印度出版的西夏文〈慈悲道场忏罪法〉叙考》,杨志高,《图书馆理论与实践》2009年第12期。

116.《西夏文〈圣胜慧到彼岸功德宝集偈〉考论》,段玉泉,《西夏学》(第四辑),宁夏人民出版社2009年。

117.《宗教珍宝档案 世界上最早的木活字印刷物——纸本西夏文佛经〈古祥遍至口和本续〉》,《中国宗教》2009年第12期。

118.《〈十一面神咒心经〉的西夏译本》,聂鸿音,《西夏研究》2010年第1期;《西夏文献论稿》,上海古籍出版社2012年。

119.《黑水城出土西夏文〈佛说最上意陀罗尼经〉残片考释》,孙伯君,《宁夏社会科学》2010年第1期。

120.《论西夏本〈佛说父母恩重经〉》,聂鸿音,甘肃省古籍文献整理编译中心编《文献研究》(第1辑),学苑出版社2010年;《西夏文献论稿》,上海古籍出版社2012年。

121.《黑水城出土西夏文〈金狮子章云间类解〉考释》,孙伯君,《西夏研究》2010年第1期。

122.《西夏文〈佛顶无垢经〉考论》,段玉泉、惠宏,《西夏研究》2010年第2期。

123.《俄藏西夏文〈佛说八大人觉经〉考》,王培培,《西夏研究》2010年第2期;《西夏学论集:教育部人文社会重点研究基地建设10周年纪念》,上海古籍出版社2012年。

124.《〈仁王经〉的西夏译本》,聂鸿音,《民族研究》2010年第3期;人大《宗教》2010年第5期;《西夏文献论稿》,上海古籍出版社2012年;《西夏学论集:教育部人文社会重点研究基地建设10周年纪念》,上海古籍出版社2012年。

125.《西夏文〈慈悲道场忏罪法〉第七卷两个残品的补证译释》,杨志高,《西南民族大学学报》2010年第4期;(更名)《国家图书馆藏西夏文佛经〈慈悲道场忏罪法〉第七卷两个残品的补证译释》,黄健民、顾松洁主编《中国民族古文字与文献研究论文集》,中央民族大学出版社2010年。

126.《甘藏西夏文〈佛说解百生冤结陀罗尼经〉考释》,段玉泉,《西夏研究》2010年第4期。

127.《武威市博物馆藏西夏文〈维摩诘所说经〉上集残叶考释》,于光建、黎大祥,《西夏研究》2010年第4期。

128.《英藏黑水城西夏文〈佛说佛母出生三法藏般若波罗蜜多经〉残页考释》,李晓明,《西夏研究》2010年第4期。

129.《〈禅源诸诠集都序〉的西夏译本》,聂鸿音,《西夏学》(第五辑),上海古籍出版社2010年;《西夏文献论稿二编》,甘肃文化出版社2018年。

130.《俄藏TK102、TK271文献及相关问题考论》,景永时,《图书馆理论与实践》2010年第5期;《首届中国少数民族古籍文献国际学术研讨会论文集》,民族出版社2012年。

131.《国图藏西夏文〈慈悲道场忏法〉卷八译释(一)》,杨志高,《西夏学》(第五辑),上海古籍出版社2010年。

132.《印度出版的〈西夏文大藏经〉及其编者》,杨志高,《辽夏金元历史文献国际研讨会文集:中国多文字时代的历史文献研究》,社会科学文献出版社2010年。

133.《俄藏西夏文〈维摩诘经〉残卷考补》,王培培,《西夏学》(第五辑),上海古籍出版社2010年。

134.《西夏时期的〈圣胜慧到彼岸功德宝集偈〉研究——以黑水城出土藏文文献XT.16及相关藏、汉、西夏文文献为核心》,苏航,《中国多文字时代的历史文献研究:辽夏金元历史文献国际研讨会文集》,社会科学文献出版社2010年。

135.《初探西夏文本〈根本说一切有部目得迦·卷十〉》,林英津,《西夏历史与文化:第三届西夏学国际学术研讨会论文集》,甘肃人民出版社2010年。

136.《藏文〈心经〉两种夏译本之对勘研究》,胡进杉,《西夏历史与文化:第三届西夏学国际学术研讨会论文集》,甘肃人民出版社2010年。

137.《国家图书馆藏西夏文本〈慈悲道场忏法〉卷八之译释(三)》,杨志高,《西夏历史与文化:第三届西夏学国际学术研讨会论文集》,甘肃人民出版社2010年。

138.《俄藏西夏本〈拔济苦难陀罗尼经〉考释》,聂鸿音,《西夏学》(第六辑),上海古籍出版社2010年;《西夏文献论稿二编》,甘肃文化出版社2018年。

139.《西夏藏传〈尊胜经〉的夏汉藏对勘研究》,段玉泉,《西夏学》(第五辑),上海古籍出版社2010年。

140.《〈维摩诘经〉的西夏译本》,王培培,[俄]伊丽娜·波波娃、刘屹主编《敦煌学:第二个百年的研究视角与问题》,圣彼得堡斯拉维亚出版社2012年。

141.《西夏文〈修华严奥旨妄尽还源观〉考释》,孙伯君,《西夏学》(第六辑),上海古籍出版社2010年。

142.《再论〈本续〉为木活字版印本——兼谈〈本续〉与明清活字本的异同》,牛达生,《中国印刷》2010年第10—11期;《西夏考古论稿》,上海古籍出版社2013年。

143.《西夏文〈圣观自在大悲心总持功能依经录〉考论》,段玉泉,《中国多文字时代的历史文献研究:辽夏金元历史文献国际研讨会文集》,社会科学文献出版社2010年。

144.《西夏文〈禅源诸诠集都序〉译证》(上、下),聂鸿音,《西夏研究》2011年第1期、第2期;《西夏文献论稿二编》,甘肃文化出版社2018年。

145.《〈佛说阿弥陀经〉的西夏译本》,孙伯君,《西夏研究》2011年第1期。

146.《西夏文〈佛说斋经〉译证》,孙颖新,《西夏研究》2011年第1期。

147.《元代白云宗译刊西夏文文献综考》,孙伯君,《文献》2011年2期。

148.《英藏西夏文残叶考补》,文志勇、崔红芬,《宁夏社会科学》2011年第2期;(更名)《英藏西夏文〈圣胜慧到彼岸功德宝集偈〉残叶整理研究》,《西夏佛教文献研究论集》,宗教文化出版社2017年。

149.《英藏西夏文献中的一幅版画及发愿文考证》,段玉泉,《宁夏社会科学》2011年第3期。

150.《英藏西夏文〈维摩诘经〉考释》,王培培,《宁夏社会科学》2011年第3期。

151.《黑水城出土西夏文〈大手印定引导略文〉考释》,孙伯君,《西夏研究》2011年第4期。

152.《英藏西夏文〈金光明最胜王经〉残叶考》,惠宏,《西夏研究》2011年第4期。

153.《德慧译本〈〈圣佛母般若心经〉及〈持诵要门〉的夏汉对勘研究》,聂鸿音,戴庆夏主编《汉藏语学报》(第5期),商务印书馆2012年;《西夏文献论稿二编》,甘肃文化出版社2018年。

154.《一部未定名的西夏文古籍——〈圆觉经略疏钞〉西夏文译本》,高山杉,《南方都市报》2011年5月1日GB25版。

155.《俄藏西夏文〈佛说诸佛经〉考释》,王培培,《宁夏社会科学》2011年第6期。

156.《华严"三偈"考》,聂鸿音,《西夏学》(第八辑),上海古籍出版社2011年;《西夏文献论稿二编》,甘肃文化出版社2018年。

157.《西夏文〈注华严法界观门通玄记〉初探》,聂鸿音,北京师范大学民俗典籍文字研究中心编《民俗典籍文字研究》(第八辑),商务印书馆2011年;《西夏文献论稿二编》,甘肃文化出版社2018年。

158.《西夏语译〈尊胜经(Uṣnīṣa Vijaya Dhāranī)〉释文》,林英津,《西夏学》(第八辑),上海古籍出版社2011年。

159.《西夏文〈妙法莲华心经〉考释》,孙伯君,《西夏学》(第八辑),上海古籍出版社2011年。

160.《西夏文〈七功德谭〉及〈佛说止息贼难经〉译注》,胡进杉,《西夏学》(第八辑),上海古籍出版社2011年。

161.《西夏文〈十界心图注〉考》,刘景云,《西夏学》(第八辑),上海古籍出版社2011年。

162.《国国家图书馆藏西夏文〈慈悲道场忏法序〉译考》,杨志高,《西夏学》(第八辑),上海古籍出版社2011年。

163.《〈圣胜慧到彼岸功德宝集偈〉梵、藏、夏、汉本对勘研究》,苏航,《西夏学》(第八辑),上海古籍出版社2011年。

164.《俄藏黑水城西夏文〈佛说金耀童子经〉考释》,黄延军,《西夏学》(第八辑),上海古籍出版社2011年。

165.《武威亥母洞遗址出土的两件西夏文献考释》,段玉泉,《西夏学》(第八辑),上海古籍出版社2011年。

166.《武威博物馆藏西夏文〈金刚经〉及赞颂残经译释研究》,崔红芬,《西夏学》(第八辑),上海古籍出版社2011年;(更名)《武威博物馆藏西夏文〈金刚经〉及疏颂译释研究》,《西夏佛教文献研究论集》,宗教文化出版社2017年。

167.《武威藏西夏文〈志公大师十二时歌注解〉考释》,梁继红、陆文娟,《西夏学》(第八辑),上海古籍出版社2011年;《凉州与西夏》,甘肃文化出版社2018年。

168.《武威博物馆藏6721号西夏文佛经定名新考》,于光建、徐玉萍,《西夏学》(第八辑),上海古籍出版社2011年。

169.《英藏黑水城出土〈大手印引定〉残片考》,韩潇锐,《西夏学》(第八辑),上海古籍出版社2011年。

170.《英藏西夏文〈七宝华踏佛陀罗尼经〉的误定与考证》,李晓明,《西夏学》(第八辑),上海古籍出版社2011年。

171.《英藏西夏文〈华严普贤行愿品〉残叶考》,于业勋,《西夏学》(第八辑),上海古籍出版社2011年。

172.《英藏黑水城文献〈法华经〉残叶考释》,王龙,《西夏学》(第八辑),上海古籍出版社2011年。

173.《英藏西夏文〈大般涅槃经〉写本残叶考》,邹仁迪,《西夏学》(第八辑),上海古籍出版社2011年。

174.《黑水城出土西夏文〈求生净土法要门〉译释》,孙伯君,张公谨主编《民族古籍研究》(第一辑),中国社会科学出版社2012年。

175.《西夏文〈大乘无量寿经〉考释》,孙颖新,《宁夏社会科学》2012年第1期。

176.《武威市博物馆藏西夏文〈佛说百寿怨结解陀罗尼经〉及其残页考述》,胡进杉,《宁夏社会科学》2012年第1期。

177.《黑水城出土西夏文〈西方净土十疑论〉略注本考释》,孙伯君、韩潇锐,《宁夏社会科学》2012年2期。

178.《西夏文〈尊者圣妙吉祥之智慧觉增上总持〉考释》,段玉泉,《西夏研究》2012年第3期。

179.《西夏人对"菩萨"一词的翻译》,侯爱梅、彭向前,《西夏研究》2012年第3期。

180.《景泰藏西夏文〈金光明最胜王经〉考释》,梁继红,《宁夏师范学院学报》2012年第4期;《凉州与西夏》,甘肃文化出版社2018年。

181.《俄藏西夏文〈大手印定引导要门〉考释》,孙伯君,沈卫荣主编《西域历史语言研究集刊》(第五辑),科学出版社2012年。

182.《〈无垢净光总持〉的西夏文译本》,孙伯君,《宁夏社会科学》2012年6期。

183.《俄藏西夏文〈达摩大师观心论〉考释》,孙伯君,《薪火相传:史金波先生70寿辰西夏学国际学术研讨会论文集》,中国社会科学出版社2012年。

184.《国家图书馆藏西夏文本〈慈悲道场忏法〉卷八之译释二》,杨志高,《薪火相传:史金波先生70寿辰西夏学国际学术研讨会论文集》,中国社会科学出版社2012年。

185.《读西夏遗存〈心经〉文献札记》,胡进杉,《薪火相传:史金波先生70寿辰西夏学国际学术研讨会论文集》,中国社会科学出版社2012年。

186.《西夏文〈普贤行愿品疏序〉考证》,崔红芬,《薪火相传:史金波先生70寿辰西夏学国际学术研讨会论文集》,中国社会科学出版社2012年。

187.《西夏文〈大悲心陀罗尼经〉考释》,段玉泉,《薪火相传:史金波先生70寿辰西夏学国际学术研讨会论文集》,中国社会科学出版社2012年。

188.《英藏西夏文〈大方等大集经〉考释》,王培培,《薪火相传:史金波先生70寿辰西夏学国际学术研讨会论文集》,中国社会科学出版社2012年。

189. "A Textual Research on the Tangut Version Bazhong Cuzhong Fanduo Excavated from Khara-Khoto"(《哈拉浩特出土的西夏本〈八种粗重犯堕〉考证》),Sun Bojun(孙伯君),ТАНГУТЫ в Центральной Азии Сборник статей в честь 80-летия профессора Е.И.Кычанова, МОСКВА: Издательская фирма «Восточная литература», 2012(《中亚的西夏——克恰诺夫教授80寿辰纪念论文集》,莫斯科:东方文献出版社2012年)。

190.《西夏本〈近住八斋戒文〉考释》,聂鸿音,《台大佛学研究》(第23期),2012年;《西夏文献论稿二编》,甘肃文化出版社2018年。

191.《西夏文九字本〈圣胜慧到彼岸集颂〉译》,胡进杉,《首届中国少数民族古籍文献国际学术研讨会论文集》,民族出版社2012年。

192.《西夏文〈五部经序〉考释》,聂鸿音,《民族研究》2013年第1期;《西夏文献论稿二编》，甘肃文化出版社2018年。

193.《鲜演大师〈华严经宣谈抉择记〉西夏文译本》，孙伯君，《西夏研究》2013年第1期。

194.《日本藏西夏文〈大方广佛华严经〉与汉本的别异》，贾常业，《西夏研究》2013年第2期;《西夏文字揭要》，甘肃文化出版社2017年。

195.《武威藏西夏文〈志公大师十二时歌〉译释》，杜建录、于光建，《西夏研究》2013年第2期;《西夏史论集》，上海古籍出版社2016年;《西夏文献研究》，甘肃文化出版社2017年。

196.《西夏文装藏咒语考》，聂鸿音，《西夏研究》2013年第4期;《西夏文献论稿二编》，甘肃文化出版社2018年。

197.《西夏文〈观弥勒菩萨上生兜率天经〉考释》，孙伯君，《西夏研究》2013年第4期。

198.《西夏本〈佛说疗痔病经〉释读》，孙颖新，《宁夏社会科学》2013年第5期。

199.《无央数，西夏文本〈心经〉——圣彼得堡东方所抄书记事之一》，林英津，《吴天墀教授百年诞辰纪念文集(1913—2013)》，四川人民出版社2013年。

200.《黑水城出土三十五佛名礼忏经典综考》，孙伯君，《吴天墀教授百年诞辰纪念文集(1913—2013)》，四川人民出版社2013年。

201.《西夏文〈经律异相〉卷十五(第一、二品)译考》，杨志高，《吴天墀教授百年诞辰纪念文集(1913—2013)》，四川人民出版社2013年。

202.《西夏文〈尊者圣妙吉祥增智慧觉之总持〉考》，段玉泉，《吴天墀教授百年诞辰纪念文集(1913—2013)》，四川人民出版社2013年。

203.《两种尚未刊布的西夏文〈长阿含经〉》，汤君，《吴天墀教授百年诞辰纪念文集(1913—2013)》，四川人民出版社2013年。

204. "A Textual Research on the Tangut Version Mahākāruṇika-nāma-ārya-avalokiteśvara dhāraṇī"(《西夏文〈圣观自在大悲心陀罗尼〉文本研究》)，Duan Yuquan(段玉泉)，Central Asiatic Journal 57 (2014)(《中亚学刊》)第57卷，2014年)。

205.《黑水城出土〈佛说无常经〉研究》，崔红芬，《人间佛教研究》(第5期)，香港中文大学出版社2013年;《西夏佛教文献研究论集》，宗教文化出版社2017年。

206.《西夏华严经论及其传承研究》，崔红芬，台湾华严莲社《"第二届华严专宗国际学术研讨会"论文集》,2013年;《西夏佛教文献研究论集》,宗教文化出版社2017年。

207.《拜寺沟方塔与山嘴沟石窟出土佛典刻本杂考》,高山杉,《中西文化交流学报》(第5卷第1期,徐文堪先生古稀纪念中西学论专号)2013年。

208.《西夏文译本〈炽盛光如来陀罗尼经〉考释》,安娅,《宁夏社会科学》2014年第1期。

209.《西夏文〈宝藏论〉译注》,张九玲,《宁夏社会科学》2014年第2期。

210.《西夏文〈治风㽵剂门〉考释》,孙伯君,《西夏研究》2014年第3期。

211.《西夏文〈佛说百喻经〉残片考释》,孙飞鹏,《宁夏社会科学》2014年第3期。

212.《甘博藏西夏文〈普贤行愿品疏序〉研究》,崔红芬,《宁夏社会科学》2014年第3期。

213.《西夏文〈圣广大宝楼阁善住妙秘密论王总持经考释〉》,麻晓芳,《西夏研究》2014年第4期。

214.《〈金光明总持经〉:罕见的西夏本土编著》,聂鸿音,《宁夏师范学院学报》2014年第4期;人大《宗教》2014年第6期;《西夏文献论稿二编》,甘肃文化出版社2018年。

215.《〈圣曜母陀罗尼经〉的西夏译本》,聂鸿音,《宁夏社会科学》2014年第5期;《西夏文献论稿二编》,甘肃文化出版社2018年。

216.《〈番大悲神咒〉考》,聂鸿音,吕建福主编《密教文献整理与研究》,中国社会科学出版社2014年;《西夏文献论稿二编》,甘肃文化出版社2018年。

217.《澄观"华严大疏钞"的西夏文译本》,孙伯君,《宁夏社会科学》,2014年第4期。

218.《澄观、鲜演《〈华严经〉疏钞的西夏文译本》,孙伯君,张公谨主编《民族古籍研究》(第二辑),中国社会科学出版社2014年。

219.《俄藏Инв.No.78+2315号西夏文〈观弥勒菩萨上生兜率天经〉探讨》,赵天英,张公谨主编《民族古籍研究》(第二辑),中国社会科学出版社,2014年。

220.《苏联寄赠西夏文写本〈大般若经〉的时间》,高山杉,《南方都市报》2014年4月20日RB07版。

221.《西夏文〈亥母耳传记〉考释》,孙伯君,沈卫荣主编《大喜乐与大圆满——庆祝谈锡永先生八十华诞汉藏佛学研究论集》,中国藏学出版社2014年。

222.《黑水城出土藏传佛典〈中有身要门〉考释》,孙伯君,四川大学中国藏学研究所编《藏学学刊》(第9辑),中国藏学出版社2014年。

223.《西夏文〈除念定碍剂门〉考释》,孙伯君,四川大学中国藏学研究所编《藏学学刊》(第11辑),中国藏学出版社2014年。

224.《〈大乘要道密集〉与西夏文本关系再探》,孙伯君,《西夏学》(第十辑),上海古籍出版社2014年。

225. "Further Reflections on the Relation between Dacheng Yaodao Miji and its Tangut Equivalents"(《关于〈大乘要道密集〉及其西夏之间关系的进一步思考》),Sun Bojun(孙伯君),Central Asian Journal,58,2014(《中亚杂志》第58卷,2014年)。

226.《〈华严经〉卷十一夏汉文本对勘研究》,孙飞鹏,《西夏学》(第十辑),上海古籍出版社2014年。

227.《英藏西夏文〈大宝积经〉译释研究》,崔红芬,《西夏学》(第十辑),上海古籍出版社2014年;《西夏佛教文献研究论集》,宗教文化出版社2017年。

228.《西夏文〈大般若波罗蜜多经〉函号补释》,[俄]Yulia Mylnikova、彭向前,《西夏学》(第十辑),上海古籍出版社2014年。

229.《〈经律异相〉的经录入藏和西夏文本的翻译雕印》,杨志高,《西夏学》(第十辑),上海古籍出版社2014年。

230.《英藏西夏文〈圣胜慧到彼岸功德宝集偈·魔行品〉考》,张笑峰、王颖,《西夏学》(第十辑),上海古籍出版社2014年。

231.《甘肃省博藏西夏文〈观弥勒菩萨上生兜率天经〉释译》,何金兰,《西夏学》(第十辑),上海古籍出版社2014年。

232.《西夏〈首楞严经〉文本考辨》,柴冰,《西夏学》(第十辑),上海古籍出版社2014年。

233.《在西夏文残片中发现藏文佛学章疏文句》,高山杉,《南方都市报》2015年1月25日GB14版。

234.《瓜州东千佛洞泥寿桃洞西夏文两件印本残页考释》,张多勇、于光建,《敦煌研究》2015年第1期。

235.《新见甘肃临洮县博物馆藏西夏文〈大方等大集经贤护分〉残卷考释》,赵天英、张心东,《西夏研究》2015年第1期。

236.《玄奘所译〈般若心经〉的西夏文译本》,孙伯君,《西夏研究》2015年第2期。

237.《中英藏西夏文〈圣曜母陀罗尼经〉考略》,崔红芬,《敦煌研究》2015年第

2期;(更名)《西夏文〈圣曜母陀罗尼经〉考略》,《西夏佛教文献研究论集》,宗教文化出版社2017年。

238.《英藏西夏文本〈妙法莲华经〉研究》,崔红芬,《普陀学刊》2015年第2期;(更名)《英藏黑水城西夏文本〈妙法莲华经〉研究》,《西夏佛教文献研究论集》,宗教文化出版社2017年。

239.《西夏本〈佛顶心观世音菩萨大陀罗尼经〉述略》,张九玲,《宁夏社会科学》2015年第3期。

240.《西夏文〈大白伞盖陀罗尼经〉及发愿文考释》,史金波,《世界宗教研究》2015年第5期;人大《宗教》2015年第6期;《西夏学》(第十二辑),甘肃文化出版社2016年;《瘠土耕耘——史金波论文选集》,中国社会科学出版社2016年。

242.《西夏文藏传佛经〈吉祥遍至口合本续〉勘误》,孙昌盛,《北方民族大学学报》2015年第5期;《西夏学辑刊》(第一辑),宁夏人民出版社2017年。

242.《西夏文藏传佛经〈本续〉中的古代印藏地名及相关问题》,孙昌盛,《西藏研究》2015年第6期。

243.《西夏文〈胜慧彼岸到要门教授现前解庄严论诠颂〉译考》,麻晓芳,《宁夏社会科学》2015年第6期。

244.《西夏文〈大方广佛华严经名略〉》,许鹏,《宁夏社会科学》2015年第6期。

245.《西夏文〈能照无明〉考释》,孙伯君,沈卫荣主编《西域历史语言研究集刊》第八辑,科学出版社2015年。

246.《芷兰斋藏西夏文〈瑜伽焰口〉刻本残页》,高山杉,《南方都市报》2015年8月23日RB07版。

247.《西夏文〈方广大庄严经〉残片考释》,孙飞鹏,《西夏学》(第十一辑),上海古籍出版社2015年。

248.《武威藏6749号西夏文佛经〈净土求生礼佛盛赞偈〉考释》,于光建,《西夏学》(第十一辑),上海古籍出版社2015年。

249.《中国藏西夏文〈《维摩诘经》整理》,王培培,《西夏学》(第十一辑),上海古籍出版社2015年。

250.《中国藏西夏文〈佛说消除一切疾病陀罗尼经〉译释》,王龙,《西夏学》(第十一辑),上海古籍出版社2015年。

251.《西安文物保护所藏西夏文译〈瑜伽师地论〉残叶整理》,荣智涧,《西夏学》(第十一辑),上海古籍出版社2015年。

252.《〈英藏黑水城文献〉佛经残片考补》，张九龄，《西夏学》(第十一辑)，上海古籍出版社2015年。

253.《山嘴沟石窟出土的几件西夏文献残卷考证》，郑祖龙，《西夏学》(第十一辑)，上海古籍出版社2015年。

254.《西夏文〈普贤行愿品〉疏序译释及相关问题考证》，崔红芬，台湾华严莲社"第四届华严专宗国际学术研讨会"提交论文，2015年;《西夏佛教文献研究论集》，宗教文化出版社2017年。

255.《西夏文〈佛说避瘟经〉考释》，王龙，《宁夏师范学院学报》2016年第1期。

256.《西夏文〈佛说圣曜母陀罗尼经〉(Инв. № 7122)考释》，孙伯君，刘进宝主编《丝路文明》(第一辑)，上海古籍出版社2016年;韩国檀国大学北方文化研究所编，《北方文化研究》2016年第12期。

257.《〈通玄记〉西夏文注疏之发现》，高山杉，《南方都市报》2016年5月22日RB07版。

258.《黑水城出土西夏文〈十二缘生祥瑞经(卷上)〉考释》，王龙，《西夏研究》2016年第1期。

259.《黑水城出土西夏文〈十二缘生祥瑞经(卷下)〉考释》，王龙，《西夏研究》2016年第2期。

260.《西夏文〈地藏菩萨本愿经〉综考》，王龙，傅勇林、王维民主编《华西语文学刊》(第13辑)，四川文艺出版社2016年。

261.《黑水城出土西夏文〈八种粗重犯堕〉考释》，孙伯君，《西夏研究》2016年第2期。

262.《俄藏 Инв.No.6761 西夏文题记得归属——兼及西夏文献〈极乐净土求生念定〉的复原》，阎成红，《西夏研究》2016年第2期。

263.《西夏文〈白伞盖佛母总持发愿文〉考释》，段玉泉，《宁夏社会科学》2016年第2期。

264.《〈增壹阿含经〉的西夏摘译本》，汤君，《宁夏社会科学》2016年第2期。

265.《西夏文〈善住意天子会·破魔品〉考释》，麻晓芳，《西夏研究》2016年第3期。

266.《夏汉文本华严经典考略》，崔红芬，《宁夏社会科学》2016年第3期。

267.《西夏文藏传密续〈广义文〉所见印度大成就者黑行师事迹译注》，孙昌盛，《西夏研究》2016年第3期。

268.《西夏文〈圣胜慧到彼岸功德宝集偈〉中的两组程度副词》,段玉泉,《西夏研究》2016年第4期。

269.《〈喜金刚现证如意宝〉:元帝师八思巴著作的西夏译本》,李若愚,《宁夏社会科学》2016年第5期。

270.《西夏文〈诸法一心定慧圆满不可思议要门〉考释》,孙颖新,《宁夏社会科学》2016年第5期;《中国民族古文字研究:中国民族古文字研究会第十次学术会议论文集》,云南民族出版社2018年。

271.《西夏〈大威德炽盛光陀罗尼经〉考释》,安娅,《民族论坛》2016年第6期。

272.《黑水城出土西夏文〈佛说大方广善巧方便经〉考补》,王龙,《图书馆理论与实践》2016年第7期。

273.《西夏文"五部经"考略》,安娅,《西夏学》(第十二辑),甘肃文化出版社2016年。

274.《英藏汉文〈佛说天地八阳神咒经〉考释》,王培培,《西夏学》(第十二辑),甘肃文化出版社2016年。

275.《西夏文"地藏三经"综考》,王龙,《西夏学》(第十二辑),甘肃文化出版社2016年。

276.《英藏西夏文〈华严经〉(八十卷本)残片整理及校勘研究》,孙飞鹏、林玉萍,《西夏学》(第十二辑),甘肃文化出版社2016年。

277.《英藏黑水城文献中的西夏文新现佛经考释》,林玉萍、孙飞鹏,《西夏学》(第十二辑),甘肃文化出版社2016年。

278.《西夏文〈十二缘生祥瑞经〉初释》,许鹏,《西夏学》(第十二辑),甘肃文化出版社2016年。

279.《甘肃省博物馆藏西夏文〈妙法莲花经心〉考释》,何金兰,《西夏学》(第十二辑),甘肃文化出版社2016年。

280.《国家图书馆藏西夏文〈大般若波罗蜜多经〉》,黄延军,张公谨主编《民族古籍研究》(第三辑),中国社会科学出版社2016年。

281.《西夏文〈瑜伽师地论〉考释》,王龙,张公谨主编《民族古籍研究》(第三辑),中国社会科学出版社2016年。

282.《西夏文〈消灾吉祥陀罗尼经〉释读》,张九玲,《宁夏社会科学》2017年第1期。

283. "Notes on the Tangut Colophon and Votive Postscript Attached to the Sar-

va-tathāgata Akṣarāsataka Upadeśa"(《〈一切如来百字要门〉的题记和发愿文小注》),Nie Hongyin(聂鸿音),《西夏学辑刊》(第一辑),宁夏人民出版社2017年。

284.《西夏文〈金光明最胜王经·卷九·长者子流水品〉解读》,景永时,《西夏学辑刊》(第一辑),宁夏人民出版社2017年。

285.《故宫藏西夏文〈高王观世音经〉考释》,孙伯君,《西夏学辑刊》(第一辑),宁夏人民出版社2017年;沈卫荣主编《西域历史语言研究集刊》(第十辑),科学出版社2018年。

286.《西夏文〈妙法圣念处经〉残卷考释》,麻晓芳,《西夏学辑刊》(第一辑),宁夏人民出版社2017年。

287.《西夏文〈佛说圣佛母般若波罗蜜多心经〉译释》,李若愚,《西夏学辑刊》(第一辑),宁夏人民出版社2017年。

288.《中国国家图书馆藏西夏文〈修习止观坐禅法要〉残件考释》,孙飞鹏,《西夏学辑刊》(第一辑),宁夏人民出版社2017年。

289.《黑水城出土西夏文〈大庄严论经〉考释》,王龙,《西夏学辑刊》(第一辑),宁夏人民出版社2017年。

290.《英藏若干西夏文〈真实名经〉残页考释》,李晓明,《西夏研究》2017年第1期。

291.《英藏西夏文〈金刚经〉残片考辨》,孔祥辉,《西夏研究》2017年第1期。

292.《西夏文〈十轮经〉考论》,王龙,《西夏研究》2017年第2期。

293.《西夏文〈大宝积经〉卷三十六勘误》,张永富,《西夏研究》2017年第2期。

294.《西夏本〈大随求陀罗尼经〉初探》,张九玲,《西夏学》(第十四辑 2017年第1期),甘肃文化出版社2017年。

295.《〈通玄记〉的西夏译本》,王龙,《西夏学》(第十四辑 2017年第1期),甘肃文化出版社2017年。

296.《西夏藏传文献中所见印度大成就者毗卢巴事迹译注》,孙昌盛,《西夏学》(第十五辑 2017年第2期),甘肃文化出版社2017年。

297.《〈六字大明陀罗尼〉考释》,崔红芬,《西夏学》(第十五辑 2017年第2期),甘肃文化出版社2017年。

298.《西夏文〈圣胜相顶尊母成就法〉考释》,段玉泉,《西夏学》(第十五辑 2017年第2期),甘肃文化出版社2017年。

299.《英藏黑水城西夏文〈华严经普贤行愿品〉残件整理与校勘》,孙飞鹏,

《西夏学》（第十五辑　2017年第2期），甘肃文化出版社2017年。

300.《俄藏西夏文藏传密续〈胜住仪轨〉题记译考——兼论藏传佛教传播西夏的时间》，孙昌盛，《北方民族大学学报》2017年第2期。

301.《新发现的西夏文〈圣胜慧到彼岸功德宝集偈〉残叶考》，段玉泉、米向军，《宁夏社会科学》2017年第2期。

302.《西夏写本〈阿毗达磨顺正理论〉考释》，王龙，《宁夏社会科学》2017年第2期。

303.《泥金写西夏文〈妙法莲华经〉的流失和考察》，史金波，《文献》2017年第3期。

304.《西夏写本〈大乘阿毗达磨集论〉缀考》，王龙，《文献》2017年第3期。

305.《西夏文〈佛说入胎藏会第十四之二〉考释》，王培培，《西夏研究》2017年第3期。

306.《〈英藏黑水城文献〉漏刊的两件西夏文献考释》，马万梅，《西夏研究》2017年第3期。

307.《裴休〈发菩提心文〉的西夏译本考释》，孙伯君，《宁夏社会科学》2017年第4期。

308.《影响·作用：汉文和复原的西夏文〈慈悲道场忏法〉》，杨志高、杨露怡，《宁夏社会科学》2017年第4期。

309.《俄藏西夏文〈佛说瞻婆比丘经〉残卷考》，麻晓芳，《西夏研究》2017年第4期。

310.《俄藏西夏文〈瑜伽师地论〉卷八十八考释考》，王龙，《西夏研究》2017年第4期。

311.《藏传〈圣大乘胜意菩萨经〉的夏汉藏对勘研究》，王龙，《北方民族大学学报》2017年第5期；《中国民族古文字研究：中国民族古文字研究会第十次学术会议论文集》，云南民族出版社2018年。

312.《西夏文〈过去庄严劫千佛名经〉发愿文之西北方音及相关问题》，崔红芬，《宁夏社会科学》2017年第6期。

313.《西夏文〈药师琉璃光七佛本愿功德经〉及相关问题考略》，崔红芬，学愚主编《佛学思想与佛教文化研究》（上），社会科学文献出版社2017年；《西夏佛教文献研究论集》，宗教文化出版社2017年。

314.《〈慈悲道场忏法西夏文译本的复原与研究〉概要》，杨志高，全国哲学社会科学规划办公室《国家哲学社会科学成果文库概要2016》，中国人民大学出版社2017年。

315.《有关佛教名相在西夏文经典中的几例标点——以〈慈悲道场忏法〉和〈经律异相〉为例》，杨志高，《西夏学》(第十六辑　2018年第1期)，甘肃文化出版社2018年。

316.《西夏本〈佛说延寿命经〉考释》，张九玲，《西夏学》(第十六辑　2018年第1期)，甘肃文化出版社2018年。

317.《西夏文〈药师琉璃光七佛本愿功德经〉残卷考》，麻晓芳，《西夏学》(第十六辑　2018年第1期)，甘肃文化出版社2018年。

318.《俄藏西夏文〈金光明经〉卷二"分别三身品"残卷考释》，郭垚垚，《西夏学》(第十六辑　2018年第1期)，甘肃文化出版社2018年。

319.《西夏文草书〈显扬圣教论·成瑜伽品第九〉考补》，王龙，《西夏学》(第十六辑　2018年第1期)，甘肃文化出版社2018年。

320.《黑水城出土西夏文〈仁王经〉补释》，王龙，《西夏学》(第十七辑　2018年第2期)，甘肃文化出版社2019年。

321.《中国国家图书馆藏西夏文〈不空羂索神变真言经〉考论》，庞倩、王龙，《西夏学》(第十七辑　2018年第2期)，甘肃文化出版社2019年。

322.《西夏文〈药师琉璃光七佛本愿功德经〉的草书译本》，麻晓芳，《宁夏社会科学》2018年第2期。

323.《黑水城出土西夏文〈百千印陀罗尼经〉考释》，张映晖，《西夏学》(第十七辑　2018年第2期)，甘肃文化出版社2019年。

324.《西夏文〈密迹金刚力士会第三之六〉考释》，魏淑霞，《西夏研究》2018年第2期。

325. "A preliminary study on the Tangut version of the Mañjuśirī- dhāraṇī-sūtra"(《西夏译本〈妙吉祥陀罗尼经〉的初步研究》)，Yaoyao Guo(郭垚垚)，Journal of Chinese Writing Systems 2.3（2018)(《中国文字》第2卷，2018年第3期)

326.《有关〈华严法界观通玄记〉的几个新发现》，高山杉，《中山大学学报》2018年第2期;《宗教》2018年第3期。

327.《宁夏佑啓堂藏三件西夏文残片考释》，吴雪梅，《西夏研究》2018年第3期。

328.《新见宁夏佑啟堂藏西夏文〈金刚经〉残片考释》，吴雪梅、于光建，《宁夏社会科学》2018年第4期。

329.《西夏文〈二十五问答〉中"答者"考补》，郭垚垚，《宁夏社会科学》2018

第6期。

330.《西夏文〈善住意天子会·破菩萨相品〉考释》,麻晓芳,《中国民族古文字研究:中国民族古文字研究会第十次学术会议论文集》,云南民族出版社2018年。

331.《〈大寒林经〉的西夏译本》,王培培,《中国民族古文字研究:中国民族古文字研究会第十次学术会议论文集》,云南民族出版社2018年。

332.《西夏写本〈佛前烧香偈〉考》,王龙,张铁山主编《民族古籍研究》(第四辑),中国社会科学出版社2018年。

333.《俄藏西夏文〈大智度论〉考释》,郭垚垚,张铁山主编《民族古籍研究》(第四辑),中国社会科学出版社2018年。

334.《西夏文大宝积经卷八十八"摩诃迦叶会"解读》,刘少华,张铁山主编《民族古籍研究》(第四辑),中国社会科学出版社2018年。

335. "Re-examination of Tangut fragment Or.12380/3495 from the Collection of the British Library"(《大英图书馆藏 Or.12380/3495 号西夏残片再考》),Viacheslav ZAYTSEV([俄]维·彼·扎伊采夫),Chung-pui Tai(戴忠沛),张铁山主编《民族古籍研究》(第四辑),中国社会科学出版社2018年。

336.《西夏文泥活字印本〈维摩诘所说经〉下卷研究三题》,梁继红,《凉州与西夏》,甘肃文化出版社2018年。

337.《武威出土西夏文佛经〈圣胜慧到彼岸功德宝集偈〉考释》,梁继红,《凉州与西夏》,甘肃文化出版社2018年。

338.《西夏文〈圣金刚能断至胜慧彼岸大经显理灯炬记〉初探》,李梦溪,《西域历史语言研究集刊》(第十辑),科学出版社2018年。

339.《西夏文〈菩提心及常作法事〉研究》,孙伯君、胡进杉,《西夏学》(第十八辑　2019年第1期),甘肃文化出版社2018年。

340.《西夏文〈无边庄严会·清净陀罗尼品〉初、校译本对勘札记》,麻晓芳,《西夏学》(第十八辑　2019年第1期),甘肃文化出版社2018年。

341.《英藏西夏文〈金光明最胜王经〉卷六残片考论——兼与俄藏、国图藏本之比较》,马万梅,《西夏学》(第十八辑　2019年第1期),甘肃文化出版社2018年。

342.《〈佛说四人出现世间经〉的西夏译本》,麻晓芳,《西夏研究》2019年第1期。

343.《西夏文草书〈显扬圣教论·成不思议品第十〉考补》,王龙,《西夏研究》2019年第1期。

344.《英藏西夏文〈无常经〉考略》，崔红芬、文健，《敦煌研究》2019年第2期。

345.《俄藏西夏本〈佛说十王经〉述略》，张九玲，《首都师范大学学报》（社会科学版）2019年第2期。

346.《俄藏西夏文〈大宝积经〉卷九十三释读》，张九玲，《宁夏师范学院学报》2019年第2期。

347.《西夏文〈大宝积经〉卷十三、十四字词句翻译问题举偶》，魏淑霞，《西夏研究》2019年第2期。

348.《英藏西夏文〈金光明最胜王经〉卷九残片校译研究》，马万梅，《西夏研究》2019年第2期。

349.《英藏西夏文〈佛顶心观世音菩萨大陀罗尼经〉整理》，蔡莉，《西夏研究》2019年第2期。

350.《〈胜住仪轨〉夏藏文对勘研究》，孙昌盛，《西夏学》（第十九辑　2019年第2期），甘肃文化出版社2019年。

351.《定州佛像腹中所出西夏文〈十王经〉残片考》，张九玲，《西夏学》（第十九辑　2019年第2期），甘肃文化出版社2019年。

352.《西夏文密教典籍〈主承因教求顺〉考》，钟翠芳，《西夏学》（第十九辑2019年第2期），甘肃文化出版社2019年。

353.《西夏文星曜礼忏文献〈圣曜母中道法事供养根〉译考》，魏文、[俄]索罗宁、谢皓玥，《敦煌研究》2019年第3期。

354.《西夏文〈高王观世音经〉底本源出考》，佟建荣、崔韶华，《西夏研究》2019年第3期。

355.《西夏文〈三观九门枢钥〉考补》，孙伯君，《宁夏社会科学》2019年第4期。

356.《俄藏西夏文〈大宝积经〉卷九十五释读》，张九玲，《绵阳师范学院学报》2019年第9期。

357.《西夏文〈大宝积经〉卷十"密迹金刚力士会"考释——兼论西夏时期的金刚力士形象》，张映晖，《绵阳师范学院学报》2019年第9期。

358.《西夏佛教序跋题记的史料分析》，段玉泉、王博楠，《中国藏学》2020年第1期。

359."A Study on an Early Attempt of Establishing a Three-step Realization Mode contained in a Tangut Sub-commentary to Kamalasśīla's Prajñāpāramitā-vajracchedikā-ṭīkā"（《西夏文莲花戒〈金刚经广注〉复注中建立"证悟三阶段"的早

期尝试》),Li Mengxi(李梦溪),China Tibetology34.1:2020.(《中国藏学》英文版第34卷,2020年第1期)。

360.《黑水城遗存〈弥勒上生经〉考略》,崔红芬,《西夏学》(第二十辑 2020年第1期),甘肃文化出版社2020年。

361.《〈佛说智炬陀罗尼经〉的西夏译本》,麻晓芳,《西夏学》(第二十辑 2020年第1期),甘肃文化出版社2020年。

362.《藏传西夏文〈圣摩利天母总持〉考释》,张九玲,《西夏学》(第二十辑 2020年第1期),甘肃文化出版社2020年。

363.《西夏三十五佛文本源流考》,翟兴龙,《西夏学》(第二十辑 2020年第1期),甘肃文化出版社2020年。

364.《黑水城出土"菩提心及应常做法事"系列文本对勘及版本源流分析》,谢皓玥,《西域历史语言研究集刊》2020年第1期。

365.《吉祥遍至口合本续之解生喜解补第三章第一至第三品述要》,胡进杉,《西夏学》(第二十一辑 2020年第2期),甘肃文化出版社2020年。

366.《西夏译义净所传〈根本说一切有部律〉研究》,王龙、庞倩,《西夏学》(第二十一辑 2020年第2期),甘肃文化出版社2020年。

367.《西夏文〈佛顶心观世音菩萨经〉考略》,文志勇、崔红芬,《西夏学》(第二十一辑 2020年第2期),甘肃文化出版社2020年。

368.《武威亥母寺遗址新出土西夏文〈普贤行愿品〉残叶考释》,蒋超年,《西夏学》(第二十一辑 2020年第2期),甘肃文化出版社2020年。

369.《西夏文〈金光明最胜王经〉卷六讹误汇考》,马万梅,《西夏学》(第二十一辑 2020年第2期),甘肃文化出版社2020年。

370.《西夏十一言〈功德宝集偈〉:罕见的汉文佛教偈颂体式》,吴强、彭佳慧,《西夏学》(第二十一辑 2020年第2期),甘肃文化出版社2020年。

371.《西夏文写本〈瑜伽师地论〉卷五十九考释》,王龙,《西夏研究》2020年第3期。

372.《方塔出土两部西夏文藏传续典源流考》,孙昌盛,《北方民族大学学报》2020年第4期。

373.《西夏文〈大宝积经〉卷九的翻译特点》,张映晖,《西夏研究》2020年第4期。

374.《西夏文〈圣胜慧到彼岸功德宝集偈〉残件补释》,孙飞鹏,《文献》2020年第5期。

375.《俄罗斯科学院东方文献研究所藏西夏本悉昙字陀罗尼集》,[俄]C.绍玛赫玛多夫(著),聂鸿音(译),《西夏研究》十周年特刊,2020年。

五、汉文传世世俗史籍、佛典中的西夏文献史料

(一)总论、专题综述

1.《西夏史籍考》,朱希祖,《益世报·学术周刊》1929年2月4日;《说文月刊》(第3卷11期),1943年;《西夏史论文集》,宁夏人民出版社1984年。

2.《汉文西夏文献述要》,胡玉冰,《宁夏大学学报》2003年第1期;人大《宋辽金元史》2003年第2期。

3.《汉文西夏文献之特点及其研究意义和研究方法》,胡玉冰,《西夏学》(第一辑),宁夏人民出版社2006年。

4.《浅谈西夏与宋朝文献典籍交流》,胡玉冰,《西夏学》(第五辑),上海古籍出版社2010年。

5.《传统典籍中有关西夏音乐、建筑、礼制等类史料概说》,胡玉冰,《西夏学》(第六辑),上海古籍出版社2010年。

6.《传统典籍中汉文西夏文献新考》,胡玉冰,《薪火相传:史金波先生70寿辰西夏学国际学术研讨会论文集》,中国社会科学出版社2012年。

7.《论典籍类汉文西夏文献的历史及类别》,付泰森,《边疆经济与文化》2018年第4期。

(二)专书、专文

1.《说〈元史〉中的唐古特——唐兀惕》,札奇斯钦,(台湾)《中国边政》(第12卷3期),1963年。

2.《〈宋西事案〉》,乔衍琯,(台湾)《台北图书馆馆刊》(新1卷3期),1968年。

3.《〈旧五代史·党项传〉族姓考》,苏乾英,《中华文史论丛》1980年第3期;《西夏史论文集》,宁夏人民出版社1984年。

4.《〈嘉靖宁夏新志〉中的两篇西夏佚文》,牛达生,《宁夏大学学报》1980年第4期;《西夏史论文集》,宁夏人民出版社1984年;《西夏考古论稿》,上海古籍出版社2013年。

5.《西夏、党项史料正误三则》,史金波,《民族研究》1981年第3期;人大《中国古代史》1981年第10期;《西夏史论文集》,宁夏人民出版社1984年;《史金波文集》,上海辞书出版社2005年。

6.《张澍〈西夏姓氏录〉订误》,汤开建,《兰州大学学报》1982年第4期;人大

《历史学》1982年第12期;《党项西夏史探微》,(台北)允晨文化实业股份有限公司出版2005年;商务印书馆2013年。

7.《〈宋史〉西夏纪事辨误》,顾吉辰,《兰州大学学报》1983年第2期;罗炳良编《宋史研究》(20世纪二十四史研究丛书),中国大百科全书出版社2009年。

8.《〈西夏蕃官名号表〉补正》,汤开建,《四川大学学报》1983年第2期;人大《中国古代史》1983年第7期。

9.《对〈续资治通鉴编〉西夏太祖李继迁临终遗嘱一条注文的考释》,吴晓光,《宁夏史志研究》1983年第2期。

10.《〈宋西事案〉——国内罕见的一部西夏史书》,李范文,《宁夏大学学报》1983年第2期。

11.《〈宋西事案〉考》,白滨,《西北民族文丛》(第3辑)1983年;(日刊)《亚洲语言与历史研究:西田龙雄先生60寿诞纪念文集》,东京,1988年;《西夏民族史论》,甘肃文化出版社2018年。

12.《〈旧五代史·党项传族姓考〉质疑》,汤开建,《西北民族文丛》(第3辑),1983年;《宁夏社会科学》1985年第2期;《党项西夏史探微》,(台北)允晨文化实业股份有限公司出版2005年,商务印书馆2013年。

13.《对〈续资治通鉴编〉一条有关西夏注文的讨论》,吴晓光,《宁夏大学学报》1983年第3—4期。

14.《〈续资治通鉴编〉景德元年五月甲申日注辨析》,许沛藻,《宁夏大学学报》1983年第4期。

15.《流传在日本的〈西夏志略〉》,房建昌,《宁夏社会科学》1984年第2期。

16.《西夏史琐谈》,汤开建,《宁夏大学学报》1984年第3期;人大《宋辽金元史》1985年第2期。

17.《〈旧五代史·党项传〉族姓蕃名考》,苏乾英,《复旦学报》1985年第1期。

18.《西夏史琐谈(续)》,汤开建,《宁夏大学学报》1985年第3期;人大《宋辽金元史》1985年第6期。

19.《"西夏人"及其姓氏——读史杂谈》,韩荫晟,《宁夏社会科学》1984年第4期。

20.《〈西夏志略〉考》,白滨,《民族研究》1985年第4期;《西夏民族史论》,甘肃文化出版社2018年。

21.《"小蕃"释义——读史杂谈》,韩荫晟,《宁夏社会科学》1987年第1期。

22.《研究西夏史的重要文献——清嘉庆抄刻本〈西夏史列传〉简介》,顾吉辰,《宁夏社科通讯》1987年第2期。

23.《离间计疑案——读史杂谈》,韩荫晟,《宁夏社会科学》1987年第5期。

24.《〈宋史·夏国传〉宋西夏交聘史料补正》,顾吉辰,《中国历史文献研究集刊》(第二辑),华中师范大学出版社1988年。

25.《宋人西夏著作考》,顾吉辰,《天水师专学报》1989年第1期。

26.《"衙头"释义——读史杂谈》,韩荫晟,《宁夏社会科学》1989年第2期。

27.《避免鱼目混珠——读史杂谈》,韩荫晟,《宁夏社会科学》1983年第3期。

28.《避免以讹传讹——读史杂谈》,韩荫晟,《宁夏社会科学》1983年第4期。

29.《注意史书上月份的疏漏——读史杂谈》,韩荫晟,《宁夏社会科学》1984年第2期。

30.《关于西夏史中的几个问题的探讨》,顾吉辰,《宁夏社会科学》1984年第3期。

31.《戴锡章的〈西夏纪·凡例〉未刊稿》,聂鸿音,《宁夏社会科学》1990年第1期;《西夏文献论稿》,上海古籍出版社2012年。

32.《补〈西夏艺文志〉》,聂鸿音,《古籍整理研究学刊》1990年第6期。

33.《关于河西回鹘、河西党项与河西杂虏诸问题考释》,汤开建,《甘肃民族研究》1991年第1—2期;《唐宋元间西北史地丛稿》,商务印书馆2013年。

34.《"能世"非人名"光能"难寻觅——读书杂谈》,韩荫晟,《宁夏社会科学》1991年第2期。

35.《以"千骑降夏"的"瓜州王"是谁?》,李正宇,《敦煌研究》1991年第2期。

36.《〈西夏纪〉断句、标点商兑》,王勇,《宁夏大学学报》1992年第3期;《宁夏文史》(第10辑),1992年。

37.《〈宋史·党项传〉取材考略——关于〈长编〉部分》,白滨,《中国民族史研究(四)》,改革出版社1992年;《西夏民族史论》,甘肃文化出版社2018年。

38.《关于"回回"最早出现于西夏问题的补正》,汤开建,《民族研究》1993年第1期。

39.《补〈宋史·折彦质传〉》,韩荫晟,《宁夏社会科学》1993年第5期;人大《宋辽宋元史》1993年第6期。

40.《比利时教会图书馆收藏的西夏史书》,陈育宁,《宁夏社会科学》1994年第1期。

41.《从〈宋史·夏国传〉译音二题看西夏语辅音韵尾问题》,聂鸿音,《宁夏社会科学》1995年第4期;(更名)《从〈宋史·夏国传〉看译音字的校勘方法》,《西夏文献论稿》，上海古籍出版社2012年。

42.《试论〈长编〉西夏史料的价值》，杜建录，《宁夏大学学报》1996年第4期；（更名）《试论〈续资治通鉴长编〉西夏史料的价值》，《西夏史论集》，上海古籍出版社2016年；《西夏文献研究》，甘肃文化出版社2017年。

43.《"蕃汉二字院"辨正》，聂鸿音，《宁夏社会科学》1998年第6期；《西夏文献论稿》，上海古籍出版社2012年。

44.《〈西夏志略〉考略》，胡玉冰，《宁夏社会科学》1999年第1期。

45.《〈西夏志略〉刊谬举例》，胡玉冰，《宁夏大学学报》1999年第2期。

46.《西夏文学史料说略》（上、下），聂鸿音，《文史》1999年第3—4期；《西夏文献论稿二编》，甘肃文化出版社2018年。

47.《张鉴与〈西夏纪事本末〉》，杨志高，《固原师专学报》2000年第1期。

48.《汉文史籍中的西羌语和党项语》，聂鸿音，《语言研究》2000年第4期；人大《语言文字学》2001年第5期。

49.《〈西夏纪事本末〉考略》，任增霞，《宁夏社会科学》2000年第4期。

50.《吴广成论西夏述评》，李蔚，《兰州大学学报》2000年第5期。

51.《〈西夏书〉考略》，胡玉冰，《文献》2001年第2期。

52.《西夏史书与三史的〈西夏传〉》，胡玉冰，《史学史研究》2001年第2期。

53.《清人著汉文西夏史籍亡佚者考略》，胡玉冰，《宁夏社会科学》2001年第2期。

54.《元朝史家编修汉文西夏史籍功过述略》，胡玉冰，《中国典籍与文化》2001年第4期。

55.《宋朝汉文西夏史籍及其著者考述》（上、下），胡玉冰，《宁夏大学学报》2001年第3期、2001年第6期。

56.《明朝汉文西夏史籍述略》，胡玉冰《宁夏社会科学》2001年第6期；人大《历史学》2002年第5期。

57.《〈续资治通鉴〉西夏史事点校疑误举隅》，刘正平，《宁夏社会科学》2002年第3期。

58.《西夏纪年综考》，李华瑞，《国家图书馆学刊》（西夏研究专号），2002年增刊；《宋夏史研究》，天津古籍出版社2006年；《西夏学论集：教育部人文社会重点研究基地建设10周年纪念》，上海古籍出版社2012年；《西夏史探赜》，甘肃文化出版社2017年。

59.《熙丰时期宋夏横山之争的三份重要文献》，汤开建，《宁夏社会科学》

2003年第3期;《唐宋元间西北史地丛稿》,商务印书馆2013年。

60.《张鉴与〈西夏纪事本末〉》,胡玉冰,《史学史研究》2003年第3期。

61.《关于〈西夏书事〉的若干问题》,胡玉冰,《史学史研究》2004年第2期。

62.《〈西夏书事〉纠谬二则》,孙伟,《陕西师范大学学报》2004年第4期。

63.《〈西夏文缀〉、〈西夏文存〉、〈宋大诏令集〉论略》,胡玉冰,《固原师专学报》2004年第4期。

64.《宋人御夏"议边"专题文献述要》,胡玉冰,《宁夏社会科学》2004年第5期。

65.《〈宋西事案〉考略》,胡玉冰,《民族研究》2005年第2期;《西夏学论集:教育部人文社会重点研究基地建设10周年纪念》,上海古籍出版社2012年。

66.《清代学者编修之西夏史籍述要》,胡玉冰,《宁夏大学学报》2005年第3期。

67.《党项西夏史札记》,汤开建,《党项西夏史探微》,(台北)允晨文化实业股份有限公司出版2005年,商务印书馆2013年。

68.《元代西夏一行慧觉法师辑汉文〈华严忏仪〉补释》,白滨,《西夏学》(第一辑),宁夏人民出版社2006年;《西夏民族史论》,甘肃文化出版社2018年。

69.《〈宋大诏令集〉西夏目诏令系年考》,彭向前,《宁夏社会科学》2006年第2期;人大《宋辽金元史》2006年第8期。

70.《〈金史·西夏传〉点校本标点勘误一则》,梁松涛,《中国史研究》2006年第3期。

71.《〈西夏书事〉的征实精神与历史认同意识》,罗炳良,《华中科技大学学报》(社科版)2006年第3期;《西夏研究(第三辑):第二届西夏学国际学术研讨会论文集》中国社会科学出版社2006年。

72.《试述汉文西夏文献之研究》,胡玉冰,《西夏研究(第三辑):第二届西夏学国际学术研讨会论文集》,中国社会科学出版社2006年。

73.《从读司马光〈西事札子〉看北宋政治之腐败》,王天顺论,《西夏研究(第三辑):第二届西夏学国际学术研讨会论文集》,中国社会科学出版社2006年。

74.《"弥不弄羌"考》,杨铭,《民族研究》2007年第1期。

75.《西夏全真教佚词十一首考释》,汤君,《宗教学研究》2007年第2期。

76.《〈宋史·夏国传〉"谅诈更州军"勘误》,彭向前,《中国史研究》2007年第3期。

77.《浅析〈西夏志略〉三种传本之分册与抄录质量》,胡玉冰,《宁夏社会科学》2008年第6期。

78.《张载"取洮西之地"辨析》,刘建丽、白蒲婴,《宁夏社会科学》2009年第1期;刘建丽,《西夏历史与文化:第三届西夏学国际学术研讨会论文集》,甘肃人民出版社2010年。

79.《普宁藏本〈密咒圆因往生集〉的八思巴字注音研究》,孙伯君,《中华文史论丛》2009年第3期。

80.《〈宋大诏令集〉西夏目诏令辑补》,刘永刚,《宁夏大学学报》2009年第5期。

81.《日本大阪大学图书馆藏〈西夏志略〉考述》,胡玉冰,《西夏历史与文化:第三届西夏学国际学术研讨会论文集》,甘肃人民出版社2010年。

82.《〈圣威平夷歌〉中所见西夏与克烈和亲事小考》,梁松涛、杨富学,《内蒙古社会科学》2008年第6期。

83.《普宁藏本〈密咒圆因往生集〉的八思巴字注音研究》,孙伯君,《中华文史论丛 》2009第3期。

84.《"千秋万岁"与"妙音鸟"的关系问题——答陈建国书记》,李范文,《西夏研究》2010年第1期;《李范文西夏学论文集》,中国社会科学出版社2012年。

85.《浅谈明代固原州志所载宋夏史料》,张琰玲、张玉海,《西夏研究》2010年第4期。

86.《张澍〈观西夏碑〉诗笺注》,崔云胜,《宁夏社会科学》2010年第6期。

87.《从范仲淹〈送河东提刑张太博〉诗看他对西夏的军事主张》,王艳春,《西夏历史与文化:第三届西夏学国际学术研讨会论文集》,甘肃人民出版社2010年。

88.《普宁藏本〈密咒圆因往生集〉的梵文——八思巴文对音研究》,安娅,《西夏研究》2011第1期。

89.《〈辽史·西夏外纪〉中的"团练使"和"刺史"》,聂鸿音,《东北史地》2011年第2期;人大《宋辽金元史》2011年第3期。

90.《〈辽史·西夏外纪〉"西夏纪事"探源》,陈晓伟,《西夏学》(第八辑),上海古籍出版社2011年。

91.《〈续资治通鉴长编〉人名标点勘误八则》,翟丽萍,《西夏学》(第八辑),上海古籍出版社2011年。

92.《传世典籍中党项与西夏史料整理研究》,杜建录,《宋史研究论丛》(第13辑),河北大学出版社2012年;《西夏文献研究》,甘肃文化出版社2017年。

93.《汉文本〈十二国〉的成书时间、原文出处及内容特点》,[俄]索罗宁(著),

粟瑞雪(译),《西夏研究》2012年第1期。

94.《大乘要道密集》的一种铅字辑印本》,高山杉,《南方都市报》2012年11月4日GB23版。

95.《〈钦定辽史语解〉中的唐古特语》,聂鸿音,《华西语文学刊》(第8辑),四川文艺出版社2013年。

96.《〈梦溪笔谈〉中"回回"一词再释——兼论辽宋夏金时代的"回回"》,汤开建,《吴天墀教授百年诞辰纪念文集(1913—2013)》,四川人民出版社2013年;《唐宋元间西北史地丛稿》,商务印书馆2013年。

97.《〈隆平集·夏国传〉笺证》,王瑞来,《吴天墀教授百年诞辰纪念文集(1913—2013)》,四川人民出版社2013年。

98.《〈辽史·西夏外纪〉的几个土产名称》,孙伯君,《满语研究》2013年1期。

99.《明代题涉"西夏"文献考补》,杨浣、王丽莺,《吴天墀教授百年诞辰纪念文集(1913—2013)》,四川人民出版社2013年。

100.《中国国家图书馆藏明抄本〈吉祥喜金刚本续王〉后分注疏源流考述》,安海燕,沈卫荣主编《汉藏佛学研究:文本、人物、图像和历史》,中国藏学出版社2013年。

101.《〈最胜上乐集本续显释记〉译传源流考——兼论西夏上乐付法上师》,魏文,沈卫荣主编《汉藏佛学研究:文本、人物、图像和历史》,中国藏学出版社2013年。

102.《旧纸片上的西夏学史料》,高山杉,《南方都市报》2014年5月25日GB25版。

103.《十七种清及近代重要汉文西夏文献解题》,胡玉冰,《西夏学》(第十辑),上海古籍出版社2014年。

104.《日本藏西夏汉文文书初探——张大千旧藏西夏汉文文书研究之一》,刘广瑞,《西夏学》(第十辑),上海古籍出版社2014年。

105.《〈华严忏仪〉题记及相关问题探析》,崔红芬,王颂主编《佛教与亚洲人民的共同命运——2014崇圣(国际)论坛论文集》,宗教文化出版社2015年;《西夏佛教文献研究论集》,宗教文化出版社2017年;文志勇、崔红芬,《西夏学》(第十六辑 2018年第1期),甘肃文化出版社2018年。

106.《西夏智广编〈密咒圆因往生集〉陀罗尼汇考》,孙伯君,何星亮主编《宗教信仰与民族文化》(第八辑),社会科学文献出版社2016年。

107.《新发现的〈华严法界观通玄记〉明版残页》,高山杉,《南方都市报》2016

年8月7日RB08版。

108.《汉文史料中"唐古特"一词所指族群变迁研究》,刘少华,《兰州教育学院学报》2017年第7期。

109.《〈金史·交聘表〉西夏职官名考述》,魏淑霞,《宁夏社会科学》2018年第6期。

110.《〈辽史·西夏外记〉史源补说》,苗润博,《西夏研究》2020年第3期。

111.《释"方马埋轮"与"拐子马"》,彭向前、张林,《西夏研究》2020年第4期。

(三)汉夏藏等合璧西夏宗教文献与其他相关文献

1.《藏汉合璧〈圣胜慧到彼岸功德宝集偈〉考略》,罗炤,《世界宗教研究》1983年第4期。

2.《明代重刊汉藏合璧〈圣胜慧到彼岸功德宝集偈〉西夏译经题记研究》,黄振华、常凤玄,《藏学研究文选》,西藏人民出版社1989年。

3.《西夏及元代藏传佛教经典的汉译本:简论〈大乘要道密集〉(〈萨迦道果新编〉)》,陈庆英,《西藏大学学报》2000年第2期。

4.《序说有关西夏、元朝所传藏传密法之汉文文献——以黑水城所见汉译藏传佛教仪轨文书为中心》,沈卫荣,《欧亚学刊》(第7辑),2007年;沈卫荣著《西藏历史和佛教的语文学研究》,上海古籍出版社2010年;《西夏佛教文献与历史研究》,甘肃文化出版社2018年。

5.《黑水城出土藏传佛教实修文书〈慈乌大黑要门〉试释》,黄杰华,《西夏学》(第四辑),宁夏人民出版社2009年。

6.《汉、藏译〈佛说圣大乘三归依经〉对勘——俄藏黑水城文书TKl21、122号研究》,沈卫荣,沈卫荣主编《西域历史语言研究集刊》(第2辑),科学出版社2009年;沈卫荣著《西藏历史和佛教的语文学研究》,上海古籍出版社2010年;《西夏佛教文献与历史研究》,甘肃文化出版社2018年。

7.《汉藏译〈圣大乘胜意菩萨经〉研究——以俄藏黑水城汉文文献TK145文书为中心》,沈卫荣,《中国边疆民族研究》(第1辑),中央民族大学出版社2008年;沈卫荣著《西藏历史和佛教的语文学研究》,上海古籍出版社2010年;《西夏佛教文献与历史研究》,甘肃文化出版社2018年。

8.《汉、藏文版〈圣观自在大悲心惣持功能依经录〉之比较研究——以俄藏黑水城汉文TK164、165号,藏文X67号文书为中心》,沈卫荣,黄绎勋等编《第五届中华国际佛学会议中文论文集——观世音菩萨与现代社会》,台北:法鼓文化2007年;沈卫荣著《西藏历史和佛教的语文学研究》,上海古籍出版社2010年;《西夏佛教文献与历史研究》,甘肃文化出版社2018年。

9.《西夏黑水城所见藏传佛教瑜伽修习仪轨文书研究I:〈梦幻身要门〉》,沈卫荣,(台湾)《当代藏学学术研讨会论文集》,2003年;沈卫荣著《西藏历史和佛教的语文学研究》,上海古籍出版社2010年。

10.《普宁藏本〈密咒圆因往生集〉的梵文——八思巴文对音研究》,安娅,《西夏研究》2011年第1期。

11.《俄藏黑水城文献所见〈梦幻身要门〉研究》,沈卫荣,《西夏佛教文献与历史研究》,甘肃文化出版社2018年。

12.《"十六天魔舞"源流及其相关藏、汉文文献资料考述》,沈卫荣,《西域历史语言研究集刊》(第5辑),2012年;《西夏佛教文献与历史研究》,甘肃文化出版社2018年。

13.《西夏汉文藏传密教仪轨〈依吉祥上乐轮方便智慧双运道玄义卷〉读解——以依"四手印"修"欲乐定"为中心》,沈卫荣,中国人民大学国学院主编《国学的传承与创新:冯其庸先生从事教学与科研六十周年贺学术文集》(下),上海古籍出版社2013年;《西夏佛教文献与历史研究》,甘肃文化出版社2018年。

14.《论〈大乘要道密集〉的成书》,沈卫荣,《中国藏学》2016年第3期;人大《宗教》2016年第6期;《西夏佛教文献与历史研究》,甘肃文化出版社2018年。

15.《〈大乘要道密集〉篇目解题》,沈卫荣,《西夏佛教文献与历史研究》,甘肃文化出版社2018年。

16.《宋、西夏、明三种汉译〈吉祥喜金刚本续〉的比较研究》,沈卫荣,沈卫荣主编《汉藏佛学研究:文本、人物、图像和历史》,中国藏学出版社2013年;《西夏佛教文献与历史研究》,甘肃文化出版社2018年。

17.《东汉西南夷白狼慕汉歌诗本语译证》,王静如,《西夏研究》(第一辑),"中央研究院"历史语言研究所单刊甲种之八,1932年;李范文主编《王静如西夏研究专辑》(《西夏研究》第五辑),中国社会科学出版社2007年。

18.《〈白狼王运夷乐德歌〉新解》,黄振华,《宁夏大学学报》1998年第3期。

19.《清抄明代〈河西译语〉试释》,黄振华,《固原师专学报》1991年第4期。

20.《〈河西译语〉探析》,聂鸿音,《宁夏大学学报》2002年第1期;《古代语文论稿》,中国社会科学出版社2014年。

21.《再论〈河西译语〉》,聂鸿音,《文献》2019年第5期。

六、黑水城和甘肃、新疆等地汉文、回鹘文、藏文之宋夏金元文献史料研究

(一)总论、专题综述

1.总论

(1)《俄藏黑城出土释道诗词写本简析》,柴剑虹,郑阿财主编《潘石禅先生九秩华诞敦煌学特刊》,(台北)文津出版社1996年。

(2)《〈俄藏黑水城文献〉汉文佛经拟题考辩》,宗舜,《敦煌研究》2001年第1期。

(3)《俄藏黑水城文献汉文世俗部分叙录》,魏灵芝,《图书馆理论与实践》2001年第3期。

(4)《创建黑水城出土文献研究新的里程碑》,史金波,《河北学刊》2007年第4期。

(5)《异军突起的黑水城文献学与宋辽金元史研究》,史金波、白滨,《河北学刊》2007年第4期。

(6)《黑水城文献的考证与还原》,白滨,《河北学刊》2007年第4期;《西夏学论集:教育部人文社会重点研究基地建设10周年纪念》,上海古籍出版社2012年;《西夏民族史论》,甘肃文化出版社2018年。

(7)《黑城学:一个更为贴切的学科命名》,孙继民,《河北学刊》2007年第4期。

(8)《黑水城文献的多语文、跨学科研究》,沈卫荣,《中国社会科学报》2009年8月20日5版。

(9)《俄藏黑水城西夏汉文文献数量构成及经济类文献价值》,孙继民,《民族研究》2010年第3期;人大《宋辽金元史》2010 年第4期;《黑水城出土文书研究》,甘肃文化出版社2020年。

(10)《论黑水城汉文文献的学术价值》,杜建录,《中国多文字时代的历史文献研究:辽夏金元历史文献国际研讨会文集》,社会科学文献出版社2010年。

(11)《黑水城汉文文献的学术价值》,杜建录,姜锡东主编《宋史研究论丛》(第11辑),河北大学出版社2010年;(更名)《黑水城汉文文献及其学术价值》,《西夏史论集》,上海古籍出版社2016年;《西夏文献研究》,甘肃文化出版社2017年。

(12)《试论英藏黑水城出土社会文书的学术价值》,许生根,《西夏历史与文化:第三届西夏学国际学术研讨会论文集》,甘肃人民出版社2010年。

(13)《黑水城文献研究二则》,张国旺,《成吉思汗与六盘山国际学术研讨会

论文集》，甘肃人民出版社2010年。

（14）《黑水城出土文书与丝绸之路》，张重艳，《宁夏社会科学》2012年第2期；《丝绸之路法律文献研究·黑水城出土的法律文献（卷二）》，人民法院出版社2019年。

（15）《破解西夏文文献 探寻神秘的西夏》，史金波，《中国社会科学报》2012年11月23日A04版。

（16）《黑水城文献与中国古代史研究》，孙继民，《西夏研究》2013年第2期；《黑水城出土文书研究》，甘肃文化出版社2020年。

（17）《民间法视野下黑水城出土西夏文卖地契研究——兼与汉文卖地契的比较》，韩伟，《西夏研究》2013年第2期。

（18）《黑水城汉文文献概论》，杜建录，《黑水城文献论集》，学苑出版社2014年。

（19）《〈黑水城出土汉文遗书叙录〉中TK133叙录辨正》，孔雁，《西夏学》（第十四辑 2017年第1期），甘肃文化出版社2017年。

（20）《黑水城出土契约概况》，杜建录，《西夏文献研究》，甘肃文化出版社2017年。

（21）《4—13世纪汉文、吐蕃文、西夏文买卖、博换牛马驼驴契比较研究》，杨际平，《敦煌学辑刊》2019年第1期。

（22）《四十年来黑水城汉文佛教文献研究的回顾与展望》，宋坤，《西夏研究》2019 年第1期。

（23）《西夏、辽、金商业文书研究》，丁海斌、赵丽娜，《档案》2019年7期。

（24）《〈俄藏黑水城文献〉汉文文献的朝代构成新见——兼论黑水城文献研究的学科定名问题》，孙继民，《黑水城出土文书研究》，甘肃文化出版社2020年。

（25）《黑水城文献发现的始年及在近代新材料发现史上的地位》，孙继民、刘广瑞，《黑水城出土文书研究》，甘肃文化出版社2020年。

（26）《敦煌学视野下的黑水城文献研究》，孙继民，《黑水城出土文书研究》，甘肃文化出版社2020年。

2.专题综述

（1）《黑城出土元代汉文文书研究综述》，张国旺，《黑水城人文与环境研究：黑水城人文与环境国际学术讨论会文集》，中国人民大学出版社2007年。

（2）《近十年以来黑水城汉文文书研究综述》，翟丽萍，《中国史研究动态》2010年第4期。

（3）《黑水城出土契约文书整理研究》，杜建录、邓文韬，《西夏史论集》，上海古籍出版社2016年。

（4）《黑水城汉文占卜文书研究的回顾与前瞻》，赵小明，《昌吉学院学报》2016年第1期。

（5）《中国藏黑水城汉文文献刻本研究述论》，卜凯悦，《西夏学》（第十三辑），甘肃文化出版社2016年。

（6）《国内西夏契约文书研究评述与展望（1980—2015）》，罗海山，《中国史研究动态》2017年第1期。

（7）《近十年来黑水城出土西夏官方文书研究述评》，刘志月，《中国辽夏金研究年鉴 2015》，中国社会科学出版社2017年。

（8）《西夏法律社会文书研究综述》，韩树伟，《西夏研究》2017年第1期。

（9）《西夏契约文书研究的现状、问题与展望》，王颖，《西夏学》（第十四辑2017年第1期），甘肃文化出版社2017年。

（10）《西夏契约文书研究述要》，韩树伟，《宁夏大学学报》2019年第5期。

（二）黑水城西夏文献

1.《西夏天庆间典当残契的复原》，陈国灿，《中国史研究动态》1980年第1期；人大《中国古代史》1980年第11期；《西夏史论文集》，宁夏人民出版社1984年。

2.《西夏天盛二十二年卖地文契考释》，黄振华，《西夏史论文集》，宁夏人民出版社版1984年。

3.《西夏汉文本〈杂字〉初探》，史金波，《中国民族史研究（二）：王静如教授从事学术活动60周年纪念专辑》，中央民族学院学出版社1989年；《西夏文化研究》，中国社会科学出版社2015年。

4.《西夏乾定申年典糜契约》，孙寿岭，《中国文物报》1993年2月7日。

5.《西夏天盛廿二年卖地文契研究》，王新元，《西北第二民族学院学报》1994年第4期。

6.《西夏天庆十一年（1204年）兀女浪粟典麦契》，史金波，张传玺主编《历代契约会编考释》（上册），北京大学出版社1995年。

7.《西夏天庆十一年（1204年）刘折兀埋典麦契》，史金波，张传玺主编《历代契约会编考释》（上册），北京大学出版社1995年。

8.《西夏天庆十一年（1204年）康吃□典麦契》，史金波，张传玺主编《历代契约会编考释》（上册），北京大学出版社1995年。

9.《西夏天庆十一年(1204年)吃□□□典麦契》,史金波,张传玺主编《历代契约会编考释》(上册),北京大学出版社1995年。

10.《西夏天庆十一年(1204年)夜贺尼典麦契》,史金波,张传玺主编《历代契约会编考释》(上册),北京大学出版社1995年。

11.《西夏天庆十一年(1204年)夜利那征布典麦契》,史金波,张传玺主编《历代契约会编考释》(上册),北京大学出版社1995年。

12.《西夏天庆十一年(1204年)夜某粟[典]麦契》,史金波,张传玺主编《历代契约会编考释》(上册),北京大学出版社1995年。

13.《西夏天庆十一年(1204年)某人典麦契(甲)》,史金波,张传玺主编《历代契约会编考释》(上册),北京大学出版社1995年。

14.《西夏天庆十一年(1204年)某人典麦契(乙)》,史金波,张传玺主编《历代契约会编考释》(上册),北京大学出版社1995年。

15.《西夏天庆十一年(1204年)某人典麦契(丙)》,史金波,张传玺主编《历代契约会编考释》(上册),北京大学出版社1995年。

16.《西夏天庆十一年(1204年)某人典麦契(丁)》,史金波,张传玺主编《历代契约会编考释》(上册),北京大学出版社1995年。

17.《西夏天庆十一年(1204年)禄折典麦契》,史金波,张传玺主编《历代契约会编考释》(上册),北京大学出版社1995年。

18.《西夏光定末年借谷物契考释》,王元林,《敦煌研究》2002年第2期。

19.《俄藏黑水城2822号文书〈杂集时要用字〉研究》,许文芳、韦宝畏,《社科纵横》2005年第6期。

20.《西夏汉文写本〈卜筮要诀〉研究》,连劭名,《宁夏社会科学》2007年第1期。

21.《西夏乾祐二年材料文书考释》,杜建录,《宁夏社会科学》2007年第2期;《西夏史论集》,上海古籍出版社2016年;《西夏文献研究》,甘肃文化出版社2017年。

22.《黑城出土〈西夏皇建元年庚午岁(1210年)具注历日〉残片考》,邓文宽,《文物》2007年第8期。

23.《黑水城出土的几件汉文西夏文书考释》,杜建录,《中国史研究》2008年第4期;《西夏学论集:教育部人文社会重点研究基地建设10周年纪念》,上海古籍出版社2012年;《西夏史论集》,上海古籍出版社2016年;《西夏文献研究》,甘肃文化出版社2017年。

24. 《〈西夏天盛十五年(1163年)王受贷钱契等〉考释》,孙继民、许会玲,姜锡东、李华瑞主编《宋史研究论丛:2007年韩中宋辽夏金元史学术研讨会论文集》(第九辑),河北大学出版社2008年;《黑水城出土文书研究》,甘肃文化出版社2020年。

25. 《黑水城出土的几件西夏社会文书考释》,杜建录,姜锡东、李华瑞主编《宋史研究论丛2007年韩中宋辽夏金元史学术研讨会论文集》(第九辑),河北大学出版社2008年。

26. 《汉、藏译〈圣大乘胜意菩萨经〉研究——以俄藏黑水城汉文文献TK145文书为中心》,沈卫荣,达力扎布主编《中国边疆民族研究》(第1辑),中央民族大学出版社2008年;《西夏佛教文献与历史研究》,甘肃文化出版社2018年。

27. 《黑水城出土夏金榷场贸易文书研究》,杨富学、陈爱峰,《中国史研究》2009年第2期。

28. 《黑水城所出〈天庆年间裴松寿处典麦契〉考释》,陈静,《文物春秋》2009年第2期。

29. 《从俄藏汉文〈杂字〉看西夏社会发展》,文志勇,《兰州学刊》2009年第2期。

30. 《黑城出土西夏榷场文书考释》,杜建录,《中国经济史研究》2010年第1期;(更名)《黑水城出土西夏榷场文书考释》,《西夏史论集》,上海古籍出版社2016年;(更名)《俄藏西夏榷场文书》,《西夏文献研究》,甘肃文化出版社2017年。

31. 《俄藏西夏天庆年间典粮文契考释》,杜建录,《西夏研究》2010年第1期;《西夏史论集》,上海古籍出版社2016年;《西夏文献研究》,甘肃文化出版社2017年。

32. 《西夏天盛十五年贷钱文书考释》,杜建录,《西夏历史与文化:第三届西夏学国际学术研讨会论文集》,甘肃人民出版社2010年。

33. 《西夏汉文写本〈卜筮要诀〉再探》,彭向前,《宁夏社会科学》2010年第1期。

34. 《俄藏黑水城所出西夏光定十三年杀人状初探》,杜立晖,《西夏历史与文化:第三届西夏学国际学术研讨会论文集》,甘肃人民出版社2010年。

35. 《读史札记五则》,彭向前,《西夏学》(第六辑),上海古籍出版社2010年。

36. 《西夏汉文乾祐十四年(1183)安排官文书考释及意义》,孙继民,《江汉论坛》2010年第10期;《黑水城出土文书研究》,甘肃文化出版社2020年。

37. 《西夏汉文"南边榷场使文书"再研究——以西夏榷场贸易制度为中心》,

孙继民、许会玲,《历史研究》2011年第4期;人大《宋辽金元史》2012年第1期;《丝绸之路法律文献研究·黑水城出土的法律文献(卷二)》,人民法院出版社2019年;《黑水城出土文书研究》,甘肃文化出版社2020年。

38.《西夏京房易汉文写本残佚爻象考略》,胡若飞,《西夏研究》2011年第4期。

39.《西夏社会文书补释》,李华瑞,《西夏学》(第八辑),上海古籍出版社2011年;《视野、社会与人物:宋史、西夏史研究论文稿》,中国社会科学出版社2012年;《西夏史探赜》,甘肃文化出版社2017年。

40.《关于两件黑水城西夏汉文文书的初步研究》,杜立晖,《西夏学》(第八辑),上海古籍出版社2011年。

41.《有关帕当巴桑杰的西夏汉文密教文献四篇》,孙鹏浩,沈卫荣主编《文本中的历史:藏传佛教在西域和中原的传播》,中国藏学出版社2012年。

42.《十一至十四世纪西域与内地的胜乐修持文献——拜寺沟方塔出土〈吉祥上乐轮略文等虚空本续〉之注释〈无垢……〉研究》,梁珏,沈卫荣主编《文本中的历史:藏传佛教在西域和中原的传播》,中国藏学出版社2012年。

43.《绒宋·法贤所造〈建立显现为本尊〉说略》,杨杰,沈卫荣主编《文本中的历史:藏传佛教在西域和中原的传播》,中国藏学出版社2012年。

44.《"西夏乾祐二年(1171)黑水城般驮、脚户运输文契":汉文文书与西夏交通运输》,张多勇、李并成、戴晓刚,《敦煌研究》2012年第2期。

45.《英藏黑水城出土西夏户籍租税账册文书初探》,许生根,《西夏研究》2013年第4期;《丝绸之路法律文献研究·黑水城出土的法律文献(卷二)》,人民法院出版社2019年。

46.《黑水城所出西夏汉文入库账复原研究》,孙继民,《宁夏社会科学》2013年第6期;《黑水城出土文书研究》,甘肃文化出版社2020年。

47.《俄藏黑水城文献〈密咒圆因往生集〉相关问题考论》,崔红芬,《文献》2013第6期;《西夏佛教文献研究论集》,宗教文化出版社2017年。

48.《西夏光定十二年正月李春狗等扑买饼房契考释》,杜建录,《吴天墀教授百年诞辰纪念文集(1913—2013)》,四川人民出版社2013年;《西夏史论集》,上海古籍出版社2016年;(更名)《西夏光定十二年李春狗等扑买饼房契》,《西夏文献研究》,甘肃文化出版社2017年。

49.《黑水城西夏汉文南边榷场使文书补考 》,杜立晖,《宁夏社会科学》2014第1期。

50.《黑水城所出〈西夏榷场使文书〉所见川绢、河北绢问题补释》,宋坤,《宁夏社会科学》2014年第2期。

51.《俄藏黑水城TK27P西夏文佛经背裱补字纸残片性质辨析——西夏乾祐年间材植文书再研究之二》,孙继民,《西夏学》(第十辑),上海古籍出版社2014年;《黑水城出土文书研究》,甘肃文化出版社2020年。

52.《黑水城所出西夏马料文书补释》,陈瑞青,《西夏学》(第十辑),上海古籍出版社2014年。

53.《交易有无:宋、夏、金榷场贸易的融通与互动——以黑水城西夏榷场使文书为中心的考察》,郭坤、陈瑞青,《宁夏社会科学》2015第5期。

54.《"嵬名法宝达卖地文书"考辨》,罗海山,沈之北主编《三个U集——霍存福教授从教三十周年纪念文集》,知识产权出版社2015年。

55.《英藏黑水城文献〈天地八阳神咒经〉拼接及研究》,马振颖、郑炳林,《敦煌学辑刊》2016年第2期。

56.《俄藏黑水城2822号文书〈杂集时要用字〉疑难字词校补》,辛睿龙,姜锡东主编《宋史研究论丛》(第18辑),科学出版社2016年。

57.《俄藏西夏汉文本〈杂字〉所见龙笛乐器考》,刘文荣,《西夏学》2016年第2期。

58.《〈显密圆通成佛心要集〉里的梵语真言》,聂鸿音,《宁夏社会科学》2016年第3期。

59.《俄藏黑水城西夏汉文No.2150号文书再探讨》,赵彦龙,《西夏研究》2016年第3期。

60.《莫高窟北区B59窟出土〈西夏嵬名法宝达卖地帐〉研究——兼论西夏土地买卖中的优先权》,刘志月,《河西学院学报》2016年第4期。

61.《西夏汉文榷场贸易档案中计量单位再研究》,赵彦龙,《宁夏师范学院学报》2016年第5期。

62.《黑水城文书〈卜筮要诀〉考释》,王巍,《西夏学》(第十二辑),甘肃文化出版社2016年。

63.《甘肃所出一组西夏汉文乐官文书的考释》,孙继民,《西夏学》(第十三辑),甘肃文化出版社2016年。

64.《俄藏黑水城〈显密圆通成佛心要集〉考论》,崔红芬、文志勇、韩世明、孔令海主编《辽金史论集》(第14辑),中国社会科学出版社2016年;《西夏佛教文献研究论集》,宗教文化出版社2017年。

65.《黑水城出土汉文贷钱契研究》,杜建录,《西夏史论集》,上海古籍出版社2016年;《西夏文献研究》,甘肃文化出版社2017年。

66.《黑水城出土汉文贷粮契》,杜建录,《西夏文献研究》,甘肃文化出版社2017年。

67.《黑水城出土汉文合伙契约》,杜建录,《西夏文献研究》,甘肃文化出版社2017年。

68.《黑水城出土汉文雇身契》,杜建录,《西夏文献研究》,甘肃文化出版社2017年。

69.《西夏藏文写本初探》,徐丽华,《西夏学辑刊》(第一辑),宁夏人民出版社2017年。

70.《俄藏黑水城 XT67 号藏文文献再考察》,段玉泉,《西夏学辑刊》(第一辑),宁夏人民出版社2017年。

71.《西夏汉文契约档案中的计量单位及其用字研究》,赵彦龙,《西夏研究》2017年第1期。

72.《"嵬名法宝达卖地文书"年代考》,罗海山,《西夏学》(第十四辑 2017年第1期),甘肃文化出版社2017年。

73.《西夏榷场使文书中"川绢""河北绢"问题再探》,陈瑞青,《西夏学》(第十五辑 2017年第2期),甘肃文化出版社2017年。

74.《黑水城出土的几种〈妙法莲华经观世音菩萨普门品第二十五〉版本考述》,佟建荣,《西夏学》(第十四辑 2017年第1期),甘肃文化出版社2017年。

75.《黑水城西夏南边榷场使文书所见"替头"考》,杜立晖,《文献》2017年第3期。

76.《黑水城文献所见西夏归义人研究——以〈注华严法界观门〉发愿文题记为中心》,陈玮,《宁夏社会科学》2017年第5期。

77.《丝绸之路上的一次医疗活动:俄藏Дx.19064文书解读》,于业礼,《中医药文化》2018年第1期

78.《黑水城出土西夏汉文社会文献词语例释》,邵天松,《西夏学》(第十八辑 2019年第1期),甘肃文化出版社2018年。

79.《也说西夏"替头"》,陈瑞青,《宁夏社会科学》2018年第4期。

80.《武威亥母洞寺出土西夏汉文"宝银"账单及其学术价值》,黎李、黎大祥,《西夏学》(第十九辑 2019年第2期),甘肃文化出版社2019年。

81.《西夏汉文〈杂集时用要字〉药物部再论》,于业礼、张如清,《图书馆理论

与实践》2019年第3期。

82.《三件黑水城出土西夏汉文佛教文献复原与拟题考辨》,宋坤,《西夏学》(第二十辑　2020年第1期),甘肃文化出版社2020年。

83.《西夏乾祐年间材植文书再研究之一》,孙继民,《黑水城出土文书研究》,甘肃文化出版社2020年。

84.《四件黑水城出土西夏汉文佛教文献残页拟题考辨》,宋坤,《西夏研究》2020年第4期。

85.《俄藏黑水城西夏汉文材植文书的分类整理——西夏乾祐年间材植文书再研究之三》,孙继民,《西夏研究》十周年特刊,2020年。

(三)黑水城宋辽金元(伪齐和朝代不明者)文献

1.《黑水城残卷〈承袭图〉研究》,冉云华,《庆祝潘石禅先生九秩华诞敦煌学特刊》,文津出版社有限公司1996年。

2.《俄藏宋刻〈广韵〉残本述略》,聂鸿音,《中国语文》1998年第2期;《古代语文论稿》,中国社会科学出版社2014年。

3.《黑城文书辽希麟〈音义〉残叶考释与复原》,虞万里,潘重规等著《庆祝吴其昱先生八秩华诞敦煌学特刊》,文津出版社2000年。

4.《黑城所出〈续一切经音义〉残片考》,聂鸿音,《北方文物》2001年第1期;《古代语文论稿》,中国社会科学出版社2014年

5.《黑水城出土活字版汉文历书考》,史金波,《文物》2001年第10期;《西夏文化研究》,中国社会科学出版社2015年。

6.《关于黑水城所出一件宋代军事文书的考释》,孙继民,《漆侠先生纪念文集》,河北大学出版社2002年;《黑水城出土文书研究》,甘肃文化出版社2020年。

7.《〈俄藏黑水城文献〉中的宋代文献》,白滨,《宋代历史文化研究(续编)》,人民出版社2003年;《西夏民族史论》,甘肃文化出版社2018年。

8.《黑水城所出宋赵德诚家状试释》,孙继民,姜锡东、李华瑞主编《宋史研究论丛》(第五辑),河北大学出版社2003年;《黑水城出土文书研究》,甘肃文化出版社2020年。

9.《黑水城宋代文书所见荫补拟官程序》,孙继民,《历史研究》2004年第2期;《黑水城出土文书研究》,甘肃文化出版社2020年。

10.《英藏黑水城文献社会文书述略》,许生根,《宁夏社会科学》2004年第6期。

11.《俄藏黑水城出土宋代"御前会合军马入援所"相关文书考释》,孙继民、

张春兰,中国文物研究所编(邓文宽主编)《出土文献研究》(第7辑),上海古籍出版社2005年;《黑水城出土文书研究》,甘肃文化出版社2020年。

12.《试释几件俄藏黑水城宋鄜延路公文草稿》,孙继民、陈瑞青,《西夏学》(第一辑),宁夏人民出版社2006年;《黑水城出土文书研究》,甘肃文化出版社2020年。

13.《黑城〈西北诸地马步军编册〉考释》,杨浣,《中国史研究》2006年第1期。

14.《俄藏黑水城文献〈初学记〉残片补考》,段玉泉,《宁夏社会科学》2006年第1期。

15.《俄藏黑水城文献中的元佚词》,张廷杰,《宁夏大学学报》2006年第1期。

16.《英藏黑水城文献Or8212/1343号脉法残片考——兼论黑水城文献与敦煌文献的互串问题》,惠宏,《西夏学》(第一辑),宁夏人民出版社2006年。

17.《黑水城文献〈庄子义〉考》,汤君,《敦煌学辑刊》2006年第2期;《西夏研究(第三辑):第二届西夏学国际学术研讨会论文集》,中国社会科学出版社2006年。

18.《黑水城文献〈资治通鉴纲目〉残页考辨》,段玉泉,《宁夏大学学报》2006年第3期。

19.《黑城分例文书中的属相纪年》,潘洁,《内蒙古社会科学》2006年第4期;《西夏学论集:教育部人文社会重点研究基地建设10周年纪念》,上海古籍出版社2012年。

20.《俄藏黑水城宋代文书所见宋高宗建炎年(1128)王庶被拘事件》,孙继民,姜锡东、李华瑞主编《宋史研究论丛》(第7辑),河北大学出版社2006年;《丝绸之路法律文献研究·黑水城出土的法律文献(卷二)》,人民法院出版社2019年;《黑水城出土文书研究》,甘肃文化出版社2020年。

21.《从俄藏黑水城宋代文献看北宋收复燕山府之役》,陈瑞青,姜锡东、李华瑞主编《宋史研究论丛》(第7辑),河北大学出版社2006年。

22.《从黑城文书看元代官营酒业的变化》,刘秋根、杨小敏,《宁夏社会科学》2007年第1期。

23.《从俄藏黑水城文献看宋代公文的贴黄制度》,陈瑞青,《中华文史论丛》2007年第2期。

24.《俄藏黑水城文献宋代小胡族文书试释》,孙继民,《中华文史论丛》2007年第2期;《黑水城出土文书研究》,甘肃文化出版社2020年。

25.《元代亦集乃路税粮初探》,潘洁、陈朝辉,《内蒙古社会科学》2007年第2

期;人大《宋辽金元史》2007年第2期。

26.《〈失林婚书案文卷〉初探》,侯爱梅,《宁夏社会科学》2007年第2期;人大《宋辽金元史》2007年第2期;《西夏学》(第六辑),上海古籍出版社2010年;(更名)《黑水城出土失林婚案书文卷研究》,《黑水城文献论集》,学苑出版社2014年。

27.《俄藏黑水城所出一件金代军事文书再探——对杨浣先生〈黑城西北诸地马步军编册考释〉一文的正补》,孙继民、杜立晖,《中国史研究》2007年第4期;《黑水城出土文书研究》,甘肃文化出版社2020年。

28.《黑城所出F116:W115号提调农桑文书的考释》,徐悦,《宁夏社会科学》2007年第4期。

29.《关于一件黑水城宋代军政文献的考释》,陈瑞青,《文物春秋》2007年第4期。

30.《黑水城宋代军政文书与宋史研究——以鄜延路为中心》,杨倩描,《河北学刊》2007年第4期。

31.《俄藏黑水城金代毛克文书初探》,孙继民、杜立晖,《历史研究》2007年第4期。

32.《俄藏黑水城所出一件金代军事文书再探》,孙继民、杜立晖,《中国史研究》2007年第4期。

33.《〈解释歌义〉的作者玄髓》,聂鸿音、孙伯君,《书品》(第6辑),2007年。

34.《黑城文书〈资治通鉴纲目〉残页考释》,虞万里,《欧亚学刊》(第7辑),2007年。

35.《俄藏黑水城方术文献研究:以TK190〈推拿日法〉为中心》,余欣,《黑水城人文与环境研究:黑水城人文与环境国际学术讨论会文集》,中国人民大学出版社2007年。

36.《俄藏黑水城出土宋代统制司文书初探》,陈瑞青,《黑水城人文与环境研究:黑水城人文与环境国际学术讨论会文集》,中国人民大学出版社2007年。

37.《黑城文书所见元代两份整点站赤文书考释》,王亚莉,《内蒙古师范大学学报》2008年第1期。

38.《英藏黑水城出土四件元代军政文书初探》,许生根,《宁夏社会科学》2008年第2期。

39.《俄藏黑水城TK194号文书〈至正年间提控案牍与开除本官员状〉的定名与价值》,张国旺,《西域研究》2008年第2期;《丝绸之路法律文献研究·黑水城出土的法律文献(卷二)》,人民法院出版社2019年。

40.《黑城出土元代汉文文书研究概述》，张红宣、张玉珍，《图书馆理论与实践》2008年第2期。

41.《英藏黑水城出土四件元代军政文书初探》，许生根，《宁夏社会科学》2008年第2期。

42.《黑水城出土文书中的记数符号初探》，潘洁，《宁夏社会科学》2008年第2期；《西夏学论集：教育部人文社会重点研究基地建设10周年纪念》，上海古籍出版社2012年。

43.《黑水城〈吕观文进庄子义〉错误举例》，陈静，《中国哲学史》2008年第3期。

44.《神秘的黑水城撩开神秘的历史面纱——俄藏黑水城宋代军事档案揭秘》，陈瑞青、张继民、张春兰，《光明日报》2008年3月30日。

45.《开创黑水城宋代文献研究的新局面》，陈瑞青，《中国史研究》2008年第4期。

46.《对黑水城出土的一件婚姻文书的考释》，刘永刚，《宁夏社会科学》2008年第4期。

47.《俄罗斯藏黑水城医药文献〈神仙方论〉录释》，李应存、李金田、史正刚，《甘肃中医》2008年第9期。

48.《黑水城等韵抄本〈解释歌义〉新探》，严至诚，《中国音韵学——中国音韵学研究会南京研讨会论文集·2006》，南京大学出版社2008年。

49.《从俄藏黑水城文献看宋代的"背嵬"》，杨倩描，姜锡东、李华瑞主编《宋史研究论丛：2007年韩中宋辽夏金元史学术研讨会论文集》（第九辑），河北大学出版社2008年。

50.《黑水城出土藏传佛教实修文书〈慈乌大黑要门〉初探》，黄杰华，《中国藏学》2009年第3期。

51.《黑城出土元代签补站户文书F116:W543考释》，王亚莉，《宁夏社会科学》2009年第3期。

52.《黑水城出土元代亦集乃路选官文书》，潘洁、陈朝辉，《宁夏社会科学》2009年第3期。

53.《黑城夏元时期契约文书的若干问题——以谷物借贷文书为中心》，许伟伟，《宁夏社会科学》2009年第3期；《西夏学论集：教育部人文社会重点研究基地建设10周年纪念》，上海古籍出版社2012年。

54.《元代汉文公文书（文书原件）的现状及其研究文献》，［日］船田善之

（著），彭向前（译），《西夏学》（第四辑），宁夏人民出版社2009年。

55.《黑水城出土〈尚书句解〉残页考》，惠宏，《西夏学》（第四辑），宁夏人民出版社2009年。

56.《黑水城所出元代亦集乃路总管府钱粮房〈照验状〉考释》，陈瑞青，《西夏学》（第四辑），宁夏人民出版社2009年；《成吉思汗与六盘山国际学术研讨会论文集》，甘肃人民出版社2010年。

57.《黑水城出土元代赋税文书研究》，潘洁，《西夏学》（第四辑），宁夏人民出版社2009年；《黑水城文献论集》，学苑出版社2014年。

58.《元代亦集乃路农作物种类考述》，徐悦，《西夏学》（第四辑），宁夏人民出版社2009年。

59.《元代亦集乃路"蒙古八站"考释》，王亚莉，《西夏学》（第四辑），宁夏人民出版社2009年。

60.《黑水城F114:W3元代选充仓库官文书初探》，杜立晖，《西夏学》（第四辑），宁夏人民出版社2009年。

61.《麦足朵立只答站户案初探》，王盼，《西夏学》（第四辑），宁夏人民出版社2009年。

62.《俄藏黑水城TK318号文书题名及版本问题》，陈艳，《西夏学》（第四辑），宁夏人民出版社2009年。

63.《试析元末至北元初期甘肃地区的分省设置——以三件黑城出土文书为中心》，杨彦彬，《西夏学》（第四辑），宁夏人民出版社2009年。

64.《英藏黑水城马匹草料文书考释》，杜建录，《宁夏社会科学》2009年第5期；《西夏史论集》，上海古籍出版社2016年；《西夏文献研究》，甘肃文化出版社2017年。

65.《俄藏宋西北边境军政文书的概况与价值》，孙继民，邓小南主编《宋史研究论文集 2008》，云南大学出版社2009年。

66.《俄藏黑水城文献〈官员加级录〉年代再证》，刘广瑞，姜锡东、李华瑞主编《宋史研究论丛》（第10辑），河北大学出版社2009年。

67.《从俄藏黑水城阜昌三年文书所见伪齐职官制度》，冯金忠，姜锡东、李华瑞主编《宋史研究论丛》（第10辑），河北大学出版社2009年。

68.《元代官府祗应酒品的生产与管理——兼与〈从黑城文书看元代官营酒业的变化〉一文商榷》，杨印民，《宁夏社会科学》2010年第1期。

69.《英藏黑水城所出两件粮食相关文书再研究》，朱建路，《宁夏社会科学》

2010年第1期。

70.《黑水城出土汉文写本〈六十四卦图歌〉初探》,彭向前,《西夏研究》2010年第2期。

71.《由黑水城文书看亦集乃路民事纠纷的调解机制》,王盼,《西夏研究》2010年第2期。

72.《黑城出土柬帖文书刍议》,兰天祥,《宁夏社会科学》2010年第2期。

73.《慈觉禅师生平补考》,宋坤,《西夏研究》2010年第4期。

74.《黑水城F116:W434元末签补站户文书试释》,杜立晖,《宁夏社会科学》2010年第4期。

75.《神秘失踪的指挥使——黑水城南宋初年请领铜钱文书研究》,陈瑞青,《中国多文字时代的历史文献研究:辽夏金元历史文献国际研讨会文集》,社会科学文献出版社2010年。

76.《俄藏黑水城文献所见宋代"交旁"考》,杜立晖,《中国多文字时代的历史文献研究:辽夏金元历史文献国际研讨会文集》,社会科学文献出版社2010年。

77.《俄藏黑水城肃州路官员名录文书考释》,杜立晖,《西夏学》(第五辑),上海古籍出版社2010年。

78.《从黑城出土文书看元代亦集乃路河渠司》朱建路,《西夏学》(第五辑),上海古籍出版社2010年。

79.《俄藏黑水城文献〈佛说寿生经〉录文:兼论11—14世纪的寿生会与寿生寄库信仰》,韦兵,《西夏学》(第五辑),上海古籍出版社2010年。

80.《俄藏黑水城文献之汉文佛经〈般若波罗蜜多经〉叙录》,汤君,《西夏学》(第五辑),上海古籍出版社2010年。

81.《俄藏文献Дx.2822"字书"的来源及相关问题》,王使臻,《西夏学》(第五辑),上海古籍出版社2010年。

82.《俄藏黑水城宋代文献所见差破"白直人兵"文书考》,陈瑞青,《西夏学》(第五辑),上海古籍出版社2010年。

83.《宋代西北边境弓箭手供给问题的历史考察——以俄藏黑水城文献为中心》,朱德军,《西夏学》(第五辑),上海古籍出版社2010年。

84.《黑城所出收付契文书Y1:W201考释》,许伟伟,《西夏学》(第六辑),上海古籍出版社2010年。

85.《也火汝足立鬼地土案文卷初探》,张重艳,《西夏学》(第六辑),上海古籍出版社2010年。

86.《两件新刊中国藏黑水城汉文文书残片考释》,邱志诚,《西夏学》(第六辑),上海古籍出版社2010年。

87.《俄藏黑水城文献〈刘知远诸宫调〉俗字整理研究》,蔡永贵、靳红慧,《西夏学》(第六辑),上海古籍出版社2010年。

88.《黑水城汉文文献词语杂释》,惠宏,《西夏学》(第六辑),上海古籍出版社2010年。

89.《黑水城宋代文献性质刍议》,陈瑞青,《西夏历史与文化:第三届西夏学国际学术研讨会论文集》,甘肃人民出版社2010年。

90.《俄藏黑水城宋代文书的拼合问题》,魏琳,《西夏历史与文化:第三届西夏学国际学术研讨会论文集》,甘肃人民出版社2010年。

91.《元代亦济乃路赋税考——黑水城出土税票考释》,潘洁、陈朝辉,《西夏历史与文化:第三届西夏学国际学术研讨会论文集》,甘肃人民出版社2010年。

92.《黑水城文献研究二则》,张国旺,《成吉思汗与六盘山国际学术研讨会论文集》,甘肃人民出版社2010年。

93.《俄藏黑水城所出〈宋西北边境军政文书〉妇人阿罗等状初探》,倪彬,《宁夏社会科学》2011年第1期。

94.《对黑城出土的一件祭司文书的考释》,屈耀琦,《西夏研究》2011年第4期。

95.《〈中华传心地禅门师资承袭图〉的一段佚文》,聂鸿音,《书品》2011年第6期;《西夏文献论稿二编》,甘肃文化出版社2018年。

96.《黑城出土汉文文书量词初探》,张重艳、胡妮,《西夏学》(第七辑),上海古籍出版社2011年。

97.《浅谈几件中国藏黑水城文书所反映的元代用纸》,魏琳,《西夏学》(第七辑),上海古籍出版社2011年。

98.《关于俄藏TK225号文书的朝代归属问题》,孙继民,《西夏学》(第八辑),上海古籍出版社2011年;《黑水城出土文书研究》,甘肃文化出版社2020年。

99.《黑水城所出南宋初年施行敕书文书考释》,陈瑞青,《西夏学》(第八辑),上海古籍出版社2011年。

100.《从俄藏黑水城所出〈慈觉禅师劝化集〉看宗赜佛教思想的世俗化倾向》,宋坤,《西夏学》(第八辑),上海古籍出版社2011年。

101.《黑水城所出TK261V号文书〈窦庸献蝇拂子启〉考释》,毛永娟,《西夏学》(第八辑),上海古籍出版社2011年。

102.《黑水城所出八件佛经残片定名及复原》,彭海涛,《西夏学》(第八辑),上海古籍出版社2011年。

103.《黑水城所出两件与养老制度有关的文书研究》,郭兆斌,《西夏学》(第八辑),上海古籍出版社2011年。

104.《黑水城文献汉文普礼类型礼忏文研究》,韦兵,《西夏学》(第八辑),上海古籍出版社2011年。

105.《黑水城所出元代礼仪文书考释三则》,蔡伟政,《西夏学》(第八辑),上海古籍出版社2011年。

106.《〈俄藏黑水城文献〉辽代高僧海山思孝著作考》,冯国栋、李辉,《西夏学》(第八辑),上海古籍出版社2011年。

107.《〈黑水城出土文书〉所见亦集乃路的孤老救济初探》,吴超,《西夏研究》2012年第1期;《丝绸之路法律文献研究·黑水城出土的法律文献(卷二)》,人民法院出版社2019年。

108.《再考黑城所出F116:W115号提调农桑文卷》,刘广瑞,《西夏研究》2012年第1期。

109.《俄藏黑水城所出〈宋西北边境军政文书〉中兵士张德状初探》,倪彬,《宁夏社会科学》2012年第1期。

110.《俄藏黑水城金代文献的数量、构成及其价值》,孙继民,《敦煌研究》2012年第2期;人大《宋辽金元史》2012第5期;《黑水城出土文书研究》,甘肃文化出版社2020年。

111.《黑水城〈资治通鉴纲目〉残叶考述》,胡玉冰、唐方,《西夏研究》2012年第2期。

112.《黑水城出土汉文医方——治疮疡方的考释与研究》,杨昕,《西夏研究》2012年第2期。

113.《黑水城出土刘知远诸宫调作期和著作权综考》,王昊,《吉林大学学报》2012年第2期。

114.《从黑水城出土文书看元代的肃政廉访司刷案制度》,孙继民、郭兆斌,《宁夏社会科学》2012年第2期;《丝绸之路法律文献研究·黑水城出土的法律文献(卷二)》,人民法院出版社2019年。

115.《黑水城所出元代甘肃行省丰备库钱粮文书考释》,陈瑞青,《宁夏社会科学》2012年第2期。

116.《黑水城所出〈亦集乃分省元出放规运官本牒〉考释》,朱建路,《宁夏社会科学》2012年第2期。

117.《黑水城元代汉文军政文书的数量构成及其价值》,杜立晖,《宁夏社会科学》2012年第2期。

118.《黑水城文献所见元代肃政廉访司"刷尾"工作流程——元代肃政廉访司文卷照刷制度研究之一》,孙继民,《南京师大学报》2012年第5期;《丝绸之路法律文献研究·黑水城出土的法律文献(卷二)》,人民法院出版社2019年;《黑水城出土文书研究》,甘肃文化出版社2020年。

119.《中国藏黑水城所出元代律令与词讼文书的史学价值》,张重艳,《南京师大学报》2012年第5期;《丝绸之路法律文献研究·黑水城出土的法律文献(卷二)》,人民法院出版社2019年。

120.《黑水城出土婚姻类文书探析》,马立群,《图书馆理论与实践》2012年第11期;《丝绸之路法律文献研究·黑水城出土的法律文献(卷二)》,人民法院出版社2019年。

121.《〈中国藏黑水城汉文文献〉印本古籍残片题名辨正》,陈瑞青,《薪火相传:史金波先生70寿辰西夏学国际学术研讨会论文集》,中国社会科学出版社2012年。

122.《黑水城所出元代"白帖"文书初释》,刘广瑞,韩格平、魏崇武主编《元代文献与文化研究》(第1辑),中华书局2012年。

123.《俄藏敦煌和黑城汉文历日对印刷技术史研究的意义》,邓文宽,[俄]伊丽娜·波波娃、刘屹主编《敦煌学:第二个百年的研究视角与问题》,圣彼得堡:斯拉维亚出版社2012年。

124.《俄藏黑水城易类文献疑难词句解读》,张秀清,《励耘学刊(语言卷)》2013年第2期。

125.《黑城文书所见亦集乃路自然灾害》,孔德翊,《西夏研究》2013年第2期。

126.《黑水城所出识认状问题浅探》,宋坤,《西夏研究》2014年第3期。

127.《黑水城出土合伙契约再考释》,杜建录、邓文韬,《西夏研究》2013年第4期;人大《宋辽金元史》2014年第2期;《西夏史论集》,上海古籍出版社2016年。

128.《黑水城元代Y1:W22文书的性质和定名》,孙继民,《吴天墀教授百年诞辰纪念文集(1913—2013)》,四川人民出版社2013年;《黑水城出土文书研究》,甘肃文化出版社2020年。

129.《俄藏黑水城〈新雕文酒清话〉再研究》,刘佳、张宁,《中国典籍与文化》

2014年第2期。

130.《黑水城出土元代文书押印制度初探》,陈朝辉、潘洁,《西夏研究》2013年第4期。

131.《俄藏黑水城文献〈新雕文酒清话〉跋(上)》,张秀清,《语文学刊》2013年第15期。

132.《俄藏黑水城文献〈新雕文酒清话〉跋续》,张秀清,《语文学刊》2013年第19期。

133.《黑水城文书〈亲集耳传观音供养赞叹〉文本特征与汉藏源流考》,李婵娜,沈卫荣主编《汉藏佛学研究:文本、人物、图像和历史》,中国藏学出版社2013年

134.《〈俄藏黑水城文献〉俗字研究的文字学价值——以第六册为例》,蔡永贵、靳红慧,《西夏学》(第九辑),上海古籍出版社2014年。

135. "A Study of the Chinese Employment Contracts from Khara-Khoto Collected in China"(中国黑水城出土合伙契约研究),Du Jianlu and Deng Wentao(杜建录、邓文韬),Central Asiatic Journal 57 (2014)(《中亚学刊》)第57卷,2014年)。

136.《中国藏黑水城出土汉文借钱契研究》,杜建录,《西夏学》(第十辑),上海古籍出版社2014年。

137.《敦煌、黑水城、龙泉驿文献中的土地买卖契约研究》,汤君,《西夏学》(第十辑),上海古籍出版社2014年

138.《俄藏黑水城所出两件〈多闻天王修习仪轨〉缀合及复原》,宋坤,《西夏学》(第十辑),上海古籍出版社2014年。

139.《〈文酒清话〉若干问题辨析》,杨金山,《西夏学》(第十辑),上海古籍出版社2014年。

140.《黑水城文献〈刘知远诸宫调〉创作时期及作者考辨》,付燕,《西夏学》(第十辑),上海古籍出版社2014年。

141.《黑水城出土汉文刻本TKl72〈六壬课秘诀〉考释》,李冰,《西夏学》(第十辑),上海古籍出版社2014年。

142.《试述黑水城出土勘合文书》,潘洁,《西夏学》(第十辑),上海古籍出版社2014年

143.《黑水城文献〈麦足朵立只答站户案卷〉再研究》,朱建路,《西夏学》(第十辑),上海古籍出版社2014年。

144.《黑水城出土亦集乃路孤老养济文书若干问题研究》,周永杰,《西夏学》

（第十辑），上海古籍出版社2014年。

145.《黑水城文献所见元代税使司的几个问题》，杜立晖，《西夏学》（第十辑），上海古籍出版社2014年。

146.《元代亦集乃路诸案成因及处理初探——以黑水城出土元代律令与词讼文书为中心》，张笑峰，《西夏学》（第十辑），上海古籍出版社2014年。

147.《黑水城出土元代站赤文书中的若干问题》，王亚莉，《黑水城文献论集》，学苑出版社2014年。

148.《黑水城出土两件租赁文书考释》，杜建录、邓文韬，姜锡东主编《宋史研究论丛》第15辑，河北大学出版社2014年;《西夏史论集》，上海古籍出版社2016年;《西夏文献研究》，甘肃文化出版社2017年。

149.《黑水城出土汉文写本医方整理研究》，杨昕，《黑水城文献论集》，学苑出版社2014年。

150.《黑水城出土元代词讼文书研究》，张笑峰，《黑水城文献论集》，学苑出版社2014年。

151.《黑水城出土元代习抄文书整理研究》，张建强，《黑水城文献论集》，学苑出版社2014年。

152.《黑水城文书中元代赤祇应研究》，刘青，《黑水城文献论集》，学苑出版社2014年。

153.《从黑水城文书看元代赤集乃路的农业》，徐悦，《黑水城文献论集》，学苑出版社2014年。

154.《黑水城出土文书中的元赤集乃路公文与公文制度》，尤桦，《黑水城文献论集》，学苑出版社2014年。

155.《黑水城出土元代地土案所见若干问题》，王盼，《黑水城文献论集》，学苑出版社2014年。

156.《黑水城文书中的元代职官研究》，高仁，《黑水城文献论集》，学苑出版社2014年。

157.《元代赤集乃路的军用钱粮物——以黑水城出土文书为中心》，李晓明，《黑水城文献论集》，学苑出版社2014年。

158.《元代赤集乃路儒学教育研究》，来云琴，《黑水城文献论集》，学苑出版社2014年。

159.《元代赤集乃路地方建制》，王艳梅，《黑水城文献论集》，学苑出版社2014年。

160.《黑水城出土合同婚书整理研究》,杜建录、邓文韬,《西夏研究》2015年第1期。

161.《黑水城出土宋代汉文社会文献中的度量量词》,邵天松,《宁夏社会科学》2015年第1期。

162.《黑水城出土元代道教文书初探》,陈广恩,《宁夏社会科学》2015年第3期。

163.《元代亦集乃路钞库探析——以黑水城出土文书为中心》,高仁,《西夏研究》2015年第3期。

164.《略论黑水城元代文献中的忽剌术大王》,陈瑞青,《西夏学》(第十一辑),上海古籍出版社2015年。

165.《从黑水城习抄看元代儒学教育中的日常书写》,宋晓希、黄博,《西夏学》(第十一辑),上海古籍出版社2015年。

166.《黑水城文献所见元代地方仓库官选任制度的变化》,杜立辉,《西夏学》(第十一辑),上海古籍出版社2015年。

167.《黑城出土的举荐信与北元初期三位宗王的去向》,樊永学、邓文韬,《西夏学》(第十一辑),上海古籍出版社2015年。

168.《黑水城出土元代M1·1284(F21:W25)历日残页考》,侯子罡、彭向前,《西夏学》(第十一辑),上海古籍出版社2015年。

169.《黑水城出土F234:W10元代出首文书考》,张笑峰,《西夏学》(第十一辑),上海古籍出版社2015年。

170.《黑水城出土元末〈签补站户文卷〉之"急递铺户"考证》,王亚莉,《西夏学》(第十一辑),上海古籍出版社2015年。

171.《从黑水城文书看元代宣圣祭祀》,孔德翊,李进增主编《宁夏博物馆馆刊》(第一辑),阳光出版社2015年。

172.《英藏黑水城出土军粮文书初探》,许生根,《西夏研究论文集》,凤凰(江苏古籍)出版社2015年

173.《黑水城出土〈新集藏经音义随函录〉探微》,赵阳,《吐鲁番学研究》2016年第1期。

174.《一杯凉水——黑水城出土突厥语景教文献》,[德]茨默(著),杨富学、彭晓静(译),《西夏研究》2016年第2期。

175.《黑水城所出元代词讼文书中的法制术语考释与研究》,侯爱梅,《西夏研究》2016年第4期。

176.《黑水城文书所见元代亦集乃路居民活动空间》,孔德翊、张红英,《宁夏社会科学》2016年第5期。

177.《元代亦集乃路的物价——以黑城出土文书为中心》,周永杰,《西夏学》(第十二辑),甘肃文化出版社2016年。

178.《黑水城所出〈大德十一年税粮文卷〉整理与复原》,张淮智,《西夏学》(第十二辑),甘肃文化出版社2016年。

179.《黑水城所出元代箚子考》,杜立晖,《西夏学》(第十二辑),甘肃文化出版社2016年。

180.《俄藏黑水城所出汉文〈六壬课秘诀〉版本辨正》,宋坤,《西夏学》(第十二辑),甘肃文化出版社2016年。

181.《读〈中国藏汉文文献〉中所收柬帖文书札记》,倪彬,《西夏学》(第十二辑),甘肃文化出版社2016年。

182.《〈宋西北边境军政文书〉印记考释三则》,赵生泉,《西夏学》(第十二辑),甘肃文化出版社2016年。

183.《从〈父母恩重经〉看儒释融合——兼及敦煌、黑水城残本的比较》,崔红芬,《西夏学》(第十二辑),甘肃文化出版社2016年。

184.《黑水城所出元代劄子考》,杜立晖,《西夏学》(第十二辑),甘肃文化出版社2016年。

185.《甘肃武威所出一组西夏汉文乐官文书考释》,孙继民,《西夏学》(第十三辑),甘肃文化出版社2016年。

186.《武威出土〈元代至元二十六年蒲法先买地券〉研究》,杜玉奇,《西夏学》(第十三辑),甘肃文化出版社2016年。

187.《黑水城出土〈佛说竺兰陀心文经〉记相关问题考释——以人物生平与疑伪经出版传播为中心》,崔玉谦、崔玉静,姜锡东主编《宋史研究论丛》(第18辑),科学出版社2016年。

188.《俄藏黑水城金代〈西北诸地马步军编册〉新探暨重命名》,范学辉,《历史研究》2017年第1期;李华瑞、姜锡东主编《王曾瑜先生八秩祝寿文集》,科学出版社2018年。

189.《关于黑城出土北元文书中若干问题的考察》,王晓晖,《西夏学》(第十四辑　2017年第1期),甘肃文化出版社2017年。

190.《黑水城出土的北元M1·033[F277:W5反]典人契探研》,刘志月,《西夏学》(第十四辑　2017年第1期),甘肃文化出版社2017年。

191.《黑水城文书中的孛罗帖木儿大王》，郭明明，《西夏学》（第十四辑 2017年第1期），甘肃文化出版社2017年。

192.《从出土文书看黑水城渠道变迁》，潘洁，《西夏学》（第十五辑 2017年第2期），甘肃文化出版社2017年。

193.《黑水城出土дх19022元代收付契研究》，邓文韬，《西夏学》（第十五辑 2017年第2期），甘肃文化出版社2017年。

194.《俄藏黑水城〈新集藏经音义随函录〉再考》，辛睿龙，《西夏学》（第十五辑 2017年第2期），甘肃文化出版社2017年。

195.《黑水城文献所见元代亦集乃路的机构建制与运作机制》，杜立晖，《敦煌研究》2017年第2期。

196.《黑城本〈弥勒上生经讲经文〉为词曲作品说》，赵阳，《敦煌学辑刊》2017年第3期。

197.《元代河西陇北道肃政廉访司分司的设置与运作——以黑水城文献为中心》，杜立晖、付春梅，《宁夏社会科学》2017年第3期。

198.《黑水城出土〈南华真经〉与传世宋本的比较研究》，李晓凤，《西夏研究》2017年第3期。

199.《俄藏黑水城〈佛说大乘圣无量寿王经〉及相关问题考略》，崔红芬，《"纪念净土宗五祖少康大师圆寂1210周年暨净土文化论坛"论文集》，2015年；《宁夏社会科学》2017年第3期；《西夏佛教文献研究论集》，宗教文化出版社2017年。

200.《俄藏黑水城佛经音义文献再考》，辛睿龙，《保定学院学报》2017年第4期。

201.《黑水城文献〈新雕文酒清话〉》释词，张泽宁、张惠强，《甘肃广播电视大学学报》2017年第6期。《〈华严感通灵应传记〉考略》，张旭，《宁夏社会科学》2018年第1期。

202.《黑水城文献中所见的宋代避讳字研究》，马振颖、赵世金，《西夏研究》2018年第1期。

203.《黑水城所出的一组原刻与翻刻实物资料——〈夹颂心经〉考察记》，佟建荣，《宁夏社会科学》2018年第2期。

204.《黑水城出土宋代汉文社会文献的词汇研究价值》，邵天松，《西夏研究》2018年第1期。

205.《黑水城所出元代议札文书探研》，朱建路，《宁夏社会科学》2018年第2期。

206.《俄藏黑水城〈大方广佛华严经音〉残片再考》，辛睿龙，《中国文字研究》2018年第2期。

207. "A textual research on manuscript inventory no. 4434 in the Russian Kharakhoto collection"（《俄罗斯黑水城藏品中的inv. 4434号残片考》），Guangyong Qin（秦光永），Journal of Chinese Writing Systems 2.3（2018）（《中国文字》2018年第3期）。

208.《历史中的小说和小说中的历史——说宗教和文学两种不同语境中的"秘密大喜乐禅定"，沈卫荣，《西夏佛教文献与历史研究》，甘肃文化出版社2018年。

209.《汉、藏文版〈圣观自在大悲心总持功能依经录〉之比较研究——以俄藏黑水城汉文TK164、165号、藏文X67号文书为中心》，沈卫荣，《西夏佛教文献与历史研究》，甘肃文化出版社2018年。

210.《黑水城出土〈宋西北边境军政文书〉中"砲"类文书再讨论》，范建文，《西夏学》（第十八辑　2019年第1期），甘肃文化出版社2018年。

211.《黑水城和额济纳旗出土藏文文献简介》，[日]武内绍人（著）、陈明迪、陆离（译），《西夏学》（第十八辑　2019年第1期），甘肃文化出版社2018年。

212.《黑水城文书所见元朝对西北的经营——以亦集乃路为考察中心》，陈广恩，《西夏学》（第十六辑　2018年第1期），甘肃文化出版社2018年。

213.《黑水城所出〈宣光二年甘肃等处行中书省亦集乃分省咨文〉再探》，张桓，《西夏学》（第十六辑　2018年第1期），甘肃文化出版社2018年。

214.《黑水城出土的一件元代书信文书考释》，郭明明、杨峰，《西夏学》（第十六辑　2018年第1期），甘肃文化出版社2018年。

215.《黑水城出土〈佛果圆悟禅师碧岩录〉考》，崔红芬，《西夏研究》2019年第1期。

216.《黑城所出〈地理新书〉刻本残片考》，何伟凤，《西夏研究》2019年第1期。

217.《内蒙古黑水城出土回鹘景教写本研究》，何湘君，《吐鲁番学研究》2019年1期。

218.《北元初年亦集乃分省若干问题的再探讨》，刘志月，《西部蒙古论坛》2019年第1期。

219.《俄藏黑水城文献〈新雕文酒清话〉校读献疑》，张惠强，《西夏学》（第十九辑　2019年第2期），甘肃文化出版社2019年。

220.《俄藏黑水城出土〈阴思鬼限〉释论》,周泽鸿,《西夏学》(第十九辑2019年第2期),甘肃文化出版社2019年。

221.《〈大黑求修并作法〉疑难字考释》,刘贺、邓章应,《西夏学》(第十九辑2019年第2期),甘肃文化出版社2019年。

222.《一件未刊布的黑水城出土元代借钱契考释》,邓文韬,《西夏研究》2019年第2期。

223.《穿越千年的占筮与言说——试论〈卜筮要诀〉的要义与文化内涵》,李沁锴,《敦煌研究》2019年第3期。

224.《黑水城出土M1·1287[F68:W1]残历考》,郝军军,《敦煌研究》2019年3期。

225.《古丝绸之路上黑水城出土元代婚契研究》,丁君涛,《西北民族研究》2019年4期。

226.《黑水城出土 X24 国公令印文考辨》,张笑峰,《宁夏社会科学》2019年第5期。

227.《黑水城元代法制文书校读札记》,王阳,《北方民族大学学报》(哲学社会科学版)2019年6期。

228.《黑水城出土纳甲筮法文书初探》,王巍,《中华文化论坛》2019年6期。

229.《从黑水城所出词讼文书看元代亦集乃路的诉讼审判程序》,侯爱梅,《南方文物》2019年6期。

230.《黑水城出土宋代汉文社会文献词语例释》,邵天松,《汉语史学报》(第二十辑),2019年。

231.《黑水城六壬式法文书与“六壬式口诀”系统源流考》,王巍,《宁夏社会科学》2020年第2期。

232.《俄藏黑水城汉文文献〈亲集耳传观音供养赞叹〉疑难俗字考释》,刘贺、邓章应,《西夏学》(第二十辑 2020年第1期),甘肃文化出版社2020年。

233.《黑水城M1·1229文书考释与元亦集乃路儒学堕废原因辨析》,邱志诚,《宁夏社会科学》2020年第4期。

234.《英藏文书Or.8212/1224号为星禽占卜文献考》,苏红,《西夏研究》2020年第1期。

235.《〈推定儿女法〉与中古辨胎术》,周泽鸿,《西夏研究》2020年第2期。

236.《〈俄藏黑水城文献·宋西北边境军政文书〉第65页文书考释》,孙继民,《黑水城出土文书研究》,甘肃文化出版社2020年。

237.《俄藏宋保安军金汤城文书研究》，孙继民，《黑水城出土文书研究》，甘肃文化出版社2020年。

238.《俄藏黑水城所出金毛克文书初探》，孙继民、杜立晖，《黑水城出土文书研究》，甘肃文化出版社2020年。

239.《火器发展史上的重要文献——新刊伪齐阜昌三年(1132)文书解读》，孙继民，《黑水城出土文书研究》，甘肃文化出版社2020年。

（四）其他地区出土的西夏和相关汉文文献

1.《武威所出西夏买地券再探》，李桥，《西夏学》（第十三辑），甘肃文化出版社2016年。

2.《拜寺沟方塔〈诗集〉作者行迹考》，汤君，《四川师范大学学报》2017年第2期。

3.《吐峪沟出土"杂字"残卷初探》，聂鸿音，《励耘语言学刊》，中华书局2017年。

4.《〈日本藏西夏文献〉收录汉文〈太平惠民合剂局方〉残片考》，崔玉谦、刘丽君，《西夏学》（第十六辑　2018年第1期），甘肃文化出版社2018年。

5.《武威出土西夏买地券的文体探讨》，马春香，《西夏学》（第十七辑　2018年第2期），甘肃文化出版社2019年。

6.《甘肃武威亥母洞石窟寺的几件西夏汉文文献考释》，黎大祥，《西夏学》（第十七辑　2018年第2期），甘肃文化出版社2019年。

7.《武威出土西夏买地券背记符号考论》，张涛、于光建，《西夏研究》2020年第2期。

七、藏文、蒙文、外文典籍中的西夏文献史料

1.《有关弥药与西夏的藏文新材料》，[法]石泰安（著），方浚川、陈宗详（译），《宁夏社会科学》试刊号，1981年。

2.《从敦煌古藏文冀邦的神话看党项的经济与宗教信仰》，杨元芳，《西南民族学院学报》1985年第2期；人大《中国少数民族》1985年第8期。

3.《藏文史书中的"弥药"（西夏）》，黄颢，《青海民族学院学报》1985年第4期；人大《宋辽金元史》1986年第1期。

4.《藏文史籍中的木雅诸王考》，聂鸿音、卢梅，《民族研究》1996年第5期。

5.《简论藏文史籍关于西夏的记载》，陈庆英，《首届西夏学国际学术会议论文集》，宁夏人民出版社1998年。

6.《藏文文献在西夏学研究中的应用》,牛达生,《宁夏文史》(第16辑),2000年;《中国藏学》2002年第1期。

7.《五十年来国内藏学家有关西夏的研究》,黄颢,《国家图书馆学刊》(西夏研究专号),2002年增刊。

8.《敦煌P.988号藏文写卷考补》,聂鸿音,《民族研究》2005年第3期;戴庆厦主编《中国少数民族语言文字研究》(二),民族出版社2012年;《古代语文论稿》,中国社会科学出版社2014年。

9.《最早的藏文木刻本考略》,史金波,《中国藏学》2005年第4期;《西夏文化研究》,中国社会科学出版社2015年。

10.《柏林民族博物馆藏T.M.190吐鲁番写本释读》,[德]查赫(著),聂鸿音(译),《国外早期西夏学论集》(二),民族出版社2005年;《西夏学述论》,甘肃文化出版社2018年。

11.《吐蕃传说中的两个西夏词》,[法]向柏霖(著),聂鸿音(译),《宁夏社会科学》2008年第6期;《西夏学述论》,甘肃文化出版社2018年。

12.《从八思巴字文献看〈蒙古字韵〉及元代北方官话中"观"系字的读音》,宋洪民,《西夏学》(第七辑),上海古籍出版社2011年。

13.《Šidurvu 和 Qāshīn——波斯文《史集》部族志唐古特部分阅读札记二则》,苏航,《西夏学》(第九辑),上海古籍出版社2014年。

14.《摩西和 Rus-pa Ngo-snu:藏文西夏开国神话》,李勤璞,余太山、李锦绣主编《欧亚学刊》(总第15辑 新第5辑),商务印书馆2016年。

15.《藏蒙史籍所载西夏故事溯源两则》,杨浣,《西夏学》(第九辑),上海古籍出版社2014年。

16.《〈青史演义〉中"唐古特"与"西夏"辨析》,胡守静,《西夏研究》2017年第1期。

17.《〈青史演义〉中"唐古特"事迹的史料来源与相关问题探析》,胡守静,《西夏学》(第十四辑 2017年第1期),甘肃文化出版社2017年。

18.《莫克与弭药——〈鲁布鲁克东行纪〉中的党项史料》,刘铁程,《内蒙古社会科学》(汉文版)2017年第2期。

玖　文化（文明）教育、思想宗教、社会生活、文学艺术

一、总论、专题研究综述

（一）总论

1.《西夏文化轮廓》，卢前，《新中华》（复刊第1卷10期），1943年。

2.《西夏文化及其在中亚文化中的地位》，［俄］克恰诺夫（著），霍升平（译），《宁夏社科通讯》1985年第4期。

3.《略论西夏文化同河陇文化的关系》，李蔚，《西夏史研究》，宁夏人民出版社1987年。

4.《唐古特西夏国的藏族与藏文化》，［俄］克恰诺夫（著），杨元芳、陈宗详（译），《甘肃民族研究》1985年第2期；小卫（译），《国外藏学研究译文集》（第2集），西藏人民出版社1987年。

5.《西夏国的吐蕃人与吐蕃文化》，［俄］克恰诺夫（著），刘建丽（译），《宁夏社科通讯》1985年第8期。

6.《西夏文化与汉文化的继承关系》，杨键，《宁夏社科通讯》1987年第6期。

7.《略论汉文化对西夏的影响》，刘建丽，《辽金西夏史研究：纪念陈述先生逝世三周年论文集》，天津古籍出版社1988年；王希隆主编《西北少数民族史研究》，民族出版社2003年。

8.《党项原始文化概述》，罗矛昆，《固原师专学报》1990年第2期。

9.《略论外来文化对西夏的影响》，张云，《宁夏大学学报》1990年第3期。

10.《党项文化》，罗矛昆，《中国古代北方民族文化史（民族文化卷）》，黑龙江人民出版社1993年。

11.《西夏文化与西夏钱币》，达津，《中国钱币》1993年第2期。

12.《儒学与西夏文化刍议》，张迎胜，《宁夏大学学报》1995年第2期；人大《中国哲学史》1995年第8期。

13.《试论西夏文化教育》，李雯，《宁夏社会科学》1995年第3期；《新华文摘》1996年第12期。

14.《佛教与西夏文化述论》，尚世东，《西北第二民族学院学报》1996年第2期。

15.《论西夏的文化教育》，刘兴全，《西南民族学院学报》1996年第4期。

16.《西夏文化的风采》，史金波，《光明日报》1996年9月3日；《新华文摘》1996年第12期；《西夏历史文化钩沉》，甘肃文化出版社2018年。

17.《儒释兼容，东西交汇——多元色彩的西夏文化》，史金波，（台湾）《历史月刊》1996年第10期。

18.《西夏文化简述》，牛达生，《中国报导》（世界语版）1998年第10期。

19.《刍议西夏文化对中国传统文化的认同》，张迎胜，《首届西夏学国际学术会议论文集》，宁夏人民出版社1998年。

20.《西夏文化若干问题刍议》，李蔚，《甘肃社会科学》1999年第1期。

21.《论西夏文化》，杨建新，《西北史地》1999年第2期。

22.《试论西夏党项文化传统及其与周边各族文化的交流》，穆鸿利，《宁夏大学学报》1999年第2期；穆鸿利著《河朔集》，中国国际出版社2005年。

23.《西夏历史文化特色》，戴文珍，《中国名城》1999年第4期。

24.《党项人的古文字与文化》，[俄]克恰诺夫（著），吴月英（译），《宁夏党校学报》1999年第5期。

25.《论辽西夏金元时期义化精神的特色》，任崇岳，《北方文物》2000年第2期。

26.《西夏文化的魅力》，李范文，《银川晚报》2001年第4月24日。

27.《从敦煌资料看儒学对吐蕃的深刻影响》，陈炳应，《敦煌研究》2004年第4期；《西夏文明研究》，甘肃文化出版社2018年。

28.《从西夏的消亡看文化的重要性》，杨保军，《报刊文摘》2004年9月13日。

29.《20世纪西夏宗教研究》，史金波，《20世纪西夏学》，宁夏人民出版社2004年。

30.《20世纪西夏文化艺术研究》，张迎胜，《20世纪西夏学》，宁夏人民出版社2004年。

31.《论辽夏金文化中的两种传统》，佟建荣，《固原师专学报》2005年第1期。

32.《试论西夏文化的多元性》，陈广恩，《西北师大学报》2005年第3期；《西夏元史研究论稿》，中国社会科学出版社2017年。

33.《以文化二元对峙矛盾观透析西夏》,魏淑霞,《宁夏社会科学》2005年第3期。

34.《佛教与西夏文化》,白滨,《佛教与辽金元文化国际学术研讨会论文集》,香港能仁书院2005年;白滨著《西夏民族史论》(《西夏学文库》第二辑论集卷),甘肃文化出版社2018年。

35.《论儒学与佛教在西夏文化中的地位》,李华瑞,"10—13世纪中国文化的碰撞与融合国际学术研究讨论会"论文;《西夏研究(第三辑):第二届西夏学国际学术研讨会论文集》,中国社会科学出版社2006年;《西夏学》(第一辑),宁夏人民出版社2006年;《宋夏史研究》,天津古籍出版社2006年。

36.《重构十一至十四世纪的西域佛教史——基于俄藏黑水城汉文佛教文书的探讨》,沈卫荣,《历史研究》2006年第5期;人大《宗教》2007年第2期;沈卫荣著《西藏历史和佛教的语文学研究》,上海古籍出版社2010年;《西夏佛教文献与历史研究》,甘肃文化出版社2018年。

37.《西夏与女真族对草原文化的贡献》,张明馥,《呼和浩特日报》(汉文)2006年12月18日。

38.《漫谈西夏文化中的"唐风"》,杨蕤,《华夏文化》2007年第3期。

39.《西夏文化略述》,葛洪骏、刘丽霞,《社科纵横》2008年第1期。

40.《揭开西夏文化的神秘面纱》,陆安,《文史春秋》2008年第3期。

41.《文化背景的大一统——从西夏文化遗存看传统文化的深层影响》,薛正昌,《宁夏社会科学》2009年第5期;《西夏历史与文化:第三届西夏学国际学术研讨会论文集》,甘肃人民出版社2010年。

42.《西夏佛教与儒学的地位》,史金波,《中国社会科学报》2010年7月15日;《西夏历史文化钩沉》,甘肃文化出版社2018年。

43.《关于西夏佛与儒的几个问题》,史金波,《江汉论坛》2010第10期;人大《宋辽金元史》2011年第1期;《新华文摘》2011第1期;《瘠土耕耘——史金波论文选集》,中国社会科学出版社2016年。

44.《西夏文明与文化研究——西夏文明在中国文明与文化史上的地位、特色与贡献》,史金波,《西夏陵突出普遍价值研究》,科学出版社2013年;《瘠土耕耘——史金波论文选集》,中国社会科学出版社2016年

45.《从西夏年号看西夏文化的阶段性》,保宏彪,《西夏学》(第九辑),上海古籍出版社2014年。

46.《西夏文明在中国文明史上的地位》,史金波,《文史知识》2017年第3期。

47.《"一带一路"倡议背景下西夏文化翻译传播模式构建》,蔺艳,《考试与评价》(大学英语教研版)2017年第5期。

48.《西夏文化的形成及其特征》,陈育宁,《中国辽夏金研究年鉴 2015》,中国社会科学出版社2017年。

49.《中原"儒学"在西夏》,聂鸿音,《北方民族大学学报》2017年第3期;人大《宋辽金元史》2017年第5期。

50.《西夏应用文的写作模板及其起源》,聂鸿音,《宁夏师范学院学报》2018年第9期。

51.《西夏文化的成就》,梁继红,《凉州与西夏》,甘肃文化出版社2018年。

52.《试论西夏战略文化——以西夏初期李继迁、李德明、李元昊三朝为例》,穆殿云,《长江论坛》2019年第4期。

53.《西夏文化的形成及主要特征》,陈育宁,《西夏学》(第二十辑 2020年第1期),甘肃文化出版社2020年。

54.《西夏文明论略:11—13世纪西夏对河陇汉文明的重建》,李华瑞,刘进宝主编《丝路文明》(第三辑),上海古籍出版社2018年;《宋夏史探知集》,中国社会科学出版社2020年。

55.《论西夏遗风及其传承与创新》,李蔚,《西夏研究》十周年特刊,2020年。

(二)专题研究综述

1.《西夏文学研究述评》,张丽华,《固原师专学报》2006年第1期;人大《中国古代、近代文学研究》2006年第7期。

2.《辽宋西夏金元日常生活史研究概述》,王善军,《中国社会历史评论》2016年第1期。

3. The Tangut Xixia Collection of Buddhist Paintings—A preliminary survey of the current status of scholarship(《西夏佛教绘画研究综述》),Zhang Linghui(张凌晖),China Tibetology No1,2017(《中国藏学》(英文版)2017年第1期).

4.《西夏文学研究的回顾与展望》,汤君,《西夏学》(第十五辑 2017年第1期),甘肃文化出版社2017年。

5.《西夏服饰研究综述》,蔡莉,《西夏研究》2017年第3期。

6.《四十年来西夏文学研究的回顾与展望》,梁松涛,《西夏研究》2018年第4期。

7.《等级与秩序——试论西夏社会关系重构》,孙广文,《西夏研究》2018年第4期。

8.《二十世纪西夏宗教研究》,史金波,《西夏历史文化钩沉》,甘肃文化出版社2018年。

9.《四十年来西夏文草书研究的回顾与分析》,赵生泉,《西夏研究》2019年第1期。

10.《四十年来西夏丧葬习俗研究的回顾与展望》,周泽鸿、于光建,《西夏研究》2019年第3期。

11.《"西夏文化研究"专题》,孙伯君,《中华文化论坛》2019年第6期。

12.《加强整体贯通研究恢复西夏社会原貌》,彭向前,包伟民、戴建国主编《开拓与创新:宋史学术前沿论坛文集》,中西书局2019年。

13.《陕北地区党项民族文化研究综述》,康华、邵霞,《延安职业技术学院学报》2020年第1期。

14.《西夏妇女史研究综述》,邓孟青、杨蕊,《西夏研究》2020年第3期。

15.《近三十年西夏服饰研究综述》,徐雯雅,《北方文物》2020年第3期。

16.《北宋与西夏文学互动关系探论》,郭艳华,《北方民族大学学报》2020年第4期。

17.《黑水城出土西夏汉式风格绘画的研究成果与前景展望》,杨迪、邵军,《陕西师范大学学报》2020年第6期。

18.《西夏书法的历史和影响》,赵兴高、陈卫东、蔡亚琼,《艺术大观》2020年第35期。

二、儒学、思想、教育

1.《西夏人对宇宙和人类起源的认识》,[俄]克恰诺夫(著),尹旭(译),《宁夏社科通讯》1987年第1期。

2.《孔子思想在西夏》,顾吉辰,《史学集刊》1991年第2期。

3.《略论西夏的儒学》,李蔚,《兰州大学学报》1992年第3期。

4.《西夏人的哲学思想》,罗矛昆,《中国少数民族哲学·宗教·儒学》,当代中国出版社1995年。

5.《西夏人的道德观念》,罗矛昆,《民族艺林》1993年第3期。

6.《中国儒学史上的一个高峰——西夏儒学》,陈炳应,(韩国)《中亚研究》(创刊号)1996年。

7.《西夏人的审美倾向》,谢保国,《宁夏大学学报》1996年第1期。

8.《西夏的宇宙观和物候知识》,李迪、刘凤荣,《第三届少数民族科技史国际学术讨论会论文集》,云南科技出版社1998年。

9.《论儒学对西夏社会的影响》,刘建丽,《西北师范大学学报》2000年第3期。

10.《西夏伦理思想探源》,李辉,《社科纵横》2000年第4期。

11.《西夏番学不译九经考》,李吉和、聂鸿音,《民族研究》2002年第2期。

12.《西夏人的宇宙观》,陈炳应,《国家图书馆学刊》(西夏研究专号),2002年增刊。

13.《西夏教育概述》,金超,《宁夏教育》1986年第9期。

14.《西夏时期教育活动杂记》,舒古,《宁夏史志研究》1988年第4期。

15.《西夏的学校与科举制度》,白滨,《西夏文史论丛(一)》,宁夏人民出版社1992年;《西夏民族史论》,甘肃文化出版社2018年。

16.《西夏教育发展述略》,张传遂,《民族教育研究》1994年第4期。

17.《论西夏的文化教育》,刘兴全,《西南民族学院学报》1996年第4期。

18.《西夏文化教育及秘书培养考核制度》,赵彦龙,《宁夏大学学报》2002年第2期。

19.《民族文化交流对西夏教育的影响》,卜然然,《西北民族研究》2002年第3期。

20.《西夏时河西走廊的教育——以儒学和"蕃书"为中心的探讨》,刘再聪,《宁夏社会科学》2005年第5期。

21.《西夏儒学的发展和儒释关系初探》,文志勇,《西北民族研究》2006年第1期。

22.《西夏孝观念研究——以〈圣立义海〉为中心》,朱海,《宁夏社会科学》2006年第3期。

23.《西夏庙学制及相关问题考论》,刘再聪,《西夏研究(第三辑):第二届西夏学国际学术研讨会论文集》,中国社会科学出版社2006年。

24.《西夏人才的培养和选用》,魏淑霞,《宁夏社会科学》2007年第5期。

25.《〈贞观政要〉在辽、西夏、金、元四朝》,周峰,《北方文物》2009年第1期。

26.《西夏启蒙教育初探》,杨彦林,《兰州教育学院学报》2009年第3期。

27.《西夏童蒙教育刍议》,杨树娜、杨彦彬,《科教文汇》(下旬刊)2009年第8期。

28.《儒家礼教文化的构建实践——以西夏党项政权为例》,孔德翊,《青年科学》2009年第10期。

29.《浅析西夏儒家文化建构的必要性》,孔德翊,《大众商务》2009年第12期。

30.《关于西夏儒学研究中的几个问题》,李华瑞,《西夏学》(第六辑),上海古籍出版社2010年;《视野、社会与人物:宋史、西夏史研究论文稿》,中国社会科学出版社2012年;《西夏学论集:教育部人文社会重点研究基地建设10周年纪念》,上海古籍出版社2012年;《西夏史探赜》,甘肃文化出版社2017年。

31.《西夏文教育钩沉》,赵生泉,《西夏学》(第九辑),上海古籍出版社2014年。

32.《从历代孔子谥号看西夏儒学的发展与贡献》,杨满忠、何晓燕,《西夏研究》2015年第3期。

33.《从谚语看党项人的哲学思想》,郭勤华,《西夏研究》2015年第4期。

34.《试论西夏译场对〈掌中珠〉编写的启示》,[俄]尤丽娅、彭向前,《西夏学》(第十一辑),上海古籍出版社2015年。

35.《儒学在西夏党项羌族文化中的地位、特征和局限》,杨翰卿,《西南民族大学学报》2016年第1期。

36.《辽西夏金元儒学在北方地区的传播及影响》,姜海军,《华夏文化论坛》2016年第2期。

37.《番汉 VS 华夷——说《番汉合时掌中珠》领先时代的学术意义》,林英津,《西夏学辑刊》(第一辑),宁夏人民出版社2017年。

38.《〈圣立义海〉中反映的"九品才性"问题——古代民族语童蒙教材中的"等级"观念》,格根珠拉,《青海师范大学学报》2019年第6期。

39.《西夏语"老师"相关称谓考》,孙伯君,《西夏研究》十周年特刊,2020年。

40.《略论西夏的教育制度》,李温,《西夏研究》十周年特刊,2020年。

41.《基于发愿文研究探析西夏贵族的精神世界》,丁晓东,《开封文化艺术职业学院学报》2020年第12期。

三、佛教、道教、景教、伊斯兰教

1.《河西字藏经雕版考》,王静如,《西夏研究》(第一辑),"中央研究院"历史语言研究所单刊甲种之八,1932年;李范文主编《王静如西夏研究专辑》(《西夏研究》第五辑),中国社会科学出版社2007年。

2.《跋黑城所处西夏时写本佛教偈名卷子——兼论敦煌石室封闭年代》,苏莹辉,(台北)《大陆杂志》(第42卷第9期),1971年。

3.《西夏赎经记》，罗福苌，《国立北平图书馆馆刊》4卷3号（西夏文专号），1932年；王旭梁编《罗福苌先生一百二十诞辰——罗福苌集》，中西书局2017年。

4.《中国佛法与西夏》，黄澄依，《佛学月刊》（第3卷7期），1944年。

5.《关于西夏佛经》，［日］西田龙雄（著），潘守民（译），黄润华（校），《西北史地》1983年第1期。

6.《西夏佛教的发展》，黄远喜，（台湾）中国佛教社《中国佛教》（第28卷10期），1984年。

7.《西夏佛教的流传》，史金波，《世界宗教研究》1986年第1期。

8.《西夏佛教新证四种》，史金波，《世界宗教研究》1987年第1期。

9.《佛教与西夏文明》（上、中、下），刘元春，《香港佛教》1987年第2—4期；（香港）《内明杂志》（第291卷），1996年。

10.《从西夏文的〈法典〉看西夏佛教》，房建昌，《宁夏大学学报》1988年第4期。

11.《西夏京畿的皇家寺院》，许成、汪一鸣，《宁夏考古史地研究论集》，宁夏人民出版社1989年；《西北史地》1991年第2期；《中国古都研究》（第5—6合辑），北京古籍出版社1993年。

12.《西夏时期河西走廊佛教的兴盛》，刘建丽，《宁夏大学学报》1992年第3期；王希隆主编《西北少数民族史研究》，民族出版社2003年。

13.《党项王朝的佛教及其元代遗存——帝师制度起源于西夏说》，［美］邓如萍（著），聂鸿音、彭玉兰（译），《宁夏社会科学》1992年第5期；《西夏学述论》，甘肃文化出版社2018年。

14.《西夏佛教制度探考》，史金波，《汉学研究》1995年第13卷第1期；《史金波文集》，上海辞书出版社2005年。

15.《妙应寺》，聂鸿音，《中国典籍与文化》1996年第1期。

16.《从阿弥陀来迎图看西夏的往生信仰》，张元林，《敦煌研究》1996年第3期。

17.《藏传佛教对西夏的影响》，李范文，（台湾）《历史博物馆馆刊》1996年第6卷3期；《奥地利国际藏学会论文集》，1997年；陕西师范大学西北民族研究中心编《陕西师范大学民族学论文集》，陕西师范大学出版社2001年；《李范文西夏学论文集》，中国社会科学出版社2012年。

18.《西夏与藏传佛教》，沉海波，《海潮音》1996年第10期。

19.《〈天盛改旧新定律令〉中所反映的西夏佛教》，韩小忙，《世界宗教研究》

1997年第4期。

20.《有关西夏道教研究的几个问题》，韩小忙，《宁夏社会科学》1997年第6期。

21.《提供译经译场模式的〈西夏译经图〉》，徐小蛮，《版画》，上海古籍出版社1997年。

22.《西夏道教初探》，韩小忙，《中国道教》1998年第1期。

23.《西夏的道教经籍》，韩小忙，《固原师专学报》1998年第1期；人大《宗教》1998年第2期。

24.《〈天盛改旧新定律令〉中所反映的西夏道教》，韩小忙，《西北师大学报》1998年第3期。

25.《论西夏人的宗教信仰》，唐嘉弘，《首届西夏学国际学术会议论文集》，宁夏人民出版社1998年。

26.《西夏的佛教制度》，史金波，《首届西夏学国际学术会议论文集》，宁夏人民出版社1998年。

27.《略论西夏的宗教政策》，韩小忙，《青海民族学院学报》1999年第1期。

28.《略论西夏的净土信仰》，孙昌盛，《宁夏大学学报》1999年第2期。

29.《试论道教在西夏的地位和影响》，韩小忙，《固原师专学报》1999年第4期。

30.《从中国部分文物、石窟看西夏佛教文化的一斑——兼谈民族间宗教文化交流与融合》，宋朗秋，《宋史研究论文集》，宁夏人民出版社1999年。

31.《西夏佛教建筑的分布特点及成因》，陈广恩，《宁夏文史》（第15辑），1999年。

32.《大乘玄密帝师考》，陈庆英，《佛学研究》2000年；《陈庆英藏学论文集》（上），中国藏学出版社2006年。

33.《西夏大乘玄密帝师的生平》，陈庆英，《西藏大学学报》2000年第3期。

34.《关于"西夏刊汉文版大藏经"》，李际宁，《文献》2000年第1期；《佛教与历史文化》，宗教文化出版社2001年。

35.《西夏佛教新探》，史金波，《宁夏社会科学》2001年第5期；人大《宗教》2002年第1期；《瘠土耕耘——史金波论文选集》，中国社会科学出版社2016年。

36.《西夏人的鬼神文化》，李辉，《丝绸之路》2001年第7期。

37.《西夏的藏传佛教》，史金波，《中国藏学》2002年第1期；《瘠土耕耘——史金波论文选集》，中国社会科学出版社2016年。

38.《吐蕃经师的西夏译名考》，聂鸿音，《清华大学学报》2002年第1期；《西夏文献论稿》，上海古籍出版社2012年。

39.《西夏佛教术语的来源》，聂鸿音，《固原师专学报》2002年第2期；《西夏文献论稿》，上海古籍出版社2012年。

40.《西夏的佛教信仰和风俗》，史金波，《普门学报》2003年第1期。

41.《略论西夏的原始宗教》，韩小忙，《宁夏大学学报》2003年第1期。

42.《〈大乘要道密集〉与西夏王朝的藏传佛教》，陈庆英，《中国藏学》2003年第3期。

43.《大度民寺考》，聂鸿音，《民族研究》2003年第4期；《西夏文献论稿》，上海古籍出版社2012年。

44.《异军突起的西夏佛教》，吴平，《世界宗教文化》2003年第4期。

45.《西夏时期的敦煌佛教》，白滨，《敦煌与丝路文化学术讲座》（第一辑），北京图书馆出版社2003年；《西夏民族史论》，甘肃文化出版社2018年。

46.《元代杭州刊刻〈大藏经〉与西夏的关系》，王菡，《文献》2005年第1期；朱玉麒主编《中国文学与地域风情"〈文学遗产〉西部论坛"论文选萃)》，薛天纬，学苑出版社2005年。

47.《回鹘僧与〈西夏文大藏经〉的翻译》，杨富学，《敦煌吐鲁番研究》（第7卷），中华书局2004年；《敦煌佛教与禅宗研究》，香港天马出版有限公司2006年。

48.《僧人在西夏历史上的地位与作用》，崔红芬，《西北民族大学学报》2004年第5期。

49.《试论伊斯兰教在西夏的流传》，陈广恩，《回族研究》2005年第1期；《西夏元史研究论稿》，中国社会科学出版社2017年。

50.《西夏时伊斯兰教在西北传播及发展初探》，姜歆，《固原师专学报》2005年第1期。

51.《浅析西夏河西佛教兴盛的原因》，崔红芬，《敦煌学辑刊》2005年第2期。

52.《西夏帝师考辨》，聂鸿音，《文史》2005年第3期；《西夏文献论稿》，上海古籍出版社2012年。

53.《西夏的佛教术语》，聂鸿音，《宁夏社会科学》2005年第6期；《西夏研究（第三辑）：第二届西夏学国际学术研讨会论文集》，中国社会科学出版社2006年；《古代语文论稿》，中国社会科学出版社2014年。

54.《西夏的佛教文化及其艺术》，史金波，《法音》2005年第8期。

55.《西夏的佛教》（上、下），史金波，《法音》2005年第8—9期。

56.《〈天盛律令〉与西夏佛教》,崔红芬,《宗教学研究》2005年第2期。

57.《关于西夏佛教的诸研究》,［日］小林照道(著),陈兴林(译),《国外早期西夏学论集》(二),民族出版社2005年。

58.《西夏京畿的佛教文化》,杨志高,《固原师专学报》2006年第1期。

59.《试论在西夏的藏传佛教僧人及其地位、作用》,孙昌盛,《西藏研究》2006年第1期。

60.《西夏僧人的管理及义务》,文志勇、崔红芬,《宁夏社会科学》2006年第1期;(更名)《西夏僧人的管理及其义务》,郑炳林、樊锦诗、杨富学主编《敦煌佛教与禅宗学术讨论会文集》,三秦出版社2007年。

61.《西夏的灭亡及西夏佛教对蒙元时期河西地区的影响》,崔红芬,《敦煌学辑刊》2006年第1期。

62.《藏传佛教各宗派对西夏的影响》,崔红芬,《西南民族大学学报》2006年第5期。

63.《西夏僧侣的培养和选叙》,魏淑霞,《宁夏社会科学》2006年第5期。

64.《西夏密教考古遗存与文献研究》,杨志高,《西夏研究(第三辑):第二届西夏学国际学术研讨会论文集》,中国社会科学出版社2006年。

65.《西夏与辽金间的佛教关系》,陈爱峰、杨富学,《西夏学》(第一辑),宁夏人民出版社2006年。

66.《管主八施印〈河西字大藏经〉新探》,段玉泉,《西夏学》(第一辑),宁夏人民出版社2006年。

67.《西夏流传过景教吗?》,陈广恩,《世界宗教文化》2007年第3期。

68.《西夏地区流传宗密著述及其影响初探》,马格侠,《宁夏社会科学》2007年第3期。

69.《西夏时期藏传佛教在凉州传播的原因及其影响》,梁继红,《西北民族大学学报》2007年第5期;《凉州与西夏》,甘肃文化出版社2018年。

70.《略论西夏地区流传的宗密著作考述》,马格侠、张文超,郑炳林、樊锦诗、杨富学主编《丝绸之路民族古文字与文化学术讨论会文集》(上),三秦出版社2007年。

71.《西夏、蒙元时代的大黑天神崇拜与黑水城文献——以汉译龙树圣师造〈吉祥大黑八足赞〉为中心》,沈卫荣,《贤者新宴》(第5辑),上海古籍出版社2007年;沈卫荣著《西藏历史和佛教的语文学研究》,上海古籍出版社2010年;《西夏佛教文献与历史研究》,甘肃文化出版社2018年。

72.《略论西夏的原始宗教与佛教的关系》,崔红芬,郑炳林、樊锦诗、杨富学主编《丝绸之路民族古文字与文化学术讨论会文集》(上),三秦出版社2007年。

73.《宗教信仰和环境需求:11—14世纪藏传密教于黑水城地区的流行》,沈卫荣,《黑水城人文与环境研究:黑水城人文与环境国际学术讨论会文集》,中国人民大学出版社2007年;《黑水城两千年历史研究》,中国人民大学出版社2013年。

74.《〈天盛律令〉里的僧侣和国家初探》,[美]邓茹萍(著),聂鸿音(译),《黑水城人文与环境研究:黑水城人文与环境国际学术讨论会文集》,中国人民大学出版社2007年;《西夏学述论》,甘肃文化出版社2018年。

75.《西夏对贺兰山东麓的佛教文化开发》,杨志高,陈育宁主编《中国历史上的西部开发:2005年国际学术讨论会论文集》,商务印书馆2007年。

76.《再论西夏帝师》,崔红芬,《中国藏学》2008年第1期;《西夏历史与文化:第三届西夏学国际学术研讨会论文集》,甘肃人民出版社2010年。

77.《试论西夏寺院经济的来源》,崔红芬,《宁夏社会科学》2008年第1期。

78.《西夏寺院僧人赋役问题初探》,崔红芬,《首都师范大学学报》2008年第1期。

79.《西夏〈金光明最胜王经〉信仰研究》,崔红芬,《敦煌研究》2008年第2期;《西夏佛教文献研究论集》,宗教文化出版社2017年。

80.《印度出版〈西夏文大藏经〉的相关学术背景》,杨志高,《书品》2008年第4期。

81.《试论西夏藏传佛教对元代藏传佛教之影响》,陈广恩、陈伟庆,《宁夏社会科学》2008年第5期。

82.《西夏时期敦煌的净土信仰》,公维章,《泰山学院学报》2008年第5期。

83.《浅谈佛教在我国西夏时期的传播》,曹晓飞,《重庆科技学院学报》2008年第5期。

84.《西夏绘画中供养人的含义和功能》,[俄]萨马秀克(著),马宝妮(译),《西夏语言与绘画研究论集》,宁夏人民出版社2008年。

85.《西夏境内的汉僧及其地位》,樊丽沙、杨富学,《敦煌学辑刊》2009年第1期。

86.《西夏印度佛教关系考》,陈爱峰、杨富学,《宁夏社会科学》2009年第2期。

87.《西夏时期敦煌的五台山文殊信仰》,公维章,《泰山学院学报》2009年第

2期。

88.《佛教与西夏文字的创制》,张迎胜,《兰州学刊》2009年第3期。

89.《论西夏宗教信仰对其礼制的影响》,艾红玲,《兰州学刊》2009年第3期。

90.《西夏法典〈天盛律令〉佛道法考》,姜歆,《宁夏师范学院学报》2009年第4期。

91.《西夏人的自然崇拜管窥——略谈西夏人的石、山、水、龙崇拜》,张迎胜,《西夏历史与文化:第三届西夏学国际学术研讨会论文集》,甘肃人民出版社2010年。

92.《元刊西夏文大藏经的几个问题》,段玉泉,《文献》2009年第1期;《西夏历史与文化:第三届西夏学国际学术研讨会论文集》,甘肃人民出版社2010年;《西夏学论集:教育部人文社会重点研究基地建设10周年纪念》,上海古籍出版社2012年。

93.《西夏佛典中的翻译史料》,[美]邓如萍(著),聂鸿音(译),《中华文史论丛》2009年第3期;《西夏学述论》,甘肃文化出版社2018年。

94.《〈西夏译经图〉的前世今生》,陈永耘,《新消息报》2009年1月4日第13版;陈永耘、包熙琨,《博苑秋实:宁夏博物馆五十大庆纪念文集》,宁夏人民出版社2009年。

95.《元代汉译卜思端大师造〈大菩提塔样尺寸法〉之对勘、研究——〈大乘要道密集〉系列研究(一)》,沈卫荣,谢继胜、沈卫荣、廖阳主编《汉藏佛教艺术研究——第二届西藏艺术与考古国际学术研讨会论文集》,中国藏学出版社2006年;沈卫荣著《西藏历史和佛教的语文学研究》,上海古籍出版社2010年。

96.《〈大乘要道密集〉与西夏、元朝所传西藏密法——〈大乘要道密集〉系列研究导论》,沈卫荣,《中华佛学学报》2007年第20期;沈卫荣著《西藏历史和佛教的语文学研究》,上海古籍出版社2010年。

97.《西夏国和僧侣》,[俄]Е.И.克恰诺夫(著),徐悦(译),《西夏学》(第五辑),上海古籍出版社2010年。

98.《透过翻译汉(译)文本佛学文献,西夏人建构本民族佛学思想体系的尝试:以"西夏文本慧忠〈心经〉注"为例》,林英津,《西夏学》(第六辑),上海古籍出版社2010年。

99.《黑水城唐卡中的净土信仰》,史伟,《西夏学》(第六辑),上海古籍出版社2010年。

100.《新世纪初国内西夏佛教研究的回顾与展望》,杨富学、张海娟,《西夏学》(第六辑),上海古籍出版社2010年。

101.《西夏僧人"德慧"师号考》,崔红芬,《宁夏社会科学》2010年第2期。

102.《西夏僧人德慧考》,崔红芬,《中国多文字时代的历史文献研究:辽夏金元历史文献国际研讨会文集》,社会科学文献出版社2010年。

103.《西夏"寺院"解诂》,聂鸿音,甘肃省古籍文献整理编译中心编《文献研究》(第二辑),学苑出版社2011年;《西夏文献论稿二编》,甘肃文化出版社2018年。

104.《元刊〈河西藏〉考补》,孙伯君,《民族研究》2011年2期;《首届中国少数民族古籍文献国际学术研讨会论文集》,民族出版社2012年。

105.《西夏版画中的吐蕃和印度法师肖像》,[俄]K.Б.克平(著),彭向前(译),《西夏研究》2011年第3期。

106.《西夏皇帝生日之谜》,彭向前、刘青,《西夏研究》2012年第1期。

107.《玄密帝师与无生上师》,高山杉,《读书》2012年第3期。

108.《历史中的小说和小说中的历史——说宗教和文学两种不同语境中的"秘密大喜乐禅定"》,沈卫荣,《中华文史论丛》2013年第1期;《西夏佛教文献与历史研究》,甘肃文化出版社2018年。

109.《西夏文献中的净土求生法》,聂鸿音,《吴天墀教授百年诞辰纪念文集(1913—2013)》,四川人民出版社2013年;《西夏文献论稿二编》,甘肃文化出版社2018年。

110.《西夏弥勒信仰及相关问题》,杨富学、樊丽沙,《吴天墀教授百年诞辰纪念文集(1913—2013)》,四川人民出版社2013年。

111.《新世纪初国内回鹘佛教研究的回顾与展望》,杨富学,《西夏研究》2013年第2期。

112.《从出土文献看西夏的观音信仰》,樊丽沙,《西夏研究》2013年第3期。

113.《西夏仁宗皇帝的校经实践》,孙伯君,《宁夏社会科学》,2013年第4期。

114.《浅论佛教不是西夏"国教"论》,牛达生,《西夏研究》2014年第3期;《西夏考古论稿(二)》,甘肃文化出版社2016年。

115.《西夏遗存文献所见藏传佛教的传承世系》,孙伯君,《中华文史论丛》2014年第3期。

116.《论佛教戒律对西夏司法的影响》,周永杰、李炜忠,《西夏研究》2014年第3期。

117.《西夏文化中的藏传佛教和道教思想分析》,南拉才让,《金田》2014年第

4期。

118.《一张纸片引起的思考——记贺兰山出土西夏文〈五部经〉印本题签》，高山杉，《南方都市报》2017年7月2日GB08版。

119.《西夏景教流传初探》，陈广恩，《西夏学》（第九辑），上海古籍出版社2014年；陈广恩《西夏元史研究论稿》，中国社会科学出版社2017年。

120.《西夏天王信仰研究》，陈玮，《西夏学》（第九辑），上海古籍出版社2014年。

121.《西夏时期的三十五佛信仰》，公维章，《西夏学》（第九辑），上海古籍出版社2014年。

122."Buddhism and Confucianism in the Tangut State"（《西夏的佛教和儒家思想》），Shi Jinbo（史金波），Central Asiatic Journal 57（2014）（《中亚学刊》）第57卷，2014年）。

123.《浅析景教在西夏的存在——以西夏省嵬城出土的十字铜饰牌为例》，王效军、周媛，李进增主编《宁夏博物馆馆刊》（第一辑），阳光出版社2015年。

124.《关于西夏文〈大般若经〉的两个问题》，聂鸿音，《文献》2015年第1期；《宗教》2015年第2期；《西夏文献论稿二编》，甘肃文化出版社2018年。

125.《西夏文"明点"考释》，孙伯君，《宁夏社会科学》2015年第1期。

126.《西夏僧侣帽式研究》，魏亚丽、杨浣，《西夏研究》2015年第1期。

127.《西夏时期的寺院》，梁松涛，《西夏研究》2015年第2期。

128.《〈西夏译场图〉人物分工考》，段岩、彭向前，《宁夏社会科学》2015年第4期。

129.《两部西夏文佛经在传世典籍中的流变》，段玉泉，《西夏学》（第十一辑），上海古籍出版社2015年。

130.《西夏僧人服饰谫论》，任怀晟、魏亚丽，《西夏学》（第十一辑），上海古籍出版社2015年。

131.《论蒙元王朝于明代中国的政治和宗教遗产——藏传佛教于西夏、元、明三代政治和宗教体制形成中的角色研究》，沈卫荣，［奥］艾瑞卡·福特（Erika Forte）、梁俊艳、张云等主编《8—15世纪中西部西藏的历史、文化与艺术》，中国藏学出版社2015年；《西夏佛教文献与历史研究》，甘肃文化出版社2018年。

132.《元代僧人沙啰巴名字补证》，聂鸿音，《徐州工程学院学报》2016年第1期；《西夏文献论稿二编》，甘肃文化出版社2018年。

133.《凉州会盟与西夏藏传佛教——兼释新见西夏文〈大白伞盖陀罗尼经〉

发愿文残叶》，史金波，《中国藏学》2016年第2期。

134.《滂汀巴昆仲与上乐教法在藏地和西夏的早期弘传》，魏文，《中国藏学》2016年第2期。

135.《从西夏文〈守护大千国土经〉看西夏人译藏传佛经》，安娅，《宁夏社会科学》2016年第3期。

136.《探究西夏时期藏传佛教在凉州传播的原因及其影响》，多杰才让，《智富时代》2016年第4期。

137.《西夏佛王传统研究》，陈玮，《中央民族大学学报》2016年第4期。

138.《从两种西夏文卦书看河西地区"大唐三藏"形象的神化和占卜与佛教的交融》，孙伯君，《民族研究》2016年第4期;《中国民族古文字研究:中国民族古文字研究会第十次学术会议论文集》，云南民族出版社2018年。

139.《浅谈佛教在我国西夏时期的传播》，多杰才让，《青年文学家》2016年第6期。

140.《西夏大手印法与禅宗关系考——以〈大乘要道密集〉为中心》，袁志伟，《陕西师范大学学报》2016年第6期。

141.《西夏原始宗教的发展及其意义》，母雅妮，《新西部》(理论版)2016年第8期。

142.《藏传佛教是夏仁宗时期传入西夏的——〈西夏佛教三论〉之三》，牛达生，《西夏学》(第十三辑)，甘肃文化出版社2016年。

143.《北宋慈觉禅师宗赜生年考辨》，公维章，《西夏学》(第十二辑)，甘肃文化出版社2016年。

144.《清〈宫廷瑜伽〉、西夏"道果机轮"及元代"演揲儿法"考证》，沈卫荣、安海燕，《文史》2017年第1辑;《西夏佛教文献与历史研究》，甘肃文化出版社2018年。

145.《西夏华严禅思想与党项民族的文化个性——西夏文献〈解行照心图〉及〈洪州宗师教仪〉解读》，袁志伟，《青海民族研究》2017年第1期。

146.《贤觉帝师传经考》，聂鸿音，《中华文史论丛》2017年第2期。

147.《西夏国师法狮子考》，孙伯君，《北方民族大学学报》，2017年第2期;"A Textual Research on Chos-kyi Seng-ge, the Xixia State Preceptor", Sun Bojun(孙伯君), Journal of Chinese Writing Systems 2.3 (2018)(《中国文字》2018年第2卷第3期);张铁山《中国少数民族碑铭研究》，民族出版社2019年。

148.《从跨文化传播的视角看西夏佛经的传播方式》，陈连龙，《西夏研究》

2017年第3期。

149.《西夏佛教艺术中的"家窟"与"公共窟"——瓜州榆林窟第29窟供养人的构成再探》,宁强、何卯平,《敦煌学辑刊》2017年第3期。

150.《从跨文化传播的视角看西夏佛经的传播方式》,陈连龙,《西夏研究》2017年第3期。

151.《西夏僧侣社会活动管窥》,魏淑霞,《西夏研究》2017年第4期。

152.《西夏功德司考述》,魏淑霞,《宁夏社会科学》2017年第4期。

153.《丝绸之路上的宗教思想与文化认同——以契丹、党项、回鹘佛教为中心》,袁志伟,《求索》2017年第5期。

154.《藏传佛教"大手印"法在西夏的流传》,孙伯君,《西夏学》(第十四辑2017年第1期),甘肃文化出版社2017年。

155.《西夏谚语中的佛教因素》,王培培,《西夏学》(第十五辑　2017年第2期),甘肃文化出版社2017年。

156.《中世纪丝绸之路上的思想传播——辽契丹藏、黑水城西夏文书、杭州飞来峰、元敦煌版〈六字大明〉初探》,杜潇,《跨文化对话》2018第2期。

157.《黑水城所出〈慈觉禅师劝化集〉作者宗赜生平交游新考》,宋坤,《西夏学》(第十六辑　2018年第1期),甘肃文化出版社2018年。

158.《西夏道教补议》,聂鸿音,《西夏学》(第十七辑　2018年第2期),甘肃文化出版社2018年。

159.《西夏试经补议》,聂鸿音,《北方民族大学学报》2018年第2期。

160.《略论西夏佛教管理的特色——以〈天盛改旧新定律令〉为例》,文健,《西夏研究》2018年第3期。

161.《出土西夏文藏经函号木牍及校勘记录》,段玉泉,《宁夏社会科学》2018年第3期。

162.《西夏风习:党项羌人的民间信仰及其影响》,咸成海、盖金伟,《暨南史学》2018年第3期。

163."Tibetan Buddhism practice of inner fire meditation as recorded in Tangut fragments with Tibetan phonetic glosses"(《藏文注音西夏文残片所见的藏传佛教拙火定》),Chung-pui Tai(戴忠沛),Journal of Chinese Writing Systems 3(2018)(《中国文字》2018年第3期)。

164.《西夏佛教口语传播特征研究》,陈连龙、李颖,《西夏学》(第十八辑2019年第1期),甘肃文化出版社2018年。

165.《文本对勘与历史建构：藏传佛教于西域和中原传播历史研究导论》，沈卫荣，《文史》2013年第4期；人大《宗教》2014年第1期；《西夏佛教文献与历史研究》，甘肃文化出版社2018年。

166.《西夏贺兰山白草谷五台山的新罗因素蠡探》，杨冰华，《五台山研究》2018年第3期。

167.《释"最妙上师（Bla ma dam pa）"和"金刚上师（Rdo rje slob dpon）"》，沈卫荣，《西夏佛教文献与历史研究》，甘肃文化出版社2018年。

168.《高僧周慧海》，梁继红，《凉州与西夏》，甘肃文化出版社2018年。

169.《中国基督教图像历史进程之七：宋、西夏景教十字纹牌饰》，包兆会，《天风》2018年第7期。

170.《西夏金刚杵的造型与纹样探析》，李玉峰，《西夏学》（第十七辑 2018年第2期），甘肃文化出版社2019年。

171.《西夏时期藏传佛教的流传》，李若愚，《宁夏社会科学》2019年第1期。

172.《〈佛说阿弥陀经〉及其相关问题探析》，崔红芬，《西夏学》（第十九辑 2019年第2期），甘肃文化出版社2019年。

173.《西夏文〈华严经〉帙号考》，文志勇，《西夏学》（第十九辑 2019年第2期），甘肃文化出版社2019年。

174.《黑水城文书所见北宋初年西行求法僧研究》，陈玮，《新疆大学学报》（哲学·人文社会科学版）2019年2期。

175.《宋代印度密教高僧金总持研究》，齐德舜，《世界宗教研究》2019年第2期。

176.《文化传播视域下的西夏〈心经〉藏本研究》，陈连龙、李颖，《西夏研究》2019年第3期。

177.《从往生到来迎：西夏净土信仰对西方三圣的观念与图像重构》，何卯平、宁强，《敦煌学辑刊》2019年第3期。

178.《元代〈河西藏〉编刊资料补正》，孙伯君，《中华文化论坛》2019年第6期。

179.《瑞典藏元刊西夏文大藏经再探讨》，段玉泉，《中华文化论坛》2019年第6期。

180.《凉州瑞像的"新时代"——凉州瑞像在西夏的流传特点分析》，吴雪梅、于光健，《宁夏社会科学》2019年第6期。

181.《论西夏佛教之汉藏与显密圆融》，沈卫荣，《中华文史论丛》2020年第1期。

182.《真定府大悲寺比丘僧澄净同修行愿文浅析》,张重艳,《西夏学》(第二十辑 2020年第1期),甘肃文化出版社2020年。

183.《现存西夏文佛经函号整理研究》,张然,《西夏研究》2020年第1期。

184.《西夏对藏传佛教的吸收与融创——以〈大乘要道密集〉所收数篇大手印文本为例》,杨杰,《中国藏学》2020年第2期,人大《宗教》2020年第10期。

185.《破地狱与生净土:唐宋时期尊胜信仰与观音信仰结合流行现象探析》,陈凯源,《西夏研究》2020年第4期。

186.《西夏佛典体系两种:"心类五种"与"发菩提心"初探》,[俄]索罗宁、谢皓玥,《复旦学报》2020年第3期;人大《宗教》2020年第4期。

187.《西夏文佛典中的四个人名》,高山杉,《中山大学学报》2020年第5期。

188.《西夏帝师、国师、上师图像及服饰初探》,司晶晶、沙武田,《西夏研究》十周年特刊,2020年。

四、社会生活(民俗习惯、姓氏人名、婚丧嫁娶、衣食住行、伦理道德)

1.《西夏的诗歌、谚语所反映的社会历史问题》,陈炳应,《甘肃师范大学学报》1980年第2期;《西夏史论集》,宁夏人民出版社1984年;《西夏文明研究》,甘肃文化出版社2018年。

2.《甘肃武威西郊林场西夏墓题记、葬俗略说》,陈炳应,《考古与文物》1980年第3期;《西夏史论文集》,宁夏人民出版社1984年;《西夏文明研究》,甘肃文化出版社2018年。

3.《谈谈古代党项民族的武技与尚武精神》,汤开建,《武术研究》1982年第2期。

4.《从西夏文字典〈文海〉看西夏社会》,白滨,《西夏史论文集》,宁夏人民出版社1984年;《西夏民族史论》,甘肃文化出版社2018年。

5.《略论西夏的军事体育》,秦文忠,《宁夏大学学报》1985年第1期。

6.《党项族风俗述略》,汤开建,《西北民族研究》1986年第1期;《党项西夏史探微》,(台北)允晨文化实业股份有限公司2005年,商务印书馆2013年。

7.《西夏军事体育概述》,秦文忠,《宁夏体育史料》1986年第1期。

8.《党项族的武技及其尚武精神》,汤开建,《青海民族学院学报》1986年第4期。

9.《西夏社会风俗考述》,顾吉辰,《青海民族学院学报》1987年第2期。

10.《西夏人的外貌、服饰和用具》,[苏]特林德-卡坦斯基(著),罗矛昆(译),

《宁夏社科通讯》1987年第3期。

11. 《西夏人的礼仪风俗》，朱筱新，《文史知识》1989年第10期。

12. 《西夏姓氏新录》，李范文，《宁夏文史》（第6辑），1990年；《李范文西夏学论文集》，中国社会科学出版社2012年。

13. 《西夏民俗》，郭晓明，《宁夏文史》（第9辑），1991年。

14. 《西夏党项人的亲属称谓和婚姻》，史金波，《民族研究》1992年第1期；人大《宋辽金元史》1992年第2期；《史金波文集》，上海辞书出版社2005年。

15. 《试论兴庆府的城市建设与社会生活》，王雅红，《西北史地》1994年第1期。

16. 《西夏党项人的婚姻家庭》，任芳，《中央民族大学学报》1994年第2期。

17. 《党项羌人的习俗》，陈炳应，《丝绸之路》1995年第6期。

18. 《西夏的葬俗》，孙寿龄，《陇右文博》1996年第1期。

19. 《西夏月份名称考》，黄振华，《宁夏大学学报》1996年第4期。

20. 《从〈天盛律令〉看西夏妇女的法律地位》，韩小忙，《宁夏大学学报》1997年第3期；人大《法理学法史学》1998年第2期。

21. 《西夏军事体育与科学技术》，秦文忠，《宁夏大学学报》1998年第2期。

22. 《〈天盛律令〉与西夏丧葬俗习俗》，韩小忙，《青海民族学院学报》1998年第2期；《高等学校文科学报文摘》1998年第4期。

23. 《试论西夏的婚姻制度》，邵芳，《民族研究》1998年第4期。

24. 《西夏党项族婚俗探析》，陈广恩，《首届西夏学国际学术会议论文集》，宁夏人民出版社1998年。

25. 《党项盟誓探析》，尚世东，《首届西夏学国际学术会议论文集》，宁夏人民出版社1998年；《宁夏大学学报》2001年第1期。

26. 《试论西夏妇女的社会地位》，韩小忙，《中国史研究》1999年第1期，人大《宋辽金元史》1999年第2期。

27. 《〈天盛律令〉与西夏婚姻制度》，韩小忙，《宁夏大学学报》1999年第2期。

28. 《西夏膳食述论》，苏冠文，《宁夏社会科学》1999年第2期。

29. 《西夏人的娱乐生活》，刘菊湘，《宁夏社会科学》1999年第3期。

30. 《党项人方位概念的文化内涵》，聂鸿音，《宁夏社会科学》1999年第3期；《西夏文献论稿二编》，甘肃文化出版社2018年。

31. 《西夏的饮食制度和风尚》，史金波，《历史科学与理论建设》，北京师范大学出版社1999年；《瘠土耕耘——史金波论文选集》，中国社会科学出版社2016年。

32.《党项人饮酒与难得的西夏"酿酒图"》,王进玉,《中国食品》1999年第6期。

33.《西夏的饮食》,史金波,《中国饮食史(四)》,华夏出版社1999年。

34.《西夏亲属称谓与服饰研究》,邵方,《欧亚学刊》(第2辑),2000年。

35.《从武威西郊林场西夏墓谈西夏的主体葬俗——火葬》,王伟、马克华,《兰州学刊》2000年第4期。

36.《西夏家庭研究》,邵方,《西北民族研究》2001年第4期。

37.《西夏服饰研究》,孙昌盛,《民族研究》2001年第6期;《西夏学论集:教育部人文社会重点研究基地建设10周年纪念》,上海古籍出版社2012年。

38.《西夏秃发的类型》,朱存世,《北方文物》2002年第2期。

39.《试析党项妇女的强悍之风》,何玉红、潘春辉,《青海民族研究》2002年第2期;何玉红,《固原师专学报》2002年第5期。

40.《西夏的行星崇拜——圣彼得堡国立爱尔米塔什博物馆黑水城遗物》,[俄]萨摩斯卡·吉拉(著),郑国穆(译),《陇右文博》2002年第2期。

41.《西夏服饰》,史金波、陈高华、徐吉军主编《中国服饰通史》,宁波出版社2002年;《瘠土耕耘——史金波论文选集》,中国社会科学出版社2016年

42.《西夏"秃发"考》,汤开建,《西北民族研究》2003年第2期;人大《宋辽金元史》2003年第3期;《唐宋元间西北史地丛稿》,商务印书馆2013年。

43.《西夏的服饰》,史金波,《中国服饰通史》,宁波出版社2002年。

44.《西夏婚姻制度的特征——兼论女性在西夏婚姻中的地位》,邵方,《宁夏社会科学》2003年第5期;人大《宋辽金元史》2004年第1期。

45.《黑水城出土文献中十二世纪时期的"星魔圈"》,[俄]吉拉·萨玛秀克(著),王帼艳(译),《宁夏社会科学》2003年第6期。

46.《西夏党项社会的族际婚》,邵方,《西北民族研究》2004年第3期。

47.《西夏服制与亲属等级制度研究》,邵方,《法学评论》2004年第3期。

48.《西夏王国的星宿崇拜——圣彼得堡艾尔米塔什博物馆黑水城藏品分析》,[俄]萨莫秀克(著),谢继胜(译),《敦煌研究》2004年第4期。

49.《西夏女兵及其社会风尚》,何玉红,《云南民族大学学报》2004年第5期。

50.《略论西夏的墓葬形制和丧葬习俗》,孙昌盛,《东南文化》2004年第5期。

51.《西夏民族体育诹谈——以〈文海〉〈同音〉所反映的西夏文体项目为中心》,肖屏、余军,《北京体育大学学报》2004年第8期。

52.《12世纪西夏国的星曜崇拜》,[俄]聂历山(著),崔红芬、文志勇(译),《固

原师专学报》2005年第2期。

53.《酒泉、张掖的西夏土主信仰》，崔云胜，《宁夏社会科学》2005年第3期。

54.《辽宋西夏金的避讳、称谓和排行》，王曾瑜，《安徽师范大学学报》2005年第5期，人大《宋辽金元史》2006年第1期。

55.《西夏圣容寺初探》，彭向前，《民族研究》2005年第5期；《西夏学论集：教育部人文社会重点研究基地建设10周年纪念》，上海古籍出版社2012年。

56.《党项姓氏丛录》，汤开建，《党项西夏史探微》，(台北)允晨文化实业股份有限公司出版2005年，商务印书馆2013年。

57.《西夏人的社会风尚与精神风貌辨析》，穆鸿利，《河朔集》，中国国际出版社2005年；郑炳林、樊锦诗、杨富学主编《丝绸之路民族古文字与文化学术讨论会文集》(上)，三秦出版社2007年。

58.《漫谈西夏家具》，杨森，郑炳林、樊锦诗、杨富学主编《丝绸之路民族古文字与文化学术讨论会文集》(上)，三秦出版社2007年。

59.《关于西夏社会各层面的横向互动和总体整合的思考》，穆鸿利，《河朔集》，中国国际出版社2005年。

60.《西夏黑河桥碑与黑河流域的平天仙姑信仰》，崔云胜，《宁夏社会科学》2006年第4期。

61.《西夏和唐代婚姻制度的异同研究——以〈唐律〉和西夏〈天盛改旧定新律令〉比较为中心》，张永萍，《甘肃农业》2006年第5期。

62.《十二世纪西夏国的星曜崇拜》，[苏]聂历山(著)，文志勇、崔红芬(译)，《西夏研究(第三辑)：第二届西夏学国际学术研讨会论文集》，中国社会科学出版社2006年。

63.《西夏人的天神崇拜》，张迎胜，《西夏研究(第三辑)：第二届西夏学国际学术研讨会论文集》，中国社会科学出版社2006年；《西夏学论集：教育部人文社会重点研究基地建设10周年纪念》，上海古籍出版社2012年。

64.《日本新发现北宋开宝五年刻〈炽盛光佛顶大威德消灾吉祥陀罗尼经〉星图考——兼论黄道十二宫在宋、辽、西夏地区的传播》，韦兵，《西夏研究(第三辑)：第二届西夏学国际学术研讨会论文集》，中国社会科学出版社2006年。

65.《西夏平民服饰浅谈——以ДХ.02822〈杂集时要用字〉为中心》，石小英，《宁夏社会科学》2007年第3期。

66.《敦煌石窟中西夏供养人服饰研究》，谢静，《敦煌研究》2007年第3期。

67.《敦煌石窟中回鹘、西夏供养人服饰辨析》，谢静、谢生保，《敦煌研究》

2007年第4期。

68.《多元文化对西夏丧葬习俗的影响——以河西地区为中心》，崔红芬，《西南民族大学学报》2007年第6期。

69.《西夏时期的黑水城社会》，史金波，《黑水城人文与环境研究：黑水城人文与环境国际学术讨论会文集》，中国人民大学出版社2007年；《瘠土耕耘——史金波论文选集》，中国社会科学出版社2016年。

70.《试论河湟区域民俗及宗教文化形态对北宋制夏的影响》，杨文，《青海民族研究》2008年第2期。

71.《论西夏人的尚武精神》，樊丽沙、杨富学，《青海民族学院学报》2008年第3期。

72.《论西夏的基层组织与社会》，杨蕤，《复旦学报》2008年第3期；《北方民族大学文史学院文库（第一辑）：民族卷》，宁夏人民出版社2016年。

73.《西夏法律与西夏社会——基于〈天盛改旧新定律令〉"畜物"条文的观察》，陈杰、刘国乾，《学术探索》2008年第3期。

74.《西夏的亲属称谓》，［俄］克平（著），孙颖新（译），《西夏语言与绘画研究论集》，宁夏人民出版社2008年。

75.《西夏的丧服制度》，［俄］克平（著），钟焓（译），《西夏语言与绘画研究论集》，宁夏人民出版社2008年。

76.《西夏国内的行星崇拜》，［俄］萨马秀克（著），孙伯君（译），《西夏语言与绘画研究论集》，宁夏人民出版社2008年。

77.《唐与西夏婚姻制度之比较——以〈唐律〉和〈天盛改旧定新律令〉为中心》，张永萍，《河北学刊》2009年第2期。

78.《敦煌石窟中的西夏服饰研究之二——中原汉族服饰对西夏服饰的影响》，谢静，《艺术设计研究》2009年第3期。

79.《西夏服饰管窥》，杨秀山，《博苑秋实：宁夏博物馆五十大庆纪念文集》，宁夏人民出版社2009年。

80.《西夏服饰研究之三——北方各少数民族对西夏服饰的影响》，谢静，《艺术设计研究》2010年第1期。

81.《西夏五台山信仰斟议》，杨富学，《西夏研究》2010年第1期。

82.《论西夏妇女的经济地位——以〈天盛律令〉为中心》，李娜，《忻州师范学院学报》2010年第1期。

83.《武威西夏墓出土冥契研究》，于光建、徐玉萍，《西夏研究》2010年第3期。

84.《大黑根本命咒——西夏大黑天信仰的一个侧面》，黄杰华，《西夏研究》2010年第3期。

85.《〈中国藏黑水城汉文文献〉中的西夏姓氏考证》，佟建荣，《宁夏社会科学》2010年第5期；《西夏学论集：教育部人文社会重点研究基地建设10周年纪念》，上海古籍出版社2012年。

86.《西夏人的婚姻与丧葬》，林雅琴，《宁夏社会科学》2010年第6期。

87.《汉文〈杂字〉所反映的西夏社会问题探析》，崔红芬，《西夏学》（第六辑），上海古籍出版社2010年。

88.《西夏服饰审美特征管窥》，陈霞，《学理论》（上）2010年第11期；《学理论》2010年第31期。

89.《圣容寺研究——以黑水城出土文书为中心》，张笑峰，《西夏研究》2011年第1期。

90.《西夏榷场使文书所见西夏尺度关系研究》，孙继民、许会玲，《西夏研究》2011年第2期；《黑水城出土文书研究》，甘肃文化出版社2020年。

91.《西夏党项族骑射文化考》，崔凤祥、崔星，《西夏研究》2011年第3期。

92.《论西夏皇室婚姻的几个问题》，刘兴亮，《西夏研究》2011年第4期。

93.《西夏河西地区基层社会考察》，王晓晖，《西夏学》（第七辑），上海古籍出版社2011年。

94.《汉文文献中党项与西夏人名、族名异译字的语音分析》，佟建荣，《西夏学》（第七辑），上海古籍出版社2011年。

95.《从武威的西夏墓看西夏葬俗》，蔡晓樱，《西夏学》（第七辑），上海古籍出版社2011年。

96.《西夏酒文化述略》，杨满忠，《西夏学》（第七辑），上海古籍出版社2011年。

97.《西夏竹笔新解》，赵生泉，《西夏学》（第七辑），上海古籍出版社2011年。

98.《西夏文献中的"黑头"和"赤面"》，[俄]К.Б.克平（著），王培培（译），《西夏学》（第五辑），上海古籍出版社2010年；《西夏学论集：教育部人文社会重点研究基地建设10周年纪念》，上海古籍出版社2012年。

99.《西夏服饰"吊敦背"考》，彭向前、张建强，《薪火相传：史金波先生70寿辰西夏学国际学术研讨会论文集》，中国社会科学出版社2012年。

100.《西夏圣容寺及其相关问题考证》，梁松涛、杨富学，《内蒙古社会科学》2012年第5期。

101.《十一曜星神图像考源——以西夏时期〈炽盛光佛与十一曜星神宫宿图〉为例》,孟嗣徽,[俄]伊丽娜·波波娃、刘屹主编《敦煌学:第二个百年的研究视角与问题》,圣彼得堡:斯拉维亚出版社2012年。

102.《西夏祭祀初探》,孔德翊、贺亭,《西夏研究》2013年第1期。

103.《关于西夏秃发令及发式问题》,景永时,《北方民族大学学报》2013年第6期。

104.《西夏蕃姓来源考论》,佟建荣,《吴天墀教授百年诞辰纪念文集(1913—2013)》,四川人民出版社2013年。

105.《黑城本〈大黑根本命咒〉与吐蕃人肉祭祀巫术》,高国藩,《西夏研究》2014年第2期。

106.《略论西夏饮食文化》,刘朴兵,《西夏研究》2014年第2期。

107.《早期党项八大部西夏姓氏考》,彭向前,《西夏研究》2014年第2期。

108.《西夏"回鹘僧译经"补证》,聂鸿音,《西夏研究》2014年第3期;《西夏文献论稿二编》,甘肃文化出版社2018年。

109.《党项与西夏女性人物汇考》,张琰玲,《西夏研究》2014年第3期。

110.《西夏官服管窥》,任怀晟、杨浣,《西夏研究》2014年第3期。

111.《西夏公服刍议》,任怀晟,《西夏学》(第九辑),上海古籍出版社2014年。

112.《西夏发式初探》,吴峰天,《西夏学》(第九辑),上海古籍出版社2014年。

113.《西夏"东坡巾"初探》,魏亚丽、杨浣,《西夏学》(第九辑),上海古籍出版社2014年。

114.《西夏凉州护国寺历史变迁述论》,黎大祥,《西夏学》(第十辑),上海古籍出版社2014年。

115.《略论党项民族葬俗在西夏建国后的延续与演化——闽宁村西夏墓地与西夏陵的比较研究》,张雯,《西夏学》(第十辑),上海古籍出版社2014年。

116.《西夏文献中的占卜》,聂鸿音,《西夏研究》2015年第2期;《西夏文献论稿二编》,甘肃文化出版社2018年。

117.《西夏幞头考——兼论西夏文官帽式》,魏亚丽、杨浣,《西夏研究》2015年第2期。

118.《论西夏服饰中的多元文化因素》,任艾青,《西夏研究》2015年第2期。

119.《西夏元昊西凉府祠神初探》,秦雅婷,《西夏研究》2015年第2期。

120.《西夏"汉式头巾"初探》,任怀晟、杨浣,《西夏研究》2015年第3期。

121.《印度纪月法的西夏译名》,王龙,《宁夏社会科学》2015年第6期。

122.《西夏时期的敦煌五台山图——敦煌五台山信仰研究之一》,赵晓星,《西夏学》(第十一辑),上海古籍出版社2015年。

123.《西夏天葬初探——以俄藏黑水城唐卡X-2368为中心》,任怀晟、杨浣,《西夏学》(第十一辑),上海古籍出版社2015年。

124.《西夏武官帽式研究》,魏亚丽,《西夏学》(第十一辑),上海古籍出版社2015年。

125.《论党项西夏家族关系》,孙广文,《西夏研究论文集》,凤凰出版社2015年。

126.《西夏武职服饰再议》,任怀晟、魏雅丽,《北方文物》2016年第2期。

127.《党项文化与横山精神》,杨蕤,《横山政协》2016年第4期;杨蕤著《陕北历史文化散论》,商务印书馆2019年。

128.《党项民族与陕北文化——兼论陕北地区在国史上的地位》,杨蕤,《陕北历史文化散论》,商务印书馆2019年。

129.《党项文化:陕北文化资源中的一座富矿》,杨蕤,《陕北历史文化散论》,商务印书馆2019年。

130.《俄藏武威西夏文灵骨匣题记解诂》,赵生泉,《宁夏社会科学》2016年第6期。

131.《汉文史料中的西夏番姓考辨》,佟建荣,《中央民族大学学报》2016年第4期。

132.《论西夏蕃、汉礼之争的本质——以"任得敬"为个案研究》,马旭俊、杨军,《西北民族大学学报》2016年第4期。

133.《西夏贵族妇女冠式研究》,魏亚丽,《西夏学》(第十三辑),甘肃文化出版社2016年。

134.《西夏龙信仰研究》,陈玮,《西夏学》(第十三辑),甘肃文化出版社2016年。

135.《西夏灶神像探疑》,任怀晟,《西夏学》(第十三辑),甘肃文化出版社2016年。

136.《西夏包装器物试探》,李亚兰,《教育现代化》2016年第40期。

137.《有关西夏姓名若干问题的再探讨》,佟建荣、蔡莉,《西夏研究》2017年第2期。

138.《碰撞与融合——西夏社会变革中的"孝文化"》,孔维京,《西夏研究》2017年第2期。

139.《论西夏养子的类型及其社会地位》,郝振宇,《宁夏社会科学》2017年第5期。

140.《社会经济文书中的西夏文人名综考》,佟建荣,《宁夏社会科学》2016年第3期。

141.《西夏僧侣社会活动管窥》,魏淑霞,《西夏研究》2017年第4期。

142.《西夏文〈经律异相〉中的佛、俗时间概念》,杨志高,《西夏学》(第十四辑　2017年第1期),甘肃文化出版社2017年。

143.《关于西夏圣容寺研究的几个问题》,彭向前,《西夏学》(第十四辑　2017年第1期),甘肃文化出版社2017年。

144.《西夏的天崇拜研究》,陈玮,《西夏学》(第十四辑　2017年第1期),甘肃文化出版社2017年。

145.《西夏"上服"考》,张笑峰,《西夏学》(第十四辑　2017年第1期),甘肃文化出版社2017年。

146.《唐至宋初西北党项族拓跋氏上层的殡葬——以出土墓志铭为例》,史金波,《西夏学》(第十五辑　2017年第2期),甘肃文化出版社2017年。

147.《西夏文献中的人名》,王培培,《宁夏社会科学》2017年第2期。

148.《莫高窟榆林窟西夏文题记所见人名姓氏浅析》,张玉海,《宁夏社会科学》2017年第6期。

149.《中国古代的男女九宫及其在残历定年中的作用》,彭向前,《西夏学辑刊》(第一辑),宁夏人民出版社2017年。

150.《辽金元夏时代的文化交流与风俗融合》,江涛,《人民论坛》2017年第19期。

151.《西夏占卜类型的理论差异与知识接受——以卜法、易占、星占为中心》,赵坤,《西夏学》(第十六辑　2018年第1期),甘肃文化出版社2018年。

152.《西夏猎鹰与民族文化探析》,尤桦、于慧黎,《西夏学》(第十六辑　2018年第1期),甘肃文化出版社2018年。

153.《"碧(王田)珠"考》,王培培,《宁夏社会科学》2018年第1期。

154.《西夏佛教图像中的皇权意识》,王胜泽,《敦煌学辑刊》2018年第1期。

155.《西夏围棋初探》,蔡莉,《民族艺林》2018年第1期。

156.《〈宋会要辑稿〉"西人最重寒食"考》,王凯、彭向前,《西夏学》(第十七辑　2018年第2期），甘肃文化出版社2019年。

157.《西夏朝服的冠饰研究》，任怀晟、田孟秋，《西夏学》（第十七辑　2018年第2期），甘肃文化出版社2019年。

158.《试论西夏服饰中的植物纹样》，魏亚丽，《西夏学》（第十七辑　2018年第2期），甘肃文化出版社2019年。

159.《图像中的西夏皇帝服饰》，任怀晟、魏亚丽，《西夏研究》2018年第3期。

160.《西夏农村家庭生计问题述论》，郝振宇，《中国经济史研究》2018年第5期。

161.《西夏服饰文化浅析》，梁继红，《凉州与西夏》，甘肃文化出版社2018年。

162.《西夏分家析产问题述论》，郝振宇，《西夏学》（第十八辑　2019年第1期），甘肃文化出版社2018年。

163.《资源竞争、身份变迁与文化抉择——以党项西夏社会性格变化为例》，郝振宇，《中南民族大学学报》2019年第2期。

164.《从武威的西夏墓来分析西夏葬俗》，程爱民，《中国民族博览》2019年第2期。

165.《从图像艺术看西夏女性的社会地位》，闫中华、王艳，《民族艺林》2019年3期。

166.《西夏时期四柱预测与星占术合流之考论》，王巍，《西夏研究》2019年第4期。

167.《"旋襕"考》，叶娇、徐凯，《敦煌研究》2019年第4期。

168.《西夏社会流动趋势及其影响因素》，郝振宇，《宁夏大学学报》2020年第1期。

169.《占卜与西夏社会研究》，马静，《中国民族博览》2020年第1期。

170.《以"抄"为例再探西夏社会性质与结构》，刘双怡，《西夏学》（第二十一辑　2020年第2期），甘肃文化出版社2020年。

171.《武威西夏墓所见陀罗尼及其丧葬习俗——兼论西夏时期兰札体梵字的盛行》，李晓凤，《西夏学》（第二十一辑　2020年第2期），甘肃文化出版社2020年。

172.《西夏文献中"二十四孝"故事文本生成考略》，郭明明，《西夏学》（第二十一辑　2020年第2期），甘肃文化出版社2020年。

173.《唐括异名考辨》，陈岑，《西夏学》（第二十一辑　2020年第2期），甘肃文化出版社2020年。

174.《西夏女性社会生活研究——以黑水城文献为中心》,张梦佳,《新丝路》2020年第3期。

175.《占卜与西夏政治社会研究》,马静,《赤子》2020年第3期。

176.《西夏同居的内涵、范围及成员财产问题考察》,郝振宇,《社科纵横》2020年第11期。

五、文学、艺术

（一）文学

1.《西夏文学掇拾与蠡测:西夏文学研究之一》,鄢凌,《文科季刊》1992年第2期。

2.《西夏的兴衰及其文学》,聂鸿音,《中华文学通史》（第2卷）,华艺出版社1997年。

3.《〈西游记〉故事与西夏人的童话》,孟繁红,《运城高等专科学校学报》1997年第4期。

4.《西夏文学概论》,张建华,《首届西夏学国际学术会议论文集》,宁夏人民出版社1998年。

5.《西夏党项羌作家文学述略》,白庚胜,《民族文学研究》2000年第2期。

6.《试论西夏文学的特色》,杨梓,《宁夏大学学报》2001年第2期。

7.《西夏诗歌概论》,冯剑华,《宁夏大学学报》2001年第4期。

8.《宋夏战事诗题材论析》,张廷杰,《宁夏社会科学》2003年第4期。

9.《方塔出土西夏汉文诗集研究三题》,孙昌盛,《宁夏社会科学》2004年第4期;人大《中国古代、近代文学研究》2004年第11期。

10.《宋夏文化交流与西夏的文学创作》,张廷杰,《文学遗产》2005年第4期;人大《中国古代、近代文学研究》2005年第11期;张廷杰编《第三届宋代文学国际研讨会论文集》,宁夏人民出版社2005年。

11.《浅谈大宋时代的西夏文学》,张迎胜,张廷杰编《第三届宋代文学国际研讨会论文集》,宁夏人民出版社2005年。

12.《试论西夏文学特色》,杨梓,《西夏研究（第三辑）:第二届西夏学国际学术研讨会论文集》,中国社会科学出版社2006年。

13.《论党项羌人王俦及其文学创作》,殷晓燕,《民族文学研究》2007年第1期。

14.《论党项羌人王翰及其诗歌创作》,殷晓燕,《中央民族大学学报》2007年第2期。

15.《从西夏翻译透视其翻译文化》,卢明玉,《宁夏社会科学》2007年第3期。

16.《西夏文学作品中所见儒释相融思想》,崔红芬,《青海民族研究》2007年第4期。

17.《宋代诗人笔下的宋夏战争题材诗歌论略》,梅国宏,《海南大学学报》2008年第3期。

18.《西夏诗歌中成吉思汗的名字》,[俄]克平(著),韩潇锐(译),《西夏研究》2010年第1期。

19.《西夏俗文学"辩"初探》,孙伯君,《西夏研究》2010年第4期;人大《中国古代、现代文学研究》2011年4期;[俄]伊丽娜·波波娃、刘屹主编《敦煌学:第二个百年的研究视角与问题》,(圣彼得堡)斯拉夫出版集团2012年。

20.《试论西夏文学的华儒内蕴》,王昊,《北京大学学报》2013年第5期。

21.《西夏文"马"字比较的若干历史文化意涵》,胡若飞、薛路,《西夏研究论文集》,凤凰出版社2015年。

22.《独具一格的西夏文学》,牛达生,《中国文化通览·宁夏卷·第四章》,中华书局2014年;《西夏考古论稿(二)》,甘肃文化出版社2016年。

23.《西夏佛教文学作品的特点与价值》,赵阳,《甘肃社会科学》2016年第1期。

24.《党项诗歌的形式及其起源》,聂鸿音,《西夏研究》2016年第4期;《西夏文献论稿二编》,甘肃文化出版社2018年。

25.《论宋代文学对西夏文学的影响》,赵阳,《兰州学刊》2016年第8期。

26.《试论西夏文学的中国古代文学史价值》,汤君,《宁夏社会科学》2018年第3期。

27.《西夏谚语中的日月意象》,王艳春,《西夏研究》2018年第4期。

28.《从格言到诗歌:党项民族文学的发展历程》,聂鸿音,《宁夏社会科学》2018年第4期。

29.《中原诗歌在西夏和契丹的传播》,聂鸿音,《四川师范大学学报》2019年第4期。

30.《论西夏偈颂的诗化——以西夏文〈贤智集〉为例》,方璐、佟建荣,《西夏研究》2020年第1期。

31.《西夏组诗的作者和编者》,汤君,《绵阳师范学院学报》2020年第4期。

(二)绘画造像、木版刻雕、纸绢绘画、书法乐舞

1.艺术总论

(1)《莫高窟、安西榆林窟的西夏艺术》,万庚育,《敦煌研究文集》,甘肃人民出版社1982年。

(2)《莫高窟的西夏艺术》,刘玉权,《甘肃画报》1985年第2期。

(3)《略谈西夏的美术》,张光福,《中央民族学院学报》1986年第4期。

(4)《东千佛洞西夏石窟艺术》,张宝玺,《文物》1992年第2期。

(5)《西夏建筑艺术与中原建筑文化的关系》,马文明,《中国古都研究》(第9辑),三秦出版社1994。

(6)《西夏印章艺术浅论》,柴建方,《民族艺林》1994年第3期;《宁夏文史》(第11辑),1995年。

(7)《西夏建筑艺术与肤色艺术浅谈》,唐晓军、师彦灵,《丝绸之路·学术专辑》(第1辑),1998年。

(8)《西夏建筑的艺术特性》,孙昌盛《宁夏社会科学》2000年第1期。

(9)《西夏对敦煌艺术的特殊贡献》,刘玉权,《国家图书馆学刊》(西夏研究专号),2002年增刊。

(10)《西夏艺术成就与周边民族的关系》,韩小忙,《国家图书馆学刊》(西夏研究专号),2002年增刊。

(11)《西夏故地石窟艺术的多元文化特征》,王建舜、刘泓岊,《西夏研究(第三辑):第二届西夏学国际学术研讨会论文集》,中国社会科学出版社2006年。

(12)《西夏石窟艺术浅述》,牛达生,《宁夏社会科学》2007年第2期;《西夏考古论稿(二)》,甘肃文化出版社2016年。

(13)《论西夏对周边民族艺术的吸收》,李银霞,《新疆艺术学院学报》2008年第2期。

(14)《西夏对汉藏书籍艺术的传承和发展》,王艳云,《装饰》2008年第9期。

(15)《俄罗斯藏黑水城艺术珍品记》,任平山,《中华文化画报》2008年第10期。

(16)《黑城出土绘画作品中的历史人物——事实与假说》,[俄]萨马秀克(著),马宝妮(译),《西夏语言与绘画研究论集》,宁夏人民出版社2008年。

(17)《西夏王朝的艺术——历史及风格阐释》,[俄]萨马秀克(著),胡鸿雁(译),《西夏语言与绘画研究论集》,宁夏人民出版社2008年。

(18)《黑水城的汉式绘画》,[俄]鲁多娃(著),胡鸿雁(译),《西夏语言与绘画

研究论集》,宁夏人民出版社2008年。

(19)《从藏汉交流的风格形态看飞来峰元代造像与西夏艺术的关系》,赖天兵,《敦煌研究》2009年第5期。

(20)《西夏艺术研究及特征认识》,陈育宁、汤晓芳,《西夏研究》2011年第1期。

(21)《西夏文诗歌所反映的西夏建筑特点及其文化特质》,梁松涛,姜锡东主编《宋史研究论丛》(第12辑),河北大学出版社2011年。

(22)《西夏艺术的研究及特征认识》,陈育宁,《薪火相传:史金波先生70寿辰西夏学国际学术研讨会论文集》,中国社会科学出版社2012年;《西夏历史文化探幽》,甘肃文化出版社2018年。

(23)《西夏艺术的遗存、分类与价值》(上、下),汤晓芳,《宁夏师范学院学报》2013年第1—2期;《西夏历史文化探幽》,甘肃文化出版社2018年。

(24)《论宋辽夏金时期装饰纹样之发展》,谷莉、戴春宁,《大舞台》2013年第10期。

(25)《西夏工艺美术的民族特征》,王胜泽、王艳,《民族艺林》2017年第4期。

(26)《宁夏、内蒙古境内的西夏石窟调查——西夏石窟考古与艺术研究之一》,赵晓星、朱生云,《敦煌研究》2016年第5期。

(27)《宋辽夏金装饰纹样研究》,高璇,《文化学刊》2018年第6期

(28)《敦煌石窟"西夏艺术风格"献疑》,杨富学,《黑河学院学报》2019年第10期。

(29)《论西夏美术》,杨新林,宁夏文学艺术界联合会、宁夏文艺评论家协会编《宁夏文艺评论 2018卷》(上),阳光出版社2019年。

2.绘画、书法

(1)壁画、绢画、版画(板画)、岩画

①《敦煌莫高窟和安西榆林窟中的西夏壁画》,王静如,《文物》1980年第9期;白滨编《西夏史论文集》,宁夏人民出版社1984年;《王静如民族研究文集》,民族出版社1998年;《王静如文集》(下),社会科学文献出版社2015年。

②《别具特色的西夏装饰》,刘玉权,《飞天》1982年第9期。

③《被盗走的两幅珍贵的西夏版画》,胡迅雷、霍升平,《宁夏日报》1983年8月21日。

④《敦煌西夏壁画艺术》,刘玉权,《宁夏画报》1984年第1期。

⑤《"忠实为艺,战斗为务"——略论西夏绘画艺术的特点》,罗矛昆,《宁夏艺

术》试刊号,1984年。

⑥《晚期的莫高窟艺术》,段文杰,《敦煌研究》1985年第3期。

⑦《本所藏图解本西夏文〈观音经〉版画初探》,刘玉权,《敦煌研究》1985年第3期。

⑧《文殊山万佛洞西夏壁画内容》,张宝玺,《1983年全国敦煌学学术讨论会文集》(石窟·艺术编上),甘肃人民出版社1985年。

⑨《西夏时期的莫高窟壁画艺术》,刘玉权,《敦煌艺术丛书第12辑》(莫高窟壁画艺术·西夏),甘肃人民出版社1986年。

⑩《西夏瓦当的装饰艺术》,刘敬村,《宁夏艺术》1987年第7期。

⑪《略论西夏壁画艺术》,刘玉权,《西夏文物》,文物出版社1988年。

⑫《榆林窟党项、蒙古政权时期的壁画艺术》,段文杰,《敦煌研究》1989年第4期。

⑬《从赎经图到译经图:西夏佛教版画语言的建构》,王波,《民族译林》1990年第2期。

⑭《贺兰山西夏岩画——兼谈贺兰山岩画的艺术属性》,韩小忙,《宁夏日报》1990年6月23日第3版。

⑮《略谈西夏的美术》,张光福,《中央民族学院学报》1986年第4期。

⑯《〈西夏藏〉中的藏式木刻版画》,[英]噶尔美(著),杜永彬(译),《国外藏学研究译文集》(第8辑),西藏人民出版社1992年。

⑰《党项羌(西夏)的美术》,凌明、李世愉,《新美术》1993年第4期。

⑱《宁夏西夏岩画述略》,李祥石、李祥夕,《宁夏文物》1993年第7期。

⑲《党项羌(西夏)的美术》,凌明、李世愉,《造型艺术研究》1994年第1期。

⑳《西夏绢画〈玄武大帝图〉》,何继英,《上海道教》1994年第3期。

㉑《从"分身佛"略探西夏的佛教艺术与文化》,陈奕恺,(台湾)《历史文物》1994年第7期。

㉒《甘肃东千佛洞二窟和七窟壁画使用颜料的研究》,陈青、王军虎、[日]杉下龙郎,《文物保护与考古科学》1996年第1期。

㉓《黑水城出土西夏弥陀画初探》,李玉珉,(台湾)《故宫学术季刊》(第13卷4期),1996年。

㉔《民族艺术的奇葩:论敦煌西夏元时期的壁画》,刘玉权,《中国美术分类全集·中国敦煌壁画全集》(第10卷敦煌西夏元),天津美术出版社1996年。

㉕《略谈西夏的版画》,徐庄,《寻根》1998年第6期。

㉖《西夏——元的藏传佛教绘画》,陈悦新,《首届西夏学国际学术会议论文集》,宁夏人民出版社1998年。

㉗《悲·智·法界之美——宁夏西夏佛塔发现的唐卡及其特点》,何继英、王存海,(台湾)《历史文物》1999年第4期。

㉘《西夏木板画》,陈炳应、张宝玺,《陇右文博》2000年第1期;《西夏文明研究》,甘肃文化出版社2018年。

㉙《黑水城出土西夏唐卡叙录》,谢继胜,王尧主编(藏学研究丛刊)《贤者新宴》(第二辑),河北教育出版社2000年。

㉚《河西走廊三处取经图画与〈西游记〉故事演变的关系》,杨国学,《西北师大学院》2000年第4期。

㉛《西夏唐卡中的双身图像内容与年代分析》,谢继胜,《艺术史研究》(第2辑),2000年。

㉜《本所藏图解本西夏文〈观音经〉版画初探》,刘玉权,《敦煌研究文集》,甘肃民族出版社2000年。

㉝《黑水城出土顶髻尊胜佛母曼荼罗木板画考》,孙昌盛,《敦煌研究》2001年第2期。

㉞《吐蕃西夏历史文化渊源与西夏藏传绘画》,谢继胜,《西藏研究》2001年第3期。

㉟《敦煌莫高窟第465窟壁画双身图像辨识》,谢继胜,《敦煌研究》2001年第3期。

㊱《西夏双龙首蛇体彩绘木板画》,刘茂德,《丝绸之路》2001年第8期。

㊲《冬宫博物馆藏西夏壁画风格特征》,[俄]萨莫秀克(著),杨富学(译),《中国北方民族历史文化论稿》,甘肃人民出版社2001年。

㊳《黑水城出土唐卡研究述略》,谢继胜,《民族研究》2002年第1期。

㊴《黑水城西夏唐卡中的释迦牟尼佛像考》,谢继胜,《宁夏社会科学》2002年第1期。

㊵《黑水城唐卡中的护法与空行母图像考》,谢继胜,《西北民族研究》2002年第3期。

㊶《西夏木板画》,张宝玺,《美术之友》2002年第3期。

㊷《西夏唐卡》,李海东、丁延辉,《固原师专学报》2002年第4期。

㊸《一件珍贵的西夏唐卡》,谢继胜,《宿白先生八秩华诞纪念文集》,文物出版社2002年。

㊹《西夏佛教版画初探》，徐庄，《国家图书馆学刊》（西夏研究专号），2002年增刊。

㊺《西夏艺术作品中的肖像研究及史实》，［俄］K.萨莫秀克（著），粟瑞雪（译），《国家图书馆学刊》（西夏研究专号），2002年增刊。

㊻《西藏艾旺寺、扎唐寺壁画与西夏绘画的关系》，谢继胜，《国家图书馆学刊》（西夏研究专号），2002年增刊。

㊼《文殊山石窟万佛洞西夏壁画》，施爱民，《文物世界》2003年第1期。

㊽《西夏壁画中的药师经变与药师佛形象》，王艳云，《宁夏大学学报》2003年第1期。

㊾《从版画看西夏佛教艺术对元代内地藏传佛教艺术的影响》（上、下），熊文彬，《中国藏学》2003年第1期、第3期。

㊿《莫高窟第465窟壁画绘于西夏考》，谢继胜，《中国藏学》2003年第2期。

51《河西石窟西夏壁画中的弥勒经变》，王艳云，《宁夏大学学报》2003年第4期。

52《西夏时期敦煌装饰图案艺术》，李迅文，《装饰》2003年第5期。

53《一件西夏药师佛唐卡的分析》，谢继胜，（台湾）《法光》，2003年。

54《党项族西夏王国的民间工艺及雕塑绘画品》，旦木秋，《阿坝师范高等专科学校学报》2005年第2期。

55《西夏佛教卷轴画艺术风格》，陈悦新，《北京理工大学学报》（社科版）2006年第2期。

56《莫高窟第61窟甬道壁画绘于西夏时代考》，沙武田，《西北第二民族学院学报》2006年第3期。

57《敦煌壁画与西夏服饰》，徐庄，《西夏研究（第三辑）：第二届西夏学国际学术研讨会论文集》，中国社会科学出版社2006年。

58《西夏佛塔岩画》，朱存世，《西夏研究（第三辑）：第二届西夏学国际学术研讨会论文集》，中国社会科学出版社2006年。

59《西夏晚期经变艺术的主要特征和创新》，王艳云，《西夏研究（第三辑）：第二届西夏学国际学术研讨会论文集》，中国社会科学出版社2006年。

60《试析西夏文字题记和西夏文字岩画》，李芳，《西夏研究（第三辑）：第二届西夏学国际学术研讨会论文集》，中国社会科学出版社2006年。

61《贺兰山山嘴沟石窟西夏壁画的初步分析》，谢继胜，《西夏研究（第三辑）：第二届西夏学国际学术研讨会论文集》，中国社会科学出版社2006年。

(62)《俄藏黑水城绘画与我的西夏情缘》，吴焕宇，张立宪主编《读库0604》，新星出版社2006年。

(63)《西夏“龙凤藻井图案”探秘》，岳键，郑炳林、樊锦诗、杨富学主编《敦煌佛教与禅宗学术讨论会文集》，三秦出版社2007年。

(64)《山嘴沟西夏壁画探析》，陈育宁、汤晓芳，《西夏学》（第一辑），宁夏人民出版社2006年；《西夏学论集：教育部人文社会重点研究基地建设10周年纪念》，上海古籍出版社2012年；《西夏历史文化探幽》，甘肃文化出版社2018年。

(65)《河西石窟西夏壁画中的界画》，王艳云，《宁夏社会科学》2007年第1期。

(66)《河西石窟西夏壁画中的涅槃经变》，王艳云，《敦煌学辑刊》2007年第1期。

(67)《西夏黑水城与安西石窟壁画间的若干联系》，王艳云，《宁夏社会科学》2008年第1期。

(68)《武威西夏木板画的遗存及其特征》，陈丽伶、余隋怀，《西北工业大学学报》（社会科学版）2008年第1期。

(69)《敦煌壁画临摹中矿物颜料应用技法初探——以榆林窟西夏第29窟整理性客观临摹为个案》，马强，《美术》2008年第4期。

(70)《哈拉浩特出土绘画作品中的历史人物——事实与假说》，[俄]吉拉·萨玛秀克（著），马宝妮（译），《宁夏社会科学》2008年第6期。

(71)《西夏时期敦煌藻井中的龙纹装饰》，张静、梁昭华、陈熊俊，《美术大观》2008年第9期。

(72)《西夏时期敦煌壁画的变调与创新——敦煌壁画研究中被忽视的方面》，顾颖，《文艺研究》2008年第10期。

(73)《敦煌榆林窟西夏壁画绘画风格探》，汪旻，《跨世纪》（学术版）2008年第11期。

(74)《武威亥母洞石窟出土西夏唐卡初探》，梁继红，《西夏历史与文化：第三届西夏学国际学术研讨会论文集》，甘肃人民出版社2010年。

(75)《解读西夏佛教中的版画艺术》，雷志远、慕青藤，《美术大观》2008年第12期。

(76)《元代刻印西夏文佛经版画及其艺术特征》，陈育宁、汤晓芳，《宁夏社会科学》2009年第3期；《元史论丛》（第十一辑），天津古籍出版社2009年；《西夏学论集：教育部人文社会重点研究基地建设10周年纪念》，上海古籍出版社2012年；《西夏历史文化探幽》，甘肃文化出版社2018年。

(77)《西夏藏传风格绘画与西藏佛画的异同比较》，顾颖，《宁夏社会科学》2009

年第4期。

⑦⑧《宁夏博物馆藏西夏唐卡简介》,杨丽蔚,《博苑秋实:宁夏博物馆五十大庆纪念文集》,宁夏人民出版社2009年。

⑦⑨《浅谈灵武窑出土的西夏白釉瓷器》,王东燕,《博苑秋实:宁夏博物馆五十大庆纪念文集》,宁夏人民出版社2009年。

⑧⑩《武威西夏二号墓彩绘木板画"蒿里老人"考论》,陈于柱,《西夏学》(第五辑),上海古籍出版社2010年。

⑧①《浅析西夏力士碑座的艺术风格》,杨蕤、董红征,《四川文物》2010年第5期。

⑧②《西夏河西石窟壁画中的绿度母探源》,史伟,《西夏学》(第七辑),上海古籍出版社2011年。

⑧③《敦煌莫高窟第465窟主室壁画绘于西夏补考》,公维章,《西夏学》(第七辑),上海古籍出版社2011年。

⑧④《浅谈西夏文物中的花卉纹装饰艺术》,苏银梅、张惠霞,《西夏学》(第七辑),上海古籍出版社2011年。

⑧⑤《西夏晚期的佛教壁画艺术浅析:以甘肃瓜州县东千佛洞第2窟为例》,张国荣、王晓玲,《美术》2012年第4期。

⑧⑥《西夏两幅道教绘画的释文辨析及艺术评价》,汤晓芳,《薪火相传:史金波先生70寿辰西夏学国际学术研讨会论文集》,中国社会科学出版社2012年;《西夏历史文化探幽》,甘肃文化出版社2018年。

⑧⑦《"水月观音"的佛典依据——西夏绢画"水月观音"和"中阴修法"文献》,束锡红、府宪展,袁行霈、李焯芬、樊锦诗主编《庆贺饶宗颐先生95华诞敦煌学国际学术研讨会论文集》,中华书局2012年。

⑧⑧《武威西郊西夏2号墓出土木板画内涵新解》,于光建,《西夏研究》2014年第3期。

⑧⑨《艺术表现的承接性——以榆林窟第三窟〈文殊变〉〈普贤变〉为例》,卯芳,《西夏研究》2014年第4期。

⑨⑩《中阴图——敦煌出土插图本〈十王经〉研究》,[美]太史文(著),党燕妮、杨富学(译),杜斗城(校),《西夏研究》2014年第4期。

⑨①《西夏刻本〈妙法莲华经〉扉画赏析》,胡进杉,《西夏学》(第九辑),上海古籍出版社2014年。

⑨②《江南抑或西夏——金刚上师胆八与白云宗主道安题款〈普宁藏〉扉画的

年代、内容与图本》,赖天兵,《西夏学》(第九辑),上海古籍出版社2014年。

㊃《西夏晚期佛教绘画的杂糅与世俗倾向》,王艳云,《西夏学》(第九辑),上海古籍出版社2014年。

㊄《榆林窟第29窟壁画之审美特征及宗教观念初探——以〈药师经变图〉、〈阿弥陀经变图〉为侧重点》,孙达,《西夏学》(第九辑),上海古籍出版社2014年。

㊅《东千佛洞西夏壁画中的药师佛及其审美意蕴》,史伟,《西夏学》(第九辑),上海古籍出版社2014年。

㊆《西夏佛经版画中的建筑图像及特点》,陈育宁、汤晓芳,《西夏学》(第十辑),上海古籍出版社2014年;《西夏历史文化探幽》,甘肃文化出版社2018年。

㊇《敦煌莫高窟第148窟西夏供养人图像新探——以佛教史考察为核心》,张先堂,《西夏学》(第十一辑),上海古籍出版社2015年。

㊈《浅谈敦煌榆林窟的西夏壁画绘画风格》,扎西杰布,《黑龙江史志》2015年第13期。

㊉《俄藏黑水城汉文〈父母恩重经〉卷首画考论》,崔红芬,觉醒主编《觉群佛学(2014)》,宗教文化出版社2015年;《西夏佛教文献研究论集》,宗教文化出版社2017年。

⑩⑩《东千佛洞第二窟十一面救八难观音图像研究》,常红红,《藏学学刊》2016年第1期。

⑩⑪《西夏图像中的童子形象》,吴珂,《西夏研究》2016年第1期。

⑩⑫《文殊山石窟西夏〈水月观音图〉与〈摩利支天图〉考释》,张小刚、郭俊叶,《敦煌研究》2016年第2期。

⑩⑬《榆林窟第3窟不空羂索五尊组像研究》,贾维维,《中国藏学》2016年第2期。

⑩⑭《西夏水月观音画像与敦煌文书观音崇拜及其传承》,高国藩,《西夏研究》2016年第3期。

⑩⑮《千佛洞第二窟壁画艺术探究》,卯芳,《西夏研究》2016年第3期。

⑩⑯《宏佛塔出土绢画题材内容再探》,邵军,《敦煌研究》2016年第4期。

⑩⑰《文殊山万佛洞西夏壁画布袋和尚》,王胜泽,《民族艺林》2016年第4期。

⑩⑱《西夏丝绸与"婴戏莲娟"赏析》,章建培,《社会科学》(文摘版)2016年第9期。

⑩⑲《历史留恋与粉本传承——敦煌石窟西夏千佛图像研究》,张世奇、沙武田,《西夏学》(第十三辑),甘肃文化出版社2016年。

⑩《宁夏出土西夏瓦当初步研究》,朱存世,中国社会科学院考古研究所,内蒙古自治区文物考古研究所,巴林左旗旗委、人民政府编著《东亚都城和帝陵考古与契丹辽文化国际学术研讨会论文集》,科学出版社2016年;《瘠土耕耘——史金波论文选集》,中国社会科学出版社2016年。

⑪《西夏壁画艺术的本土化——以瓜州东千佛洞第二窟为例》,卯芳,《大众文艺》2016年第17期。

⑫《西夏佛经版画再探》,[美]黄士珊(著),杨冰华(译),沙武田主编《丝绸之路研究集刊》(第1辑),商务印书馆2017年。

⑬《西夏星神图像研究述评》,张海娟,《西夏学》(第十四辑 2017年第1期),甘肃文化出版社2017年。

⑭《西夏装饰纹样中的龙纹及特点》,李玉峰,《西夏学》(第十四辑 2017年第1期),甘肃文化出版社2017年。

⑮《西夏千手观音画像与敦煌文书千手观音崇拜及其传承》,高国藩,《西夏研究》2017年第2期。

⑯《西夏艺术图像中的丝路印记》,王胜泽,《西夏研究》2017年第4期。

⑰《西夏观音绘画考略》,崔红芬,《平顶山学院学报》2017年第4期。

⑱《平阳木版年画〈四美图〉考疑》,徐德记,《设计艺术研究》2017年第5期。

⑲《西夏时期木板画探析》,李苗苗,《美与时代》(中旬)2017年第7期。

⑳《西夏文化探赜——以西夏壁画艺术为例》,卯芳,《中国民族美术》2018年第1期。

㉑《孙悟空形象与西夏民族渊源初探》,何卯平、宁强,《敦煌学辑刊》2018年第4期。

㉒《西夏文写本、刻本文献中的小图案研究》,马振颖、赵松山,《西夏研究》2018年第4期。

㉓《西夏艺术品中对"狗"形象的塑造》,王悦,《西夏研究》2018年第4期。

㉔《西夏瓦当纹饰探析》,李玉峰,《南京艺术学院学报(美术与设计)》2018年第4期。

㉕《西夏建筑装饰构件——瓦当》,刘艳荣,《收藏界》2018年第5期。

㉖《西夏建筑构件——鸱吻》,王舒,《收藏界》2018年第5期。

㉗《西夏雕塑和壁画中的猴面人物》,汤晓芳,《西夏学》(第十六辑),甘肃文化出版社2018年;《西夏历史文化探幽》,甘肃文化出版社2018年。

㉘《一幅西夏时期的壁画——阿尔寨石窟第33窟壁画释读》,汤晓芳,《西夏

学》(第十五辑　2017年第2期),甘肃文化出版社2017年;《西夏历史文化探幽》,甘肃文化出版社2018年。

⑫⑨《索像于图——黑水城与敦煌西夏文献之间的图像个案研究》,王艳云,《西夏学》(第十六辑　2018年第1期),甘肃文化出版社2018年。

⑬⓪《三幅西夏文佛经扉画题记释析》,胡进杉,《西夏学》(第十七辑　2018年第2期),甘肃文化出版社2019年。

⑬①《西夏文写本、刻本文献中的小图案研究》,马振颖、赵松山,《西夏研究》2018年第4期。

⑬②《榆林窟第2窟正壁文殊图像解析——西夏石窟考古与艺术研究之三》,赵晓星,《敦煌研究》2018年第5期。

⑬③《俄藏黑水城出土〈禽鸟花卉〉解读》,王胜泽,《西夏学》(第十六辑　2018年第1期),甘肃文化出版社2018年。

⑬④《西夏绘画作品中的通天冠》,魏亚丽、关静婷,《西夏学》(第十六辑　2018年第1期),甘肃文化出版社2018年。

⑬⑤《西夏文化探赜——以西夏壁画艺术为例》,卯芳,《中国民族美术》2018年第1期。

⑬⑥《甘肃西夏石窟中的建筑画与中原建筑之比较》,孙毅华,《中国建筑史论汇刊》(第壹拾柒辑　2018年第1期),中国建筑工业出版社2019年。

⑬⑦《榆林窟第3窟五十一面千手观音经变中的西夏物质文化影像》,郭静,《宁夏师范学院学报》2018年第2期。

⑬⑧《探究敦煌莫高窟与榆林窟的西夏壁画绘画风格》,逯蓉蓉,《艺术品鉴》2018年第33期。

⑬⑨《水月观音图像样式的创新与意图——瓜州西夏石窟唐僧取经图出现原因再考察》,沙武田,(银川)《民族艺林》2019年第1期。

⑭⓪《西夏时期敦煌涅槃变中的抚足者——西夏石窟考古与艺术研究之四》,赵晓星,《敦煌研究》2019年第1期。

⑭①《莫高窟第363窟壁画组合与丝路元素探析》,袁頔,《西夏研究》2019年第1期。

⑭②《莫高窟西夏洞窟壁画弥勒经变考》,赵沈亭,《西夏研究》2019年第1期。

⑭③《关于李慧月金银字〈华严经〉的扉画》,孙利光,《新美术》2019年第1期。

⑭④《黑水城版画残图研究两题》,杨浣、魏亚丽,《西夏学》(第十八辑　2019年第1期),甘肃文化出版社2018年。

⑭《敦煌西夏石窟壁画中的飞天形象探析》，方争利，《西夏学》（第十八辑 2019年第1期），甘肃文化出版社2018年。

⑯《西夏水月观音净瓶盨盏研究——兼论纳尔逊艺术博物馆藏〈水月观音图〉的创作时间》，何卯平，《西夏学》（第十八辑　2019年第1期），甘肃文化出版社2018年。

⑰《莫高窟第95窟水月观音图为西夏考》，王胜泽，《西夏学》（第十八辑 2019年第1期），甘肃文化出版社2018年。

⑱《西夏与辽宋时期涅槃图像的比较研究》，于博，《西夏学》（第十八辑 2019年第1期），甘肃文化出版社2018年。

⑲《制作史视角下的宋夏"一段式"变相扉画阅读顺序再探》，梁韵彦，《西夏学》（第十八辑　2019年第1期），甘肃文化出版社2018年。

⑳《西夏壁画中的山水研究》（上、下），陆文军，《民族艺林》2019年第1—2期。

㉑《敦煌西夏水月观音变"僧人与猴行者"身份新释》，汪正一，沙武田主编《丝绸之路研究集刊》（第4辑），商务印书馆2019年。

㉒《黑水城出土版画〈释迦牟尼佛说三归依经处〉与〈释迦摩尼佛说三贤劫经之处〉的比较研究》，杨浣、段玉泉，《西夏研究》2019年第2期。

㉓《东千佛洞第二窟真实名文殊曼陀罗及相关问题研究》，常红红，《西夏学》（第十九辑　2019年第2期），甘肃文化出版社2019年。

㉔《三车或四车——一幅西夏文佛经扉画的省思》，胡进杉，《西夏学》（第十九辑　2019年第2期），甘肃文化出版社2019年。

㉕《飞来峰第90龛大势至菩萨头冠宝瓶及与西夏渊源关系考》，席鑫洋，《西夏学》（第十九辑　2019年第2期），甘肃文化出版社2019年。

㉖《敦煌西夏石窟中的花鸟图像研究》，王胜泽，《敦煌学辑刊》2019年第2期。

㉗《内蒙古中南部地区西夏墓葬壁画反映出的文化因素试析》，窦志斌、高兴超、丁莉，《前沿》2019年第2期。

㉘《石窟与墓葬图像在功能上的关联——瓜州榆林窟第3窟窟顶边饰祥禽瑞兽图像探析》，郭静，《南京艺术学院学报》（美术与设计版）2019年第2期。

㉙《西夏壁画艺术再探》，卯芳，《中国民族美术》2019年第2期。

㉚《西夏水月观音图像研究——以瓜州东千佛洞二窟〈水月观音〉为例》，张美晨，《美与时代》（美术学刊）2019年第3期。

㉛《西夏水月观音中的荐亡图像考释——以东千佛洞第二窟壁画为中心》，常红红，大足石刻研究院、四川美术学院大足学研究中心编《大足学刊》（第3辑），

2019年。

⑯《榆林窟第3窟五十一面千手观音经变的图像选择》,郭静,沙武田主编《丝绸之路研究集刊》(第3辑),商务印书馆2019年。

⑯《〈番王礼佛图〉创作年代考》,何卯平,《中国国家博物馆馆刊》2019年第3期。

⑯《西夏晚期瓜州石窟群中的〈玄奘取经图〉》,公维章,沙武田主编《丝绸之路研究集刊》(第3辑),商务印书馆2019年。

⑯《敦煌莫高窟409窟、237窟男供养人像考》,任怀晟,《敦煌学辑刊》2019年第3期。

⑯《试论元代西夏文佛经版画对明清水陆画的影响》,杨冰华,《世界宗教文化》2019年第4期。

⑯《寻找民族身份感的认同——西夏绘画中的"镂冠"》,方争利,《美术学报》2019年第4期。

⑯《供养人·榆林窟第29窟北壁·西夏》,赵声良,《敦煌研究》2019年第6期。

⑯《莫高窟西夏石窟壁画无量寿经变定名考》,赵沈亭,《宁夏大学学报》2019年第6期。

⑰《梁楷〈出山释迦图〉再考》,何卯平,《美术》2019年7期。

⑰《从"莲花化生"到"连生贵子"——论西夏"婴戏莲印花绢"童子纹样的文化内涵》,魏亚丽,《装饰》2019年8期。

⑰《宋夏河西地区"八塔变"图像的来源与流布》,贾维维,《文艺研究》2019年第8期。

⑰《宁夏出土西夏塔龛千佛图唐卡构图及内容解析》,马文婷,《文物鉴定与鉴赏》2019年第11期。

⑰《西夏时期敦煌壁画中花卉纹饰的造型及其艺术风》,王斐,《新玉文艺》2019年第13期。

⑰《灵武窑出土西夏褐釉刻花大瓶装饰图像考释》,陈彦平,《西夏学》(第二十辑 2020年第1期),甘肃文化出版社2020年。

⑰《图像·历史·信仰——五个庙石窟第1窟弥勒经变研究》,郭子睿,《西夏研究》2020年第1期。

⑰《镜像的美术、思想与礼仪——肃北五个庙第1窟西夏水月观音图像研究》,郭子睿,《西夏学》(第二十一辑 2020年第2期),甘肃文化出版社2020年。

⑰《西夏陵出土砖饰纹样与特点》,何晓燕,《西夏学》(第二十一辑 2020年

第2期），甘肃文化出版社2020年。

⑰《山嘴沟石窟二号窟壁画性质初探》，邵军、张世吉，《西夏学》（第二十一辑 2020年第2期），甘肃文化出版社2020年。

⑱《俄藏黑水城西夏水月观音头冠考》，朱淑娥，《西夏研究》2020年第1期。

⑱《黑水城出土西夏〈阿弥陀佛接引图〉中龙凤纹佛衣考》，田孟秋、杨浣、任怀晟，《西夏研究》2020年第2期。

⑱《莲花纹在西夏石窟藻井中的流变》，景利军，《西夏研究》2020年第2期。

⑱《莫高窟第76窟八塔变相关问题再探》，袁頔，《西夏研究》2020年第2期。

⑱《西夏壁画中的藏密因子——以瓜州东千佛洞第2窟壁画为例》，卯芳，《民族艺林》2020年第2期。

⑱《俄藏TK58〈观弥勒菩萨上生兜率天经〉卷首版画弥勒经变研究》，陈丽娟、龙忠，《西夏研究》2020年第3期。

⑱《黑水城出土西夏绢画〈阿弥陀佛来迎图〉中的华盖意涵探究》，闫中华，《西夏研究》2020年第3期。

⑱《武威博物馆藏水月观音水陆画艺术特点探析——兼与西夏水月观音图像的比较》，张瑞、于光建，《西夏研究》2020年第4期。

⑱《俄藏黑水城西夏唐卡〈摩利支天〉供养人解读》，朱淑娥，《西夏研究》2020年第4期。

⑱《俄藏黑水城艺术品中的共命鸟形象》，杨梅，《西夏研究》2020年第4期。

⑲《浅析西夏时期石窟壁画的艺术特征》，魏玮霖，《山海经》（教育前沿）2020年第9期。

⑲《西夏玄奘取经图像之研究——以东千佛洞第2窟图像为中心》，常红红，沙武田主编《丝绸之路研究集刊》（第5辑），商务印书馆2020年。

⑲《敦煌西夏洞窟观无量寿经变的新样式——瓜州榆林窟第3窟净土变的释读》，邢耀龙、沙武田，沙武田主编《丝绸之路研究集刊》（第5辑），商务印书馆2020年。

⑲《风俗画时兴背景下西夏千手观音的图式之变》，王胜泽，沙武田主编《丝绸之路研究集刊》（第5辑），商务印书馆2020年。

（2）笔与行楷草篆书法

①《西夏文书法研究初探》，卢桐，《宁夏社会科学》1986年第4期。

②《谈西夏文书法与创作》，卢桐，《宁夏社科通讯》1989年第5期。

③《论西夏文及其书法艺术》，卢桐，《辽宁大学学报》2001年第4期。

④《西夏时期的书法艺术》，韩小忙、李彤，《固原师专学报》2001年第1期。

⑤《简述西夏文字及其书法艺术》，窦民立，《艺术评论》2006年第12期。

⑥《略论西夏书法艺术》，毛来红，《西夏研究（第三辑）：第二届西夏学国际学术研讨会论文集》，中国社会科学出版社2006年。

⑦《西夏文字书法创作浅谈》，刘魁一，《西夏研究（第三辑）：第二届西夏学国际学术研讨会论文集》，中国社会科学出版社2006年。

⑧《西夏文字的美学原理》，[日]北室南苑，《西夏研究（第三辑）：第二届西夏学国际学术研讨会论文集》，中国社会科学出版社2006年。

⑨《简述西夏文字书法艺术》，窦民立，《西夏研究（第三辑）：第二届西夏学国际学术研讨会论文集》，中国社会科学出版社2006年。

⑩《西夏的佛经书法和版画》，张凌、许生根，《大众文艺》（理论）2009年第17期。

⑪《浅议汉字影响下的西夏文字和西夏书法艺术》，牛达生，《宁夏文史》（第27辑），2011年；《西夏考古论稿》，上海古籍出版社2013年。

⑫《从考古发现西夏竹笔谈起——兼论西夏主要使用传统毛笔》，牛达生，《西夏考古论稿》，上海古籍出版社2013年。

⑬《西夏文〈孝经传〉草书初探》，彭向前，《宁夏社会科学》2014年第2期。

⑭《西夏文书法演变的阶段性》，赵生泉，《西夏研究》2014年第3期。

⑮《西夏写本〈近住八斋戒文〉草书规律初探》，孙颖新，《宁夏社会科学》2015年第1期。

⑯《西夏文社会文书草书结体特色初探》，赵天英，《宁夏社会科学》2015年第2期。

⑰《略论西夏文草书》，史金波，《西夏学》（第十一辑），上海古籍出版社2015年；《瘠土耕耘——史金波论文选集》，中国社会科学出版社2016年。

⑱《西夏的笔与笔法》，赵生泉，《西夏学》（第十一辑），上海古籍出版社2015年。

⑲《西夏文书法的形成和演变》，保宏彪，《宁夏人大》2016年第1期。

⑳《西夏文楷书书法略论》，胡进杉，《西夏学》（第十二辑），甘肃文化出版社2016年。

㉑《西夏钱币书法演变源流探赜》，赵生泉、史瑞英，《中国钱币》2017年第1期。

㉒《西更文"草书"书写特征举隅》，赵生泉，《西夏学》（第十四辑 2017年第1

期），甘肃文化出版社2017年。

㉓《西夏文行书述要》，胡进杉，《西夏学》（第十五辑　2017年第2期），甘肃文化出版社2017年。

㉔《西夏文草书结体特色初探》，保宏彪《宁夏人大》2017第5期。

㉕《西夏文草书书写规律探析》，杜艳梅，《西夏研究》2019年第3期。

㉖《西夏的苏风书迹》，赵生泉，《中国书法报》2019年10月29日第7版。

㉗《西夏书法研究三题》，赵生泉，《西夏学》（第二十辑　2020年第1期），甘肃文化出版社2020年。

㉘《苏风入夏考实》，赵生泉，《西夏研究》2020年第2期。

㉙《从中国藏西夏文献看西夏文写经书法风格及成因》，崔宁、姜欧，《西夏研究》2020年第2期。

㉚《西夏文楷书和草书手写体探微》，蒋锦华，《美与时代》（中）2020年第7期。

㉛《西夏文楷书对唐楷的接收研究》，徐鹏，《鸭绿江》（下半月）2020年第7期。

3.音乐、舞蹈、杂技

(1)《西夏音乐试探》，孙星群，《音乐研究》1982年第2期。

(2)《西夏音乐琐谈》（上、下），胡迅雷、霍升平，《宁夏歌声》1983年第5—6期。

(3)《竹笛与党项》，霍升平，《宁夏日报》1983年10月24日。

(4)《西夏音乐初探》，胡迅雷、霍升平，《宁夏艺术》试刊号，1984年。

(5)《"革乐之五音为一音"考——与孙星群同志商榷》，胡迅雷、霍升平，《宁夏大学学报》1984年第2期。

(6)《西夏舞蹈》，董锡玖，《中国舞蹈史·西夏部分》，文化艺术出版社1984年。

(7)《关于西夏音乐的几个问题的探讨——与孙星群同志商榷》，胡迅雷、霍升平，《音乐研究》1985年第1期；《艺术交流》1986年第9期。

(8)《再谈西夏音乐发展阶段的划分》，孙星群，《音乐研究》1985年第4期。

(9)《西夏舞蹈的遗存及其它》，葛华，《宁夏艺术》1986年第4期。

(10)《西夏音乐再探——对西夏"革乐之五音为一音"等问题的新认识》，孙星群，《艺术交流》1986年第9期。

(11)《西夏音乐论丛》，刘同生，《艺术交流》1986年第9期。

(12)《元昊"革乐之五音为一音"考》，霍升平，《民族艺术》1987年第4期。

(13)《从敦煌壁画伎乐图探西夏音乐》，孙星群，《民族艺林》1991年第3期。

(14)《西夏在中原与西域音乐文化交流中的地位》，孙星群，《中央音乐学院学报》1991年第4期。

（15）《西夏汉文〈杂字〉"音乐"部之剖析》，孙星群，《音乐研究》1991年第4期。

（16）《道在宜民——西夏音乐美学思想浅论》，孙星群，《人民音乐》1993年第9期。

（17）《西夏乐舞与诸宫调》，黎蔷，《段文杰敦煌研究五十年纪念集》，世界图书出版公司1996年。

（18）《西夏民间音乐》，孙星群，《音乐艺术》1997年第3期。

（19）《西夏的胡琴和花盆鼓》，庄状，《敦煌研究》1997年第4期。

（20）《论西夏宗教音乐》，孙星群，《宗教·世纪之交的多视角思维》，厦门大学出版社2000年。

（21）《羌族西夏王国的音乐及诗歌》，旦木秋，《中国音乐》2001年第1期。

（22）《西夏民族音乐及其演变》，刘建丽，《宁夏大学学报》2004年第5期。

（23）《西夏音乐研究》，孙星群，《陇右文博》2005年第1期。

（24）《西夏佛教音乐》，孙星群，《西夏研究（第三辑）：第二届西夏学国际学术研讨会论文集》，中国社会科学出版社2006年；《西夏学》（第一辑），宁夏人民出版社2006年。

（25）《略论西夏党项民族音乐》，何涛，《甘肃联合大学学报》2007年第2期。

（26）《两宋时期辽、金、西夏的歌舞及其与汉族的交流》，王菲菲，《艺术百家》2009年第3期。

（27）《西夏乐舞初探》，于希，《博苑秋实：宁夏博物馆五十大庆纪念文集》，宁夏人民出版社2009年。

（28）《西夏写本中的笛谱》，［英］Andrew West（魏安）（著），汤君（译），《西夏研究》2012年第4期。

（29）《简述西夏舞蹈、戏曲和杂技》，牛达生，《宁夏史志》2014年第4期；《西夏考古论稿（二）》，甘肃文化出版社2016年。

（30）《瓜州东千佛洞西夏第7窟"涅磐变"中乐器图像的音乐学考察》，刘文荣，《西夏学》（第十一辑），上海古籍出版社2015年。

（31）《西夏"踏歌舞"源流考》，吴珩、杨浣，《民族艺林》2016年第3期。

（32）《党项民族与宋音乐文化关系新探——以俄藏黑水城文献Дx02822所见"水盏"乐器为考据》，刘文荣，《民族艺术》2016年第4期。

（33）《党项西夏音乐文化述略》，杨满忠，《西夏学》（第十三辑），甘肃文化出版社2016年。

（34）《俄藏西夏汉文本〈杂字〉所见龙笛乐器考》，刘文荣，《西夏学》（第十三辑），甘肃文化出版社2016年。

（35）《敦煌舞蹈的民族性研究——以西夏党项羌族为例》，李婷婷、冯光、洛毛措等，《戏剧之家》2016年第19期。

（36）《西夏"凤管"乐器考》，刘文荣，《西夏学》（第十五辑　2017年第2期），甘肃文化出版社2017年。

（37）《浅谈西夏乐舞中舞蹈部分的继承与发展》，陈姗姗，《丝绸之路》2017年第6期。

（38）《党项民族踏歌考——以瓜州东千佛洞西夏第7窟〈涅槃变〉所见乐舞图像为中心》，刘文荣，《艺术探索》2018年第3期。

（39）《"十六天魔舞"源流及其相关藏、汉文文献资料考述》，沈卫荣，《西夏佛教文献与历史研究》，甘肃文化出版社2018年。

（40）《西夏仁孝时期汉乐来源考》，赵露、唐婧，《西夏研究》2019年第2期。

（41）《五个庙石窟音乐内容综述——兼及西夏铜角类乐器的考察》，刘文荣，《西夏学》（第十九辑　2019年第2期），甘肃文化出版社2019年。

（42）《西夏音乐图像学个案研究（一）》，张越、王建国，《南国博览》2019年4期。

（43）《西夏音乐图像学个案研究（二）》，张越、王建国，《2019年南国博览学术研讨会论文集》，北京2019年。

（44）《西夏舞蹈艺术的多元文化特征》，王佳琪，《艺术大观》2020年第2期。

（45）《历史、美学与互动：西夏音乐文化的三维考察》，李颖，《西南民族大学学报》2020年第7期。

（46）《西夏〈杂字〉所载"双韵"乐器及其相关问题考》，刘文荣，沙武田主编《丝绸之路研究集刊》（第5辑），商务印书馆2020年。

（47）《西夏要典〈番汉合时掌中珠〉音乐词条研究》，赵宏伟，《音乐天地》2020年第12期。

六、西夏文书档案的制度性研究

1.《浅谈西夏文书行文制度》，赵彦龙，《秘书》1998年第7期。

2.《浅析西夏文书的保密制度》，赵彦龙，《秘书》1998年第12期。

3.《西夏的文书工作制度》，尚世东，《宁夏大学学报》1999年第3期。

4.《西夏文书档案管理制度》，尚世东，《档案》1999年第4期。

5.《西夏文书送审制度探索》，赵彦龙，《秘书》1999年第6期。

6.《一部文献与一个王朝的传奇——黑水城文书》,张自成、钱冶,《复活的文明:百年中国伟大考古报告》,团结出版社2000年。

7.《西夏文书撰拟制度》,赵彦龙、高宗池,《西北第二民院学报》2000年第4期。

8.《西夏文书立卷制度管窥》,赵彦龙,《宁夏社会科学》2000年第6期。

9.《西夏文书著退、销毁、归档制度》,赵彦龙,《秘书》2000年第8期。

10.《西夏公文驿传探微》,尚世东,《宁夏社会科学》2001年第2期;《历史档案》2001年第4期;人大《宋辽金元史》2001年第3期。

11.《从〈天盛律令〉看西夏档案的类型和管理》,尚世东,《档案》2001年第2期。

12.《西夏档案的保管制度》,赵彦龙,《档案》2001年第4期。

13.《西夏时期的契约档案》,赵彦龙,《西北民族研究》2001年第4期;人大《宋辽金元史》2002年第2期。

14.《西夏文书档案驿传制度述略》,尚世东,《档案学研究》2001年第5期。

15.《加强西夏文书档案史研究》,尚世东,《档案》2001年第6期。

16.《西夏文书管理制度探微》,高宗池、赵彦龙,《西北第二民族学院学报》2002年第2期。

17.《西夏文书档案保密制度探析》,赵彦龙,《档案》2002年第6期。

18.《夏、宋公文稽缓制度浅论》,赵彦龙,《宁夏大学学报》2003年第1期。

19.《西夏文书档案研究》,尚世东,《宁夏大学学报》2003年第1期。

20.《西夏信访工作制度探微》,赵彦龙,《宁夏社会科学》2003年第4期。

21.《西夏文书史的建构——西夏文书研究之一》,赵彦龙、党小龙,《甘肃社会科学》2004年第1期。

22.《西夏文书史的建构——西夏文书研究之二》,赵彦龙、党小龙,《甘肃社会科学》2004年第2期。

23.《浅谈西夏的公文及制度》,赵彦龙、石月兰,《历史档案》2004年第1期;人大《宋辽金元史》2004年第2期。

24.《西夏文书种类探析》,赵彦龙、石月兰,《青海民族研究》2004年第1期。

25.《浅谈西夏公文稽缓制度》,赵彦龙,《档案》2004年第2期。

26.《夏、宋文书归档制度研究》,赵彦龙,《宁夏社会科学》2004年第3期。

27.《再论西夏公文史的建构》(上、下),赵彦龙,《宁夏大学学报》2004年第5期、2005年第3期。

28.《略论西夏上奏文书》,李丕祺、赵彦龙,《青海民族研究》2005年第4期,人大《宋辽金元史》2006年第1期。

29.《浅谈西夏公文文风与公文载体》,赵彦龙,《西北民族研究》2005年第2期;《西夏学论集:教育部人文社会重点研究基地建设10周年纪念》,上海古籍出版社2012年。

30.《西夏题记文书略论》,赵彦龙,《宁夏社会科学》2005年第3期。

31.《西夏文书档案立法脉络及特点述论》,尚世东,《宁夏社会科学》2005年第2期;人大《宋辽金元史》2005年第3期。

32.《西夏档案立法概述》,尚世东,《宁夏大学学报》2005年第5期。

33.《西夏档案机构及管理制度探索》,赵彦龙,《宁夏社会科学》2006年第5期。

34.《从〈俄藏黑水城文献〉看西夏文书的制作与保护》,尚世东,《宁夏社会科学》2006年第4期。

35.《西夏王朝档案管理制度蠡测》,刘晔,《延安大学学报》2006年第6期。

36.《西夏文书机构与文书官吏论》,赵彦龙,《西夏学》(第一辑),宁夏人民出版社2006年。

37.《西夏文书工作官吏制度考论》,赵彦龙,《西夏研究(第三辑):第二届西夏学国际学术研讨会论文集》,中国社会科学出版社2006年。

38.《从俄藏黑水城文献看西夏文书署押制度》,尚世东,《西夏研究(第三辑):第二届西夏学国际学术研讨会论文集》,中国社会科学出版社2006年。

39.《西夏契约研究》,赵彦龙,《青海民族研究》2007年第4期。

40.《论西夏契约及其制度》,赵彦龙,《宁夏社会科学》2007年第4期;人大《宋辽金元史》2007年第4期。

41.《西夏契约成立的要素》,赵彦龙,《宁夏师范学院学报》2007年第5期。

42.《试论西夏的户籍文书——西夏账籍文书研究之一》,赵彦龙,《宁夏大学学报》2007年第6期;人大《宋辽金元史》2008年第2期。

43.《论西夏土地税账册文书——西夏账籍文书研究之二》,赵彦龙,《宁夏师范学院学报》2008年第4期。

44.《西夏契约再研究》,赵彦龙,《宁夏社会科学》2008年第5期。

45.《论西夏法典中的文书制度》,高宗池、赵彦龙,《青海民族研究》2009年第1期。

46.《西夏的书信文书》,赵彦龙、李晶、江菊玉,《宁夏社会科学》2009年第5期。

47.《浅谈建立西夏档案文献中心的必要性》，王晓晖，《兰台世界》2009年第23期。

48.《简论西夏外交文书》，汪菊玉、李晶、赵彦龙，《西夏研究》2010年第3期。

49.《试论西夏的科技档案》，赵彦龙、杨绮，《西夏研究》2011年第4期。

50.《关于西夏文书档案保密制度的一些探讨》，尹江伟，《宁夏社会科学》2011年第4期。

51.《西夏公文程式初探》，赵彦龙、李晶，《西夏学》（第八辑），上海古籍出版社2011年。

52.《论西夏的石刻档案》，赵彦龙、乔娟，《西夏研究》2012年第3期。

53.《西夏官府文书档案研究的几个问题》，赵彦龙，《西夏学》（第十辑），上海古籍出版社2014年。

54.《西夏档案保管制度再探索》，刘晔、赵彦龙、孙小倩，《档案学通讯》2016年第2期。

55.《西夏档案在文化旅游中的价值研究》，武玲娥，《旅游纵览月刊》2016年第11期。

56.《西夏谱牒档案探析》，赵彦龙、孙小倩，《西夏学》（第十二辑），甘肃文化出版社2016年。

57.《西夏档案编纂研究》，赵彦龙，《档案学研究》2017年第1期。

58.《西夏历法档案整理研究》，赵彦龙，《中国档案研究》2017年第1期。

59.《西夏汉文契约档案中的计量单位及其用字研究》，赵彦龙，《西夏研究》2017年第1期。

60.《公文写作视角下的〈告黑水河诸神敕〉》，余晓玲，《西夏研究》2017年第1期。

61.《西夏买卖人口契约的性质与程式》，赵彦龙、姚玉婷，《宁夏师范学院学报》2017年第4期。

62.《西夏买卖土地契约的性质与程式——西夏契约性质与程式研究之二》，赵彦龙、扶静，《西夏研究》2018年第3期。

63.《西夏借贷契约的性质与程式——西夏契约性质与程式研究之三》，赵彦龙、扶静，《中国档案研究》2019年第1期。

64.《西夏典当契约的性质与程式——西夏契约性质与程式研究之五》，赵彦龙、张倩，《西夏研究》2019年第4期。

65.《西夏牲畜买卖契约的性质与程式——西夏契约性质与程式研究之四》，

赵彦龙、扶静,《宁夏师范学院学报》2018年第9期。

66.《西夏租赁契约的性质与程式——西夏契约性质与程式研究之六》,赵彦龙、张倩,《宁夏师范学院学报》2019年第9期。

67.《西夏序跋碑类文书种类功用与体式研究》,赵彦龙、扶静,《档案学研究》2020年第2期。

68.《西夏上行文书"上书"功用及体式 》,赵彦龙、张倩,《宁夏大学学报》2020年第4期。

69.《西夏户籍文书的体式及功用》,赵彦龙、张倩,《档案学通讯》2020年第6期。

拾　历史地理、疆域政区、州城堡寨、交通线路

一、总论

1.《西夏地理中几个问题的探讨》,刘菊湘,《宁夏大学学报》1998年第3期。

2.《西夏地理学初探》,刘菊湘,《宁夏大学学报》1998年第4期。

3.《浅谈西夏分立的政治地理背景》,宋乃平,《人文地理》1999年第2期。

4.《西夏地理研究述评》,杨蕤,《宁夏社会科学》2004年第2期。

5.《20世纪西夏地理研究》,杨蕤,《二十世纪西夏学》,宁夏人民出版社2004年。

6.《开辟西夏民族历史地理考古学研究与编制〈西夏历史考古地图集〉刍议》,黄盛璋,《西夏研究(第三辑):第二届西夏学国际学术研讨会论文集》,中国社会科学出版社2006年;《亚洲文明》(第四辑),三秦出版社2008年。

7.《近十年来西夏地理研究综述》,王晓磊,《西夏研究》2011年第2期。

8.《三十年来宁夏历史地理研究综述》,赵毅、杨蕤,《西夏研究》2015年第2期。

9.《〈西夏地形图〉研究回顾》,杨浣、王军辉,《图书馆理论与实践》2015年第12期。

10.《辽宋夏金时期城池研帘回顾与前瞻》,王茂华、王衡蔚,姜锡东主编《宋史研究论丛》(第16辑),科学出版社2015年。

11.《四十年来西夏地理研究的回顾与展望》,杨蕤,《西夏研究》2018年第4期。

12.《近二十年来国内关于宁夏镇(府)研究综述》,姬禹,《西夏研究》2019年第4期。

二、地图、疆域

1.《论所谓复制宋本西夏地图问题》,求实,《西北历史资料》1980年第1期;《西夏史论文集》,宁夏人民出版社1984年。

2.《苏联国家列宁图书馆汉文西夏唐古特地图册手稿——1958年17日在苏联地理学会东方委员会会议上的报告》,〔俄〕克恰诺夫(著),李步月(译),《西北史地资料》1980年第1期。

3.《西夏的疆域、都城及其它》,甘为,《宁夏教育》(试刊号),1980年。

4.《〈西夏地形图〉初探》,陈炳应,《西夏学术讨论会论文》1981年。

5.《西夏疆域之形成与州府建置沿革——兼斥克恰诺夫关于西夏疆域的谬论》,吴光耀,《武汉大学学报》1982年第1期,人大《中国古代史》1982年第6期。

6.《最早一幅西夏地图——〈西夏地形图〉新探》,黄盛璋、汪前进,《自然科学史》1992年第2期。

7.《〈西夏地形图〉绘于宋代新证》,张燕燕,《地图》1993年第2期。

8.《关于苏联列宁图书馆藏〈西夏地图〉册手稿的作者和〈西夏地形图〉的绘制年代问题》,李之勤,《西北史地研究》,中州古籍出版社1994年;《东北亚研究》,中州古籍出版社1994年。

9.《西夏疆域研究》,刘菊湘,《宋史研究论文集》,宁夏人民出版社1999年。

10.《西夏的疆域和边界》,鲁人勇,《宁夏大学学报》2003年第1期。

11.《历史上的夏辽疆界考》,杨蕤,《内蒙古社会科学》2003年第6期。

12.《西夏疆域与政区考述》,李昌宪,《历史地理》(第19辑),2003年。

13.《浅述汉文西夏图志在宋夏战争中的重要性》,胡玉冰,《宁夏社会科学》2003年第6期。

14.《汉文西夏地图文献述要》,胡玉冰,《文献》2005年第1期;《西夏学论集:教育部人文社会重点研究基地建设10周年纪念》,上海古籍出版社2012年。

15.《夏金疆界考论》,杨蕤,《北方文物》2005年第2期;人大《宋辽金元史》2005年第4期;《北方民族大学文史学院文库(第一辑):民族卷》,宁夏人民出版社2016年;杨蕤著《陕北历史文化散论》,商务印书馆2019年。

16.《宋夏疆界考论》,杨蕤,《中国边疆史地研究》2005年第4期;人大《宋辽金元史》2005年第4期;《北方民族大学文史学院文库(第一辑):民族卷》,宁夏人民出版社2016年;杨蕤著《陕北历史文化散论》,商务印书馆2019年。

17.《夏辽边界问题再讨论》,许伟伟、杨浣,《西夏研究》2013年第1期。

18. 《西夏在鄂尔多斯高原的疆界变迁》，保宏彪，《西夏研究》2013年第4期；《西夏研究论文集》（增订版），凤凰出版社2017年。

19. 《中国古代地图中的西夏》，沈一民、朱桂凤，《西夏学》（第十三辑），甘肃文化出版社2016年。

20. 《北宋秦凤路沿边界壕考》，杨浣，《辽金历史与考古》（第七辑），辽宁教育出版社2017年。

21. 《〈西夏地形图〉所绘交通道路的复原研究》，张多勇、李并成，《历史地理》（第36辑），复旦大学出版社2018年。

22. 《论西夏的西缘疆界及相关问题》，杨蕤，《中国史研究》2020年第1期，人大《宋辽金元史》2020年第4期。

23. 《〈中国历史地图集·西夏幅〉补释》，杨蕤，《中国边疆史地研究》2020年第1期。

24. 《江户写本〈西夏地形图〉略考》，徐文钊，《西夏研究》2020年第4期。

三、环境、政区、区域

1. 《党项故居在陇右》，景敖，《西北日报》1947年8月19日；《西北民族宗教史料文摘》（甘肃分册），1986年。

2. 《鄂尔多斯地区在西夏历史中的地位》，陈育宁，《宁夏社会科学》1983年第4期，人大《中国地理》1983年第12期；《政协伊盟文史资料委员会编鄂尔多斯史论集》，1987年；《鄂尔多斯史论集》，宁夏人民出版社2002年；《西夏历史文化探幽》，甘肃文化出版社2018年。

3. 《西夏时期河西历史概述》，［日］中岛敏（著），王钺、汤开建（译），《甘肃民族研究》1984年第1—2期。

4. 《西夏京畿的皇家林苑——贺兰山》，许成、汪一鸣，《宁夏社会科学》1986年第3期。

5. 《宋夏对峙时期的天都地区》，米寿祺，《西北师范大学学报》1988年第4期。

6. 《西夏与敦煌》，陈炳应，《西北民族研究》1991年第1期；人大《宋辽金元史》1991年第5期；《西夏文明研究》，甘肃文化出版社2018年。

7. 《西夏统治下的河西》，李蔚，《敦煌学辑刊》1992年第1—2期。

8. 《西夏时期的贺兰山》，刘敬村，《宁夏文史》（第9辑），1991年。

9. 《西夏时期的凉州》，潘竞万，《丝路重镇凉州》1992年第1期。

10. 《西夏时期的横山地区》，杜建录，《固原师专学报》1992年第3期；《西夏史论集》，上海古籍出版社2016年。

11. 《成吉思汗五次征伐唐古特国的自然条件》，［法］单泰陆（著），《蒙古学信息》1995年第4期；《首届西夏学国际学术会议论文集》，宁夏人民出版社1998年。

12. 《从〈山之名义〉看白河方位及西夏地理状况》，刘菊湘，《宁夏大学学报》1996年第4期。

13. 《西夏兴衰中的地理环境》，宋乃平，《宁夏大学学报》1997年第2期。

14. 《地理环境对西夏社会的影响》，刘菊湘，《固原师专学报》1997年第5期。

15. 《〈天盛律令〉所反映的西夏政区》，李学江《宁夏社会科学》1998年第4期。

16. 《弥山考》，聂鸿音，《固原师专学报》1999年第1期；《西夏文献论稿》，上海古籍出版社2012年。

17. 《西夏的自然环境》，杜建录，《宁夏社会科学》1999年第4期；《西夏史论集》，上海古籍出版社2016年。

18. 《张掖河别称考源》，聂鸿音，《固原师专学报》2000年第2期；《古代语文论稿》，中国社会科学出版社2014年。

19. 《西夏时的河西走廊》，刘建丽，《甘肃日报》2000年10月25日。

20. 《试论西夏分立的地缘条件》，宋乃平，《中国历史地理论丛》2001年第1期，人大《宋辽金元史》2001年第4期。

21. 《地理环境与西夏历史》，李学江，《中国历史地理论丛》2002年第2期。

22. 《西夏与周边各族地缘关系述论》，王天顺，《宁夏大学学报》2003年第1期；《西夏学论集：教育部人文社会重点研究基地建设10周年纪念》，上海古籍出版社2012年。

23. 《论地理环境与西夏的经济类型及其相关问题》，杨蕤，《宁夏社会科学》2003年第4期，人大《地理》2003年第6期；《北方民族大学文史学院文库（第一辑）：民族卷》，宁夏人民出版社2016年。

24. 《宋夏沿边蕃部生存环境研究》，佟建荣，《宁夏大学学报》2003年第4期。

25. 《贺兰山概况及其在西夏以前的情况》，牛达生，《宁夏史志》2005年第3期；《西夏考古论稿（二）》，甘肃文化出版社2016年。

26. 《西夏时期河西走廊区位特点试析》，于光建、闫婷婷，《兰州教育学院学报》2006年第4期。

27. 《白河·石城·父冢与博峪略考》，王国基，《西夏研究（第三辑）：第二届西夏学国际学术研讨会论文集》,中国社会科学出版社2006年。

28.《西夏环境史研究三题》,杨蕤,《西北第二民族学院学报》2007年第2期;人大《宋辽金元史》2007年第3期;《北方民族大学文史学院文库(第一辑):民族卷》,宁夏人民出版社2016年。

29.《黑河下游内蒙古额济纳旗缺水问题和黑城研究》,[日]中尾正义(著),《黑水城人文与环境研究:黑水城人文与环境国际学术讨论会文集》,中国人民大学出版社2007年。

30.《〈天盛律令·司序行文门〉与西夏政区刍议》,杨蕤,《中国史研究》2007年第4期;《北方民族大学文史学院文库(第一辑):民族卷》,宁夏人民出版社2016年。

31.《宋夏沿边地区的植被与生态》,杨蕤、乔国平,《宁夏社会科学》2007年第4期;《宋夏沿边地区的生态与植被》,杨蕤著《陕北历史文化散论》,商务印书馆2019年。

32.《从出土文献蠡测西夏气候状况》,杨蕤,《宁夏师范学院学报》2007年第5期。

33.《西夏时期鄂尔多斯地区的生态与植被》,杨蕤,《宁夏大学学报》2007年第6期。

34.《论地形地貌对宋夏战事的影响》,金勇强,《宁夏大学学报》2009年第2期。

35.《宋夏战争对黄土高原地区植被的影响》,金勇强,《宁夏师范学院学报》2009年第4期。

36.《气候变化对宋夏战事的影响述论》,金勇强,《宁夏社会科学》2010年第1期。

37.《影响西夏兴衰的地理环境因素》,冯会会、张多勇、苗红、张敏,《陇东学院学报》2010年第3期。

38.《夏时期鄂尔多斯高原生态环境的多视角观察》,何彤慧,《西夏研究》2010年第4期。

39.《气候变化对宋夏战事的影响再议》,金勇强,《宁夏社会科学》2011年第5期。

40.《西夏时期的武威》,史金波,《西夏学》(第七辑),上海古籍出版社2011年;《瘠土耕耘——史金波论文选集》,中国社会科学出版社2016年。

41.《论河西走廊在西夏兴起与发展过程中的战略意义》,保宏彪,《西夏研究》2012年第2期。

42.《西夏地理区划考论——以〈天盛改旧新定律令〉中的方位词为中心》，潘洁，《西夏研究》2012年第4期。

43.《西夏时期敦煌史研究述评》，陈光文，《西夏研究》2014年第2期。

44.《辽宋夏金时期鄂尔多斯高原的行政建制》，保宏彪，《西夏研究》2014年第3期。

45.《西夏文记录的一水三山》，唐均，《西夏学》(第九辑)，上海古籍出版社2014年。

46.《试析榆林地区对西夏历史发展的贡献》，刘兴全、于瑞瑞，《西夏研究》2015年第4期。

47.《西夏元时期黑河流域绿洲开发的自然驱动因素研究》，史志林、杨谊时、汪桂生、董斌，《西夏学》(第十一辑)，上海古籍出版社2015年。

48.《西夏地方行政区划若干问题初探》，刘双怡，姜锡东主编《宋史研究论丛》(第16辑)，科学出版社2015年。

49.《西夏时期敦煌的行政建制与职官设置》，陈光文，《敦煌研究》2016年第5期。

50.《西夏地图和出土文献所见北宋时期陕北历史相关问题考述》，王使臻，折武彦、高建国编《陕北历史文化暨宋代府州折家将历史文化学术研讨会论文集》，陕西人民出版社2016年。

51.《西夏黑水名义考》，木仕华，《辽金历史与考古》(第七辑)，辽宁教育出版社2017年;《西藏民族大学学报》2018年第5期。

52.《辽宋夏金时期鄂尔多斯高原的行政区划建制》，保宏彪，《西夏研究论文集》(增订版)，凤凰出版社2017年。

53.《西夏时期横山地区若干问题探讨》，许伟伟，《西夏学》(第十七辑　2018年第2期)，甘肃文化出版社2019年。

54.《"左厢"、"右厢"与经略司——再探西夏"边中"的高级政区》，高仁，《中国历史地理论丛》2019年第2期。

55.《沙幕长城:毛乌素沙地之于西夏历史的作用和地位》，杨蕤，《宁夏社会科学》2020年第3期。

56.《西夏政区划分及其相关问题》，杜建录，《宁夏社会科学》2020年第5期。

四、州城、堡寨、驿站（城镇地理）

1.《西夏诸州考》，章巽，《开封师范学院学报》1963年第1期；《西夏史论文集》，宁夏人民出版社1984年。

2.《西夏时期的瓜、沙二州》，刘玉权，《兰州大学学报》1981年第1期；《敦煌学辑刊》（第2辑），1981年；《西夏史论文集》，宁夏人民出版社1984年。

3.《西夏威州、韦州地望新探》，吴光耀，《地名知识》1983年第3期。

4.《啰兀筑城考》，白滨，《宁夏社会科学》1986年第3期；《西夏民族史论》，甘肃文化出版社2018年。

5.《兀剌海（斡罗孩）和西夏黑水镇燕军司》，[美]邓尼尔（著），罗矛昆（译），《宁夏社会科学》1986年第6期。

6.《唐代的安乐州和长乐州——兼论西夏时的威州和韦州》，周伟洲，《西北史地》1987年第3期。

7.《省嵬城探古》，赵惠宽，《宁夏史志研究》1987年第4期。

8.《西夏与顺宁寨》，[日]前田正名（著），吕卓民（译），周伟洲（校），《宁夏社会科学》1987年第6期；张小兵主编《陕北历史文化论丛》（第4卷），陕西人民出版社2016年。

9.《西夏黑山威福军不在黑城》，李洪图，《宁夏日报》1988年4月23日。

10.《关于西夏黑山威福军所在地的说明——兼答李洪图》，陈育宁，《宁夏日报》1988年5月7日。

11.《成吉思汗征伐西夏地理考》，王北辰，《内蒙古社会科学》1988年第6期。

12.《宋夏定川寨之战部分古地名考释》，马东海，《固原师专学报》1993年第1期。

13.《西夏沿边堡寨述论》，杜建录，《宁夏社会科学》1993年第5期；《西夏史论集》，上海古籍出版社2016年。

14.《西夏重镇黑山城址考》，宋跃良，《宁夏社会科学》1993年第5期。

15.《兀剌海域地望和成吉思汗征兵西夏军事地理析》，鲍桐，《宁夏社会科学》1994年第6期，人大《中国古代史》（二）1995年第2期。

16.《金、夏积石州考》，崔永红，《西北史地》1996年第2期。

17.《西夏若干城寨地望研究述要》，余军，《西北第二民族学院学报》2000年第1期。

18.《西夏安州考》，鲁人勇，《宁夏社会科学》2003年第4期。

19.《论银川平原在西夏历史上的战略地位》,郭迎春,《宁夏大学学报》2006年第3期。

20.《党项民族对宁夏古代城池的开发与建设》,杨满忠,《宁夏社会科学》2006年第5期。

21.《浅议宋夏沿边堡寨命名方式及其特色》,陆宁,《中国经贸》(学术版)2007年第9期。

22.《西夏对宁夏古城池的开发和建设》,杨满忠,陈育宁主编《中国历史上的西部开发:2005年国际学术讨论会论文集》,商务印书馆2007年。

23.《从考古发现看红寺堡历史的新线索》,牛达生,《红寺堡历史文化研究文集》,宁夏人民出版社2009年;《西夏考古论稿(二)》,甘肃文化出版社2016年。

24.《定戎寨盐池与宋夏战争——兼论盐文化》,薛正昌,《西夏研究》2010年第1期;《西夏研究论文集》,凤凰(江苏古籍)出版社2015年。

25.《北宋西北沿边堡寨同名异译考》,李晓玉,《西夏学》(第六辑),上海古籍出版社2010年;《西夏学论集:教育部人文社会重点研究基地建设10周年纪念》,上海古籍出版社2012年。

26.《西夏宁西监军司考》,孙伯君,《中国多文字时代的历史文献研究:辽夏金元历史文献国际研讨会文集》,社会科学文献出版社2010年;《西夏历史与文化:第三届西夏学国际学术研讨会论文集》,甘肃人民出版社2010年。

27.《细腰胡芦诸寨地望考辨》,高仁,《西夏学》(第七辑),上海古籍出版社2011年。

28.《宋代大顺城址与大顺城防御系统》,张多勇,《西夏学》(第七辑),上海古籍出版社2011年。

29.《宋代华池县境内部分御夏堡寨遗址考察研究》,张多勇、庞家伟,《西夏研究》2012年第3期。

30.《唐龙镇考》,许伟伟、杨浣,《宁夏社会科学》2013年第1期。

31.《北宋防御西夏的前沿阵地环州城考察研究》,张多勇、王淑香,《西夏研究》2014年第1期。

32.《克夷门考》,刘利华,《西夏研究》2014年第1期;刘文戈、马啸、杨树霖主编《范仲淹担当精神与地方治绩研究:庆阳市第四届范仲淹学术研讨会论文集》,甘肃文化出版社2015年。

33.《北宋清远军故城初探》,沈浩注,《西夏研究》2014年第1期。

34.《西夏龙州考》,问王刚,《西夏学》(第九辑),上海古籍出版社2014年。

35. 《细腰胡芦诸寨的修筑与明珠、灭藏、康奴等族的就抚》，高仁，《西夏学》（第九辑），上海古籍出版社2014年。

36. 《宋、夏"丰州"考辨》，杨浣、许伟伟，《宁夏社会科学》2015年第3期。

37. 《河套之都：作为区域中心城市的统万城——兼论河套地区中心城市的形成与转移》，杨蕤，《宁夏社会科学》2015年第5期；侯甬坚等编《统万城建城一千六百年国际学术研讨会文集》，陕西师范大学出版社2015年；杨蕤著《陕北历史文化散论》，商务印书馆2019年。

38. 《出土西夏文献所见"宁星"相关地理位置考述》，王使臻，《西夏研究》2016年第2期。

39. 《西夏绥州——石州监军司治所与防御系统考察研究》，张多勇、杨蕤，《西夏研究》2016年第3期。

40. 《西夏骆驼巷考》，安北江，《天水师范学院学报》2016年第3期。

41. 《西夏时期的张掖》，史金波，《西夏学》（第十三辑），甘肃文化出版社2016年；《瘠土耕耘——史金波论文选集》，中国社会科学出版社2016年。

42. 《地斤泽在何处？》，陈育宁，"陕北党项历史遗迹研讨会"，2015年；《西夏学》（第十三辑），甘肃文化出版社2016年；《西夏历史文化探幽》，甘肃文化出版社2018年。

43. 《西夏〈天盛律令〉里的"盐池"初探》，庞倩，《西夏学》（第十四辑 2017年第1期），甘肃文化出版社2017年。

44. 《西夏克夷门、右厢朝顺监军司驻地新考——内蒙古鄂托克旗西夏石城、长城的发现与研究》，甄自明、郝雪琴，《西夏学》（第十四辑 2017年第1期），甘肃文化出版社2017年。

45. 《西夏省嵬城历史考略》，郑彦卿，《西夏研究》2017年第3期。

46. 《蟠根横远塞 设险压长城——贺兰山克夷门考略》，孙生玉，《宁夏史志》2017年第3期。

47. 《黑山威福军司与兀剌海地望辨析》，石坚军，姜锡东主编《宋史研究论丛》第21辑，科学出版社2017年。

48. 《西夏静州新考》，杨浣，《西夏学》（第十六辑 2018年第1期），甘肃文化出版社2018年。

49. 《西夏对宋构筑的铁钳左翼——金汤、白豹、后桥考察研究》，张多勇、马悦宁、张建香，《宁夏社会科学》2019年第2期。

50. 《省嵬城与省嵬山》，杨浣、付强强，《宁夏社会科学》2019年2期。

51.《西夏北部边防军司城寨探考》，张文平，《草原文物》2019年第2期。

52.《夏辽"直路"西夏境内驿站位置考述》，李雪峰，《西夏学》（第十九辑 2019年第2期），甘肃文化出版社2019年。

53.《西夏南疆"萧关"故址及宋、夏对天都地区的经营述论》，赵廷虎，《宁夏史志》2019年第3期。

54.《克夷门考》，杨浣、段玉泉，《北方民族大学学报》2019年第5期。

55.《喀罗川考辨——西夏卓罗和南监军司境内地名新证》，妥超群，《西夏学》（第二十辑 2020年第1期），甘肃文化出版社2020年。

56.《宋夏宁星和市位置考辨》，高建国、李田田，《西夏学》（第二十辑 2020年第1期），甘肃文化出版社2020年。

57.《西夏及其周边吐蕃语地名考释举隅》，李治涛、彭向前，《西夏学》（第二十一辑 2020年第2期），甘肃文化出版社2020年。

58.《西夏卓啰和南军司驻地新考》，张晓非，《宁夏社会科学》2020年第4期。

五、灵州、兴庆府、西凉府

（一）灵州

1.《唐末五代宋初之灵州》，[日]长泽和俊（著），钟美珠（译），《丝绸之路史研究》，天津古籍出版社1990年。

2.《灵州在宋夏时期的地位》，杨作山，《宁夏文史》（第10辑），1992年。

3.《五代、宋初灵州与丝绸之路》，罗丰，《西北民族研究》1998年第1期。

4.《西夏灵州地位述论》，郑彦卿、范宗兴，《宁夏史志研究》2000年第1期，《宁夏社会科学》2000年第3期。

5.《唐代长安——灵州道：历史与文化》，薛正昌《江汉论坛》2004年第4期；《西夏学论集：教育部人文社会重点研究基地建设10周年纪念》，上海古籍出版社2012年。

6.《隋唐时期西北民族关系视野下的灵州与参天可汗道》，保宏彪，《西夏研究》2015年第1期。

7.《贞观年间灵州都督府与西北民族关系格局》，保宏彪，《西夏研究》2016年第2期。

8.《西夏时期的灵州》，史金波，《西夏学》（第十四辑 2017年第1期），甘肃文化出版社2017年。

9.《唐宋时期的灵州道庆阳段》，刘治立，《西夏研究》2017年第3期。

10.《宋初西北边防体系中的灵州》，保宏彪，《西夏研究》2017年第4期。

（二）兴庆府

1.《西夏都城兴庆府》，子牛，《宁夏日报》1981年1月11日。

2.《西夏都城兴庆府故址考略》，牛达生，《固原师专学报》1984年第1期。

3.《西夏都城兴庆府初探》，汪一鸣、钟侃，《西北史地》1984年第2期。

4.《西夏建都兴庆府的地理基础》，汪一鸣，《中国古都研究》，浙江人民出版社1985年；《宁夏史志研究》1988年第2期。

5.《试论西夏都城兴庆府》，牛达生，《宁夏文物》1986年试刊；《西夏考古论稿》，上海古籍出版社2013年。

6.《兴庆府和中兴府及有关问题的考证》，[美]邓如萍（著），聂鸿音（译），《中国民族史研究》（第2辑），中央民族学院出版社1989年；《西夏学述论》，甘肃文化出版社2018年。

7.《"克姆丹"之称问题与西夏国都兴庆府》，李志敏，《宁夏大学学报》1990年第1期。

8.《西夏国都兴庆府》，胡迅雷，《宁夏文史》（第7辑），1990年。

9.《十三世纪中兴府的洗劫与复兴》，汤晓芳，《宁夏文史》（第9辑），1991年；《陈育宁著〈塞上问史录〉》，宁夏人民出版社1993年；《中国古都研究》（第9辑），三秦出版社1994年；《西夏历史文化探幽》，甘肃文化出版社2018年。

10.《略论兴庆府在西夏建国史上的历史地位》，周伟权，《西北史地》1992年第2期；《中国古都研究》（第9辑），三秦出版社1994年。

11.《党项迁都兴州的深远意义——宁夏平原上的一次重大转机》，陈明猷，《宁夏社会科学》1992年第4期。

12.《试论西夏建都兴庆府》，杜建录，《宁夏大学学报》1993年第1期；《西夏史论集》，上海古籍出版社2016年。

13.《西夏都城兴庆府名称质疑》，李范文，《宁夏文史》（第9辑），1991年；《中国古都研究》（第9辑），三秦出版社1994年；《李范文西夏学论文集》，中国社会科学出版社2012年。

14.《西夏古都兴庆府——银川》，许成，《中国古都研究》（第9辑），三秦出版社1994年。

15.《西夏兴起与建都兴庆府》，杜建录，《中国古都研究》（第9辑），三秦出版社1994年。

16.《略论西夏古都银川》，曾干，《中国古都研究》（第9辑），三秦出版社1994年。

17.《兴庆府与金中都比较研究》,沈平,《中国古都研究》(第9辑),三秦出版社1994年。

18.《兴庆府的规模与"人形"布局》,刘菊湘,《宁夏社会科学》1997年第5期。

19.《党项三都——兼述党项政权的西迁》,杨蕤,《宁夏文史》(第16辑),2000年;杨蕤著《陕北历史文化散论》,商务印书馆2019年。

20.《西夏都城迁移的地理因素》,刘菊湘,《宁夏社会科学》2001年第6期。

21.《西夏京师政区的沿革地理讨论》,汪一鸣,《宁夏大学学报》2005年第3期。

22.《试析西夏建都兴庆府在银川城市发展中的历史地位——兼论银川历史文化名城地位的确立》,李芳,《宁夏大学学报》2005年第5期。

23.《论西夏都城——兴庆府的历史地位及其作用》,杨满忠,《西夏研究(第三辑):第二届西夏学国际学术研讨会论文集》,中国社会科学出版社2006年;《亚洲文明》(第四辑),三秦出版社2008年;《西夏学论集:教育部人文社会重点研究基地建设10周年纪念》,上海古籍出版社2012年。

24.《西夏都城兴庆府的建筑规模及其相关问题》,杨满忠,《亚洲文明》(第四辑),三秦出版社2008年。

25.《略论西夏兴庆府城规划布局对中原风水文化的继承和发展》,颜廷真、陈喜波、曹小曙,《地域研究与开发》2009年第2期。

26.《辽、西夏、金都城建设对中原制度的模仿与创新——兼论唐、宋都城制度对少数民族都城之影响途径》,郝红暖、吴宏岐,《中南民族大学学报》2009年第3期。

27.《西夏都城兴庆府建制小考》,许伟伟,《西夏学》(第七辑),上海古籍出版社2011年。

28.《西夏"宫城"初探》,吴忠礼,《宁夏史志》2014年第5—6期,《西夏研究》2015年第1期。

29.《西夏的都城、帝陵和寺庙建筑》,史金波,中国社会科学院考古研究所,内蒙古自治区文物考古研究所,巴林左旗旗委、人民政府编著《东亚都城和帝陵考古与契丹辽文化国际学术研讨会论文集》,科学出版社2016年;《瘠土耕耘——史金波论文选集》,中国社会科学出版社2016年。

30.《西夏首都兴庆府(中兴府)》,史金波,《西夏学》(第十九辑 2019年第2期),甘肃文化出版社2019年。

(三)西凉府

1.《西凉府与西夏》,孙寿岭,《河西学院学报》2005年第3期。

2.《论西夏对凉州的经营》,梁继红,《固原师专学报》2006年第2期;《凉州与西夏》,甘肃文化出版社2018年。

3.《宋夏吐蕃间的西凉府》,孙颖慧、余目,《西夏研究》2011年第4期。

4.《西夏西凉府署大堂》,党菊红、党寿山,《西夏学》(第十辑),上海古籍出版社2014年。

六、交通路线、丝路西夏段

1.《西夏时代河西南北的交通路线》,〔日〕前田正名(著),张鉴衡、陈宗祥(译),《西北史地》1983年第1期;《丝绸之路文献叙录》,兰州大学出版社1989年。

2.《灵州西域道考略》,鲁人勇,《固原师专学报》1984年第3期。

3.《宋夏交通道路研究》,韩茂莉,《中国历史地理论丛》(第一辑),1988年。

4.《西夏之侵入河西与东西交通》,〔日〕长泽和俊(著),钟美珠(译),《丝绸之路史研究》,天津古籍出版社1990年。

5.《论西夏交通》,鲁人勇,《固原师专学报》2001年第1期。

6.《西夏与丝绸之路》,李辉,《社科纵横》2001年第3期。

7.《西夏时期的丝绸之路》,李学江,《宁夏社会科学》2002年第1期,人大《宋辽金元史》2002年第3期。

8.《北宋时期陆上丝路贸易初探》,杨蕤,《西域研究》2003年第3期。

9.《关于西夏丝路研究中的几个问题的再探讨》,杨蕤,《中国历史地理论丛》2003年第4期。

10.《唐宋时期中西交通史中的灵州》,陈旭,《阴山学刊》2004年第4期;《北方民族大学文史学院文库(第一辑):历史卷》,宁夏人民出版社2016年。

11.《西夏与丝绸之路的关系——以〈黑水城出土文献为中心〉》,杨富学、陈爱峰,《黑水城人文与环境研究:黑水城人文与环境国际学术讨论会文集——黑水城人文与环境国际学术讨论会文集》,中国人民大学出版社2007年。

12.《西夏王朝对丝绸之路的经营》,彭向前,陈育宁主编《中国历史上的西部开发:2005年国际学术讨论会论文集》,商务印书馆2007年。

13.《西夏与丝绸之路研究综述》,陈爱峰、赵学东,《西北第二民族学院学报》2007年第2期。

14.《丝绸古道与宁夏》,王惠民,《新消息报》2008年11月9日。

15.《西夏驿路与驿传制度》,陈旭,《北方民族大学学报》2010年第1期;《北方民族大学文史学院文库(第一辑):民族卷》,宁夏人民出版社2016年。

16.《五代、宋时期陆上丝绸之路研究述评》,杨蕤,《西域研究》2011年第3期。

17.《宋境通西夏道路新考》,曹家齐,《吴天墀教授百年诞辰纪念文集（1913—2013）》,四川人民出版社2013年。

18.《略论宋夏时期的中西陆路交通》,李华瑞,《中国史研究》2014年第2期,人大《历史学文摘》2014年第3期;《宋夏史探研集》,科学出版社2016年;《西夏史探赜》,甘肃文化出版社2017年。

19.《关于西夏初期丝绸之路是否畅通的初探》,赵焕震,《黑龙江史志》2014年第3期。

20.《丝绸之路灵州道沿线盐业运输网初探——兼谈人类学视域下的驼运文化》,瞿萍,《西夏研究》2015年第4期。

21.《论北宋经营陆路东西交通》,李华瑞,《求索》2016年第2期;《宋夏史探研集》,科学出版社2016年;《西夏史探赜》,甘肃文化出版社2017年。

22.《〈西夏地形图〉所绘交通道路的复原研究》,张多勇、李并成,《历史地理》2017年第2期。

23.《简析丝绸之路上的西夏》,徐敏,《哈尔滨学院学报》2017年第3期。

24.《西夏对丝绸之路的经营及其文化印记》,保宏彪,《宁夏人大》2017年第9期。

25.《西夏与辽朝交通干线"直路"的开辟与作用》,李雪峰、艾冲,《甘肃社会科学》2019年第6期。

26.《西夏时期的陆上丝绸之路》,杨蕤,《光明日报》2019年2月13日第11版。

27.《西夏通吐蕃河湟间的交通路线及沿路军事堡寨考察》,张多勇,《中国历史地理论丛》2020年第3期。

28.《北宋延州与西夏盐州的道路及龙州、藏底河城考察研究》,张多勇,《宁夏社会科学》2020年第4期;《新华文摘》2020年21期。

拾壹 文物、考古

一、通论、综述

1.《略论西夏文物的学术价值》,史金波,《考古与文物》1987年第4期;《史金波文集》,上海辞书出版社2005年。

2.《西夏文书的发现对西夏学研究的影响国》,[俄]A·Π·捷林特也夫−卡塔尼斯基(著),霍升平(译),《档案》1988年第2期。

3.《西夏文物考古文献目录》,牛达生,《银川市志通讯》1988年第3期。

4.《西夏文字文物研究概述》,周群华,《四川文物》1988年第6期。

5.《流失国外的西夏文物一瞥》,王树村,《美术研究》1989年第2期。

6.《西夏文物综述》,吴峰云,《中国民族史研究(二):王静如教授从事学术活动60周年纪念专辑》,中央民族学院出版社1989年;《文物考古收藏风云录》,学苑出版社2013年。

7.《西夏文物与西夏史研究》,朱莜新,《中国文物报》1990年8月18日。

8.《西夏文物考古的新发现及其研究》,白滨,《北方文物》1991年第4期;孙进己主编《中国考古集成(东北卷辽)》,北京出版社1997年;《西夏民族史论》,甘肃文化出版社2018年。

9.《从居延到灵武》,马文宽,《文物天地》1995年第5期。

10.《西夏考古学的兴起与发展》,吴峰云,西北大学文博学院编《考古文物研究——纪念西北大学考古专业成立四十周年文集》,三秦出版社1996年;《文物考古收藏风云录》,学苑出版社2013年。

11.《西夏考古九十年》,牛达生,《寻根》1998年第6期。

12.《从考古发现看唐宋文化对西夏的影响》,牛达生,《考古与文物》2001年第3期;《西夏学论集:教育部人文社会重点研究基地建设10周年纪念》,上海古籍出版社2012年。

13.《西夏考古学与西夏文物》,吴峰云,《国家图书馆学刊》(西夏研究专号)2002年增刊;《文物考古收藏风云录》,学苑出版社2013年。

14.《流失海外的西夏文明》,史金波,《寻根》2003年第5期。

15.《考古发现的西夏文献资料及其研究价值》,胡玉冰,《人文杂志》2004年第3期;《社会科学战线》2004年第3期。

16.《西夏文物考古述略》,李进增,《大夏寻踪:西夏文物辑萃》,中国社会科学出版社2004年。

17.《西夏文物的民族和宗教特点》,史金波,《中国历史文物》2005年第2期;《西夏文化研究》,中国社会科学出版社2015年。

18.《20世纪西夏考古重大发现》,吴峰云,《二十世纪西夏学》,宁夏人民出版社2004年;《文物考古收藏风云录》,学苑出版社2013年。

19.《党项与西夏题记叙录》,魏灵芝,《宁夏师范学院学报》2007年第1期。

20.《西夏考古发现与研究简述》,牛达生,《陕西历史博物馆馆刊》(总第14期),2007年;《西夏学》(第一辑),宁夏人民出版社2006年;《西夏考古论稿(二)》,甘肃文化出版社2016年。

21.《黑水城文物发现100年》,史金波,《读者欣赏》2008年3期;《西夏历史文化钩沉》,甘肃文化出版社2018年。

22.《西夏文字及文物中所见其使用情况》,牛达生,《西夏研究》2013年第1期;《西夏考古论稿(二)》,甘肃文化出版社2016年。

23.《百年西夏考古》,牛达生,《西夏考古论稿》,上海古籍出版社2013年。

24.《三十年来西夏考古研究述评》,杨蕤、周禹,《西夏研究》2014年第2期。

25.《2014年西夏文物考古研究综述》,卜凯悦,《西夏研究》2016年第1期。

26.《2015年西夏文物考古研究综述》,卜凯悦,《中国辽夏金研究年鉴2015》,中国社会科学出版社2017年。

27.《四十年来西夏文物考古研究的回顾与展望》,马晓玲,《西夏研究》2019年第2期。

28.《宁夏考古70年综述》,姚蔚玲,《宁夏师范学院学报》2019年第12期。

二、黑水城、西夏陵

(一)黑水城探险考古与研究

1.《俄人黑水访古所得记》,罗福苌,《"国立"北平图书馆馆刊》4卷3号(西夏文专号),1932年;王旭梁编《罗福苌先生一百二十诞辰——罗福苌集》,中西书局

2017年。

2.《斯坦因黑水获古纪略》,向达,《"国立"北平图书馆馆刊》4卷3号(西夏文专号),1932年;《西夏史论文集》,宁夏人民出版社1984年。

3.《黑城探险记》,[瑞典]斯文赫定(著),侯仁之(译),《禹贡》(1卷9期),1934年。

4.《哈拉浩特与外国探险家》,陈育宁,《北方文物》1986年第1期;《西夏历史文化探幽》,甘肃文化出版社2018年。

5.《科兹洛夫与哈拉浩特文化》,马曼丽,《西北史地》1983年第1期。

6.《西夏科学考古纪录片〈黑水城遗址〉》,白滨,《民族研究动态》1983年第1期。

7.《内蒙古黑城考古发掘纪要》,内蒙古文物考古所、阿拉善文物工作站,《文物》1987年第7期。

8.《黑城探幽》(上、下),陈育宁,《宁夏日报》1988年3月26日、1988年4月2日。

9.《黑城与西夏语文献》,[日]西田龙雄(著),赵汝清(译),《陌名理论家》1989年第2期。

10.《西夏古城哈拉浩特调查概况》,赵汝清,《宁夏社科情报》1989年第2期。

11.《黑城考古和和西夏学的兴起》,刘鑫明,《历史大观园》1992年第9期。

12.《黑水城所见唐卡之胜协菩萨图像源流考》,谢继胜,《佛教与中国传统文化》(下卷),宗教文化出版社1997年。

13.《额济纳旗西夏至元黑城遗址》,郭治中,《中国考古集成(东北卷辽)》,北京出版社1997年。

14.《黑水城的发现与俄藏西夏遗书》,史金波、白滨,《首届西夏学国际学术会议论文集》,宁夏人民出版社1998年。

15.《被遗忘的旷世奇珍——黑水城与西夏遗书》,白滨,《瞭望新闻周刊》(第51期),1999年12月20日;《西夏民族史论》,甘肃文化出版社2018年。

16.《黑城——西夏文献的宝藏》,杨蕤,《华夏文化》2000年第3期。

17.《黑水城的发现与藏传文物》,谢继胜,《文明》2000年第1期。

18.《黑水死城》(上、下),[俄]鲁勃·列斯尼切钦科(著),崔红芬、文志勇(译),《西北第二民族学院学报》2005年第1—2期。

19.《从黑城携来的佛像》,[俄]鄂登堡(著),马忠建(译),《国外早期西夏学论集》(一),民族出版社2005年。

20.《黑水古城及其历史文化特点》,杨满忠,《西夏学》(第一辑),宁夏人民出版社2006年;《西夏学论集:教育部人文社会重点研究基地建设10周年纪念》,上海古籍出版社2012年。

21.《整合人文与自然学科,探讨黑水城历史奥秘》,史金波,《黑水城人文与环境研究:黑水城人文与环境国际学术讨论会文集》,中国人民大学出版社2007年。

22.《历史名镇黑水城的文化价值》,王雪峰,《西北美术》2007年第2期。

23.《丝路遗韵:西夏黑水城遗址》,本刊编,《甘肃教育》2007年第16期。

24.《探访黑城:西夏学100周年祭》,贺璐璐、韩胜利,《新消息报》2008年5月11日。

25.《遥远的黑城》,胡杨,《丝绸之路》2008年第6期。

26.《黑水城废弃的时间及原因新探》,陈炳应、梁松涛,《宁夏大学学报》2009年第2期;《西夏学论集:教育部人文社会重点研究基地建设10周年纪念》,上海古籍出版社2012年;《西夏文明研究》,甘肃文化出版社2018年。

27.《黑水城"河边大塔"的性质及断代——以考察队的地图和照片为中心》,束锡红,《西夏学》(第四辑),宁夏人民出版社2009年。

28.《黑水城:不同历史时期的地位与影响》,薛正昌,《西夏学》(第五辑),上海古籍出版社2010年。

29.《黑水城岁月》,史金波,宝力格编著《话说草原》,内蒙古大学出版社2012年;《学海汲求》,甘肃文化出版社2020年。

30.《从世界遗产角度解读黑水城遗址的多层次内涵》,朱桂凤,《西夏学》(第十七辑　2018年第2期),甘肃文化出版社2019年。

31.《科兹洛夫的蒙古——四川考察(1907—1909):发现哈喇浩特》,[俄]T.И.尤素波娃(著),孙颖新(译),《西夏研究》十周年特刊,2020年。

(二)西夏陵发掘与出土遗存

1.《西夏八号陵发掘简报》,宁夏博物馆,《文物》1978年第8期;《西夏史论文集》,宁夏人民出版社1984年。

2.《西夏陵区108号墓发掘简报》,宁夏博物馆(吴峰云执笔),《文物》1978年第8期;《西夏史论文集》,宁夏人民出版社1984年;《文物考古收藏风云录》,学苑出版社2013年。

3.《西夏陵区108号墓出土的丝织品》,上海纺织科学院纺织史组,《文物》1978年第8期。

4.《介绍西夏陵区的几件西夏文物》,吴峰云、李范文、李志清,《文物》1978年第8期;《西夏史论文集》,宁夏人民出版社1984年。

5.《一〇一号墓的铜牛和石马》,吴峰云,《文物》1978年第8期;《文物考古收藏风云录》,学苑出版社2013年。

6.《西夏陵园》,牛达生,《考古与文物》1982年第6期。

7.《西夏王陵选址的地质地理因素浅探》,石峰,《宁夏日报》1982年6月25日。

8.《西夏陵区101号墓发掘简报》,宁夏博物馆(吴峰云执笔),《考古与文物》1983年第5期;《文物考古收藏风云录》,学苑出版社2013年。

9.《西夏陵墓出土残碑考释》,李范文,《西夏研究论集》,宁夏人民出版社1983年;《李范文西夏学论文集》,中国社会科学出版社2012年。

10.《寻芳西夏陵》,牛达生,《朔方》1983年第10期。

11.《西夏陵园的布局》,杨宽,《中国古代陵寝制度史研究》,上海古籍出版社1985年。

12.《西夏塔式陵台》,许成,《宁夏日报》1985年3月24日。

13.《西夏陵和西夏鸱吻》,牛达生,《宁夏文史》(第2辑),1986年。

14.《西夏陵园出土残碑译释拾补》,史金波,《西北民族研究》试刊号,1986年;《史金波文集》,上海辞书出版社2005年。

15.《西夏陵园及其建筑特点》,吴峰云,《宁夏文物》试刊号,1986年;《西夏文物》,文物出版社1988年;《文物考古收藏风云录》,学苑出版社2013年。

16.《西夏陵和西夏鸱吻》,牛达生,《宁夏文史》(第2辑),1986年。

17.《宁夏银川西夏陵区调查简报》,韩兆民、李志清,《考古学集刊》(第5辑),中国社会科学出版社1987年。

18.《关于西夏八号陵墓主人问题的商榷》,韩兆民、李志清,《考古学集刊》(第5辑),中国社会科学出版社1987年。

19.《西夏墓封土形制、施色及置位探讨》,李志清,《考古学集刊》(第5辑),中国社会科学出版社1987年。

20.《论西夏京畿的皇家陵园》,汪一鸣、许成,《宁夏社会科学》1987年第2期。

21.《西夏陵区》,许成、牛达生,《中国文物报》1987年4月17日。

22.《西夏陵园及其建筑的特点》,吴峰云,《西夏文物》,文物出版社1988年;《文物考古收藏风云录》,学苑出版社2013年。

23.《西夏陵园北端建筑遗址发掘简报》,宁夏文物考古所,《文物》1988年第9期。

24.《西夏陵园制度初探》,许成、杜玉冰,《宁夏史志研究》1989年第2期。

25.《西夏陵与名城银川——兼论西夏陵的开发和建设问题》,牛达生、贺吉德,《宁夏日报》1989年5月8日。

26.《西夏陵考察测绘工作概述》,牛达生,《宁夏社科情报》1990年第2期;《西夏考古论稿(二)》,甘肃文化出版社2016年。

27.《西夏陵台建筑形制探讨》,韩小忙,《宁夏学刊》1991年第1期。

28.《银川市西夏陵区三号陵园东碑亭遗址发掘简报》,宁夏文物考古所,《考古与文物》1993年第2期。

29.《西夏陵在中国古代陵寝制度发展史上的地位》,韩小忙,《宁夏社会科学》1993年第6期。

30.《西夏陵园陵台(灵台)称谓考》,马文明,《宁夏文物》1993年第7期。

31.《西夏陵墓雕塑文物略论》,韩小忙,《历史文物》("台北"历史博物馆馆刊),1994年第3期。

32.《西夏陵三题》,牛达生、贺吉德,《宁夏社会科学》1995年第4期;《博苑秋实——宁夏博物馆五十大庆纪念文集》,宁夏人民出版社2009年;《西夏考古论稿》,上海古籍出版社2013年。

33.《贾敬颜先生藏西夏陵园残碑拓片简说》,史金波,《西夏陵》,东方出版社1995。

34.《关于西夏陵的几个问题》,杜玉冰,《西夏陵》,东方出版社1995年。

35.《西夏王陵陵台名称研究》,马文明,《宁夏文史》(12辑),1996年第3期。

36.《西夏陵陪葬墓述论》,韩小忙,《首届西夏学国际学术会议论文集》,宁夏人民出版社1998年。

37.《关于西夏陵区3号陵园西碑亭遗址的几个问题》,余军,《宁夏社会科学》2000年第5期。

38.《西夏陵》,汤晓芳(执笔),王月星、汤晓芳、武瑞芬合著《西夏陵》,宁夏人民出版社2000年;《西夏历史文化探幽》,甘肃文化出版社2018年。

39.《西夏陵区石刻文物漫谈》,余军,《文物天地》2000年第5期。

40.《西夏陵6号陵园平面结构及其文化意义》,朱存世、李芳,《固原师专学报》2001年第1期。

41.《西夏陵形制特点》,夏研,《中国文物报》2001年4月4日。

42.《西夏王陵初始调查发掘记》，钟侃，《宁夏考古记事》，宁夏人民出版社2001年。

43.《西夏王陵考古调查与发掘散记》，韩小忙，《宁夏考古记事》，宁夏人民出版社2001年。

44.《在西夏王陵发掘的日子里》，吴峰云，《宁夏考古记事》，宁夏人民出版社2001年;《文物考古收藏风云录》，学苑出版社2013年。

45.《西夏王陵考古撷英》，牛达生，《宁夏考古记事》，宁夏人民出版社2001年。

46.《西夏陵区3号陵园西碑亭考古收获及相关问题》，余军,(台湾)《中国边政》2001年第9期。

47.《试论西夏雕像石座》，余军、郭晓红，《华夏考古》2002年第3期。

48.《铜牛与石马》，杨秀山，《大夏寻踪:西夏文物辑萃》，中国社会科学出版社2004年。

49.《银川西夏3号陵的现状及保护加固研究》，王旭东、张鲁、李最雄、王昌丰、郦伟堂，《敦煌研究》2002年第4期。

50.《宁夏银川市西夏3号陵园遗址发掘简报》，宁夏区文物考古所、银川市西夏陵区管理处，《考古》2002年第8期。

51.《洞悉神秘王朝的窗口——宁夏银川西夏王陵》，杨焕新，《20世纪中国百项考古大发现》，中国社会科学出版社2002年。

52.《西夏陵人像石座小考》，周新华，《宁夏古迹新探》，宁夏人民出版社2002年。

53.《西夏陵3号陵园建筑遗址初露端倪》，西夏陵考古队，《中国文物报》2003年2月14日。

54.《西夏陵》，汤晓芳、王月星，《宁夏历史十五题》，宁夏人民出版社2003年。

55.《浅析西夏陵北端建筑遗址出土的泥塑人像》，杨蕤，《宁夏社会科学》2005年第4期。

56.《西夏官式建筑的文化特点——西夏王陵出土建筑构件之分析》，陈育宁，《西北民族研究》2006年第1期;《西夏学论集:教育部人文社会重点研究基地建设10周年纪念》，上海古籍出版社2012年;《西夏历史文化探幽》，甘肃文化出版社2018年。

57.《西夏王陵与北宋皇陵空间结构的比较》，潘静、刘临安，《文博》2006年第

1期。

58.《西夏陵出土琉璃建筑材料考释》,李范文,《西夏研究(第三辑):第二届西夏学国际学术研讨会论文集》,中国社会科学出版社2006年;《李范文西夏学论文集》,中国社会科学出版社2012年。

59.《再论西夏陵区北端建筑遗址的性质》,彭向前,《西夏研究(第三辑):第二届西夏学国际学术研讨会论文集》,中国社会科学出版社2006年。

60.《西夏陵没有"圣容寺"》,牛达生,《民族研究》2006年第6期。

61.《西夏10号帝陵的发现与思考》,岳键,《西夏研究(第三辑):第二届西夏学国际学术研讨会论文集》,中国社会科学出版社2006年。

62.《迦陵频伽在西夏王陵的象征意义》,聂鸿音,《宁夏师范学院学报》2007年第1期;《西夏文献论稿二编》,甘肃文化出版社2018年。

63.《"圣容寺"还是"圣劝寺"》,彭向前,《民族研究》2007年第2期。

64.《再论西夏陵区北端建筑遗址的性质》,彭向前,《宁夏师范学院学报》2007年第1期。

65.《161号陪葬墓应为西夏"10号"帝陵》,岳键,《宁夏师范学院学报》2007年第1期。

66.《东方金字塔二度崛起》,罗进贵,《宁夏日报》2007年7月13日。

67.《西夏6号陵还藏着什么秘密》,王玉平,《华兴时报》2007年7月30日。

68.《西夏王陵的早期发掘》,贺璐璐,《新消息报》2008年4月27日。

69.《西夏三号陵出土瓦当及其研究价值探讨》,周伟、杨弋,《文教资料》2008年第5期。

70.《"东方金字塔"——神秘的西夏王陵》,王明亮,《中国统一战线》2009年第53期。

71.《西夏陵碑亭考古》,余军,《西夏研究》2010年第3期。

72.《西夏王陵形制综论》,杨浣、王军辉,《西夏研究》2010年第3期。

73.《西夏王陵鎏金铜牛石马和辽代兴平公主墓葬考》,黄震云,《西夏学》(第五辑),上海古籍出版社2010年。

74.《西夏官式建筑再探》,陈育宁、汤晓芳,《西夏学》(第七辑),上海古籍出版社2011年;《西夏历史文化探幽》,甘肃文化出版社2018年。

75.《西夏陵其制度不"仿巩县宋陵而作"》,张雯,《西夏学》(第七辑),上海古籍出版社2011年。

76.《西夏六号陵陵主考》,孙昌盛,《西夏研究》2012年第3期。

77.《西夏王陵与贺兰山岩画的关系》,李范文,《李范文西夏学论文集》,中国社会科学出版社2012年。

78.《论西夏王陵的遗产价值与申遗之路》,王云庆、唐敏,《西夏研究》2013年第4期。

79.《自成体系的西夏陵屋顶装饰构件》,牛达生,《西夏考古论稿》,上海古籍出版社2013年;《西夏学》(第十辑),上海古籍出版社2014年。

80.《西夏六号陵陵主再考》,岳键,《西夏研究论文集》,凤凰出版社2015年。

81.《西夏三号陵出土迦陵频伽、摩羯的艺术造型》,汤晓芳,《西夏学》(第九辑),上海古籍出版社2014年;《西夏历史文化探幽》,甘肃文化出版社2018年。

82.《西夏三号陵献殿形制的探讨与试复原》,岳键,《西夏学》(第十辑),上海古籍出版社2014年。

83.《漫议西夏帝陵建筑特点》,牛达生,《大众考古》2014年第15期;《西夏考古论稿(二)》,甘肃文化出版社2016年。

84.《西夏陵的文化价值》,陈育宁、汤晓芳,"西夏陵申遗文化价值研讨会2015;《西夏历史文化探幽》,甘肃文化出版社2018年。

85.《西夏王陵对唐宋陵寝制度的继承与嬗变——以西夏王陵三号陵园为切入点》,余军,姜锡东主编《宋史研究论丛》(第16辑),科学出版社2015年;《西夏研究论文集》,凤凰(江苏古籍)出版社2015年。

86.《西夏陵相关问题新考》,岳健,《宁夏师范学院学报》2016年第1期。

87.《西夏陵区北端建筑遗址出土文物研究》,何晓燕、金宁,《西夏学》2016年第2期。

88.《西夏陵夯补支顶加固工艺质量控制研究》,张博、王旭东、郭青林,《敦煌研究》2016年第5期。

89.《西夏王陵的现状综述及实行大遗址保护的可行性》,吴悦,《智能城市》2016年第7期。

90.《东方金字塔——西夏王陵》,沈光旦,《丝绸之路》2016年第9期。

91.《西夏寿陵残碑碑缘纹样复原研究》,岳健,《西夏学》(第十三辑),甘肃文化出版社2016年。

92.《西夏陵区北端建筑遗址出土文物研究》,何晓燕,《西夏学》(第十三辑),甘肃文化出版社2016年。

93.《西夏王陵国家遗址公园的建设研究》,吴悦,《城市建筑》2016年第23期。

94.《西夏陵区帝陵陵主新探》,王昌丰,《西夏学》(第十四辑　2017年第1

期),甘肃文化出版社2017年。

95.《保护东方金字塔——合力推动西夏陵申遗工作》,周伟,《中国辽夏金研究年鉴 2015》,中国社会科学出版社2017年。

96.《从宁夏博物馆藏"荔枝纹金牌饰"看西夏六号陵的墓主身份》,宋娟、王胜泽,《宁夏社会科学》2018年第1期。

97.《西夏迦陵频伽莲瓣联珠纹金头饰相关问题考述》,李芳,《西夏研究》2018年第1期。

98.《西夏陵出土花卉瓦当、滴水研究》,何晓燕,《西夏学》(第十六辑 2018年第1期),甘肃文化出版社2018年。

99.《"以形论时"——西夏王陵营建时序探析》,余雷,《西夏研究》2018年第1期。

100.《西夏陵"突出普遍价值"的多维思考》,杨蕤、王昌丰,《北方民族大学学报》2018年第4期,人大《历史学文摘》2019年第1期。

101.《"以形论变"——西夏王陵形制演进探讨》,余斌、余雷,《宁夏社会科学》2019年第2期。

102.《西夏陵被评定为国家考古遗址公园》,银川西夏陵管理处,《西夏研究》2018年第1期。

103.《贺兰山与西夏陵》,张俊杰,《政工导刊》2018年第3期。

104.《〈中国藏西夏文献·西夏陵残碑卷〉汉文残碑相关问题考论》,安北江,《宁夏师范学院学报》2018年第6期。

105.《试论西夏皇家园林》,马潇源,《中国地名》2018年第11期。

106.《西夏陵遗产的价值内涵探析》,孔德翊、马立群,《西夏学》(第十九辑 2019年第2期),甘肃文化出版社2019年。

107.《西夏陵申报世界文化遗产相关问题探析》,孔德翊、马立群,《西夏学》(第二十辑 2020年第1期),甘肃文化出版社2020年。

108.《西夏陵雕塑与自然人文环境》,汤晓芳,《西夏学》(第二十一辑 2020年第2期),甘肃文化出版社2020年。

三、石刻碑牌题记

(一)综述

1.《西夏碑刻浅述》,牛达生,《宁夏文史》(第21辑),2005年;《西夏研究(第三辑):第二届西夏学国际学术研讨会论文集》,中国社会科学出版社2006年;《西夏考古论稿》,上海古籍出版社2013年。

2.《元代、明代西夏遗民碑刻浅述》,牛达生,《陇右文博》2006年第1期;《西夏考古论稿(二)》,甘肃文化出版社2016年。

3.《中国藏西夏文献碑刻题记卷综述》,杜建录、杨满忠,《西夏学》(第一辑),宁夏人民出版社2006年。

4.《与西夏有关的宋、金碑刻浅述》,牛达生,《宁夏文史》(第22辑),2006年;《西夏考古论稿》,上海古籍出版社2013年。

5.《党项与西夏碑石刻叙录》,魏灵芝,《西北第二民族学院学报》2007年第5期。

6.《西夏文碑刻艺术特征探析》,汤晓芳、郭海鹏、周胤君,《西夏学》(第二十辑 2020年第1期),甘肃文化出版社2020年。

(二)武威西夏碑

1.《重修护国寺感应塔碑》,罗福苌,《西夏国书略说》,1914年;王旭梁编《罗福苌先生一百二十诞辰——罗福苌集》,中西书局2017年。

2.《重修护国寺感应塔碑铭》,罗福成,《"国立"北平图书馆馆刊》4卷3号(西夏文专号),1932年。

3.《西夏碑皆庆寺感通塔碑跋》,严可均,《"国立"北平图书馆馆刊》4卷3号(西夏文专号),1932年。

4.《重修护国寺感通塔碑(西夏碑)》,陈炳应,《文物》1979年第12期;《全国重点文物保护单位介绍》(1),文物出版社1982年;《西夏史论文集》,宁夏人民出版社1984年;《西夏文明研究》,甘肃文化出版社2018年。

5.《武威西夏碑》,子牛,《甘肃日报》1980年4月6日。

6.《西夏护国寺感应塔碑介绍》,罗福颐,《文物》1981年第4—5期;《西夏史论文集》,宁夏人民出版社1984年。

7.《凉州感应塔碑西夏文校译补正》,史金波,《西北史地》1984年第2期;《史金波文集》,上海辞书出版社2005年。

8.《张澍、刘青园与"西夏碑":兼论张澍发现的"西夏碑"年代》,牛达生,《固原师专学报》1993年第2期,《高等学校文科学报文摘》1993年第4期;(更名)《张澍、刘青园与"凉州碑"》,《博苑秋实:宁夏博物馆五十大庆纪念文集》,宁夏人民出版社2009年;《西夏考古论稿》,上海古籍出版社2013年。

9.《略谈凉州西夏碑与西夏文创始》,钟长发,《西北史地》1994年第2期。

10.《〈西夏碑〉与〈岷州碑〉》,刘建丽,《文史知识》1997年第6期。

11.《凉州的西夏碑考》,[法]戴维理亚(著),聂鸿音(译),《国外早期西夏学论集》(一),民族出版社2005年。

12.《评戴维理亚〈凉州的西夏碑考〉》,[德]邦格(著),安娅(译),《国外早期西夏学论集》(一),民族出版社2005年。

13.《新发现的西夏碑碑座介绍》,梁继红,《陇右文博》2008年第1期;《凉州与西夏》,甘肃文化出版社2018年。

14.《张澍发现西夏碑相关问题的再探讨》,崔云胜,《宁夏社会科学》2008年第5期。

15.《武威西夏碑的发现对西夏学研究的重大意义》,黎大祥,《发展》2008年第9期。

16.《凉州番汉合璧碑新考》,[俄]克平(著),孙璐璐(译),《西夏语言与绘画研究论集》,宁夏人民出版社2008年。

17.《"凉州重修护国寺感通塔碑铭"再认识》,吴峰天,《西夏学》(第八辑),上海古籍出版社2011年。

18.《论凉州西夏碑碑座图像的构图意境》,谭黛丽、于光建,《西夏研究》2014年第2期。

19.《〈凉州重修护国寺感通塔碑〉西夏文碑铭互文见义修辞法举隅》,彭向前、侯爱梅,《宁夏社会科学》2016年第6期。

(三)居庸关石刻

1.《居庸关六体刻经》,罗福苌,《西夏国书略说》,1914年;王旭梁编《罗福苌先生一百二十诞辰——罗福苌集》,中西书局2017年。

2.《居庸关刻石辨文》,刘复,《北京大学月刊》(第1卷2期),1919年。

3.《居庸关石刻》,罗福成,《"国立"北平图书馆馆刊》4卷3号(西夏文专号),1932年。

4.《居庸关过街塔考稿》,宿白,《文物》1964年第4期。

5.《居庸关云台卷门壁刻西夏文是怎样辩认出来的?》,吉人,《文史知识》1988年第5期。

6.《居庸关六体石刻西夏文再检讨》,林英津,《石璋如院士百岁祝寿论文集——考古·历史·文化》,(台湾)南天书局2002年。

(四)保定石经幢

1.《保定出土明代西夏文石幢》,郑绍宗、王静如,《考古学报》1977年第1期;白滨主编《西夏史论文集》,宁夏人民出版社1984年。

2.《明代西夏文经卷和石幢初探》,史金波、白滨,《考古学报》1979年第3期;《西夏史论文集》,宁夏人民出版社1984年。

3.《关于明代西夏文经卷的年代和石幢的名称问题》,李范文,《考古》1979年第5期;《西夏研究论集》,宁夏人民出版社1983年;《西夏史论文集》,宁夏人民出版社1984年;《李范文西夏学论文集》,中国社会科学出版社2012年。

4.《明代西夏文经幢》,河北省博物馆、文物管理处编,《河北出土文物选集》,文物出版社1980年。

5.《明代西夏文经卷和石幢再探》,史金波、白滨,《西夏史论文集》,宁夏人民出版社1984年。

6.《两座珍贵的经幢》,汪双喜,《文物春秋》1996年第3期。

7.《华北居庸关古代佛教铭文考》,[英]威烈(著),孙伯君(译),《国外早期西夏学论集》(一),民族出版社2005年。

8.《宴台碑考》,[法]戴维理亚(著),聂鸿音(译),《国外早期西夏学论集》(一),民族出版社2005年;《西夏学述论》,甘肃文化出版社2018年。

9.《保定西夏文石幢之谜破解》,刘成群,《河北日报》2007年6月21日。

10.《保定西夏文经幢〈尊胜陀罗尼〉的复原与研究》,李杨,《宁夏社会科学》2010年第3期。

11.《保定出土明代西夏文石幢名称考》,彭向前、杨浣,《宁夏社会科学》2011年第4期。

(五)其他碑牌墓志

1.《黑河建桥敕碑》,(清)叶昌炽,《语石》(卷1),1909年。

2.《黑水河建桥祭神碑》,罗福苌,《西夏国书略说》,1914年;王旭梁编《罗福苌先生一百二十诞辰——罗福苌集》,中西书局2017年。

3.《炳灵寺西夏文石刻及其他》,张思温,《甘肃民族研究》创刊号,1981年;《张思温文集》,甘肃民族出版社1999年。

4.《西夏黑水桥碑考补》,王尧,《西夏史论文集》,宁夏人民出版社1984年;《中央民族学院学报》1987年第1期;《西藏文史考信集》,中国藏学出版社1994年。

5.《再谈〈大夏国葬舍利碣铭〉的撰写时间与吴天墀先生商榷》,牛达生,《宁夏大学学报》1986年第3期。

6.《陕西吴旗出土的金与西夏划界碑》,姬乃军,《中国文物报》1988年1月22日;《文物》1994年第9期。

7.《与宋夏"灵武之战"有关的一方墓石：宋故董府君墓志铭浅析》，杨宁国，《宁夏史志研究》1997年第1期。

8.《乌海市所出西夏某参知政事碑考释》，陈国灿，《内蒙古大学学报》1997年第4期。

9.《榆树县发现西夏文碑额》，阿古拉，《中国考古集成（东北卷辽）》，北京出版社1997年。

10.《有关党项夏州政权的真实记录：记〈故大宋国定难军管内都指挥使康公墓志铭〉》，戴应新，《宁夏社会科学》1999年第2期。

11.《内蒙古乌审旗发现的五代至北宋夏州拓跋部李氏家族墓志铭考释》，邓辉、白庆元，《唐研究》（第8卷），2002年。

12.《陕北出土三方唐五代党项拓跋氏墓志考释——兼论党项拓跋氏之族源问题》，周伟洲，《民族研究》2004年第6期。

13.《唐党项族首领拓跋守寂墓志考释》，王富春，《考古与文物》2004年第3期。

14.《榆林唐拓跋守寂墓及墓志研究》，乔建军，《西夏研究（第三辑）：第二届西夏学国际学术研讨会论文集》，中国社会科学出版社2006年。

15.《会宁伯李公（南哥）墓志铭之研究》，李培业，《西夏研究（第三辑）：第二届西夏学国际学术研讨会论文集》，中国社会科学出版社2006年。

16.《宋代党项拓跋部大首领李光睿墓志铭考释》，杜建录、白庆元、杨满忠、贺吉德，《西夏学》（第一辑），宁夏人民出版社2006年；《西夏史论集》，上海古籍出版社2016年。

17.《党项夏州政权建立前后的重要记录——〈唐故延州安塞军防御使白敬立墓志铭〉考释》，杜建录，《宁夏师范学院学报》2007年第2期；《西夏史论集》，上海古籍出版社2016年。

18.《拓跋思恭卒年考——唐代〈白敬立墓志铭〉考释之一》，牛达生，《陕西历史博物馆馆刊》（15），2008年；《博苑秋实：宁夏博物馆五十大庆纪念文集》，宁夏人民出版社2009年；《中国多文字时代的历史文献研究：辽夏金元历史文献国际研讨会文集》，2010年；《西夏考古论稿》，上海古籍出版社2013年。

19.《夏州政权建立者拓跋思恭的新资料——唐代〈白敬立墓志铭〉考释之二》，牛达生，《兰州学刊》2009年第1期；《西夏考古论稿》，上海古籍出版社2013年。

20.《后周绥州刺史李彝谨墓志铭考释》，陈玮，《西夏学》（第五辑），上海古籍出版社2010年。

21.《西夏〈黑河建桥敕碑〉藏文碑铭补注》，彭向前，《西夏学》(第八辑)，上海古籍出版社2011年。

22.《甘肃合水安定寺石窟金代党项人题记考释》，周峰，《西夏学》(第八辑)，上海古籍出版社2011年。

23.《〈打刺赤碑记〉考释》，张玉海、张琰玲，《宁夏史志》2011年第4期；《西夏学》(第八辑)，上海古籍出版社2011年；《西夏研究论文集》，凤凰出版社2015年。

24.《后晋定难军摄节度判官兼掌书记毛汶墓志铭考释》，陈玮，《西夏学》(第八辑)，上海古籍出版社2011年。

25.《河北新出西夏文墓志铭简释》，刘广瑞，《西夏研究》2014年第3期。

26.《唐夏州张宁墓志考释》，杜维民，《西夏研究》2014年第3期。

27.《北宋定难军节度观察留后李继筠墓志研究》，陈玮，《西夏研究》2014年第4期。

28.《府州折氏族源、改姓的新证据——介绍两方新墓志》，高建国，《西夏学》(第九辑)，上海古籍出版社2014年。

29.《后唐定难军节度押衙白全周墓志考释》，杜建录、邓文韬、王富春，《宁夏社会科学》2015年第2期；《西夏史论集》，上海古籍出版社2016年。

30.《后晋绥州刺史李仁宝墓志铭考释》，陈玮，《西夏学》(第十一辑)，上海古籍出版社2015年。

31.《大宋摄夏州观察支使何公墓志研究》，陈玮，《西夏研究》2016年第1期。

32.《〈郭遘墓志〉所见元丰年间宋夏战争相关事情》，马立群、孔德翊，《兰台世界》2016年第8期。

33.《从墓志看北宋府州折氏之婚姻和丧葬习俗》，孙昌盛，折武彦、高建国编《陕北历史文化暨宋代府州折家将历史文化学术研讨会论文集》，陕西人民出版社2016年。

34.《西夏〈黑水河建桥敕碑〉文体性质初探》，陈瑞青，《西夏学》(第十七辑2018年第2期)，甘肃文化出版社2019年。

35.《新出北宋陕州漏泽园党项配军墓志研究》，陈玮，《西夏学》(第十七辑2018年第2期)，甘肃文化出版社2019年。

36.《陕西神木清凉寺石窟金代汉文题刻校录与研究》，石建刚、乔建军、徐海兵，《西夏学》(第十七辑　2018年第2期)，甘肃文化出版社2019年。

37.《统万城及邻近地区出土唐宋墓志所见的人口史信息探析》，杨蕤，《宁夏社会科学》2018年第3期;杨蕤著《陕北历史文化散论》,商务印书馆2019年。

38.《后晋定难军节度副使刘敬瑭墓志铭考释》,孙宜孔,《西夏学》(第十八辑 2019年第1期),甘肃文化出版社2018年。

39.《陕西横山出土〈故野利氏夫人墓志铭〉初探》,杜建录、王富春、邓文韬,《西夏学》(第十九辑2019年第2期),甘肃文化出版社2019年。

40.《党项拓跋驮布墓志及相关问题再研究》,杨富学、王庆昱,《西夏研究》2019年第2期。

41.《新见北宋保宁院山寺党项民众建塔碑研究》,陈玮,《西夏学》(第十九辑,2019年第2期),甘肃文化出版社2019年。

42.《海原县西夏秋苇平遗址出土第十二副将款石牌考析》,李进兴,《宁夏师范学院学报》2019年第6期。

43.《宁夏海原出土第十二副将款石牌补释》,陈瑞青,《西夏研究》十周年特刊,2020年。

44.《三方唐代墓志中所见朔方军史料》,保宏彪,《西夏研究》十周年特刊,2020年。

四、钱币、印章

(一)钱币

1.总论、目录

(1)《西夏钱币》,子牛,《固原师专学报》1984年第1期。

(2)《西夏钱币辨证》,牛达生,《中国钱币》1984年第4期。

(3)《西夏钱币中西夏文钱的发现与认识——兼论洪遵〈泉志〉的钱图问题》,牛达生,《中国钱币》1985年第4期;《宁夏金融》,2007年增刊;《西夏考古论稿》,上海古籍出版社2013年。

(4)《有关西夏钱币的几个问题》,何林内,《蒙古金融》,1985年增刊。

(5)《对西夏钱币的几点认识》,张秀峰,《内蒙古金融》(钱币两会专刊),1986年。

(6)《我国西夏钱币研究的现状及作用》,陈炳应,《甘肃金融》(省钱币学会成立大会专辑),1986年增刊。

(7)《西夏的钱币》,郭云川,《宁夏日报》1987年4月11日。

(8)《西夏钱币述论》,陈炳应,《甘肃金融·钱币专辑》,1987年增刊。

(9)《西夏钱币考略》,牛达生,《宁夏大学学报》1988年第2期,《宁夏金融》

2007年增刊。

(10)《关于西夏钱币的几个问题》,陈炳应,《中国钱币》1989年第3期;《西夏文明研究》,甘肃文化出版社2018年。

(11)《对西夏钱币的几点认识》,丁万录,《西北第二民院学报》1990年第1期。

(12)《也谈西夏货币》,吴峰云,《宁夏金融》1990年增刊第1期;《文物考古收藏风云录》,学苑出版社2013年。

(13)《西夏钱币的发现与研究》,牛达生,《宁夏社会科学》1990年第5期。

(14)《西夏钱币四议》,陈永中,《宁夏金融》1990年第6期。

(15)《我对西夏钱币的研究》,牛达生,《银川文史资料》(第8、9辑),1997年、1998年;《宁夏金融》2007年增刊。

(16)《西夏货币研究琐议》,王勇,《首届西夏学国际学术会议论文集》,宁夏人民出版社1998年。

(17)《解读西夏文钱币》,聂鸿音,《寻根》2003年第5期。

(18)《20世纪西夏钱币和官印研究》,牛达生,《二十世纪西夏学》,宁夏人民出版社2004年;(更现名)《20世纪西夏钱币的发现和研究》,《西夏考古论稿》,上海古籍出版社2013年。

(19)《西夏钱币重要文献辑录(1985年以前)》,牛达生,《宁夏金融》2007年。

(20)《论西夏货币》,杨蕤,《广西金融研究》,2007年增刊第2期。

(21)《西夏钱币的社会文化背景》,罗安鹄,《广西金融研究》2007年增刊。

(22)《党项人与其铸造的铁质钱币》,孙爱民、陈之为、张秀莲,《甘肃金融》(甘肃省钱币学会第五次会员代表大会暨学会成立20周年庆祝大会专辑)2007年增刊第1期。

(23)《简论西夏钱币》,牛达生,《宁夏金融》2007年增刊。

(24)《西夏钱币辩证》,牛达生,《宁夏金融》2007年增刊。

(25)《西夏钱币研究论文、资料目录》,牛达生,《宁夏金融》2007年增刊。

(26)《20世纪西夏钱币的发现与研究》,牛达生,《宁夏金融》2007年增刊。

(27)《西夏文钱——中国古代钱币中的珍宝》,孟建民、李书彬,《宁夏画报》(时政版)2008年第2期。

(28)《方孔圆钱透出的辉煌与梦想》,杨秀山,《新消息报》2008年1月1日。

(29)《西夏钱币研究论文论著目录索引》,牛达生,《甘肃金融·2008(钱币)》2008年增刊第1期。

(30)《西夏钱币的发现及研究》,牛达生、牛志文,《西夏研究》2013年第4期。

（31）《西夏钱币的考古发现与类别》，韩学斌，《陕西历史博物馆馆刊》（第23辑　2016年第1期）。

（32）《关于几种西夏文钱币释读问题的再讨论》，马肖，《收藏》2016年第6期。

（33）《党项遗珍新品西夏钱币发现记》，朱浒浒，《收藏·拍卖》2016年第7期。

（34）《浅析西夏钱币的特征与辨伪》，郑祎，《大众文艺》2017年第4期。

（35）《西夏文古钱忆旧——钱文译识考证》，李宪章，《江苏钱币》2017年第3期。

（36）《浅谈西夏钱币》，寇淑愉，《收藏界》2018年第3期。

（37）《西夏钱币新探》，郑悦，《中国钱币》2018年第5期。

（38）《西夏钱币的特点、发展历程及成因研究》，宋云，《文物鉴定与鉴赏》2018年第6期。

（39）《甘肃藏西夏钱币及其相关问题研究》，韩爱丽，《丝绸之路》2020年第1期。

2.发现介绍与研究

（1）《释定海方氏所藏四体字"至元通宝"钱文》，王静如，"中央研究院"，《历史语言研究所集刊》1931年第2期；《王静如文集》（上），社会科学文献出版社2015年。

（2）《西夏铁钱小议》，金申，《中国钱币》1985年第4期。

（3）《"大安通宝"浅析》，吴宗信，《中国钱币》1985年第4期。

（4）《西夏乾祐元宝铁钱版别初探》，魏善思，《穹庐钱币》1985年第1期。

（5）《从包头市东郊出土的西夏钱币谈起》，张郁，《包头文物资料》1985年第1期；《中国考古集成（东北卷辽）》，北京出版社1997年。

（6）《从阿都赖出土西夏钱币兼谈沙尔沁村的边墙》，金申，《包头文物资料》1985年第1期；《中国考古集成（东北卷辽）》，北京出版社1997年。

（7）《谈背铸"西"字的西夏钱币》，牛达生，《宁夏日报》1985年1月6日。

（8）《宁夏贺兰山窖藏古钱理化测定报告》，牛达生，《中国钱币》1986年第3期，《宁夏金融》2007年增刊。

（9）《乾祐元宝铁钱的版别及化学成份》，谭振离，《内蒙古金融》（钱币两会专刊），1986年。

（10）《西夏钱币及其版式探讨》，贾海生，《甘肃金融》（省钱币学会成立大会专辑），1986年增刊。

（11）《西夏文"福圣宝钱"新译释》，陈炳应，《甘肃钱币通讯》1987年第1期。

（12）《贺兰山小也和圈沟西夏窖藏钱币简表》，吴尚仁，《石嘴山市志》1987年第1期。

（13）《"福圣宝钱"小考——宁夏盐池县首次出土西夏文"福圣宝钱"》，牛达生，《舟山钱币》1988年第1期。

（14）《从宁夏盐池县萌城乡出土西夏窖藏钱币，谈西夏文"福圣宝钱"和高丽"三韩通宝"》，牛达生，《中国钱币》1988年第2期；《宁夏金融》2007年增刊；（更现名）从宁夏盐池县萌城窖藏钱币谈高丽"三韩通宝"，《西夏考古论稿（二）》，甘肃文化出版社2016年。

（15）《隶书"元德通宝"是西夏钱辨》，牛达生，《宁夏金融》1988年第4期。

（16）《贺兰山西夏钱币与文物精华》，牛达生、许成，《宁夏史志研究》1988年第5期。

（17）《对〈古泉录〉三拓西夏梵文钱的辨识》，牛达生，《舟山钱币》1989年第3期；《宁夏金融》2007年增刊。

（18）《我对西夏文折二"大安宝钱"的再认识》，牛达生，《中国钱币》1989年第3期，《宁夏金融》2007年增刊；《西夏考古论稿（二）》，甘肃文化出版社2016年。

（19）《西夏文"福圣宝钱"辨证》，陈炳应，《甘肃金融》1989年增刊第3期。

（20）《隶书"元德通宝"论考》，牛达生，《中国民族史研究（二）：王静如教授从事学术活动60周年纪念专辑》，中央民族学院出版社1989年；《宁夏金融》2007年增刊。

（21）《屋驮钱、梵字钱及西夏义钱辨》，牛达生，《内蒙古金融研究》1989年第8期；《宁夏金融》，2007年增刊。

（22）《一座重要的西夏钱币窖藏——内蒙古乌审旗陶利窖藏》，牛达生，《甘肃金融·钱币专辑》1989年增刊第5期；《宁夏金融》，2007年增刊；《西夏考古论稿（二）》，甘肃文化出版社2016年。

（23）《真书"元德通宝"小议》，牛达生，《中国钱币》1990年第4期。

（24）《西夏钱币研究中两桩悬案的探讨》，武佑云，《宁夏金融》1990年第6期。

（25）《西夏钱币四议》，陈永中，《宁夏金融》1990年第6期。

（26）《天水新发现西夏钱试析》，刘大有、翁文忠，《宁夏金融》1990年第6期。

（27）《西夏文与西夏钱币》，达津，《中国钱币》1993年第2期。

（28）《西夏钱——真品、疑品和伪品》，林染，《丝绸之路》1994年第2期。

（29）《对钱产生根源之我见》，牛达生，《宁夏社会科学》1997年第4期，《宁夏金融》2007年增刊；《西夏考古论稿（二）》，甘肃文化出版社2016年。

（30）《再议对钱——兼述西夏对钱》，牛达生，《中国钱币》1998年第1期，《宁夏金融》2007年增刊；《西夏考古论稿（二）》，甘肃文化出版社2016年。

（31）《西夏的兴亡与西夏钱币》，苏瑞光，《广东金融》1998年第3期。

（32）《浅论敦煌莫高窟北区出土的波斯银币和西夏钱币》，彭金章、沙武田，《文物》1998年第10期。

（33）《西夏钱币的新发现》，牛达生，《中外文化交流》1998年第9期。

（34）《铅质"大朝通宝"的发现及价值——兼论"大朝通宝"的若干问题》，牛达生，《中国钱币》1999年第4期；（更现名）《西夏遗址中发现的铅质"大朝通宝"——兼论"大朝通宝"的若干问题》，《宁夏金融》2007年增刊；《西夏考古论稿》，上海古籍出版社2013年。

（35）《隶书"大德通宝"的发现及对真书"大德"钱的认识》，牛达生，《宁夏文史》（总15辑），1999年。

（36）《西夏古币今安在，贺兰山中觅宝藏》，牛达生，《宁夏考古记事》，宁夏人民出版社2001年。

（37）《浅论西夏铁钱及铁钱专用区的设置》，牛达生，《中国钱币》2004年第4期；《宁夏金融》2007年增刊；《西夏考古论稿》，上海古籍出版社2013年。

（38）《西夏钱币和官印研究浅述》，牛达生，《大夏寻踪：西夏文物辑萃》，中国社会科学出版社2004年；《博苑秋实：宁夏博物馆五十大庆纪念文集》，宁夏人民出版社2009年。

（39）《大安通宝为西夏铸币辩》，理泉，《中国钱币》2005年第3期。

（40）《西夏铸币有无"对钱"问题的探讨》，王彦民，《中国钱币》2005年第3期。

（41）《唐古特的西夏王朝，其钱币和奇特的文字》，[英]卜士礼（著），孙伯君（译），《国外早期西夏学论集》（一），民族出版社2005年。

（42）《一枚西夏文钱》，[英]卜士礼（著），聂鸿音（译），《国外早期西夏学论集》（一），民族出版社2005年；《西夏学述论》，甘肃文化出版社2018年。

（43）《简介一枚新见的西夏文钱》，[英]卜士礼（著），聂鸿音（译），《国外早期西夏学论集》（一），民族出版社2005年；《西夏学述论》，甘肃文化出版社2018年。

（44）《中国元朝的纸币样式》，[俄]科特维奇（著），马忠建（译），《国外早期西夏学论集》（一），民族出版社2005年。

（45）《安康发现的西夏钱币》，王晓洁，《西安金融》2006年第1期。

（46）《聂历山西夏研究一误——12枚西夏钱币认出40个西夏字?》，牛达生，《宁夏史志》2007年第2期。

（47）《西夏计质货币》，武裕民，《青海金融》2007年增刊。

（48）《大安宝钱铸造时的历史背景及版别区分》，杨森，《青海金融》2007年增刊。

（49）《对"对子钱"的"低标准"的质疑》，吕恒，《广西金融研究》2007年增刊。

（50）《卜士礼最早认出西夏文钱币文字——兼论早期西方学者对西夏文钱币的研究》，牛达生，《宁夏金融》2007年增刊。

（51）《真书"元德通宝"小议》，牛达生，《宁夏金融》2007年增刊。

（52）《也谈"大安通宝"的国属》，牛达生，《宁夏金融》2007年增刊。

（53）《也谈朝鲜发现西夏文"乾祐宝钱"　附：宋文进〈朝鲜发现西夏文"乾祐宝钱"〉》，牛达生，《宁夏金融》2007年增刊。

（54）《宁夏贺兰山发现西夏窖藏钱币附：贺兰山滚钟口西夏窖藏钱币》，牛达生，《宁夏金融》2007年增刊。

（55）《"襑都元宝"钱的故事》，牛达生，《宁夏金融》2007年增刊。

（56）《宋夏常见钱币术语释义》，牛达生，《宁夏金融》2007年增刊。

（57）《前所未闻的古西夏国大花钱》，叶柏光，《收藏界》2007年第4期。

（58）《西夏文钱略说》，王彦民，《收藏界》2007年第6期。

（59）《内蒙古地区西夏货币发现与研究探论》，张文芳，《内蒙古金融研究》2007年增刊。

（60）《"大安通宝"是西夏钱币》，牛达生，《内蒙古金融》2008年增刊；《西夏考古论稿》，上海古籍出版社2013年。

（61）《从西夏铸币看西夏与宋辽金关系》，王俪阎，《中国历史文物》2008年第6期。

（62）《甘肃武威塔儿湾遗址再现西夏时期流通古钱币》，张吉林、黎大祥、于光建，《西部金融》2008年第10期。

（63）《西夏文钱币中的伪品和待考品》，牛达生，《内蒙古金融研究》（钱币增刊），2009年增刊第3—4期；《西夏考古论稿》，上海古籍出版社2013年。

（64）《西夏钱币珍品——"大安通宝"》，志荣，《收藏界》2009年第10期。

（65）《党项人与其铸造的铁质钱币》，陈之伟，《丝绸之路》2009年第16期。

（66）《略论西夏天盛元宝钱币版别及武威西夏钱币考古的重要价值》，于光建，《丝绸之路》2009年第22期。

（67）《别具特色的西夏铁钱》，张萍、王茜，《博苑秋实：宁夏博物馆五十大庆纪念文集》，宁夏人民出版社2009年。

（68）《"福圣宝钱"改译"禀德宝钱"之我见》，牛达生，《中国钱币》2010年第2期；《西夏考古论稿》，上海古籍出版社2013年。

（69）《西夏文字与西夏文钱币》，牛达生，《西部金融研究·钱币研究》2010年增刊；《西夏考古论稿（二）》，甘肃文化出版社2016年。

（70）《丝绸之路货币文化中的西夏铁钱》，郭晓红，《西夏研究》2013年第4期。

（71）《西夏"𦀡都"年号假钱两种》，牛达生，《钱币研究》，三秦出版社2013年；《西夏考古论稿（二）》，甘肃文化出版社2016年。

（72）《钱谱西夏文钱币两谈》，牛达生，《西夏考古论稿（二）》，甘肃文化出版社2016年。

（73）《四体"至元通宝"考述——兼论该钱为清末戏作之品》，牛达生，《西夏学》（第十一辑），上海古籍出版社2015年；《西夏考古论稿（二）》，甘肃文化出版社2016年。

（74）《西夏第一钱"福圣宝钱"》，丁延辉，李进增主编《宁夏博物馆馆刊》（第一辑），阳光出版社2015年。

（75）《彭阳县发现罕见的西夏文等钱币》，祁悦章，《宁夏史志》2015第3期。

（76）《宁夏首次出土篆书乾祐元宝》，朱浒，《中国钱币》2016年第1期。

（77）《党项遗珍新品西夏钱币发现记》，朱浒浒，《收藏（拍卖）》2016第7期。

（78）《鄂尔多斯地区的西夏窖藏》，甄自明，《西夏学》（第十三辑），甘肃文化出版社2016年。

（79）《谈谈"光定元宝"篆书钱》，徐长林，《江苏钱币》2017年第3期。

（80）《泉海稀珍：也说西夏元德钱》，马肖，《收藏》2018年第6期。

（二）印章

1.《新见西夏官印考释（17方）》，王静如，《西夏研究》（第一辑），1932年；李范文主编《王静如西夏研究专辑》（《西夏研究》第五辑），中国社会科学出版社2007年。

2.《西夏官印考释》，李范文，《宁夏社会科学》创刊号，1982年；《西夏研究论集》，宁夏人民出版社1983年；《李范文西夏学论文集》，中国社会科学出版社2012年。

3.《西夏文"元德二年"和"首领"印》，罗显清，《博物馆研究》1985年第2期。

4.《西夏官印》，牛达生，《文物》1986年第4期。

5.《介绍四川收藏的几方西夏官印》，周群华，《宁夏社会科学》1987年第6期。

6.《西夏官印、钱币、铜牌考》,白滨,《西夏文物》,文物出版社1988年。

7.《一方很有特色的西夏官印》,陈炳应,《中国文物报》1990年1月11日。

8.《介绍三方西夏官印——兼谈相关问题》,李三,《文物》1990年第10期。

9.《宁夏同心县西夏官印介绍》,马振福,《宁夏文物》1992年第6期。

10.《西夏官印姓氏考》,史金波,《中国民族古文字研究》(第2辑),天津古籍出版社1993年;《史金波文集》,上海辞书出版社2005年。

11.《元德二年西夏文印》,罗显清,《中国考古集成(东北卷辽)》,北京出版社1997年。

12.《西夏官印、符牌浅述》,牛达生,《西夏遗迹·西夏夏钱币、官印和符牌》,文物出版社1997年;《西夏考古论稿(二)》,甘肃文化出版社2016年。

13.《新发现的西夏官印》,杨明,《固原师专学报》2001年第1期。

14.《西夏官印说略》,韩小忙、李彤,《固原师专学报》2002年第2期。

15.《河北大学博物馆藏西夏文铜牌考释》,梁松涛、李文龙,《文物春秋》2011年第6期。

16.《罕见的西夏铜烙印考》,赵天英、闫惠群,《西夏学》(第十辑),上海古籍出版社2014年。

17.《甘肃省博物馆藏西夏应天丁卯年首领印正误》,赵天英、于孟卉,《西夏研究》2017年第4期。

18.《甘肃天祝出土西夏文"首领"铜印献疑》,赵生泉,《中国书法》2017年第23期。

19.《吉林大学考古与艺术博物馆藏西夏铜官印》,张文立、孙昌盛,《西夏学》(第十六辑　2018年第1期),甘肃文化出版社2018年。

五、塔窟寺庙遗存

(一)综述

1.《西夏佛塔的类型》,宿白,《中国古代建筑:西夏佛塔》,文物出版社1995年;《藏传佛教寺院考古》,文物出版社1996年。

2.《西夏佛塔的特点》,李银霞,《阿坝师范高等专科学校学报》2008年第4期。

3.《西夏塔寺研究述评》,魏淑霞、胡明,《西夏研究》2016年第1期。

4.《西夏时期佛塔发展演变及历时性研究》,黄新、白胤,《居业》2019年第9期。

（二）发现介绍研究

1.《宁夏五塔》，杨泓，《文物天地》1991年第6期。

2.《宁夏佛塔的构造特征及其传承关系》，雷润泽，《中国古代建筑：西夏佛塔》，文物出版社1995年。

3.《宁夏佛塔的形制和结构》，姜怀英，《中国古代建筑：西夏佛塔》，文物出版社1995年。

4.《拜寺口与元昊之死》，胡升林，《宁夏日报》1982年4月13日。

5.《贺兰山拜寺口双塔》，牛达生、许成，《宁夏教育学院学报》1988年第3期。

6.《宁夏贺兰山拜寺口西夏古塔》，牛达生，《考古与文物》1986年第1期；（更名）《贺兰山拜寺口双塔为西夏古塔》，《西夏考古论稿》，上海古籍出版社2013年。

7.《再论贺兰山拜寺口古塔为西夏原建》，牛达生，《考古与文物》1987年第1期；《西夏考古论稿》，上海古籍出版社2013年。

8.《贺兰县拜寺口双塔》，于存海、何继英，《中国古代建筑：西夏佛塔》，文物出版社1995年。

9.《宁夏拜寺口北寺塔群的发现——兼论"擦擦"的作用》，孙昌盛、朱存世，《寻根》2000年第2期。

10.《西夏拜寺口双塔影塑释读》，何继英、于存海，《历史文物》2000年第8期。

11.《拜寺口双塔维修与考古》，雷润泽、于存海，《宁夏考古记事》，宁夏人民出版社2001年。

12.《贺兰山的大发现》，周兴华，《文物世界》2000年第4期。

13.《拜寺口北寺塔群遗址考古散记》，孙昌盛，《宁夏考古记事》，宁夏人民出版社2001年。

14.《宁夏贺兰县拜寺口北寺塔群遗址的清理》，宁夏区文物考古所、贺兰县文化局，《考古》2002年第8期。

15.《宁夏贺兰县宏佛塔清理简报》，宁夏文物管理委员会办公室、贺兰县文化局，《文物》1991年第8期。

16.《贺兰县宏佛塔》，于存海、何继英，《中国古代建筑：西夏佛塔》，文物出版社1995年。

17.《宏佛塔珍宝发现、抢救散记》，雷润泽、于存海，《宁夏考古记事》，宁夏人民出版社2001年。

18.《宏佛塔与西夏"佛祖院"》，周新华，《宁夏古迹新探》，宁夏人民出版社

2002年。

19.《宁夏拜寺沟方塔出土一批珍贵文物》,牛达生、孙昌盛,《中国文物报》1991年12月29日;人大《宋辽金元史》1992年第1期。

20.《贺兰山拜寺沟方塔废墟考古散论》,牛达生,《宁夏社会科学》1993年第4期;人大《中国地理》1993年第9期。

21.《宁夏贺兰县拜寺沟方塔废墟清理纪要》,宁夏文物考古所、贺兰县文化局,《文物》1994年第9期。

22.《贺兰县拜寺沟方塔》,牛达生、于存海,《中国古代建筑:西夏佛塔》,文物出版社1995年。

23.《拜寺口方塔考古琐记》,牛达生,《银川市文史资料》(第7辑),1996年。

24.《宁夏方塔出土文物又获硕果——世界最早的木活字印本再现人间》,李进增、石海浴,《中外文化交流》1998年第1期。

25.《拜寺口方塔考古琐记(增补)》,牛达生,《银川市文史资料集萃》,宁夏人民出版社1998年;《宁夏考古记事》,宁夏人民出版社2001年。

26.《拜寺口方塔始建年代考》,孙昌盛,《首届西夏学国际学术会议论文集》,宁夏人民出版社1998年。

27.《拜寺沟方塔访古》,周新华,《宁夏古迹新探》,宁夏人民出版社2002年。

28.《拜寺沟方塔原构推定及其建筑特点》,牛达生,《国家图书馆学刊》(西夏研究专号)2002年增刊;《西夏考古论稿》,上海古籍出版社2013年。

29.《方塔出土小泥佛、小泥塔及汉地是物研究》,牛达生,《拜寺沟西夏方塔》,文物出版社2005年;《西夏考古论稿》,上海古籍出版社2013年。

30.《宁夏境内的西夏古塔建筑》,牛达生,《寻根》2010年第6期;《西夏考古论稿(二)》,甘肃文化出版社2016年。

31.《一百零八塔考略》,哈彦成、韩志刚,《固原师专学报》1988年第5期。

32.《西夏高台寺位置考析》,马文明,《宁夏教育学院学报》1991年第1期。

33.《宁夏青铜峡市一百零八塔清理维修简报》,宁夏文物管理委员会办公室、青铜峡文管所,《文物》1991年第8期。

34.《青铜峡市一百零八塔》,雷润泽、于存海,《中国古代建筑:西夏佛塔》,文物出版社1995年。

35.《西夏皇家寺院的彩绘泥塑佛像》,何继英、于存海,(台湾)《历史文物》2000年第3期。

36.《一百零八塔维修与考古发现》,雷润泽、于存海,《宁夏考古记事》,宁夏人民出版社2001年。

　　37.《走进一百零八塔》,哈彦成,《文物世界》2005年第1期。

　　38.《宁夏同心康济寺塔及出土文物》,宁夏文物管理委员会办公室、同心县文管所,《文物》1991年第8期。

　　39.《同心县康济寺塔》,雷润泽、于存海、马振福,《中国古代建筑:西夏佛塔》,文物出版社1995年。

　　40.《西夏方塔塔心柱汉文题记考释》,孙昌盛,《考古与文物》1997年第1期。

　　41.《康济寺塔历史沿革与出土文物考证》,马振福,《宁夏考古记事》,宁夏人民出版社2001年。

　　42.《漫话承天寺》,牛达生,《宁夏文艺》1980年第1期。

　　43.《承天寺塔》,李霈,《宁夏社会科学》1983年第1期。

　　44.《从宏佛塔出土文物论西夏美术》,刘培成,《民族艺林》1996年第1期。

　　45.《西夏佛教圣地承天寺塔》,吴峰云,《新消息报》1999年7月14日。

　　46.《甘肃永昌县后大寺(圣容寺)六体文字石刻》,张思温,《张思温文集》,甘肃民族出版社1999年。

　　47.《〈炳灵寺圣地图〉及其藏文题记》(附:王沂暖译《弥勒炳灵寺圣地图志》),张思温,《张思温文集》,甘肃民族出版社1999年。

　　48.《古塔废墟下的宝藏》,贺璐璐,《新消息报》2008年5月4日。

　　49.《揭开一百零八塔的神秘面纱》,贺璐璐,《新消息报》2008年6月29日。

　　50.《"天宫"中的惊世发现——宏佛塔修缮发掘记》,贺璐璐,《新消息报》2008年7月6日。

　　51.《皇家寺院今安在?——拜寺口北寺塔群遗址寻踪》,贺璐璐,《新消息报》2008年7月13日。

　　52.《宁夏宏佛塔所出幡带汉文题记考释》,孙继民,《西夏研究》2010年第1期;《中国多文字时代的历史文献研究:辽夏金元历史文献国际研讨会文集》,社会科学文献出版社2010年;《黑水城出土文书研究》,甘肃文化出版社2020年。

　　53.《承天寺西夏断(残)碑新证》,赵涛、刘红英,《博苑秋实:宁夏博物馆五十大庆纪念文集》,宁夏人民出版社2009年;赵涛,《宁夏社会科学》2010年第5期。

　　54.《贺兰山拜寺沟方塔所出佚名诗集用韵考》,孙颖新,《西夏学》(第七辑),上海古籍出版社2011年。

　　55.《"炳灵寺"得名臆谈》,崔永利、刘再聪,《西夏学》(第七辑),上海古籍出版社2011年。

56.《"炳灵寺"得名来源考》,侯爱梅、彭向前,《西夏研究》2012年第2期。

57.《宁夏青铜峡百八塔考议》,胡若飞、薛路,《西夏研究》2012年第4期。

58.《宁夏固原须弥山圆光寺及相关番僧考》,谢继胜,《西夏研究》2013年第1期。

59.《从张掖几处西夏历史遗迹看西夏文化对后世的影响》,崔云胜,《西夏学》(第十辑),上海古籍出版社2014年。

60.《消逝族群的历史建构与文化想象——基于对西夏佛塔的历史民族志解读》,李柏杉、周毅,《宁夏社会科学》2014年第6期。

61.《西夏建张掖龙王庙史迹考述》,崔云胜,《西夏学》(第七辑),上海古籍出版社2011年。

62.《甘肃武威境内新发现的西夏时期寺庙遗址》,张振华、黎树科,《西夏学》(第十辑),上海古籍出版社2014年。

63.《张掖大佛寺西夏涅槃像考释》,张宝玺,《西夏学》(第十辑),上海古籍出版社2014年。

64.《宏佛塔出土绢画题材内容再探》,邵军,《敦煌研究》2016年第4期。

65.《宁夏宏佛塔天宫装藏西夏文木雕版考述》,景永时、王荣飞,《敦煌学辑刊》2016年第2期。

66.《一件宏佛塔天宫装藏西夏文双面木雕版考释》,王荣飞,《西夏学》(第十二辑),甘肃文化出版社2016年。

67.《张掖大佛寺相关问题辨析》,崔云胜,《西夏学》(第十三辑),甘肃文化出版社2016年。

68.《武威西夏亥母洞石窟寺与金刚亥母鎏金铜造像》,黎大祥,《西夏学》(第十三辑),甘肃文化出版社2016年。

69.《贺兰县宏佛塔天宫装藏西夏文木雕版述论》,王荣飞,《西夏学辑刊》(第一辑),宁夏人民出版社2017年。

70.《武威亥母寺遗址01窟覆钵式佛塔年代探讨》,蒋超年、赵雪野,《西夏研究》2017年第2期。

71.《敦煌莫高窟皇庆寺营建时代再探》,杨冰华,《西夏学》(第十五辑 2017年第2期),甘肃文化出版社2017年。

72.《宁夏承天寺重建年代考——以韦陀殿所见铭文为据》,施兰英、范芷岩,《西夏学》(第十六辑 2018年第1期),甘肃文化出版社2018年。

73.《北宋沿边党项熟户的净土殿堂(一)——陕西志丹县何家坬石窟调查与

初步研究》,石建刚、杨军,《西夏研究》2018年第1期。

74.《北宋沿边党项熟户的净土殿堂(二)——陕西志丹县何家圪石窟的思想内涵与民族属性分析》,石建刚,《西夏研究》2018年第2期。

75.《庙山湖古寺庙前身应为莎罗模龙王祠——建于西夏毁于元复建于明》,杨森军,《宁夏史志》2018年第5期。

76.《"甘泉有迦叶遗迹"文化内涵探析》,崔云胜,《西夏学》(第十六辑　2018年第1期),甘肃文化出版社2018年。

77.《"炳灵寺"寺名来源考》,才让,沙武田主编《丝绸之路研究集刊》(第3辑),商务印书馆2019年。

六、陶瓷器物与烧窑遗址

(一)陶瓷器物

1.《武威出土一批西夏瓷器》,钟长发,《文物》1981年第9期。

2.《宁夏灵武县出土的西夏瓷器》,钟侃,《文物》1986年第1期。

3.《武威新发现的西夏瓷器》,孙寿龄,《文物天地》1993年第1期。

4.《西夏剔花牡丹纹瓷罐》,白乃索,《文物》1994年第9期。

5.《西夏瓷器艺术特色初探》,武宇林,《民族艺林》1996年第1期;《西夏研究(第三辑):第二届西夏学国际学术研讨会论文集》,中国社会科学出版社2006年。

6.《西夏的陶瓷砖瓦琉璃》,王进玉,《宁夏大学版》(自然版)1997年第1期。

7.《武威发现西夏瓷制火蒺藜》,黎大祥,《陇右文博》1999年第1期。

8.《上海博物馆珍藏的两件西夏瓷器:兼论西夏瓷器研究概况》,何继英,《上海博物馆馆刊》2000年第8期。

9.《西夏黑釉剔花缸》,唐延青,《陇右文博》2003年第2期。

10.《武威出土西夏瓷器赏析》,梁继红,《丝绸之路》2003年第9期;《凉州与西夏》,甘肃文化出版社2018年

11.《西夏瓷器研究》,于文荣,《大夏寻踪:西夏文物辑萃》,中国社会科学出版社2004年。

12.《西吉县发现西夏褐釉瓷扁壶》,苏正喜,《朔方》2006年第9期。

13.《颇具特色的西夏瓷器》,王萍,《西夏研究(第三辑):第二届西夏学国际学术研讨会论文集》,中国社会科学出版社2006年。

14.《西夏文物(一):特色鲜明的西夏瓷器》,董宏征,《宁夏画报》(时政版)2007年第1期。

15.《西夏文物（二）：质朴实用的西夏瓷器》，董宏征，《宁夏画报》（时政版）2007年第2期。

16.《西夏瓷推开一扇西夏窗》，魏萍，《宁夏日报》2007年5月25日。

17.《西夏剔刻花瓷鉴赏》，米向军，《收藏界》2007年第6期。

18.《西夏瓷器的娇子——扁壶》，边曜辉，《中国文物报》2007年8月8日。

19.《浅论西夏扁壶》，山丹，《内蒙古大学艺术学院学报》2008年第2期。

20.《精美硕大的西夏扁壶》，刘勇先，《收藏界》2008年第7期。

21.《出土埋藏近千年浮雕瓷马首——凉州塔儿湾西夏遗址再现文物精品》，孙煜东，《武威日报》2008年8月14日。

22.《武威出土西夏珍贵文物马首浮雕》，张永生，《酒泉日报》2008年8月27日。

23.《西夏瓷器造型探析》，李进兴，《兰州学刊》2009年第9期。

24.《西夏瓷窑，中国瓷园的神秘之花》，刘宏安，《新消息报》2009年2月8日第13版。

25.《西夏黑釉剔刻花扁壶浅析》，马文婷，《博苑秋实：宁夏博物馆五十大庆纪念文集》，宁夏人民出版社2009年。

26.《略说西夏瓷器的造型》，李进兴，《西夏历史与文化：第三届西夏学国际学术研讨会论文集》，甘肃人民出版社2010年。

27.《西夏瓷器辨析》，吴峰云，《文物考古收藏风云录》，学苑出版社2013年。

28.《西夏瓷器款识述论》，张雪爱，《西夏研究》2015年第3期。

29.《西夏瓷器中缺少瓷枕的出土的原因》，赵龙，《教育》2016年第7期。

30.《西夏果真无玉乎》，王志杰，《收藏界》2016年第7期。

31.《略述西夏广口瓶的类型》，李进兴，《东方收藏》2016年第9期。

32.《西夏瓷器纹饰刍议》，于孟卉，《东方收藏》2016年第9期。

33.《西夏瓷器胎釉原料与窑温关系探析》，李进兴，《西夏学》（第十三辑），甘肃文化出版社2016年。

34.《西夏瓷器胎釉原料与窑温关系探析》，李进兴，《西夏学》（第十三辑），甘肃文化出版社2016年。

35.《西夏瓷上牡丹开》，唐文娟，《大众考古》2017年第10期。

36.《西夏瓷塑玩具》，王艳云，《西夏学》（第十七辑　2018年第2期），甘肃文化出版社2019年。

37.《西夏经瓶赏鉴》，张瑞芳，《收藏界》2018年第2期。

38.《赏析西夏瓷器的意境之美》,王茜,《收藏界》2018年第6期。

39.《唐宋文化影响下的西夏陶瓷牡丹纹样发展研究》,孙圣国,《中国陶瓷》2019年第2期。

40.《甘肃武威塔儿湾遗址出土西夏瓷器初探》,王琦,《文物天地》2019年第3期。

41.《论西夏陶瓷牡丹纹在唐宋文化影响下的发展》,黄娟,《陶瓷研究》2019年第4期。

42.《简论西夏瓷器文化》,李五奎,《西夏研究》2019年第4期。

43.《甘肃省博物馆西夏瓷器分析》,任先君,《艺术品鉴》2019年第30期。

44.《游牧习俗境遇下西夏陶瓷扁壶设计研究》,王赫德、杨然、李正安,《中国陶瓷》2020年第12期。

(二)烧窑遗址

1.《银川缸瓷井西夏窑址》,宁夏博物馆,《文物》1978年第8期;《西夏史论文集》,宁夏人民出版社1984年。

2.《宁夏灵武县瓷窑堡瓷窑址调查》,中国社会科学院考古研究所内蒙古工作队,《考古》1986年第1期。

3.《宁夏灵武县瓷窑堡瓷窑址调查发掘漫记》,马文宽,《中国古陶瓷研究》创刊号,1987年。

4.《宁夏灵武瓷窑堡瓷窑遗址出土瓷片中微量元素的组成》,中国社会科学院考古研究所实验室,《考古》1987年第8期。

5.《宁夏灵武县瓷窑堡窑址发掘简报》,中国社会科学院考古研究所内蒙古工作队,《考古》1987年第10期。

6.《甘肃河西的西夏瓷窑址和城址》,郭振伟,《丝绸之路》1998年第1期。

7.《宁夏灵武县回民巷瓷窑址调查》,中国社会科学院考古研究所内蒙古工作队,《考古》1991年第3期。

8.《回忆磁窑堡瓷窑址的调查与发掘》,马文宽,《宁夏考古记事》,宁夏人民出版社2001年。

9.《宁夏灵武市回民巷西夏窑址的发掘》,宁夏文物考古所、灵武市文物管理所,《考古》2002年第8期。

10.《探寻西夏瓷窑之谜》,任建中,《宁夏日报》2004年4月20日。

11.《宁夏灵武市磁窑堡、回民巷古瓷窑遗址考察纪要》,吕成龙,《故宫博物院院刊》2006年第4期。

12.《西夏彩俑的发式》,李进兴,《中国文物报》2000年10月1日。

七、甘肃、内蒙古、宁夏省区石窟

(一)敦煌石窟①、武威石窟

1. 分期断代、经营建造、研究综述

(1)《瓜沙西夏石窟概论》,刘玉权,敦煌研究院《中国石窟·敦煌莫高窟》(第5册),日本平凡社1982年;文物出版社1987年。

(2)《敦煌莫高窟、安西榆林窟西夏洞窟分期》,刘玉权,《敦煌研究文集》,甘肃人民出版社1982年。

(3)《瓜沙西夏时期的石窟》,刘玉权,《中国石窟·敦煌莫高窟》(第5册),中国文物出版社、日本平凡社1982年。

(4)《试论敦煌藏经洞的封闭年代》,白滨,《1983年全国敦煌学术讨论会文集》(石窟·艺术编·上册),甘肃人民出版社1985年;《西夏民族史论》,甘肃文化出版社2018年。

(5)《榆林窟第29窟窟主及其营建年代考论》,刘玉权,《段文杰敦煌研究50周年纪念文集》,世界图书出版公司、北京公司1996年。

(6)《敦煌西夏洞窟分期再议》,刘玉权,《敦煌研究》1998年第3期。

(7)《敦煌莫高窟第465窟断代研究综述》,敖特根,《敦煌研究》1998年第3期。

(8)《敦煌莫高窟北区洞窟清理发掘简报》,彭金章、沙武田,《文物》1998年第10期。

(9)《关于敦煌莫高窟第465窟断代的几个问题》,谢继胜,《中国藏学》2000年第3期。

(10)《关于敦煌莫高窟第465窟断代的几个问题》(续),谢继胜,《中国藏学》2000年第4期。

(11)《敦煌莫高窟第465窟建窟史迹再探》,霍巍,《中国藏学》2009年第3期。

(12)《敦煌西夏石窟研究琐言》,刘玉权,《敦煌研究》2009年第4期。

(13)《西夏皇室和敦煌莫高窟刍议》,史金波,《西夏学》(第四辑),宁夏人民出版社2009年;《西夏文化研究》,中国社会科学出版社2015年。

(14)《武威亥母洞石窟遗址调查报告》,梁继红,《陇右文博》2010年第2期;

---

① 本文"敦煌石窟",指莫高窟、西千佛洞,瓜州的榆林窟、东千佛洞、旱峡石窟,肃北石窟。

《凉州与西夏》，甘肃文化出版社2018年。

（15）《敦煌西夏洞窟分期及存在的问题》，王惠民，《西夏研究》2011年第1期。

（16）《敦煌西夏石窟分期研究之思考》，沙武田，《西夏研究》2011年第2期。

（17）《西夏瓜州旱峡石窟》，张宝玺，《西夏学》（第七辑），上海古籍出版社2011年。

（18）《敦煌西夏石窟断代的新证据——三珠火焰纹和阴阳珠火焰纹》，岳健，《西夏学》（第七辑），上海古籍出版社2011年。

（19）《莫高窟、榆林窟西夏专题考察述论》，陈炳应，《丝绸之路》2011年第18期；《西夏文明研究》，甘肃文化出版社2018年。

（20）《敦煌西夏石窟研究综述》，张世奇、沙武田，《西夏研究》2014年第4期。

（21）《文殊山万佛洞西夏说献疑》，杨富学，《西夏研究》2015年第1期。

（22）《西夏时期重修莫高窟第61窟原因分析》，朱生云，《敦煌学辑刊》2016年第3期。

（23）《敦煌与瓜州西夏时期石窟艺术的比较研究》，何卯平、宁强，《敦煌研究》2016年第6期。

（24）《武威天梯山石窟研究史综述》，余丹丹，《卷宗》2016年第8期。

（25）《莫高窟第61窟甬道为元代西夏遗民营建说》，杨富学，《西夏学》（第十五辑　2017年第2期），甘肃文化出版社2017年。

（26）《西夏时期莫高窟的营建——以供养人画像缺席现象为中心》，沙武田，《西夏学》（第十五辑　2017年第2期），甘肃文化出版社2017年。

（27）《莫高窟第245窟主尊定名考》，张世奇、郭秀文，《西夏学》（第十五辑　2017年第2期），甘肃文化出版社2017年。

（28）《敦煌西夏石窟营建史构建》，沙武田，《西夏研究》2018年第1期。

（29）《裕固族初世史乃解开晚期敦煌石窟密码之要钥》，杨富学，《敦煌研究》2019年5期。

（30）《敦煌晚期石窟研究的若干思考》，杨富学，《天水师范学院学报》2020年第1期。

（31）《敦煌"西夏石窟"的年代问题》，刘永增，《故宫博物院院刊》2020年第3期。

（32）《敦煌西夏石窟研究的成就及面临的问题》，刘宏梅、杨富学，《西夏研究》十周年特刊，2020年。

2.题记考辨、图像属性

（1）《莫高窟、榆林窟西夏文题记翻译》，史金波、白滨，敦煌文物研究所抄本，

1965年。

（2）《莫高窟、榆林窟西夏资料概述》，白滨、史金波，《兰州大学学报》（敦煌学专刊）1980年第2期；《西夏史论文集》，宁夏人民出版社1984年。

（3）《新见西夏文石刻和敦煌安西洞窟夏汉文题记考释》，王静如，《王国维学术研究论集》（一），华东师大出版社1983年；《王静如民族研究文集》，民族出版社1998年；《王静如文集》（下），社会科学文献出版社2015年。

（4）《莫高窟、榆林窟西夏文题记研究》，史金波、白滨，《考古学报》1982年第3期；《西夏史论文集》，宁夏人民出版社1984年；《西夏学》（第二辑），宁夏人民出版社2007年。

（5）《甘肃安西榆林窟西夏后期石窟装饰及其与宋〈营造法式〉之关系初探》（上下），李路珂，《敦煌研究》2008年第3—4期。

（6）《莫高窟第16窟整体重修时供养人画像的缺失与藏经洞的封闭》，沙武田，《西夏研究》2012年第2期。

（7）《敦煌莫高窟题记所见西夏归义人研究》，陈玮，《西夏学》（第十二辑），甘肃文化出版社2016年。

（8）《冯国瑞〈武威天梯山石窟图录〉及相关问题申论》，刘雁翔，《档案》2017年第10期。

（9）《对敦煌409窟壁画人物"回鹘国王"的质疑》，汤晓芳，《回鹘西夏元代敦煌石窟与民族文化学术研讨会论文》，2017年；《西夏历史文化探幽》，甘肃文化出版社2018年。

（10）《敦煌石窟六字真言题识时代探析》，沙武田、李晓凤，《敦煌学辑刊》2019年第4期。

（11）《西夏石窟造像体系与巴哩〈成就百法〉关系研究》，贾维维，《故宫博物院院刊》2019年第10期。

（12）《一所石窟中的密教灌顶道场——瓜州榆林窟第29窟洞窟功能再探》，郭子睿，《西夏研究》2019年第2期。

（13）《文殊山万佛洞与北庭西大寺〈弥勒上生经变〉的比较研究》，刘江，《西夏学》（第二十辑 2020年第1期），甘肃文化出版社2020年。

（14）《瓜州榆林窟第19窟甬道西夏"大礼平定四年"题记考辨》，公维章，《西夏学》（第二十辑 2020年第1期），甘肃文化出版社2020年。

（15）《西夏佛教一面相——西夏时期净土思想对敦煌石窟功德和功能的新诠释》，沙武田，《西夏学》（第二十一辑 2020年第2期），甘肃文化出版社2020年。

（16）《关于莫高窟第130窟"谒诚□化功臣"的身份问题——兼及表层壁画年代再讨论》，岳键、李国，《西夏学》（第二十一辑　2020年第2期），甘肃文化出版社2020年。

（17）《敦煌西夏藏传佛教洞窟及其图像属性探析——以西夏官方佛教系统为视角》，沙武田，《中国藏学》2020年第3期；人大《宗教》2020　第6期。

（二）内蒙古、宁夏相关石窟

1.《须弥山石窟题记研究》，杜建录，《宁夏文物》（总第7期），1993年；《西夏史论集》，上海古籍出版社2016年。

2.《须弥山石窟史略》，杜建录，《固原师专学报》1996年第4期；《西夏史论集》，上海古籍出版社2016年。

3.《阿尔寨石窟的开凿年代与藏传佛教艺术传入的年代》，汤晓芳，《鄂尔多斯学研究》2005年第3期；《西夏历史文化探幽》，甘肃文化出版社2018年。

4.《阿尔寨石窟的密宗壁画及其年代》，汤晓芳，《宁夏大学学报》2006年第2期；《西夏历史文化探幽》，甘肃文化出版社2018年。

5.《阿尔寨石窟男女双身佛像探析》，陈育宁、汤晓芳，《内蒙古社会科学》（汉文版）2006年第4期；《西夏历史文化探幽》，甘肃文化出版社2018年。

6.《洞穴中的秘密——山嘴沟西夏石窟清理记事》，贺璐璐，《新消息报》2008年7月27日。

7.《那山，那佛，那窟——须弥山石窟考古片段》，贺璐璐，《新消息报》2008年8月24日。

8.《阿尔寨石窟第31窟毗沙门天王变相图释读》，陈育宁、汤晓芳，《内蒙古社会科学》2009年第3期；《西夏历史文化探幽》，甘肃文化出版社2018年。

9.《阿尔寨石窟》，郭殿勇，《西部资源》2009年第4期。

10.《延安宋金石窟玄奘取经图像考察——兼论宋金夏元时期玄奘取经图像的流变》，石建刚、杨军，《西夏学》（第十五辑　2017年第2期），甘肃文化出版社2017年。

八、其他遗址遗存与发现出土文物

（一）遗址遗存

1.宫址、城址

(1)《元昊离宫与拜寺口遗址》，胡迅雷，《宁夏大学学报》1983年第1期。

(2)《清幽宏伟的西夏离宫遗址》，李祥石，《宁夏艺术》试刊号，1984年。

（3）《西夏离宫考——兼与李祥石同志商榷》，葛平，《艺术交流》1985年第5期。

（4）《西夏离宫位置小考》，霍升平、胡卫宗，《西北史地》1987年第1期。

（5）《西夏离宫主殿位置小考：兼与李祥石同志商榷》，胡迅雷、霍升平、李蕴林，《西北史地》1987年第1期。

（6）《贺兰山西夏元昊避暑宫位置》，马文明，《银川市志通讯》1989年第1期。

（7）《西夏南牟会遗址考》，刘华，《宁夏大学学报》1991年第1期。

（8）《西夏南牟会遗址暨天都山今考》，刘华，《宁夏社会科学》1999年第2期。

（9）《元昊营造天都行宫的意图及其遗址考》，刘华、杨孝峰，《宁夏社会科学》2000年第2期。

（10）《揭开贺兰山西夏离宫之谜》，陈华，《宁夏日报》2006年12月22日。

（11）《西夏南牟会行宫位置考》（一、二），李进兴，《宁夏史志》2019年第5—6期。

（12）《鄂托克旗陶思图西夏城堡》，张郁，《内蒙古自治区文物资料选辑》，内蒙古人民出版社1964年。

（13）《银川城址勘测记》，戴应新，《文物》1980年第8期。

（14）《饮汗城城址考证》，汪一鸣，《宁夏社会科学》1983年第1期。

（15）《西安州古城与天都山石窟》，许成、吴峰云，《固原师专学报》1984年第1期；《文物考古收藏风云录》，学苑出版社2013年。

（16）《宁夏石嘴山市西夏城址试掘》，宁夏展览馆，《考古》1981年第1期；《西夏史论文集》，宁夏人民出版社1984年。

（17）《韦州古城》，许成、吴峰云，《固原师专学报》1984年第3期；《文物考古收藏风云录》，学苑出版社2013年。

（18）《大夏国、统万城、饮汗城》，陈育宁，《宁夏史志研究》1992年第3期；《塞上问史录》，宁夏人民出版社1993年。

（19）《〈饮汗城城址考证〉质疑》，刘菊湘，《宁夏社会科学》1993年第5期。

（20）《再论饮汗城城址》，汪一鸣，《宁夏社会科学》1994年第5期。

（21）《准格尔旗周家壕与马家圪旦西夏元代遗址发掘》，内蒙古文物考古研究所，《内蒙古文物考古文集》（第一辑），中国大百科全书出版社1994年。

（22）《西夏时期的统万城》，杜建录，《统万城遗址综合研究》，三秦出版社2004年；《西夏史论集》，上海古籍出版社2016年。

（23）《统万城建筑规模及其历史作用》，杨满忠，《统万城遗址综合研究》，三秦出版社2004年；《宁夏大学学报》2005年第3期。

（24）《统万城文化积淀期的划分及其重要特征》，杨满忠，《统万城遗址综合研究》，三秦出版社 2004 年。

(25)《赫连勃勃与统万城》，薛正昌，《统万城遗址综合研究》，三秦出版社 2004 年。

(26)《统万城文化溯源》，杨满忠，《宁夏师范学院学报》2007 年第 2 期。

(27)《同心县境内的十座古城》，金玉山，《宁夏史志》2010 年第 5 期。

(28)《旱塬名镇韦州历史文化随笔》，余海堂，《宁夏史志》2010 年第 5 期。

(29)《韦州古城历史浅议：兼与金玉山、余海堂同志商榷》，白述礼，《宁夏史志》2011 年第 2 期。

(30)《甘肃民勤境内西夏时期古城遗址》，黎树科、张振华，《西夏学》（第十辑），上海古籍出版社 2014 年。

(31)《甘肃境内西夏遗址综述》，俄军、赵天英，《西夏研究》2015 年第 4 期。

(32)《甘肃镇原县境内宋代御夏古城遗址考察研究》，王博文，《西夏研究》2015 年第 4 期。

(33)《"统万城"史料长编及其文献价值与特点》，张全明，侯甬坚等编《统万城建城一千六百年国际学术研讨会文集》，陕西师范大学出版社 2015 年。

(34)《统万城建设的历史考察：从制度、文化层面的探讨》，李文才，侯甬坚等编《统万城建城一千六百年国际学术研讨会文集》，陕西师范大学出版社 2015 年。

(35)《关于统万城建城史问题的再讨沦》，娄娟娟，侯甬坚等编《统万城建城一千六百年国际学术研讨会文集》，陕西师范大学出版社 2015 年。

(36)《关于大夏国都统万城几个问题的认识》，张新国，侯甬坚等编《统万城建城一千六百年国际学术研讨会文集》，陕西师范大学出版社 2015 年。

(37)《统万城与赫连果城：试论两个历史遗迹的涵义》，刘翠溶，侯甬坚等编《统万城建城一千六百年国际学术研讨会文集》，陕西师范大学出版社 2015 年。

(38)《阿拉善的西夏军事建筑遗址》，汤晓芳，2015 年；《西夏历史文化探幽》，甘肃文化出版社 2018 年。

(39)《阿拉善的西夏建筑遗址》，汤晓芳，《西夏学》（第十三辑），上海古籍出版社 2016 年。

2. 葬墓、岩画、崖刻

(1)《甘肃武威西郊林场西夏墓清理简报》，宁笃学、钟长发，《考古与文物》1980 年第 3 期；《西夏史论文集》，宁夏人民出版社 1984 年。

(2)《准格尔旗西夏壁画墓》，郑隆，《鄂尔多斯文物考古文集》1981 年第 8 期；《中国考古集成（东北卷辽）》，北京出版社 1997 年。

（3）《武威西郊发现西夏墓》，宁笃学，《考古与文物》1984年第4期。

（4）《武威发现西夏砖室火葬墓》，刘斌发，《中国文物报》1997年7月7日；《丝绸之路》2000年第1期。

（5）《西夏木缘塔》，朱安，《丝绸之路》2001年第9期。

（6）《武威西部西夏墓清理简报》，姚永春，《陇右文博》2000年第2期。

（7）《戈壁滩上的墓葬群——闽宁村西夏墓地发掘》，贺璐璐，《新消息报》2008年7月20日。

（8）《被埋没的西夏千佛阁遗址》，党寿山，《西夏学》（第七辑），上海古籍出版社2011年。

（9）《武威西郊西夏墓墓葬题记述论》，常岚、于光建，《宁夏社会科学》2014年第2期。

（10）《武威西夏墓出土太阳、太阴图像考论》，于光建，《宁夏社会科学》2017年第3期。

（11）《庆城县西夏墓出土砖雕图像组合研究》，王胜泽，《宁夏社会科学》2018年第5期。

（12）《贺兰山岩画与西夏王国》，李范文，王邦秀主编《2000宁夏国际岩画研讨会文集》，宁夏人民出版社2001年。

（13）《贺兰山岩画与阴山岩画的关系》，李范文，《李范文西夏学论文集》，中国社会科学出版社2012年。

（14）《贺兰山岩画的七种造句法》，王毓红，《西夏研究》2012年第4期。

（15）《贺兰山合体岩画的四种基本组合图式》，王毓红，《西夏研究》2013年第2期。

（16）《灵武回民巷西夏摩崖石刻》，孙昌盛，《宁夏社会科学》2017年第1期。

（二）其他文物

1. 出土发现、收藏介绍

（1）《甘肃武威发现一批西夏遗物》，甘肃博物馆，《考古》1974年第3期；《西夏史论文集》，宁夏人民出版社1984年；《西夏文明研究》，甘肃文化出版社2018年。

（2）《西安市文管处藏西夏文物》，西安市文管处、中国社会科学院（史金波、白滨执笔），《文物》1982年第4期。

（3）《我所知道的宁夏境内出土发现的西夏文物》，罗雪樵，《宁夏文史》（第2辑），1986年。

（4）《内蒙古伊金霍洛旗发现西夏窖藏文物》，高毅、王志平，《考古》1987年第

12期;《中国考古集成(东北卷辽)》,北京出版社1997年。

(5)《西夏王国の贵重な文物》,吴峰云,(日刊)《敦煌·西夏王国展(图录)》,日本国东宝企画1988年;《文物考古收藏风云录》,学苑出版社2013年。

(6)《四川发现西夏文物》,周群华,《成都文物》1989年第2期。

(7)《宁夏中卫县四眼井出土的西夏文物》,周兴华,《中卫文史资料》(第3辑),1989年;《考古》1994年第8期;《宁夏古迹新探》,宁夏人民出版社2002年。

(8)《新发现的西夏文物述论》,陈炳应,《西夏文史论丛(一)》,宁夏人民出版社1992年。

(9)《宁夏中卫县四眼井出土的西夏文物》,宁夏文物考古所,《文物》1994年第9期。

(10)《几件特殊的西夏文物试释》,陈炳应,《中国民族古文字研究(第2辑)》,天津古籍出版社1995年;《西夏文明研究》,甘肃文化出版社2018年。

(11)《俄罗斯国立艾米尔塔什博物馆敦煌文物收藏品概况》,王克孝,《敦煌研究》1996年第4期。

(12)《额济纳旗绿城新见西夏文物考》,史金波、翁善珍,《文物》1996年第10期。

(13)《甘肃武威清理发掘西夏墓葬出土彩绘木版画等一批珍贵文物》,钟长发,《中国文物报》1997年6月2日第9版。

(14)《关于甘肃、宁夏曾经发现西夏文物的一些情况和意见》,张思温,《张思温文集》,甘肃民族出版社1999年。

(15)《俄罗斯国立爱尔米塔什博物馆东方部馆藏黑城文物记述》,[俄]吉拉·萨马秋克(著),崔红芬(译),《宁夏社会科学》2002年第6期。

(16)《武威亥母洞出土的一批西夏文物》,孙寿龄,《国家图书馆学刊》(西夏研究专号),2002年增刊。

(17)《西夏文物精粹举偶》,史金波,《大夏寻踪:西夏文物辑萃》,中国社会科学出版社2004年。

(18)《西夏文物三题》,李进兴,《西夏学》(第一辑),宁夏人民出版社2006年。

(19)《宁夏博物馆藏西夏文献概述》,王效军,《西夏学》(第一辑),宁夏人民出版社2006年。

(20)《略论固原博物馆馆藏西夏文物》,黄丽荣,《固原师专学报》2006年第4期。

(21)《甘肃省博物馆馆藏西夏文献述略》,俄军,《考古与文物》2006年第6期。

（22）《宁夏固原西夏文物析论》，黄丽荣，《西夏研究（第三辑）：第二届西夏学国际学术研讨会论文集》，中国社会科学出版社2006年。

（23）《宁夏博物馆藏西夏文物》，陈永耘，《东方博物》2007年第2期。

（24）《西夏文物夺人眼球》，孟扬，《西部时报》2007年6月12日。

（25）《灵武百年出土文物拾珍》，刘宏安，《新消息报》2008年11月30日。

（26）《银川发现3处西夏时期文物遗存·分别为西夏离宫、别墅、寺院遗址·填补贺兰山沿线无西夏时代系统性研究资料空白》，申东、刘国鹏，《宁夏日报》2008年12月19日。

（27）《银川新发现西夏时期文物遗存》，申东、刘国鹏，《西部时报》2008年12月23日9版。

（28）《甘肃藏西夏文物述略》，俄军、赵天英，《吴天墀教授百年诞辰纪念文集（1913—2013）》，四川人民出版社2013年。

（29）《宁夏博物馆收藏的西夏文物》，吴峰云，《文物考古收藏风云录》，学苑出版社2013年。

（30）《一批新见的额济纳旗绿城出土西夏文献》，段玉泉，《西夏学》（第十辑），上海古籍出版社2014年。

（31）《塞上遗珍——院藏西夏文物鉴赏》，杨宏毅，《文物天地》2017年第5期。

（32）《宁夏境内西夏可移动文物种类及特点》，马立群、郑素萍、孔德翊、张红英，《民族艺林》2018年第2期。

（33）《武威西夏文文献的发现与研究》，梁继红，《凉州与西夏》，甘肃文化出版社2018年。

2. 金属器物、骨木器物

（1）《内蒙古临河县高油房出土的西夏金器》，陆思贤、郑隆，《文物》1987年第11期；《中国考古集成（东北卷辽）》，北京出版社1997年。

（2）《银川出土窖藏鎏金铜像与铜器》，宁夏博物馆，《考古与文物》1989年第4期。

（3）《宁夏新出土带梵字器物考》，马文宽、黄振华，《文物》1990年第3期。

（4）《乌审旗发现西夏文"内宿待命铜符牌"》，阎敏，《内蒙古文物考古》，1992年第1—2期；《中国考古集成（东北卷辽）》，北京出版社1997年。

（5）"The Cache of Buddhist Gilt Bronzes Found in Yinchuan: The Question of Date"（《银川出土的佛教鎏金青铜器：年代问题》），吴峰云，（香港）Orientations, APRIL 1996（《东方艺术和古董》1996年4月）；《文物考古收藏风云录》，学苑出版

社 2013 年。

（6）《论银川出土鎏金铜像的年代问题》，吴峰云，《首届西夏学国际学术会议论文集》，宁夏人民出版社 1998 年；《文物考古收藏风云录》，学苑出版社 2013 年。

（7）《甘肃武威市出土的西夏银符牌》，孙寿龄、黎大祥，《考古》2002 年第 4 期。

（8）《还原历史环境判断佛像真伪》，金申，《收藏家》2005 年第 4 期。

（9）《略谈西夏人腰间的挂件》，李进兴，《宁夏史志》2006 年第 1 期；《西夏研究（第三辑）：第二届西夏学国际学术研讨会论文集》，中国社会科学出版社 2006 年。

（10）《银川市出土的铜佛像年代及伪造的西夏佛像》，金申，《文博》2006 年第 4 期。

（11）《银川市出土的铜佛像年代及伪造的西夏佛像》，金申，《西夏研究（第三辑）：第二届西夏学国际学术研讨会论文集》，中国社会科学出版社 2006 年。

（12）《西夏铜火铳：我国最早的金属管型火器》，牛达生、牛志文，《寻根》2004 年第 6 期；《西夏考古论稿》，上海古籍出版社 2013 年。

（13）《内蒙古地区出土的西夏金器》，孙建华，《故宫博物院院刊》2007 年第 6 期。

（14）《西夏文物"敕燃马牌"跃上国家名片》，孙滨、李亮，《华兴时报》2007 年 7 月 30 日。

（15）《西夏金银器鉴赏》，金萍、王效军，《收藏界》2008 年第 4 期。

（16）《武威石城山出土西夏卜骨考证》，孙寿龄、于光建，《西夏学》（第五辑），上海古籍出版社 2010 年。

（17）《武威出土的西夏铜壶、铜观音像、石磨》，党菊红，《西夏学》（第七辑），上海古籍出版社 2011 年。

（18）《武威发现夏汉合璧铜像棋子考证》，黎大祥，《西夏研究》2012 年第 2 期。

（19）《黑水城文书所见西夏银牌——兼论西夏制度的辽金来源》，冯金忠，《中华文史论丛》2015 年第 3 期。

（20）《西夏文银牌"内宿首领"考释》，朱浒，《宁夏社科学》2016 年第 3 期。

（21）《西夏金银器研究》，程丽君、赵天英，《西夏研究》2016 年第 4 期。

（22）《西夏金银器研究举隅》，米向军，《收藏》2017 年第 4 期。

（23）《略述西夏的几件铁器》，李进兴，《东方收藏》2017 年第 4 期。

（24）《从彩绘座椅看西夏木器》，王萍，《文汇报》2017 年 10 月 20 日 W16 版。

（25）《内蒙古高油坊出土西夏化生童子金耳坠考释及其文化意象》，马万梅，《宁夏社会科学》2018 年第 3 期。

(26)《西夏文铜镜的真言文法与四臂观音像研究》,胡嘉麟,《西夏学》(第十七辑　2018年第2期),甘肃文化出版社2019年。

(27)《银川新华街出土的窖藏西夏铜器珍品》,弭辉,《收藏界》2018年第4期。

(28)《宁夏中卫市沙坡头区常乐镇发现西夏窖藏铁器》,梁斌杰、宋浩,《西夏研究》2019年第1期。

(29)《西夏"寒山拾得"鎏金铜像解析》,周胤君,《天津美术学院学报》2019年第3期。

(30)《西夏双木扇式风箱在古代鼓风器发展中的地位》,徐庄,《宁夏社会科学》2008年第1期。

3. 石雕造像、泥塑(擦擦)、纸本等

(1)《西夏施触地印佛像小考》,李翎,《西夏学》(第五辑),上海古籍出版社2010年。

(2)《关于凉州瑞象的一些新资料——兼谈黑水城出土凉州瑞象》,张小刚,《西夏研究》2012年第4期。

(3)《武威发现西夏覆钵式喇嘛塔石刻造像》,孙寿龄,《西夏学》(第十辑),上海古籍出版社2014年。

(4)《汉地小泥佛、小泥塔名称考——兼论"擦擦"名称》,牛达生,《寻根》2008年第1期;《西夏考古论稿(二)》,甘肃文化出版社2016年。

(5)《陕北地区的"牛碾子"遗存调查及相关问题》,杨蕤、李发源,《西夏研究》2018年第2期;杨蕤著《陕北历史文化散论》,商务印书馆2019年。

(6)《西夏泥塑双头佛像》,梁继红,《丝绸之路》2001年第11期。

(7)《宁夏出土梵文脱佛铜制擦擦范研究》,朱浒,《中国美术研究》2016年第1期。

(8)《"擦擦"的西夏译法小考》,麻晓芳,《宁夏社会科学》2016年第5期。

(9)《内蒙古出土西夏擦擦及其特点》,蔡彤华,《西夏学》(第十三辑),甘肃文化出版社2016年。

(10)《西夏擦擦与藏传佛教关系研究》,徐佳佳,《文物鉴定与鉴赏》2017年第7期。

(11)《西夏擦擦单尊造像艺术探析》,章治宁,《西夏学》(第十七辑　2018年第2期),甘肃文化出版社2019年。

(12)《西夏塔式擦擦造像艺术》,章治宁,《西夏学》(第十八辑　2019年第1期),甘肃文化出版社2018年。

(13)《武威新发现西夏〈音同〉残页》,孙寿龄,《陇右文博》1996年第2期。

(14)《武威发现国内最早的泥活字版西夏文佛经》,孙寿龄,《陇右文博》1997年第1期。

(15)《西夏十一面观音像唐卡》,梁继红,《中国文物报》1998年;《凉州与西夏》,甘肃文化出版社2018年。

(16)《景泰县发现西夏文字》,尚正录,《档案》2000年第5期。

(17)《昆明一担斋所藏"药师琉璃光佛会"版画考》,释淳法、聂鸿音,《固原师专学报》2006年第1期。

(18)《武威出土的西夏文韵书〈同音〉》,梁继红,《陇右文博》2006年第1期;《凉州与西夏》,甘肃文化出版社2018年。

(19)《灵武火神庙出土的西夏文佛经》,牛达生,《陇右文博》2007年第1期。

(20)《新发现最早的活字版西夏文佛经》,陈炳应,郑炳林、樊锦诗、杨富学主编《丝绸之路民族古文字与文化学术讨论会文集》(上),三秦出版社2007年;《西夏文明研究》,甘肃文化出版社2018年。

(21)《西夏文殊菩萨像唐卡辨析》,梁继红,《陇右文博》2011年第2期;《凉州与西夏》,甘肃文化出版社2018年。

(22)《酒泉文殊万佛洞西夏四角天工图像初探》,李甜,《西夏学》(第十五辑 2017年第2期),甘肃文化出版社2017年。

(23)《瓜州博物馆藏西夏遗址所出藏文医书残片新正》,刘英华、甄艳、农汉才,《中华医史杂志》2018年第5期。

(24)《西夏上乐金刚和金刚亥母坛城唐卡》,梁继红,《凉州与西夏》,甘肃文化出版社2018年。

九、文物古迹保护、考察游旅开发、博物馆展

1.《银川市历史文化遗存及其保护、建设问题》,许成,《宁夏史志研究》1989年第1期;《宁夏考古史地研究论集》,宁夏人民出版社1989年。

2.《西夏历史文化开发与宁夏物质文明、精神文明建设》,杨占武、林清,《宁夏社会科学》1990年第4期。

3.《炭化西夏雕版加固保护总结报告和技术处理报告》,张利,《宁夏文物》1992年第6期。

4.《西夏丝织品的保护初探》,王萍,《文物保护与考古科学》1998年第2期。

5.《西夏文物古迹保护与研究》,雷润泽,《首届西夏学国际学术会议论文

集》,宁夏人民出版社1998年。

6.《西夏文化专题旅游开发》,温晋林,《宁夏大学学报》(自然版)1999年第2期。

7.《西夏丝织品的文物保护与科学管理》,王萍,《宁夏大学学报》1999年第3期。

8.《西夏鎏金铜佛像的研究及其保护》,王萍,《敦煌研究》2000年第1期。

9.《西夏丝织品文物损坏机理的研究及其保护管理》,王萍,《敦煌研究》2000年第1期。

10.《西夏文化与甘肃》,王晓英,《甘肃日报》2000年8月24日。

11.《新型民族传统体育——西夏"泼喜"旋风炮开发构想》,赵炳南、秦庚生,《西安体育学院学报》2001年第4期。

12.《宁夏区域西夏建筑文化景观及其开发利用》,江金波,《资源开发与市场》2003年第1期。

13.《建设大银川:文物古迹的保护规划与开发利用》,许成,《宁夏社会科学》2003年第5期。

14.《陕北考察纪行——寻找被遗忘的王朝》,白滨,中国社会科学院学者散文选编委会编(单天伦主编)《时代履痕:中国社会科学院学者散文选》(下),社会科学文献出版社2004年;《西夏民族史论》,甘肃文化出版社2018年。

15.《挖掘、利用"西夏历史文化"发展旅游经济》,李宇红,《社科纵横》2005年第5 期。

16.《西夏亥母洞遗址开始保护性修建》,孙煜东,《武威日报》2006年8月15日。

17.《创新思维与西夏文化旅游开发》,杨猛、石培基,《宁夏社会科学》2006年第5期。

18.《论大九寨国际旅游区藏羌文化的形成和发展》,杨文健、庄春辉、李瑞琼,《西夏研究(第三辑):第二届西夏学国际学术研讨会论文集》,中国社会科学出版社2006年。

19.《宁夏"借"羌族舞蹈开发西夏乐舞》,魏巍、李荣华,《华兴时报》2006年10月20日。

20.《宁夏文化遗产资源与保护研究(上)——物质文化遗产现状与保护开发》,薛正昌,《宁夏社会科学》2007年第3期。

21.《让壁画中的西夏建筑再现银川》,杨之汀,《华兴时报》2007年3月20日。

22.《宁夏文化旅游资源及其开发定位研究》,何彤慧等,《干旱区资源与环境》2007年第5期。

23.《宁夏文化旅游资源及其开发定位研究》,罗康宁,《广东园林》2007年第6期。

24.《西夏文化旅游产品设计初探——以宁夏回族自治区为例》,毛娟,《科技咨询导报》2007年第16期。

25.《以西夏陵为例谈旅游开发中的文物保护》,周伟、李晓玲,《山西建筑》2008年第8期。

26.《论西夏文化特色及其旅游开发的应用价值》,智凌燕、刘兴全,《西夏历史与文化:第三届西夏学国际学术研讨会论文集》,甘肃人民出版社2010年。

27.《党项西夏对宁夏古代城池的开发与建设》,杨满忠,《亚洲文明》(第四辑),三秦出版社2008年。

28.《巧思妙想构筑历史文化盛殿——解密宁夏博物馆新馆》,贺璐璐,《新消息报》2008年8月17日。

29.《挖掘历史文化打造"西夏宴"》,艾福梅,《华东旅游报》2008年8月21日。

30.《少数民族文化产业的特点和开发前景》,史金波,朝克、王振华、席菁主编《科学发展观与民族地区建设实践研究》,2010年;《学海汲求》,甘肃文化出版社2020年。

31.《西夏在马啣山设置的两个军事关隘考察》,张多勇、庞家伟、李振华、魏建斌,《石河子大学学报》2016年第4期。

32.《论黑城遗址的保护和利用》,吴峰云,《文物考古收藏风云录》,学苑出版社2013年。

33.《宁夏、内蒙古、甘肃陇东石窟考察记》,刘永增,《西夏学》(第十三辑),甘肃文化出版社2016年。

34.《宁夏西夏王陵、贺兰山岩画、靖边统万城考察纪行》,王禹浪、王文轶、王俊铮,《黑河学院学报》2016年第4期。

35.《浅谈统万城遗址保护》,张梅,《华夏地理》2016年第8期。

36.《尘封不住的西夏——从西夏文物精品巡回展谈起》,陈永耘,《西夏研究(第三辑):第二届西夏学国际学术研讨会论文集》,中国社会科学出版社2006年。

37.《关于开发横山党项西夏特色文化旅游产业的思考》,杨满忠、雷建忠,《宁夏师范学院学报》2017年第1期。

38.《在"死文字"中发现"活历史"——国图藏西夏文献的收藏与研究》,杜羽、方莉,《光明日报》2017年3月31日第5版。

39.《以"工匠精神"修复西夏文献——对话古籍修复师刘建明》,方莉、杜羽,《光明日报》2017年3月31日第5版。

40.《西夏进入河西的"啰庞岭道"与啰庞岭监军司考察》,张多勇、于光建,《石河子大学学报》2017年第6期。

41.《一抔黄土掩风流——西夏博物馆》,《奇妙博物馆》2018年第3期。

42.《西夏唐卡研究所作品成果展在京展出》,武文龙,《艺术市场》2018年第12期。

43.《宁夏社会科学院西夏学科组考察纪》,王艳春,《西夏研究》2019年第3期。

44.《天梯山石窟壁画保存环境中空气细菌的季节性变化》,段育龙、武发思、汪万福、贺东鹏、卢秀善,《微生物学通报》2019年第3期。

45.《西夏博物馆新馆开馆》,《文物天地》2019年第8期。

46.《西夏铜铃表面锈蚀物的科技分析研究》,王艳玲,《第二十届全国光散射学术会议(CNCLS 20)论文摘要集》,江苏苏州,2019年。

47.《西夏王陵旅游资源的开发利用研究》,周艳,《福建质量管理》2019年第21期。

48.《以西夏博物馆为例论多媒体技术在博物馆陈列展览中的应用》,李娇,《神州》2019年第36期。

49.《西夏王陵文化旅游开发刍议》,王秉琦,《西夏研究》2020年第2期。

拾贰　研究动态、学人学科及其他

一、回顾展望、综述目录

（一）回顾展望

1.《评苏联近三十年的西夏学研究》，黄振华，《社会科学战线》1978年第2期；《西夏史论集》，宁夏人民出版社1984年。

2.《国外研究西夏文、西夏史简况》，史金波、白滨，《民族史译文集》（第3辑），1978年。

3.《我国西夏学研究工作获得可喜成果》，张远成，《光明日报》1981年11月28日。

4.《西夏学的研究情况》，房建昌，《宁夏日报》1984年9月3日。

5.《西夏学研究述评》，罗矛昆，《宁夏社会科学》1985年第3期。

6.《苏联的西夏学研究》，王守轮，《民族古籍》1986年第1期。

7.《国外近年来的西夏学研究》，房建昌，《宁夏社会科学》1986年第1期。

8.《西夏学研究的回顾与展望——兼评〈文海研究〉》，贾敬颜，《历史研究》1986年第1期。

9.《苏联的西夏学》，[美]鲁斯·唐纳尔（著），方骏（译），《甘肃民族研究》1987年第1期。

10.《西夏学的产生与展望》，李范文，《西北民族研究》1988年第1期；《宁夏日报》1988年11月6日；《人民日报》（海外版）1988年11月30日；《中国民族史研究（二）：王静如教授从事学术活动60周年纪念专辑》，中央民族学院出版社1989年；《李范文西夏学论文集》，中国社会科学出版社2012年。

11.《西夏研究述略》，[美]邓茹萍（著），胡若飞（译），《宁夏社科情报》1988年第4期。

12.《宁夏应成为西夏学研究的中心》，牛达生，《宁夏文化通讯》1988年第5期。

13.《宁夏地区西夏学研究述评》,罗矛昆,《宁夏社会科学》1988年第5期。

14.《两年来我国西夏学研究综述》,若飞,《固原师专学报》1989年第1期。

15.《苏联西夏学研究的历史与形状》,[苏]捷连提耶夫-卡坦斯基(著),霍升平(译),《宁夏文史》(第4辑),1989年。

16.《我区西夏学的回顾与展望》,李范文,宁夏回族自治区文史研究馆编《宁夏文史》(第6辑),1990年;《李范文西夏学论文集》,中国社会科学出版社2012年。

17.《苏联西夏学研究的历程》,[苏]捷连提耶夫-卡坦斯基(著),周群华(节译),《固原师专学报》1991年第4期。

18.《西夏学研究与宁夏在西夏学研究中的地位》,牛达生,《宁夏社会科学》1991年第4期;《西夏考古论稿(二)》,甘肃文化出版社2016年。

19.《西夏学研究与宁夏在西夏学研究中的地位》,少贝,《甘肃社会科学》1991年第5期。

20.《〈宁夏社会科学〉西夏研究十年述评》,罗矛昆宁,《夏社会科学》1992年第5期。

21.《俄国的西夏学》,景永时,《宁夏学刊》1995年第3期。

22.《俄罗斯科学院东方学研究所圣彼得堡分所的西夏研究》,聂鸿音,《民族语文》1995年第4期。

23.《穿越时空,古国新诠——西夏学的研究现况与国学的互动》,史金波,(台湾)《历史文物》1994年第4卷第3期。

24.《台湾的西夏学研究》,罗矛昆,《宁夏社科情报》1995年第9期。

25.《莫道路难行,只要肯攀登——关于宁夏大学西夏研究道路的思考》,王天顺,《宁夏大学学报》1995年增刊。

26.《西夏学》,史金波,《中国学问通鉴》,中国语言学院出版社1995年。

27.《中国西夏学的发展》,白滨,《辽金西夏史研究:纪念陈述先生逝世三周年论文集:纪念陈述先生逝世三周年论文集》,天津古籍出版社1997年;《西夏民族史论》,甘肃文化出版社2018年。

28.《中国的西夏学》,白滨,《寻根》1998年第6期;《西夏民族史论》,甘肃文化出版社2018年。

29.《从零开始的西夏学》,李范文,《宁夏社会科学》1999年第6期;《李范文西夏学论文集》,中国社会科学出版社2012年。

30.《〈宁夏大学学报〉西夏研究20年》,韩小忙,《宁夏大学学报》2000年第4期。

31.《〈宁夏大学学报〉西夏研究20年》，韩小忙，《宁夏大学学报》2000年第4期。

32.《中国社会科学院民族研究所西夏研究回顾》，子寿，《宋史研究通讯》2001年第2期。

33.《百年西夏学》，史金波，《光明日报》2001年3月27日第B3版；《西夏历史文化钩沉》，甘肃文化出版社2018年。

34.《世纪之交的西夏学回顾》，朱琪，《阴山学刊》2001年第3期。

35.《二十世纪宁夏西夏研究述评》，孙颖慧、张玉海，《宁夏社会科学》2001年第6期。

36.《西夏学研究中藏学研究成果的应用》，牛达生，《中国藏学》2002年第1期；《西夏学论集：教育部人文社会重点研究基地建设10周年纪念》，上海古籍出版社2012年；《西夏考古论稿》，上海古籍出版社2013年。

37.《俄国西夏学研究述评》，景永时，《西北第二民族学院学报》2003年第4期；《西夏学论集：教育部人文社会重点研究基地建设10周年纪念》，上海古籍出版社2012年。

38.《20世纪俄国西夏学研究》，景永时，《二十世纪西夏学》，宁夏人民出版社2004年。

39.《20世纪日本的西夏学研究》，史金波，《二十世纪西夏学》，宁夏人民出版社2004年；《西夏历史文化钩沉》，甘肃文化出版社2018年。

40.《20世纪国内藏学界有关西夏研究》，黄颢，《二十世纪西夏学》，宁夏人民出版社2004年；《西夏学论集：教育部人文社会重点研究基地建设10周年纪念》，上海古籍出版社2012年。

41.《20世纪欧美西夏学研究》，彭向前、杨浣，《二十世纪西夏学》，宁夏人民出版社2004年。

42.《20世纪中国西夏学学术园地》，杨浣，《二十世纪西夏学》，宁夏人民出版社2004年。

43.《十九、二十世纪之交英法两国的西夏研究》，聂鸿音，《世界民族》2005年第1期；《西夏学述论》，甘肃文化出版社2018年。

44.《西夏研究小史》，[俄]聂历山（著），聂鸿音（重译），《国外早期西夏学论集》（二），民族出版社2005年；《西夏学述论》，甘肃文化出版社2018年。

45.《20世纪上半叶的日本西夏学研究》，孙伯君，《宁夏大学学报》，2005年5期。

46.《西夏研究百年回顾》，陈育宁，《民族史学概论》（增订本），宁夏人民出版社2006年;陈育宁、汤晓芳,《西夏历史文化探幽》,甘肃文化出版社2018年。

47.《西夏学研究的10年:1995—2005年中国西夏学研究的回顾与展望》,李范文,《西夏研究(第三辑):第二届西夏学国际学术研讨会论文集》,中国社会科学出版社2006年;《李范文西夏学论文集》,中国社会科学出版社2012年。

48.《回望西夏》(上、下),李范文,李文华主编《印象宁夏》,宁夏人民出版社2008年。

49.《从绝学到显学:新世纪西夏研究的展望》,聂鸿音,《中国史研究》2008年第4期;《西夏学述论》,甘肃文化出版社2018年。

50.《开创我国西夏研究的新局面》,白滨,《西夏学》(第三辑),宁夏人民出版社2008年。

51.《凝练方向,汇聚队伍,构筑高地——宁夏大学的西夏学研究》,何建国,《西夏学》(第三辑),宁夏人民出版社2008年。

52.《西夏学在中国的100年》,赵志研,《中国民族报》2008年5月30日。

53.《〈宁夏社会科学〉西夏研究十七年》,马淑萍,《宁夏社会科学》2009年第6期。

54.《中国和俄国西夏研究的互动》,史金波,Journal of Sino-Western Communications, Volume I, Issue 1(2009)(《中西文化交流学报》第1卷第1期,2009年);《西夏历史文化钩沉》,甘肃文化出版社2018年。

55.《西夏学研究在宁夏》,张琰玲,《西夏研究》2010年第2期。

56.《成果丰硕的西夏学研究——〈宁夏社会科学〉西夏栏目述评》,孙颖慧,《甘肃社会科学》2010年第6期;(更名)《〈宁夏社会科学〉西夏栏目述评》,《西夏研究论文集》,凤凰出版社2015年

57.《20世纪中国西夏学的回顾与展望》,李范文,《李范文西夏学论文集》,中国社会科学出版社2012年。

58.《20世纪上半叶俄苏西夏学研究概述》,王颖,《西夏学》(第十五辑 2017年第2期),甘肃文化出版社2017年。

59.《百年西夏学》,杜建录,《文史知识》2017年第3期。

60.《近四十年辽宋夏金史研究学术回顾》,包伟民,《中国史研究动态》2018年第1期;包伟民、戴建国主编《开拓与创新:宋史学术前沿论坛文集》,中西书局2019年。

61.《辽、宋、夏、金时期的民族史学》,史金波、关志国,包伟民、戴建国主编《开拓与创新:宋史学术前沿论坛文集》,中西书局2019年。

62.《西夏学的传承与发展》,杜建录,《西夏学》(第二十辑　2020年第1期),甘肃文化出版社2020年。

63.《日本西夏学的回顾与展望》,[日]荒川慎太郎(著),张玲(译),《西夏学》(第二十辑　2020年第1期),甘肃文化出版社2020年。

64.《西夏是一个中亚国家吗?——评俄国近三十年的西夏史研究》,李华瑞,《西夏学》(第二十辑　2020年第1期),甘肃文化出版社2020年。

65.《历史研究"碎片化"境遇下的西夏学研究》,魏淑霞,《宁夏社会科学》2020年第3期;《社会科学文摘》2020年第7期。

(二)年度目录综述

1.《西夏学文献目录(十九世纪——一九八〇年)》,冯蒸,李范文编《西夏研究论集》,宁夏人民出版社1983年。

2.《回族史、伊斯兰教史、西夏史资料汇辑(1929—1949年全国主要报刊西夏史部分论文索引)》,鄂贵京,《宁夏大学学报》1983年第4期。

3.《国内西夏研究论文、资料目录索引》,白滨,《民族研究通讯》1981年第4期;《西夏史论文集》,宁夏人民出版社1984年;《西夏民族史论》,甘肃文化出版社2018年。

4.《1983年西夏研究述要》,白硕,《宁夏社会科学》1984年第1期。

5.《国内西夏研究论文、资料目录索引》,白滨,《西夏史论文集》,宁夏人民出版社1984年;《西夏民族史论》,甘肃文化出版社2018年。

6.《1982—1984年我国西夏研究概述》,白滨,《宁夏社科通讯》1985年第6期;《西夏民族史论》,甘肃文化出版社2018年。

7.《1985年辽金西夏史研究概述》,史卫民,《中国史研究动态》1986年第9期。

8.《1986年辽金西夏史研究概况》,史卫民,《中国史研究动态》1987年第3期。

9.《1986年西夏研究资料索引》,刘天明,《参阅资料》1987年第3期。

10.《1986年西夏研究概述》,周群华,《固原师专学报》1987年第4期。

11.《1986年我国西夏研究述评》,刘天明,《宁夏社科通讯》1987年第4期。

12.《1987年辽金西夏史研究概况》,李锡厚,《中国史研究动态》1988年第4期。

13.《1987年西夏学研究的回顾与展望》,刘天明,《宁夏社科情报》1988年第4期。

14.《前苏联宋辽夏金元文化研究论著目录索引》,祝尚书(编译),四川大学古籍整理所、四川大学宋代文化研究资料中心编《宋代文化研究》（第二集），四川大学出版社1992年。

15.《90年代西夏研究论文索引》（一、二），刘淑立，《宁夏大学学报》1995年第3期、1996年第4期。

16.《1996年辽夏金元史研究综述》，屈文军，《中国史研究动态》1997年第8期。

17.《1990—1997年西夏论文目录索引》，张亚兰，《宁夏社会科学》1998年第2期。

18.《1997年西夏学研究综述》，韩小忙，《中国史研究动态》1998年第11期。

19.《50年宋辽金西夏元史研究概述》，江小涛，《中国教育报》1999年10月5日。

20.《1998年国内辽西夏金史研究综述》，关树东，《中国史研究动态》1999年第12期。

21.《1999年西夏学研究综述》，杨志高，《宁夏大学学报》2000年第4期。

22.《近年来我国西夏学研究综述》，马宝妮，《宁夏社会科学》2000年第6期。

23.《1999年国内辽西夏金史研究动态》，关树东，《中国史研究动态》2000年第11期。

24.《2000年西夏学研究综述》，杨志高，《宁夏大学学报》2001年第6期。

25.《2002年西夏学研究综述》，杨志高，《宁夏大学学报》2004年第5期。

26.《（2003年）西夏学研究》，杨志高，《宁夏年鉴 2003》，方志出版社2004年。

27.《（2004年）西夏学研究》，杨志高，《宁夏年鉴 2005》，方志出版社2005年。

28.《2001—2004年国内西夏学研究文献统计分析》，黄秀兰，《西夏研究（第三辑）：第二届西夏学国际学术研讨会论文集》，中国社会科学出版社2006年。

29.《2004年西夏学研究概述》，马淑萍，《西夏研究（第三辑）：第二届西夏学国际学术研讨会论文集》，中国社会科学出版社2006年。

30.《西夏研究论著目录索引·国内部分（1837—2005）》，杨志高，《西夏研究（第三辑）：第二届西夏学国际学术研讨会论文集》，中国社会科学出版社2006年。

31.《西夏研究论著目录索引·国外部分（1882—2002）》，[日]荒川慎太郎、佐腾贵保（著），文志勇、崔红芬（汉译俄文），鲁忠慧、边境（汉译日文），杨蕤（汉译英文），《西夏研究（第三辑）：第二届西夏学国际学术研讨会论文集》，中国社会科学出版社2006年。

32.《2001—2006年国内西夏学研究文献统计分析》,黄秀兰,《宁夏社会科学》2006年第3期。

33.《2004—2006年西夏学研究综述》,马淑萍,《宁夏社会科学》2006年第4期。

34.《2006年辽金西夏史研究综述》,都兴智,《中国史研究动态》2006年第8期。

35.《(2006年)西夏学研究》,杨志高,《宁夏年鉴 2006》,方志出版社2006年。

36.《(2006年)西夏学研究》,杨志高,《宁夏年鉴 2007》,方志出版社2007年。

37.《2006年辽西夏金史研究综述》,曹流,《中国史研究动态》2007年第12期。

38.《2007年西夏学研究综述》,李建华,《西北第二民族学院学报》2008年第2期。

39.《(2007)年西夏学研究》,杨志高,《宁夏年鉴 2008》,方志出版社2008年。

40.《60年来港台地区西夏学研究》,张琰玲,《宁夏师范学院学报》2009年第4期。

41.《二百年中国西夏学著作概述》,张琰玲,《宁夏社会科学》2009年第5期。

42.《2008年辽金西夏史研究综述》,王德朋,《中国史研究动态》2009年第10期。

43.《(2008年)西夏学研究》,杨志高,《宁夏年鉴 2009》,宁夏人民出版社2009年。

44.《近30年国内的西夏史研究述评》,李华瑞,《西夏研究》2010年第4期。

45.《2002—2009年西夏学专著资料统计分析》,马淑萍,《西夏研究》2010年第4期。

46.《近两年国内西夏学研究文献统计分析》,黄秀兰,《西夏历史与文化:第三届西夏学国际学术研讨会论文集》,甘肃人民出版社2010年。

47.《西夏学专题研究书录》,马淑萍,《西夏历史与文化:第三届西夏学国际学术研讨会论文集》,甘肃人民出版社2010年。

48.《(2009年)西夏学研究》,杨志高,《宁夏年鉴 2010》,宁夏人民出版社

2010年。

49.《(2010年)西夏学研究》,杨志高,《宁夏年鉴 2011》,宁夏人民出版社2011年。

50.《(2010年)宁夏地区的西夏学研究》,杨志高,《宁夏社会科学年鉴》,宁夏人民出版社2011年。

51.《2010年西夏学研究综述》,翟丽萍,《宁夏社会科学》2011年第6期。

52.《2008—2010年西夏学研究文献统计分析》,马淑萍,《西夏学》(第七辑),上海古籍出版社2011年。

53.《2011年西夏学研究综述》,王凤菊,《西夏研究》2012年第3期。

54.《国外的西夏学研究》,安娅,《中国社会科学报》,2012年2月29日第B5版。

55.《(2011年)西夏学研究》,杨志高,《宁夏年鉴 2012》,宁夏人民出版社2012年。

56.《〈西夏研究〉2010—2012年文献计量分析与研究》,马淑萍、王姮,《西夏研究》2013年第3期。

57.《(2012年)西夏学研究》,杨志高,《宁夏年鉴 2013》,宁夏人民出版社2013年。

58.《2012年辽金西夏史研究综述》,周峰,《中国史研究动态》2013年第6期。

59.《(2013年)西夏学研究》,王耀,《宁夏年鉴 2014》方志出版社2014年。

60.《〈西夏研究〉文献信息计量分析(2010—2014)》,张琰玲、王耀,《西夏研究》2015年第4期;《西夏研究论文集》(增订版),凤凰出版社2017年。

61.《2015年西夏学研究论著目录》,马振颖,《2016敦煌学国际联络委员会通讯》,上海古籍出版社2016年。

62.《2015年西夏学论著目录》,周峰,《中国辽夏金研究年鉴 2015》,中国社会科学出版社2017年。

63.《2015年辽金西夏史研究综述》,周峰,《中国史研究动态》2016年第6期。

64.《2015年西夏史研究综述》,高仁、张雪爱,《中国辽夏金研究年鉴 2015》,中国社会科学出版社2017年。

65.《2016年西夏学研究综述》,王帅龙,《西夏研究》2017年第4期。

66.《2016年西夏学研究综述》,韩树伟,郝春文主编《2018敦煌学国际联络委员会通讯》,上海古籍出版社2018年。

67.《2017年西夏学研究综述》,王帅龙,《西夏研究》2018年第2期。

68.《2017年西夏学研究综述》,韩树伟,郝春文主编《2018敦煌学国际联络委员会通讯》,上海古籍出版社2018年。

69.《2016年西夏学研究论著目录》,韩树伟,郝春文主编《2018敦煌学国际联络委员会通讯》,上海古籍出版社2018年。

70.《2017年西夏学研究论著目录》,韩树伟,郝春文主编《2018敦煌学国际联络委员会通讯》,上海古籍出版社2018年。

71.《2019年西夏学研究述评》,丁卓源,《西夏研究》2020年第2期。

72.《2010—2019年日本西夏学研究综述》,王玫,《中国史研究动态》2020年第5期。

二、学术交流、致辞发言

(一)学术交流

1.《中国民族古文字文献及其史料价值——中国民族古文字研究会成立大会暨首次学术讨论会纪略》,白滨,《中国史研究动态》1980年第10期;《西夏民族史论》,甘肃文化出版社2018年。

2.《西夏研究学术讨论会在银举行》,《宁夏日报》1981年8月13日。

3.《吴天墀教授在银川进行"关于西夏史与西夏研究"的学术报告》,罗兆通,《宁夏日报》1983年5月24日。

4.《少数民族货币研究大有可为——北方省区辽西夏金元货币学术讨论会在沈阳召开》,月氏,《中国钱币》1985年第3期。

5.《辽西夏金元钱币学术讨论会简报》,《内蒙古金融》1985年第10期续刊。

6.《西夏学术座谈会在京举行》,石艾,《宁夏日报》1987年10月24日。

7.《甘肃钱币学会第一次学术讨论会综述(西夏钱币部分)》,陈悟年,《甘肃金融》(钱币专辑),1987年增刊。

8.《中匈美三国学者西夏学术座谈会在京举行》,白滨,《民族研究动态》1988年第1期;《西夏民族史论》,甘肃文化出版社2018年。

9.《庆祝王静如教授从事学术活动60周年》,白滨,《民族研究动态》1990年第3期;《西夏民族史论》,甘肃文化出版社2018年。

10.《中国蒙古史学会、元史研究会、宁夏历史学会1990年学术讨论会综述》,景永时,《宁夏社会科学》1990年第6期。

11.《宁夏钱币学会第二次钱币学术讨论会综述》,《宁夏金融》1990年第6期。

12.《第24届国际汉藏语言和语言学会议在泰国召开》,聂鸿音,《民族语文》1992年第1期。

13.《第二十四届国际汉藏语言学会议随想》,聂鸿音,《语文建设》1992年第2期。

14.《披荆斩棘,功不可没:〈宋代西北方音〉学术座谈会纪要》,韩小忙,《宁夏社会科学》1995年第3期。

15.《首届西夏学国际学术讨论会述评》,禹岩,《民族语文》1995年第5期。

16.《首届西夏学国际学术讨论会述评》,孙宏开,《民族语文》1995年第5期;《西夏语言研究》,甘肃文化出版社2018年。

17.《辽金西夏史学术研究会侧记》,友之,《中国史研究动态》1995年第11期。

18.《陈述先生的民族思想和辽金史研究——纪念陈述先生暨辽金西夏史学术研讨会侧记》,景爱,《史学史研究》1995年第4期。

19.《纪念陈述先生暨辽金西夏学术研讨会综述》,友之、古克清,《民族研究》1995年第6期。

20.《首届西夏学国际学术研讨述要》,丁云,《理论前沿》1995年第18期。

21.《首届西夏学国际学术讨论会述评》,陈炳应,《丝绸之路》1996年第1期,《宋史研究通讯》1996年第1期;《西夏文明研究》,甘肃文化出版社2018年。

22.《首届西夏学国际学术讨论会综述》,云史,《宁夏社会科学》1996年第2期。

23.《西夏学国际化发端和发展浅议》,穆鸿利,《宁夏社会科学》1996年第6期。

24.《首届西夏学国际学术研论会综述》,余军,《中国史研究动态》1997年第9期。

25.《中国宋史研究会第八届年会暨西夏建都兴庆府960周年学术研讨会》,王天顺,《寻根》1998年第5期,《中国史研究动态》1999年第2期,人大《宋辽金元史》1999年第2期。

26.《"中国宋史研究会第八届年会暨西夏建都兴庆府960周年学术研讨会"综述》,张树相、张秀平,《人民日报》1998年10月15日。

27.《"中国宋史学会第八届年会暨西夏建都兴庆府960周年学术讨论会"综述》,《新华文摘》1999年第1期。

28.《西夏〈述善集〉学术讨论会在河南濮阳县召开》,焦进文,《寻根》1999年第4期。

29.《"西夏佛教在藏汉佛教交流中的地位与作用"学术讨论会综述》,筱洲,《佛学研究》2000年第9期,《中国藏学》2001年第1期。

30.《参加第六届中国少数民族科技史暨西夏科技史国际会议记》,刘昭民,《中华科技史同好会会刊》(第6期),2002年。

31.《2002年"第六届中国少数民族科技史暨西夏科技史国际会议"论文综述》,彭向前,《历史深处的民族科技之光:第六届中国少数民族科技史暨西夏科技史国际会议论文集》,宁夏人民出版社2003年。

32.《中国西夏学的昨天和今天》,陈育宁,《中国史研究动态》2004年第8期;《西夏学的昨天与今天》,陈育宁,中国史学会秘书处、陕西师范大学历史文化学院编《中国历史学研究现状和发展趋势:中国史学界第七次代表大会学术研讨会论文集》,中国社会科学出版社2006年;《中国西夏学的昨天和今天》,《西夏历史文化探幽》,甘肃文化出版社2018年。

33.《民族史以及西夏史研究的新进展》,史金波,中国史学会秘书处、陕西师范大学历史文化学院编《中国历史学研究现状和发展趋势:中国史学界第七次代表大会学术研讨会论文集》,中国社会科学出版社2006年。

34.《第二届西夏学国际学术研讨会综述》,孙颖慧,《西夏研究(第三辑):第二届西夏学国际学术研讨会论文集》,中国社会科学出版社2006年;《宁夏社会科学》2006年第1期。

35.《"黑水城人文与环境国际学术研讨会"综述》,陈文,《高校社科动态》2006年第6期。

36.《"阿尔寨石窟学术研讨会"述评》,罗文华,《故宫博物院院刊》2006年第6期。

37.《马启智邀易中天"品西夏"》,李东梅、尚陵彬,《宁夏日报》2006年10月24日。

38.《第二届西夏学国际学术研讨会综述》,孙颖慧,《西夏研究(第三辑):第二届西夏学国际学术研讨会论文集》,中国社会科学出版社2006年。

39.《西夏历史文化研究的里程碑式盛会——第二届西夏国际学术研讨会综述》,薛正昌,《西夏研究(第三辑):第二届西夏学国际学术研讨会论文集》,中国社会科学出版社2006年。

40.《"西域文献学术座谈会"纪要》,林世田、赵大莹,《文献》2007年第1期。

41.《"黑水城汉文文献与宋夏金元史"学术研讨会综述》,陈瑞青,《河北学刊》2007年第4期。

42.《"成吉思汗与六盘山"国际学术研讨会综述》,孙颖慧,《宁夏史志》2007第4期,《宁夏社会科学》2007年第5期;《成吉思汗与六盘山国际学术研讨会论文集》,甘肃人民出版社2010年。

43.《蒙元史研究的盛会——"成吉思汗与六盘山国际学术研讨会"在宁夏固原市召开》,薛正昌,《宁夏社会科学》2007年第5期。

44.《西夏文献整理研究的里程碑——〈中国藏西夏文献〉出版座谈会在北京召开》,杜建录,《宁夏大学学报》2007年第6期;《西夏史论集》,上海古籍出版社2016年。

45.《〈中国藏西夏文献〉出版座谈会在北京隆重举行》,本刊编,《宁夏大学学报》2007年第6期。

46.《"纪念黑水城文献发现一百周年学术研讨会"综述》,陈瑞青、刘广瑞,《高校社科动态》2008年第3期;《中国史研究动态》2008年第11期。

47.《弘扬优秀历史文化,促进黑水城文献研究——"纪念黑水城文献发现一百周年学术研讨会"在河北举行》,陈瑞青,《中国社会科学院院报》2008年6月5日。

48.《〈中国藏西夏文献〉出版座谈会综述》,杜建录,《西夏学》(第三辑),宁夏人民出版社2008年。

49.《辽夏金元历史文献国际研讨会召开》,孙伯君、王鹏权,《中国社会科学院院报》2008年11月25日。

50.《第三届西夏学国际学术研讨会在宁夏举行,我区三年出版75部研究西夏学专著(辑)》,吴宏林,《华兴时报》2008年11月第10版。

51.《西夏学国际学术研讨会在银开幕:宁夏西夏城成为国内唯一研究基地》,马玉涛,《宁夏日报》2008年11月9日。

52.《第三届西夏学国际学术研讨会综述》,孙颖慧、王艳春,《宁夏社会科学》2009年第1期;《西夏历史与文化:第三届西夏学国际学术研讨会论文集》,甘肃人民出版社2010年。

53.《宁夏大学杜建录教授来敦煌学基地举行学术讲座》,《敦煌学辑刊》2009年第2期。

54.《"敦煌学:第二个百年的研究视角与问题"国际学术会议在圣彼得堡召开》,章扬,《敦煌研究》2009年第5期。

55.《黑水城文献研究回顾与展望学术研讨会综述》,马淑萍,《西夏研究》

2010年第2期。

56.《"黑水城文献整理与研究学术研讨会"综述》,陈瑞青、张重艳,《西夏研究》2011年第1期。

57.《西夏学研究的盛会——武威西夏学国际学术论坛综述》,赵天英,《西夏研究》2011年第4期。

58.《第二届西夏学国际学术论坛综述》,杜建录,《西夏学》(第七辑),上海古籍出版社2011年。

59.《"首届中国少数民族古籍文献国际学术研讨会"综述》,顾松洁,《首届中国少数民族古籍文献国际学术研讨会论文集》,民族出版社2012年。

60.《"第三届西夏学国际学术论坛暨王静如先生学术思想研讨会"会议综述》,许伟伟,《西夏学》(第十辑),上海古籍出版社2014年。

61.《西夏,被历史遗忘的神秘王朝》,史金波、钱冠宇(访谈),《澎湃新闻》2015年3月28日;《西夏历史文化钩沉》,甘肃文化出版社2018年。

62.《陕北历史文化暨宋代府州折家将历史文化学术研讨会研究综述》,高建国,《延安大学学报》2015年第5期;《榆林学院学报》2016年第5期。

63.《党项史迹与陕北历史文化学术研讨会综述》,杨蕤,《榆林学院学报》2015年第6期。

64.《"中国民族古文字研究会第十次学术研讨会"综述》,孙颖慧,《西夏研究》2016年第4期。

65.《"北方民族文字数字化与西夏文献研究国际研讨会"综述》,魏淑霞,《西夏研究》2016年第4期。

66.《"第四届西夏学国际学术论坛暨河西历史文化研讨会"会议综述》,安北江,《河西学院学报》2016年第4期。

67.《西夏文物学术研讨会召开》,中国社会科学院西夏文化研究中心,《中国辽夏金研究年鉴 2014》,中国社会科学出版社2016年。

68.《西夏语言研究国际学术会议召开》,中国社会科学院西夏文化研究中心,《中国辽夏金研究年鉴 2014》,中国社会科学出版社2016年。

69.《"黑水城文献与西夏学"博士后学术论坛综述》,王龙,《中国辽夏金研究年鉴 2014》,中国社会科学出版社2016年。

70.《"元代夏汉文合璧墓志铭研讨会"会议简述》,刘广瑞,《中国辽夏金研究年鉴 2014》,中国社会科学出版社2016年。

71.《第三届西夏文研修班暨西夏文献研讨会召开》,中国社会科学院西夏文化研究中心，《中国辽夏金研究年鉴 2014》，中国社会科学出版社2016年。

72.《国家社科基金特别委托项目"西夏文献文物研究"召开2014年第一次专家委员会》中国社会科学院西夏文化研究中心，《中国辽夏金研究年鉴 2014》，中国社会科学出版社2016年。

73.《重大子课题〈西夏文物〉编纂工作会议召开》，中国社会科学院西夏文化研究中心，《中国辽夏金研究年鉴 2014》，中国社会科学出版社2016年。

74.《"西夏陵突出普遍价值"学术研讨会综述》，孔德翊、马建军，《宁夏师范学院学报》2016年第4期。

75.《教育部高校人文社科重点研究基地宁夏大学西夏学研究院建设15周年学术研讨会综述》，张笑峰、于光建，《西夏学》（第十四辑 2017年第1期），甘肃文化出版社2017年。

76.《首届中日青年学者宋辽西夏金元史研讨会召开》，刘旭滢、张敬奎，《中国史研究动态》2017年第4期。

77.《第五届中国少数民族古籍文献国际学术研讨会综述》，陈时倩，《西夏学辑刊》（第一辑），宁夏人民出版社2017年；《中国辽夏金研究年鉴 2015》，中国社会科学出版社2017年。

78.《第五届西夏学国际学术论坛盛况空前》，庄电一，《光明日报》2017年8月13日第4版。

79.《第四届西夏学国际学术论坛暨河西历史文化研讨会综述》，张笑峰，《中国辽夏金研究年鉴 2015》，中国社会科学出版社2017年。

80.《"北方民族与丝绸之路"博士后论坛简介》，于光建，《中国辽夏金研究年鉴 2015》，中国社会科学出版社2017年。

81.《西夏学研究院主办第五届西夏学国际学术论坛暨黑水城历史文化研讨会》，杜建录，《宁夏大学报》2017年9月20日第2版。

82.《关于鄂尔多斯蒙古"唐古特"的学术座谈》，陈育宁、刘杰、邓文韬，《西夏学》（第十六辑 2018年第1期），甘肃文化出版社2018年。

83.《"第五届西夏学国际学术论坛暨黑水城历史文化研讨会"会议综述》，郭明明，《西夏学》（第十七辑 2018年第2期），甘肃文化出版社2019年。

84.《"朔方论坛暨青年学者学术研讨会"综述》，崔韶华，《西夏学》（第十七辑 2018年第2期），甘肃文化出版社2019年。

85.《"回鹘·西夏·元代敦煌石窟与民族文化研讨会"会议综述》，程嘉静，《敦煌研究》2018年第4期。

86.《民国时期北京大学西夏文课程开设始末》,邓章应,《西夏学》(第十八辑 2019年第1期),甘肃文化出版社2018年。

87.《第六届东方古籍研究国际学术研讨会》,张铁山主编《民族古籍研究》(第四辑),中国社会科学出版社2018年。

88.《第七届中国少数民族古籍文献国际学术研讨会》,张铁山主编《民族古籍研究》(第四辑),中国社会科学出版社2018年。

89.《第三届中日青年学者辽宋夏金元史研讨会》,冯明华,《中国史研究动态》2019年第1期。

90.《"中国少数民族文学与文献疬际学术论坛"综述》,汤君,《四川师范大学学报》2019年第1期。

91.《"西夏建都兴庆府980周年学术研讨会"综述》,刘媛媛,《西夏学》(第十九辑 2019年第2期),甘肃文化出版社2019年。

92.《第六届西夏学国际学术论坛会议综述》,闫安朝,《西夏学》(第二十辑 2020年第1期),甘肃文化出版社2020年。

93.《陕北地区党项民族文化研究综述》,康华、邵霞,《延安职业技术学院学报》2020年第1期。

(二)致辞发言

1.《在"中国西夏王国的文字世界展"新闻发布会上的讲话》,聂鸿音,《友声》(总第109期),2001年第5期。

2.《"在第六届中国少数民族科技史暨西夏科技史国际会议开幕式上的讲话(代序一)"》,刘仲,《历史深处的民族科技之光:第六届中国少数民族科技史暨西夏科技史国际会议论文集》,宁夏人民出版社2003年。

3.《"在第六届中国少数民族科技史暨西夏科技史国际会议开幕式上的讲话(代序二)"》,陈育宁,《历史深处的民族科技之光:第六届中国少数民族科技史暨西夏科技史国际会议论文集》,宁夏人民出版社2003年。

4.《"在第六届中国少数民族科技史暨西夏科技史国际会议闭幕式上的讲话(代序三)"》,万辅彬,《历史深处的民族科技之光:第六届中国少数民族科技史暨西夏科技史国际会议论文集》,宁夏人民出版社2003年。

5.《中国民族古文字研究会副会长聂鸿音研究员致辞》,聂鸿音,郑炳林、樊锦诗、杨富学主编《丝绸之路民族古文字与文化学术讨论会文集》(上),三秦出版社2007年。

6.《敦煌研究院院长樊锦诗研究员致辞》,樊锦诗,郑炳林、樊锦诗、杨富学主编《丝绸之路民族古文字与文化学术讨论会文集》(上),三秦出版社2007年。

7.《在〈中国藏西夏文献〉出版座谈会上的讲话》,李卫红、阎晓宏、张国祚、刘仲、陈育宁,《西夏学》(第三辑),宁夏人民出版社2008年。

8.《探索·创新·期望——在〈西夏研究〉创刊首发仪式上的讲话》,杨春光,《西夏研究》2010年第2期。

9.《西夏历史文化研究的新平台——在〈西夏研究〉创刊首发仪式上的讲话》,张进海,《西夏研究》2010年第2期。

10.《学者及期刊编辑代表致辞》,杜建录、师迎祥、杨富学、胡政平,《西夏研究》2010年第2期。

11.《西夏学研究的新阶段》,陈育宁,《在"黑水城文献与西夏学国际学术论坛"闭幕会上的讲话》,2010年10月18日;《西夏历史文化探幽》,甘肃文化出版社2018年。

12.《纪念漆侠先生逝世十周年学术研讨会孙继民先生致辞》,姜锡东主编《漆侠与历史学:纪念漆侠先生逝世十周年文集》,河北大学出版社2012年。

13.《在全国宋史学会上的讲话》,李范文,《李范文西夏学论文集》,中国社会科学出版社2012年。

14.《在"薪火相传:史金波先生70寿辰西夏学国际学术研讨会"上的致辞》,张昌东,《薪火相传:史金波先生70寿辰西夏学国际学术研讨会论文集》,中国社会科学出版社2012年。

15.《在"薪火相传:史金波先生70寿辰西夏学国际学术研讨会"上的发言》,揣振宇,《薪火相传:史金波先生70寿辰西夏学国际学术研讨会论文集》,中国社会科学出版社2012年。

16.《在"薪火相传:史金波先生70寿辰西夏学国际学术研讨会"上祝贺史先生七十华诞的发言》,李华瑞,《薪火相传:史金波先生70寿辰西夏学国际学术研讨会论文集》,中国社会科学出版社2012年。

17.《星星之火,已经燎原——在祝贺史金波先生70寿辰"薪火相传"学术研讨会上的发言》,杜建录,《薪火相传:史金波先生70寿辰西夏学国际学术研讨会论文集》,中国社会科学出版社2012年;《西夏史论集》,上海古籍出版社2016年。

18.《在第三届西夏学国际学术论坛暨王静如先生学术思想研讨会上的讲话》,李培林,《西夏学》(第九辑),上海古籍出版社2014年。

19.《王静如先生学术思想研讨会发言摘编》,《西夏学》(第九辑),上海古籍出版社2014年。

20.《"在第五届中国少数民族古籍文献国际学术研讨会上的讲话"》,高岳林,《西夏学辑刊》(第一辑),宁夏人民出版社2017年。

21.《"在第五届中国少数民族古籍文献国际学术研讨会上的发言"》,张铁山,《西夏学辑刊》(第一辑),宁夏人民出版社2017年。

22.《"在第五届中国少数民族古籍文献国际学术研讨会上的致辞"》,黄建明,《西夏学辑刊》(第一辑),宁夏人民出版社2017年。

23.《"在第五届中国少数民族古籍文献国际学术研讨会上的发言"》,陈育宁,《西夏学辑刊》(第一辑),宁夏人民出版社2017年。

24.《"吴天墀教授百年诞辰国际学术研讨会"学术总结》,李华瑞,《西夏史探赜》,甘肃文化出版社2017年。

三、学人治学、书序跋评、出版资讯与其他

(一)学人治学

1.《罗君楚传》,王国维,《国立北平图书馆馆刊》4卷3号(西夏文专号),1932年。

2.《西夏研究(第一辑)·序》,赵元任,"中央研究院"历史语言研究所单刊甲种之八,1932年;李范文主编《王静如西夏研究专辑》(《西夏研究》第五辑),中国社会科学出版社2007年。

3.《西夏研究(第一辑)·序(佛母大孔雀明王经夏梵藏汉合璧校释)》,陈寅恪,"中央研究院"历史语言研究所单刊甲种之八,1932年;(更名)"《西夏文〈佛母孔雀明王经〉考释序》",《"中央研究院"历史语言研究所集刊》第2本第4分,1932年;《陈寅恪先生论集》(史语所特刊之三),1971年;《金明馆丛稿》(二编),古籍出版社1980年;《金明馆丛稿》(二编),三联书店2001年;李范文主编《王静如西夏研究专辑》(《西夏研究》第五辑),中国社会科学出版社2007年。

4.《西夏研究(第一辑)·序》,王静如,"中央研究院"历史语言研究所单刊甲种之八,1932年;李范文主编《王静如西夏研究专辑》(《西夏研究》第五辑),中国社会科学出版社2007年。

5.《西夏研究(第一辑)·引论》,王静如,"中央研究院"历史语言研究所单刊甲种之八,1932年;李范文主编《王静如西夏研究专辑》(《西夏研究》第五辑),中国社会科学出版社2007年。

6.《张澍及其著述》,王宗维,《西北历史》1980年第2期。

7.《开创史学工作的新局面——王静如教授访问记》,岳晓峰,《史学史研究》

1983年第2期;杨共乐主编《〈史学史研究〉文选·人物志》(上),华夏出版社2017年。

8.《牛达生研究西夏钱币有新见解》,王广华,《光明日报》1985年5月27日。

9.《深切怀念翁独健先生》,陈育宁,中国蒙古史学会编《蒙古史研究》第2辑,内蒙古人民出版社1986年。

10.《访西夏学者李范文》,[日]NHK"大黄河"采访组(著),王枝忠(译),《宁夏社会科学》1987年第1期;李范文、陈奇猷等主编《国外中国学研究译丛》(2),青海人民出版社1988年。

11.《西夏史学者韩荫晟》,舒勤,《宁夏社会科学》1987年第4期。

12.《历史、考古专家钟侃》,罗丰,《宁夏社会科学》1989年第5期。

13.《考古学、西夏学专家》,牛达生、贺吉德,《宁夏社会科学》1990年第4期。

14.《缅怀陈述先生》,李范文,景爱编《陈述先生纪念集》,内蒙古教育出版社1995年;《李范文西夏学论文集》,中国社会科学出版社2012年。

15.《西夏学专家罗矛昆》,若明,《宁夏社会科学》1997年第5期。

16.《访西夏考古专家牛达生教授谈——西夏木活字印刷》,罗丰,《台北历史博物馆馆刊》(历史文物)1997年第6期。

17.《王静如先生小传》,冀宇,《王静如民族研究文集》,民族出版社1998年。

18.《破译西夏"天书"的李范文》,呆文川,《中华儿女》(海外版)1998年第2期。

19.《他揭开了神秘西夏王国之谜——记李范文教授》,周治科,《党史纵横》1998年第4期。

20.《吴天墀和他的〈文史存稿〉》,晓墙,《文史杂志》1998年第6期。

21.《我的回忆》,李范文,《宁夏文史资料》(第二十一辑),1998年;《宁夏文史资料集萃·人物卷(下)》,宁夏人民出版社2006年;《李范文西夏学论文集》,中国社会科学出版社2012年。

22.《李范文和西夏文》,余光慧,《中华儿女》(海外版)1998年第8期。

23.《让西夏文化再现风采:访中国社会科学院民族研究所研究员史金波》,马宝珠,《光明日报》1998年8月28日。

24.《罗福成的生平及其学术贡献》,刘凤翥,《首届西夏学国际学术会议论文集》,宁夏人民出版社1998年。

25.《我的西夏学研究》,白滨,李宿定、和富荣、晋如祥主编《平定现代名人谱》,内蒙古科学技术出版社1998年。

26.《邓老精神与世长存》,李范文,《仰止集:纪念邓广铭先生》,河北教育出版社1999年;《李范文西夏学论文集》,中国社会科学出版社2012年。

27.《先父质生公行述》,张思温,《张思温文集》,甘肃民族出版社1999年。

28.《邓隆先生传》,张思温,《张思温文集》,甘肃民族出版社1999年。

29.《张澍与邓隆——甘肃早期研究西夏学的两位学者》,张思温,《张思温文集》,甘肃民族出版社1999年。

30.《张思温先生传略》,赵忠,《张思温文集》,甘肃民族出版社1999年。

31.《寻找消失的西夏王国——访李范文教授》,张虎,《中国艺术报》2000年10月1日。

32.《积年累月,集腋成裘——宁夏学者韩荫晟学术成就简介》,蔡伟,《宁夏社会科学》(封二)2001年第2期。

33.《揭开西夏王国神秘面纱的人——宁夏学者李范文学术成就简介》,孙颖慧,《宁夏社会科学》(封二)2001年第3期。

34.《赤子之心 沙里淘金》,李范文,《宁夏社会科学》2001年第2期;《李范文西夏学论文集》,中国社会科学出版社2012年。

35.《西夏学百年回顾(代序)》,史金波,《民族研究年鉴 2000年卷》,民族出版社2001年;《国家图书馆学刊》(西夏研究专号)2002年增刊。

36.《第十七集:西夏王朝的探寻者白滨》,平定县广播电视局编《平定儿女耀中华:献给中国共产党建党80周年》,山西人民出版社2001年。

37.《漆侠先生访谈录》,李华瑞,《史学史研究》2001年第3期;人大《历史学》2001年第12期;《宋夏史研究》,天津古籍出版社2006年。

38.《无限怀念恩师漆侠先生》,杜建录,《漆侠先生纪念文集》,河北大学出版社2002年;《西夏史论集》,上海古籍出版社2016年。

39.《回忆我和韩荫晟先生的一段交往》,王天顺,《宁夏社会科学》2003年第5期。

40.《西夏瑰宝耀陇原——访著名西夏学专家陈炳应》,本报记者采访,《甘肃日报》2003年6月6日。

41.《为什么要编著〈西夏艺术〉》,汤晓芳,宁夏人民出版社《出版动态》2003年;《西夏历史文化探幽》,甘肃文化出版社2018年。

42.《纪念杰出的中西文化交流使者劳佛尔诞生130周年——劳佛尔的学术业绩》,李范文,中外关系史学会在广东肇庆召开的国际学术研讨会提交的论文,2004年;《李范文西夏学论文集》,中国社会科学出版社2012年。

43.《龚煌城院士谈西夏语研究》,孙天心,《声韵论丛》(第13期),2004年。

44.《黄振华先生生平》,聂鸿音,《中国民族研究年鉴(2003年卷)》,民族出版社2004年。

45.《王仁俊、罗福颐对有关西夏文献的整理》,胡玉冰,王俊义主编《黄炎文化研究》(第3辑),大象出版社2005年。

46.《俄国"夫子"孟列夫去矣!》,阎国栋,《中华读书报》2005年11月23日第18版。

47.《龚煌城先生论著目录》,《西夏语言文字研究论集——祝贺龚煌城教授七十华诞纪念文集》,民族出版社2005年。

48.《编后记:龚煌城教授谈西夏语研究》,孙天心,《西夏语言文字研究论集——祝贺龚煌城教授七十华诞纪念文集》,民族出版社2005年。

49.《深切怀念翁独健先生》,李范文,郝时远、罗贤佑主编《蒙元史暨民族史论集:纪念翁独健先生诞辰一百周年》,社会科学文献出版社2006年;《李范文西夏学论文集》,中国社会科学出版社2012年。

50.《推动中国民族史研究的巨擘——回忆翁独健师二三事》,史金波,郝时远、罗贤佑主编《蒙元史暨民族史论集:纪念翁独健先生诞辰一百周年》,社会科学文献出版社2006年;《学海汲求》,甘肃文化出版社2020年。

51.《缅怀恩师王静如教授》,陈炳应,《陇右文博》2006年第1期;《西夏研究(第三辑):第二届西夏学国际学术研讨会论文集》,中国社会科学出版社2006年;《西夏文明研究》,甘肃文化出版社2018年。

52.《汉学家劳佛的生平和著述》,孙立新、孙虹,《西夏研究(第三辑):第二届西夏学国际学术研讨会论文集》,中国社会科学出版社2006年。

53.《广知邃密求贯通——李华瑞教授访谈录》,李华瑞、裴俊,《历史教学》2006年第3期。

54.《论吴天墀先生研治西夏学的成就》,汤君,曾德祥主编《蜀学》(第1辑),巴蜀书社2006年。

55.《王静如教授著译目录》,王龙友,李范文主编《王静如西夏研究专辑》(《西夏研究》第五辑),中国社会科学出版社2007年。

56.《李范文:用生命破解西夏绝学》,张圣华,《中国人才》2007年第1期。

57.《(李范文教授)西夏绝学:注解世界上最难懂的古文字》,乐君,《社会科学报》2007年2月8日第4版。

58.《西夏王朝与元代藏族历史——访著名藏学家陈庆英先生》,扎西龙主,

《西藏大学学报》2007年第4期。

59.《破译天书 传播绝学——记西夏学著名学者李范文》,《走进中央民族大学》编委会编《走进中央民族大学》,中央民族大学出版社2007年(于洁根据"香港《文汇报》之《西夏文化权威——破译天书 传播绝学》和《情系西夏国》"整理)。

60.《"傻人"李范文——记西夏学专家、全国"杰出专业技术人才"李范文》,杜峻晓、老渡,《人民日报》2007年9月5日。

61.《李范文:堪与古今独往来》,高莉,《宁夏日报》2007年5月24日。

62.《用生命破解西夏绝学——记宁夏回族自治区社会科学院研究员李范文》,人事部专业技术人员管理司编《拼搏 创新 攀登 奉献:杰出专业技术人才先进事迹》(3),中国人事出版社2007年。

63.《史金波:咬定青山不放松 立根原须向险峰》,苏航,中国社会科学院青年人文社会科学研究中心编《学问有道——学部委员访谈录》(上册),方志出版社2007年;《学海汲求》,甘肃文化出版社2020年。

64.《艰苦的科研经历 传奇的革命生涯——记著名民族问题理论家、宗教学家、藏学家牙含章同志》,史金波,《学问人生续:中国社会科学院名家谈》,高等教育出版社2007年;《学海汲求》,甘肃文化出版社2020年。

65.《我的畲族情怀》,白滨,揣振宇主编,华祖根、蔡曼华副主编《伟大的起点——新中国民族大调查纪念文集》,中国社会科学出版社2007年;白滨著《西夏民族史论》(《西夏学文库》第二辑论集卷),甘肃文化出版社2018年。

66.《传播西夏文化的使者——孙寿龄赴杭州、景德镇讲学小记》,昊洲,《武威日报》2007年12月12日。

67.《一个纯粹学者的背影——追忆著名西夏学专家韩荫晟先生》,朱鹏云,《思想财富》2008年1月28日。

68.《改写印刷史的人——牛达生》,贺璐璐,《新消息报》2008年3月27日。

69.《解密中国最早的木活字印本》,贺璐璐,《新消息报》2008年11月16日。

70.《李范文:西夏文明的守望者与解读者》,贺璐璐,《新消息报》2008年4月16日;《中国民族》2008年第9期。

71.《钟侃:触摸宁夏历史的人》,贺璐璐,《新消息报》2008年5月19日。

72.《李范文:不了西夏情》,秦沣,《新西部》2008年第10期。

73.《西夏史研究与文献整理——一个民族史学工作者的自述》,李范文,瞿林东主编《中国少数民族史学研究》,北京图书馆出版社2008年;《李范文西夏学论文集》,中国社会科学出版社2012年。

74.《文如其人 人如其文——纪念柳陞祺教授诞辰一百周年》,史金波,郝时远、格勒主编《纪念柳陞祺先生百年诞辰暨藏族历史文化论集》,中国藏学出版社2008年;《学海汲求》,甘肃文化出版社2020年。

75.《中国钱币学会名誉理事刘子章,学术委员钱存浩、陈炳应、李如森逝世》,《中国钱币》2009年第1期。

76.《怀念陈炳应老师》,梁继红,《陇右文博》2009年第1期;《西夏文明研究》,甘肃文化出版社2018年。

77.《简论西方学者早期西夏学研究中的几个问题》,牛达生,《宁夏社会科学》2009年第2期;《博苑秋实:宁夏博物馆五十大庆纪念文集》,宁夏人民出版社2009年。

78.《继承先贤遗愿 做好民族古文字研究——缅怀中国民族古文字研究一代宗师季羡林先生》,史金波,《中国社会科学报》2009年8月20日;张世林主编《想念季羡林》,新世界出版社2011年;《学海汲求》,甘肃文化出版社2020年。

79.《牛达生先生访谈录》,王培培,《中国民族研究年鉴(2007年卷)》,2009年;《西夏考古论稿》,上海古籍出版社2013年。

80.《白滨先生访谈录》,王培培,《中国民族研究年鉴(2007年卷)》,2009年;《西夏民族史论》,甘肃文化出版社2018年。

81.《戴庆厦先生访谈录》,蓝庆元,《中国民族研究年鉴(2007年卷)》,2009年。

82.《我与国家图书馆藏西夏文献》,史金波,《光明日报》2009年11月19日;《西夏历史文化钩沉》,甘肃文化出版社2018年。

83.《龚煌城教授逝世》,方言编辑部,《方言》2010年第4期。

84.《杜建录:与西夏学一起"进步"》,杜建录、庄电一,《光明日报》2010年12月23日6版。

85.《黄振华先生西夏学研究述评》,唐均,《西夏学》(第七辑),上海古籍出版社2011年。

86.《陈炳应先生对西夏学的贡献与垂范》,赵天英、陈虎,《西夏学》(第七辑),上海古籍出版社2011年;《西夏文明研究》,甘肃文化出版社2018年。

87.《我是怎样复活西夏瓷器的》,孙寿龄,《西夏学》(第七辑),上海古籍出版社2011年。

88.《跟随漆侠师学宋史》,李华瑞,《历史教学》2012年第1期;《视野、社会与人物：宋史、西夏史研究论文稿》，中国社会科学出版社2012年。

89.《西夏简史和一个学者的"西夏学情结"》，王蓬，《延河》2012年第4期 。

90.《漆侠与20世纪中国马克思主义历史学——先师漆侠先生逝世十周年祭》，李华瑞，姜锡东主编《漆侠与历史学：纪念漆侠先生逝世十周年文集》，河北大学出版社2012年；《视野、社会与人物：宋史、西夏史研究论文稿》，中国社会科学出版社2012年。

91.《略论漆侠先生的辽金史研究——〈漆侠全集〉读后》，王善军，姜锡东主编《漆侠与历史学：纪念漆侠先生逝世十周年文集》，河北大学出版社2012年。

92.《漆侠先生与辽夏金史研究》，刘云军，姜锡东主编《漆侠与历史学：纪念漆侠先生逝世十周年文集》，河北大学出版社2012年。

93.《漆侠先生的宋学研究》，张剑平，姜锡东主编《漆侠与历史学：纪念漆侠先生逝世十周年文集》，河北大学出版社2012年。

94.《八十述怀》，李范文，《李范文西夏学论文集》，中国社会科学出版社2012年。

95.《缅怀恩师林耀华先生》，李范文，《李范文西夏学论文集》，中国社会科学出版社2012年。

96.《缅怀傅懋勣先生》，李范文，《李范文西夏学论文集》，中国社会科学出版社2012年。

97.《克恰诺夫与黑水城出土文献——祝嘏克氏八十华诞纪念》，李范文，《西夏研究》2012年第2期；《李范文西夏学论文集》，中国社会科学出版社2012年。

98.《参加北戴河暑期专家和高技能人才休假的汇报》，李范文，《李范文西夏学论文集》，中国社会科学出版社2012年。

99.《何需高扬鞭，"老牛"自奋蹄——记"毕昇奖"获得者、著名西夏学专家牛达生》，庄电一，《西夏古国探秘者》，宁夏人民出版社2012年；《西夏考古论稿（二）》，甘肃文化出版社2016年。

100.《西夏学的丰碑——克恰诺夫教授西夏研究的重要贡献和影响》，史金波，《华西语文学刊》2012年第1期；《瘠土耕耘——史金波论文选集》，中国社会科学出版社2016年。

101.《沉痛悼念龚煌城先生》，《汉藏语学报》编委会，戴庆夏主编《汉藏语学报》第5期，商务印书馆2012年。

102.《国家图书馆国家古籍保护中心贺信》，《薪火相传：史金波先生70寿辰西夏学国际学术研讨会论文集》，中国社会科学出版社2012年。

103.《河北大学宋史研究中心贺词》,《薪火相传:史金波先生70寿辰西夏学国际学术研讨会论文集》,中国社会科学出版社2012年。

104.《中国文字博物馆贺信》,《薪火相传:史金波先生70寿辰西夏学国际学术研讨会论文集》,中国社会科学出版社2012年。

105.《金波泓远——我所认识的史金波先生》,刘兆和,《薪火相传:史金波先生70寿辰西夏学国际学术研讨会论文集》,中国社会科学出版社2012年。

106.《半生缘 一世情——史金波先生与国家图书馆西夏文献》,黄润华,《薪火相传:史金波先生70寿辰西夏学国际学术研讨会论文集》,中国社会科学出版社2012年。

107.《默默耕耘的西夏历史文化研究工作者——史金波》,刘建安,《西夏古国探秘者》,宁夏人民出版社2012年;《学海汲求》,甘肃文化出版社2020年。

108.《老骥伏枥 志在千里——贺史先生古稀之年的西夏学研究成就》,吴峰云,《薪火相传:史金波先生70寿辰西夏学国际学术研讨会论文集》,中国社会科学出版社2012年;《文物考古收藏风云录》,学苑出版社2013年。

109.《学者风范 良师益友——我所认识的史金波先生》,孙寿龄,《薪火相传:史金波先生70寿辰西夏学国际学术研讨会论文集》,中国社会科学出版社2012年。

110.《彝缘》,黄建明,《薪火相传:史金波先生70寿辰西夏学国际学术研讨会》,中国社会科学出版社2012年。

111.《治学严谨 大家风范》,吴贵飙,《薪火相传:史金波先生70寿辰西夏学国际学术研讨会论文集》,中国社会科学出版社2012年。

112.《厚德载物 明辨笃行——史金波先生印象》,邸永君,《薪火相传:史金波先生70寿辰西夏学国际学术研讨会论文集》,中国社会科学出版社2012年。

113.《史金波先生与西夏佛教研究》,杨富学、樊丽沙,《薪火相传:史金波先生70寿辰西夏学国际学术研讨会论文集》,中国社会科学出版社2012年。

114.《史金波先生的西夏之旅》,刘建安,《薪火相传:史金波先生70寿辰西夏学国际学术研讨会论文集》,中国社会科学出版社2012年。

115.《史金波老师与女书研究》,刘颖,《薪火相传:史金波先生70寿辰西夏学国际学术研讨会论文集》,中国社会科学出版社2012年。

116.《史金波先生引领我走上学术征途》,唐均,《薪火相传:史金波先生70寿辰西夏学国际学术研讨会论文集》,中国社会科学出版社2012年。

117.《史金波论著目录》,史金波,《薪火相传:史金波先生70寿辰西夏学国际学术研讨会论文集》,中国社会科学出版社2012年。

118.《纪念西夏学的开拓者和奠基者王静如先生》,史金波,《〈王静如文集〉序》,社会科学文献出版社2013年;《西夏学》(第九辑),上海古籍出版社2014年;《瘠土耕耘——史金波论文选集》,中国社会科学出版社2016年;《学海汲求》,甘肃文化出版社2020年。

119.《民族史和民族古文字研究的巨匠——方国瑜先生》,史金波,和仕勇主编《缅怀先贤 激励后人:纪念方国瑜先生文辑》(下),云南美术出版社2012年;《学海汲求》,甘肃文化出版社2020年。

120.《敦厚笃学 风范长存——缅怀民族语言研究一代宗师傅懋勣先生》,史金波,《民族语文》2012年第1期;《学海汲求》,甘肃文化出版社2020年。

121.《先贤对西夏钱币研究的贡献》,牛达生,《内蒙古金融研究》(钱币)2013年增刊第1—2期;《西夏考古论稿(二)》,甘肃文化出版社2016年。

122.《我的西夏钱币研究》,牛达生,《宁夏史志》2013年第1期;中国钱币学会、中国钱币博物馆编《金融工作三十年》,中国金融出版社2013年;《西夏考古论稿(二)》,甘肃文化出版社2016年。

123.《牛达生西夏学论著要目》,牛达生,《西夏考古论稿》,上海古籍出版社2013年。

124.《为人师表桃李芬芳——纪念吴天墀教授诞辰百周年》,李范文,《吴天墀教授百年诞辰纪念文集(1913—2013)》,四川人民出版社2013年。

125.《深切而难忘的怀念——我与吴天墀先生》,李蔚,《吴天墀教授百年诞辰纪念文集(1913—2013)》,四川人民出版社2013年。

126.《西夏史学家吴天墀》,常崇宇,《吴天墀教授百年诞辰纪念文集(1913—2013)》,四川人民出版社2013年。

127.《川内开花川外红——缅怀吴天墀先生》,张邦炜,《吴天墀教授百年诞辰纪念文集(1913—2013)》,四川人民出版社2013年。

128.《缅怀吴天墀先生》,邓小南,《吴天墀教授百年诞辰纪念文集(1913—2013)》,四川人民出版社2013年。

129.《在吴天墀先生指导下学习和工作》,杜建录,《吴天墀教授百年诞辰纪念文集(1913—2013)》,四川人民出版社2013年;《西夏史论集》,上海古籍出版社2016年。

130.《纪念吴天墀先生》,伍宗华,《吴天墀教授百年诞辰纪念文集(1913—2013)》,四川人民出版社2013年。

131.《哲人云逝典型仍存——纪念吴天墀先生》,何崝,《吴天墀教授百年诞辰纪念文集(1913—2013)》,四川人民出版社2013年。

132.《忆吴天墀师》,邹重华,《吴天墀教授百年诞辰纪念文集(1913—2013)》,四川人民出版社2013年。

133.《雁过长空影沉寒水——吴天墀先生与我二三忆》,段玉明,《吴天墀教授百年诞辰纪念文集(1913—2013)》,四川人民出版社2013年。

134.《泪别吴天墀先生》,刘复生,《吴天墀教授百年诞辰纪念文集(1913—2013)》,四川人民出版社2013年。

135.《为史学开出光焕之新景——纪念通儒吴天墀先生》,罗志田,《吴天墀教授百年诞辰纪念文集(1913—2013)》,四川人民出版社2013年。

136.《崇实不虚,持论中正:徐中舒先生对吴天墀先生治学观之影响——从回忆吴先生说"我治学是从读烂书旧书中出来的"谈起》,谭继和,《吴天墀教授百年诞辰纪念文集(1913—2013)》,四川人民出版社2013年。

137.《略谈吴天墀先生晚年未竟之作——〈十至十四世纪中国学术文化系年〉》,蔡崇榜,《吴天墀教授百年诞辰纪念文集(1913—2013)》,四川人民出版社2013年。

138.《吴天墀先生与〈徐中舒历史论文选辑〉》,徐亮工,《吴天墀教授百年诞辰纪念文集(1913—2013)》,四川人民出版社2013年。

139.《吴天墀先生之治史风貌及特点——纪念吴天墀先生诞辰百周年》,刘复生,《吴天墀教授百年诞辰纪念文集(1913—2013)》,四川人民出版社2013年。

140.《杜建录入选教育部2011年度"长江学者奖励计划"特聘教授》,宁夏大学西夏学研究院,《西夏研究》2013年第3期。

141.《克恰诺夫教授不朽》,[俄]伊丽娜·波波娃(Ирина Ф. Попова)(著),聂鸿音(编译),《宁夏社会科学》2013年第4期;《西夏学述论》,甘肃文化出版社2018年。

142.《宁夏考古界"活化石"钟侃因病去世——享年75岁,今日9时在银川殡仪馆举行追悼会》,陈秀梅、张丰,《新消息报》2013年7月12日第16版。

143.《考古学家钟侃先生病逝》,本报讯,《中国文物报》2013年7月12日第2版。

144.《宁夏著名考古专家钟侃病逝》,庄电一,《光明日报》2013年7月12日第2版。

145.《孜孜不倦的学者——陈述先生诞辰一百周年缅怀》,史金波,景爱主编

《辽金西夏研究　2011》，同心出版社2013年；《学海汲求》，甘肃文化出版社2020年。

146.《漆侠先生的学术贡献与治学方法》，李华瑞，《中国社会科学报》2013年10月7日B2版；《宋夏史探研集》，科学出版社2016年。

147.《从西夏学看中华民族多元一体——访中国社会科学院学部委员史金波》，安静，《中国社会科学报》2013年12月30日；《西夏历史文化钩沉》，甘肃文化出版社2018年。

148.《珍惜出土资料　写出好的文章》，牛达生，《西夏考古论稿(二)》，甘肃文化出版社2016年。

149.《宁夏著名西夏学专家李范文先生荣获国际汉学最高荣誉"儒莲奖"》，保宏彪，《宁夏社会科学》2014年第1期。

150.《风度儒雅　学问精深——缅怀著名学者金启孮先生》，史金波，《民族研究》2014年第2期；《学海汲求》，甘肃文化出版社2020年。

151.《李范文先生荣获国际汉学最高荣誉——"儒莲奖"》，宁夏社会科学院科研组织处，《西夏研究》2014年第1期。

152.《王静如先生对契丹文字的学术贡献》，刘凤翥，《西夏学》(第九辑)，上海古籍出版社2014年。

153.《我的西夏研究之路》，史金波，《中国哲学社会科学发展历程回忆》(政法社会卷)，中国社会科学出版社2014年；《西夏历史文化钩沉》，甘肃文化出版社2018年。

154.《史金波先生访谈录》，木仕华，《民族研究年鉴(2010—2012年卷)》，中国社会科学出版社2014年；《学海汲求》，甘肃文化出版社2020年。

155.《黄振华》，聂鸿音，景爱主编《辽金西夏研究　2012》，同心出版社2014年。

156.《牛达生、吴忠礼、杜建录获宁夏社科突出贡献奖》，庄电一，《光明日报》2014年7月1日第7版。

157.《于艰涩中品学术之乐——访第二届宁夏社会科学突出贡献奖得主牛达生、吴忠礼、杜建录》本报记者，《银川晚报》2014年7月17日第44版。

158.《略论张澍姓氏考辨的成就》，郭绪怀，吴定军、齐彦斌主编《党校教育研究》(第9卷)，甘肃人民出版社2014年。

159.《李华瑞教授入选长江学者(特聘教授)奖励计划》，《首都师大报》2015年3月20日第2版。

160.《严于律己　清正廉洁的典范——记民族所老所长牙含章同志》，史金波,《中国社会科学报》2015年8月28日;《学海汲求》,甘肃文化出版社2020年。

161.《缅怀几位去世的西夏学专家》,史金波,《西夏文珍贵典籍史话》"后记",国家图书馆出版社2015年;《学海汲求》,甘肃文化出版社2020年。

162.《伯希和赠北馆小册一种》,高山杉,《南方都市报》2016年1月10日GB15版。

163.《贺白滨先生八十华诞》,《西夏研究》编辑部,《西夏研究》2016年第2期。

164.《劳费尔中亚古代语言文字研究浅介——以吐火罗语、藏语、西夏语为例》,陈继宏,《江西科技师范大学学报》2016年第2期。

165.《谆谆教诲 金针度人——缅怀任继愈先生》,史金波,国家图书馆编《永远的怀念:任继愈先生百年诞辰纪念文集》,国家图书馆出版社2016年;《学海汲求》,甘肃文化出版社2020年。

166.《悼浦江》,史金波,邓小南、荣新江、张帆主编《大节落落 高文炳炳:刘浦江教授纪念文集》,中华书局2016年;《学海汲求》,甘肃文化出版社2020年。

167.《缅怀齐世荣先生》,李华瑞,《首都师范大学学报》2016年第6期;《宋夏史探知集》,中国社会科学出版社2020年。

168.《畏友浦江》,李华瑞,邓小南、荣新江、张帆主编《大节落落 高文炳炳:刘浦江教授纪念文集》,中华书局2016年。

169.《我与刘浦江教授的学术交往》,周峰,邓小南、荣新江、张帆主编《大节落落 高文炳炳:刘浦江教授纪念文集》,中华书局2016年。

170.《刘浦江先生:从辽金史进入阿尔泰学》,唐均,邓小南、荣新江、张帆主编《大节落落 高文炳炳:刘浦江教授纪念文集》,中华书局2016年。

171.《罗福苌生平学术编年述要》,王旭梁编《罗福苌先生一百二十诞辰——罗福苌集》,中西书局2017年。

172.《福苌之于"敦煌学""西夏学"》,王旭梁编《罗福苌先生一百二十诞辰——罗福苌集》,中西书局2017年。

173.《金宝祥先生与宋夏史研究》,他维宏,《西夏研究》2017年第1期。

174.《悠悠百世功 矻矻当年苦——记李范文先生的西夏学研究历程》,孙广文,《西夏研究》2017年第2期。

175.《王静如佚文〈伯希和教授略传〉》,高山杉,《南方都市报》2017年3月5日GB08版。

176.《一位被遗忘的西夏学者——略述曹颖僧先生对西夏学的贡献》,杨蕤,

《西夏研究》2017年第3期;杨蕤著《陕北历史文化散论》,商务印书馆2019年。

177.《不到长城非好汉——记西夏史专家李蔚教授》,高士荣,《西夏研究》2017年第3期。

178.《从这里走近西夏——我与国家图书馆的西夏缘》,史金波,《光明日报》2017年3月31日5版。

179.《我与西夏语——林英津老师访谈录》,祁萌,《西夏研究》2017年第4期。

180.《史金波:告诉你一个真实的西夏》,张碧迁,《银川日报》2017年5月17日第7版。

181.《我敬佩的龚煌城先生》,李壬癸,《中国辽夏金研究年鉴 2015》,中国社会科学出版社2017年。

182.《我与西夏史研究——〈西夏史探赜〉代序》,李华瑞,《西夏史探赜》,甘肃文化出版社2017年;《宋夏史探知集》,中国社会科学出版社2020年。

183.《萧启庆先生逝世五周年祭》,李华瑞,《澎湃新闻》2017年11月15日;《宋夏史探知集》,中国社会科学出版社2020年。

184.《杜建录:肩负使命的西夏学学者》,范晓儒,《银川日报》2017年9月13日第1版。

185.《杜建录:将学术生命融入党和人民的事业》,王茜,《华兴时报》2017年10月9日第1版。

186.《〈党项西夏名物汇考〉评介》,杜艳梅,《西夏研究》2018年第3期。

187.《我的西夏语言研究(代前言)》,孙宏开,《西夏语言研究》,甘肃文化出版社2018年。

188.《(孙宏开)著述目录》,孙宏开,《西夏语言研究》,甘肃文化出版社2018年。

189.《回忆与王静如先生学术交往的几件事情》,孙宏开,《西夏语言研究》,甘肃文化出版社2018年。

190.《杰出的西夏学家——克平》,聂鸿音,《西夏学述论》,甘肃文化出版社2018年。

191.《怀念陈炳应老师》,卢冬,甘肃省博物馆编(贾建威主编)《岁月如歌:甘肃省博物馆建馆80周年纪念文集》,甘肃人民美术出版社2019年。

192.《我心目中的赵俪生先生——写在赵俪生先生100周年冥诞之际》,李华瑞,《文史哲》2019年第1期;《宋夏史探知集》,中国社会科学出版社2020年。

193.《邂逅西夏 结缘文书——深切怀念陈国灿先生》,史金波,《敦煌学辑刊》2019年第1期;《学海汲求》,甘肃文化出版社2020年。

194.《拓展国学研究 倾心保护古籍——怀念冯其庸先生》,史金波,《学海汲求》,甘肃文化出版社2020年。

195.《学业精进 人品出众——杜荣坤同志80寿辰及白翠琴同志从业50周年有感》,史金波,《学海汲求》,甘肃文化出版社2020年。

196.《凤翥契丹》,史金波,《学海汲求》,甘肃文化出版社2020年。

197.《漆侠先生的马克思主义史学理论思想述论》,李华瑞,《宋夏史探知集》,中国社会科学出版社2020年。

198.《"孰谓公死,凛凛犹生"——写在纪念邓广铭先生诞辰110周年之际》,李华瑞,《光明日报》2017年5月30日第7版;(更名)《纪念太老师邓广铭先生》,《宋夏史探知集》,中国社会科学出版社2020年。

199.《杜建录:为西夏学研究"添柴加薪"》,张贺,《宁夏日报》2019年5月2日第2版。

200.《怀念李埏先生》,李华瑞,《宋夏史探知集》,中国社会科学出版社2020年。

201.《纪念程应镠先生》,李华瑞,《宋夏史探知集》,中国社会科学出版社2020年。

202.《记忆中的胡如雷先生》,李华瑞,谷更有主编《胡如雷先生诞辰九十周年纪念论文集》,中国社会科学出版社2020年;《宋夏史探知集》,中国社会科学出版社2020年。

203.《儒林翘楚 文史巨擘——略述陕北地方史家曹思聪先生的学术成就》,雷建忠,《西夏研究》十周年特刊,2020年。

204.《陈寅恪与西夏学》,孙祎达,《历史教学问题》2020年第3期。

205.《王昊教授西夏文学研究成就述略》,郑永晓,《名作欣赏》2020年第9期。

206.《王昊教授西夏文学研究成就述略——兼记王昊与刘扬忠先生之间的情谊》,郑永晓,《名作欣赏》2020年第25期。

(二)成果评介、序跋提要

1.《〈西夏文专号〉一书之"引论"》,王静如,《"国立"北平图书馆馆刊》4卷3号(西夏文专号),1932年;《王静如文集》(上),社会科学文献出版社2015年。

2.《书评:西夏国书略说》,闻宥,《图书季刊》1935年第2卷3期。

3.《〈西夏书〉书后》，杨玉缙，《燕京大学图书馆报》1936年第86期。

4.《介绍王静如撰之〈西夏研究〉》，顾斗南，《边疆半月刊》1937年第2卷7期。

5.《关于〈西夏史稿〉的写作》，吴天墀，重庆新华书店总发行所编《出版动态》1958年第5期。

6.《苏联出版〈西夏语文论文集〉》，宇文，《光明日报》1962年4月6日。

7.《我国第一部西夏专史——〈西夏简史〉即将出版》，《宁夏日报》1979年12月3日。

8.《〈文海研究〉简介》，希厦，《民族研究通讯》1980年第3期。

9.《〈西夏简史〉新书介绍》，杨文光，《宁夏日报》1980年4月12日。

10.《〈西夏史稿〉序》，徐仲舒，《西夏史论文集》，宁夏人民出版社1984年；《光明日报》1980年8月12日。

11.《〈西夏陵墓出土残牌粹编〉》，文武，《宁夏社会科学》试刊号，1981年。

12.《关于〈西夏简史〉中的几个问题——与钟侃、吴峰云、李范文三同志商榷》，汤开建，《宁夏大学学报》1981年第3期。

13.《周春〈西夏书〉评介》，李蔚，《宁夏大学学报》1982年第3期。

14.《评〈西夏史稿〉》，金汇海，《社会科学研究》1983年第1期。

15.《揭开西夏官印之谜——兼评〈西夏官印汇考〉及〈西夏官印考释〉》，牛达生，《宁夏社会科学》1983年第2期；《新华文摘》1983年；《西夏考古论稿》，上海古籍出版社2013年。

16.《研究西夏的一份珍贵实物资料——〈西夏官印汇考〉》，宋达，《出版通讯》1983年第3期。

17.《〈宋西事案〉介评》，吴峰云，《宁夏图书馆通讯》1984年第1期；《文物考古收藏风云录》，学苑出版社2013年。

18.《介绍〈西夏研究论集〉》，戈午，《宁夏大学学报》1984年第4期。

19.《读〈西夏史稿〉札记五条》，顾吉辰，《西北民族学院学报》1984年第4期。

20.《〈党项与西夏资料汇编〉评价》，朔丁，《民族研究动态》1985年第1期。

21.《广博、精审、缜密——评〈党项与西夏资料汇编〉》，徐庄，《宁夏社会科学》1985年第2期。

22.《评介西田龙雄西夏文研究专著四种》，史金波，《民族语文》1985年第2期；《西夏历史文化钩沉》，甘肃文化出版社2018年。

23.《宁夏版西夏研究著作简介》，徐庄，《宁夏书苑》1985年第3期。

24.《〈西夏陵墓出土残牌粹编〉出版》，王广华，《光明日报》1985年12月19日。

25.《西夏学研究的回顾与展望——兼评〈文海研究〉》，贾敬颜，《历史研究》1986年第1期。

26.《西夏韵书〈同音研究·前言〉》，李范文，《宁夏大学学报》1986年第1期；《李范文西夏学论文集》，中国社会科学出版社2012年。

27.《〈同音研究〉提要》，李范文，《宁夏社会科学》1986年第1期；《李范文西夏学论文集》，中国社会科学出版社2012年。

28.《〈西夏文物研究〉评价》，白滨、史金波，《西北史地》1986年第3期。

29.《西夏研究的宝贵资料——介绍〈西夏文物〉》，郭光华，《宁版书评选》，宁夏人民出版社1986年。

30.《〈西夏官印汇考〉评述》，宋达，《宁版书评选》，宁夏人民出版社1986年。

31.《〈同音研究〉序》，黑伯理，《宁夏社会科学》1987年第1期。

32.《一本有特色的断代史——〈中国历史大辞典·辽夏金元〉》，程兆奇，《中国社会科学》1987年第4期。

33.《学术专著〈西夏文化〉出版》，房海滨，《史学集刊》1987年第4期。

34.《苏联新出的西夏学专著〈西夏国的书籍事业〉介绍》，霍升平，《甘肃民族研究》1988年第1期。

35.《西夏研究新成果新观点评介》（上、下），罗矛昆，《宁夏社科情报》1988年第1—2期。

36.《评李范文著〈同音研究〉》，黄振华，《宁夏社会科学》1988年第4期；《李范文西夏学论文集》，中国社会科学出版社2012年。

37.《是"实事求是的客观评价"吗？——答黄振华〈评李范文同音研究〉》，李范文，《宁夏社会科学》1988年第4期；《李范文西夏学论文集》，中国社会科学出版社2012年。

38.《〈西夏文化〉评介》，陈炳应，《中央民族学院学报》1988年第4期；《西夏文明研究》，甘肃文化出版社2018年。

39.《〈元昊传〉评介》，房海滨，《史学集刊》1988年第4期。

40.《见解独具、内容翔实的西夏专著——〈西夏文化〉》，牛达生、刘天明，《民族研究》1988年第6期。

41.《评历史人物传记〈元昊传〉》，陈炳应，《民族研究动态》1989年第2期。

42.《〈元昊传〉评价》，吴峰云，《宁夏社科通讯》1989年第2期。

43.《一部独创性的古代民族佛教史著作——〈西夏佛教史〉评介》，白滨，《民族研究动态》1989年第2期；《西夏民族史论》，甘肃文化出版社2018年。

44.《〈西夏文化〉评介》,周群华,《宁夏大学学报》1990年第1期。

45.《西夏法典序》,王静如,《宁夏大学学报》1990年第1期。

46.《一本值得一读的书——〈西夏史研究〉》,史一兵,《宋史研究通讯》1990年第1期。

47.《邓广铭主编〈中国大百科全书·中国历史〉辽宋西夏金史卷》,黄宽重,《新史学》1990年第1卷第1期。

48.《西夏瓷研究的奠基之作——〈宁夏灵武窑〉评介》,白滨,《民族研究动态》1990年第3期;《西夏民族史论》,甘肃文化出版社2018年。

49.《一部翔实的少数民族断代史——评〈唐代党项〉》,史金波,《民族研究动态》1990年第4期;《西夏历史文化钩沉》,甘肃文化出版社2018年。

50.《深层次地反映西夏文化的百科全书:评〈中国少数民族文库〉中的西夏学系列著作》,房海滨,《博览群书》1991年第4期。

51.《一部包含中国少数民族政治制度史新成果的好书——〈中国政治制度史〉读后》,史金波,《民族研究动态》1992年第3期;《学海汲求》,甘肃文化出版社2020年。

52.《〈宋代西北方音〉跋》,李范文,《宁夏社会科学》1992年第4期;《李范文西夏学论文集》,中国社会科学出版社2012年。

53.《介绍〈西夏谚语〉》,李永平,《西北史地》1993年第4期。

54.《序〈西夏战史〉》,吴天墀,《宁夏大学学报》1994年第1期。

55.《读〈黑城出土文书〉》,方贵龄,《内蒙古社会科学》1994年第6期。

56.《怀宏西夏王朝战争历史的画卷:浅评〈西夏战史〉一书》,韩东,《宁夏日报》1994年5月11日;韩东《文笔天怀:韩东诗文选》,宁夏人民出版社2005年。

57.《评〈辽夏金经济史〉》,李锡厚、王曾瑜,《历史研究》1995年第3期。

58.《体例新颖,论析深入——〈西夏战史〉读后》,霍维洮,《宁夏大学学报》1995年增刊。

59.《专家学者评李范文教授著〈宋代西北方音〉》,韩小忙,《民族研究动态》1995年第3期。

60.《读漆侠、乔幼梅先生〈辽夏金经济史〉书后》,李华瑞,《中国经济史研究》1995年第4期;《宋史论集》,河北大学出版社2001年;《西夏史探赜》,甘肃文化出版社2017年。

61.《中国少数民族音乐史研究的可喜收获:序〈西夏辽金音乐史稿〉》,冯光钰,《中国音乐》1995年第4期。

62.《对〈中国造纸技术史稿〉中涉及藏、维、蒙、党项四族部分之我见》,房建昌,《中国造纸》1995年第4期。

63.《〈陈述先生纪念集〉序》,史金波,《陈述先生纪念集》,内蒙古教育出版社1995年;《学海汲求》,甘肃文化出版社2020年。

64.《〈俄藏黑水城文献〉前言》,[俄]克恰诺夫(著),陈鹏(俄汉翻译),黄振华(校),《俄藏黑水城文献》(第一册),上海古籍出版社1996年。

65.《〈俄藏黑水城文献〉前言》,史金波(著),聂鸿音(汉英翻译),[美]邓如萍(校),《俄藏黑水城文献》(第一册),上海古籍出版社1996年。

66.《〈俄藏黑水城文献〉前言》,李伟国(著),聂鸿音(汉英翻译),[美]邓如萍(校),《俄藏黑水城文献》(第一册),上海古籍出版社1996年。

67.《(日本中岛干起编)〈西夏文字的电脑分析〉评介》,彭玉兰,《民族研究动态》1996年第4期。

68.《西夏史新著〈白高大夏国〉评介》,聂鸿音,《民族研究动态》1997年第1期;《西夏学述论》,甘肃文化出版社2018年。

69.《〈郎君行记〉与契丹字研究——兼谈不能再视〈郎君行记〉为女真字了》,牛达生,《考古与文物》1997年第4期;《西夏考古论稿(二)》,甘肃文化出版社2016年。

70.《林英津〈夏译孙子兵法研究〉评介》,王民信,(台湾)《中国书目季刊》1997年第9期。

71.《评介三部西夏字书研究——〈番汉合时掌中珠〉研究、〈文海研究〉、〈同音研究〉》,王民信,(台湾)《中国历史学会史学集刊》,1997年第9期。

72.《破译千古之谜:李范文和〈夏汉字典〉》,潘梦阳,《宁夏日报》1997年10月24日。

73.《西夏文献整理研究的新成果——编辑〈俄藏黑水城文献〉心得》,聂鸿音、史金波,《古籍整理出版情况简报》1997年第6期。

74.《一把打开西夏文献宝库的钥匙:〈夏汉字典〉出版述评》,云史、肖莽,《宁夏社会科学》1998年第1期。

75.《宝书济今世,思想泽后人——读〈辽金西夏史研究〉》,景爱,《黑龙江民族丛刊》1998年第1期。

76.《〈辽金西夏史研究〉编后》,景爱,《史学史研究》1998年第1期。

77.《电脑处理西夏文〈杂字〉研究序》,[日]中岛干起(著),那楚格(译),《宁夏社会科学》1998年第1期。

78.《李华瑞〈宋夏关系史〉序》,王曾瑜,《宋史研究通讯》1998年第1期。

79.《〈简明西夏史〉评介》,李华瑞,《宋史研究通讯》1998年第2期。

80.《超迈前人,兼容百家:评〈夏汉字典〉》,罗矛昆,《宁夏社会科学》1998年第4期。

81.《多卷本〈中国通史·五代辽宋夏金卷〉题记》,白寿彝,《史学史研究》1998年第4期。

82.《〈王静如民族研究文集〉序》,马学良,《王静如民族研究文集》,民族出版社1998年。

83.《〈西夏战史〉序》,吴天墀,《吴天墀文史存稿》,四川大学出版社1998年。

84.《蓄之既久,其发必厚:评〈简明西夏史〉》,葛桂莲、姚兆余,《西北史地》1999年第1期。

85.《一枝红杏出墙来——〈宋夏关系史〉评介》,李蔚,《甘肃民族研究》1999年第1期。

86.《旁征博引 深究本质——读李华瑞著〈宋夏关系史〉》,李范文,《宁夏社会科学》1999年第2期;《李范文西夏学论文集》,中国社会科学出版社2012年。

87.《文士故去 佳作流芳——〈张思温文集〉评介》,孙德仁,《甘肃民族研究》1999年第2期。

88.《我读〈吴天墀文史存稿〉》,杨正苞,《文史杂志》1999年第2期。

89.《〈吴天墀文史存稿〉读后》,刘复生,《中国史研究》1999年第4期。

90.《读〈吴天墀文史存稿〉》,张邦炜,《西南民族学院学报》1999年第A6期。

91.《李范文〈夏汉字典〉评介》,王民信,(台湾)《书目季刊》1999年第4期。

92.《断代史与民族史研究的双重成果:读〈简明西夏史〉》,张秀平、罗炳良,《固原师专学报》1999年第4期。

93.《〈宋夏关系史〉述评》,杜建录,《中国史研究动态》1999年第10期。

94.《〈宋辽夏金社会生活史〉评价》,陈国灿,《中国史研究动态》1999年第11期。

95.《〈西夏文杂字研究〉读后》,聂鸿音,《中国少数民族古籍论》(三),巴蜀书社1999年;《西夏学述论》,甘肃文化出版社2018年。

96.《务实求真 不断前进——祝〈宁夏社会科学〉创刊100期》,李范文,《宁夏社会科学》2000年第3期;《李范文西夏学论文集》,中国社会科学出版社2012年。

97.《熔铸多民族文化精粹 弘扬优秀民族文化传统——评〈中国少数民族

大辞典〉》,史金波,《中国图书评论》2000年第12期;《学海汲求》,甘肃文化出版社2020年。

98.《〈西夏佛教文献目录〉读后》,聂鸿音,《书品》2000年第5期;《西夏学述论》,甘肃文化出版社2018年。

99.《〈孔子和坛记〉读后》,聂鸿音,《书品》2001年第4期;《西夏学述论》,甘肃文化出版社2018年。

100.《〈党项与西夏资料汇编〉前言及编例》,韩荫晟,《宋史研究通讯》2001年第1期。

101.《捷连提耶夫–卡坦斯基的〈西夏书籍业〉及其中译本》,聂鸿音,《固原师专学报》2001年第4期;《西夏学述论》,甘肃文化出版社2018年。

102.《元代西夏遗民研究的新成果——〈述善集研究论文集〉序》,朱绍侯,《固原师专学报》2001年第4期;《〈述善集研究论集〉序一》,《〈述善集〉研究论集》,甘肃人民出版社2001年。

103.《〈述善集研究论集〉序二》,白滨,《〈述善集〉研究论集》,甘肃人民出版社2001年。

104.《〈夏汉字典〉——国际西夏学期待已久的一部大型工具书》,[荷]Juha.Janhunen(J.杨虎嫩)(著),胡若飞(译),《宁夏社会科学》2002年第1期。

105.《重读〈西夏文字的分析〉》,聂鸿音,《书品》2002年第5期;《西夏学述论》,甘肃文化出版社2018年。

106.《四十寒暑甘寂寞,五百万言足千秋:评韩荫晟〈党项与西夏资料汇编〉》,王天顺,《国家图书馆学刊》(西夏研究专号)2002年增刊。

107.《略论〈党项与西夏资料汇编〉的文献学价值》,马学林,《图书馆理论与实践》2002年第4期。

108.《龚煌城西夏语文研究论文集·自序》,龚煌城,(《语言暨语言学》专刊丙种之二上),"中央研究院"语言学研究所筹备处2002年。

109.《〈少数民族古籍版本〉导言》,黄润华、史金波,《少数民族古籍版本》,江苏古籍出版社2002年;《学海汲求》,甘肃文化出版社2020年。

110.《承百年传统 创未来新业——〈西夏研究丛书〉序》,《宁夏大学学报》2003年第1期;陈育宁,《西夏历史文化探幽》,甘肃文化出版社2018年。

111.《伯希和西夏语文评论四种》,[法]伯希和(著),聂鸿音(编译),《书品》2003年第4期;《西夏学述论》,甘肃文化出版社2018年。

112.《〈西夏经济史〉评介》,李华瑞,《中国经济史研究》2003年第4期;《宋夏史研究》,天津古籍出版社2006年;《西夏史探赜》,甘肃文化出版社2017年。

113.《反映西夏佛教特点融入最新研究成果》,史金波,《中华读书报》2003年5月14日;《西夏历史文化钩沉》,甘肃文化出版社2018年。

114.《汤著〈党项西夏史探微〉序》,萧启庆,《暨南史学》,2004年第3辑;《党项西夏史探微》,(台北)允晨文化实业股份有限公司出版2005年,商务印书馆2013年。

115.《〈中国国家图书馆藏西夏文献〉导言》,李范文,《中国国军图书馆藏西夏文献》(第一册),上海古籍出版社2004年;《李范文西夏学论文集》,中国社会科学出版社2012年。

116.《承百年传统　创未来新业——二十世纪西夏研究顾与展望》,陈育宁,《二十世纪西夏学》,宁夏人民出版社2004年;《西夏学论集:教育部人文社会重点研究基地建设10周年纪念》,上海古籍出版社2012年。

117.《二重互证　钩沉发隐——评杜建录著〈西夏经济史〉》,杨富学,《宁夏大学学报》2004年第5期。

118.《评伊凤阁〈西夏语言资料〉》,[法]沙畹(著),聂鸿音(译),《国外早期西夏学论集》(一),民族出版社2005年;《西夏学述论》,甘肃文化出版社2018年。

119.《评伊凤阁〈西夏史一页〉》,[法]沙畹(著),聂鸿音(译),《国外早期西夏学论集》(一),民族出版社2005年;《西夏学述论》,甘肃文化出版社2018年。

120.《评〈西藏文字对照西夏文字抄览〉》,[法]伯希和(著),聂鸿音(译),《国外早期西夏学论集》(二),民族出版社2005年。

121.《评〈西夏研究小史〉》,[法]伯希和(著),聂鸿音(译),《国外早期西夏学论集》(二),民族出版社2005年;《西夏学述论》,甘肃文化出版社2018年。

122.《评聂历山〈西夏研究小史〉》,[法]加斯帕尔顿(著),聂鸿音(译),《国外早期西夏学论集》(二),民族出版社2005年。

123.《评〈西夏文汉藏译音释略〉》,[法]伯希和(著),聂鸿音(译),《国外早期西夏学论集》(二),民族出版社2005年。

124.《评〈"国立"北平图书馆馆刊〉西夏文专号及王静如〈西夏研究〉第一辑》,[法]加斯帕尔顿(著),聂鸿音(译),《国外早期西夏学论集》(二),民族出版社2005年;《西夏学述论》,甘肃文化出版社2018年。

125.《〈俄藏回鹘语文献研究〉读后》,聂鸿音,《书品》2005年第2期;《西夏学述论》,甘肃文化出版社2018年。

126.《西夏通史》,李范文,马汉文主编《宁夏回族自治区"八五""九五"国家社科基金项目暨社科规划项目成果选介》,宁夏人民出版社2005年。

127.《印刷史研究上的突破性进展——牛达生〈西夏活字印刷研究〉读后感》,张树栋,《中国印刷》2006年第2期;《西夏考古论稿(二)》,甘肃文化出版社2016年。

128.《〈北平图书馆馆刊·西夏文专号〉编刊始末考略》,胡玉冰,《书目季刊》(第40卷第3期),2006年。

129.《西夏史研究的集大成之作——评〈西夏通史〉》,刘建丽,《宁夏社会科学》2006年第4期。

130.《〈党项西夏史探微〉评介》,陈文源,《暨南学报》2006年第5期。

131.《填补史学空白,透视西夏社会》,王婧姝,《中国民族报》2006年7月14日。

132.《〈中国国家图书馆藏西夏文献〉全部出齐》,府宪展、刘景云,《古籍新书报》2006年8月28日。

133.《〈英藏黑水城文献〉出版前后》,束锡红,《2006敦煌学国际联络委员会通讯》2006年。

134.《西夏学研究中心又推力作》,彭向前,《西夏学》(第一辑),宁夏人民出版社2006年。

135.《〈西夏文妙法莲华经写真版〉读后》,聂鸿音,《书品》2006年第6期;《西夏学述论》,甘肃文化出版社2018年。

136.《区域研究的若干启示——兼评前田正名〈陕西横山历史地理学研究〉》,杨蕤,《西夏研究(第三辑):第二届西夏学国际学术研讨会论文集》,中国社会科学出版社2006年;杨蕤著《陕北历史文化散论》,商务印书馆2019年。

137.《〈天盛律令与西夏法制研究〉评介》,彭向前,《西夏学》(第一辑),宁夏人民出版社2006年。

138.《元代西夏遗民文献〈述善集校注〉述评》,李吉和,《西夏学》(第一辑),宁夏人民出版社2006年。

139.《从语言学的观点初探西夏语译〈法华经〉——兼评西田龙雄2005年编译〈西夏文"妙法莲华经"〉》,林英津,《百川汇海:李壬癸先生七秩寿庆论文集》,2006年。

140.《西方学者早期西夏学刍议》,牛达生,《甘肃民族研究》2007年第2期;《西夏考古论稿》,上海古籍出版社2013年。

141.《〈西夏钱币论集〉序一》,戴志强,《宁夏金融》2007年增刊。

142.《〈西夏钱币论集〉序二》,唐石父,《宁夏金融》2007年增刊。

143.《神秘消失的西夏王朝,熠熠生辉的国家宝藏》,孙琪,《人民政协报》2007年4月5日。

144.《西夏语译〈真实名经〉释文研究》读后,聂鸿音,《书品》2007年第3期;《西夏学述论》,甘肃文化出版社2018年。

145.《重读〈新集慈孝传〉》,聂鸿音,《书品》2007年第5期;《西夏学述论》,甘肃文化出版社2018年。

146.《纵横捭阖 视野广阔——李华瑞教授〈宋夏史研究读后〉》,郭志安、杨莲霞,《历史教学》(高校版)2007年第8期。

147.《〈明代保定西夏文石幢研究〉序》,史金波,《保定日报》2007年7月26日;《西夏历史文化钩沉》,甘肃文化出版社2018年。

148.《书迅书评:〈西夏社会〉(上、下)》,陈高华、刘凤翥、黄润华,《中华读书报》2007年8月15日。

149.《宁夏学术研究的精品——评胡玉冰博士研究成果入选国家社科基金成果文库》,陈育宁,《宁夏日报》2007年9月14日;《西夏历史文化探幽》,甘肃文化出版社2018年。

150.《〈中国藏西夏文献〉出版填补国内西夏学研究众多空白》,冯舒玲,《宁夏日报》2007年11月7日。

151.《二十年磨一剑——牛达生和他的〈西夏钱币研究〉》,刘志良,《金融时报》2007年11月9日。

152.《〈中国藏西夏文献〉——复活消失的历史》,冯舒玲,《宁夏日报》2007年11月13日。

153.《西夏文献整理研究的里程碑(代序)》,陈育宁,《西夏学》(第二辑),宁夏人民出版社2007年;《西夏历史文化探幽》,甘肃文化出版社2018年。

154.《重视河套产业文化向生态文化的提升——兼评王天顺著“河套史”的生态思想》,吴人坚,《河套大学学报》2008年第1期。

155.《〈中国藏西夏文献〉的内容特点》,史金波,《西夏学》(第三辑),宁夏人民出版社2008年。

156.《〈中国藏西夏文献〉出版过程》,高国祥,《西夏学》(第三辑),宁夏人民出版社2008年。

157.《再现鲜为人知的西夏王朝——读〈西夏社会〉(上、下)》,黄英,《中国社会科学院院报》2008年8月21日。

158.《功在当代,利在千秋——祝贺〈中国藏西夏文献〉出版》,蔡美彪,《西夏学》(第三辑),宁夏人民出版社2008年。

159.《中国少数民族文献整理研究中的奇葩》,张公瑾,《西夏学》(第三辑),宁夏人民出版社2008年。

160.《极为珍贵的西夏文献资料》,李致忠,《西夏学》(第三辑),宁夏人民出版社2008年。

161.《〈中国藏黑水城汉文文献〉出版打开西夏文化研究大门的钥匙》,冯舒玲,《宁夏日报》2008年12月17日。

162.《〈同音文海宝韵合编整理与研究〉读后》,聂鸿音,《书品》2009年第2期;《西夏学述论》,甘肃文化出版社2018年。

163.《宋夏战争史研究的新视角:〈拓边西北:北宋中后期对夏战争研究〉评介》,何玉红,《宁夏大学学报》2009年第2期。

164.《〈天盛律令与西夏法制研究〉评介》,彭向前,《宁夏大学学报》2009年第2期。

165.《一部西夏史研究的创新力作——评史金波著〈西夏社会〉》,陈育宁、杜建录,《民族研究》2009年第3期。

166.《传承文明 自主创新——大型丛书〈西夏研究〉简介》,卜平、王艳春,《宁夏社会科学》2009年第3期。

167.《西夏文献研究的新探索——评胡玉冰〈传统典籍中汉文西夏文献研究〉》,刘建丽,《宁夏师范学院学报》2009年第4期。

168.《鉴史与敬古——〈甘肃通史·宋夏金元〉编辑思考》,郝军、衷鑫恣,《甘肃社会科学》2009年第4期。

169.《残页做出大文章——评〈俄藏黑水城所出宋西北边境军政文书整理与研究〉》,史金波,《安徽史学》2009年第6期;《光明日报》2009年8月24日(节载);《西夏历史文化钩沉》,甘肃文化出版社2018年。

170.《俄藏黑水城所出〈宋西北边境军政文书〉整理与研究》读后,聂鸿音,《书品》2009年第6期;《西夏学述论》,甘肃文化出版社2018年。

171.《俄藏黑水城汉文文献研究的里程碑——评孙继民〈俄藏黑水城所出宋西北边境军政文书整理与研究〉》,冯金忠、宋燕鹏,《宁夏社会科学》2009年第6期。

172.《〈西夏物质文化〉书评》,商明惠,《丝绸之路》2009年第20期。

173.《〈中国藏黑水城汉文文献〉序》,王正伟,《西夏学》(第四辑),宁夏人民出版社2009年。

174.《嘉惠学林的新平台——写在〈西夏研究〉创刊之际》,薛正昌,《西夏研究》2010年第1期。

175.《流光溢彩 珍籍纷呈——第一、二批〈国家珍贵古籍名录〉中少数民族文字古籍价值评议》,史金波、郭晶,《文献研究》(第一辑),学苑出版社2010年;《学海汲求》,甘肃文化出版社2020年。

176.《继往开来 共创辉煌》,李范文,《西夏研究》2010年第1期;《李范文西夏学论文集》,中国社会科学出版社2012年。

177.《新版〈中国历史·西夏史〉编辑后记》,张秀平,《新华文摘》2010年第4期。

178.《〈党项与西夏资料索引、标注与异名对照〉前言》,杜建录,《西夏学》(第五辑),上海古籍出版社2010年;(更名)《〈党项与西夏文献研究〉前言》,《西夏史论集》,上海古籍出版社2016年。

179.《〈验证千年活字印刷术〉序》,史金波,邹毅著《验证千年活字印刷术》,中国社会科学出版社2010年;《学海汲求》,甘肃文化出版社2020年。

180.《龚煌城西夏语文研究论文集·序》,郑秋豫,《龚煌城西夏语文研究论文集》(《语言暨语言学》专刊系列之四十六),"中央研究院"语言学研究所2011年。

181.《龚煌城西夏语文研究论文集·前言》,何大安,《龚煌城西夏语文研究论文集》(《语言暨语言学》专刊系列之四十六),"中央研究院"语言学研究所2011年。

182.《龚煌城西夏语文研究论文集·自序》,龚煌城,《龚煌城西夏语文研究论文集》(《语言暨语言学》专刊系列之四十六),"中央研究院"语言学研究所2011年。

183.《〈西夏与周边关系研究〉序》,史金波,《西夏研究》2011年第2期。

184.《从第一、二、三批〈国家珍贵古籍名录〉看古代少数民族文字印刷》,史金波,《第七届中国印刷史学术研讨会论文集》,印刷工业出版社2011年;《学海汲求》,甘肃文化出版社2020年。

185.《展示民族古籍精品 彰显民族文化内涵——评〈中华再造善本〉二期少数民族文字古籍》,史金波,《中国社会科学报》2011年12月8日;《学海汲求》,甘肃文化出版社2020年。

186.《〈党项西夏文献研究〉序一》,史金波,中华书局2011年;《西夏历史文化钩沉》,甘肃文化出版社2018年。

187.《〈党项西夏文献研究〉序二》,陈育宁,中华书局2011年;《西夏历史文化探幽》,甘肃文化出版社2018年。

188.《〈同音文海宝韵合编整理与研究〉评介》,彭向前,《西夏研究》2012年第4期。

189.《岩画与环境变迁研究——评〈贺兰山岩画研究〉》,汪一鸣,《西夏研究》2012年第4期。

190.《〈李范文西夏学论文集〉序》,王正伟,《李范文西夏学论文集》,中国社会科学出版社2012年。

191.《〈同音研究〉再版序》,李范文,《李范文西夏学论文集》,中国社会科学出版社2012年。

192.《〈同音研究〉出版后读者来函摘要》,李范文,《李范文西夏学论文集》,中国社会科学出版社2012年。

193.《〈西夏语比较研究〉前言》,李范文,《李范文西夏学论文集》,中国社会科学出版社2012年。

194.《〈西夏语比较研究〉重版说明》,李范文,《李范文西夏学论文集》,中国社会科学出版社2012年。

195.《〈敦煌吐蕃汉藏对音字汇〉读后》,聂鸿音,张公瑾主编《民族古籍研究》(第一辑),中国社会科学出版社2012年。

196.《〈夏汉字典〉序》,李范文,《李范文西夏学论文集》,中国社会科学出版社2012年。

197.《〈西夏陵墓出土残碑粹编〉前言》,李范文,《李范文西夏学论文集》,中国社会科学出版社2012年。

198.《〈西夏通史〉跋》,李范文,《李范文西夏学论文集》,中国社会科学出版社2012年。

199.《西夏文〈圣立义海研究〉前言》,李范文,《李范文西夏学论文集》,中国社会科学出版社2012年。

200.《大型丛书〈西夏研究〉总序》,李范文,《李范文西夏学论文集》,中国社会科学出版社2012年。

201.《〈纪念龚煌城先生七十华诞论文集〉序》,李范文,《李范文西夏学论文集》,中国社会科学出版社2012年。

202.《西田龙雄〈西夏语研究〉序》,李范文,《李范文西夏学论文集》,中国社会科学出版社2012年。

203.《龚煌城、林英津〈西夏语文研究专辑〉序》,李范文,《李范文西夏学论文集》,中国社会科学出版社2012年。

204.《〈西夏法典〉序言》,李范文,《李范文西夏学论文集》,中国社会科学出版社2012年。

205.《〈嘉戎语研究〉序》,李范文,《李范文西夏学论文集》,中国社会科学出版社2012年。

206.《〈西夏昊王〉序》,李范文,《李范文西夏学论文集》,中国社会科学出版社2012年。

207.《〈西夏与周边民族关系史〉序》,李范文,《李范文西夏学论文集》,中国社会科学出版社2012年。

208.《〈西夏地理研究〉序》,李范文,《李范文西夏学论文集》,中国社会科学出版社2012年。

209.《〈西夏人的精神世界〉序》,李范文,《李范文西夏学论文集》,中国社会科学出版社2012年。

210.《〈西夏书法〉序》,李范文,《李范文西夏学论文集》,中国社会科学出版社2012年。

211.《〈追望西夏〉序》,李范文,《李范文西夏学论文集》,中国社会科学出版社2012年。

212.《党项西夏研究的百科全书——评〈党项西夏文献研究——词目索引、注释与异名对照〉》,史金波,《西夏研究》2013年第3期。

213.《党项西夏文献研究的标志性成果——评〈党项西夏文献研究——词目索引、注释与异名对照〉》,陈育宁,《西夏研究》2013年第3期。

214.《中国藏西夏文献的整理与出版》,陈育宁,《土耳其民族古籍文献国际学术讨论会论文》2013年;《西夏历史文化探幽》,甘肃文化出版社2018年。

215.《〈党项西夏文献研究——词目索引、注释与异名对照〉概要》,杜建录,《西夏研究》2013年第3期。

216.《中国社会科学院聂鸿音教授访谈录》,吴英喆(问题设计、记录整理),傅勇林主编《华西语文学刊》(第八辑),四川文艺出版社2013年。

217.《杨浣:〈辽夏关系史〉》,许伟伟,傅勇林主编《华西语文学刊》(第八辑),四川文艺出版社2013年。

218.《〈西夏考古论稿〉序》,白滨,《西夏考古论稿》,上海古籍出版社2013年。

219.《敦煌学视角下的西夏与周边民族关系研究——评〈西夏与周边关系研究〉》，许伟伟，《西夏研究》2014年第3期。

220.《西夏文〈孟子〉整理研究》评介》，汤君、[俄]尤丽娅，《西夏研究》2014年第3期。

221.《读〈西夏考古论稿〉》，高山杉，《南方都市报》2014年3月2日GB23版。

222.《从"绝学"到"显学"——读史金波先生〈西夏文教程〉有感》，孙宏开，《宁夏社会科学》2014年第4期；《西夏语言研究》，甘肃文化出版社2018年。

223.《〈西夏考古论稿〉读后感及补论》，孙继民、宋坤，《宁夏社会科学》2014年第5期；《西夏考古论稿(二)》，甘肃文化出版社2016年。

224.《韩小忙〈同音背隐音义整理与研究〉读后》，孙伯君，《宁夏社会科学》2014年第6期。

225.《黄振华的一篇遗稿》，高山杉，《南方都市报》2014年7月27日RB07版。

226.《王静如先生和他的〈西夏研究〉——纪念王静如先生诞辰110周年》，薛正昌，《西夏学》(第九辑)，上海古籍出版社2014年。

227.《〈西夏佛经序跋译注〉导言》，聂鸿音，《西夏学》(第十辑)，上海古籍出版社2014年。

228.《〈黑水城西夏文文献整理与研究〉成果简介》，陕西省哲学社会科学规划办公室编《陕西省哲学社会科学成果选介汇编》(2015年)，三秦出版社2014年。

229. "Review: 'New Laws' of the Tangut State by E.I. Kychanov"(《评论：克恰诺夫著〈西夏新法〉》)，Hongyin Nie(聂鸿音)，Written Monuments of the Orien2015.1(《东方文献》2015年第1期)；《西夏学述论》，甘肃文化出版社2018年。

230.《西夏文物考古的一面旗帜——牛达生先生〈西夏考古论稿〉(二)序言》，史金波，《石河子大学学报》2015年第2期；《西夏历史文化钩沉》，甘肃文化出版社2018年。

231.《根植西夏 惠施泉界——评牛达生新著〈西夏钱币研究〉》，杨富学、曹源，《西夏研究》2015年第2期；《西夏考古论稿(二)》，甘肃文化出版社2016年。

232.《西夏文物考古研究的典范之作——读牛达生先生〈西夏考古论稿〉有感》，于光建，《西夏研究》2015年第2期；《西夏考古论稿(二)》，甘肃文化出版社2016年。

233.《西夏文中国典籍史话·后记》，史金波，《中国辽夏金研究年鉴 2015》，中国社会科学出版社2017年。

234.《〈牧歌流韵——中国古代游牧民族文化遗珍〉序》，史金波，刘炘主编

《牧歌流韵——中国古代游牧民族文化遗珍》,甘肃文化出版社2015年;《学海汲求》,甘肃文化出版社2020年。

235.《〈新集慈孝传〉导言》,[法]向柏霖(著),聂大昕(译),《西夏研究》2015年第3期。

236.《杨富学教授推出〈回鹘学译文集〉、〈回鹘学译文集新编〉》,金琰,《西夏研究》2015年第4期。

237.《重见神秘西夏——评影视片〈神秘的西夏〉》,史金波,《人民日报》2015年4月21日(节删);《西夏历史文化钩沉》,甘肃文化出版社2018年。

238.《〈王静如文集〉未收的一篇文章》,高山杉,《南方都市报》2015年6月28日GB15版。

239.《〈西夏文献研究丛刊〉总序》,郝平,《西夏学》(第十一辑),上海古籍出版社2015年。

240.《〈天盛律令研究〉前言》,杜建录、[俄]波波娃,《西夏学》(第十一辑),上海古籍出版社2015年。

241.《还原一个真实的西夏——大型史诗纪录片〈神秘的西夏〉观后》,李范文,《文艺报》2015年5月20日第4版。

242.《〈王静如文集〉后记》,王龙友,《王静如文集》(下),社会科学文献出版社2015年。

243.《〈黑水城出土西夏文医药文献整理与研究〉读后》,赵天英,《西夏研究》2016年第3期。

244.《西夏文献目录学的鼎力之作——〈西夏文献解题目录〉评介》,张永富、安北江,《西夏研究》2016年第3期。

245.《河陇文明西夏之花——〈神秘的河陇西夏文化〉评介》,蒋超年,《西夏研究》2016年第3期。

246.《〈党项语历史音韵和形态论纲〉述评》,聂鸿音,《当代语言学》2016年第4期;《西夏学述论》,甘肃文化出版社2018年。

247.《〈西夏文金刚经の研究〉读后》,孙伯君,《宁夏社会科学》2016年第4期。

248.《〈中国历代民族古文字文献探幽〉述评》,张博兴,《松州学刊》2016年第4期。

249.《黑水城文献研究的又一力作——〈黑水城宋代军政文书研究〉评介》,张春兰,《宁夏社会科学》2016年第4期。

250.《姓名学视域下的西夏学研究——〈西夏姓名研究〉述评》,李晓凤,《西夏研究》2016年第4期。

251.《聂鸿音〈西夏佛经序跋译注〉读后》,刘红军、孙伯君,《宁夏社会科学》2016年6期。

252.《白色帝国的神秘呼唤——读〈神秘的西夏〉》,张娟,《黄河文学》2016年第7期。

253.《锦绣珠玑　精品纷呈——第五批〈国家珍贵古籍名录〉中少数民族文字古籍巡礼》,史金波,《中国文化报》2016年6月3日;《学海汲求》,甘肃文化出版社2020年。

254.《〈党项西夏碑石整理研究〉评介》,邓文韬,《西夏学》(第十二辑),甘肃文化出版社2016年。

255.《研究西夏历史的珍贵资料——〈西夏文物〉》,杨莲霞,《西夏学》(第十二辑),甘肃文化出版社2016年。

256.《为史学开出光焕之新景——敬读〈吴天墀文史存稿〉》,罗志田,《吴天墀文史存稿》(增补版),北京师范大学出版社2016年。

257.《十年历练　走向成熟——〈教育部西夏学重点研究基地建设十周年文集〉序》,杜建录,《西夏史论集》,上海古籍出版社2016年。

258.《〈西夏建筑研究〉前言》,汤晓芳、汤晓芳,《西夏建筑研究》,社会科学文献出版社2016年;《西夏历史文化探幽》,甘肃文化出版社2018年。

259.《〈黑水城出土西夏文医药文献整理与研究〉评介》,王红梅,姜锡东主编《宋史研究论丛》(第19辑),科学出版社2016年。

260.《〈西夏考古论稿(二)〉总序》,杨富学,甘肃文化出版社2016年。

261.《〈"他者"的视野——蒙藏史籍中的西夏〉读后》,牛达生,《西夏考古论稿(二)》,甘肃文化出版社2016年。

262.《百年风雨　一路走来》,史金波、杜建录,《西夏学》(第十四辑　2017年第1期),甘肃文化出版社2017年。

263.《〈英藏黑水城藏文文献〉读后》,聂鸿音,《西夏研究》2017年第1期;《西夏学述论》,甘肃文化出版社2018年。

264.《〈西夏研究论丛〉的又一力作——〈西夏司法制度研究〉出版》,保宏彪,《西夏研究》2017年第1期。

265.《〈天盛律令农业门整理研究〉评介》,陈朝辉,《西夏研究》2017年第2期。

266.《辽夏金史研究的新视野——〈辽夏金的女性社会群体研究〉评介》,缪喜平,《西夏研究》2017年第2期。

267.《西夏文史荟存》第三辑弁言,曹颖僧,曹樨翊、杨蕤整理,《西夏研究》2017年第3期。

268.《河套地域历史地理学研究的一部力作——艾冲〈河套历史地理新探〉评介》,孟洋洋,《西夏研究》2017年第3期。

269.《读〈西夏司法制度研究〉有感》,孙颖慧,《西夏研究》2017年第4期。

270.《俞敏先生和汉藏语言比较》,聂鸿音、施向东,《博览群书》2017年第4期。

271.《李华瑞教授〈宋夏史探研集〉读后》,李小霞,《中国史研究动态》2017年第5期。

272.《〈西夏文物〉·总序》,史金波,《中国辽夏金研究年鉴 2015》,中国社会科学出版社2017年。

273.《西夏文中国典籍史话·后记》,史金波,《中国辽夏金研究年鉴 2015》,中国社会科学出版社2017年。

274.《〈慈悲道场忏法西夏译文的复原与研究〉序》,聂鸿音,杨志高著〈〈慈悲道场忏法〉西夏译文的复原与研究》,中国社会科学出版社2017年。

275.《〈党项西夏名物汇考〉序》,聂鸿音,彭向前著《〈党项西夏名物汇考〉》,甘肃文化出版社2017年。

276.《衣带渐宽终不悔,药方研究结硕果——评〈黑水城出土西夏文医药文献整理与研究〉》,吴珩、杨浣,《中国辽夏金研究年鉴2015》,中国社会科学出版社2017年。

277.《〈西夏文维摩诘经整理研究〉读后》,张笑峰,《中国辽夏金研究年鉴2015》中国社会科学出版社2017年。

278.《语文学的持守与创获——沈卫荣〈西藏历史和佛教的语文学研究〉书后》,王尧,王尧著(任小波、杨浩编)《师道师说》(王尧卷),东方出版社2017年。

279.《西夏学研究的又一朵奇葩——〈西夏文书档案研究〉评介》,陈浪,陈浪著《编读札记》,宁夏人民出版社2017年。

280.《克劳森〈西夏字典〉述评》,聂鸿音、孙伯君,《西夏研究》2018年第1期。

281.《中国古文书学视阈下黑水城汉文文献整理范式与方法刍论——兼评孙继民等著〈中国藏黑水城汉文文献的整理与研究〉》,冯金忠,《宁夏社会科学》2018年第2期。

282.《〈克劳森框架字典〉序言》,[英]高奕睿(著),麻晓芳(译),《西夏研究》

2018年第3期。

283.《黑水城汉文文献整理与研究的典范——评孙继民等著〈中国藏黑水城汉文文献的整理与研究〉》,张玉海,《河北学刊》2018年第3期。

284.《儒风汉韵流海内——〈两宋辽金西夏时期的中国意识与民族观念〉评析》,安北江,《赤峰学院学报》2018年第6期。

285.《〈西夏文化〉引言、结语》,史金波,《西夏历史文化钩沉》,甘肃文化出版社2018年。

286.《〈西夏佛教史略〉前言、后记》,史金波,《西夏历史文化钩沉》,甘肃文化出版社2018年。

287.《〈西夏佛教史略〉重版序》,史金波,《西夏历史文化钩沉》,甘肃文化出版社2018年。

288.《〈西夏用兵史话〉前言》,史金波,《西夏历史文化钩沉》,甘肃文化出版社2018年。

289.《〈俄藏黑水城文献〉前言》,史金波,《西夏历史文化钩沉》,甘肃文化出版社2018年。

290.《〈中国活字印刷术的发明和早期传播——西夏和回鹘活字印刷术研究〉前言》,史金波,《西夏历史文化钩沉》,甘肃文化出版社2018年。

291.《〈电脑处理文海宝韵研究〉序言》,史金波,《西夏历史文化钩沉》,甘肃文化出版社2018年。

292.《〈西夏出版研究〉前言》,史金波,《西夏历史文化钩沉》,甘肃文化出版社2018年。

293.《〈中国藏西夏文献〉前言》,史金波,《西夏历史文化钩沉》,甘肃文化出版社2018年。

294.《〈中国藏西夏文献〉"国家图书馆藏卷"综述》,史金波,《西夏历史文化钩沉》,甘肃文化出版社2018年。

295.《〈史金波文集〉自序》,史金波,《西夏历史文化钩沉》,甘肃文化出版社2018年。

296.《〈西夏社会〉前言》,史金波,《西夏历史文化钩沉》,甘肃文化出版社2018年。

297.《〈西夏文献文物研究〉总序》,史金波,《西夏历史文化钩沉》,甘肃文化出版社2018年。

298.《〈西夏文教程〉前言》,史金波,《西夏历史文化钩沉》,甘肃文化出版社

2018年。

299.《〈西夏文教程〉后记》，史金波，《西夏历史文化钩沉》，甘肃文化出版社2018年。

300.《〈西夏文化研究〉自序》，史金波，《西夏历史文化钩沉》，甘肃文化出版社2018年。

301.《〈西夏文物〉总序》，史金波，《西夏历史文化钩沉》，甘肃文化出版社2018年。

302.《〈西夏文珍贵典籍史话〉前言》，史金波，《西夏历史文化钩沉》，甘肃文化出版社2018年。

303.《〈脊土耕耘——史金波学术论文选集〉前言》，史金波，《西夏历史文化钩沉》，甘肃文化出版社2018年。

304.《〈西夏经济文书研究〉前言》，史金波，《西夏历史文化钩沉》，甘肃文化出版社2018年。

305.《〈西夏经济文书研究〉结语、后记》，史金波，《西夏历史文化钩沉》，甘肃文化出版社2018年。

306.《〈西夏风俗〉前言、后记》，史金波，《西夏历史文化钩沉》，甘肃文化出版社2018年。

307.《〈刘玉权论文集〉序》，史金波，《西夏历史文化钩沉》，甘肃文化出版社2018年。

308.《〈西夏文维摩诘所说经〉序》，史金波，《西夏历史文化钩沉》，甘肃文化出版社2018年。

309.《〈西夏天盛改旧新定律令研究〉序》，史金波，《西夏历史文化钩沉》，甘肃文化出版社2018年。

310.《〈西夏语音研究〉序言》，史金波，《西夏历史文化钩沉》，甘肃文化出版社2018年。

311.《〈探寻西夏文明〉序》，史金波，《西夏历史文化钩沉》，甘肃文化出版社2018年。

312.《〈整合人文与自然学科探讨黑水城历史奥秘〉导言》，史金波，《西夏历史文化钩沉》，甘肃文化出版社2018年。

313.《〈日落黑城〉序》，史金波，《西夏历史文化钩沉》，甘肃文化出版社2018年。

314.《〈王族的背影〉序》，史金波，《西夏历史文化钩沉》，甘肃文化出版社

2018年。

315.《〈西夏艺术研究〉导言》,史金波,《西夏历史文化钩沉》,甘肃文化出版社2018年。

316.《〈西夏艺术史〉序》,史金波,《西夏历史文化钩沉》,甘肃文化出版社2018年。

317.《我读〈西夏史稿〉》,史金波,吴天墀《西夏史稿》,商务印书馆2010年;《辽金西夏研究》同心出版社2010年;《吴天墀教授百年诞辰纪念文集(1913—2013)》,四川人民出版社2013年;《西夏历史文化钩沉》,甘肃文化出版社2018年。

318.《〈西夏与周边关系研究〉序》,史金波,《西夏历史文化钩沉》,甘肃文化出版社2018年。

319.《〈瓜州东千佛洞西夏石窟艺术〉序》,史金波,《西夏历史文化钩沉》,甘肃文化出版社2018年。

320.《〈他者的视野——蒙藏史籍中的西夏〉序》,史金波,《西夏历史文化钩沉》,甘肃文化出版社2018年。

321.《〈黑水城出土西夏文医药文献整理与研究〉序》,史金波,《西夏历史文化钩沉》,甘肃文化出版社2018年。

322.《〈西夏建筑研究〉序》,史金波,《西夏历史文化钩沉》,甘肃文化出版社2018年。

323.《〈西夏艺术〉后记》,陈育宁、汤晓芳,《西夏历史文化探幽》,甘肃文化出版社2018年。

324.《〈西夏艺术史〉后记》,陈育宁,《西夏历史文化探幽》,甘肃文化出版社2018年。

325.《学术人生 奋斗不息——〈薪火相传:史金波先生70寿辰西夏学国际学术研讨会〉代序》,陈育宁,《西夏历史文化探幽》,甘肃文化出版社2018年。

326.《〈灵州史研究〉序》,史金波,白述礼著《灵州史研究》,宁夏人民出版社2018年;《学海汲求》,甘肃文化出版社2020年。

327.《〈俄藏西夏历日文献整理研究〉序》,史金波,彭向前著《俄藏西夏历日文献整理研究》,社会科学文献出版社2018年;《学海汲求》,甘肃文化出版社2020年。

328.《〈西夏语研究新论〉读后》,聂鸿音,《西夏学述论》,甘肃文化出版社2018年。

329.《论西夏文医药文献的历史语言文献学研究：兼评〈黑水城出土西夏文医药文献整理与研究〉及其他相关论述》，吴国圣，《民族学界》2018年第42期。

330.《书评：杜建录〈党项西夏碑石整理研究〉》，吴国圣，《台大历史学报》2018年第61期。

331.《筚路蓝缕　玉汝于成——〈英藏黑水城出土社会文书研究：中古时期西北边疆的历史侧影〉评介》，张东祥，《西夏研究》2019年第1期。

332.《普林斯顿大学藏西夏文〈法华经〉读后》，聂鸿音，《西夏研究》2019年第2期。

333.《西夏社会经济史研究的重大成果——史金波〈西夏经济文书研究〉读后》，李华瑞，《中国史研究》2019年第2期；《宋夏史探知集》，中国社会科学出版社 2020年。

334.《奥登堡的西夏佛教研究》，何冰琦，《宁夏大学学报》2019年2期。

335.《民国时期的两部西夏史著：〈西夏纪〉与〈宋史·夏国传集注〉》，王军辉、杨浣，《西夏研究》2019年第3期。

336.《〈敦煌民族史探幽〉评介》，韩树伟，《西夏研究》2019年第3期。

337.《西田龙雄博士的西夏语研究成果以及对历史研究的影响》，[日]佐藤贵保（著），王玫（译），《西夏研究》2019年第4期。

338.《〈西夏译华严宗著作研究〉读后》，段玉泉，《西夏研究》2019年第4期。

339.《〈西夏文宫廷诗集整理与研究〉评介》，李鹏飞，《西夏研究》2019年第4期。

340.《多元交融——〈西夏经变画艺术研究〉读书笔记》，徐伟玲，《艺术大观》2019年第15期。

341.《走向大众的神秘西夏——电视纪录片〈神秘的西夏〉观后感》，杨蕤著《陕北历史文化散论》，商务印书馆2019年。

342.《西夏遗民研究的全新力作——〈西夏遗民文献整理与研究〉评介》，保宏彪，《西夏研究》2020年第1期。

343.《前田正名著，杨蕤、尹燕燕译〈陕西横山历史地理学研究〉》，张多勇，《历史人类学学刊》2020年第1期。

344. "Livres reçus：Faguo Jimei guoli Yazhou yishu bowuguan cang Xixia wenxian"（《法国吉美国立亚洲艺术博物馆藏西夏文献》），Hongyin Nie（聂鸿音），Journal asiatique 308.2（2020）（《亚洲杂志》第308卷，2020年第2期）。

345.《〈西夏文藏传佛教史料——"大手印"法经典研究〉评介》，张九龄，《西夏研究》2020年第2期。

346.《〈文献〉少数民族古籍研究专栏导言》,聂鸿音,《文献》2020年第5期。

347.《写在前面的话——〈宋辽西夏金史青蓝集〉代序》,李华瑞,《宋夏史探知集》,中国社会科学出版社2020年。

348.《〈西夏研究〉创刊十周年回望》,薛正昌,《西夏研究》十周年特刊,2020年。

349.《汗马耕耘　嘉惠学林——〈西夏研究〉创刊十周年回顾与展望》,魏淑霞,《西夏研究》十周年特刊,2020年。

350.《〈学海汲求〉展现史金波学术生涯》,田野,《中国新闻出版广电报》2020年12月14日第2版。

(三)出版资讯

1.《研究西夏文的〈文海研究〉一书问世》,本报讯,《光明日报》1980年11月17日。

2.《〈西夏战史〉一书出版》,杜建录,《宁夏大学报》1994年1月8日4版。

3.《西夏兵书发行》,樟树,《陇右文博》1996年第1期。

4.《〈俄藏黑水城文献〉整理出版近况》,史金波,《古籍整理出版情况简报》1996年第3期。

5.《西夏文献整理研究的新成果——大型珍贵文献〈俄藏黑水城文献〉陆续出版》,木子,《民族研究》1997年第4期。

6.《〈中国少数民族古籍总目提要〉卡片登录办法补充说明》,聂鸿音,《民族古籍》1998年第3期。

7.《〈西夏辽金音乐史稿〉出版》,孙葳,《音乐研究》1999年第2期。

8.《宁夏编纂〈西夏学大辞典〉》,《中国文化报》2000年4月1日;《图书馆理论与实践》2000年第3期。

9.《〈西夏学大辞典〉编纂工作开始》,丰日,《银川晚报》2000年4月2日。

10.《西夏学家韩荫晟五百万字巨著出齐》,庄电一,《光明日报》2001年2月1日。

11.《大型系列文献丛书〈中国藏西夏文献〉陆续出版》,彭向前,《古籍整理出版情况简报》2006年第1期。

12.《宁夏人民社西夏历史文化图书广获好评》,虹飞,《中国出版》2007年第5期。

13.《大型图书〈法藏敦煌西夏文献〉面世》,庄电一,《光明日报》2007年5月

12日。

14.《〈法藏敦煌西夏文献〉出版——流失西夏文献悉数"归国"》，周志忠、曹玲娟，《人民日报》2007年5月15日。

15.《敦煌西夏文文献结集出版》，刘泉龙，《中华新闻报》2007年5月16日。

16.《一个王朝历史的回归》，府宪展、余传诗，《中华读书报》2007年5月16日。

17.《宁夏出版西夏王陵发掘报告》，雍斌，《西部时报》2007年7月3日。

18.《西夏文献整理研究的里程碑——大型文献丛书〈中国藏西夏文献〉整理出版》，宁夏大学西夏学研究中心，《西夏学》（第三辑），宁夏人民出版社2008年。

19.《〈中国藏西夏文献〉受到媒体广泛关注》，许伟伟，《西夏学》（第三辑），宁夏人民出版社2008年。

20.《〈中国藏黑水城汉文文献〉简介》，本刊编，《西夏学》（第三辑），宁夏人民出版社2008年。

21.《〈中国藏西夏文献〉编纂机构与人员组成》，本刊编，《西夏学》（第三辑），宁夏人民出版社2008年。

22.《〈黑水城人文与环境研究〉出版》，本刊讯，《清华大学学报》2008年第2期。

23.《〈中国藏黑水城汉文文献〉再现尘封历史百年前被盗掘大量文献流失海外，被称为上世纪三大文献发现之一》，庄电一，《光明日报》2008年12月17日。

24.《〈中国藏黑水城汉文文献〉结集收录原始文献4213件》，王立强，《中国新闻出版报》2008年12月22日。

25.《俄藏黑水城所出〈宋西北边境军政文书〉整理与研究》，《河北学刊》2010年第2期。

26.《首部西夏学综合性学术期刊〈西夏研究〉创刊》，庄电一，《光明日报》2010年3月28日第3版。

27.《〈西夏研究〉创刊首发》，冯舒玲、冯千育，《宁夏日报》2010年3月27日第2版。

28.《中国首部〈西夏研究〉学术期刊正式创刊》，吴宏林，《华兴时报》2010年3月26日第1版。

29.《寻找被遗忘的王朝（图）》，《天津日报》2010年9月20日。

30.《〈西夏古国的探秘者〉出版》，保宏彪，《西夏研究》2013年第4期。

31.《胡玉冰教授新著〈西夏书校补〉出版》，正昌，《西夏研究》2015年第1期。

32.《走进神秘西夏王朝的关钥》,杨莲霞,《博览群书》2016年第9期。

33.《〈西夏盐业史论〉出版》,本刊编辑部,《盐业史研究》2017年第2期。

34.《〈西夏文字揭要〉出版》,《宁夏社会科学》2017年第5期。

35.《〈西夏文物·甘肃编〉〈西夏文物·内蒙古编〉正式出版》,赵天英,《中国辽夏金研究年鉴 2015》,中国社会科学出版社2017年。

36.《提升西夏历日研究高度,构建西夏研究时间坐标——〈Инв.No.8085西夏历日文献整理研究〉内容简介》,彭向前,《中国辽夏金研究年鉴 2015》,中国社会科学出版社2017年。

37.《挖掘多语种文本材料,拓展西夏学研究新思路——段玉泉著〈西夏功德宝集偈跨语言对勘研究〉内容简介》,佟建荣,《中国辽夏金研究年鉴 2015》,中国社会科学出版社2017年。

38.《佟建荣著〈西夏姓名研究〉内容简介》,段玉泉,《中国辽夏金研究年鉴 2015》,中国社会科学出版社2017年。

39.《〈辽金西夏研究〉最新一期故宫首发》,本报记者,《北京晚报》2018年1月12日24版。

40.《〈党项西夏名物汇考〉简介》,宁夏大学西夏学研究院,《西夏研究》2018年第3期。

41.《〈英藏黑水城出土社会文书研究:中古时期西北边疆的历史侧影〉出版》,张东祥,《西夏研究》2018年第4期。

42.《〈俄藏黑水城文献〉(第27册)》,高山杉,《南方都市报》2019年1月17日GB07版。

43.《西夏文〈大宝积经·无量寿如来会〉对勘研究》,孙颖新,《世界宗教文化》2019年第3期。

44.《〈西夏文藏传佛教史料——"大手印"法经典研究〉出版》,孟令兮,《西夏研究》2019年第3期。

45.《〈西夏译华严宗著作研究〉出版》,孟令兮,《西夏研究》2019年第4期。

46.《西夏遗民文献研究的全新力作——〈西夏遗民文献整理与研究〉》,保宏彪,《西夏研究》2020年第1期。

47.《〈俄藏黑水城文献(29)〉出版发行》,北风,《敦煌研究》2020年第2期。

48.《〈和战之间的两难:北宋中后期的军政与对辽夏关系〉出版》,石志杭,《中国史研究动态》2020年第4期。

49.《〈西夏学文库〉的出版价值探析》,李浩强,《丝路视野》2020年第9期。

（四）其他资讯

1.《昔日被称为"绝学"，今日已成为"热学"——我国西夏研究成果引人注目》，王广华，《光明日报》1986年3月28日。

2.《千呼万唤——西夏文物迎到历史博物馆》，蔡琳，《台北历史博物馆馆刊》1994年第7期。

3.《千呼万唤——西夏文物到台湾展出》，史金波，《台北历史博物馆馆刊》1994年第7期。

4.《西夏文化研究中心成立》，《光明日报》1998年8月28日。

5.《西夏博物馆落成开馆》，《宁夏日报》1998年9月25日。

6.《欣慰的回忆：为宁夏社会科学院建院20周年而作》，罗矛昆，《宁夏社会科学》1999年第5期。

7.《塞上行（五首）》，白滨，《秋韵诗词选》，社会科学文献出版社1999年；白滨著《西夏民族史论》（《西夏学文库》第二辑论集卷），甘肃文化出版社2018年。

8.《西夏泥活字版佛经仿制成功》，本刊讯，《陇右文博》2000年第2期。

9.《西夏学研究中心通过教育部人文社科重点研究基地评审》，杜建录，《宁夏大学报》2001年4月9日第1版。

10.《高校人文科研的基地——西夏学研究的中心》，杨志高，《银川晚报》2001年6月15日。

11.《全国高校人文社会科学重点研究基地西夏学研究中心挂牌》，本报讯，《宁夏日报》2001年9月9日。

12.《国家图书馆与西夏学研究》，王菡，（台北）《书目季刊》2002年第36卷第2期。

13.《传世西夏文献九成以上公诸于世》，余传诗，《光明日报》2006年7月20日。

14.《发挥学科优势　占领学术高地——宁夏社会科学院重点学科西夏学简介》，宁夏社会科学院西夏学重点学科，《宁夏社会科学》2007年第1期。

15.《国际西夏学研究所在宁夏成立》，孙滨，《华兴时报》2007年7月3日。

16.《〈西夏研究〉创刊首发式在银川举行》，孙颖慧，《西夏研究》2010年第2期。

17.《宁夏大学研究成果再次印证西夏在中国，西夏学也在中国》，庄电一，《光明日报》2010年6月11日01版。

18.《关于编纂〈番文佛教词典〉的构想与思考》，贾常业，《西夏历史与文化：第三届西夏学国际学术研讨会论文集》，甘肃人民出版社2010年。

19.《俄中西夏学联合研究所在俄罗斯圣彼得堡揭牌成立》,本刊编,《西夏学》(第八辑),上海古籍出版社2011年。

20.《古籍文献的春天》,史金波,《文献研究》(第二辑),学苑出版社2011年;《学海汲求》,甘肃文化出版社2020年。

21.《其言已逝 其学不绝》,杜建录、庄电一,《光明日报》2016年6月14日第9版。

22.《学术队伍壮大学术活动活跃学术成果丰硕"绝学"不绝:宁夏大学西夏研究院书写新篇章》,庄电一,光明网2016年9月21日;王宏伟主编《悦读宁大:2016媒体报道集锦》,阳光出版社2018年。

23.《宁夏大学〈西夏学〉入选〈中文社会科学引文索引(CSSCI)来源期刊和收录集刊〉》,杜建录,《宁夏大学报》2017年1月18日第1版。

24.《推动西夏学研究走向世界》,沙新、张慈丽,《宁夏日报》2017年10月10日第1版。

25.《积极参与"一带一路"文化建设,树立精品出版意识——甘肃文化出版社与西夏学出版》,李浩强,《传播与版权》2017年第12期。

26.《我校获批自治区"西夏学国际一流团队"建设项目》,杜建录,《宁夏大学报》2018年3月14日1版。

27.《阿拉善与西夏学研究》,王丽娟,《传播力研究》2019年第9期。

28.《杜建录:顶天立地西夏学》,王建宏,《光明日报》2020年6月10日第1版。

29.《〈西夏文大词典〉编纂工作会议在宁夏大学召开》,于光建,《中国辽夏金研究年鉴 2015》,中国社会科学出版社2017年。

30.《国家社科基金特别委托项目"西夏文献文物研究"子课题"西夏文大词典"》,赵天英,《中国辽夏金研究年鉴 2015》,中国社会科学出版社2017年。

31.《〈西夏文物〉编辑工作会议在宁夏大学召开》,于光建,《中国辽夏金研究年鉴 2015》,中国社会科学出版社2017年。

32.《〈西夏文物·宁夏编〉工作综述》,李进增、魏亚丽,《中国辽夏金研究年鉴 2015》,中国社会科学出版社2017年。

33.《国家社科基金重大招标项目"西夏通志"》,于光建,《中国辽夏金研究年鉴 2015》,中国社会科学出版社2017年。

34.《国家社科基金艺术学项目"西夏书法史研究"》,赵生泉,《中国辽夏金研究年鉴 2015》,中国社会科学出版社2017年。

35.《国家社科基金重大招标项目"西夏敦煌石窟研究"开题》,本报讯(通讯员杨冰华),《陕西师大报》2017年4月15日。

36.《国家社科基金重大项目"西夏文〈天盛律〉整理研究"开题》,本报讯(通讯员陈玮、许鹏),《陕西师大报》2018年4月1日。

37.《国家社科基金重大项目"出土西夏字书整理研究及语料库建设"介绍》,段玉泉,《西夏研究》2020年第2期。

38.《国学社科基金重大项目"西夏文学文献汇集、整理与研究"中期成果检验研讨会议在四川师范大学举行》,唐睿,《西夏研究》十周年特刊,2020年。

四、研究漫谈、学科建设

1.《我国西夏史研究中的几个问题》,白滨,《民族研究通讯》1981年第4期;《西夏民族史论》,甘肃文化出版社2018年。

2.《关于西夏史中的几个问题的探讨》,顾吉辰,《宁夏社会科学》1984年第3期。

3.《西夏研究漫谈》,李范文,《宁夏史志研究》创刊号,1985年。

4.《传统史学对西夏的研究以及黑城考古对西夏学产生的重要作用》,牛达生,《宁夏文史》(第8辑),1991年;《西夏考古论稿(二)》,甘肃文化出版社2016年。

5."Tangutology during the past decades"(《最近几十年的西夏研究》),Hongyin Nie(聂鸿音),Monumenta Serica 41(1993)(《华裔学志》第41卷,1993年);《西夏学述论》,甘肃文化出版社2018年。

6.《西夏学的国际化》(上、下),赵汝青,《西北师范大学学报》1994年第3期、1995年第1期。

7.《试论西夏学的对象和学科系统》,王天顺,(台湾)《大陆杂志》1994年第5期。

8.《谈谈西夏学理论与方法的几个问题》,王天顺,《宁夏社会科学》1995年第4期。

9.《略说西夏学的相关学科》,王天顺,《宁夏大学学报》1996年第1期;《首届西夏学国际学术会议论文集》,宁夏人民出版社1998年。

10.《西夏学国际化发端和发展浅议》,穆鸿利,《宁夏社会科学》1996年第6期;《河朔集》,中国国际出版社2005年。

11.《关于西夏史与西夏研究》,吴天墀,《吴天墀文史存稿》,四川大学出版社

1998年。

    12.《西夏史如何走进"大宋史"》,王天顺,《中州学刊》1999年第5期。

    13.《拂去沉积于西夏王朝的封尘》,白滨,《光明日报》2000年3月3日。

    14.《西夏科技史的学科建设问题》,苏冠文,《历史深处的民族科技之光:第六届中国少数民族科技史暨西夏科技史国际会议论文集》,宁夏人民出版社2003年。

    15.《从亚述学的进展看西夏学的得失》,唐均,《宁夏社会科学》2003年第3期。

    16.《西夏学和藏学的关系》,史金波,《西藏民族学院学报》2006年第1期;《瘠土耕耘——史金波论文选集》,中国社会科学出版社2016年。

    17.《西夏学和藏学的关系(续)》,史金波,《西藏民族学院学报》2006年第2期。

    18.《西夏与北宋比较研究引发的思考》,杨其昌、王学功,《西夏研究(第三辑):第二届西夏学国际学术研讨会论文集》,中国社会科学出版社2006年。

    19.《世纪回首:中国西夏学的歧路彷徨》,聂鸿音,揣振宇等主编《中国民族研究年鉴(2007年卷)》,中央民族大学出版社2009年;《西夏学述论》,甘肃文化出版社2018年。

    20.《西夏学:敦煌学第二个百年研究的新视角》,孙伯君,《中国社会科学报》2009年10月22日。

    21.《敦煌学和西夏学的关系及其研究展望》,史金波,《敦煌研究》2012年第1期,人大《历史学》2012年第7期;《瘠土耕耘——史金波论文选集》,中国社会科学出版社2016年。

    22.《西夏学:我们应该做什么?》,聂鸿音,《中国社会科学报》2012年11月23日第A5版;《西夏学述论》,甘肃文化出版社2018年。

    23.《西夏史研究的理论与方法》,李华瑞,《中国社会科学报》(第383期),2012年11月23日第B5版;《宋夏史探研集》,科学出版社2016年。

    24.《"绝学"不绝:学科建设推动西夏学走向繁荣》,杜建录,《中国社会科学报》2012年11月23日第A4版。

    25.《西夏史研究的四点想法》,朱瑞熙,《吴天墀教授百年诞辰纪念文集(1913—2013)》,四川人民出版社2013年。

    26.《西夏研究和中国民族史》,史金波,《华夏文化论坛》2018年第2期。

    27.《加强民族史研究重视"绝学" 维护民族团结和国家统一》,史金波,《民族研究》2019年第2 期。

28.《砥砺奋进　发展繁荣——中华人民共和国成立70年来西夏学三大体系建设刍议》,史金波,《西夏学》(第二十辑　2020年第1期),甘肃文化出版社2020年。

29.《努力构建有中国特色、中国气派的西夏学》,史金波,《西夏研究》2020年第3期。

30.《深入推进宋辽夏金史研究的思考》,史金波,《河北学刊》2020年第5期。

31.《学科建设带动西夏学深入发展》,杜建录,《西夏研究》十周年特刊,2020年。

附录

壹　国内西夏学与涉西夏学著译作品出版刊行编年
（1900—2020 年）

一、1900—1949 年

（一）1900—1930 年

1. （清）张鉴（1768—1850 年）著《西夏纪事本末》（36 卷）
上海捷记书局石印本，光绪二十八年（1902 年）。

2. （清）张鉴著《西夏纪事本末》（36 卷）
文盛书局，光绪二十九年（1903 年），重印光绪十年（1884 年）刻本。

3. （清）王仁俊（1866—1913 年）辑《西夏艺文志》（1 卷）
无冰阁，光绪三十年（1904 年）铅印本。

4. （清）王仁俊编著《西夏文缀》（2 卷）
无冰阁，光绪三十年（1904 年）铅印本。

5. （民国）罗福苌（1896—1921 年）著《西夏国书略说》（1 卷）
东山学社，民国三年（1914 年）初印本。

6—7. 罗福成（1885—1960 年）著《西夏译〈莲花经〉考释》（1 卷）
东山学社，民国三年（1914 年）印本；贞松堂印本，民国三年（1914 年）。

8. 罗福成著《西夏国书类编》（1 卷）
东山学社，民国四年（1915 年）印本。

9. （清）张澍（1776—1847 年）著《西夏姓氏录》（1 卷）
罗振玉《雪堂丛刻》，民国四年（1915 年）排印本。

10. 罗振玉（1866—1940 年）辑《番汉合时掌中珠》（1 卷）
《嘉草轩丛书》（第 9 册），民国七年（1918 年），罗氏影印本。

11. 戴锡章（1868—1933 年）编撰《西夏纪》（28 卷、首 1 卷）
京华印书馆（局），民国十三年（1924 年），铅印一函十册本。

12. （民国）罗振玉辑《西夏官印集存》（1 卷）

民国十六年（1927年）。

13.（元）巴思巴（1235—1280年）等集译《大乘要道密集》（4卷）

民国十九年（1930年），北平印行（一函）。

（二）1931—1949年

14. 国立北平图书馆馆刊编辑部编《国立北平图书馆馆刊·西夏文专号》（第四卷第三号）

北平京华印书局，民国十九年（1930年）五、六月，民国二十一年（1932年）一月出版。

15—17. 王静如（1903—1990年）著《西夏研究》（3辑）①

（"中央研究院"历史语言研究所单刊甲种之八、之十一、之十三）3辑，"中央研究院"历史语言研究所，（第1辑）民国二十一年（1932年）、（第2、3辑）民国二十二年（1933年）。

18. 罗福成（1885—1960年）录校《番汉合时掌中珠》（1卷）

民国二十四年（1935年）。

19. 罗福成辑《西夏国书字典音同》（1卷）

辽宁库籍整理处，民国二十四年（1935年）。

20.（清）吴广成（生卒年月不详）著《西夏书事》（42卷）

北平文奎堂（据小岘山房刻影印本，分订八册），民国二十四年（1935年）。

21.（民国）罗福苌（1896—1921年）著《西夏国书略说》（1卷）

《待时轩丛刊》，民国二十六年（1937年），上虞罗氏石印本。

22.（民国）罗福苌、罗福颐（1905—1981年）著《宋史夏国传集注》（14卷、《系表》1卷）

《待时轩丛刊》，民国二十六年（1937年），上虞罗氏石印足本（一函八册）。

23. 罗福颐辑《西夏文存》（1卷，外编1卷）

《待时轩丛刊》，民国二十六年（1937年），上虞罗氏石印本。

24.（清）张澍（1776—1847年）撰《西夏纪年》（2卷）

民国间铅印本。

---

① 1936年王静如先生以"《西夏研究》（3辑）"，荣获法国法兰西学院院士会授予的东方学"茹莲（S.Julien）奖"（"儒莲奖"）。

二、1949—2020年

（一）1949—1980年

1. （清）王仁俊（1866—1913年）辑《西夏艺文志》

二十五史刊行委员编《二十五史补编（6）》，北京：中华书局，1955年。

2. 敦煌文物研究所编辑委员会编《敦煌壁画：西夏、元》

《敦煌艺术画库》（第13种），北京：中国古典艺术出版社，1958年。

3. （元）巴思巴等集译《大乘要道密集》（影印本）

台北：自由出版社，1962年。

4. （民国）戴锡章编撰《西夏纪》

王有立主编《中华文史丛书》之四（三册）京华印书局排印本，台北：华文书局出版，1968年。

5. （南宋）王称（生卒年月不详）撰《西夏事略》（影印本，1卷）

台北：艺文印书馆，1971年。

6. （清）张澍《西夏姓氏录》

林旅芝《西夏史·附录》，香港：大同印务有限公司，1975年。

7—8. 林旅芝著《西夏史》

香港：大同印务有限公司，1975年；杨家骆主编《中国学术类编》，台北：鼎文书局股份有限公司，1979年。

9. ［俄］戈尔巴乔娃（З.И.Горбачева）、克恰诺夫（Е.И.Кычанов）（合编），白滨（译），《西夏文写本和刊本目录》

中国社会科学院民族所编译《民族史译文集》（第3集），1978年。

10. 钟侃、吴峰云、李范文著《西夏简史》

银川：宁夏人民出版社，1979年。

11. 蔡美彪、朱瑞熙、丁伟志、王忠、周清澍著《中国通史（第六册）》

北京：人民出版社，1979年。

12. 洪焕椿著《宋辽夏金史话》

北京：中国青年出版社，1980年。

13. 吴天墀著《西夏史稿》

成都：四川人民出版社，1980年。

（二）1981—1990年

14. （清）张鉴著《西夏纪事本末》

王民信主编《宋史资料萃编》(第3辑,影印本),台北:文海出版社影印光绪乙酉(1885年)本,1981年。

15. 罗福颐辑、李范文释文、纪宏章拓款《西夏官印汇考》

银川:宁夏人民出版社,1982年。

16. 吴天墀著《西夏史稿》(增订本)

成都:四川人民出版社,1983年。

17. 史金波、白滨、黄振华著《文海研究》

北京:中国社会科学出版社,1983年。

18—19. 韩荫晟编著《党项与西夏资料汇编》上卷(1—2册)

银川:宁夏人民出版社,1983年(单行未全本)。

20. 李范文著《西夏研究论集》

银川:宁夏人民出版社,1983年。

21. 白滨编《西夏史论文集》

银川:宁夏人民出版社,1984年。

22. 宁夏博物馆发掘整理,李范文编释《西夏陵墓出土残碑粹编》

北京:文物出版社,1984年。

23. 陈炳应著《西夏文物研究》

银川:宁夏人民出版社,1985年。

24. 杨树森、穆鸿利著《辽宋夏金元史》

沈阳:辽宁教育出版社,1986年。

25. 李范文著《同音研究》

银川:宁夏人民出版社,1986年。

26. 史金波著《西夏文化》

(《中国少数民族文库》)长春:吉林教育出版社,1986年。

27. 吴天墀著《新西夏史》(重印本)

台北:大典出版社,1987年。

28. 徐庄、李萌编著《西夏故事》

西宁:青海人民出版社,1987年。

29. 白滨著《元昊传》

(《中国少数民族文库》)长春:吉林教育出版社,1988年。

30. 史金波、白滨、吴峰云编《西夏文物》

北京:文物出版社,1988年。

31. 中国大百科全书总编辑委员会《中国历史》编辑委员会辽宋西夏金史编写组(邓广铭主编)《辽宋西夏金史》

(《中国大百科全书·中国历史》)上海:中国大百科全书出版社,1988年。

32. 史金波著《西夏佛教史略》

银川:宁夏人民出版社,1988年。

33. 中国社会科学院考古研究所、内蒙古考古队编(马文宽执笔)《宁夏灵武窑》

(《中国田野考古报告集》考古学专刊乙种第26号)北京:紫禁城出版社,1988年。

34. (民国)戴锡章编撰,罗矛昆点校《西夏纪》

(《西北史地资料丛书》)银川:宁夏人民出版社,1988年。

35. (清)张澍撰、段宪文点校《凉州府志备考》附《西夏纪年》

西安:三秦出版社,1988年。

36. 周伟洲著《唐代党项》

(《隋唐文化丛书》)西安:三秦出版社,1988年。

37. 〔俄〕Е.И.克恰诺夫(Е.И.Кычанов)(俄译),李仲三(汉译),罗矛昆(校订)《西夏法典——〈天盛年改旧定新律令〉(1—7章)》

(西夏)仁宗天盛二年(1150年)颁行,银川:宁夏人民出版社,1988年。

38. 李蔚著《西夏史研究》

银川:宁夏人民出版社,1989年。

39. 白滨、史金波、卢勋、高文德编《中国民族史研究(二):王静如教授从事学术活动60周年纪念专辑》

北京:中央民族学院出版社,1989年。

40. 白滨著《党项史研究》

《中国少数民族文库》长春:吉林教育出版社,1989年。

41. 黄振华、聂鸿音、史金波整理本《番汉合时掌中珠》

银川:宁夏人民出版社,1989年。

42. (清)张澍《西夏姓氏录》

王德毅等编《丛书集成续编》(雪堂影印本,246),台北:新文丰出版公司,1989年。

43. 罗矛昆著《中国谚语集成(宁夏卷)·附类　西夏谚》

(马学良任总主编,杨韧任宁夏卷主编)北京:中国民间文艺出版社,1990年。

44. 中国民族古文字研究会编(傅懋勣主编)《中国民族古文字图录·西夏》

北京:中国社会科学出版社,1990年。

(三)1991—2000年

45. 车吉心主编《中国皇帝全传·西夏》

济南:山东教育出版社,1991年。

46. 葛金芳著《宋辽夏金经济研析》

武汉:武汉人民出版社,1991年。

47. 李逸友编著《黑城出土文书(汉文文书卷)》

北京:科学出版社,1991年。

48—49. 聂鸿音著《塞北三朝——辽、夏、金卷》

(《中国历史宝库》)香港:中华书局(香港)有限公司,1992年;(《中国历史宝库》)上海:三联书店上海分店,1992年。

50. 任继愈主编《"国立"北平图书馆馆刊·西夏文专号》(第四卷第三号)

《"国立"北平图书馆馆刊·"国立"北平图书馆馆集》(全十册之第四册·第四卷第一号至第六号),北京:书目文献出版社,1992年(影印)。

51. 宁夏文物管委会、宁夏文化厅编《西夏文史论丛(一)》

银川:宁夏人民出版社,1992年。

52—54. 王静如著《西夏研究》(3辑)

台北:商务印书馆,1992年。

55. [俄]克恰诺夫(Е.И.Кычанов)(俄译)、陈炳应(汉译)《西夏谚语——新集锦成对谚语》

(西夏)梁德养、王仁持编著,太原:山西人民出版社,1993年。

56. 江天健著《北宋对于西夏边防研究论集》

台北:华世出版社,1993年。

57. 史金波著《西夏佛教史略》

台北:台湾商务印书馆,1993年。

58. 王天顺主编《西夏战史》

银川:宁夏人民出版社,1993年。

59. [日]前田正名(著)、陈俊谋(译)《河西历史地理学研究》

(《西藏学参考丛书》第二辑)北京:中国藏学出版社,1993年。

60. 史金波、黄振华、聂鸿音著《类林研究》

银川:宁夏人民出版社,1993年。

61. 陈育宁总主编,钟侃、陈明猷古代卷主编《宁夏通史·古代卷》

银川:宁夏人民出版社,1993年。

62. 漆侠、乔幼梅著《辽夏金经济史》

(《中国古代经济史断代研究》之六)保定:河北大学出版社,1994年。

63—64. 林英津著《夏译〈孙子兵法〉研究》(上、下)

(《"中央研究院"史语所单刊之二八》)台北:"中央研究院"史语所,1994年
(初版本)。

65. 李范文著《宋代西北方音——〈番汉合时掌中珠〉对音研究》

北京:中国社会科学出版社,1994年;2012年。

66. (清)张鉴著,黄中业、田禾译评《白话精评西夏纪事本末》

(《历代纪事本末》丛书)沈阳:辽沈书社,1994年。

67. 史金波、聂鸿音、白滨译注《西夏天盛律令》

仁宗天盛二年(1150年)颁行,(《中国珍稀法律典籍集成》甲编　第五册)北
京:科学出版社,1994年。

68. 〔俄〕孟列夫(Л.Н.Меньшиков)(著)、王克孝(汉译)《黑城出土汉文遗书
叙录》

银川:宁夏人民出版社,1994年。

69. 蔡美彪、朱瑞熙、丁伟志、王忠、周清澍著《中国通史(第六册)》

北京:人民出版社,1994年。

70. 赵绍铭著《(百卷本)中国全史(第51卷)·辽宋金夏政治史》

北京:人民出版社,1994年。

71. 鲁亦冬著《(百卷本)中国全史(第52卷)·辽宋金夏经济史》

北京:人民出版社,1994年。

72. 刘庆、毛元佑著《(百卷本)中国全史(第53卷)·辽宋金夏军事史》

北京:人民出版社,1994年。

73. 周湘斌、赵海琦著《(百卷本)中国全史(第54卷)·辽宋金夏思想史》

北京:人民出版社,1994年。

74. 张践著《(百卷本)中国全史(第55卷)·辽宋金夏宗教史》

北京:人民出版社,1994年。

75. 柯大课著《(百卷本)中国全史(第56卷)·辽宋金夏习俗史》

北京:人民出版社,1994年。

76. 郭志猛著《(百卷本)中国全史(第57卷)·辽宋金夏科技史》

北京:人民出版社,1994年。

77. 乔卫平著《(百卷本)中国全史(第58卷)·辽宋金夏教育史》

北京:人民出版社,1994年。

78. 章正、马胜利、陈原著《(百卷本)中国全史(第59卷)·辽宋金夏文学史》

北京:人民出版社,1994年。

79. 天琪等著《(百卷本)中国全史(第60卷)·辽宋金夏艺术史》

北京:人民出版社,1994年。

80. 《(百卷本)中国全史(第11卷)·辽宋金夏政治史、辽宋金夏经济史、辽宋金夏军事史、辽宋金夏思想史、辽宋金夏宗教史》

赵绍铭、鲁亦冬、刘庆、毛元佑,周湘斌、赵海,张践著,北京:人民出版社,1994年(精装合订本)。

81. 《(百卷本)中国全史(第12卷)·辽宋金夏习俗史、辽宋金夏科技史、辽宋金夏教育史、辽宋金夏文学史、辽宋金夏艺术史》

柯大课、郭志猛、乔卫平、章正、马胜利、陈原,天琪等著,北京:人民出版社,1994年(精装合订本)。

82. 《中华文明史》编纂工作委员会编(张希清、邓小楠、白滨、程妮娜、宋德金等执笔)《中华文明史(第6卷)·辽宋夏金》

石家庄:河北教育出版社,1994年。

83. (元)巴思巴等集译,俞中元、鲁郑勇评注《〈大乘要道密集〉评注》

西安:陕西摄影出版社,1994年。

84. (南宋)王稱撰《西夏事略》

《宋代笔记小说》(1),河北教育出版社,1995年。

85. (清)吴广成著,龚世俊、胡玉冰、陈广恩、许怀然校证《西夏书事校证》

(宁夏大学编《西夏研究丛书》第一辑)兰州:甘肃文化出版社,1995年。

86. 王天顺主编《西夏学概论》

(《西夏研究丛书》第一辑)兰州:甘肃文化出版社,1995年。

87. 张迎胜主编《西夏文化概论》

(《西夏研究丛书》第一辑)兰州:甘肃文化出版社,1995年。

88. 杜建录著《西夏与周边民族关系史》

(《西夏研究丛书》第一辑)兰州:甘肃文化出版社,1995年。

89. 中国社会科学院考古研究所编著《宁夏灵武窑发掘报告》

(《中国田野考古报告集》考古学专刊丁种第47号)北京:中国大百科全书出

附 录 >> 467

版社,1995年。

90. 韩小忙著《西夏王陵》

(《西夏研究丛书》第一辑)兰州:甘肃文化出版社,1995年。

91. 雷润泽、于存海、何继英编著《中国古代建筑:西夏佛塔》

(《中国古代建筑》)北京:文物出版社,1995年。

92. 陈炳应著《〈贞观玉镜将〉研究》

西夏崇宗贞观年间(1101—1113)敕编,银川:宁夏人民出版社,1995年。

93. 〔俄〕Е.И.克恰诺夫(Е.И.Кычанов)、李范文、罗矛昆合著《〈圣立义海〉研究》

银川:宁夏人民出版社,1995年。

94. 宁夏文物考古研究所,许成、杜玉冰编著《西夏陵——中国田野考古报告》

北京:东方出版社,1995年。

95. 洪焕椿著《中国小通史·宋辽夏金》

北京:中国青年出版社,1995年。

96. 〔俄〕米哈依·比奥特罗夫斯基(Piotrovsky·M)(编),"国立"历史博物馆编译小组(许洋主　译)《丝路上消失的王国:西夏黑水城的佛教艺术》

汉译名《丝路上消失的王国:10—13世纪哈喇浩特的佛教艺术》,台北:历史博物馆,1996年。

97. (清)佚名氏编《西夏志略》(6卷)

徐蜀编《二十四史订补》(钞本影印,第12册),北京:书目文献出版社,1996年。

98. 田昌五、漆侠总主编,陈智超、乔幼梅本卷主编《中国封建社会经济史·宋辽夏金元卷》

济南:齐鲁书社,1996年。

99. 白钢主编,李锡厚、白滨著《中国政治制度通史·辽金西夏》

北京:人民出版社,1996年。

100. (西夏)骨勒茂才著《番汉合时掌中珠》

《续修四库全书》编纂委员会编《续修四库全书》(影印本,229 经部·小学类),上海:上海古籍出版社,1996年。

101. (清)周春(1729—1815年)著《西夏书》(10卷)

《续修四库全书》编纂委员会编《续修四库全书》(第334册史部·别史类),上海：上海古籍出版社，1996年（清抄本影印）。

102. 王静如著《西夏研究》（影印本，第3辑）

《民国丛书》（第5编第45册），上海：上海书店，1996年。

103. 中国壁画全集编辑委员会编（段文杰等主编）《中国敦煌壁画全集（10）：敦煌西夏元》

（中国美术分类全集）天津：天津人民美术出版社，1996年。

104—106. 俄罗斯科学院东方研究所圣彼得分所、中国社会科学院民族研究所、上海古籍出版社编（史金波、魏同贤、[俄]E.И.克恰诺夫主编）《俄藏黑水城文献·汉文部分》（1、2、3）

上海：上海古籍出版社，1996年。

107.《俄藏黑水城文献·汉文部分》（4）

上海：上海古籍出版社，1997年。

108.《俄藏黑水城文献·西夏文世俗部分》（7）

上海：上海古籍出版社，1997年。

109. 李范文、[日]中岛干起合著《电脑理西夏文〈杂字〉研究》

大塚秀明、今井健二、高桥末利代协力，日本东京外国语大学亚非语言研究所出版，1997年。

110—112. 聂鸿音著《古道遗声——西夏辽金卷》

（《中华文学通览》）北京：中华书局，1997年；中华书局（香港）有限公司，1997年。

113. 郭琦、史念海、张岂之主编，秦晖著《陕西通史·宋元卷》

西安：陕西师范大学出版社，1997年。

114. 郭琦、史念海、张岂之主编，周伟洲著《陕西通史·民族卷》

西安：陕西师范大学出版社，1997年。

115. 史金波、黄艾榕编著《西夏用兵史话》

成都：四川民族出版社，1997年。

116. 李范文编著《夏汉字典》

北京：中国社会科学出版社，1997年。

117. 宋德金、景爱、穆连木、史金波编《辽金西夏史研究：纪念陈述先生逝世三周年论文集》

天津：天津古籍出版社，1997年。

118. 李蔚著《简明西夏史》

北京：人民出版社，1997年。

119. 刘凤翥、李锡厚、白滨撰《二十五史新编：辽史·金史·西夏史》

上海：上海古籍出版社，1997年。

120. 白滨著《寻找被遗忘的王朝》

(《中国边疆探察》丛书)济南：山东画报出版社，1997年。

121. ［法］伯希和(Paul Pelliot)著，甘肃五凉古籍整理研究中心整理《敦煌石窟：北魏、唐、宋时期的佛教壁画和雕塑(第1号—182号窟及其它)》

兰州：甘肃文化出版社，1997年。

122. 田昌五、漆侠总主编，陈智超、乔幼梅本卷主编《中国历代经济史·宋辽夏金元卷》

台北：文津出版社，1998年。

123. 漆侠、乔幼梅著《辽夏金经济史》

(《中国古代经济史断代研究》之六)保定：河北大学出版社，1998年第2版。

124. 王天顺主编《西夏天盛律令研究》

(宁夏大学编《西夏研究丛书》第二辑)兰州：甘肃文化出版社，1998年。

125. 杜建录著《西夏经济史研究》

(《西夏研究丛书》第二辑)兰州：甘肃文化出版社，1998年。

126. 韩小忙著《西夏道教初探》

(《西夏研究丛书》第二辑)兰州：甘肃文化出版社，1998年。

127. (清)张鉴著，龚世俊、陈广恩、朱巧云点校《西夏纪事本末》

(《西夏研究丛书》第二辑)兰州：甘肃文化出版社，1998年。

128. (清)佚名氏编，胡玉冰校证《西夏志略》

(《西夏研究丛书》第二辑)兰州：甘肃文化出版社，1998年。

129. 王静如著《王静如民族研究文集》

北京：民族出版社，1998年。

130. 漆侠、乔幼梅著《中国经济通史·辽夏金经济卷》

北京：经济日报出版社，1998年。

131. 朱瑞熙、张邦炜、刘复生、蔡崇榜、王曾瑜著《辽宋西夏金社会生活史》

北京：中国社会科学出版社，1998年。

132. 孙星群著《西夏辽金音乐史稿》

北京：中国青年出版社，1998年。

133. 吴天墀著《吴天墀文史存稿》

成都：四川大学出版社，1998年。

134. 李华瑞著《宋夏关系史》

保定：河北人民出版社，1998年。

135. 李范文主编《首届西夏学国际学术会议论文集》

银川：宁夏人民出版社，1998年。

136. ［德］傅海波（Herbert Franke）、［英］崔瑞德（Denis Twitchett）（编），史卫民等（译）《剑桥中国史：辽西夏金元史（907—1368年）》

北京：中国社会科学出版社，1998年。

137. ［日］西田龙雄（著），那楚格、陈健玲（译），陈健玲、白继盛（校译）《西夏文字解读》

银川：宁夏人民出版社，1998年。

138—139.《俄藏黑水城文献·汉文部分》（5、8）

上海：上海古籍出版社，1998年。

140. 李进兴编著《西夏陶模》

银川：宁夏人民出版社，1998年。

141. （民国）李鸿仪编纂，李培业整理《西夏李氏世谱》

沈阳：辽宁民族出版社，1998年。

142—144.《俄藏黑水城文献·西夏文世俗部分》（9、10、11）

上海：上海古籍出版社，1999年。

145. 崔永红、张得祖、杜常顺主编《青海通史》

西宁：青海人民出版社，1999年。

146—147. 白寿彝总主编，陈振主编《中国通史（第七卷）中古时代·五代辽宋夏金时期》（上、下）

上海：上海人民出版社，1999年。

148. 李范文主编（李范文、聂鸿音、马忠建、孙宏开撰）《西夏语比较研究》

银川：宁夏人民出版社，1999年。

149. 漆侠、王天顺主编《宋史研究论文集》

银川：宁夏人民出版社，1999年。

150. 石宗源主编《张思温文集》

兰州：甘肃民族出版社，1999年。

151. 马希荣、柳长青等开发《西夏文字处理及电子字典》（WindowsXP/2003/Vista/Windows7，CD-ROM软件）

北京:清华大学出版社,1999年。

152. 史金波、聂鸿音、白滨译注《天盛改旧新定律令》

(《中华传世法典》之一种)北京:法律出版社,2000年。

153. 史金波、雅森·吾守尔著《活字印刷术的发明和早期传播:西夏和回鹘活字印刷术研究》

北京:社会科学文献出版社,2000年。

154. 郑师渠总主编、任崇岳分卷主编《中国文化通史·辽西夏金元卷》

北京:中共中央党校出版社,2000年。

155. (清)吴广成著,李蔚整理《西夏书事》

车吉心总主编,罗炳良卷主编《中华野史·辽夏金卷》(第六卷),济南:泰山出版社,2000年。

156. (明)祁承爜(1562—1628年)撰《宋西事案》

《中国野史集成·续编》编委会、四川大学图书馆编《先秦——清末民初中国野史集成续编》(影印,3),成都:巴蜀书社,2000年。

157. (民国)戴锡章编撰,李蔚整理《西夏纪》

车吉心总主编,罗炳良卷主编《中华野史·辽夏金元卷》(第六卷),济南:泰山出版社,2000年。

158—159. (南宋)王稱撰,罗炳良整理《西夏事略》

车吉心总主编,罗炳良卷主编《中华野史·辽夏金元卷》(第六卷),济南:泰山出版社,2000年;《中华野史》编委会编《中华野史·辽夏金元卷》(第六卷),西安:三秦出版社,2000年。

160. (清)张澍撰《西夏姓氏录》

罗振玉《雪堂丛刻》(1)北京:北京图书馆出版社,2000年。

161. [俄]捷连提耶夫−卡坦斯基(Терентьев-Катанский А.)(著),王克孝、景永时(译)《西夏书籍业》

银川:宁夏人民出版社,2000年。

162—170. 韩荫晟编著《党项与西夏资料汇编》(9册)

上卷(1册)、中卷(6册)、下卷(1册)、补遗(1册),银川:宁夏人民出版社,2000年。

171. 王月星、汤晓芳、武瑞芬编著《西夏陵》

(《宁夏旅游》丛书)银川:宁夏人民出版社,2000年。

172. 王德忠著《西夏对外政策研究》

长春:吉林人民出版社,2000年。

173. 杨福主编,杨福、静安摄影《甘肃武威西夏二号墓木板画》

重庆:重庆出版社,2000年。

174. [俄]普尔热瓦尔斯基(Николай Михайлович Пржевальский)(著),王嘎、张友华(译)《荒原的召唤》

(《中国西部考察探险》丛书)乌鲁木齐:新疆人民出版社,2000年。

175. 史金波、[日]中岛幹起合著《电脑处理西夏文〈文海宝韵〉研究》

大塚秀明、今井健二、高桥末利代协力,日本东京外国语大学亚非语言研究所出版,2000年。

176.《俄藏黑水城文献·汉文部分》(6)

上海:上海古籍出版社,2000年。

177.洪焕椿著《中国小通史(第11卷)·宋辽夏金》

北京:中国青年出版社,2000年。

(四)2001—2010年

178. 聂鸿音著《塞北三朝——辽、夏、金卷》

(《中华历史通览》)北京:中华书局,2001年。

179. 钟侃、吴峰云、李范文著《西夏简史》(修订本)

银川:宁夏人民出版社,2001年。

180. 宁夏政协文史和学习委员会、宁夏回族自治区文化厅编《宁夏考古记事》

(《宁夏文史资料》第24辑)银川:宁夏人民出版社,2001年。

181.张灵编著《西夏王朝》

银川:宁夏人民出版社,2001年。

182. 张宝玺编《武威西夏木板画》(中英文本)

兰州:甘肃人民美术出版社,2001年。

183. 李华瑞著《宋史论集》

(《河北大学博导书系》)保定:河北大学出版社,2001年。

184. 田德新著《西夏佛教研究》

(《法藏文库·中国佛教学术论典》之第50册)台北:佛光山文教基金會,2001年。

185—186. 邓少琴著《邓少琴西南民族史地论集》(上、下)

成都:巴蜀书社,2001年。

187. （元）杨崇喜（1300—1372年）编著,焦进文、杨富学校注《元代西夏遗民文献〈述善集〉校注》

兰州:甘肃人民出版社,2001年。

188. 何广博主编《〈述善集〉研究论集》

兰州:甘肃人民出版社,2001年。

189. 宋德金、史金波著《中国风俗通史·辽金西夏卷》

上海:上海文艺出版社,2001年。

190. 杭侃著《辽夏金元:草原帝国的荣耀》

（《中华文明传真》之八）上海:上海辞书出版社,香港:商务印书馆,2001年。

191. 韩小忙、孙昌盛、陈悦新著《西夏美术史》

北京:文物出版社,2001年。

192. ［俄］彼·库·柯兹洛夫(P.K.Kozlov)（著）,陈贵星（译）《死城之旅》

原名《蒙古·安多和故城哈拉浩特:俄国地理学会1907—1909年在亚洲高原的探险》,（《亚洲探险之旅丛书》）乌鲁木齐:新疆人民出版社,2001年。

193—194. 谢继胜著《西夏藏传绘画:黑水城出土西夏唐卡研究》（两册）

（《西藏丛书艺术研究系列》）石家庄:河北教育出版社,2002年。

195. 僧人著《西夏王国与金字塔》

（《西部文化之旅》）成都:四川人民出版社,2002年。

196. 龚煌城著《龚煌城西夏语文研究论文集》

（《语言暨语言学》专刊丙种之二上）台北:"中央研究院"语言学研究所筹备处,2002年。

197. 聂鸿音著《西夏文〈德行集〉研究》

（《西夏研究》第三辑）兰州:甘肃文化出版社,2002年。

198. 胡玉冰著《汉文西夏文献丛考》

（《西夏研究》第三辑）兰州:甘肃文化出版社,2002年。

199. 马希荣、王行愚编著《西夏文字数字化方法及其应用》

（《西夏研究丛书》第三辑）银川:甘肃文化出版社,2002年。

200. 李蔚著《西夏史若干问题探索》

（《西夏研究丛书》第三辑）兰州:甘肃文化出版社,2002年。

201. 王天顺主编《西夏地理研究》

（《西夏研究丛书》第三辑）兰州:甘肃文化出版社,2002年。

202. 张廷杰著《宋夏战事诗研究》

（《西夏研究丛书》第三辑）兰州：甘肃文化出版社，2002年。

203. 陈炳应著《西夏探古》

（《武威历史文化丛书》）兰州：甘肃文化出版社，2002年。

204. 杜建录著《西夏经济史》

北京：中国社会科学出版社，2002年。

205. ［俄］彼·库·柯兹洛夫（P.K.Kozlov）（著），王希隆、丁淑琴（译）《蒙古、安多和死城哈喇浩特》

原书名《蒙古·安多和故城哈拉浩特：俄国地理学会1907—1909年在亚洲高原的探险》，（《中国西部考察探险丛书》）兰州：兰州大学出版社，2002年。

206. 林力主编《中华文明史（卷4）·宋夏辽金》

呼和浩特：内蒙古人民出版社，2002年。

207. 廖隆盛著《国策、贸易、战争：北宋与辽夏关系研究》

台北：万卷楼图书公司，2002年。

208. （清）张澍撰《西夏姓氏录》

徐丽华主编《中国少数民族古籍集成》（影印本，汉文版第25册），成都：四川民族出版社，2002年。

209. 黄润华、史金波著《少数民族古籍版本——民族文字古籍（插图珍藏本）》

（《中国版本文化》丛书）南京：江苏古籍出版社，2002年。

210. 赵德馨主编，葛金芳著《中国经济通史（5）·宋辽夏金》

长沙：湖南人民出版社，2002年。

211. 国家图书馆、中国社会科学院合编《国家图书馆学刊·西夏研究专号》（2002年增刊）

212. 刘凤翥、李锡厚、白滨撰《二十五史新编：辽史·金史·西夏史》（修订版）

上海：上海古籍出版社，2002年。

213. 黎大祥著《武威文物研究文集》

兰州：甘肃文化出版社，2002年。

214. 僧人著《西夏王国与金字塔》

（李跃龙著、李精益校阅《探索者》）台北：世潮出版有限公司，2003年。

215. 李锡厚、白滨著《辽金西夏史》

上海：上海人民出版社，2003年。

216. 王春瑜主编，邱树森著《中国小通史（第6册）·辽夏金元》

北京:金盾出版社,2003年。

217. 汤晓芳主编、陈育宁、王月星副主编《西夏艺术》

银川:宁夏人民出版社,2003年。

218. 高树榆编著《神秘王国:西夏故事》

(《西夏文化》小丛书)银川:宁夏人民出版社,2003年。

219. 万辅彬、杜建录主编《历史深处的民族科技之光:第六届中国少数民族科技史暨西夏科技史国际会议论文集》

银川:宁夏人民出版社,2003年。

220. 胡若飞著《西夏军事制度研究、〈本续〉密咒释考》

(《西北第二民族学院学术文库》)呼和浩特:内蒙古大学出版社,2003年。

221. 杨积堂著《法典中的西夏文化:西夏〈天盛改旧新定律令〉研究》

北京:法律出版社,2003年。

222. 徐庄编著《异形之美:西夏艺术》

(《西夏文化》小丛书)银川:宁夏人民出版社,2003年。

223. 吴峰云编著《梦想与辉煌:西夏钱币》

(《西夏文化》小丛书)银川:宁夏人民出版社,2003年。

224. 李进兴编著《尘封的文明:西夏瓷器》

(《西夏文化》小丛书)银川:宁夏人民出版社,2003年。

225.《宁夏年鉴》编辑委员会编(宁夏地方志办公室编)《宁夏年鉴·西夏研究(2003)》

北京:方志出版社,2003年。

226. 宁夏文物考古研究所编著《闽宁村西夏墓地》

(《宁夏文物考古研究所丛刊》之三)北京:科学出版社,2004年。

227—228. 白寿彝总主编、陈振主编《中国通史(第七卷)中古时代·五代辽宋夏金时期》(上、下)

上海:上海人民出版社,2004年修订本。

229. 龚煌城著《汉藏语研究论文集》

(《语言学前沿》丛书第5种)北京:北京大学出版社,2004年。

230. 孙尚主编《党项豪杰李元昊》

(《名家藏书·盛世君王》丛书)呼和浩特:远方出版社,2004年。

231. 孙伯君著《黑水城出土等韵抄本〈解释歌义〉研究》

兰州:甘肃文化出版社,2004年。

232. 史金波著《西夏出版研究》

（《西夏研究丛书》第四辑）银川：宁夏人民出版社，2004年。

233. 牛达生著《西夏活字印刷研究》

（《西夏研究丛书》第四辑）银川：宁夏人民出版社，2004年。

234. 周伟洲著《早期党项史研究》

（《西北民族研究》丛书）北京：中国社会科学出版社，2004年。

235. 龚煌城著《汉藏语研究——龚煌城先生七秩寿庆论文集》

（《语言暨语言学》专刊外编之四）台北："中央研究院"语言学研究所，2004
年。

236. 张竹梅著《西夏语音研究》

（陈育宁主编《西夏研究丛书》第四辑）银川：宁夏人民出版社，2004年。

237. 杜建录主编《二十世纪西夏学》

（《西夏研究丛书》第四辑）银川：宁夏人民出版社，2004年。

238. 中国国家博物馆、宁夏回族自治区文化厅编《大夏寻踪：西夏文物辑萃》
北京：中国社会科学出版社，2004年。

239. （民国）罗福苌、罗福颐著，彭向前补注《宋史夏国传集注》

（《西夏研究丛书》第四辑）银川：宁夏人民出版社，2004年。

240. （明）祁承爜撰，杨志高校证《宋西事案》

（《西夏研究丛书》第四辑）银川：宁夏人民出版社，2004年。

241. 杨志高编《二十世纪西夏学论著资料索引》（1900—2003年）

（附载于《西夏研究丛书》第四辑，杜建录主编《二十世纪西夏学》，第277—
478页）银川：宁夏人民出版社，2004年。

242. 《宁夏年鉴》编辑委员会编（宁夏地方志办公室编）《宁夏年鉴·西夏研究
（2004）》

北京：方志出版社，2004年。

243. 刘建丽著《宋代西北民族文献与研究》

（《西北史研究丛书》）兰州：甘肃人民出版社，2004年。

244—247. 西北第二民族学院（现北方民族大学）、上海古籍出版社、英国国
家图书馆编（谢玉杰、[英]吴芳思主编）《英藏黑水城文献》（1、2、3、4）

上海：上海古籍出版社，2005年。

248. 宁夏文物考古研究所编著（牛达生主持）《拜寺沟西夏方塔》

（《宁夏文物考古研究所丛刊》之二）北京：文物出版社，2005年。

249. 罗福苌、罗福颐《宋史夏国传集注》

本社编《近代著名图书馆馆刊荟萃续编》(影印本,第5册),北京:北京图书馆出版社,2005年。

250. 本社编《"国立"北平图书馆馆刊·西夏文专号》(第四卷第三号)

《近代著名图书馆馆刊荟萃续编》(全二十册之第五册),北京:北京图书馆出版社,2005年。

251. 史金波著《史金波文集》

(《中国社会科学院学术委员文库》)上海:上海辞书出版社,2005年。

252. 汤开建著《党项西夏史探微》

(《允晨丛刊》107)台北:允晨文化实业股份有限公司,2005年。

253. 李锡厚、白滨、周峰著《辽西夏金史研究》

(《20世纪中国人文学科学术研究史》丛书)福州:福建人民出版社,2005年。

254. 杜建录著《〈天盛律令〉与西夏法制研究》

银川:宁夏人民出版社,2005年。

255. 王德忠著《西夏对外政策研究》

长春:长春:吉林人民出版社,2005年第2版。

256. 李范文主编《西夏通史》①

北京:人民出版社、银川:宁夏人民出版社,2005年。

257. 姜歆著《西夏法律制度研究——〈天盛改旧新定律令〉初探》

兰州:兰州大学出版社,2005年。

258. 车吉心主编《中国皇帝全传·西夏》

济南:山东教育出版社,2005年。

259—261. 宁夏社会科学院编(李范文主编)《中国国家图书馆藏西夏文献》(1、2、3)

上海:上海古籍出版社,2005年。

262—265. 宁夏大学西夏学研究中心、国家图书馆、甘肃五凉古籍整理研究中心编(史金波、陈育宁总主编)《中国藏西夏文献》(北京编第一编·国家图书馆藏卷)(1、2、3、4)

兰州:甘肃人民出版社、敦煌文艺出版社出版,2005年。

266—269.《中国藏西夏文献》(北京编第二编·国家图书馆藏卷)(5、6、7、8)

---

① 第五届吴玉章人文社会科学一等奖。

兰州:甘肃人民出版社、敦煌文艺出版社出版,2005年。

270. 龚煌城著《西夏语言文字研究论集——祝贺龚煌城教授七十华诞纪念文集》

北京:民族出版社,2005年。

271. 李范文、韩小忙著《同义研究》

(李范文主编《西夏研究》第一辑)北京:中国社会科学出版社,2005年。

272—273. 孙伯君编《国外早期西夏学论集》(一、二)

北京:民族出版社,2005年。

274. 穆鸿利著《河朔集(宋夏元史论)》

(《跋涉集系列》之二)香港:中国国际出版社,2005年。

275. 边人主编,白滨、边人撰稿《西夏:消逝在历史记忆中的国度》

(《神秘中国》丛书)北京:外文出版社,2005年。

276. 林世田主编《国家图书馆藏西夏文献中汉文文献释录》

北京:北京图书馆出版社,2005年。

277. 景永时、贾常业开发《基于方正典码基础之上的西夏文录入系统》(软件)

香港:香港社会科学出版社,2005年。

278.《宁夏年鉴》编辑委员会编(宁夏地方志办公室编)《宁夏年鉴·西夏研究(2005)》

北京:方志出版社,2005年。

279. 王天顺著《河套史》

(《黄河文明史书系》)北京:人民出版社,2006年。

280. 张灵著《遗失了的西夏王国》

兰州:甘肃人民美术出版社,2006年。

281. 陈永胜著《西夏法律制度研究》

(《西北少数民族学术研究文库》)北京:民族出版社,2006年。

282. 聂鸿音、孙伯君著《黑水城出土音韵学文献研究》

北京:文物出版社,2006年。

283. [俄]捷连吉耶夫-卡坦斯基(Терентьев-Катанский A.)(著),崔红芬、文志勇(译)《西夏物质文化》

北京:民族出版社,2006年。

284—287.《中国藏西夏文献》(北京编第三编·国家图书馆藏卷、北京大学藏

卷、中国国家博物馆藏卷、中国社会科学院考古研究所藏卷、故宫博物院藏卷）（9、10、11、12）

　　兰州：甘肃人民出版社、敦煌文艺出版社出版，2006年。

　　288—290.《中国藏西夏文献》（第四编·宁夏藏卷、陕西藏卷）（13、14、15）

　　兰州：甘肃人民出版社、敦煌文艺出版社出版，2006年。

　　291.《中国藏西夏文献》（第四编·甘肃、内蒙古藏卷）（16）

　　兰州：甘肃人民出版社、敦煌文艺出版社出版，2006年。

　　292.《中国藏西夏文献》（第四编·内蒙古藏卷）（17）

　　兰州：甘肃人民出版社、敦煌文艺出版社出版，2006年。

　　293. 曾瑞龙著《拓边西北——北宋中后期对夏战争研究》

（《中华文史专刊》丛书）香港：中华书局（香港）有限公司，2006年。

　　294—295.（清）张鉴著，黄中业、田禾译评《白话精评西夏纪事本末》（1、2）

（《历代纪事本末》丛书）沈阳：辽海出版社，2006年第2版。

　　296. 周伟洲著《唐代党项》

（《中国古代北方民族史》丛书）桂林：广西师范大学出版社，2006年。

　　297. 林英津著《西夏文〈真实名经〉释文研究》

（《语言暨语言学》专刊甲种之八）台北："中央研究院"语言学研究所，2006年
（初版本）。

　　298. 王春瑜主编，邱树森著《中国文化小通史（第6卷）·辽西夏金元》

福州：福建人民出版社2006年。

　　299—300. 李希凡总主编《中华艺术通史·五代两宋辽西夏金卷》（上下编）

（廖奔本卷上编主编、刘晓路本卷下编主编）北京：北京师范大学出版社，
2006年。

　　301. 王志平、王昌丰、王爽编著《西夏博物馆》

银川：宁夏人民出版社，2006年。

　　302. 吴峰云、杨秀山编著《探寻西夏文明》

银川：宁夏人民出版社，2006年。

　　303. 浙江省博物馆编《见证西夏——贺兰山下尘封的文明》

北京：中国文化艺术出版社，2006年。

　　304. 李华瑞著《宋夏史研究》

天津：天津古籍出版社，2006年。

　　305.宁夏社会科学院编（李范文主编）《中国国家图书馆藏西夏文献》（4）

上海：上海古籍出版社，2006年。

306—307. 宁夏文物考古研究所编(罗丰主编)《西夏方塔出土文献》(上、下)

(《宁夏文物考古研究所丛刊》之七)兰州：甘肃人民出版社、敦煌文艺出版社，2006年。

308. 李范文主编《第二届西夏学国际学术研讨会论文集》

(李范文主编《西夏研究》第三辑)北京：中国社会科学出版社，2006年。

309. 李范文著《〈五音切韵〉和〈文海宝韵〉比较研究》

(李范文主编《西夏研究》第二辑)北京：中国社会科学出版社，2006年。

310. 吴天墀著《西夏史稿》

(《中国古代北方民族史》丛书)桂林：广西师范大学出版社，2006年。

311. 宁夏大学西夏学研究中心主办(杜建录主编)《西夏学》(第1辑)

银川：宁夏人民出版社，2006年。

312.《俄藏黑水城文献·西夏文世俗部分》(12)

上海：上海古籍出版社，2006年。

313.《宁夏年鉴》编辑委员会编(宁夏地方志办公室编)《宁夏年鉴·西夏研究(2006)》

北京：方志出版社，2006年。

314. 唐荣尧著《王朝湮灭：为西夏帝国叫魂》

北京：光明日报出版社，2006年。

315. 漆侠、乔幼梅著《中国经济通史·辽夏金》

北京：经济日报出版社，2007年第2版。

316. ［德］傅海波(Herbert Franke)、［英］崔瑞德(Denis Twitchett)(编)，史卫民等(译)《剑桥中国史：辽西夏金元史(907—1368年)》

北京：中国社会科学出版社，2007年。

317. 牛达生著《西夏遗迹》

(《20世纪中国文物考古发现与研究丛书》)北京：文物出版社，2007年。

318. 武文革编著《明代保定西夏文石幢研究》

(《燕赵文史新录》)北京：新华出版社，2007年。

319. 牛达生著《西夏钱币论集》

《宁夏金融》(内部资料)2007年增刊第2期。

320. 杨森编著《西夏钱币汇考》

银川：宁夏人民出版社，2007年。

321. 李范文主编《罗氏父子西夏研究专集》

（《西夏研究》第四辑）北京：中国社会科学出版社，2007年。

322. 李范文主编《王静如西夏研究专辑》

（《西夏研究》第五辑，影印本）北京：中国社会科学出版社，2007年。

323. ［俄］聂历山（N.A.Nevsky）（著），马忠建、文志勇、崔红芬（译）《西夏语文学——研究论文和字典》

（李范文主编《西夏研究》第六辑）北京：中国社会科学出版社，2007年。

324. 沈卫荣、［日］中尾正义、史金波主编《黑水城人文与环境研究：黑水城人文与环境国际学术讨论会文集》

（中国人民大学《西域历史语言研究丛书》）北京：中国人民大学出版社，2007年。

325. 西北第二民族学院（现北方民族大学）、上海古籍出版社、法国国家图书馆编（李伟、［法］郭恩主编）《法藏敦煌西夏文文献》

上海：上海古籍出版社，2007年。

326. 牛撇捺著《借党项人说事》

银川：宁夏人民出版社，2007年。

327. 胡玉冰著《传统典籍中汉文西夏文献研究》①

北京：中国社会科学出版社，2007年。

328. 郭文佳、朱浩著《黄沙深处的西夏魅影》

（《智慧历史现场11》丛书）郑州：中州古籍2007年。

329. 宁夏文物考古所、宁夏西夏陵区管理处编著（杜玉冰、温涛、陈晓桦、周赟、余军、王惠民、王昌丰、布加、杨弋编写）《西夏三号陵——地面遗迹发掘报告》

（《宁夏文物考古所丛刊》之九）北京：科学出版社，2007年。

330.《中国藏西夏文献》（第五编·金石编·碑石、题记卷）（18）

兰州：甘肃人民出版社、敦煌文艺出版社出版，2007年。

331.《中国藏西夏文献》（第五编·金石编·西夏陵残碑卷）（19）

兰州：甘肃人民出版社、敦煌文艺出版社出版，2007年。

332.《中国藏西夏文献》（第五编·金石编·印章、符牌、钱币卷）（20）

兰州：甘肃人民出版社、敦煌文艺出版社出版，2007年。

333—334. 郑炳林、樊锦诗、杨富学主编《丝绸之路民族古文字与文化学术讨

① 2005年入选《国家社科基金成果文库》作品；2011年获宁夏回族自治区第十一届社会科学著作一等奖。

论会文集》(上、下)

西安:三秦出版社,2007年。

335. 宁夏大学西夏学研究中心主办(杜建录主编)《西夏学:〈中国藏西夏文献〉研究专号》(第2辑)

银川:宁夏人民出版社,2007年。

336—337. 史金波著《西夏社会》(上、下)

上海:上海人民出版社,2007年。

338. 李昌宪著《中国行政区划通史·宋西夏卷》

上海:复旦大学出版,2007年。

339. 王雄著《辽夏金元史徵·西夏卷》

呼和浩特:内蒙古大学出版社,2007年。

340—341. 宁夏文物考古研究所编(孙昌盛主持)《山嘴沟西夏石窟》(上、下)

(《宁夏文物考古研究所丛刊》之十)北京:文物出版社,2007年。

342.《俄藏黑水城文献·西夏文世俗部分》(13)

上海:上海古籍出版社,2007年。

343. 景永时主编,贾常业副主编《西夏文字处理系统》(Win95/98/XP,CD-ROM)

银川:宁夏人民出版社,2007年。

344.《宁夏年鉴》编辑委员会编(宁夏地方志办公室编)《宁夏年鉴·西夏研究(2007)》

北京:方志出版社,2007年。

345. 钟侃、钟雅玲著《东方金字塔——西夏皇陵》

(《百年考古大发现》丛书)天津:天津古籍出版社,2008年。

346. 杨蕤编著《破译天书》

银川:宁夏人民出版社,2008年。

347. 史金波、黄润华著《中国历代民族古文字文献探幽》

北京:中华书局,2008年。

348. 李范文编著《夏汉字典》(修订重印本)

北京:中国社会科学出版社,2008年。

349. 韩小忙著《〈同音文海宝韵合编〉整理与研究》

(《西夏文字与文献研究》丛书)北京:中国社会科学出版社,2008年。

350. 杨蕤著《西夏地理研究——边疆历史地理学的探索》

（《北方民族大学学术文库》)北京：人民出版社,2008年。

351. 李范文主编《龚煌城、林英津西夏语文研究专集》

(《西夏研究》第八辑,影印本),北京：中国社会科学出版社,2008年。

352. 屈文军著《辽西夏金元史十五讲》

上海：上海古籍出版社,2008年。

353. 内蒙古自治区文物考古研究所、宁夏大学西夏学研究中心、甘肃省古籍文献整理编译中心(塔拉、杜建录、高国祥主编)《中国藏黑水城汉文文献·农政文书卷》(1)

北京：国家图书馆出版社,2008年。

354.《中国藏黑水城汉文文献·提调钱粮文书卷》(2)

北京：国家图书馆出版社,2008年。

355.《中国藏黑水城汉文文献·俸禄与分例文书卷》(3)

北京：国家图书馆出版社,2008年。

356.《中国藏黑水城汉文文献·律令与词讼文书卷》(4)

北京：国家图书馆出版社,2008年。

357.《中国藏黑水城汉文文献·军政与站赤文书卷》(5)

北京：国家图书馆出版社,2008年。

358.《中国藏黑水城汉文文献·票据、契约、卷宗与书信卷》(6)

北京：国家图书馆出版社,2008年。

359.《中国藏黑水城汉文文献·礼仪、儒学与文史卷》(7)

北京：国家图书馆出版社,2008年。

360.《中国藏黑水城汉文文献·医算、历学、符占秘术、堪舆地理及其它卷、佛教文献卷》(8)

北京：国家图书馆出版社,2008年。

361—362.《中国藏黑水城汉文文献·图画、印章及其它文书卷上、下》(9、10)

北京：国家图书馆出版社,2008年。

363. 岳键、王亮著《追望西夏》

西安：陕西旅游出版社,2008年。

364. [日]西田龙雄(著),鲁忠慧(译)《西夏语研究——西夏语的构拟与西夏文字的解读》

(李范文主编《西夏研究》第七辑)北京：中国社会科学出版社,2008年。

365. 景永时编《西夏语言与绘画研究论集》

银川:宁夏人民出版社,2008年。

366. 宁夏大学西夏学研究中心主办(杜建录主编)《西夏学:纪念〈中国藏西夏文献〉出版专号》(第3辑)

银川:宁夏人民出版社,2008年。

367. 魏淑霞著《湮没的神秘王国:西夏》

(《宁夏历史地理文化》丛书)银川:宁夏人民出版社,2008年。

368. 李致忠著《中国出版通史·宋辽西夏金元卷》

(《中国出版通史》丛书)北京:中国书籍出版社,2008年。

369. 《宁夏年鉴》编辑委员会编(宁夏地方志办公室编)《宁夏年鉴·西夏研究(2008)》

北京:方志出版社,2008年。

370. 唐荣尧著《王族的背影》

银川:宁夏人民出版社,北京:中国民主法制出版社,2008年。

371. 俄罗斯国立艾尔米塔什博物馆、西北民族大学、上海古籍出版社编(金雅声、[俄]谢苗诺夫主编)《俄藏黑水城艺术品》(1)

上海:上海古籍出版社,2008年。

372. [俄]Е.И.克恰诺夫(Е.И. Кычанов)、聂鸿音著《西夏文〈孔子和坛记〉研究》

北京:民族出版社,2009年。

373. 罗福苌、罗福颐《宋史·夏国传集注》

罗炳良编《宋史研究》(《20世纪二十四史研究丛书》第8卷,影印本),北京:中国大百科全书出版社,2009年。

374. 刘建丽著《中国西北少数民族通史·辽宋西夏金卷》

(《中国西北少数民族通史》丛书)北京:民族出版社2009年。

375. 刘兆和著《日落黑城:大漠文明搜寻手记》

(《草原文化寻踪》丛书)呼和浩特:内蒙古大学出版社,2009年。

376. 杜建录主编《说西夏》

银川:宁夏人民出版社,2009年。

377. 李蔚著《中国历史(10)·西夏史》(修订版)

北京:人民出版社,2009年。

378. 孙继民著《俄藏黑水城所出〈宋西北边境军政文书〉整理与研究》

北京:中华书局,2009年。

379. 崔云胜著《张澍研究》

（《河西历史与文化》研究丛书）天津：天津古籍出版社，2009年。

380. 上海艺术研究所、宁夏民族艺术研究所著（高春明主编）《西夏艺术研究》

（《中国古代民族艺术研究系列》丛书）上海：上海古籍出版社，2009年。

381. 郑师渠总主编、任崇岳分卷主编《中国文化通史·辽西夏金元卷》

北京：北京师范大学出版社，2009年再版。

382. 李进增主编《博苑秋实：宁夏博物馆五十大庆纪念文集》

银川：宁夏人民出版社，2009年。

383. 宁夏大学西夏学研究中心主办（杜建录主编）《西夏学：黑水城文献研究专号》（第4辑）

银川：宁夏人民出版社，2009年。

384. 刘光华主编，刘建丽著《甘肃通史·宋夏金元卷》

兰州：甘肃人民出版社，2009年。

385. 吴天墀著《西夏史稿》

（《中国文库·史学类》）桂林：广西师范大学出版社，2009年。

386. 张迎胜著《西夏人的精神世界》

银川：宁夏人民出版社，2009年。

387. 邵方著《西夏法制研究》

北京：人民出版社，2009年。

388. 聂鸿音著《西夏文〈新集慈孝传〉研究》

银川：宁夏人民出版社，2009年。

389.《宁夏年鉴》编辑委员会编（宁夏地方志办公室编）《宁夏年鉴·西夏研究（2009）》

北京：方志出版社，2009年。

390. 杜建录、史金波著《西夏社会文书研究》

（《西夏文献研究》丛刊）上海：上海古籍出版社，2010年。

391. 李华瑞著《宋夏关系史》

（《当代中国人文大系》）北京：中国人民大学出版社，2010年。

392. 赵彦龙著《西夏文书档案研究》

银川：宁夏人民出版社，2010年。

393—396. 宁夏社会科学院主办（李范文名誉主编、薛正昌主编）《西夏研究》

（2010年第1—4期）

银川,2010年。

397. 白滨著《寻找被遗忘的王朝》(修订版)

济南:山东画报出版社,2010年。

398. 杨浣著《辽夏关系史》

北京:人民出版社,2010年。

399. 聂鸿音、孙伯君编著《〈西番译语〉校录及汇编》

北京:社会科学文献出版社,2010年。

400. 孙伯君著《西夏新译佛经陀罗尼的对音研究》

北京:中国社会科学出版社,2010年。

401. 聂鸿音、孙伯君编《中国多文字时代的历史文献研究:辽夏金元历史文献国际研讨会文集》

北京:社会科学文献出版社,2010年。

402. 陈育宁、汤晓芳著《西夏艺术史》

上海:上海三联书店,2010年。

403. 崔红芬著《西夏河西佛教研究》

(《敦煌学研究文库》)北京:民族出版社,2010年。

404. 北方民族大学、上海古籍出版社、英国国家图书馆[英]吴芳思主编)《英藏黑水城文献》(5)

405. 杭天著《西夏瓷器》

北京:文物出版社,2010年。

406. 山西博物院、宁夏博物馆编著《大夏遗珍——西夏文物精品展》

太原:山西人民出版社,2010年。

407. 景爱主编《辽金西夏研究年鉴(2009)》

北京:学苑出版社,2010年。

408. 陈峰著《宋代军政研究》

(《西北大学史学》丛刊)北京市:中国社会科学出版社,2010年。

409. 许成、杨浣、黄宏征著《古都银川》

(《中国古都系列》丛书)杭州:杭州出版社2010年。

410—411. 宁夏大学西夏学研究中心主办(杜建录主编)《西夏学:首届西夏学国际学术论坛专号》(第5、6辑)

上海:上海古籍出版社,2010年。

412. 薛正昌主编《西夏历史与文化:第三届西夏学国际学术研讨会论文集》

兰州:甘肃人民出版社,2010年。

413. 薛正昌主编《成吉思汗与六盘山国际学术研讨会论文集》

兰州:甘肃人民出版社,2010年。

414. 吴天墀著《西夏史稿》

(《中华现代学术名著》丛书)北京:商务印书馆,2010年。

415. 漆侠主编《辽宋西夏金代通史·政治军事卷》(1)

北京:人民出版社,2010年。

416. 漆侠主编《辽宋西夏金代通史·典章制度卷》(2)

北京:人民出版社,2010年。

417—418. 漆侠主编《辽宋西夏金代通史·社会经济卷(上、下)》(3、4)

北京:人民出版社,2010年。

419. 漆侠主编《辽宋西夏金代通史·教育科学文化卷(5)

北京:人民出版社,2010年。

420. 漆侠主编《辽宋西夏金代通史·宗教风俗卷(6)

北京:人民出版社,2010年。

421. 漆侠主编《辽宋西夏金代通史·周边民族与政权卷(7)

北京:人民出版社,2010年。

422. 漆侠主编《辽宋西夏金代通史·文物考古史料卷(8)

北京:人民出版社,2010年。

423. 沈卫荣著《西藏历史和佛教的语文学研究》

上海:上海古籍出版社,2010年。

424.《宁夏年鉴》编辑委员会编(宁夏地方志办公室编)《宁夏年鉴·西夏研究(2010)》

北京:方志出版社,2010年。

(五)2011—2020年

425. 武宇林、[日]荒川慎太郎(Arakawa Shintaro)主编《日本藏西夏文文献》

北京:中华书局,2011年。

426. 蔡美彪、吴天墀著《辽、金、西夏史》

(《中国大百科全书·名家文库》)北京:中国大百科全书出版社,2011年初版。

427. 白钢主编,李锡厚、白滨著《中国政治制度通史·辽金西夏》(修订版)

(《中国社会科学院文库·法学社会学研究系列》)北京:社会科学文献出版

社,2011年。

428. 刘凤翥、李锡厚、白滨撰《二十五史新编:辽史·金史·西夏史》

香港:中华书局(香港)有限公司,2011年。

429—432. 宁夏社会科学院主办(李范文名誉主编、薛正昌主编)《西夏研究》(2011年第1—4期)

银川,2011年。

433. 本书编写组编《中古时代:五代辽宋夏金时期》

(《白寿彝史学二十讲》)北京:中国友谊出版公司,2011年。

434. 陈高华、童芍素主编,张国庆、韩志远、史金波著《中国妇女通史·辽金西夏卷》

杭州:杭州出版社,2011年。

435. 韩小忙著《〈同音背隐音义〉整理与研究》

(《西夏文字与文献研究》丛书)北京:中国社会科学出版社,2011年。

436. 龚煌城著《龚煌城西夏语文研究论文集》(增订本)

(《语言暨语言学》专刊系列之四十六)台北:"中央研究院"语言学研究所,2011年。

437.《俄藏黑水城文献·西夏文世俗部分》(14)

上海:上海古籍出版社,2011年。

438—439.《俄藏黑水城文献·西夏文佛教部分》(15、16)

上海:上海古籍出版社,2011年。

440. 俄罗斯国立艾尔米塔什博物馆、西北民族大学、上海古籍出版社编(金雅声、[俄]谢苗诺夫主编)《俄藏黑水城艺术品》(2)

上海:上海古籍出版社,2011年。

441—442. 郝维民、齐木德道尔吉总主编,任爱君本卷主编《内蒙古通史·辽西夏金时期的内蒙古地区》①第二卷(1、2)

北京:人民出版社,2011年。

443. 杜建录主编,高国祥、彭向前副主编《党项西夏文献研究——词目索引、注释与异名对照·地理卷》(1)

北京:中华书局,2011年。

444.杜建录主编,高国祥、彭向前副主编《党项西夏文献研究——词目索引、

---

① 《内蒙古通史》(八卷20册),2010年《国家社科基金成果文库》入选作品;2012年获内蒙古自治区第四届哲学社会科学优秀成果政府奖一等奖。

注释与异名对照·人物卷、职官卷上》(2)

北京：中华书局，2011年。

445. 杜建录主编，高国祥、彭向前副主编《党项西夏文献研究——词目索引、注释与异名对照·职官卷下、国名纪年与社会风俗卷》(3)

北京：中华书局，2011年。

446. 杜建录主编，高国祥、彭向前副主编《党项西夏文献研究——词目索引、注释与异名对照·宗族卷、表》(4)

北京：中华书局，2011年。

447—448.宁夏大学西夏学研究院主办(杜建录主编)《西夏学：第二届西夏学国际论坛专号》(第7、8辑)

上海：上海古籍出版社，2011年。

449.宁夏社会科学界联合会编《宁夏社会科学年鉴·西夏学》(首卷)

银川：宁夏人民出版社，2011年。

450.《宁夏年鉴》编辑委员会编(宁夏地方志办公室编)《宁夏年鉴·西夏研究(2011)》

北京：方志出版社，2011年。

451—453.《俄藏黑水城文献·西夏文佛教部分》(17、18、19)

上海：上海古籍出版社，2012年。

454. 杜建录、史金波著《西夏社会文书研究》(增订本)

(《西夏文献研究》丛刊)上海：上海古籍出版社，2012年。

455. 杜建录主编《西夏学论集：教育部人文社会重点研究基地建设10周年纪念》

上海：上海古籍出版社，2012年。

456—459. 宁夏社会科学院主办(李范文名誉主编、薛正昌主编)《西夏研究》，2012年第1—4期

银川，2012年。

460—462. 孙继民、宋坤、陈瑞青等著《俄藏黑水城汉文非佛教文献整理与研究》(上、中、下)[①]

北京：北京师范大学出版社，2012年。

463. 中央民族大学少数民族古籍研究所、北京市民委古籍办、中国民族古文

① 2011年度《国家哲学社会科学成果文库》入选作品；2011年获河北省第七届社会科学基金项目优秀成果一等奖。

字研究会主编(黄建明、聂鸿音、马兰主编)《首届中国少数民族古籍文献国际学术研讨会论文集》

北京:民族出版社,2012年。

464. 顾宏义著《天倾:十至十一世纪宋夏和战实录》

(《两宋烽烟录》丛书)上海:上海书店出版社,2012年。

465. 赵彦龙著《西夏公文写作研究》

(《西夏研究丛书》第五辑)银川:宁夏人民出版社,2012年。

466. 鲁人勇著《西夏地理志》

(《宁夏语言文化研究丛书》)银川:宁夏人民出版社,2012年。

467. 景爱主编《辽金西夏研究(2010)》

北京:同心出版社,2012 年。

468. 杨富学、陈爱峰著《西夏与周边关系研究》

(《中国北方古代少数民族历史文化丛书》)兰州:甘肃民族出版社,2012年。

469. 李范文著《李范文西夏学论文集》

北京:中国社会科学出版社,2012年。

470. 中国社会科学院民族学与人类学研究所编《薪火相传:史金波先生70寿辰西夏学国际学术研讨会论文集》

北京:中国社会科学出版社,2012年。

471. 聂鸿音著《西夏文献论稿》

(《西夏文献研究》丛刊)上海:上海古籍出版社,2012年。

472. 杜建录编著《中国藏西夏文献研究》

(《西夏文献研究》丛刊)上海:上海古籍出版社,2012年。

473. 李范文编著《简明夏汉字典》①

北京:中国社会科学出版社,2012年。

474. 李华瑞著《视野、社会与人物:宋史、西夏史研究论文稿》

北京:中国社会科学出版社,2012年。

475. [俄]索罗宁(K.J.Solonin)(著)、粟瑞雪(译)《十二国》

(《西夏研究》第五辑)银川:宁夏人民出版社,2012年。

476. 中国人民大学国学院汉藏佛学研究中心主编《大乘要道密集》

(《多语种佛教古籍整理和研究丛书》第一辑)北京:北京大学出版社,2012年

---

① 2013年李范文先生以《夏汉字典》为代表的成果,荣获法国法兰西学院院士会授予的东方学"茹莲(S. Julien)奖"("儒莲奖")。

（影印本）。

477. 程郁、张和声著《金戈铁马：辽西夏金元　西元916年至西元1368年的中国故事》

台北：龙图腾文化有限公司，2012年。

478. 彭向前著《西夏文〈孟子〉整理研究》

（《西夏文献研究》丛刊）上海：上海古籍出版社，2012年。

479—480. 黄延军著《中国国家图书馆藏西夏文〈大般若波罗密多经〉研究》（两册）

（中央民族大学《国家珍贵少数民族文字古籍名录整理研究》丛书）北京：民族出版社，2012年。

481. 张宝玺著《瓜州东千佛洞西夏石窟艺术》

北京：学苑出版社，2012年。

482. 刘学铫著《西夏王朝：神秘的黑水城》

（《草原帝国》06）台北：风格司艺术创作坊，2012年。

483. 柳常青编著《西夏文电子字典及输入法软件》（WindowsXP/WindosVista/Windos7，版本1.0）

银川：宁夏黄河电子音像出版社，2012年。

484.《宁夏年鉴》编辑委员会编（宁夏地方志办公室编）《宁夏年鉴·西夏研究（2012）》

北京：方志出版社，2012年。

485. 朱鹏云主编《西夏古国的探秘者》

银川：宁夏人民出版社，2012年。

486. ［俄］捷连季耶夫－卡坦斯基（Анатолий Павлович Терентъев-Катанский）（著），左少兴（译）《从东方到西方：8—13世纪中亚诸国的史籍和印书》

北京：商务印书馆，2012年。

487.（清）王仁俊撰《西夏艺文志》

王承略、刘心明主编《二十五史艺文经籍志考补萃编》（第21卷），北京：清华大学出版社，2013年。

488—490.《俄藏黑水城文献·西夏文佛教部分》（20、21、22）

上海：上海古籍出版社，2013年。

491. 曾瑞龙著《拓边西北——北宋中后期对夏战争研究》

（《博雅史学论丛》）北京：北京大学出版社,2013年。

492. 景爱主编《辽金西夏研究（2011）》

北京：同心出版社,2013 年。

493—496. 宁夏社会科学院主办（李范文名誉主编、薛正昌主编）《西夏研究》（2013年第1—4期）

银川,2013年。

497. 束锡红著《黑水城西夏文献研究》

北京：商务印书馆,2013年。

498. 宋德金著《辽金西夏衣食住行（插图珍藏版本）》

北京：中华书局,2013年。

499. 宁夏文物考古研究所、银川西夏陵区管理处编著《西夏六号陵》

（《宁夏文物考古研究所丛刊》之二十四种）北京：科学出版社,2013年。

500. 史金波著《西夏文教程》

（《西夏文献文物研究》丛书）北京：社会科学文献出版社,2013年。

501. 牛达生著《西夏钱币研究》

（《西夏研究第五辑》）银川市：宁夏人民出版社,2013年。

502. 吴峰云著《文物考古收藏风云录》

北京：学苑出版社,2013年。

503. 邓广铭著《辽宋夏金史讲义》

北京：中华书局,2013年。

504. 四川大学历史文化学院编《吴天墀教授百年诞辰纪念文集（1913—2013）》

成都：四川人民出版社,2013年。

505. 牛达生著《西夏考古论稿》

（《宁夏文物考古研究所丛刊》之二十）上海：上海古籍出版社,2013年。

506. 潘洁著《黑水城出土钱粮文书专题研究》

（《西夏研究丛书》第五辑）银川：宁夏人民出版社,2013年。

507. 内蒙古自治区博物院、宁夏大学西夏学研究院、甘肃省古籍文献整理编译中心编（塔拉、杜建录、高国祥主编）《中国藏黑水城民族文字文献》

北京：中华书局,天津：天津古籍出版社,2013年。

508. 贾常业编著《新编西夏文字典》

兰州：甘肃文化出版社,2013年。

509. 杨浣著《他者的视野——蒙藏史籍中的西夏》

（宁夏大学《西夏研究丛书》第五辑）银川：宁夏人民出版社,2013年。

510. 佟建荣著《西夏姓氏辑考》

（宁夏大学《西夏研究丛书》第五辑）银川：宁夏人民出版社,2013年。

511. 汤开建著《党项西夏史探微》

（《欧亚备要》)北京：商务印书馆 2013年。

512. 汤开建著《唐宋元间西北史地丛稿》

（《欧亚备要》丛书)商务印书馆2013年。

513. 包铭新主编(张竞琼、孙晨阳分卷主编)《中国北方古代少数民族服饰研究(4—5)：吐蕃卷·党项、女真卷》

上海：东华大学出版社,2013年。

514. 方铭主编《中国文学史·辽宋夏金元卷》

（国家级高等学校特色专业建设教材)长春：长春出版社,2013年。

515. 银川西夏陵区管理处编《西夏陵突出普遍价值研究》

北京：科学出版社,2013年。

516. ［日］井上充幸、加藤雄三、森谷一树(编),乌云格日勒(译)《黑水城两千年历史研究》

（《西域历史语言研究丛书》)北京：中国人民大学出版社,2013年。

517. 沈自龙主编《西夏陵》

银川市：宁夏人民出版社,2013年。

518.《宁夏年鉴》编辑委员会编(宁夏地方志办公室编)《宁夏年鉴·西夏研究（2013）》

北京：方志出版社,2013年。

519. 王明著《西夏其实很有趣儿》

北京：中国工人出版社,2013年。

520. 陈震、刘亚谏、李肇伦编著《西夏遗珍》

北京市：文物出版社,2013年。

521. 陈育宁、汤晓芳著《西夏艺术史》(第2版)

上海：上海三联书店,2014年。

522. ［日］杉山正明(著),乌兰、乌日娜(译)《疾驰的草原征服者:辽西夏金元》

（《讲谈社·中国的历史》08)桂林：广西师范大学出版社,2014年。

523. 景爱主编《辽金西夏研究（2012）》

北京:同心出版社,2014 年。

524—527. 宁夏社会科学院主办(李范文名誉主编、薛正昌主编)《西夏研究》,2014年第1—4期

银川,2014年。

528. 聂鸿音著《古代语文论稿》

北京:中国社会科学出版社,2014年。

529. 唐国增著《图说西夏国寺未解之谜》

(《旅游文化》丛书)兰州:甘肃文化出版社,2014年。

530—531. 宁夏大学西夏学研究院主办(杜建录主编)《西夏学:第三届西夏学国际学术论坛暨王静如先生学术思想研讨会专辑》(第9、10辑)

上海:上海古籍出版社,2014年。

532. 聂鸿音著《打开西夏文字之门——国家珍贵古籍名录〈番汉合时掌中珠〉》

(《中国珍贵典籍史话丛书》)北京:北京图书馆出版社,2014年。

533. 崔红芬著《文化融合与延续:11—13世纪藏传佛教在西夏的传播与发展》

北京:民族出版社,2014年。

534. 邱兴荣主编《西夏史话》

(《宁夏地方史话》丛书)银川:宁夏人民出版社,2014年。

535.《俄藏黑水城文献·西夏文佛教部分》(23)

上海:上海古籍出版社,2014年。

536. (清)周春著、胡玉冰校补《西夏书校补》

(《中国史学基本典籍丛刊》)北京:中华书局,2014年。

537. 孙继民、宋坤、陈瑞青、杜立晖等著《考古发现西夏汉文非佛教文献整理与研究》

(《西夏文献文物研究》丛书)北京:社会科学文献出版社,2014年。

538. 陈瑞青著《黑水城宋代军政文书研究》

(《优博文库》)北京:知识产权出版社,2014年。

539. 蔡永贵、刘晔、于薇、向莉娟、赵阳著《俄藏黑水城汉文文献词汇研究》

银川:宁夏人民出版社,2014年。

540. 杨志高著《西夏文〈经律异相〉整理研究》

(《西夏文献文物研究》丛书)北京:社会科学文献出版社,2014年。

541. 段玉泉著《西夏〈功德宝集偈〉跨语言对勘研究》

（《西夏文献研究》丛刊）上海：上海古籍出版社，2014年。

542. 杜建录、［俄］波波娃主编《〈天盛律令〉研究》

（《西夏文献研究》丛刊）上海：上海古籍出版社，2014年。

543. 郭长海、陈万冀、赵人、张明友辑补《俄藏〈金刻六壬课〉残卷辑补》

长春：吉林文史出版社，2014年。

544. 杜建录主编《黑水城文献论集》

北京：学苑出版社，2014年。

545. 刘扬忠、蒋寅主编，刘扬忠著《儒风汉韵流海内：两宋辽金西夏时期的
"中国"意识与民族观念》

石家庄：河北教育出版社，2014年。

546. 于光建著《神秘的河陇西夏文化》

（《华夏文明之源》丛书）兰州：甘肃教育出版社，2014年。

547—548. 史金波总编，塔拉，李丽雅主编《西夏文物·内蒙古编·遗址卷
上、下》(1、2)

北京：中华书局，天津：天津古籍出版社，2014年。

549.《西夏文物·内蒙古编·金属器卷、陶瓷器卷上》(3)

北京：中华书局，天津：天津古籍出版社，2014年。

550.《西夏文物·内蒙古编·陶瓷器卷下、石刻石器卷、木漆器卷、造像绘画
卷、织物卷、文献卷、建筑构件卷》(4)

北京：中华书局，天津：天津古籍出版社，2014年。

551—552. 史金波总编，俄军主编《西夏文物·甘肃编·遗址卷　上、下》(1、2)

北京：中华书局，天津：天津古籍出版社，2014年。

553—554.《西夏文物·甘肃编·金属器卷、陶瓷器卷　上、中》(3、4)

北京：中华书局，天津：天津古籍出版社，2014年。

555.《西夏文物·甘肃编·陶瓷器卷下、石刻石器卷、木漆器卷》(5)

北京：中华书局，天津：天津古籍出版社，2014年。

556.《西夏文物·甘肃编·造像绘画卷、织物卷、文献卷、建筑构件卷》(6)

北京：中华书局，天津：天津古籍出版社，2014年。

557.《宁夏年鉴》编辑委员会编（宁夏地方志办公室编）《宁夏年鉴·西夏研究
(2014)》

北京：方志出版社，2014年。

558. 蔡美彪、朱瑞熙、丁伟志、王忠、周清澍著《中国通史(第六册)》

北京:人民出版社,2015年。

559. 王旭梁著《罗福苌生平及其学术述论》

《文史哲学集成》(671),台北:文史哲出版社,2015年。

560—563. 宁夏社会科学院主办(李范文名誉主编、薛正昌主编)《西夏研究》

(2015年第1—4期)

银川,2015年。

564. 杜立晖、陈瑞青、朱建路著《黑水城元代汉文军政文书研究》

天津:天津古籍出版社2015年。

565—566. 孙继民、宋坤、陈瑞青、杜立晖、郭兆斌编著《英藏及俄藏黑水城汉

文文献整理》(上、下)

天津:天津古籍出版社,2015年。

567.《俄藏黑水城文献·西夏文佛教部分》(24)

上海:上海古籍出版社,2015年。

568—569. 王静如著《王静如文集》(上、下)

(《西夏文献文物研究》丛书)北京:社会科学文献出版社,2015年。

570. 史金波著《西夏文化研究》

(《中国社会科学院学部委员专题文集》)北京:中国社会科学出版社,2015年。

571—572. 白寿彝总主编、陈振主编《中国通史(第七卷)中古时代·五代辽宋

夏金时期》(上、下)

上海:上海人民出版社,南昌:江西教育出版社,2015年第2版。

573. 惠宏、段玉泉编《西夏文献解题目录》

银川:阳光出版社,2015年。

574. 胡进杉著《西夏佛典探微》

(《西夏文献研究》丛刊)上海:上海古籍出版社,2015年。

575. 刘秀文著《牧歌流韵:中国古代游牧民族文化遗珍·党项卷》

(刘炘主编《嘉峪关市"一带一路"建设文化丛书》)兰州:甘肃人民出版社,

2015年。

576. 史金波、宋德金主编《中国辽夏金研究年鉴(2013年卷)》

《中国社会科学年鉴》丛书(2013年卷),北京:中国社会科学出版社,2015年。

577. 梁松涛著《黑水城出土西夏文医药文献整理与研究》

(《西夏文献文物研究》丛书)北京:社会科学文献出版社,2015年。

578. 张重艳、杨淑红著《中国藏黑水城所出元代律令与词讼文书整理与研究》

北京：知识产权出版社，2015年。

579. 宁夏大学西夏学研究院主办（杜建录主编）《西夏学》（第11辑）

上海：上海古籍出版社，2015年。

580. 王明荪主编，蔡金仁著《北宋与辽、西夏战略关系研究：从权力平衡观点的解析》

（《古代历史文献研究辑刊》第14编第17册）新北：花木兰文化出版社，2015年。

581. 史金波著《西夏文珍贵典籍史话》

（《西夏文珍贵典籍史话》丛书）北京：国家图书馆出版社，2015年。

582. （清）张鉴著，龚世俊、王伟伟点校《西夏纪事本末》

（《浙江文丛》）杭州：浙江古籍出版社，2015年。

583. 宁夏社会科学院历史研究所编《西夏研究论文集》

南京：凤凰出版社，2015年。

584. 孙伯君著《西夏文献丛考》

（北方民族大学《学术文库》）上海：上海古籍出版社，2015年。

585. 王培培著《西夏文〈维摩诘经〉整理研究》

（《西夏文献文物研究》丛书）北京：社会科学文献出版社，2015年。

586. 孙昌盛著《西夏文〈吉祥遍至口合本续〉整理研究》

（《西夏文献文物研究》丛书）北京：社会科学文献出版社，2015年。

587. 梁继红著《武威出土西夏文献研究》

（《西夏文献文物研究》丛书）北京：社会科学文献出版社，2015年。

588. 杜建录著《党项西夏碑石整理研究》

（《西夏文献研究》丛刊）上海：上海古籍出版社，2015年。

589. 佟建荣著《西夏姓名研究》

（《西夏文献文物研究》丛书）北京：社会科学文献出版社，2015年。

590. 崔红芬著《西夏汉传密教文献研究》

（《西夏文献文物研究》丛书）北京：社会科学文献出版社，2015年。

591. 苏正喜、摆小龙著《宋夏堡寨调查与研究》

银川：宁夏人民出版社，2015年。

592. 蔡美彪、吴天墀著《辽、金、西夏史》（大字版）

北京：中国盲文出版社，2015年。

593. 艾冲著《河套历史地理新探》

(《陕西师范大学史学》丛书)北京:科学出版社,2015年。

594. 景爱主编《辽金西夏研究年鉴(2013)》

北京:中国社会科学出版社,2015年。

595. 唐荣尧著《神秘的西夏》

长春:时代文艺出版社,2015年。

596.杜建录著《中国藏黑水城汉文文献整理研究》①

北京:人民出版社,2016年。

597—599.孙继民、宋坤、陈瑞青、杜立晖著《中国藏黑水城汉文文献的整理与研究》(上、中、下)

北京:中国社会科学出版社,2016年。

600.聂鸿音著《西夏佛经序跋译注》

(《北方民族大学学术文库》)上海:上海古籍出版社,2016年。

601.韩小忙著《西夏文的造字模式》

(《西夏文字与文献研究》丛书)北京:中国社会科学出版社,2016年。

602.周峰著《西夏文〈亥年新法·第三〉译释与研究》

(潘美月、杜吉祥主编《古典文献研究辑刊》22编第7册)新北:花木兰文化出版社,2016年。

603.潘洁著《〈天盛律令〉农业门整理研究》

(《西夏文献研究》丛刊)上海:上海古籍出版社,2016年。

604.李锡厚、白滨著《辽金西夏史》(第2版)

上海:上海人民出版社,2016年。

605.陈育宁、汤晓芳、雷润泽著《西夏建筑研究》

(《西夏文献文物研究丛书》)北京:社会科学文献出版社,2016年。

606.陈海波著《西夏简史》

北京:民主与建设出版社,2016年。

607.于熠著《西夏法制的多元文化属性:地理和民族特性影响初探》

(《历史的法学文丛》)北京:中国政法大学出版社,2016年。

608.任长幸著《西夏盐业史论》

(《中国盐文化研究丛书》)北京:中国经济出版社,2016年。

609.姜歆著《西夏司法制度研究》

---

① 2015年《国家哲学社会科学成果文库》入选作品;2020年获宁夏回族自治区第十四届哲学社会科学优秀成果著作一等奖。

(《西夏研究论丛》第三辑)南京:凤凰出版社,2016年。

610.黎大祥、张振华、黎树科著《武威地区西夏遗址调查与研究》

(《西夏文献文物研究》丛书)北京:社会科学文献出版社,2016年。

611.李进兴著《西夏瓷》

银川:宁夏人民教育出版社,2016年。

612.吴天墀著《吴天墀文史存稿》(增补版)

(《中华学人》丛书)北京:北京师范大学出版社,2016年。

613.牛达生著《西夏考古论稿(二)》

(《丝绸之路历史文化研究书系》)兰州:甘肃文化出版社,2016年。

614.史金波著《瘠土耕耘:史金波论文选集》

北京:中国社会科学出版社,2016年。

615.李华瑞著《宋夏史探研集》

北京:科学出版社,2016年。

616.杜建录著《西夏史论集》

上海:上海古籍出版社,2016年。

617.汤君、项璇、杨金山、李伟、付燕著《西夏汉文典籍丛考》

北京:商务印书馆,2016年。

618—619.宁夏大学西夏学研究院主办(杜建录主编)《西夏学:第四届西夏学国际学术研讨会暨河西历史文化学术研讨会专辑》(第12、13辑)

兰州:甘肃文化出版社,2016年。

620—623.宁夏社会科学院主办(李范文名誉主编、薛正昌主编)《西夏研究》,2016年第1—4期

银川,2016年。

624.北方民族大学文史学院编《北方民族大学文史学院文库:民族卷》(第一辑)

银川:宁夏人民出版社,2016年。

625.北方民族大学文史学院编《北方民族大学文史学院文库:历史卷》(第一辑)

银川:宁夏人民出版社,2016年。

626.北方民族大学文史学院编《北方民族大学文史学院文库:文学卷》(第一辑)

银川:宁夏人民出版社2016年。

627.《俄藏黑水城文献·西夏文佛教部分》(25)

上海:上海古籍出版社,2016年。

628—630.史金波总编,李进增主编《西夏文物·宁夏编·遗址卷一·西夏陵类

一、二、三》(1、2、3)

　　北京:中华书局,天津:天津古籍出版社,2016年。

　　631.《西夏文物·宁夏编·遗址卷四·州城堡寨类、寺窟庙塔类》(4)

　　北京:中华书局,天津:天津古籍出版社,2016年。

　　632.《西夏文物·宁夏编·遗址卷五·作坊窖藏类、离官墓葬类、其他遗址类》(5)

　　北京:中华书局,天津:天津古籍出版社,2016年。

　　633.《西夏文物·宁夏编·金属器卷、陶瓷器卷一》(6)

　　北京:中华书局,天津:天津古籍出版社,2016年。

　　634—636.《西夏文物·宁夏编·陶瓷器卷二、三、四》(7、8、9)

　　北京:中华书局,天津:天津古籍出版社,2016年。

　　637.《西夏文物·宁夏编·石刻石器卷、木漆器卷》(10)

　　北京:中华书局,天津:天津古籍出版社,2016年。

　　638.《西夏文物·宁夏编·造像绘画卷、织物卷》(11)

　　北京:中华书局,天津:天津古籍出版社,2016年。

　　639.《西夏文物·宁夏编·文献卷、建筑构件卷》(12)

　　北京:中华书局,天津:天津古籍出版社,2016年。

　　640. 杜建录总主编《中国藏黑水城汉文文献释录·卷一　农政文书卷》(1)

　　北京:中华书局,天津:天津古籍出版社,2016年。

　　641—642.《中国藏黑水城汉文文献释录·卷二　提调钱粮文书卷一、二》(2、3)

　　北京:中华书局,天津:天津古籍出版社,2016年。

　　643.《中国藏黑水城汉文文献释录·卷三　俸禄与分例文书卷》(4)

　　北京:中华书局,天津:天津古籍出版社,2016年。

　　644—645.《中国藏黑水城汉文文献释录·律令与词讼文书卷一、二》(5、6)

　　北京:中华书局,天津:天津古籍出版社,2016年。

　　646.《中国藏黑水城汉文文献释录·卷五　军政与站赤文书卷》(7)

　　北京:中华书局,天津:天津古籍出版社,2016年。

　　647.《中国藏黑水城汉文文献释录·卷六　票据、契约、卷宗与书信卷》(8)

　　北京:中华书局,天津:天津古籍出版社,2016年。

　　648.《中国藏黑水城汉文文献释录·卷七　礼仪、儒学与文史卷》(9)

　　北京:中华书局,天津:天津古籍出版社,2016年。

　　649.《中国藏黑水城汉文文献释录·卷八　医算、历学、符占秘术、堪舆地理及其它卷、卷九图画、印章及其它文书卷(一)》(10)

北京:中华书局,天津:天津古籍出版社,2016年。

650—653.《中国藏黑水城汉文文献释录·卷九　图画、印章及其它文书卷二、三、四、五》(11、12、13、14)

北京:中华书局,天津:天津古籍出版社,2016年。

654.卜宪群总撰稿(中国社会科学院历史研究所撰稿)《中国通史·辽西夏金元》

北京:华夏出版社,合肥:安徽教育出版社,2016年。

655.黄兆宏、王对萍、王连连、李娜著《辽夏金的女性社会群体研究》

(《古典文学与华夏民族精神种建构》丛书)兰州:甘肃人民出版社,2016年。

656.[苏]普·巴·科诺瓦洛夫(П.Б.Коновалов)等(著),陈弘法(译)《蒙古高原考古研究》

(《北方民族史译丛》)呼和浩特:内蒙古人民出版社,2016年。

657.史金波、宋德金主编《中国辽夏金研究年鉴(2014年卷)》

《中国社会科学年鉴》丛书(2014年卷),北京:中国社会科学出版社,2016年。

658.徐永富编著《宁夏社会科学年鉴·西夏学研究》(2011—2013年卷)

银川:阳光出版社,2016年。

659.吴峰云、杨秀山编著《西夏文明》

(《正说西夏系列》丛书)银川:宁夏人民出版社,2016年。

660.杜建录主编《话说西夏》

(《正说西夏系列》丛书,修订再版)银川:宁夏人民出版社,2016年。

661.杜建录主编《神秘西夏》

银川:宁夏人民出版社,2016年。

662.杜建录主编《还原西夏》

(《正说西夏系列》丛书)银川:宁夏人民出版社,2016年。

663.杜建录主编《解密西夏》

(《正说西夏系列》丛书)银川:宁夏人民出版社,2016年。

664.李保亮编著《古泉集萃:辽金西夏珍罕钱币图赏》

杭州:西泠印社出版社,2016年。

665.楼晓尉著《黑水城汉文佛教文献研究——以定名、目录为中心》

济群主编《戒幢文集》(第8卷),南京:江苏人民出版社,2016年。

666.史金波著《西夏经济文书研究》①

北京:社会科学文献出版社,2017年。

667.史金波著《西夏风俗》

(《全彩插图本中国风俗通史》丛书十三卷本之一)上海:上海文化出版社,2017年。

668.李范文著《从西夏文到甲骨文研究的艰辛历程》

香港:香港大学饶宗颐学术馆,2017年。

669.杨志高著《〈慈悲道场忏法〉西夏译文的复原与研究》②

北京:中国社会科学出版社,2017年。

670.安娅著《西夏文藏传〈守护大千国土经〉研究》

(潘美月、杜洁祥主编《古典文献研究辑刊》第24编第30册)新北:花木兰文化出版社,2017年。

671.张九龄著《西夏文〈大随求陀罗尼经〉研究》

(潘美月、杜洁祥主编《古典文献研究辑刊》第24编第31册)新北:花木兰文化出版社,2017年。

672.杜建录著《西夏文献研究》

(《西夏学文库》第一辑著作卷)兰州:甘肃文化出版社,2017年。

673.杜建录著《西夏与周边民族关系》

(《西夏学文库》第一辑著作卷)兰州:甘肃文化出版社,2017年。

674.彭向前著《党项西夏名物汇考》

(《西夏学文库》第一辑著作卷)兰州:甘肃文化出版社,2017年。

675.吴天墀著《西夏史稿》

(《中华现代学术名著》丛书:120年纪念版)北京:商务印书馆,2017年。

676.李昌宪著《中国行政区划通史·宋西夏卷》(修订版)

上海:复旦大学出版社,2017年。

677.陈玮著《西夏番姓大族研究》

(《西夏学文库》第一辑著作卷)兰州:甘肃文化出版社,2017年。

678.姜歆著《西夏司法制度略论》(修订版)

南京:凤凰出版社,2017年。

---

① 2016年《国家哲学社会科学成果文库》入选作品。
② 2016年《国家哲学社会科学文库》入选作品;2020年获宁夏回族自治区第十四届哲学社会科学优秀成果著作一等奖。

679.《俄藏黑水城文献·西夏文佛教文献部分》(26)

上海：上海古籍出版社，2017年。

680—681.宁夏文物考古研究所编著《西夏宏佛塔》(上、下)

(《宁夏文物考古研究所丛刊》之三十三种)北京：文物出版社，2017年。

682.周伟洲著《党项西夏史论》

(《西夏学文库》第二辑论集卷)兰州：甘肃文化出版社，2017年。

683.李华瑞著《西夏史探赜》

(《西夏学文库》第二辑论集卷)兰州：甘肃文化出版社，2017年。

684.李华瑞主编《宋辽西夏金史青蓝集》

北京：中国社会科学出版社，2017年。

685.贾常业著《西夏文字揭要》

(《西夏学文库》第一辑论集卷)兰州：甘肃文化出版社，2017年。

686.陈广恩著《西夏元史研究论稿》

(《暨南史学丛书》)北京：中国社会科学出版社，2017年。

687.王旭梁编《西夏·敦煌·悉昙·簿录：罗福苌先生一百二十诞辰——罗福苌集》

上海：中西书局，2017年。

688.崔红芬著《西夏佛教文献研究论集》

(《宝庆讲寺丛书·中国佛教学者文集》)北京：宗教文化出版社，2017年。

689.宁夏大学西夏学研究院主办(杜建录主编)《西夏学：教育部高校人文社科重点研究基地宁夏大学西夏学研究院建设15周年专辑》(第14辑)

兰州：甘肃文化出版社，2017年。

690.宁夏大学西夏学研究院主办(杜建录主编)《西夏学：第五届西夏学国际学术论坛暨黑水城出土历史文化研讨会专辑　上》(第15辑)

兰州：甘肃文化出版社，2017年。

691—694.宁夏社会科学院主办(李范文名誉主编,薛正昌、余军主编)《西夏研究》(2017年第1—4期)

银川,2017年。

695.宁夏社会科学院历史研究所编《西夏研究论文集》(增订版)

南京：凤凰出版社，2017年。

696.北方民族大学西夏研究所编(景永时、张铁山、黄建明主编)《西夏学辑刊》(第一辑)

银川：宁夏人民出版社，2017年。

697.白至德编著《大动乱·中古时代：五代辽宋夏金》

（《白寿彝史学二十讲系列》）北京：红旗出版社，2017年。

698.沈卫荣著《藏传佛教在西域和中原的传播：〈大乘要道密集〉研究初编》

（《中华学人》丛书）北京：北京师范大学出版社，2017年。

699.王世英、郑菊英、李欣欣主编《中国少数民族文字珍稀典籍汇编·西夏文、契丹与女真文珍稀典籍》（第九册）

（《09西夏文、契丹与女真文珍稀典籍》）福州：福建人民出版社，2017年。

700—701.国家古籍保护中心汇编《国家珍贵古籍名录：一至五批》（上、下）

北京：国家图书馆出版社，2017年。

702.郭进挺、李宪亮主编（岳键、杨开飞执行主编）《西夏艺术荟萃（绘画书法卷）》

银川：阳光出版社，2017年。

703.蔡彤华编著《百年黑水城》

（《黑水城历史文化丛书》）兰州：甘肃文化出版社，2017年。

704.谷莉著《宋辽夏金装饰纹样研究》

北京：中国戏剧出版社，2017年。

705.崔永红、张得祖、杜常顺主编《青海通史》（第2版）

西宁：青海人民出版社，2017年。

706.《党项印迹》

中国人民政治协商会议陕西省榆林市横山区委员会编《横山文史资料》（第十五辑），2017年（准印陕内资图批字号）。

707.史金波、宋德金主编《中国辽夏金研究年鉴（2015年卷）》

《中国社会科学年鉴》丛书（2013年卷），北京：中国社会科学出版社，2017年。

708.景爱主编《辽金西夏研究（2014—2015）》

北京：中国社会科学出版社，2018年。

709. 李强著《西夏王：英雄之生，当为王霸》

北京：现代出版社，2017年。

710.彭向前著《俄藏西夏历日文献整理研究》①

北京：社会科学文献出版社，2018年。

---

① 2017年《国家哲学社会科学文库》入选作品；2021年获宁夏回族自治区第十五届哲学社会科学优秀成果著作一等奖。

711.景永时、[俄]I.F.波波娃编著《〈番汉合时掌中珠〉整理与研究》

银川:宁夏人民出版社,2018年。

712.聂鸿音、孙伯君著《西夏译华严宗著作研究》

银川:宁夏人民出版社,2018年。

713.孙伯君、聂鸿音著《西夏文藏传佛教史料:"大手印"法经典研究》

(中国人民大学国学院《汉藏佛学研究丛书》)北京:中国藏学出版社,2018年。

714.梁松涛著《西夏文〈宫廷诗集〉整理与研究》

(《西夏文献研究》丛刊)上海:上海古籍出版社,2018年。

715.孙颖新著《西夏文〈无量寿经〉研究》

(《中国社会科学博士论文文库》)北京:中国社会科学出版社,2018年。

716.于光建著《〈天盛律令〉典当借贷门整理研究》

(《西夏文献丛刊》)上海:上海古籍出版社2018年。

717.王培培著《夏译汉籍中的古代汉语对音研究》

(《西夏学文库》第一辑著作卷)兰州:甘肃文化出版社,2018年。

718.蔡永贵等著《俄藏黑水城汉文文献俗字研究》

银川:宁夏人民出版社,2018年。

719—721.孙继民、宋坤、陈瑞青、杜立晖、郭兆斌编著《俄藏黑水城汉文佛教文献(佛经除外)整理》(上、中、下)

天津:天津古籍出版社,2018年。

722—723.吴超,霍红霞校注《俄藏黑水城汉文佛教文献释录》(上、下)

北京:学苑出版社,2018年。

724.穆鸿利、武玉环主编《中国大通史(14)·西夏》

北京:学苑出版社,2018年。

725.许生根著《英藏黑水城出土社会文书研究:中古时期西北边疆的历史侧影》

(《西夏研究论丛》第二辑)北京:新华出版社,2018年。

726.陈旭著《〈天盛改旧新定律令〉与中华法系综合研究》

(《北方民族大学文史学院文库》)北京:中国社会科学出版社,2018年。

727.刘双怡、李华瑞著《〈天盛律令〉与〈庆元条法事类〉比较研究》

(《西夏文献文物研究丛书》)北京:社会科学文献出版社,2018年。

728.高仁著《西夏畜牧业研究》

(《西夏学文库》第一辑著作卷)兰州:甘肃文化出版社,2018年。

729.任怀晟著《西夏服饰研究》

(《西夏学文库》第二辑著作卷)兰州:甘肃文化出版社,2018年。

730.《党项故事》

中国人民政治协商会议陕西省榆林市横山区委员会编《横山文史资料》(第十七辑),2018年(准印陕内资图批字号)。

731.《俄藏黑水城文献·西夏文佛教文献部分》(27)

上海:上海古籍出版社,2018年。

732.中国社会科学院西夏文化研究中心、法国吉美国立亚洲艺术博物馆主编(史金波、[法]克里斯蒂娜·克拉美罗蒂主编)《法国吉美国立亚洲艺术博物馆藏西夏文献》

北京:中华书局、天津:天津古籍出版社,2018年。

733.杜建录、[俄]波波娃、潘洁、于光建整理《天盛改旧新定律令》(一函十八册,影印线装)

(西夏)嵬名地暴等纂定,兰州:甘肃文化出版社,2018年(影印线装)。

734.陈炳应著《西夏文明研究》

(《西夏学文库》第二辑论集卷)兰州:甘肃文化出版社,2018年。

735.白滨著《西夏民族史论》

(《西夏学文库》第二辑论集卷)兰州:甘肃文化出版社,2018年。

736.史金波著《西夏历史文化钩沉》

(《西夏学文库》第一辑论集卷)兰州:甘肃文化出版社,2018年。

737.孙宏开著《西夏语言研究》

(《西夏学文库》第一辑论集卷)兰州:甘肃文化出版社,2018年。

738.陈育宁、汤晓芳著《西夏历史文化探幽》

(《西夏学文库》第二辑论集卷)兰州:甘肃文化出版社,2018年。

739.聂鸿音著《西夏文献论稿二编》

(《西夏学文库》第二辑论集卷)兰州:甘肃文化出版社,2018年。

740.聂鸿音著《西夏学述论》

(《西夏学文库》第二辑论集卷)兰州:甘肃文化出版社,2018年。

741.李华瑞、姜锡东主编《王曾瑜先生八秩祝寿文集》

北京:科学出版社2018年。

742.沈卫荣著《西夏佛教文献与历史研究》

(《西夏学文库》第一辑论集卷)兰州:甘肃文化出版社,2018年。

743.梁继红著《凉州与西夏》

（《西夏学文库》第一辑论集卷）兰州：甘肃文化出版社，2018年。

744.宁夏大学西夏学研究院主办（杜建录主编）《西夏学：第五届西夏学国际学术论坛暨黑水城出土历史文化研讨会专辑（下）》（第16辑　2018年第1期）

兰州：甘肃文化出版社，2018年。

745.宁夏大学西夏学研究院主办（杜建录主编）《西夏学》（第17辑　2018年第2期）

兰州：甘肃文化出版社，2019年。

746—749.宁夏社会科学院主办（李范文名誉主编，余军主编）《西夏研究》（2018年第1—4期）

银川，2018年。

750.刘劲松、李晓莉主编《中国民族古文字研究：中国民族古文字研究会第十次学术会议论文集》

昆明：云南民族出版社，2018年。

751.《元代史料丛刊》编委会主编《元代史料丛刊续编·元代民族文字史料》（第十三册）

合肥：黄山书社，2018年。

752—753.胡玉冰总主编《朔方文库·汉文西夏史籍编·宋元人编西夏专题史料一、二》（影印本，97—98）

北京：国家图书馆出版社，2018年。

754.《大泌山房集》宋臣韩范经略西事始末纪、《宋西事案》《西夏书》（《朔方文库·汉文西夏史籍编》影印本，99）

北京：国家图书馆出版社，2018年。

755—757. 清道光五年小岘山房刻本《西夏书事》卷一至四十二（《朔方文库·汉文西夏史籍编》影印本，100—102）

北京：国家图书馆出版社，2018年。

758—760. 清抄本《西夏书事》卷一至四十二（《朔方文库·汉文西夏史籍编》影印本，103—105）

北京：国家图书馆出版社，2018年。

761.《西夏纪事本末》、《西夏姓氏录》（《朔方文库·汉文西夏史籍编》影印本，106）

北京：国家图书馆出版社，2018年。

762.《西夏纪年》《西夏文缀》《西夏艺文志》《西夏志略》《西夏文存》(《朔方文库·汉文西夏史籍编》影印本,107)

北京:国家图书馆出版社,2018年。

763—764.《宋史夏国传集注》卷一至十四(《朔方文库·汉文西夏史籍编》影印本,108—109)

北京:国家图书馆出版社,2018年。

765—766.《西夏纪》影印本,卷一至二八)》(《朔方文库·汉文西夏史籍编》影印本,110—111)

北京:国家图书馆出版社,2018年。

767.王曾瑜著《并存继逝的王朝:王曾瑜说辽宋夏金》

北京:生活·读书·新知三联书店,2018年。

768.[日]杉山正明(著),郭清华(译)《疾驰的草原征服者:辽西夏金元》

(《中国·历史的长河》08)新北:台湾商务印书馆,2018年。

769.陈海波《一本书读懂西夏》

台北:海鸽文化出版,2018年。

770.曹颖僧辑著《西夏文史荟存》

中国人民政治协商会议陕西省榆林市横山区委员会编《横山文史资料》,2018年(1959年钞本的排印本,准印陕内资图批字号)。

771.史金波、宋德金主编《中国辽夏金研究年鉴(2016年卷)》

《中国社会科学年鉴》丛书(2016年卷),北京:中国社会科学出版社,2018年。

772.宁夏社会科学界联合会编《宁夏社会科学年鉴·西夏学研究(2014—2017卷)》

银川:宁夏人民出版社,2018年。

773.国家民族事务委员会全国少数民族古籍整理研究室编著(景永时、孙伯君主编)《中国少数民族古籍总目提要——西夏卷》

北京:中国大百科全书出版社,2019年。

774.张琰玲编著《西夏遗民文献整理与研究》

(《西夏研究论丛》第四辑)南京:凤凰出版社,2019年。

775.孙颖新著《西夏文〈大宝积经·无量寿如来会〉研究》

北京:社会科学文献出版社,2019年。

776.翟丽萍著《〈天盛律令〉职官门整理研究》

(《西夏文献研究》丛刊)上海:上海古籍出版社,2019年。

777.张笑峰著《〈天盛律令〉铁箭符牌条文整理研究》

（《西夏文献研究》丛刊）上海：上海古籍出版社，2019年。

778.尤桦著《〈天盛律令〉武器装备条文整理研究》

（《西夏文献研究》丛刊）上海：上海古籍出版社，2019年。

779.王艳云著《西夏经变画艺术研究》

上海：上海古籍出版社，2019年。

780.张红艳著《北宋与西夏边境地区的经济文化交流研究》

西安：三秦出版社，2019年9月。

781.曾瑞龙著《拓边西北——北宋中后期对夏战争研究》

杭州：浙江大学出版社，2019年。

782.贾常业编著《西夏文字典》（修订版）

兰州：甘肃文化出版社，2019年。

783.韦兵著《完整的天下经验：宋辽夏金元之间的互动》

（《中华学人丛书》）北京：北京师范大学出版社，2019年。

784.周峰著《五代辽宋西夏金边政史》

（王明荪主编《古代历史文化研究辑刊》第22编第8册）新北：花木兰文化事业有限公司，2019年。

785.龚书铎、刘德麟编《图说中国史——辽·西夏·金》

成都：四川人民出版社，2019年6月。

786—787.《俄藏黑水城文献·西夏文佛教文献部分》（28、29）

上海：上海古籍出版社，2019年。

788.宁夏大学西夏学研究院主办（杜建录主编）《西夏学》（第18辑　2019年第1期）

兰州：甘肃文化出版社，2018年。

789.宁夏大学西夏学研究院主办（杜建录主编）《西夏学》（第19辑　2019年第2期）

兰州：甘肃文化出版社，2019年。

790—793.宁夏社会科学院主办（李范文名誉主编、余军主编）《西夏研究》（2019年第1—4期）

银川，2019年。

794.中华司法研究会民族法制文化研究专业委员会、甘肃省民族法制文化研究所编（梁明远主编）《丝绸之路法律文献研究·黑水城出土的法律文献（卷二）》

北京：人民法院出版社，2019年。

795.周峰编著《二十一世纪西夏学论著目录（2001—2015年）》

（潘美月、杜洁祥主编《古典文献研究辑刊》第28编第5册）新北：花木兰文化出版社，2019年。

796.束锡红、府宪展、聂君著《异域寻珍：流失海外民族古文献文物搜寻、刊布与研究》

（《北方民族大学学术文库》）北京：社会科学文献出版社，2019年。

797.［英］马尔克·奥莱尔·斯坦因（Marc Aurel Stein）（著），［英］劳伦斯·宾雍（Laurence Binyon）（导论），郑涛（译）《千佛：敦煌石窟寺的古代佛教壁画》

杭州：浙江人民美术出版社，2019年。

798.［俄］尼·米·普尔热瓦尔斯基（Николай Михайлович Пржевальский）（著），王嘎（译）《蒙古和唐古特人地区：1870—1873年中国高原纪行》

北京：中国工人出版社，2019年。

799.银川西夏陵区管理处、西夏博物馆编《西夏博物馆基本陈列》

银川：宁夏人民出版社，2019 年9 月。

800.刘思文编著《神秘西夏的瑰宝遗珍：西夏博物馆》

（李炳武主编《丝路物语书系》）西安：西安出版社，2019年。

801. 杨蕤著《陕北历史文化散论》

北京：商务印书馆，2019年。

802—804.《英藏西夏文文献整理与研究》（1、2、3）

北方民族大学西夏研究所、英国国家图书馆国际敦煌项目、宁夏回族自治区档案馆编著，银川：宁夏人民出版社、北京：中华书局，2019年。

805.麻晓芳著《西夏文〈大宝积经·善住意天子会〉研究》

（《西夏学文库》第二辑著作卷）兰州：甘肃文化出版社，2020年。

806.李若愚著《西夏文〈喜金刚现证如意宝〉考释与研究》

（潘美月、杜洁祥主编《古典文献研究辑刊》第30编第15册）新北：花木兰文化事业有限公司，2020年。

807.贾常业著《西夏音韵辞书〈音同〉解读》

（《西夏学文库》第三辑著作卷）兰州：甘肃文化出版社，2020年。

808.贾常业著《西夏韵书〈五音切韵〉解读》

（《西夏学文库》第三辑著作卷）兰州：甘肃文化出版社，2020年。

809.戴光宇著《〈番汉合时掌中珠〉词汇历史研究》

（《西夏学文库》第一辑著作卷）兰州：甘肃文化出版社，2020年。

810.许伟伟著《西夏宫廷制度研究》

（《西夏学文库》第二辑著作卷）兰州：甘肃文化出版社，2020年。

811.魏淑霞著《西夏职官制度研究》

（《西夏学文库》第三辑著作卷）兰州：甘肃文化出版社，2020年。

812.潘洁、李玉峰著《西夏农业研究》

（《西夏学文库》第二辑著作卷）兰州：甘肃文化出版社，2020年。

813.孙继民著《黑水城出土文书研究》

（《西夏学文库》第一辑论集卷）兰州：甘肃文化出版社，2020年。

814.周峰著《辽金西夏碑刻研究》

（《黑水城历史文化系列丛书》）兰州：甘肃文化出版社，2020年。

815.邵天松著《黑水城出土宋代汉文社会文献词汇研究》

北京：中华书局，2020年。

816.方震华《和战之间的两难：北宋中后期的军政与对辽夏关系》

北京：社会科学文献出版社，2020年。

817.赵彦龙著《西夏档案及其管理制度研究》

北京：中国社会科学出版社，2020年。

818.郭艳华著《宋夏战争与北宋文学》

（《北方民族大学文学与新闻传播学院学术文库》）北京：商务印书馆，2020年。

819.樊丽沙著《出土文献所见汉传佛教在西夏的传播及影响》

北京：中国社会科学出版社，2020年。

820.张震州、蔡彤华编著《黑水城出土擦擦整理研究》

（《黑水城历史文化系列丛书》）兰州：甘肃文化出版社，2020年。

821.史金波著《学海汲求》

兰州：甘肃文化出版社，2020年。

822.李华瑞著《宋夏史探知集》

北京：中国社会科学出版社，2020年。

823.宁夏大学西夏学研究院主办（杜建录主编）《西夏学》（第20辑　2020年第1期）

兰州：甘肃文化出版社，2020年。

824.宁夏大学西夏学研究院主办（杜建录主编）《西夏学》（第21辑　2020年

第2期)

兰州:甘肃文化出版社,2020年。

825—828.宁夏社会科学院主办(李范文名誉主编、余军主编)《西夏研究》(2020年第1—4期)

银川,2020年。

829.宁夏社会科学院主办(李范文名誉主编、余军主编)《西夏研究》(十周年特刊)

银川,2020年。

830.史金波、宋德金主编《中国辽夏金研究年鉴(2017年卷)》

《中国社会科学年鉴》丛书(2017年卷)北京:中国社会科学出版社,2020年。

831.史金波、宋德金主编《中国辽夏金研究年鉴(2018年卷)》

《中国社会科学年鉴》丛书(2018年卷),北京:中国社会科学出版社,2020年。

832.(清)王仁俊撰《西夏艺文志》

(王承略、刘心明主编《二十五史艺文经籍志考补萃编续刊》第12卷)北京:清华大学出版社,2020年。

833. By Shi Jinbo、Translated by Li Hansong "Tangut Language and Manuscripts An Introduction"(史金波著,[美]李汉松译《西夏的语言和文献导论》)

LEIDEN :BRILL2020(荷兰莱顿市:博睿学术出版社,2020年)。

834. 许生根、孙广文著《11—13世纪中医药学在西北边疆的传播:以黑水城文献为中心》

《西夏研究论丛(第五辑)》,南京:凤凰出版社,2020年。

835.曹�翊主编《党项风俗》

中国人民政治协商会议陕西省榆林市横山区委员会编《横山文史资料》(第二十一辑),2020年(准印陕内资图批字号)。

836.陶晋生著《宋代外交史》

(《陶晋生作品集》)台湾:联经出版公司,2020年。

837. 任德山、毛双民编著《中国大历史(卷6)·宋辽西夏金元》(全彩套装)

北京:世界图书出版公司,2020年。

838.庄电一编著《揭开神秘西夏的面纱》

兰州:甘肃文化出版社,2020年。

839.宋坤著《黑水城汉文藏外佛教文献若干问题研究》

(《西夏学文库》第三辑著作卷)兰州:甘肃文化出版社,2020年。

840—841.《英藏西夏文文献整理与研究》(4、5)

北方民族大学西夏研究所、英国国家图书馆国际敦煌项目、宁夏回族自治区档案编著,银川:宁夏人民出版社,北京:中华书局,2020年。

贰 国内西夏学（含黑水城文献和部分涉西夏内容）选题的研究生学位论文目录（1949—2020年）

说明：该目录以授予年份为序，依次大体按作者姓名、论文题目（导师姓名职称，授予机构，学科专业/学位类别）等简列。

一、博士

1974年

1. 龚煌城（Hwang-Cherng Gong）：Die Rekonstruktion des altchinesischen unter Berucksichtigung von Wortverwandtschaften（基于同源词之间关系的古汉语构拟）（Wolfgang Bauer教授，德国慕尼黑大学，哲学）

1979年

2. 全广镇：汉藏语同源词研究（龚煌城教授，台湾大学，人文学中国文学研究所，人文学·中国语文学）

1982年

3. 区静飞：西夏建国初期与北宋关系（宋晞教授、杜维运教授，香港珠海大学中国历史研究所，人文学·历史学）

1984年

4. 林英津：集之体例及音系统中的几个问题（丁邦新教授，台湾大学中国文学研究所，人文学·中国语文学）

1987年

5. 马忠建：西夏语语法若干问题之研究（王静如研究员，中国社会科学院，中国少数民族语言·西夏文）

1988年

6. 李跃龙：论夏崇宗统治时期的西夏（吴天墀教授，四川大学，中国史）

1990年

7. 李华瑞:宋代榷酒制度研究(漆侠教授,河北大学,中国古代史)

8. 刘复生:北宋中期儒学复兴运动(徐中舒教授,四川大学,中国古代史)

1992年

9. 金庆淑:广韵又音字与上古方音之研究(龚煌城教授,台湾大学中国文学研究所,人文学·中国语文学)

1995年

10. 马德:敦煌莫高窟史研究(姜伯勤教授,中山大学,中国古代史)

1998年

11. 邵方:西夏婚姻家庭(史金波研究员,中国社会科学院,中国民族史·西夏学)

12. 沈卫荣:Leben undHistorische Bedeutung der ersten Dalai Lama dGe 'dun grub pa dpal bzang po(1371-1474)-Ein Beitrag zur Geschichte der dGe lugs pa-Schule und derInstitution der Dalai Lama(一世达赖喇嘛根顿珠巴[1371—1474]的生平及其历史意义:对达赖喇嘛政体及其格鲁派历史研究的一项贡献)(KLaus Sagaster教授,德国波恩大学中亚语言文化研究所,中亚语言文化学)

1999年

13. 杜建录:西夏经济史研究(漆侠教授,河北大学,中国古代史)

14. 李立:北宋安抚使研究——以陕西、河北路为例(吴宗国教授,北京大学,中国古代史)

2000年

15. 谢继胜:黑水城出土西夏唐卡研究(金维诺教授,中央美术学院,佛教美术)

16. 同利军:中国古代北方少数民族军事思想研究(史金波研究员、任一研究员,中国社会科学院,专门史)

17. 李天石:中国中古良贱制度研究(魏良弢教授,南京大学,法学)

2001年

18. 孙继民:唐代瀚海军文书研究(朱雷教授,武汉大学,历史学·中国古代史)

19. 王善军:辽代世家大族研究(漆侠教授、郭东旭教授,河北大学,中国古代史)

2002 年

20. 赵斌:西夏社会生活初步研究(周伟洲教授,兰州大学,民族学)

21. 杨富学:回鹘文献与回鹘文化(齐陈骏教授、樊锦诗研究员,兰州大学,历史文献学)

22. 陈峰:北宋武将群体研究(漆侠教授、郭东旭教授,河北大学,中国历史)

23. 王旭东:中国西北干旱环境下石窟与土建筑遗址保护加固研究(韩文峰教授,兰州大学,地质学)

2003 年

24. 马希荣:西夏文字识别研究(王行愚教授,华东理工大学,控制理论与控制工程)

25. 杨积堂:法典中的西夏文化——西夏《天盛改旧新定律令》研究(白振声教授,中央民族大学,民族学)

26. 王艳云:西夏晚期七大经变画探析(李福顺教授,首都师范大学,美术学)

27. 孙伯君:宋元史籍中的女真语研究(聂鸿音教授,中国社会科学院,专门史)

28. 汤君:敦煌曲子词地域文化研究(项楚教授,四川大学,中国古代文学)

29. 陈广恩:元代西北经济开发研究(邱树森教授,暨南大学,)

2004 年

30. 韩小忙:西夏文正字研究(李范文教授,陕西师范大学,中国古代史)①

31. 彭向前:辽宋西夏金时期西北民族关系研究(刘秋根教授、杜建录教授,河北大学,中国古代史)

32. 程龙:北宋西北战区粮食补给地理研究(韩茂莉教授,北京大学,历史地理)

2005 年

33. 胡玉冰:汉文西夏文献考述(孙钦善教授,北京大学,中国古典文献学)

34. 钟焓:《黄石公三略》西夏译本之研究(聂鸿音教授,中国社会科学院研究生院,专门史)

35. 陈永胜:西夏法律制度研究(杨建新教授,兰州大学,民族学)

36. 杨蕤:西夏地理初探(葛剑雄教授、李范文教授,复旦大学,历史地理)

37. 沙武田:敦煌画稿研究(郑炳林教授、樊锦诗研究员,兰州大学,历史文献学)

---

① 2006年度全国百篇优秀博士学位论文。

38. 陆离:吐蕃统治河陇西域时期制度研究(施萍婷研究员,兰州大学,中国古代史)

2006 年

39. 孙昌盛:西夏文《吉祥遍至口合本续》(第四卷)研究(刘迎胜教授、李范文教授,南京大学,中国古代史)

40. 杨浣:辽夏关系史研究(姚大力教授,复旦大学,中国古代史)

41. 崔红芬:西夏时期的河西佛教(郑炳林教授,兰州大学,历史学·历史文献学)

42. 韦兵:星占历法与宋代政治文化(刘复生教授,四川大学,中国古代史)

43. 何玉红:南宋西北边防行政运行体制研究(刘复生教授,四川大学,中国古代史)

44. 韦祖松:北宋国家安全问题研究(张其凡教授,暨南大学,中国古代史)

2007 年

45. 束锡红:西夏文献学研究(黄征教授,南京师范大学,中国古典文献学)

46. 冒志祥:论宋朝外交文书(丁晓昌教授,南京师范大学,文艺学)

2008 年

47. 黄延军:西夏文《经史杂抄》研究(聂鸿音教授,中国社会科学院研究生院,专门史)

48. 戴忠沛:西夏文佛经残片的藏文对音研究(聂鸿音教授,中国社会科学院研究生院,专门史)

49. 邵方:西夏法制研究——以中华法系的传承与创新为视角(俞荣根教授,西南政法大学,法律史)

50. 梁松涛:西夏文《宫廷诗集》研究(樊锦诗研究员、郑炳林教授,兰州大学,历史文献学)

51. 蒋建设:回鹘——汉对音及宋元回鹘地区汉语方言研究(王洪君教授,北京大学,语言学及应用语言学)

52. 凡建秋:藏传唐卡绘画风格研究(金维诺教授,中央美术学院,美术学)

2009 年

53. 蔡永贵:汉字字族研究(马重奇教授,福建师范大学,汉语言文字学)

54. 段玉泉:语言背后的文化流传:一组西夏藏传佛教文献的解读(陆庆夫教授,兰州大学,历史学·历史文献学)

55. 李华:法律视野下两宋与周边政权盟约研究(郭世佑教授,中国政法大

学,法律史)

56. 袁良勇:北宋国家安全问题研究(张希清教授,北京大学,中国古代史)

57. 李新伟:《武经总要》研究(汝企和教授,北京师范大学,历史学·历史文献学)

58. 邢东升:北宋边防交通地理研究——以《武经总要》府、州、军、监道里为中心(李昌宪教授,南京大学,中国古代史)

59. 解菲:元代档案文献编纂研究(陈子丹教授,云南大学,历史文献学)

60. 白云飞:苏联中国学研究(黄定天教授,吉林大学,世界史)

2010年

61. 王培培:西夏文《维摩诘所说经》研究(聂鸿音教授,中国社会科学院研究生院,专门史·西夏文献学)

62. 潘洁:《天盛改旧新定律令》农业卷研究(杜建录研究员,宁夏大学,中国少数民族史)

63. 张云筝:宋代外交思想研究(苗书梅教授,河南大学,中国古代史)

64. 于爱华:南宋地缘政治关系研究(方铁教授,云南大学,历史地理学)

2011年

65. 安娅:西夏文藏传《守护大千国土经》研究(聂鸿音教授,中国社会科学院研究生院,古典文献学)

66. 佟建荣:西夏姓氏考论(杜建录研究员,宁夏大学,中国少数民族史)

67. 黄杰华:汉藏宝鬘——护法大黑天(Mahākāla)信仰研究(王尧教授,中央民族大学,藏学·吐蕃历史及文化)

68. 陈瑞青:两宋之际陕西军政问题研究——以黑水城所出《宋西北边境军政文书》为中心的考察(孙继民研究员,河北师范大学,中国少数民族史)

69. 沙梅真:敦煌本《类林》研究(郑炳林教授,兰州大学,历史学·历史文献)

70. 郑炜:北宋民族关系思想研究(崔明德教授,兰州大学,民族学·马克思主义民族理论与政策)

71. 于硕:唐僧取经图像研究——以寺窟图像为中心以寺窟图像为中心(谢继胜教授,首都师范大学,美术学)

72. 沈明春:北宋时期东亚区域体系的转型研究——以权力、制度、文化要素为视角(胡礼忠教授,上海外国语大学,国际关系)

73. 胡日查:《青史演义》史料来源研究(齐木德道尔吉教授,内蒙古大学,中国少数民族史)

74. 谷莉:宋辽夏金装饰纹样研究(张朋川教授,苏州大学,设计艺术学)

2012年

75. 樊丽沙:汉传佛教在西夏的传播及影响——以出土文献为中心(施萍婷研究员、郑炳林教授,兰州大学,历史学·历史文献学)

76. 柳长青:西夏文献数字化研究(杜建录研究员,宁夏大学,中国少数民族史)

77. 冯继红:汉字文化圈西夏文、女书书法文化研究(张铁山教授,中央民族大学,中国古典文献)

78. 贺笃照:宋代边防战略探析(林文勋教授,云南大学,中国古代史)

79. 阮丽:敦煌石窟曼荼罗图像研究(罗世平教授,中央美术学院,美术学·中国宗教美术研究)

80. 朱晨:中国龛窟造像史上最后的光亮:杭州飞来峰元代造像研究(龙翔教授、曾成钢教授、孙振华教授,中国美术学院,美术学)

81. 杨淑红:元代民间契约关系研究(孟繁清教授,河北师范大学,中国古代史)

2013年

82. 周峰:西夏文《亥年新法·第三》译释与研究(史金波研究员,中国社会科学院研究生院,专门史)

83. 孙颖新:西夏文《无量寿经》研究(聂鸿音教授,中国社会科学院研究生院,专门史)

84. 史伟:东千佛洞西夏壁画艺术研究(杜建录研究员,宁夏大学,中国少数民族史)

85. 许伟伟:《天盛改旧新定律令·内宫待命等头项门》研究(杜建录研究员,宁夏大学,中国少数民族史)

86. 冯雪俊:西夏文《大方广佛华严经·十定品》译释(韩小忙研究员,陕西师范大学,民族学·中国少数民族史)

87. 翟丽萍:西夏职官制度研究——以《天盛革故鼎新律令》卷十为中心(韩小忙研究员,陕西师范大学,历史学·中国古代史)

88. 魏文:11—12世纪上乐教法在西藏和西夏的传播——以两篇西夏汉译密教文书和藏文教法史为中心(沈卫荣教授,中国人民大学,宗教学)

89. 于熠:西夏法律的多元文化属性——地理因素与民族个性对西夏法制的影响考察(陈景良教授,中南财经政法大学,法律史)

90. 张艳璐:1917年前俄国地理学会的中国边疆史地考察与研究(阎国栋教授,南开大学博士学位论文,历史学·专门史)

91. 侯爱梅:黑水城所出元代词讼文书研究(李德龙教授,中央民族大学,专门史)

92. 周立志:宋朝外交运作研究(汪圣铎教授,河北大学,中国古代史)

2014年

93. 戴羽:比较法视野下的《天盛律令》研究(韩小忙教授,陕西师范大学,中国古代史·专门史)

94. 于光建:《天盛改旧新定律令》典当借贷条文整理研究(杜建录研究员,宁夏大学,中国少数民族史)

95. 贾维维:榆林窟第3窟壁画研究(谢继胜教授,首都师范大学,美术学·汉藏佛教美术)

96. 张蓓蓓:黑水城汉文文学文献辑考(伏俊琏教授,兰州大学,历史学·历史文献学)

97. 高建国:鲜卑族裔府州折氏研究(齐木德道尔吉教授,内蒙古大学,中国少数民族史)

98. 柴冰:多语种背景下《首楞严经》文本及译传研究(乌云毕力格教授,中国人民大学,专门史)

2015年

99. 张九龄:西夏文《大随求陀罗尼经》研究(聂鸿音教授,中国社会科学院研究生院,专门史·古典文献学)

100. 尤桦:《天盛改旧新定律令》武器装备条文整理研究(杜建录研究员,宁夏大学,中国少数民族史)

101. 张笑峰:《天盛改旧新定律令·执符铁箭显贵言等失门》整理研究(杜建录研究员,宁夏大学,中国少数民族史)

102. 陈玮:身份、权力与信仰:西夏番姓大族研究(姚大力教授,复旦大学,中国史)

103. 张多勇:西夏监军司驻地及边防体系研究(李并成研究员,西北师范大学,中国史·历史文献学)

2016年

104. 陈光文:西夏至清代敦煌史研究(郑炳林教授,兰州大学,中国史·历史文献学)

105. 高仁:西夏畜牧业研究(杜建录研究员,宁夏大学,中国古代史·西夏历史与文献)

106. 任长幸:西夏文《大般若·初分诸功德相品》译释(韩小忙教授,陕西师范大学,中国史)

107. 王龙:西夏译玄奘所传"法相唯识"经典研究(孙伯君研究员,中国社会科学院研究生院民族学系,民族学·中国少数民族语言文学)

108. 麻晓芳:西夏文《大宝积经·善住意天子会》研究(孙伯君研究员,中国社会科学院研究生院,民族学·中国少数民族语言文学)

109. 魏淑霞:西夏职官制度若干问题研究(王银春教授,宁夏大学,中国少数民族史)

110. 邵天松:黑水城出土宋代汉文社会文献词汇研究(董志翘教授,南京师范大学,中国语言文学·汉语言文字学)

2017 年

111. 赵天英:西夏文草书研究(史金波研究员,中国社会科学院研究生院,中国史)

112. 李若愚:西夏文《喜金刚现证如意宝》考释(聂鸿音教授,中国社会科学院研究生院,专门史·古典文献学)

113. 史志林:历史时期黑河流域环境演变研究(郑炳林教授,兰州大学,中国史·中国古代史)

114. 邓文韬:元代唐兀人研究(杜建录研究员,宁夏大学,中国少数民族史)

115. 许鹏:西夏语双音节词衍生途径研究——以世俗文献为中心(韩小忙教授,陕西师范大学,中国史)

116. 马旭俊:金夏关系研究(杨军教授,吉林大学,中国史·专门史)

117. 骆详译:西夏与唐宋经济制度诸问题比较研究——以《天盛改旧新定律令》为中心(李天石教授,南京师范大学,中国史·专门史)

118. 王巍:黑水城数术文书辑释与考论(李并成研究员,西北师范大学,中国史)

2018 年

119. 和智:《天盛改旧新定律令》校译补正(史金波研究员,中国社会科学院研究生院,中国史)

120. 卡佳:钦定辽史国语解与契丹语系属研究(孙伯君研究员,中国社会科学院研究生院,民族学·中国少数民族语言文学)

2019年

121. 郭垚垚：西夏文《大智度论》研究（孙伯君研究员，中国社会科学院研究生院，民族学·中国少数民族语言文学）

122. 张映辉：西夏文《大宝积经·密迹金刚力士会第三之二》整理与研究（孙伯君研究员，中国社会科学院研究生院，民族学·中国少数民族语言文学）

123. 李玉峰：西夏装饰纹样研究（杜建录研究员，宁夏大学，中国少数民族史）

124. 王胜泽：美术史背景下敦煌西夏石窟绘画研究（樊锦诗研究员、郑炳林教授，兰州大学，中国史·敦煌学，学术学位）

125. 郝振宇：西夏家庭问题研究（王善军教授，西北大学，中国史）

126. 王战扬：北宋西北边防统兵职官与军事决策研究——以对夏战争为考察对象（陈峰教授，西北大学，中国古代史）

127. 杨冰华：敦煌西夏洞窟营建所涉佛事研究（沙武田教授，陕西师范大学，中国史·中国古代史）

128. 孟一飞：西夏文字数字信息化若干问题研究（魏学业教授、袁雪副教授，北京交通大学，交通信息工程及控制）

129. 赵阳：俄藏黑水城汉文佛教文学文献研究（王晶波教授，兰州大学，中国史·敦煌学，学术学位）

2020年

130. 章治宁：西夏擦擦研究（陈育宁研究员，宁夏大学，中国少数民族史）

131. 王颖：俄罗斯西夏学史研究（杜建录研究员，宁夏大学，中国少数民族史）

132. 田晓霈：新译释西夏文契约文书研究（杜建录研究员，宁夏大学，中国少数民族史）

133. 韩树伟：西北出土契约文书所见习惯法比较研究（冯培红教授，兰州大学，中国史，专业学术）

134. 郭崴：女真译语汇释（孙伯君研究员，中国社会科学院研究生院，民族学·中国少数民族语言文学）

二、硕士

1960年

1. 李范文：（中央民族学院历史系，民族学）①

---

① 参见：李范文《西夏史研究与文献整理：一个民族史学工作者的自述》，《"中国少数民族史学与历史学多学科研究方法"学术研讨会论文集》，2007年，第173页。

1965 年

2. 史金波:(王静如研究员,中国社会科学院民族研究所,西夏文)①

1979 年

3. 安可思:西夏语代名词后缀功能的研究(龚煌城教授,台湾大学中国文学研究所,人文学·中国语文学)

4. 林英津:广韵重纽问题之检讨(方师铎教授,台北东海大学中国文学研究所,人文学·中国语文学)

1980 年

5. 胡俭为(Woo Kim Wai):北宋初期中国与西夏之关系(960—1127)(University of Hong Kong ,香港大学,中国历史)

1981 年

6. 汤开建:西夏军事制度研究(李蔚教授,兰州大学,中国历史)

1982 年

7. 聂鸿音:慧琳译音研究(俞敏教授,北京师范大学,古代汉语)

1984 年

8. 刘复生:宋代的"泸夷"(蒙默教授,四川大学,中国古代史)

1985 年

9. 马力:论哲宗亲政时期对西夏的开边活动(邓广铭教授,北京大学,中国古代史)

1987 年

10. 王德忠:宋孝宗中兴述评(杨树森教授、吴枫教授,东北师范大学)

11. 周群华:论宋麟府丰三州的战略地位与府州折氏源流(吴天墀教授,四川大学,中国古代史)

1988 年

12. 刘兴全:夏、宋通使考述(吴天墀教授,四川大学,中国古代史)

1989 年

13. 王小林:西夏农业及其在西夏经济中的地位(王秉伦教授,中国科学技术大学,中国古代史)

1990 年

14. 孟河南:蒙元时代的西夏人探研(吴天墀教授,四川大学,中国古代史)

---

① 参见:史金波著《史金波文集·自序》,上海:上海辞书出版社,2005 年,第 5 页。

1991年

15. 方震华:晚宋边防研究(A.D.1234—1275)(黄宽重教授,台北:台湾师范大学历史研究所,历史学)

1993年

16. 陈家瑛:木雅语音韵(龚煌城教授、曹逢甫教授,台北:清华大学,人文学·中国语文学)

1996年

17. 蔡金仁:北宋与辽、西夏战略关系研究——从权力平衡观点的解析(施正权教授,台北淡江大学国际事务与战略研究所,社会及行为科学学·国际事务学)

1997年

18. 连菊霞:北宋对西北吐蕃的经略(刘建丽教授,西北师范大学,中国历史)

1998年

19. 汤培兰:《客法大辞典》音韵研究(林英津教授,台北:暨南国际大学,人文学·中国语文学)

1999年

20. 王革:北宋民族地区经济政策研究(刘建丽教授,西北师范大学,中国历史)

2001年

21. 杨蕤:十至十二世纪河陇地区的丝路贸易(王天顺教授,宁夏大学,专门史)

22. 杨浣:论唐宋党项政策及其嬗变(王天顺教授,宁夏大学,专门史)

23. 陈旭:九至十一世纪的北宋西北沿边市场(王天顺教授,宁夏大学,专门史)

24. 贾随生:西夏军事后勤研究(王天顺教授,宁夏大学,专门史)

2002年

25. 曹清华:富弼年谱(杨世文教授,四川大学,历史文献学)

2003年

26. 吴晓晴:西夏"千手千眼观音经变"在敦煌石窟之研究(许明银教授,台北:辅仁大学宗教学系硕士班)

27. 佟建荣:宋夏沿边蕃部经济研究(杜建录研究员,宁夏大学,专门史)

28. 屠青:韩琦交游考略(李之亮教授、徐正英副教授,郑州大学,汉语言文学·中国古典文献学)

2004 年

29. 李新贵：西夏地理环境与农牧业经济研究（王天顺教授，宁夏大学，专门史）

30. 蒋建设：宋西北方音——西夏音对音初探（王洪君教授，北京大学，语言学及应用语言学）

31. 景鹏飞：北宋宝元、庆历年间宋夏战事诗初探（颜邦逸教授，辽宁师范大学，中国古代文学）

32. 任平山：迦陵频伽及其相关问题（黄宗贤教授，四川大学，美术史论）

33. 张之佐：北宋王朝治理西北边疆政治思想考述（李清凌教授，西北师范大学，中国史）

2005 年

34. 武香兰：范仲淹的儒学价值观与驭边之术（王天顺教授，宁夏大学，专门史）

35. 张春兰：俄藏黑水城宋代"御前会合军马入援所"相关文书研究（孙继民教授，河北师范大学，中国古代史）

36. 陆宁：论 7—10 世纪党项崛起的地缘条件（姜锡东教授、杜建录教授，河北大学，中国古代史，同等学力学位）

37. 刘志敏：李德明经略河西地区条件的考察（王德忠教授，东北师范大学，中国古代史）

38. 黄骥：基于知识管理的西夏文化资源管理与系统设计（王绍平教授，上海交通大学，情报学）

39. 朱悦梅：甘州回鹘与周边关系研究（李并成研究员，西北师范大学，历史文献学）

40. 刘缙：北宋西北地区城寨制度研究（陈峰教授，西北大学，中国古代史）

41. 赵炳林：宋代蕃兵研究（刘建丽教授，西北师范大学，中国古代史）

42. 孙伟：北宋时期黄土高原地区城寨堡体系演变研究（吴宏岐教授，陕西师范大学，历史地理学）

43. 马继业：宋代城池防御探究（汪圣铎教授，山东师范大学，中国古代史）

44. 仝建平：唐宋宣徽使考述（李裕民教授，陕西师范大学，中国古代史）

2006 年

45. 蓝朝金：金夏关系之研究（廖隆盛教授，台北：台湾师范大学历史学系在职进修硕士班，人文学·历史学）

46. 王昆:宋与辽夏金间的走私贸易(王德忠教授,东北师范大学,中国古代史)

47. 马小龙:夏宋百年和战背景下的文化交流与西夏文学(庆振轩副教授,兰州大学,中国古代文学)

48. 董亚亚:韩琦与宋夏战争三题述论(张熙惟教授,山东大学,中国古代史)

49. 王文利:党项经济文化变迁研究(宗喀·漾正冈布教授,兰州大学,法学·民族史)

50. 石坤:斯坦因喀拉浩特遗址所发掘诸废墟及其出土文物对应关系研究(王冀青教授,兰州大学,历史学·历史文献学)

51. 卯芳:情感与理想的寄托——榆林窟第3窟《文殊变》、《普贤变》壁画艺术探究(王宏恩副教授,西北师范大学,美术学)

52. 毛娟:西夏文化旅游开发研究——以宁夏回族自治区为例(李陇堂教授,宁夏大学,历史地理)

53. 黄艳云:西夏的日用陶瓷研究(刘金柱教授,河北大学,中国古代史)

54. 李璟:对木雅藏族的民族学与历史学考察——以四川石棉县蟹螺乡木耳堡子木雅人为例(石硕教授,四川大学,专门史)

2007年

55. 陈圣宗:宋夏边境堡寨形势与防线变化关系之研究——以鄜延、环庆、泾原三路为中心(廖幼华教授,台北,中正大学历史所,人文学·历史学)

56. 王培培:党项与西夏碑志文学研究(杜建录研究员,中国古代史)

57. 侯爱梅:失林婚书案文卷研究(杜建录研究员,中国古代史)

58. 郭良:西夏文《经史杂抄》译注(韩小忙研究员,中国古代史)

59. 潘洁:黑水城出土元代赋税研究(杜建录研究员,中国古代史)

60. 陈爱峰:西夏与丝绸之路关系研究(杨富学研究员、赵学东教授,西北民族大学,民族学·中国少数民族史)

61. 王晓玲:西夏晚期石窟壁画艺术特色探析——以榆林窟二窟、三窟、二十九窟、东千佛洞二窟为例(文化副教授,西北师范大学,美术理论)

62. 金勇强:宋夏战争与黄土高原地区生态环境关系研究(刘景纯教授,陕西师范大学,历史地理学)

63. 张瑛桦:西夏军律研究(胡仁智副教授,西南政法大学,法律史)

64. 李晓玲:帝王陵墓类旅游产品开发研究:西夏陵旅游规划开发初探(吕仁义教授,西安建筑科技大学,城市规划与设计)

65. 郭迎春：论宁夏平原在西夏历史上的地位（姜锡东教授、杜建录教授,河北大学,中国古代史,同等学力学位）

66. 董碧娜：宋使臣出使诗研究（刘锋焘教授,陕西师范大学,中国古代文学）

67. 陈众：苏联二十、三十年代的史学期刊研究（张广翔教授,吉林大学,硕士学位论文）

68. 汪小红：元代巩昌汪氏家族研究（汪受宽教授,兰州大学,中国古代史）

69. 戈庆华：韩琦诗歌研究（胡传志教授、余恕诚教授,安徽师范大学,中国古代文学）

70. 颜丙震：范仲淹主持庆州事略考（吴景山教授,兰州大学,中国古代史）

71. 张玉珍：从黑城出土文书看元代货币制度（刘秋根教授、杜建录研究员,河北大学,中国古代史,同等学历学位）

72. 陈武强：北宋西北边区的民族法律政策（刘建丽教授,西北师范大学,中国历史）

2008 年

73. 吴明洁：缓冲国家的策略选择——以西夏与北宋、辽之互动为例（吴志中教授,台北:东吴大学政治学系,社会及行为科学学·政治学）

74. 陈育源：宋仁宗时期对夏战争之议论（王明荪教授,台北佛光大学历史学系,人文学·历史学）

75. 高辉：西夏文《大般若波罗蜜多经》卷第一百三译注（韩小忙教授,宁夏大学,中国少数民族史）

76. 孟爱华：西夏文《悲华经》卷九译注（韩小忙研究员,宁夏大学,中国少数民族史）

77. 王亚莉：黑城出土元代站赤文书研究（杜建录研究员,宁夏大学,中国少数民族史）

78. 徐悦：从黑水城文书看元代亦集乃路的农业（杜建录研究员,中国少数民族史）

79. 王艳梅：元代亦集乃路地方政府建制研究（王亚勇教授,中国少数民族史）

80. 尤桦：从黑水城文献看元代亦集乃路地方文书制度（王亚勇教授,中国少数民族史）

81. 刘邵思：清代学者对西夏史的研究（赵梅春副教授,兰州大学,史学理论及史学史）

82. 白雪:西夏后期的后族与政治(冯培红教授,兰州大学,历史学·历史文献学)

83. 王军涛:西夏时期藏传佛教在河西地区的传播与发展(唐景福教授,西北民族大学,哲学·宗教学)

84. 贾启红:北宋经略安抚使研究(肖爱民副教授、汪圣铎教授,河北大学,中国古代史)

85. 刘明:北宋熙河之役研究(罗家祥教授,华中科技大学,专门史)

86. 宫权:宋元时期中华民族多元一体化进程研究(刘玉峰教授,山东大学,专门史)

87. 郑炜:宋仁宗至宋神宗时期民族关系思想初探(崔明德教授,烟台大学,历史学·专门史)

88. 杜芝明:北宋边疆问题的论争(黎小龙教授,西南大学,专门史)

2009 年

89. 陈艳:俄藏黑水城文献宋保安军金汤城文书诸问题研究(孙继民教授,河北师范大学,中国古代史)

90. 许会玲:黑水城所出西夏汉文榷场文书考释(孙继民教授,河北师范大学,中国古代史)

91. 刘广瑞:黑水城所出元代带编号文书初探(孙继民教授,河北师范大学,中国古代史)

92. 朱建路:黑水城所出元代粮食相关文书研究(孟繁清教授,河北师范大学,中国古代史)

93. 苏建文:西夏文《大方广佛华严经普贤行愿品》释文(韩小忙研究员,宁夏大学,中国少数民族史)

94. 孙广文:西夏驿传研究(杜建录研究员,宁夏大学,中国少数民族史)

95. 刘永刚:宋代西北汉姓蕃官研究(杜建录研究员,中国少数民族史)

96. 贺宁宁:元代亦集乃路居民研究(王亚勇副教授,中国少数民族史)

97. 侯子罡:元代怯薛入仕研究(彭向前副研究员,中国少数民族史)

98. 陈鑫:试论北宋与辽夏边区的违禁贸易问题(安国楼教授,郑州大学,历史学·专门史)

99. 樊丽沙:汉传佛教在西夏的传播和影响——以出土文献为中心(杨富学研究员,西北民族大学民族学·中国少数民族史)

100. 陈继宏:劳费尔与中亚古代语言文字研究(王冀青教授,兰州大学,历史

学·历史文献学(含敦煌学、古文字学)

101. 张超:佛教在西夏传播的社会历史条件(王德忠教授,东北师范大学,中国古代史)

102. 李银霞:西夏石窟艺术研究(李清凌教授,西北师范大学,中国古代史)

103. 门光福:西夏文字光学识别研究(潘晨教授,宁夏大学,电子与通信工程)

104. 孙颖:榆林窟第29窟西夏贵族妇女服饰复原研究(包铭新教授,东华大学,设计艺术学)

105. 韦君妤:从《天盛律令》看西夏对外经济政策(赵学东教授,西北民族大学,中国少数民族史)

106. 曾鹏德:武威西夏木板画艺术特点研究(王宏恩教授,西北师范大学,美术学)

107. 汪旻:瓜州东千佛洞二窟壁画《水月观音》的艺术特色——通过临摹感悟西夏绘画风格(王宏恩教授,西北师范大学,美术学)

108. 郭绪怀:张澍的姓氏研究(吴建华教授,苏州大学,中国古代史)

109. 刘思丽:北宋政治家韩琦研究(虞云国教授,上海师范大学,中国古代史)

110. 阿布力米提·巴日:高昌回鹘汗国对外关系史研究(万雪玉教授,新疆大学,专门史)

111. 吕秀军:王安石政治思想研究(林存光教授,中国政法大学,政治学理论)

112. 张婕:北宋国信使群体研究(范荧教授,上海师范大学,专门史)

113. 籍勇:宋神宗军事思想研究(汪圣铎教授,河北大学,中国古代史)

114. 刘钊:余阙年谱(李军教授,北京师范大学,中国古代史)

115. 刘筝筝:宋夏金时期的婚制婚俗研究(李清凌教授,西北师范大学,中国古代史)

116. 魏丽娜:从《安阳集》看韩琦的政治军事思想(王盛恩教授,河南师范大学,中国古代史)

117. 王亿儒:骆以军《西夏旅馆》研究(梁淑媛教授,台北市立教育大学,中国语文学系硕士班)

2010年

118. 宋坤:俄藏黑水城宋慈觉禅师《劝化集》研究(孙继民教授,河北师范大

学,中国古代史,专业学位)

119. 翟丽萍:西夏官僚机构及其职掌与属官考论(杜建录研究员,宁夏大学,中国少数民族史)

120. 王盼:黑水城出土元代地土案所见若干问题研究(杜建录研究员,宁夏大学,中国少数民族史)

121. 杨彦彬:蒙元时期黑河流域城市研究(王亚勇教授,中国少数民族史)

122. 李晓玉:北宋西北沿边堡寨研究(彭向前副研究员,宁夏大学,中国少数民族史)

123. 李辉:西夏党项族文化变迁研究——以汉文化影响为例(杨建新教授,兰州大学,中国古代史)

124. 李灿:元代西夏人的华严忏法——以《华严经海印道场忏仪》为中心(周学农教授,北京大学,宗教学)

125. 逯海燕:北宋仁宗时期对夏政策研究(罗家祥教授,华中科技大学,专门史)

126. 任菲菲:西夏史学研究(赵梅春教授,兰州大学,历史学·史学理论及史学史)

127. 夏丽丽:《俄藏黑水城文献》第五册俗字研究(蔡永贵教授,宁夏大学,汉语言文字学)

128. 沈琛玎:北宋神宗朝对西北的经略——以战略决策与信息传递为中心(陈峰教授,西北大学,中国古代史)

129. 孙建权:金末对外战争研究(周怀宇教授,安徽大学,中国古代史)

130. 李成学:吕夷简评传(吉成名教授,湘潭大学,中国古代史)

131. 王春荣:唃厮啰政权民族关系初探(崔明德教授,烟台大学,历史学·专门史)

132. 杨计国:宋朝的俘虏政策研究(程民生教授、贾玉英教授、马玉臣副教授,河南大学,中国古代史)

133. 王琳:余靖政治思想研究(戴建国教授,上海师范大学,中国古代史)

134. 李静:黑河流域生态环境历史演变研究(桑广书教授,浙江师范大学,自然地理学)

135. 安海燕:台湾"故宫博物院"藏汉译密教仪轨《吉祥喜金刚集轮甘露泉》源流考述(沈卫荣教授,中国人民大学国学院,中国古代史)

136. 孙政:辽中期民族关系思想探析(马晓丽教授,烟台大学,中国古代史)

137. 李婉婷:富弼与北宋中后期政治(石涛副教授,山西大学,中国古代史)

138. 杨方方:北宋西北沿边地区市场发展及其区域特征(张萍研究员,陕西师范大学,历史地理学)

139. 黄莉棉:骆以军的困境书写——以《西夏旅馆》为考察(杨昌年教授,台湾师范大学,国文学系在职进修硕士班)

140. 褚清磊:唐宋时期陕北城镇地理研究(李令福研究员,陕西师范大学,历史地理学)

2011年

141. 李杨:《佛顶尊胜陀罗尼经》西夏文诸本的比较研究(孙伯君教授,中国社会科学院研究生院,民族学·中国少数民族语言文学)

142. 黄伟:西夏与北宋佛教政策和管理比较研究(王勇副教授,湖北大学,中国古代史)

143. 张昱:宋与西夏妇女法律地位比较研究(王勇副教授,湖北大学,中国古代史)

144. 牟云阶:北宋军事情报探析——以宋辽、宋夏间的军事情报活动为例(方燕教授,四川师范大学,中国古代史)

145. 李娜:西夏妇女社会地位研究(黄兆宏副教授,西北师范大学,专门史)

146. 周明:西夏刑事法律制度的儒家化(邵方教授,西南政法大学,法律·法律史)

147. 王爽:论西夏刑事法律制度(邵方教授,西南政法大学,法律·法律史)

148. 张焕喜:浅析西夏的农业法律制度(邵方教授,西南政法大学,法学·法制史)

149. 马云:浅谈西夏后裔高智耀和察罕家族的汉化及原因(谭世宝教授,山东大学,中国古代史)

150. 戴梦皓:西夏刑法总则与中原刑法总则之异同比较——以《天盛改旧新定律令》为例(郭建教授,复旦大学,法律,专业学位)

151. 拓万亮:西夏特色兵器的研究(陈青教授,西北师范大学,民族传统体育学)

152. 肖全良:信息控制与边疆安全——以宋夏为例(何玉红副教授,西北师范大学,专门史)

153. 黄顺义:蒙元西夏遗民唐兀崇喜及其家族历史文化变迁散论(安国楼教授,郑州大学,历史学·中国古代史)

154. 陈玮:西夏皇族研究(杜建录研究员,宁夏大学,中国古代史)

155. 王娜:黑城出土《诸王和妃子分例文书》研究(杜建录研究员,宁夏大学,中国古代史)

156. 胡鹏飞:元代书信研究(杜建录研究员,宁夏大学,中国古代史)

157. 来云琴:元代亦集乃路儒学教育研究(王亚勇教授,宁夏大学,中国古代史)

158. 孔德翊:元代公主婚姻研究(王亚勇教授,宁夏大学,中国古代史)

159. 李丹:《天盛律令·物离库门》药名译考(彭向前副研究员,宁夏大学,中国古代史)

160. 孔华令:黑水城占卜文书探研(彭向前副研究员,宁夏大学,中国古代史)

161. 暴耀东:宋哲宗时期的御夏方略(杨浣副研究员,宁夏大学,中国古代史)

162. 屈耀琦:元代亦集乃路国家祭祀——以黑城出土文书为中心(杨浣副研究员,宁夏大学,中国古代史)

163. 蔡伟政:黑水城所出元代礼仪祭祀文书初探(孙继民教授,河北师范大学,中国古代史)

164. 赵小明:中国藏黑水城方术类文献研究(刘再聪教授,西北师范大学,历史文献学)

165. 周媛:宁夏的西夏文化遗产与旅游产业(蔡靖泉教授,华中师范大学,区域文化史)

166. 魏清华:党项族史学研究(屈直敏副教授,兰州大学,中国史学史)

167. 陈冠男:宋夏沿边侵耕问题研究(侯甬坚教授,陕西师范大学,历史地理学)

168. 常红红:甘肃瓜州东千佛洞第五窟研究(谢继胜教授,首都师范大学,美术学·中国美术史)

169. 范立君:俄藏黑水城发愿文研究(王冀青教授,兰州大学,历史学·历史文献学)

170. 王海:西夏时期佛教建筑研究(陈宙颖教授,宁夏大学,结构工程)

171. 梁珏:11至14世纪西域与内地的胜乐修持文献——拜寺沟方塔出土《吉祥上乐轮略文等虚空本续》研究(沈卫荣教授,中国人民大学,宗教学)

172. 张锦华:《胜乐轮续》考释(沈卫荣教授,中国人民大学,宗教学)

173. 李晗:元代的西夏史编纂及其原因探析(吴德义教授,天津师范大学,中国古代史)

174. 李晶:论西夏外交文书(赵彦龙教授,宁夏大学 ,汉语文言文字学)

175. 江菊玉:西夏公文与宋公文比较研究(赵彦龙教授,宁夏大学,汉语文言文字学)

176. 杨小龙:"各与正统"与元代史家的宋、辽、金、西夏史观(王志刚教授,北京师范大学,中国古代史)

177. 张立辉:北宋宣仁高太后与"元祐更化"(罗家祥教授,华中科技大学,中国古代史)

178. 刘冰冰:《武经总要》中的计量知识研究(关增建教授,上海交通大学,科学技术史)

179. 宗风奇:韩琦年谱(杜海军教授,广西师范大学,中国古典文献学)

180. 赵学智:隋唐两宋时期河套平原政治地理格局与自然环境研究(艾冲教授,陕西师范大学,历史地理学)

181. 纪浩:隋唐宋时期鄂尔多斯高原地区军政建制沿革研究(艾冲教授,陕西师范大学,专门史)

182. 张青平:唐宋之际河西地区的嗢末考察(王冀青教授,兰州大学,历史学)

183. 刘丹:两宋时期的铜钱外流研究(薛平拴教授,陕西师范大学,专门史)

184. 谢光典:公元七至九世纪青藏高原东北缘的历史地名研究——以宗喀(宗哥)、布薪贡与野摩塘为中心(宗喀·漾正冈布教授,兰州大学,法学·民族学)

185. 封婷:战争影响下的社会——北宋中后期西北拓边的负面影响研究(何玉红副教授,西北师范大学,中国古代史·专门史)

186. 宫珊珊:北宋神宗朝西北军需补给研究(何玉红副教授,西北师范大学,中国古代史·专门史)

187. 任彦军:北宋时期陕北诗歌研究(傅绍良教授,陕西师范大学,中国古代文学)

188. 张文娜:宁夏特色旅游资源开发研究(罗莉教授,中央民族大学,中国少数民族经济)

189. 肖全良:信息控制与边疆安全——以宋夏为例(何玉红副教授,西北师范大学,专门史)

190. 张慧玲:张方平与北宋中期政治(廖隆盛教授,台北:台湾师范大学历史

学系,人文学·历史学)

191. 黄莉棉:骆以军的困境书写——以《西夏旅馆》为考察(杨昌年教授,台湾师范大学,国文学系在职进修硕士班)

2012年

192. 王雅丽:辽夏关系对宋夏和战的影响(廖隆盛教授,台北:台湾师范大学历史学系,在职进修硕士班,人文学·历史学)

193. 董昊宇:《天盛律令》中的盗窃罪研究(景永时研究员,北方民族大学,专门史)

194. 张瑞敏:西夏文《添品妙法莲华经》(卷二)译释(韩小忙教授,陕西师范大学,历史学·中国古代史,学术型论文)

195. 高振超:西夏文《经律异相》(卷十五)考释(韩小忙教授,陕西师范大学,历史学·中国古代史,学术型论文)

196. 杨汉昭:1980—2000年国内西夏学的研究进程——以宁夏三刊发表的西夏学研究论文为例(韩小忙教授,陕西师范大学,历史学·中国古代史,专业学术)

197. 韩潇锐:西夏文《大宝积经·普明菩萨会》研究(孙伯君研究员,中国社会科学院研究生院,民族学·中国少数民族语言文学)

198. 王守权:西夏饮食文化研究(李天石教授,南京师范大学,历史学·专门史)

199. 张红艳:北宋与西夏边境地区的经济文化交流研究(艾冲教授,陕西师范大学,历史学·专门史)

200. 李姝:宋与西夏法律编纂形式比较研究(王勇副教授,湖北大学,中国古代史)

201. 王妍:西夏《天盛律令》中婚姻制度研究(彭谦教授,中央民族大学,民族法学)

202. 杨昕:黑水城出土元代汉文写本医方的整理与研究(王亚勇教授,宁夏大学,中国古代史)

203. 王清奇:元代亦集乃路土地若干问题研究(王亚勇教授,宁夏大学,中国古代史)

204. 周永杰:元代亦集乃路的物价问题(王亚勇教授,宁夏大学,中国古代史)

205. 张笑峰:黑水城出土元代律令与词讼文书研究(杜建录研究员,宁夏大

学,中国古代史）

206. 高仁:黑水城出土文书中的元代职官研究(杜建录研究员,宁夏大学,中国古代史)

207. 刘青:黑水城文书中元代站赤祗应研究(杜建录研究员、彭向前副研究员,宁夏大学,中国古代史)

208. 李晓明:元代亦集乃路军用钱粮物研究——以黑水城出土文书为中心(杜建录研究员、段玉泉副研究员,宁夏大学,中国古代史)

209. 张建强:黑水城出土的元代习抄文书的整理与研究(彭向前副研究员,宁夏大学,中国古代史)

210. 阎晶宇:甘肃武威地区出土西夏瓷器研究(赵宾福教授,吕军教授,吉林大学,考古学及博物馆学)

211. 何旭佳:西夏水月观音图像研究(杜斗城教授,兰州大学,历史学·考古学及博物馆学)

212. 杨树娜:黑城出土西夏蒙书研究(刘松来教授,江西师范大学,中国古典文献学)

213. 土晓梅:西夏民族政策研究(赵学东教授,西北民族大学,法学·中国少数民族史)

214. 滕雯:仁宗朝论兵文研究——以涉宋夏军事关系的论兵文为考察中心(王祥教授,沈阳师范大学,中国古代文学)

215. 李娜:元代江南地区西夏人的社会活动(胡小鹏教授,西北师范大学,中国少数民族史)

216. 刘晓芳:甘州回鹘与北宋、西夏的关系(杜常顺教授,青海师范大学,专门史)

217. 谢锐:西夏的盐业生产和盐政管理研究(王淑芳副教授,西北民族大学,历史学·专门史)

218. 史景娴:西夏民族关系思想探析(崔明德教授,烟台大学,历史学·专门史)

219. 梁芳:西夏文学史料述论(胡玉冰教授,宁夏大学,汉语言文字学)

220. 林皓贤:《贞观玉镜将》与西夏军制研究(许振兴副教授,香港大学,中国历史,授课型硕士)

221. 白婷婷:额济纳地区西夏遗存的考古学观察(魏坚教授,中国人民大学历史学院,考古学)

222. 王清奇:元你亦集乃路土地若干问题研究(王亚勇教授,宁夏大学,中国古代史)

223. 王国贤:北宋秦州经略研究(何玉红教授,西北师范大学,中国古代史)

224. 李永磊:北宋陕西路军事信息管理研究(何玉红教授,西北师范大学,中国古代史)

225. 张磊:北宋时期西北战场军事后勤保障研究(王德忠教授,东北师范大学,中国古代史,专业学位)

226. 倪洪:伪齐军事研究(虞云国教授,上海师范大学,中国古代史)

227. 孔庆利:余阙诗歌研究(王素美教授,河北大学,中国古代文学)

228. 张天城:陆贽与苏轼奏议比较研究(于景祥教授,辽宁大学,中国古代文学)

229. 杨阳:北宋豪放词的发展流变研究(郭艳华教授,北方民族大学,中国古代文学)

230. 王文宾:宋代外事馆驿考(王社教研究员,陕西师范大学,中国古代史,学术型)

231. 李晴:宋明两代军事堡寨研究——以陕北地区为例(张玉坤教授,天津大学,建筑设计及其理论)

232. 周飞飞:民勤县历史文化遗迹的调查与研究(杜斗成教授,兰州大学,历史学·考古学及博物馆学)

233. 郭兆斌:元代肃政廉访司研究——以黑水城出土文献为中心(孙继民教授,河北师范大学,中国古代史,学历硕士)

234. 神田勇挥:论金朝朝贡册封体制的衰亡(武玉环教授,吉林大学,中国古代史)

235. 靳冰:论北宋"守内虚外"、"重文轻武"局势下狄青个人的荣辱变迁(孟凡云教授,中南民族大学,中国古代史)

236. 李振聚:宋元明"雜字"书籍考(杜泽逊教授,山东大学,中国古典文献学)

237. 张乃文:北宋军马来源述论(陈秀宏副教授,辽宁大学,中国古代史)

238. 陈玉珍:藏传佛教与回鹘——传播历史及文化遗存(才让教授,西北民族大学,宗教学)

239. 兰利琼:《父母恩重经》研究(崔红芬教授,河北师范大学,中国古代史,学历硕士)

240. 林定杰:骆以军《西夏旅馆》的叙事空间与空间叙事(蔡维民教授,台北教育大学台湾文化研究所)

2013年

241. 王荣飞:英藏西夏文译《贞观政要》研究(景永时研究员,北方民族大学,专门史)

242. 邹仁迪:《天盛律令》畜利限门考释(杜建录研究员,宁夏大学,中国古代史)

243. 王巍:黑水城出土汉文符占秘术文书考释(杜建录研究员,宁夏大学,中国古代史)

244. 尹江伟:西夏文《阿毗达磨顺正理论》卷五译释(韩小忙教授,陕西师范大学,中国古代史,学术学位)

245. 廉兵:北宋弓箭手若干问题的探讨(韩小忙教授,陕西师范大学,中国古代史,学术型论文)

246. 马晓明:《天盛律令》与《唐律疏议》中的矜恤政策比较(韩小忙教授,陕西师范大学,中国古代史,学术学位)

247. 刘艳丽:西夏典当制度简论(韩小忙教授,陕西师范大学,中国古代史,学术学位)

248. 王舒宇:北宋诸臣西夏奏、议辑论(彭向前副研究员,宁夏大学,中国古代史)

249. 庞倩:试论金代对正统地位的塑造(彭向前副研究员,宁夏大学,中国古代史)

250. 王龙:西夏文献《法则》卷九释读与研究(段玉泉副研究员,宁夏大学,中国古代史·西夏历史与文献)

251. 于业勋:西夏文献《法则》卷六释读与研究(段玉泉副研究员,宁夏大学,中国古代史)

252. 魏嘉媛:余阙及其诗文研究(龚喜平教授,西北师范大学,中国古代文学)

253. 杨绮:西夏科技档案整理与研究(赵彦龙教授,宁夏大学,汉语言文字学·古文献学)

254. 乔娟:西夏石刻档案资料整理与研究(赵彦龙教授,宁夏大学,汉语言文字学·古文献学)

255. 吴芊芊:西夏档案整理与研究(赵彦龙教授,宁夏大学,汉语言文字学·古

文献学）

256. 杨馨：敦煌莫高窟北区石窟出土西夏至元代丝绸的研究（赵丰教授,东华大学,设计艺术学）

257. 李春波：辽金西夏金属制品设计史料研究（朱和平教授,湖南工业大学,设计艺术学）

258. 白宁宁：英藏黑水城汉文文献的整理研究（孙继民,河北师范大学,中国古代史）

259. 李冰：俄藏黑水城汉文占卜文献研究（梁松涛副教授,河北大学,历史文献学）

260. 白云：党项府州折氏发展考述（钟焓副教授,中央民族大学,专门史）

261. 纪祥：辽朝对外遣使研究（张国庆教授,辽宁大学,专门史）

262. 高路玄：北宋熙河开边研究（先巴教授,青海民族大学,中国少数民族史）

263. 邵明霞：黑水城文献编纂成果研究（赵彦昌副教授,辽宁大学,档案学）

264. 张陆地：元代藏传佛教高僧在杭州路的弘法活动（杜常顺教授,青海师范大学,专门史）

265. 朱瑞：北宋鄜延路边防地理探微（杨浣副研究员,宁夏大学,中国古代史）

266. 孙尚武：北宋时期麟府路边防地理研究（杨浣副研究员,宁夏大学,中国古代史）

267. 王君：从《述善集》看元代河南濮阳西夏遗民的乡村建设（赵学东教授,西北民族大学,中国少数民族史）

268. 杨金山：黑水城文献《文酒清话》研究（汤君教授,四川师范大学,中国古典文献学）

269. 李志鹏：北宋"钱荒"与西夏之关系（杨富学研究员,西北民族大学,专门史）

270. 李伟：黑水城文献《六十四卦图歌》研究（万光治教授,四川师范大学,中国古代文学）

271. 付燕：西夏文献之《刘知远诸宫调》研究（汤君教授,四川师范大学,中国古代文学）

272. 董淼：西夏小梁太后与北宋高太后干政比较研究（王勇副教授,湖北大学,中国古代史）

273. 丁文斌：从夏宋关系看元昊的立国策略（王勇副教授，湖北大学，中国古代史）

274. 黎李：甘肃馆藏西夏瓷器研究（俄军研究员、刘再聪教授，西北师范大学，文物与博物馆学，专业学位论文）

275. 史志林：西夏元时期黑河流域水土资源开发利用及驱动因素研究（郑炳林教授，兰州大学，历史学·历史文献学）

276. 朱姝民：从武威出土文物看西夏时期的凉州佛教（杜斗成教授，兰州大学，历史学·考古学及博物馆学）

277. 黄蓉：西夏宗教版画艺术探析（张国荣副教授，西北师范大学，美术学）

278. 武婷婷：宋辽夏金婚服与婚俗特征浅论（王炜民教授，包头师范学院，历史学·专门史）

279. 吴凡：从贸易看北宋与西夏、西北吐蕃政权的关系（赵小平教授，云南大学，中国古代史）

280. 尹姗姗：西夏长城研究——汉代塞外列城再探讨（魏坚教授、乔梁教授，中国人民大学，中国古代史）

281. 郭兆斌：元代肃政廉访司研究——以黑水城出土文献为中心（孙继民教授，河北师范大学，中国古代史）

282. 薄嘉：黑水城出土元代诸王妃子分例文书整理与研究（孙继民教授，河北师范大学，中国古代史）

283. 张敏灵：元代黑水城文书中的口粮问题研究（杜建录研究员、佟建荣副研究员，宁夏大学，中国古代史）

284. 唐敏：北宋熙河路历史地理研究（范学辉教授，山东大学，历史地理）

285. 纪祥：辽朝对外遣使研究（张国庆教授，辽宁大学，专门史）

286. 高路玄：北宋熙河开边研究（先巴教授，青海民族大学，中国少数民族史）

287. 张申：金朝外交礼仪制度研究（吴晓萍教授，安徽师范大学，中国古代史）

288. 杨丹：韩琦年谱新编（王传明教授，兰州大学，中国语言文学·中国古典文献学）

289. 罗翠红：北宋河东边防研究（黄纯艳教授，上海师范大学，中国古代史）

290. 李婵娜：黑水城文书《亲集耳传观音供养赞叹》文本特征与相传上师考（沈卫荣教授，中国人民大学，宗教学）

2014年

291. 邓文韬:元代西夏遗民研究(杜建录研究员,宁夏大学,中国古代史)

292. 崔玉谦:宋夏缘边堡寨军事功能研究(杜建录研究员,宁夏大学,中国古代史)

293. 付佩宁:西夏文《佛说佛母出生三法藏般若波罗蜜多经》卷十九译释(韩小忙教授,陕西师范大学,中国古代史,学术学位)

294. 王长明:西夏文《大般若波罗蜜多经》(卷一)考释(韩小忙教授,陕西师范大学,中国古代史,学术学位)

295. 魏玉贵:唃厮啰王朝与西夏关系考述(王启龙教授,陕西师范大学,民族学·中国少数民族史)

296. 董立顺:西夏环境史专题初步研究(侯甬坚教授,陕西师范大学,中国史·历史地理学)

297. 陆瑶:宋辽夏金政权在鄂尔多斯高原地区的疆界变迁(艾冲教授,陕西师范大学,中国古代史,学术学位)

298. 马瑶:敦煌《引路菩萨图》与黑水城《阿弥陀佛来迎图》的比较与分析(江锦世副教授,陕西师范大学,美术学,学术型论文)

299. 周会丽:内蒙古地区西夏城址的初步研究(塔拉研究员,内蒙古师范大学,专门史,专业学位)

300. 任韧:《英藏黑水城文献》汉文文献俗字研究(蔡永贵教授,宁夏大学,汉语言文字学)

301. 曹阳:西夏赋役文书整理与研究(赵彦龙教授,宁夏大学,汉语言文字学·古文献学)

302. 马玲玲:西夏契约档案整理与研究(赵彦龙教授,宁夏大学,汉语言文字学·古文献学)

303. 张煜坤:西夏户籍档案整理与研究(赵彦龙教授,宁夏大学,汉语言文字学·古文献学)

304. 沈莹:西夏婚姻法制研究(夏锦文教授,南京师范大学,法学·法律史)

305. 项璇:西夏流传道家道教六种文献考辨(汤君教授,四川师范大学,中国古代文学)

306. 张潇:西夏时期藏传佛教在宁夏地区的发展和影响——以考古实物资料为中心(贺云翱教授,南京大学,考古学及博物馆学)

307. 罗位芝:西夏党项族服饰研究(王美艳教授,湖南工业大学,设计艺术学)

308. 魏亚丽:西夏帽式研究(杨浣副研究员,宁夏大学,中国古代史)

309. 骆艳:俄藏未刊布西夏文献《天盛律令》残卷整理研究(段玉泉副研究员,宁夏大学,中国古代史·西夏历史与文献)

310. 赵焕震:西夏文《亥年新法》卷十五"租地夫役"条文释读与研究(段玉泉副研究员,宁夏大学,中国古代史)

311. 李恺:宋夏关系中的堡寨(王勇副教授,湖北大学,中国古代史)

312. 孙瑜:陕西旧通志中宁夏史料考述(胡玉冰教授,宁夏大学,汉语言文字学·古文献学)

313. 李欢:黑城遗址保护加固方案设计(孙满利教授、王旭东教授,西北大学,文物与博物馆)

314. 李荣辉:1892—1949内蒙古地区考古学史研究——以外国学者的考古活动为研究对象(陈永志研究员,内蒙古大学,考古学及博物馆学)

315. 娄娟娟:11—13世纪初鄂尔多斯高原及其邻近地区城市地理研究(肖爱玲副研究员,陕西师范大学,中国史,专业学位)

316. 闫智钰:唐宋时期鄂尔多斯及边缘地区茶马贸易研究(李令福研究员,陕西师范大学,中国史,学术学位)

317. 孙雪梅:北宋西北边境粮食安全研究(何玉红教授,西北师范大学,中国古代史)

318. 周春江:余阙及其《青阳集》研究(张金铣教授,安徽大学,历史文献学)

319. 李霞义:曹玮与北宋前期西北边防研究(连菊霞副教授,西北师范大学,中国史)

2015年

320. 李炜忠:《天盛律令·行狱杖门》研究(杜建录研究员,宁夏大学,中国古代史)

321. 梁君:《天盛律令·为婚门》考释(杜建录研究员,宁夏大学,中国古代史)

322. 樊永学:西夏部落兵制研究(杜建录研究员,宁夏大学,中国古代史)

323. 郝振宇:西夏文《大宝积经》卷一考释(韩小忙教授,陕西师范大学,中国古代史,学术学位)

324. 米晨榕:西夏教育刍议(韩小忙教授,陕西师范大学,学科教学·历史,专业学位)

325. 周永杰:元代亦集乃路的物价问题——以黑城出土文书为中心(王亚勇教授,宁夏大学,中国古代史)

326. 王小玫：宋夏交聘礼仪研究(王勇教授,湖北大学,中国古代史)

327. 穆旋：宋夏丧葬文书比较研究(赵彦龙教授,宁夏大学,汉语言文字学)

328. 杜维民：唐代内迁党项与中央关系研究(杜文玉教授,陕西师范大学,中国古代史,学术学位)

329. 问王刚：明代题涉西夏文献研究(杨浣副研究员,宁夏大学,中国古代史)

330. 郑祖龙：黑水城文献中的切身字整理研究(段玉泉副研究员,宁夏大学,中国古代史)

331. 袁利：俄藏黑水城出土西夏文占卜文书 Инв.No.5722 研究(梁松涛副教授,河北大学,历史文献学)

332. 俞琰：西夏纺织业研究(邱夷平教授,东华大学,中国古代纺织工程研究)

333. 穆旋：宋夏丧葬文书比较研究(赵彦龙教授,宁夏大学,汉语言文字学·古文献学)

334. 张世奇：敦煌西夏石窟千佛图像研究(沙武田教授、何玉红教授,西北师范大学,文物学·文物与博物馆)

335. 曹听：宋代西北地区及西夏境内番族汉姓初探(王善军教授,西北大学,学科教学·历史,专业学位)

336. 张媛：宁夏境内西夏塔的研究与保护(张先堂研究员、秦丙坤副教授,西北师范大学,文物与博物馆,专业学位)

337. 刘志：西夏的对外进攻战略研究(陈奉林教授,外交学院,中国对外关系,学术学位)

338. 张淮智：黑水城出土《大德十一年税粮文卷》整理与研究(孙继民教授,河北师范大学,中国古代史)

339. 詹静娴：北宋镇戎军研究(郑炳林教授,兰州大学,中国史)

340. 李丹：导游词中文化特色词的翻译方法研究(李霞讲师,宁夏大学,翻译,专业学位)

2016年

341. 鲁宇譞：西夏官库研究(景永时研究员,北方民族大学,专门史)

342. 王耀彬：夏金交聘研究(景永时研究员,北方民族大学,专门史)

343. 李玉峰：西夏农具考释(杜建录研究员,宁夏大学,中国古代史)

344. 崔红风：北宋熙河路军事地理研究(王亚勇教授,宁夏大学,中国古代史)

345. 赵坤：纳甲筮法源流考——兼论黑水城易占文献的学术价值（彭向前研究员，宁夏大学，中国古代史）

346. 阎成红：西夏文《亥年新法》卷十六十七合本释读与研究（段玉泉副研究员，宁夏大学，中国古代史）

347. 王一凡：北宋环庆帅司路研究（杨浣研究员，宁夏大学，中国古代史）

348. 马洋：西夏文物上的牡丹纹与莲花纹研究（郭永利副教授，兰州大学，历史学·考古学）

349. 李彤：西夏《天盛改旧新定律令》研究（何金山教授，内蒙古大学，法律史·中国法制史）

350. 多杰才让：论佛教在西夏王朝的传播（索南尖参教授，青海民族大学，宗教学·藏传佛教发展史）

351. 蒋静静：大蒙古国与金、西夏关系研究（崔明德教授，烟台大学，法学·民族学）

352. 刘文静：西夏瓷的纹饰图案研究（江锦世副教授，陕西师范大学，美术，专业学位）

353. 任红婷：西夏文《佛说佛母出生三法藏般若波罗蜜多经》（卷十六）研究（韩小忙教授，陕西师范大学，中国古代史，学术型论文）

354. 母雅妮：西夏文《大般若波罗蜜多经》（卷三百三十八）考释（韩小忙教授，陕西师范大学，中国古代史，学术学位）

355. 陈志刚：彼得·库兹米奇·科兹洛夫的中亚考古学考察之研究（王冀青教授，兰州大学，考古学）

356. 黄谷村：甘肃"西游记"壁画研究（俄军研究员、刘再聪教授，西北师范大学，文物与博物馆，专业学位）

357. 赵延俊：甘肃永昌圣容寺遗址区调查与保护（俄军研究员、刘再聪教授，西北师范大学，文物与博物馆，专业学位）

358. 多杰才让：《论佛教在西夏王朝的传播》（索南尖参教授，青海民族大学，宗教学）

359. 袁雅瑄：西夏文《禅修要论》考释（沈卫荣教授，中国人民大学，宗教学）

360. 杜珊珊：金夏边界问题研究（宋立恒教授，内蒙古民族大学，中国史，学术学位论文）

361. 李彤：《西夏〈天盛改旧新定律令〉研究》（何金山教授，内蒙古大学，法律史）

362. 石雅琼：西夏版画对当代宁夏地区版画的影响和作用（周一新教授，宁夏大学，中国少数民族艺术）

363. 刘文静：西夏瓷的纹饰图案研究（江锦世副教授，陕西师范大学，美术，专业学位）

364. 武玉洁：从生态翻译观看西夏风情园公示语翻译（马菊玲教授，宁夏大学，翻译，专业学位）

365. 陆文军：西夏壁画中的山水研究（张捷教授，中国美术学院，美术学）

366. 张帅：拜寺口塔林62座塔基修复材料的工程特性（谌文武教授、郭青林，兰州大学，地质工程，专业学位论文）

367. 闫婷婷：北宋太原府军事研究——以宋辽、宋夏、宋金关系为视域（何玉红教授，西北师范大学，中国史）

368. 谭芸：宋庠的政治思想研究（罗家祥教授，华中科技大学，中国史）

369. 刘相措：《红史·蒙古王统简述》及其史料来源（敖特根教授，西北民族大学，中国史）

370. 包洪亮：《青史演义》与《〈青史演义〉补充本》文本比较研究（吴塔娜副教授，大内蒙古师范学，中国古典文献学）

2017年

371. 高芳：《中国藏黑水城汉文文献》1—3册俗字研究（蔡永贵教授，宁夏大学，汉语言文字学）

372. 张雪爱：出土文献所见夏元时期黑水城对外交流研究（杜建录研究员，宁夏大学，中国古代史）

373. 吴珩：西夏乐舞研究（杨浣研究员，宁夏大学，中国少数民族史）

374. 王震：西夏首领研究（彭向前研究员，宁夏大学，中国古代史）

375. 安北江：西夏文献《亥年新法》卷十五（下）释读与相关问题研究（段玉泉副研究员，宁夏大学，中国古代史）

376. 张思思：西夏敦煌壁画与同时期中原地区画风对比探究（王磊教授、王磐德教授，山东建筑大学，美术·中国画，专业学位）

377. 王源：辽西京在辽夏往来中的地位与作用（何天明研究员，内蒙古大学，中国历史·辽金元史）

378. 姚二涛：宋夏三川口之战研究（胡坤副教授，西北大学，学科教学·历史）

379. 刘嘉琪：辽夏金时期服饰纹样研究（李际教授，吉林艺术学院，设计学）

380. 赵龙：西夏瓷器民族风格研究（高云龙教授，云南师范大学，艺术理论）

381. 孟昭晖：北宋对李德明父子封官授爵研究(1006—1038)(耿元骊教授，辽宁大学，中国史·古代史)

382. 马坤：西北蕃官与北宋中央政府关系研究——以唃厮啰诸部蕃官为中心(张明副教授，西北大学，中国史)

383. 徐国凯：定难军节度使考略(杨蕤教授，北方民族大学，专门史·西北区域社会史)

384. 张顺利：民族交往视角下的西夏与辽朝民族政策探析(刘会清教授，烟台大学，法学(民族学)·中国少数民族史)

385. 张秦源：西夏人应用植物资源研究(郑炳林教授，兰州大学，中国史·敦煌学)

386. 潘贝：汉传世俗文献与西夏文化(王勇副教授，湖北大学，中国古代史)

387. 张松松：西夏军事法条研究(梁松涛教授，河北大学，历史文献学)

388. 田晓霈：西夏文《将苑》整理与研究(梁松涛教授，河北大学，历史文献学)

389. 张晓彪：基于不变矩的西夏文字识别(孟一飞副教授，宁夏大学，电子与通信工程，专业学位)

390. 杨小花：针对西夏文字识别的特征提取及分类器研究(孟一飞副教授，宁夏大学，电子与通信工程，专业学位)

391. 潘晓忱：《神秘的西夏》第一集口译实践报告(刘萱教授，辽宁大学，英语口译，专业学位)

392. 李学泰：俄藏黑水城西夏汉文经济文献研究(靳艳教授，西北民族大学，历史学)

393. 马沈阳：北宋陕北地区的军事战略地位(高锦花副教授，延安大学，中国古代史)

394. 马巍：北宋河东路历史军事地理研究——以交通道路为中心(陈峰教授，西北大学，中国史)

395. 刘宇瑞：北宋河东路军事地理研究(郭九灵讲师，山西大学，中国史)

396. 姚二涛：宋夏三川口之战研究(胡坤副教授，西北大学，学科教学·历史，专业学术)

397. 赵婧：内蒙黑水城遗址出土纺织品的测试分析与古代纹样的重现(王越平副教授，北京服装学院，纺织材料与纺织品设计)

398. 黄茜娅：白云宗的创生与《普宁藏》的雕造(刘正平教授，杭州师范大学，

中国古典文献)

399. 徐国凯:定难军节度使考略(杨蕤研究员,北方民族大学,专门史)

401. 杜媛媛:元代巩昌汪氏家族若干问题研究(段小强教授,西北民族大学,中国古代史)

401. 赖颖慧:骆以军《西夏旅馆》中魔幻图景之研究(黄清顺教授,中正大学台湾文学与创意应用研究所)

2018年

402. 陈时倩:西夏继承制度研究(景永时研究员,北方民族大学,专门史)

403. 白乖乖:西夏与周边民族的佛教关系(孙昌盛研究员,北方民族大学,中国少数民族史·西夏学)

404. 刘贺:《中国藏黑水城汉文文献》四至六册俗字研究(蔡永贵教授,宁夏大学,汉语言文字学)

405. 刘志月:元代西夏遗民佚碑资料整理研究(杜建录研究员,宁夏大学,中国古代史)

406. 杜玉奇:西夏剔刻划瓷研究(杜建录研究员,宁夏大学,中国古代史·西夏历史与文献)

407. 雷明亮:西夏文献题记研究(彭向前研究员,宁夏大学,中国古代史·西夏历史与文献)

408. 张永富:《经律异相》等夏译典籍谓词词头量化研究(段玉泉研究员,宁夏大学,中国古代史)

409. 胡守静:北宋西北界壕考(杨浣研究员,宁夏大学,中国少数民族史)

410. 贾搏:西夏文《现在贤劫千佛名经》(上卷)考释(韩小忙研究员,陕西师范大学,中国史·中国古代史,学术专业学位)

411. 曾金雪:西夏文《大般涅槃经》卷二十二译释研究(韩小忙研究员,陕西师范大学,中国史·中国古代史,学术专业学位)

412. 杨文慧:西夏古籍文字样本数据库的创建及应用技术研究(刘丽萍教授、孟一飞副教授,宁夏大学,电子与通信工程,专业学位)

413. 陈彩霞:《神秘王国——西夏故事》(节选)翻译实践报告(张静副教授,宁夏大学,翻译,专业学位)

414. 刘维栋:西夏汉官研究(赵学东教授,西北民族大学,中国史)

415. 周利:西夏文借贷契约与唐汉文借贷契约的比较研究(乔洪武教授,武汉大学,经济史)

416. 王丽娟:从出土唐卡看西夏的金刚亥母信仰(何玉红教授、张先堂研究员,西北师范大学,文物与博物馆,专业学位)

417. 余惠娟:西夏文契约的担保与汉文契约担保的比较研究(乔洪武教授,武汉大学,经济史)

418. 李雷:西夏文构件研究(邓章应教授,西南大学,语言学及应用语言学)

419. 和树苗:敦煌社邑与少数民族社会组织的比较(陆离教授,南京师范大学,中国史)

420. 金鹏:西夏水月观音造像研究(卯芳副教授,宁夏大学,中国少数民族艺术)

421. 许婧:中国藏西夏汉文书法研究(杨开飞教授,宁夏大学,中国少数民族艺术)

422. 贾玉雪:西夏蒙元时期黑河下游历史地理研究(席会东副教授,西北大学,生态环境)

423. 梁景宝:辽宋夏金元时期鄂尔多斯高原军事地理研究(李宗俊教授,陕西师范大学,中国古代史,专业学术)

424. 李永翔:宋夏战争与北宋谏议文学研究(郭艳华教授,北方民族大学,中国古代文学)

425. 郭冰雪:宋太宗时期对夏州李氏政策研究(康华副教授,延安大学,中国古代史)

426. 张静:宋仁宗朝余靖边事活动研究(田志光教授,河南大学,中国古代史)

427. 朱生云:榆林窟第29窟壁画研究(高明教授,陕西师范大学,艺术学理论·美术史论,学术型)

2019年

428. 伊茂彬:西夏文《大般若波罗蜜多经》卷二十一考释(韩小忙研究员,陕西师范大学,中国史·中国古代史,专业学术学位)

429. 秦士艳:西夏文《不空羂索神变真言经》卷十八译释研究(韩小忙研究员,陕西师范大学,中国史·中国古代史,学术专业学位)

430. 郭明明:西夏"二十四孝"研究(杜建录研究员,宁夏大学,中国古代史·西夏历史与文献)

431. 杨帅:出土文献所见7—14世纪中国历注研究(彭向前研究员,宁夏大学,中国古代史)

432. 何伟凤：黑水城出土元代历日研究（彭向前研究员，宁夏大学，中国古代史）

433. 梁丽莎：英藏黑水城文献中夏译汉籍六考（汤君教授，四川师范大学，中国古代文学）

434. 蒋晓迪：《中国藏黑水城汉文文献》七至十册俗字研究（蔡永贵教授，宁夏大学，汉语言文字学）

435. 马万梅：西夏文《金光明最胜王经》卷六校译研究（段玉泉研究员，宁夏大学，中国古代史·宋元历史与文化）

436. 付强强：西夏山川地理考三题（杨浣研究员，宁夏大学，中国少数民族史·西北民族史）

437. 汪亚飞：基于西夏唐卡艺术的文创产品设计研究（李晓春副教授，宁夏大学，艺术设计）

438. 刘兴长：基于改进模糊支持向量机的西夏文字识别研究（孟昱煜副教授、尹瑞峰高级工程师，兰州交通大学，计算机技术）

439. 李小璐：基于优化分割与提取的西夏古籍文字识别研究（柳长青教授，宁夏大学，计算机技术）

440. 蔡莉：西夏文佛教伪经考（佟建荣副教授，宁夏大学，中国少数民族史·西北民族史）

441. 王悦：西夏石窟壁画中的"马"图像研究（卯芳副教授，宁夏大学，美术，专业学位）

442. 杨平平：西夏民族政策对河西走廊民族关系影响研究（刘兴全教授，西南民族大学，历史学·专门史）

443. 张彤云：西夏类书《圣立义海》故事研究（汤君教授，四川师范大学，中国古代文学）

444. 黄新：西夏时期佛塔研究（白胤副教授，内蒙古科技大学，建筑与土木工程）

445. 刘千：西夏黑水城唐卡图像检索系统研究与实现（史伟教授、谷磊副教授，宁夏大学，计算机技术）

446. 李锦环：宁夏西夏文化研学旅行产品开发研究（欧阳正宇副教授、孙小荣研究员，西北师范大学，区域旅游发展管理，专业学位）

447. 尹建功：莫高窟西夏早期藻井图案构成特征管窥（孙春霞副教授，宁夏大学，中国少数民族艺术）

448. 王若玉：西夏瓷上的植物纹样研究（李耕副教授，宁夏大学，美术，专业学位）

449. 李婷：西夏逃亡法研究——兼与唐宋逃亡法对比（李天石教授，南京师范大学，中国史·专门史）

450. 何静：西夏军法研究——兼与唐宋对比（李天石教授，南京师范大学，中国史·专门史）

451. 郭抒远：黑水城西夏医药文献汉字对音研究（马君花教授，北方民族大学，汉语言文字学）

452. 徐超群：宋夏关系与北宋经济政策研究（宋冬霞教授，青海师范大学，中国史）

453. 苏雅娜：仁宗朝宋夏战争期间戍边文人行年系地考（左洪涛教授，中南民族大学，中国古代文学）

454. 付明易：元朝余阙及其《青阳先生文集》整理与研究（田富军教授，宁夏大学，中国古典文献学）

455. 郭静：瓜州榆林窟第3窟世俗图像研究（沙武田教授，陕西师范大学，中国史）

2020年

456. 马静：西夏字书《新集碎金置掌文》探析（景永时研究员，北方民族大学，中国少数民族史）

457. 周泽鸿 ：俄藏黑水城出土A32号文献整理研究（杜建录研究员，宁夏大学，中国古代史，专业学术）

458. 宋润文：缝缋装文献专题研究（彭向前研究员，宁夏大学，中国古代史·西夏历史与文献）

459. 王凯：黑水城出土西夏习抄文书整理与研究（彭向前研究员，宁夏大学，中国古代史·西夏历史与文献）

460. 师越：西夏寺院丛考（杨浣研究员，宁夏大学，中国少数民族史·西北民族史）

461. 王博楠：西夏文献《四分律行事集要显用记》校释及研究（段玉泉研究员，宁夏大学，中国古代史·宋元历史与文化）

462. 张然：西夏文《求生净土略礼忏本》整理研究（段玉泉研究员，宁夏大学，中国古代史·宋元历史与文化）

463. 吴雪梅：夏元时期的八塔变研究（佟建荣副教授、于光建副教授，宁夏大

学,中国少数民族史)

464. 金代陕西路佛教问题研究——以佛教类石刻资料为中心(佟建荣副教授,宁夏大学,中国少数民族史)

465. 杜艳梅:西夏寺院经济研究(潘洁副研究员,宁夏大学,中国少数民族史)

466. 龚溦祎:西夏文《贤智集》研究(汤君教授,四川师范大学,中国古代文学)

467. 许艳丽:西夏时期儒学在河西走廊地区的传播研究(刘兴全教授,西南民族大学,历史学·专门史)

468. 杜康:BLD公司文旅项目开发问题与对策研究——以西夏王陵为例(甘凯副教授,西安理工大学,工商管理专业学位)

469. 周佩鹏:甘宁地区西夏贵族、平民葬俗研究(郑峰副教授、贾建威研究员,西北师范大学,文物与博物馆·文化遗产专业学位)

470. 王克昕:西夏家具设计艺术研究(曾分良副教授,哈尔滨师范大学,设计理论研究)

471. 张紫涵:西夏婚姻家庭法律制度的民族性研究(于熠副教授,湖南师范大学,法律史)

472. 虎民飞:基于GAN的手写西夏文字样本生成研究(秦飞舟教授、孟一飞副教授,宁夏大学,电子与通信工程专业学位)

473. 李铭镇:西夏石窟壁画中的狮子图像研究(李耕副教授,宁夏大学,中国少数民族艺术)

474. 宿冰:西夏陶瓷工艺的当代文创设计研究(赵得成教授,北方民族大学,中国少数民族艺术)

475. 王葭:基于深度学习的西夏文字识别研究(秦飞舟教授、孟一飞副教授,宁夏大学,电子与通信工程)

476. 逄雅淇:西夏博物馆新馆展陈设计中的平面设计(于莹教授,沈阳建筑大学,艺术设计)

477. 张梦佳:西夏女性社会生活研究(王东副研究馆员,西北民族大学,中国少数民族史)

478. 陈连龙:西夏文《心经》研究(吕建福教授,陕西师范大学,哲学·宗教学,学术学位)

479. 方旭:宋夏的地缘政治与文化交流研究(王智汪教授,淮北师范大学,中

国古代史）

480. 栾启凤:略论唃厮啰政权与北宋、西夏关系——以唃厮啰、董毡时期为例(杨志娟,烟台大学,中国古代史)

481. 句小丽:黑水城元代军政与站赤文书俗字研究(温振兴副教授,山西大学,汉语国际教育)

482. 何海洋:黑水城农政与钱粮文书俗字研究(温振兴副教授,山西大学,汉语国际教育)

483. 张子荷:存世西夏石雕研究(孔令伟教授,中国美术学院,艺术学理论,学术学位)

叁 书刊名称索引

说明:该索引以各书刊名称汉语拼音首字母分类,按其在编著在正文(著作)、编年中的页码编排。同书异名或同著异译者分处显示。正文和编年中的页码之间用逗号隔开;编年中不同年代出版的页码之间用顿号隔开;正文和编年中同一年代分见相邻上下文的页码之间用破折号连接。异作同名书籍、书名相近者其后加括号,内注以作者姓氏区别。